Das Buch

Eines Tages beschließt Peter Kerr, in die Tat umzusetzen, wovon viele träumen: Er kauft eine wunderschöne alte Finca inmitten eines Orangenhains auf Mallorca, um dort mit seiner Familie zu leben. Schon bald jedoch wird der Aussteigertraum auf ein paar harte Proben gestellt: Das Haus erweist sich als baufällig, der Orangenanbau hat so seine Tücken, und gerissene Handwerker sorgen ebenso für Aufregung wie nachbarschaftliche Brunnenkriege ...
Mit viel Sinn für Humor und Selbstironie erzählt Peter Kerr von diversen kuriosen Begegnungen mit Mallorquinern, den Zweideutigkeiten der spanischen Sprache, manchen anfänglichen Missverständnissen und vom langsamen Heimischwerden auf der Insel. Eine so unterhaltsame wie warmherzige Liebeserklärung an Mallorca – mitsamt seiner kulinarischen Reize, seinem kulturellen Reichtum und seinem landschaftlichen Zauber.

Der Autor

Peter Kerr war Jazz-Musiker, Schallplattenproduzent und Landwirt in Schottland. Drei Jahre lang lebte er mit seiner Frau und seinen zwei Söhnen auf Mallorca.

In unserem Hause sind von Peter Kerr bereits erschienen:

Im Tal der Orangen
Mañana Mañana

Peter Kerr

Im Tal der Orangen
Mañana Mañana

Zwei Mallorca-Bestseller in einem Band

Aus dem Englischen
von Ariane Böckler und Isabell Lorenz

Ullstein

Besuchen Sie uns im Internet:
www.ullstein-taschenbuch.de

Umwelthinweis:
Dieses Buch wurde auf chlor- und säurefreiem Papier gedruckt.

Ungekürzte Ausgabe im Ullstein Taschenbuch
1. Auflage März 2006

Im Tal der Orangen:

Titel der englischen Originalausgabe:
Snowball Oranges (Summersdale Publishers Ltd, Chichester, UK)
Übersetzung: Isabell Lorenz

Mañana Mañana:

Titel der englischen Originalausgabe:
Mañana Mañana (Summersdale Publishers Ltd, Chichester, UK)
Übersetzung: Ariane Böckler
Umschlaggestaltung: Büro Hamburg
Titelabbildung: Corbis/Dennis Degnan
Satz: LVD GmbH, Berlin
Druck und Bindearbeiten: Ebner & Spiegel, Ulm
Printed in Germany
ISBN-13: 978-3-548-36820-7
ISBN-10: 3-548-36820-4

Im Tal der Orangen

Inhalt

Denn Mallorca ist einer der
schönsten Flecken auf Erden …
Wie ein grünes Helvetien
unter kalabrischem Himmel,
mit der Feierlichkeit und Stille
des Orients.

George Sand, »Ein Winter auf Mallorca 1838–1839«

EINS

»Se vende«

»Sehen Sie nur! Das Wetter hat den weiten Weg von Schottland bis hierher gemacht, nur um Sie auf Mallorca zu begrüßen«, sagte Tomàs Ferrer mit strahlendem Gesicht, den Blick verzückt auf das seltene Schauspiel der Schneeflocken gerichtet, die vom mediterranen Himmel auf die Bäume mit den heranreifenden Orangen herabfielen.

»*Sí, sí,* das sehe ich«, war alles, was mir dazu einfiel. Meine höflichen Versuche, die Begeisterung unseres neuen Nachbarn zu teilen, wurden mit jeder weichen Flocke, die auf meinem Gesicht landete, verkrampfter. Schließlich waren wir nicht eintausendfünfhundert Meilen gen Süden gezogen, damit uns genau jenes frostige Wetter wieder einholte, dem wir hatten entfliehen wollen.

Señor Ferrer spazierte, den Schnee mit dem Fuß aufwirbelnd, durch den Obstgarten und gluckste voll kindlicher Freude. Ich mochte meinen Augen kaum trauen. Eine Schneedecke verwandelte unser sonniges Paradies in Windeseile in eine bizarre Winterlandschaft aus weihnachtlichen Zitrusbäumen, Wattebauschpalmen und Schneeballorangen.

***

Noch vor wenigen Stunden hatte alles ganz anders ausgesehen. Ellie und ich hatten die Fensterläden aufgestoßen und auf die ordentlich aufgereihten Obstbäume am Saum des Talgrundes geblickt. Sie waren bereits in eine warme Dezembersonne getaucht. Es war der erste Morgen in unserem frisch erworbenen mallorquinischen Bauernhaus, wir standen einfach nur schweigend am offenen Fenster und ließen unsere Sinne von dem magischen Spiel aus Sonne und Schatten betören. Der Duft von Wildkräutern und das beruhigende Klingeln der Schafglöckchen, das jeden Winkel des fruchtbaren Landes zwischen den mit Pinien bewachsenen Hügeln erfüllt, drang zu uns herauf.

Ja, die Insel war wirklich verzaubert, und wir konnten uns glücklich schätzen, auf unser eigenes Stück davon zu blicken – auf ein paar Hektar sonnengeküßten Paradieses.

Ein schrilles *»Señor P-e-t-e-r … Señor P-e-t-e-r … H-o-l-a-a!«*, durchschnitt die Stille wie ein Messer.

Ich öffnete die Haustür und sah mich der winzigen, von einem goldenen Lichtkranz umgebenen Silhouette einer Frau gegenüber. Eine Truppe kleinerer Silhouetten mit gezackten, stacheligen Rändern kreiste um ihre in Sandalen steckenden Füße. Wie sie sich mit geradezu schlafwandlerischer Sicherheit in die Ruhe des Tals einfügte, wirkte diese Erscheinung so merkwürdig heilig, dass ich beinahe ehrfurchtsvoll auf die Knie gefallen wäre.

Jäh und schmerzhaft wurde ich jedoch in die Wirklichkeit zurückgeholt, als eine der kleinen Silhouetten plötzlich hochsprang und ihre Krallen in mein rechtes Bein grub. Tomàs Ferrers Frau Francisca stattete uns ihren ersten Besuch ab, im Schlepptau ihre getreue Anhängerschar – acht mottenzerfressene, halb wilde Katzen und zwei schmollende Promenadenmischungen.

Der Überraschungsangriff der Katze auf mein Bein entpuppte sich als bloßes Ablenkungsmanöver, damit der Rest von Señora Ferrers haarigen *bandidos* an mir vorbeischießen und sich überall im Haus verteilen konnte.

Señora Ferrer kicherte ein scheues »*Bon dia*«.

Ich konnte ihr nur mit einem schmerzverzerrten »*Buenos dias*« antworten, während ich mich abmühte, ihre teuflische Begleiterin Kralle um Kralle von meinem Oberschenkel zu entfernen.

»*Qué gato tan malo!*«, schalt Señora Ferrer sanft, und mit einem geschickten Klaps ihrer Sandale vertrieb sie das Ungeheuer von meinem Bein.

Nachdem die Katze ihre Mission vollendet hatte, schoss sie mit hochgerecktem Schwanz davon und begab sich auf die Suche nach dem Rest der Bande, der inzwischen – so stand zu befürchten – das gesamte Haus besetzt hielt.

Es war das erste Wiedersehen mit unserer neuen Nachbarin, seit wir vor etwa fünf Monaten den Kauf des Bauernhauses mit ihr unter Dach und Fach gebracht hatten.

Sowohl die Ferrers als auch wir waren während der langwierigen und mühseligen Vertragsverhandlungen von ein und demselben Anwalt vertreten worden, einem hochgewachsenen, wortkargen Spanier vom Festland, der ausgezeichnet Englisch sprach.

»Ich muss Ihnen dringend davon abraten, Geschäfte mit Mallorquinern zu machen«, sagte er mir bei unserem ersten Treffen und lieferte damit sogleich ein Beispiel für die auf Gegenseitigkeit beruhende Feindseligkeit zwischen gewissen Spaniern vom Festland und ihren von der Insel stammenden Landsleuten. »Sie werden den typischen Mallorquiner als verschlagenen Verhandlungspartner kennen lernen und feststellen, dass er nicht einen einzigen Zentimeter, geschweige denn eine Pesete freiwillig abtreten wird. An wichtige Grundstückstransaktionen geht er mit derselben Einstellung heran, wie ehedem seine Vorfahren, wenn sie auf dem Markt um den Preis eines alten Huhns schacherten.«

Dem Anwalt entglitt ein schiefes Lächeln, als ich fallen ließ, Mallorquiner und Schotten hätten offenbar einiges gemeinsam.

»Ein Mallorquiner und ein Schotte, die Geschäfte miteinander machen«, brummelte er mit hochgezogenen Augenbrauen vor sich hin, während er die Unterlagen mit den Informationen über das Bauernhaus der Ferrers zu studieren begann. »Mhm, *vamos a ver*. Das könnte interessant werden.«

Und tatsächlich hatten dann die Ferrers in den Verhandlungen mit Ellie und mir die erwartete Bauernschläue an den Tag gelegt, allerdings nicht mehr, als wir es von zu Hause gewohnt waren, und nicht genug, um schließlich nicht doch einen Preis für das Haus zu akzeptieren, der weit unter dem ursprünglich veranschlagten lag. Doch alle Selbstzufriedenheit darüber, einen Mallorquiner an Verschlagenheit übertroffen zu haben, verflüchtigte sich, als wir entdeckten, dass die Ferrers, mallorquinischen Gepflogenheiten entsprechend, von Anfang an einen weit höheren Preis verlangt hatten, als sie selbst jemals zu zahlen bereit gewesen wären. Wir hatten bestenfalls ein Patt für uns herausgeschlagen und uns auf diese Weise, wie wir bald einräumen mussten, möglicherweise als einen Hauch zu großzügig erwiesen.

Während der folgenden Monate hatten wir allerdings wenig Zeit, uns solchen Bedenken hinzugeben, waren wir doch ununterbrochen beschäftigt – mit der Abwicklung und dem Verkauf unseres eigenen Bauernhofes in Schottland und mit den Einwanderungsformalitäten beim spanischen Konsulat. Dort bescheinigte uns ein für das spanische Militär tätiger Notar – der »aus Gründen der nationalen Sicherheit« alle Ausländer, die Ackerland auf den Balearen erwerben wollten, auf Herz und Nieren überprüfen musste – einen »unbescholtenen Charakter«. Mit ihm stritten wir auch darüber, welche entbehrlichen Gegenstände nach Mallorca verschifft werden durften und welche nicht – doch irgendwann konnten wir uns schließlich von unseren Freunden und Verwandten verabschieden.

Unsere beiden Söhne Sandy (achtzehn) und Charlie (zwölf) wollten einige Wochen später dazustoßen, was uns hoffentlich genug Zeit ließ, das Haus einzurichten. Immer wieder befielen uns nagende Zweifel darüber, wie die Jungen auf einen so vollständigen Wechsel von Umgebung und Lebensumständen reagieren würden, aber nun war es zu spät. Was auch immer geschehen mochte, wir hatten den Rubikon überschritten …

Wie so viele andere auch hatten wir so manch trüben, dunklen Winterabend damit verbracht, uns auszumalen, wie wir eines Tages die Mühsal des Getreideanbaus und der Viehzucht im rauen schottischen Klima gegen die unbekannte, doch entschieden reizvollere Mühsal der Bewirtschaftung eines Bauernhofes in Spanien eintauschen würden. Eines Tages, wenn unsere beiden Söhne älter wären und sich in ihren jeweiligen Berufen etabliert hätten, eines Tages, wenn wir es uns wirklich leisten könnten, ein derartiges Risiko einzugehen, eines Tages, wenn wir Zeit hätten, ordentlich Spanisch zu lernen, eines Tages … Ganz sicher hätte es »eines Tages« nie gegeben, wären wir nicht während eines Sommerurlaubs auf Mallorca buchstäblich über den Bauernhof »Ca's Mayoral« gestolpert.

Von dem Marktflecken Andratx aus fuhren wir in Richtung Norden, um der sengenden Hitze an der Küste zu entfliehen und durch die Berge zum Dorf Capdella zu fahren. Doch Ellies einzigartiges Orientierungsvermögen hatte uns stattdessen in ein verschwiegenes kleines Nest geführt, das nicht einmal auf der Karte verzeichnet war. Und so fuhren wir nun einen schmalen Weg hinunter, der sich zwischen ausgedörrten Trockensteinmauern hindurchschlängelte. Jene Mauern umschlossen kleine Felder mit Mandelbäumen, unter deren spinnenartigen Zweigen und spärlichen Blättern einige Schafe mit hängenden Ohren um die uralten, knorrigen Baumstämmen lagen, um der grellen Julisonne zu entkommen.

Der Weg war für das Auto gerade breit genug, und als wir unseren Fehler endlich bemerkt hatten, stand ich vor der Wahl, entweder in der Hoffnung auf einen geeigneten Wendeplatz weiterzufahren oder aber den ganzen gewundenen Weg bis zur Hauptstraße im Rückwärtsgang zu bewältigen. Ich beschloss weiterzufahren, und noch weiter, und immer weiter …

»Warum zum Teufel kannst du eigentlich noch immer keine normale Straßenkarte lesen?«, platzte es schließlich aus mir heraus. »Also, in dieser Gegend gibt es nur eine einzige vernünftige Straße, und du schaffst es, uns auf diesen gottverlassenen Eselspfad zu bringen, der ins Nichts führt. Ich hab's dir schon immer gesagt, und ich sag's dir nochmal – ich wäre hundertmal besser dran, wenn ich Auto fahren und gleichzeitig die verdammte Straßenkarte lesen würde.« Die Hitze machte mir allmählich zu schaffen, und ich redete mich langsam in Rage. »Du spazierst halb blind durchs Leben, das ist dein Problem, Ellie. So eine Karte zu lesen ist doch wirklich nicht schwierig. Du brauchst bloß die Augen offen zu halten und ein bisschen aufzupassen, das ist alles!«

Ellie antwortete wie gewohnt mit lächelndem Schweigen.

Ich steuerte den Wagen weiter voran und grummelte in das grelle Licht hinein. Im Vorbeifahren drang das Zirpen sich sonnender Zikaden durch die Glutofenhitze, ein Geräusch, das jedes Mal auf- und abschwoll, wenn die scharfkantigen

Blätter welken Unkrauts am Wegrand an den Wagenseiten entlangschrammten.

»Da in der hohen Mauer ist eine Einfahrt – gleich da vorne links«, sagte Ellie nach ein paar Minuten und deutete mit dem Finger darauf. »Da kannst du wenden.«

»Ja, ja, ich seh's ja schon!«, fuhr ich sie an, und etliche Meter nach dem Wendeplatz brachte ich den Wagen quietschend zum Stehen.

Ellie entschlüpfte ein vielsagendes Lächeln. »Sieh nur, das Schild«, sagte sie, als ich den Wagen rückwärts in die Toreinfahrt setzte.

»Was für ein Schild?«

»Das Schild an der Toreinfahrt, durch die du gerade gefahren bist, Mr. Aufmerksam.«

Einen Moment lang blieb ich in weiser Voraussicht still und schaute über die Schulter zurück auf das große *»Se vende«*-Schild. »Mhm, ja – zu verkaufen«, sagte ich achselzuckend. »Na und? Wahrscheinlich eines von diesen briefmarkengroßen Feldern mit ein paar verkümmerten Bäumen und einer halb verfallenen Scheune darauf, wie all die anderen, an denen wir auf diesem verdammten Pfad vorbeigefahren sind. Lass uns bloß zusehen, dass wir hier wegkommen, ehe wir vor Hitze umkommen.«

»Das Haus ist dir also nicht aufgefallen?«

»Was?«

»Hast du denn nicht aufgepasst und das Haus gesehen? Das wollte ich wissen.«

»Was für ein Haus?«

»Das große weiße Bauernhaus zwischen all den Obstbäumen. Das musst du doch gesehen haben. Es war direkt vor deiner Nase, nur ein paar hundert Meter vor uns, als du um die letzte Kurve gebogen bist. Und das hier ist die Einfahrt zu dem Haus. Und das Haus ist da hinten. Siehst du's?«

Ich räusperte mich. »Ach, *das* Haus meinst Du. Ja, das ist

ganz hübsch. Aber jetzt lass uns zurück zur Straße nach Capdella fahren.«

»Nein, warte doch mal«, drängte Ellie. »Da vorne ist eine Frau und gießt die Blumen. Laß uns doch fragen, ob sie uns herumführen kann. Schließlich steht es zum Verkauf, also können wir's ja mal anschauen.«

Ich war drauf und dran zu sagen, dass es völlig sinnlos sei und wir nur die Zeit der Frau vergeudeten, doch Ellie war bereits durch das Tor verschwunden und hatte in Ein- und Zweiwortsätzen eine Unterhaltung begonnen.

Als ich auf die beiden zuging, wurde mir klar, dass die Frau mit dem Gartenschlauch kein bisschen Englisch sprach, und da Ellies Spanisch gerade erst Supermarkt-Niveau erreicht hatte, sah ich eine herrliche Gelegenheit zur Entfaltung meines »überragenden« Sprachtalents gekommen.

»Ah, ähm ... *buenas tardes, señora.* Ähm ... *como está Usted?*«, sagte ich fließend nuschelnd und streckte zur Begrüßung die Hand aus.

»*Hola*«, entgegnete die Frau und lächelte nervös. »*Soy Francisca Ferrer.*« Zögernd reckte sie ihre Rechte meiner ausgestreckten Hand entgegen, und ich spürte vorn an meiner Hose etwas Nasses herunter laufen. Sie hielt noch immer den Gartenschlauch in der Hand.

Ellie drehte die Augen zum Himmel. »Überlass das Reden einfach mir, Liebling«, seufzte sie.

Señora Ferrer entschuldigte sich überschwenglich, konnte aber einen Anfall mädchenhaften Gekichers nicht unterdrücken. Ganz offenbar war sie eine Frau mit Sinn für Humor, den ich just in diesem Augenblick allerdings nicht unbedingt zu schätzen wusste. Die durchnässten Hosen klebten unangenehm an meinen Beinen und riefen unschöne Erinnerungen an einst vertraute Gefühle aus frühen Kindergartentagen wach.

Steif watschelte ich hinter Ellie und der Señora her, die sich instinktsicher wieder in ihre Sprache aus hervorgestoßenen Einsilblern und ausladenden Gesten vertieft hatten. Meine Frau konnte mir mitteilen, dass dies die *finca* – das Bauernhaus also – mit Namen Ca's Mayoral war, das sich seit Generationen im Besitz der Familie Ferrer befand und in dem Francisca Ferrer geboren worden war.

Señora Ferrer war eine eher kleine Frau ungefähr Mitte Fünfzig, so schätzte ich, und obwohl sie aus diesem Tal mit all den winzigen Bauernhöfen stammte, war ihre äußere Erscheinung alles andere als typisch für Frauen, die ihr Leben lang auf dem Feld gearbeitet hatten. Sie hatte glatte, zarte Hände, makellos frisiertes Haar, und als sie elegant zwischen exotischen Sträuchern und Blumen auf das Haus zuspazierte, nahm sie eine beinahe königliche Haltung an, die sie bei ihrer bescheidenen Größe um einige Zentimeter wachsen zu lassen schien.

Schließlich erfuhren wir, dass sie mit Tomàs Ferrer verheiratet war, der sich nach oben gearbeitet hatte, nachdem er als junger Mann Haus und Hof seiner bäuerlichen Familie auf der anderen Seite der Insel verlassen hatte, um eine Laufbahn in der Kommunalverwaltung von Mallorcas Hauptstadt Palma einzuschlagen. Er machte Karriere und erhielt schließlich einen Posten etwa zwanzig Meilen von Andratx entfernt, wo er dann die junge Francisca, einzige Tochter eines der angesehensten Obstbauern der Gegend, kennen lernte und später heiratete. Bald schon war Tomàs ein wichtiger Beamter seines Landkreises, der nach Palma zurückbeordert wurde, wo seine erprobten verwaltungstechnischen Fähigkeiten ihm schließlich zum Posten des *Director* eines der bedeutendsten *ministerios* der Insel verhalfen.

Inzwischen war der Erfolg der Ferrers Bestandteil der Geschichte von Andratx, wo Tomàs und seine Frau hoch geachtet waren, vor allem von den Leuten aus Franciscas Tal – ein gesellschaftlicher Status, den die Señora offenbar sehr genoss.

Die Woche über lebten die Ferrers in einer kleinen Wohnung auf einer der elegantesten, von Bäumen gesäumten *avenidas* in Palma, doch jeden Freitagabend kehrten sie nach Ca's Mayoral zurück, um das Wochenende mit Franciscas inzwischen alt gewordenen Eltern zu verbringen. Obwohl sie in der gesellschaftlichen Hierarchie Palmas hoch angesiedelt waren, floss das bäuerliche Blut in den Adern der Ferrers noch immer kraftvoll, und mit wahrer Freude tauchten sie für zwei kostbare Tage in der Woche in das fast schon nicht mehr existierende Landleben ihrer Kindheit ein.

Tomàs half seinem Schwiegervater bei der Arbeit mit dem Traktor und bei all jenen Routineangelegenheiten auf dem Hof, die für den alten Mann allmählich zu mühselig wurden. Francisca zog es vor, sich um die Blumenbeete rund um das Haus zu kümmern, wo sie auf angemessen vornehme Weise mit den alten Bauersfrauen schwatzte, die aus dem Dorf heraufkamen, um an der Toreinfahrt Obst zu kaufen und von *La Condesa* persönlich den neuesten Klatsch und Tratsch aus Palma zu hören. Ihre Mutter hatte, wie es von alters her bei den mallorquinischen Landfrauen üblich war, ihre Zeit zwischen Küchen- und Feldarbeit aufgeteilt, sich mit unermüdlicher Liebe um das Wohl der Familie und den Bauernhof gekümmert und dennoch stets Zeit für ein fröhliches Schwätzchen mit vorbeischlendernden Freunden und Nachbarn gefunden.

Dann war die alte Dame gestorben, und damit hatte die Familie nicht nur ihren Dreh- und Angelpunkt, sondern Franciscas Vater auch allmählich das Interesse an seinen einst so geliebten Bäumen und seinem Land verloren. Ohne die Frau seines Lebens an seiner Seite würde nichts mehr so wie früher sein.

Die Gesundheit des alten Herrn war zu diesem Zeitpunkt bereits angegriffen, und Francisca hatte Sorge, ihn die ganze Woche über allein in dem großen Bauernhaus zu lassen, ohne jemanden, der sich um ihn kümmerte. Es gab keine andere Lösung – er würde von nun an bei ihnen in Palma wohnen. Haus und Hof mussten verkauft werden, mit Ausnahme des einen Feldes am Wegesrand, auf dem eine alte Mühle stand, die sie in eine *casita fin de semana* umwandeln würden, ein Wochenendhäuschen, in das sie immer wieder zurückkehren konnten, um sich an dem heranreifenden Obst und Gemüse zu erfreuen, und wo der alte Herr unter Obstbäumen spazieren gehen und sich still die Erinnerungen ins Gedächtnis rufen durfte, die er während seines langen Lebens in dem geliebten Tal gesammelt hatte. Nicht ohne Zögern hatten sie schließlich das »*Se vende*«-Schild aufgestellt.

Ellie und Señora Ferrer betraten das Haus, während sie sich immer noch in ihrem improvisierten *Esperanto* unterhielten, doch ich blieb noch eine Weile draußen – teils um meine durchnässte Hose zu trocknen, hauptsächlich aber, um die wunderbare Atmosphäre des Bauernhofes zu genießen. Ein tiefer Frieden schwebte über allem, eine reglose Stille, die nur vom trägen Zwitschern der Spatzen in den hohen Pinien am schmiedeeisernen Tor durchbrochen wurde.

Ich stand hinter dem Haus im Hof, einer sich sanft neigenden, mit Kies ausgestreuten Fläche, die durch eine massive hohe Mauer aus uraltem beigefarbenen Sandstein von der Außenwelt abgeschirmt war. Wahre Wogen purpurroter Bougainvilleen fielen kaskadenartig über die schroffe Maueroberfläche, wobei das Schattenspiel der langen, blätterigen Ranken komplizierte Muster auf die rissigen Mauersteine zeichnete. Die andere Seite des Hofes begrenzten prachtvoll anzusehende Sträucher mit Hibiskus-, Oleander-, Mimosen- und Kletterrosenblüten, die in großer Harmonie mit einigen Oliven, Mandel- und Johannisbrotbäumen lebten, Bäumen, die aussahen, als hielten sie diesen Ort schon etliche Jahrhunderte länger besetzt als ihre farbenprächtigeren Beetgefährten. Es schien, als habe Señora Ferrers Hand (und ihr Gartenschlauch) Mutter Natur geholfen, ein Meisterwerk für das Auge zu schaffen.

Zum entlegeneren Teil des Hauses hin verjüngte sich der Hof, und ich musste mich bücken, um unter herabhängenden Palmwedeln und einem Gewirr von Glyzinien hindurch die nach Westen hin offene Terrasse zu erreichen, die von einer Pergola aus weinberankten Holzbalken vor der Nachmittagssonne geschützt war. Junge Trauben hingen bereits von dem Baldachin herab, durch den schimmernde Reflexe grünlichen Lichts auf die Steine eines alten Brunnens fielen, der viereckig und unverrückbar darunter stand. Doch im Gegensatz zu der Wunschbrunnen-Variante, die auf den kurzgeschorenen Rasenflächen der Vorstadtgärten so gern gesehen ist, überwölbte diesen Brunnen kein pittoreskes Strohdach, sondern lediglich eine robuste Bogenkonstruktion aus verwittertem Eisen mit einem rostigen Flaschenzug und einem alten Holzeimer, der träge am Ende eines im Laufe der Jahre ausgebleichten Seils baumelte.

Gegenüber dem Brunnen lehnten zwei wackelige Holzstühle in sonderbarer Stellung an der Hauswand, umgeben von einem schönen Durcheinander aus Leinensäckchen, Tabletts mit den verschiedensten Früchten, einem Wasserkrug aus Ton und einer ganzen Batterie leerer Weinflaschen. Eine fette Henne gluckte zufrieden in einem zerschlissenen Weidenkorb unter einem der Stühle, was meine Vermutung bestätigte, dass diese Terrasse eine kühle Oase war, wo die Arbeit des Nachmittags erledigt werden konnte – sofern es welche gab und man sie im Sitzen verrichten konnte. Die Vorstellung gefiel mir.

Als ich aus dem gesprenkelten Licht auf der Terrasse in die pralle Sonne hinaustrat, musste ich die Augen vor dem grellen Widerschein der weiß getünchten Hauswände schützen. Die Hitze war stark – ein wenig zu stark für meine empfindliche nördliche Haut, doch gerade richtig, wie es schien, für eine kleine Kolonie von Zikaden, die fröhlich zirpend auf den schwankenden Ästen zweier vor dem Gebäude Wache haltender Eukalyptusbäume saß. Ich ging auf den lang gestreckten Vorbau zu, der den Vordereingang überdachte, und als ich in das willkommene Refugium seines Schattens tauchte, hörte ich Ellie und Francisca Ferrer hinter den gewölbten Flügeltüren laut miteinander schwatzen.

»Elektrisch oder Gas ... der Herd, der Ofen ... wissen Sie ... das ist Gas, ja?«

»Ah, sí – butano – butano gas en botella.«

Da ihre Unterhaltung inzwischen bei dem für Frauen wesentlichen Thema der Küchenausstattung angelangt war, ging ich davon aus, dass ernsthafte Grunderwerbsverhandlungen bereits im Gange waren oder aber gefährlich kurz bevorstanden. Rasche Präventivmaßnahmen schienen geboten. Energisch klopfte ich an die ausgetrocknete Eichentür, die sich knarrend öffnete und den Blick auf zwei lächelnde Gesichter im schattigen Innern freigab.

»Aha, señor. Por favor«, grüßte Señora Ferrer und bat mich eifrig hinein.

»Peter, du musst unbedingt reinkommen und dir dieses herrliche alte Haus anschauen«, sagte Ellie voller Begeisterung, packte mich am Ellenbogen und wischte jeden aufkeimenden Protest beiseite, als sie mich in einer Blitzführung durch sämtliche Räume zog.

Ein paar Minuten später stolperte ich zurück in die Sonne, ohne genaue Erinnerung an das, was ich kurz zuvor gesehen hatte – nur schemenhafte Eindrücke von luftigen weißen Räumen mit Fenstern, deren Läden geschlossen waren, von balkenverzierten Decken, einer Steintreppe hier, einem großen offenen Kamin dort, dann ein penetranter Geruch nach Katzen und das unvermeidliche Knurren bis jetzt noch nicht gesehener, aber offensichtlich feindseliger Hunde.

»Ooooh! El sol, siempre el sol. Es terr-ii-ii-ble, horr-ii-ii-ble«, jammerte Señora Ferrer, den Ellenbogen schützend über ihre Stirn werfend, ein übertriebener Protest gegen die Hitze, die uns entgegenschlug, als wir den Vorbau in Richtung der Felder verließen. Ellie und ich waren so daran gewöhnt, ständig über die schneidende Kälte und den peitschenden Regen der endlosen schottischen Winter zu klagen, dass es sich für uns merkwürdig anhörte, wenn tatsächlich jemand von der Sonne als »schrecklich, entsetzlich« sprach. Manche Leute waren eben nie zufrieden, dachte ich und rieb mir die beißenden Schweißrinnsale aus den Augen.

Die nächsten dreißig Minuten folgten wir unserer plaudernden Führerin durch die Reihen uns unbekannter Obstbäume und hörten nur halb zu, als sie, munter drauflosplappernd, Granatapfel und Quittenvarianten, Vorschriften hinsichtlich Pflanzenschutzmitteln und Dünger, Erntetechniken und Bewässerungspläne beschrieb – was für uns zu diesem Zeitpunkt selbst dann noch völliges Kauderwelsch geblieben wäre, wenn sie Englisch gesprochen hätte. Gerste und Ochsen verstanden wir noch, Limonen und Loquats schon nicht mehr.

Doch das Tal hatte uns bereits verzaubert, und allmählich schwand mein Widerstand. Während wir von einem kleinen, von Steinmauern begrenzten Feld zum anderen gingen, wurden unsere Blicke immer wieder von dem sich ständig verändernden Aussehen der Berge angezogen, die sich rund um uns majestätisch erhoben. Ihre steilen Hänge bedeckte ein dichter grüner Teppich aus Pinien und immergrünen Eichen, wobei sich die Bäume gefährlich nah an den denkbar schmalsten Felsrand klammerten, und das den ganzen Weg bis hinauf zu den *sierras altas,* den sägezahn scharfen Gebirgskämmen, an denen Himmel und Erde sich berühren. Felsnasen schimmerten rosafarben im warmen Glanz der Sonne – und steile Abhänge sowie düstere Schluchten vervollständigten ein Bild wilder Naturschönheit, das nicht nur einen Kontrast, sondern zugleich eine Ergänzung zu dem tief unten liegenden Flickwerk aus winzigen Feldern und wohlgeordneten Anpflanzungen bot. Wir waren in eine Stille gehüllt, die das Gefühl hervorrief, Teil dieses geradezu vollkommenen Zusammenwirkens von Mensch und Natur zu sein.

Über die Felder ließen wir den Blick zurück zum Bauernhaus schweifen. Seine weißen Mauern, die verblichenen Holzfensterläden und das mit Terrakottaziegeln gedeckte Dach lugten schläfrig über die dunkelgrünen Kuppeln der Orangenbäume hinweg, während die Berge freundlich zusahen – ruhig, unerschütterlich und in gelassener Heiterkeit. Ohne ein Wort zu wechseln, wussten wir beide, dass dies unser neues Zuhause sein würde.

Auf dem Weg zurück zum Bauernhaus tauchte scheinbar aus dem Nichts eine ganze Herde räudiger Katzen auf. Eine nach der anderen folgten sie Señora Ferrer, und als wir uns dem Haus näherten, kamen vom Vordereingang zwei verwahrlost wirkende Hunde dazu, die Ellie und mich über der von Sprüngen, Japsen und Schwanzwedeln begleiteten Begrüßung Franciscas, ihrer zurückgekehrten Anführerin, vollständig übersahen.

Wir bedankten uns bei Señora Ferrer dafür, dass sie uns ihre Zeit geopfert hatte, bekundeten unser Interesse an dem Grundstück und versprachen, am nächsten Tag mit einem zweisprachigen Anwalt zurückzukommen. Diese Neuigkeit löste bei der Señora ein aufgeregtes Küssen unserer Wangen und ein (glücklicherweise gartenschlauchloses) Händeschütteln aus. Unter einem Schwall von *hasta mañanas* gingen wir zurück zu unserem Auto und schafften es schließlich, uns zu verabschieden.

Die Katzen hätten das nicht mit größerem Gleichmut aufnehmen können. Sie waren viel zu sehr damit beschäftigt, sich drängend und schubsend einen Platz an den Knöcheln ihrer Herrin zu erkämpfen, um sich dort zu reiben. Aber die beiden Hunde waren offensichtlich entzückt, uns fortgehen zu sehen. Bis dahin hatten sie ihre Drohgebärden nur aus strategisch sicherer Entfernung erkennen lassen, doch diese argwöhnische Feindseligkeit verwandelte sich in matadorhaftes Selbstvertrauen, kaum dass wir ins Auto gestiegen waren und die Türen geschlossen hatten. Der größere Köter marschierte vor, hob elegant ein Bein und pinkelte, den Kopf verächtlich zurückwerfend, eine ganze Eimerladung voll an unser rechtes Hinterrad. In der Zwischenzeit hatte sich sein kleinerer Kumpan wagemutig vor das Auto postiert und, als wolle er einen frisch gelegten Haufen bedecken, schaufelte er mit den Hinterbeinen einen wahren Kiesregen auf die Motorhaube.

Olé, und *Adíos, amigos*!

Die Frontlinien waren an jenem schicksalhaften Julinachmittag von den Hunden gezogen worden; doch nun, nach unserem Einzug in das Haus, waren anscheinend die Katzen dafür zuständig, uns wissen zu lassen, dass wir in *ihrem* Zuhause keineswegs willkommen waren.

Francisca hatte uns als Begrüßungsgeschenk etwas von ihrem selbst gebackenen Kuchen gebracht, den sie, so versicherte sie, aus den Mandeln der Bäume rund um das Haus gemacht hatte. Und um dem Festschmaus die Krone aufzusetzen, zog sie ein Behältnis mit ihrem sehr speziellen Mandeleis aus dem Korb, streng nach jenem geheimen Rezept angefertigt, das in ihrer Familie von Generation zu Generation überliefert worden war. Dieses Eis sei *muy especial* und könne nirgends gekauft werden. Etwas *Derartiges* hätten wir bestimmt noch nie gekostet. Wie Recht sie doch behalten sollte!

Wir setzten uns an den Küchentisch und sahen zu, wie Señora Ferrer stolz und bedächtig, als messe sie den teuersten

Beluga-Kaviar ab, in gleichmäßigen Portionen ihre Köstlichkeiten verteilte. Wir bereiteten unsere Geschmacksnerven auf eine Überraschung vor.

Mein Mund hatte sich kaum über dem ersten Bissen des Mandelkuchens geschlossen, als das Gesicht der Señora so unmittelbar vor dem meinen auftauchte, dass sich unsere Nasen fast berührten, ihre Pupillen in freudiger Erwartung geweitet. »*Muy buena, la tarta, no*?«

»Sehr gut … ja«, sprudelte es aus mir heraus, wobei mir Stücke von Mandelblättchen aus dem Mund schossen und auf Franciscas Brillengläsern haften blieben.

Ah sí, sie sei ein wenig trocken, *la tarta,* wenn man sie ohne das Eis esse, erklärte sie. Man müsse Kuchen und Eis gleichzeitig auf den Löffel nehmen. In Zeitlupe machte sie es mir vor. Nun solle *ich* es versuchen.

Ich fühlte mich wie ein zu groß geratener Säugling, dem man gerade die Lektion *numero uno* im Einmaleins des Löffelumgangs erteilte. Ohne Ellie überhaupt anschauen zu müssen, wusste ich genau, dass sie verzweifelt ihr Lachen unterdrückte, was meine Verlegenheit nicht gerade minderte.

Das zusätzliche Eis auf dem Löffel half zwar, den staubtrockenen Kuchen zu kauen, doch ungeachtet der großartigen Anpreisungen von Francisca war ich überzeugt, ihr Spezialeis schmecke nach nichts als wässriger, mit einem Hauch gemahlener Mandeln versetzter Milch. Aber im Interesse der Höflichkeit durfte sie mich nicht würgen und spucken sehen. Ich musste durchhalten! Vielleicht, so dachte ich, musste man erst auf den Geschmack kommen. Und wie würde wohl ein mallorquinischer Gaumen auf die erste Konfrontation mit dem guten alten schottischen Porridge reagieren?

Señora Ferrers gespanntes Gesicht wartete auf ein Zeichen der Bestätigung. Als ich begriff, dass es für mich kein

Entrinnen gab, holte ich tief Luft und schluckte heftig. »Mhm-mhm-mhm-mhm«, säuselte ich, nickte und unternahm den tapferen Versuch, mir die Lippen zu lecken. Ich lernte, auf Spanisch zu lügen, ohne ein einziges Wort zu sagen. Meine gut gemeinte Unaufrichtigkeit wurde mit einer weiteren großzügigen Portion dieses Doppelmeisterwerks der Konditoreikunst belohnt. Franciscas Tag war gerettet.

Genau in dem Augenblick nahm ich unter dem Tisch ein hektisches, kratzendes Geräusch wahr und spürte, wie mir eine ganze Reihe spitzer Nadeln die Haut zerkratzte. Es dauerte ein paar Sekunden, bis mir klar wurde, was hier geschah – unglaublich, aber eine ihrer Katzen schärfte sich tatsächlich die Krallen an meinem Bein!

»Autsch!«, schrie ich und deutete verzweifelt auf mein in Auflösung begriffenes Hosenbein. »Die Katze, Ihre Katze … sie … sie …«

»Ah sí, es normal«, sagte Señora Ferrer lächelnd und fügte in aller Seelenruhe hinzu, dass ihr kleiner Liebling in Wirklichkeit nur an das Eis wolle. Diese Katze hatte doch tatsächlich eine Schwäche für ihr Eis. Oo-ooh, und dann schnurrte sie auch noch. Sie mochte mich. Sie mochte mich wirklich! Hocherfreut schlug sich Señora Ferrer die Hände an die Wangen und neigte beim Anblick dieser wilden Liebesszene – die Augen tränenfeucht – gerührt den Kopf.

Mein Verstand arbeitete fieberhaft. Mein Schienbein blutete. Schließlich förderte mein arg gebeuteltes Hirn eine herrlich einfache Lösung für die beiden mich bedrängenden Probleme zutage. Ich riss meinen bis an den Rand gefüllten Teller vom Tisch und setzte ihn in Windeseile auf den Fußboden. Der Trick funktionierte. Einen Augenblick später schon ließ meine sadistische Bewunderin von meinem Bein ab und machte sich heftig schleckend über das Eis her. Wie durch Zauberei krochen die anderen Mitglieder der Katzenbande aus ihren Verstecken hervor, und plötzlich war der Kuchenteller begraben unter einem auf und ab wogenden Kreis wedelnder Schwänze und aufblitzender Hinterteile.

Señora Ferrer war sichtlich überwältigt.

Zunächst befürchtete ich, sie beleidigt zu haben. Doch keineswegs.

Madre mía, was ich doch für ein freundlicher Mann sei, dass ich mein Eis ihren kostbaren kleinen Lieblingen überlassen habe, säuselte sie. Ihr und Tomàs sei der Kindersegen verwehrt geblieben, und so waren die Katzen und Hunde schließlich ihre *niños* geworden. Das würde ich gewiss verstehen, meinte sie voller Überzeugung, wo ich doch offensichtlich ein solcher Tierfreund sei. *Magnifico,* wie schnell ich mit den Katzen vertraut geworden sei. Ich sei ein richtiger Katzenmensch. *Sí, claro*!

Nun ja, tatsächlich mochte ich Katzen ganz gern. In diesem Augenblick hätte ich die kleinen Monster jedoch am liebsten im nächsten Brunnen ertränkt. Innerhalb von nur zwanzig Minuten waren mir eine völlig intakte Hose und zwei leidlich intakte Beine ruiniert worden, und tief im Innern wusste ich, dass diese Katzen in Wirklichkeit nur eines wollten: uns aus dem Haus jagen – aus *ihrem* Haus. Doch ich konnte mich nicht überwinden, es Francisca zu sagen, und wahrscheinlich hätte sie auch gar nicht zugehört.

Sie überhäufte mich weiterhin mit Lob wegen meiner »offensichtlichen Liebe zu den *animales*«. Ihr Schutzheiliger aus Assisi wäre stolz auf mich gewesen, sagte sie, dann schwieg sie und bekreuzigte sich nachdenklich.

Jetzt erst dämmerte mir, dass ich einer von diesen Trotteln war, denen man so lange Honig um den Bart schmiert, bis sie sich zu etwas überreden ließen, was sie später bitter bereuen würden.

Franciscas Wimpern hinter ihrer Katzenfraubrille bewegten sich aufgeregt hin und her. *»Señor Peter … oh eh, y Señ-*

ora«, sagte sie und ließ ein diplomatisches Lächeln in Ellies Richtung aufblitzen, um ihre Aufmerksamkeit schließlich wieder auf das leichter einnehmbare Gegenüber zu konzentrieren. Ob ich denn so freundlich wäre, wochentags die Hunde und Katzen zu füttern, wenn sie und Tomàs in Palma weilten? Die Katzen seien, wie Katzen nun einmal sind, recht *independiente*, wie ich ja sicher wisse, und sie seien höchstwahrscheinlich schon zufrieden, wenn sie in einem der Außengebäude schlafen könnten. Die Hunde (es handele sich übrigens um Mutter und Sohn) Robin und Marian, nach Robin Hood in *Inglaterra* – was für ein hübscher Zufall, dass sie ausgerechnet englische Namen hätten – nun ja, die Hunde gingen tagsüber meistens in den Bergen auf Jagd, doch in der Nacht … Robin sei sehr empfindsam, *un poquito tímido*, und seine kleine Mutter werde allmählich alt und sei *enferma*, von Arthritis geplagt, zudem habe sie die eine oder andere Scheinschwangerschaft hinter sich, ein paar Zysten, so etwas eben … vielleicht könnten wir sie wie gewohnt in der Küche schlafen lassen? Sie werde uns das Hundefutter bringen, und am Wochenende könnten die Tiere bei ihr in der *casita* wohnen. Ihre Kleinen würden uns *absolutamente no problemas* bereiten.

Ich hatte nicht das Herz, oder genauer gesagt, nicht das Vokabular, ihr die Bitte abzuschlagen. Hätte Señora Ferrer den Hauptgewinn in der *lotería* gewonnen, sie wäre kaum entzückter gewesen. Sie drückte uns beide fest an sich, mit Tränen in den Augen. Ellie versetzte mir einen heimlichen Tritt gegen mein aufgerissenes Schienbein, woraufhin auch mir die Tränen in den Augen standen.

Mit dem Versprechen, schon bald mehr Mandelkuchen und Eis vorbeizubringen, versammelte eine zufriedene Francisca ihre Truppen um sich und bugsierte sie durch die Vordertür hinaus, wobei schon der Anblick ihrer erhobenen Sandale jeden Ausreißer entmutigte, an eine heimliche Rückkehr ins Haus auch nur zu denken. Die kunterbunte Prozession marschierte davon, und die Anführerin rief über die Schulter zurück, dass sie am Nachmittag wiederkommen werde, um Ellie zu zeigen, wie alles im Haus funktionierte. Tomàs würde auch kommen; es gab vieles, was er mir wegen der Bäume und anderer Sachen erklären müsse.

Robin und Marian verließen als letzte das Haus; zögerlich und mit verstohlenen Blicken auf Ellie und mich schlichen sie, den Schwanz fest zwischen die Hinterbeine geklemmt, an uns vorbei aus ihrer heiß geliebten Küche. Immerhin hatten sie diesmal wenigstens nicht geknurrt. Vielleicht fingen sie ja schon an, uns allmählich zu akzeptieren?

Mit diesem wohlwollenden Gedanken im Hinterkopf machten wir uns daran, die wenigen Koffer auszupacken, die wir am Vorabend auf dem Flug hierher bei uns gehabt hatten. Die restlichen Sachen würde der Spediteur frühestens in ein paar Wochen anliefern. Aber das sollte uns eigentlich keine Sorgen machen. Wie auf Mallorca üblich, war uns das Haus von seinen Vorbesitzern »möbliert« übergeben worden. Und das bedeutete, dass wir einen Riesenklotz von einem Bett mit bizarrem Kopfteil geerbt hatten, das gegen eine Armee von gefräßigen Holzwürmern ums Überleben kämpfte; dazu kam eine winzige, zerschlissene, dreiteilige Sitzgarnitur, die, was ihre Bequemlichkeit betraf, offenbar ein auf Kirchengestühl spezialisierter Handwerker entworfen hatte; außerdem gab es einen wackeligen Küchentisch und Stühle, die ihre Schlacht gegen den Holzwurm eindeutig schon vor etlichen Jahren verloren hatten. Eine rudimentäre Überlebensausrüstung aus einem Rest angeschlagenen Geschirrs und einigen Besteckteilen, die anscheinend durch Uri Gellers Hände gegangen waren, vervollständigten das »Mobiliar«.

Doch diese vorübergehenden Unbequemlichkeiten waren ohne jede Bedeutung. Wir hatten den entscheidenden Schritt gewagt und freuten uns diebisch, die stolzen *dueños* unseres eigenen Bauernhofes auf Mallorca zu sein – für viele ein Traum, für uns einer, den wir tatsächlich hatten wahr werden lassen. Im Taumel unserer Selbstzufriedenheit machten wir uns an eine gemächliche Inspektion des Hauses. Ich merkte mir all jene Dinge, die im Zuge von Renovierung und Umbauten in Angriff genommen werden mussten, doch obwohl das alte Haus ein wenig vernachlässigt wirkte, schien es keine größeren Mängel zu geben. Natürlich war hier und da ein kleiner Farbtupfer von Nöten, im Putz gab es einige Risse, um die man sich kümmern musste, ein paar zerbrochene Bodenfliesen mussten ersetzt und der ein oder andere Fensterladen gerichtet werden, aber das war meiner Einschätzung nach alles nur halb so schlimm. Die Hauptsache war, dass überall im Haus eine durchweg freundliche Atmosphäre herrschte, und tatsächlich gefiel es mir hier von Minute zu Minute besser.

»Weißt du, Ellie«, sagte ich, während ich die kleine Treppe zur Küche hinunterstieg, »vom allerersten Moment, als du dieses Haus gesehen hast, hattest du Recht.« Ich tätschelte das alte Holzgeländer. »Ja, hier herrscht eine wirklich gute Atmosphäre – gut und anheimelnd. Hier sind bestimmt viele nette Dinge passiert. Das spürt man. Das ist bei allen Häusern so – entweder sind die Schwingungen gut oder schlecht, und hier empfange ich eindeutig gute.«

»Freut mich zu hören, dass du dich meiner Meinung langsam anschließt. Wenn nicht, wäre es jetzt allerdings auch zu spät. Na komm, lass uns schauen, ob wir auf dem alten Herd ein Tässchen Kaffee gebraut bekommen.«

»Gute Idee. Aber bitte tu mir einen Gefallen – gib mir nichts mehr von dem Mandelkuchen der gnädigen Madame Ferrer. Das Zeug taugt allenfalls als Hundefutter.«

»Mhm, und da wir gerade von den Hunden reden, ich glaube, sie haben eine kleine Nachricht für uns hinterlassen«, sagte Ellie, rümpfte die Nase und deutete unter den Tisch.

Und natürlich, wie konnte es anders sein – da lagen Robins und Marians Visitenkarten Seite an Seite auf dem Fußboden ... die eine ein fester Brocken, die andere flüssig. Und mit einem Mal war die Atmosphäre schon nicht mehr ganz so anheimelnd. Doch die Nachricht der Hunde sprach eine klare und deutliche Sprache. Wie die Katzen wollten auch sie uns RAUS haben, und auch wenn wir es noch nicht wussten: Das freundliche alte Haus hielt noch ein paar andere Überraschungen für uns parat.

* * *

Der völlig verrückte Schneefall setzte Tomàs Ferrers minuziöser Lektion über die Feinheiten des mallorquinischen Obstanbaus ein Ende. Für eine Sitzung hatte ich ohnehin genug. Mein gerade erst ausgewanderter Kopf hämmerte und pochte von dem konzentrierten Bombardement auf Spanisch vorgebrachter Gartenbaulektionen, meine zerkratzten Beine schmerzten, ich hatte eine Überdosis Mandeleis intus, und die Hunde und Katzen hassten mich. Ich war erschlagen.

Señor Ferrer rief *adiós* und begab sich eilig durch den Orangenhain zu seiner *casita* – vielleicht um sich mit Francisca irgendeinem Wintersport hinzugeben, bevor das unvermeidlich schnelle Tauwetter einsetzte. Ich kannte seine Pläne nicht und sie waren mir auch egal.

In der Küche, die inzwischen nach landwirtschaftlichem Desinfektionsmittel stank, ließ ich mich auf einen unbequemen Stuhl fallen. Ellie erzählte etwas davon, dass Señora Ferrer darauf bestanden habe, den Raum nach Robins und Marians »unglückseliger Magenverstimmung« mit einem Spray zu behandeln.

»Ich wollte von Anfang an nicht auf dieses blöde Mallorca«, brummelte ich vor mich hin. »Das Haus stinkt nach öffentlicher Bedürfnisanstalt«, sagte ich zu Ellies Rücken, während sie in den unteren Regionen des Herdes geräuschvoll nach irgendetwas suchte.

Sie richtete sich auf, seufzte tief und drehte sich langsam um. Ganz offensichtlich war sie nicht in der Stimmung, auf mein übellauniges Gebrummel einzugehen. »Die Gasflasche im Herd ist leer, es ist Sonntagabend, und der Lieferwagen mit dem *butano* kommt erst am Mittwoch wieder. Wir müssen essen gehen. Komm.«

Ich brachte keine Einwände vor. Tatsächlich redeten wir während der ganzen zwei Meilen bis nach Andratx kein Wort miteinander. Ein Großteil des Schnees war bereits getaut, aber die Fahrbahn war nass, und in den Rinnsteinen der menschenleeren Straßen lag noch der Schneematsch. Die Einheimischen, stellte ich mir vor, sitzen jetzt gemütlich in ihren Häusern, lachen wahrscheinlich im Kreis ihrer Familie rund um den Esstisch versammelt, der unter riesigen Platten mit deftiger Hausmannskost ächzt. Es war dunkel, und das schummerige Licht der Straßenlaternen spiegelte sich in Pfützen, die in dem immer kälter werdenden Nordwind zitterten. Der gefürchtete *Tramuntana* war im Anzug.

Langsam streiften wir durch die Altstadt, vorbei an einigen reizlosen, von Neonlicht erhellten Bars mit beschlagenen Fenstern, doch einladende *»restaurante«*-Schilder waren nirgendwo zu sehen. Seit unserer letzten warmen Mahlzeit auf dem Flug hierher war reichlich Zeit vergangen; jetzt wuchsen sich Hunger und Erschöpfung allmählich zur Verzweiflung aus.

»Ich würde Gott weiß was für eine große Portion Fisch und Chips geben«, stöhnte ich. Aber wir waren hier in Spanien, mitten auf dem Land, und solch heimatliche Delikatessen lagen in unerreichbarer Ferne – oder vielleicht in den berüchtigten Touristenzentren an der Küste? Nein, *so* verzweifelt waren wir nun auch wieder nicht.

Vor uns lief eine schwarze Katze über die Straße und schoss in ein schmales Gässchen. Ellie spähte in die Gasse und schubste mich dann am Arm. »Folg der Katze. Da hinten gibt es bestimmt ein Restaurant.«

Wir kletterten den steilen Weg mit dem Kopfsteinpflaster hinauf, und da saß die Katze miauend unter einem handgemalten Schild – »Ca'na Pau – Restaurante Mallorquín«. Bingo! Endlich hatten wir eine Nahrungsquelle aufgetan, und ausgerechnet eine Katze hatte uns hierher geführt. Die Tür ging auf, die schwarze Katze lief flugs hinein, und sechs weitere Katzen kamen herausgestürzt. In keiner davon erkannten wir ein Mitglied von Señora Ferrers gefährlicher Katzenbande, also wagten wir uns hinein.

»Ich bin Pere Pau, *el patrón*«, krächzte eine Stimme, die so rau war wie Schmirgelpapier. »*Benvinguts a mi casa.*« Hager und unergründlich stand unser Gastgeber in der offenen Tür – ein knochendürrer Hering von einem Mann mit dem misstrauisch lauernden Blick und den eiskalt berechnenden Augen eines Taschendiebs aus einem Dickens-Roman. Mit einer ausladenden Geste winkte er uns in das winzigste Esslokal, das ich je gesehen hatte. Die verglaste Tür schlug klappernd hinter uns ins Schloss, und Señor Pau griff sich meine Hand zu knochenbrecherischem Händeschütteln. Ellie hinter mir krümmte sich. Er trug die komplette Küchenchef-Ausstattung, und auf seinem Kopf saß die höchste aller hohen Kochmützen, mit der er beinahe den Staub von den Balken an der niedrigen Decke abwischen konnte. Von der vorstehenden Unterlippe baumelte eine krumme Zigarette herab, und bequem in seine linke Armbeuge geschmiegt lag eine Schildpattkatze. Den einzigen sichtbaren Fluchtweg verstellte er bereits, also blieb uns nichts anderes übrig, als seinem ausgestreckten Arm zu einem der fünf Tische zu folgen, die in den winzigen Raum gestopft worden waren. Als uns, Böses ahnend, bewusst wurde, dass wir Pere Pau's einzige Gäste waren, mussten wir das Gefühl aufsteigender Panik niederkämpfen, das wohl jedes Insekt erfasst, wenn es plötzlich erkennt, geradewegs in ein Spinnennetz geflogen zu sein.

Die Tische waren mit blauweiß kariertem Wachstuch bedeckt, dekoriert nur mit einem durch das Emblem der Biersorte San Miguel verzierten Aschenbecher in der Tischmitte. Kaltes Neonlicht erhellte die vergilbten Wände, die eine chaotische Collage verblasster Fotografien mit früheren Fußballteams von Andratx bedeckte, durchbrochen von Postern mit Eselsohren, die lokale Sportereignisse ankündigten, sowie den Programmen von *el cine Argentina* mit den kommenden Film-Highlights – alle jedoch seit Jahren nicht mehr aktuell. Wir schienen in eine wundersam verzerrte Zeitzone geraten zu sein.

Zu beiden Seiten der Tür stand je eine riesige alte Gefrier-Kühl-Kombination, von Aufklebern verziert, die für alles von frischer Milch bis zu Abflussreinigern warben. Eine Holztreppe (die jedoch nirgendwohin führte) mit einem Seil und einem *Privado*-Schild davor erhob sich in einer düsteren Ecke des Raumes, und gegenüber befand sich die offene Küche – ein beengter, halb hinter einem hohen Tresen versteckter Alkoven, der mit übereinander gestapelten Tellersäulen und einem Gewirr an Besteck übersät war. Irgendwo, verborgen in den hintersten Nischen der Küche, plärrte aus einem Transistorradio die neueste spanische Pop-Rock-Musik … *BABY, BABY, SOY UN ANIMAL, UN ANIMAL PARA SU AMOR, PARA SU AMOR, UN* ANIMAL *CRAZEEEE PARA SU AMOR … YEAH!* Unisono erhoben sich die jammervollen Klänge einer unsichtbaren Katze.

Wir waren ernsthaft in Versuchung, schnurstracks auf die Tür zuzustürzen, sobald uns Pere Pau den Rücken zukehren würde. Aber was zum Teufel hatten wir schon zu verlieren? Wir waren ausgehungert und hatten nur die Wahl zwischen

Tod durch Verhungern und Tod durch Lebensmittelvergiftung. Also baten wir um die Speisekarte.

»Speisekarte? *La carta*? Aber nicht doch, nicht doch, nie im Leben!«, wütete Küchenchef Pau. Solcher Firlefanz sei völlig unnötig. Er bereite jeden Tag zwei ganz und gar unterschiedliche Gerichte – aber wählen könne man nicht. Man aß, was einem vorgesetzt wurde. Und Nachtisch gebe es auch keinen, betonte er. Nach zwei *platos* seines Essens habe niemand mehr Platz für *postre*, höchstens Leute mit Bandwurm. Natürlich bestellten die Deutschen immer ein Dessert, fügte er nachträglich hinzu, aber selbst die müssten sich mit einem Eis aus dem Tiefkühler zufrieden geben.

Und was seien die *platos* des Tages, wagte ich zu fragen?

Er zog tief an seiner Zigarette, die inzwischen so weit heruntergebrannt war, dass er deren durchweichten Stummel kaum noch zwischen Fingerspitze und Daumen halten konnte. Als *el primero*, so erklärte er, gebe es eine *Sopa de Pescado* – eine seiner *famoso* Spezialitäten und weithin bekannt als die beste Fischsuppe in ganz Spanien – wir könnten uns glücklich schätzen, dass wir sie heute Abend überhaupt kosten dürften, denn seine guten *amigos*, die Fischer unten im Hafen von Andratx, hätten heute, bevor der Sturm losgebrochen sei, nur einen sehr mageren Fang gemacht.

Vor unserem inneren Auge sahen wir uns mit einem übel riechenden Gebräu konfrontiert, das aus den Fischresten der vergangenen Tage zusammengekocht worden war – und das nicht einmal seine Katzen hatten anrühren mögen.

»Und dann als Hauptgericht?« Sofort wünschte ich, dass ich mir die Frage verkniffen hätte, doch Pere hatte uns da, wo er uns haben wollte, und jetzt konnte ihn nichts mehr aufhalten.

»*Ah, el segundo un plato típico de Mallorca … El Lomo con Col! Fantástico! Estupendo! Mhm-mhm-wah!*« Er warf den Kopf in den Nacken, um in wahrer Küchenchef-Manier seine Fingerspitzen zu küssen, was jedoch nur dazu führte, dass er sich den glühenden Zigarettenstummel in die melodramatisch geschürzten Lippen drückte. »*Mierda!*«, fluchte er und ließ die brennende Kippe fallen, die wie ein wohl gezieltes Brandgeschoss ihren Weg genau in den hochgekrempelten Saum seines linken Hosenbeins fand.

Im Gefolge seiner besessenen Flucht zur Küche wurden mehrere Stühle umgestürzt, und obwohl wir nicht sehen konnten, was sich hinter dem hohen Tresen abspielte, beschworen die Geräusche von Peres irrem Flamenco und das großzügige Verspritzen in aller Eile herbeigeschleppter Wassermengen lebhafte Bilder des herrlichsten Chaos' herauf. Wie zur Bestätigung schoss die vor Panik halb verrückte Schildpattkatze Schutz suchend unter Ellies Stuhl. Sollte es uns in die Kantine der örtlichen Irrenanstalt verschlagen haben?

Äußerlich völlig gelassen kam Pere zurück. Er richtete sich die Kochmütze, betupfte sich mit der Schürze die Lippe, auf der sich bereits Brandbläschen zeigten, schüttelte sich das Wasser aus dem linken Schuh und kam mit ungebrochenem Selbstvertrauen und hocherhobenen Hauptes auf uns zu. Seine Würde hatte er gewahrt … was immer es gekostet haben mochte.

Ob wir gern etwas zu trinken hätten, solange das Essen in Arbeit sei, wollte er wissen? (Damit war nun vollkommen klar, dass Señor Pau Hotelbesitzer, Küchenchef und Oberkellner in einem war – und Tellerwäscher wahrscheinlich noch dazu.) Feierlich machte man uns die Mitteilung, dass es beim Wein sehr wohl eine Auswahl gebe. Wir könnten entweder Rot- oder Weißwein haben, ich entschied mich für den roten, und Ellie fragte, ob sie einen Kaffee bekommen könne, *un café solo*, zum Aufwärmen.

Ein Ausdruck völligen Schockiertseins überzog Peres Gesicht. »*Un café? No es posible!*«, erwiderte er sichtlich gekränkt. Wer Kaffee wolle, der müsse schon in eine Bar gehen.

Dies sei ein Restaurant, *sein* Restaurant, und Zweck des Unternehmens sei es, dass seine Gäste *seine* Speisen genössen, hervorragende Speisen, die nur aus den besten Erzeugnissen der Region zubereitet würden – alles *totalmente natural* und ohne all diese scheußlichen Konservierungsstoffe. Nein, es sei *nicht* möglich, einen Kaffee zu bekommen. Ein Küchenchef koche keinen Kaffee. Er kreiere Speisen … exzellente Speisen. *Hombre!*

Also bestellte Ellie stattdessen ein Glas Wasser.

Ein großer Tonkrug mit Rotwein und eine Flasche Mineralwasser wurden wie bestellt an unseren Tisch gebracht, dazu eine große Schüssel mit Oliven und ein Korb, der bis an den Rand mit krossem, frischem Brot gefüllt war. Das Transistorradio hatte er barmherzigerweise ausgeschaltet und die Katzen ohne alle Umschweife aus dem Lokal entfernt, bevor sich unser Küchenchef in die Küche zurückzog und seinen Kreationen widmete.

»Ablenkungen kann ich bei der Arbeit nicht ausstehen«, verkündete er, und in der Rauchwolke einer frisch angezündeten Zigarette verschwand er hinter dem Küchentresen.

Wie hungrige Wölfe machten wir uns über Brot und Oliven her, während Peres Gesang und das überraschend verlockende Aroma seiner Kochkünste zu uns herüberdrangen. Der Wein war stark, erdig und ausgezeichnet – aus Binissalem im Innern der Insel, hatte unser Gastgeber uns wissen lassen, als er den Kopf aus der Küche gesteckt hatte, um zu sehen, ob wir auch mit allem gut versorgt seien oder, wie Ellie trocken bemerkte, um sich davon zu überzeugen, dass wir noch da waren. Wie auch immer, der Wein kam aus der *bodega* eines weiteren *amigo* von Pere Pau, »der darauf achtete, dass er nicht zu kurz kam« – und er trank sich ausgezeichnet.

Die Wirkung des Weins auf meinen leeren Magen war

vorhersagbar, aber durchaus willkommen. Und mit jedem Schluck schien die Welt, oder zumindest Pau's Restaurant, freundlicher.

»Una Paloma blanca-a-a …« Peres Gesang wurde immer lauter, und die Gerüche seiner Kochkünste wurden immer verlockender, bis schließlich der große Moment gekommen war. Eine riesige *greixonera* aus Ton mit flachem Boden tauchte aus der Küche auf, hochgehalten von Señor Pau, der eine Kunstpause lang innehielt und dann majestätisch auf unseren Tisch zuschritt, derweil von dem brodelnden Gericht Dampf aufstieg.

Der Inhalt sah köstlich aus – große Stücke von weißem Fisch, die in einer Brühe aus Tomaten, Wein, Oliven, Öl, Zwiebeln, Knoblauch und Kräutern schwammen, die einem das Wasser im Mund zusammenlaufen ließ. Das war seine *Sopa de Pescado,* und vom ersten dampfenden Löffel an wussten wir, dass es sich nicht um eine gewöhnliche Fischsuppe handelte; und um die Frische der Zutaten hätten wir uns auch keine Sorgen machen müssen. Es war ein wahres Meisterwerk, und das sagten wir ihm auch.

Ein selbstzufriedenes Lächeln umspielte Peres Mundwinkel. *Ah sí …* seine *amigos,* die Fischer, achteten stets darauf, dass er nicht zu kurz kam. Er sah uns dabei zu, wie wir unsere Suppenteller leerten, dann füllte er sie erneut bis zum Rand, mit Löffeln, die von seiner berühmten Schöpfung überquollen. Als wir den zweiten Suppenteller geleert hatten, waren wir so gesättigt, dass wir uns fragten, wie um alles in der Welt wir nur den nächsten Gang bewältigen sollten. Doch einige Bissen Seehecht und Seeteufel schwammen noch als Bodensatz auf dem Grund von Peres *greixonera,* und keine noch so lobenden Beteuerungen vermochten ihn davon zu überzeugen, dass ich für die Reste einfach keinen Platz mehr hatte. Ellie wurde eine dritte Portion erspart. Sie sei nur eine Frau, bemerkte Pere, und brauche nicht so viel Nahrung wie ein Mann; doch ich müsse den Rest der *sopa* essen. Das sei gut für mich.

In diesem Augenblick flog die Tür auf, und ein eisiger Windstoß fegte herein, dem eine Gruppe lärmender junger Männer mit ihren Freundinnen folgte; sie rieben sich die kalten Hände und riefen Pere Pau nett gemeinte Spötteleien zu, während sie sich rund um die beengt stehenden Tische platzierten. Es wirkte wie eine rüde Variante der Reise nach Jerusalem. Natürlich gab es zwei Verlierer, und mit fragenden Gesten wollten sie wissen, ob sie die beiden freien Plätze an unserem Tisch besetzen dürften. Wir signalisierten ihnen unser Einverständnis. Was sonst? Schließlich hatten wir kaum eine andere Wahl.

Pere mußte in einem regelrechten Spießrutenlauf allerlei Neckereien und Klapse auf den Rücken über sich ergehen lassen, als er in dem gut gefüllten Raum Brot, Oliven, Bier und Cola verteilte. Er war ganz in seinem Element – mit jeder Beleidigung, die er seinen lärmenden Gästen zurief, sprühten ihm Funken von der Zigarette. Wir hatten den Eindruck, dass sich diese kleine Szene so und nicht anders schon viele Male zuvor abgespielt hatte.

»Schön, vielleicht vergisst er jetzt, wo er diese ganze Truppe abzufüttern hat, unseren Hauptgang«, sagte ich zu Ellie. »Diese Fischsuppe, die er uns da serviert hat, war fantastisch, aber nach fast drei Tellern davon komme ich mir wie ein gefüllter Truthahn vor.«

»Keine Chance, Kumpel«, mischte sich der Junge uns gegenüber ein. »Pere vergiss euch garantiert nich; und wenn ihr seine Fressalie o. k. finde, dann stopf er euch totsicher noch mehr rein. Das iss seine Spiel mit neue Gäste. Aber keine Panik, Mann. Ihr werde sson nich kotze.«

»Oh, aha. Tja, also … ich … ich freue mich schon richtig drauf«, antwortete ich, arg verblüfft über das fließende Englisch des jungen Burschen und bemüht, angesichts der Aussicht, bis zum Platzen gemästet zu werden, nicht allzu besorgt dreinzuschauen.

Unser neuer Tischgenosse war offensichtlich erpicht darauf, sein Englisch an uns zu erproben, vielleicht um die junge Frau neben ihm zu beeindrucken, die, das Kinn auf die eine Hand gestützt, aus großen braunen Augen erfurchtsvoll zu ihm aufschaute, während die andere Hand im Rhythmus eines Roboters Oliven in ihren Mund schob. Ihr Kavalier, der diese Bewunderung sichtlich genoss, verdoppelte seinen Ausstoß an Englisch.

Wir befänden uns in Gesellschaft der Mitglieder des Fußballclubs von Andratx, vertraute er uns an. Und jetzt feierten sie den Sieg des heutigen Nachmittags über Calvià, die Erzrivalen am Ort. Er selbst sei *el Stürmer* und habe das entscheidende Tor erzielt. Seine *chica,* die das Wort »Tor« erkannte, quietschte vor Vergnügen und verpasste ihrem Helden einen dicken Kuss auf die Wange. Mit jenem Ausdruck gelangweilter Resignation, die einen echten Sportstar mitunter schnell überkommt, schob er sie halbherzig beiseite.

»Meine Ingliss iss nich' übel, eh?« Die Andratx-Ausgabe von Maradona schien eher eine Tatsache bekräftigen, als eine Frage stellen zu wollen, doch wir nickten trotzdem zustimmend. »In Schule hab ich nie Ingliss gehab. Nee – das hab ich alles von die inglisse Touristen in Strandbar gelern, da wo ich arbeiten in Magalluf. Die bringe's dir bei, die Jungs ... Besser als wie Seiße-Lehrer. Aber keine Panik, Kumpel.« Er nahm einen gewaltigen Schluck aus seiner Bierflasche, dann rülpste er seinem völlig in ihn vernarrten Groupie ins Gesicht. Seine »inglisse Touristen in Strandbar« hatten ganze Arbeit geleistet.

Ein Ohren betäubender Lärm erhob sich, als die Truppe die Ankunft des ersten Kessels der *Sopa de Pescado* begrüßte. Pere rief eine Entschuldigung in unsere Richtung. Das Hauptgericht werde bald bei uns sein, versicherte er, doch erst müsse er diesem Haufen die Suppe servieren. Die einzige Möglichkeit, Schweine ruhig zu halten, sei, wie wir ja wahrscheinlich wüssten, sie zu füttern. Eine Kakophonie aus Gegrunze erfüllte den Raum, als die Jungen den Köder schluckten, und mit der Resonanz auf seine Vorstellung sichtlich zufrieden, ging Pere in sein Küchenreich zurück.

»Hart der springe mitte uns um«, erklärte Maradona und schwenkte seine San-Miguel-Bierflasche vage in Richtung Küche.

»Aber er uns richtich liebe. All das mitte Ssweine und so – nur auf Ssow – jede verdammte Mal.«

»Also Sie … Sie kommen oft zum Essen hierher?«, erkundigte sich Ellie zögerlich.

»Immer Sonntachabend, Susse – egal ob gewinne ode verliere. Das iss sowas wie unsere Clubhauss, nich. Viele Jahre sson. Da – die Bilder an die Wand. Isse sseiße Laden, nich? Aber die Esse koste bloss achthundert Pesetas … drei Pfund, mehr nich. Und die Esse iss richtich gutt. Oh ja, da gib's nix, Misses, die Esse iss richtich gutt.«

Ellie nahm einen Schluck von ihrem Wasser, da sie davon ausging, dass das kleine Zwischenspiel in Sachen Konversation nun vorbei war. Ich goss mir den Rest aus dem Weinkrug ins Glas, und *el Stürmer* und sein Fan machten sich über ihre *sopa* her. Das ununterbrochene Schlürfgeräusch des Tellerleerens im Team beherrschte ein, zwei Minuten lang das kleine Restaurant, dann hob der wunderbare Lärm des Tischgesprächs in hemmungslosem Spanisch wieder an.

»Eh, Pere, du elende alte Sseißer, wie wär's mitte bisse Servisse hier!« rief Maradona und sah sich Zustimmung erheischend nach uns um – wir sollten sein ausgezeichnetes Englisch loben. Doch all die Zustimmung, die er brauchte, wurde ihm schon von seiner ihn kindisch anhimmelnden *señorita* zuteil. Wie romantisch in ihren Ohren diese blumige fremdländische Sprache doch klingen musste.

Pere gab sich völlig übertrieben den Anschein, die anderen Gäste nicht zu bemerken, als er aus der Küche hereinspaziert kam und zwei Terrakotta-Schüsseln vor uns absetzte. Er schloss die Augen, richtete sich zu voller Größe auf und verkündete theatralisch strahlend: *»EL LOMO CON COL! … Bon profit, señores.«*

Wir waren noch immer staunend in die Betrachtung des üppigen Inhalts der dampfenden Schüsseln versunken, als Pere mit einem weiteren Krug Wein und noch mehr krossem Brot an unseren Tisch zurückkam. Mit verschränkten Armen und der rechtwinkelig aus seinem Mund abstehenden Zigarette blieb er hinter Ellie stehen, als wir den ersten Gabelbissen von dieser *gran especialidad de Mallorca* kosteten.

Hauchdünn geschnittene Schweinelendenscheibchen waren mit zarten, jungen Kohlblättern umhüllt – und jedes einzelne gefüllte Röllchen wurde von einem winzigen Holzspieß zusammengehalten. Der Schüsselboden war von einer großen Lache fetter, brauner Bratensauce bedeckt, die kleine Inselchen von jungen Kartoffeln, wilden *Seta*-Pilzen, Rosinen und Pinienkernen umbrutzelte. Was auch immer Pere Paus andere geheime Zutaten sein mochten, Aussehen und Duft seines klassisch ländlichen Gerichts waren unwiderstehlich.

Und der Geschmack? Dazu mussten wir erst gar nichts sagen. Der verzückte Ausdruck auf unseren Gesichtern war für Pere Zeichen genug. Er verbeugte sich, als er unsere unausgesprochenen Komplimente annahm, und zog sich erneut in seine Küche zurück.

In der Zwischenzeit hatten sich unsere beiden jungen Tischnachbarn bei dem Kühlschrank, in dem das Bier aufbewahrt wurde, zu einigen ihrer Kumpel gesellt, um aus dem Stehgreif die Höhepunkte des heutigen Fußballspiels nachzustellen. Ein Brötchen wurde geköpft und mit Hacke und Fußspitze auf einem Spielfeld bewegt, das nicht viel größer war als die Fußmatte vor der Tür. Dazu erhob sich ein nicht enden wollendes Lärmen aus Witzen und Gelächter von den Tischen, das wiederum von Peres brüllendem Singsang aus einer Ecke der Küche übertönt wurde: »*VALENCIA-A-A, RUM-PI-TUM-PI-YUM-PI-TUM* …«

Doch Ellie und ich waren so versunken in sein *Lomo Con Col,* dass wir das fröhliche Pandämonium um uns herum mit jedem weiteren herrlichen Gabelbissen weniger wahrnahmen. In meinem Fall trug der Wein aus Binissalem zusätzlich zu der sich ohnehin ausbreitenden Schläfrigkeit bei. Ich hatte auch den zweiten Krug geleert, und zwar ganz allein, denn Elli war vernünftigerweise während der ganzen langandauernden Mahlzeit beim Mineralwasser geblieben. Inzwischen machte ich mir nicht einmal mehr Sorgen darüber, wie ich das viele Essen und die viele Flüssigkeit in meinem Körper unterbringen sollte. Ungläubig stöhnte Ellie, als ich mit einem üppigen Stück Brot den letzten Rest der Bratensauce auftunkte.

»Das war nun wirklich mal ein Festessen«, schwelgte ich, »das vergesse ich nicht so schnell.«

»Den Bauch vollgeschlagen hast du dir«, sagte Ellie, »und auf der Heimfahrt wirst du dich wahrscheinlich übergeben müssen.«

Die Jungs von der Fußballmannschaft bliesen zum Aufbruch, banden sich die Schals um, und verschwanden in gut gelaunten kleinen Grüppchen in der windigen Dunkelheit. Die hatten alle einen herrlichen Tag gehabt.

Von der Tür aus winkte Maradona uns zu. »Wir uns sehn, Kumpel … Ssön zu kennelerne, Susse, und halte eure Arsse sauber. Aber null problemo, eh?«

»Gute Nacht«, rief Ellie, hinreichend von seinem Charme in Bann geschlagen.

El Stürmer stolzierte in die Nacht hinaus, den einen Arm lässig um die Schulter seiner Klette von Freundin gelegt, deren Ehrfurcht angesichts der verblüffenden Zweisprachigkeit ihres Idols größer denn je zu sein schien. Ich lächelte still in mich hinein wie ein wahrhaft mit sich und der Welt zufriedener Mensch, und ehe ich die Kraft aufbringen konnte, zum Abschied zu winken, waren unsere jungen Tischnachbarn längst fort.

Nachdem die vielen Menschen den Raum verlassen hatten, waren allmählich die Katzen wiedergekommen, und als sich schließlich unser Maradona verabschiedete, schlüpfte noch ein kleiner Hund herein. Pere Pau gluckste vergnügt und bückte sich, um den kleinen braunen Streuner hochzuheben, dessen ganz entschieden lockiger Schwanz vor lauter Aufregung fast einen Looping machte. Hier wurden wir augenscheinlich Zeugen eines Wiedersehens zwischen zwei alten Freunden.

»Hola, Pepito, mi pequeño amigo!«, grinste Pere. Und dann wurde der Kopf getätschelt, das Kinn gekrault und im Gegenzug das Gesicht geleckt, und während der ganzen Zeit ragte Peres Zigarette – die er außer Reichweite von Pepitos eifriger kleiner Zunge halten musste – kerzengerade wie eine Goldregenrakete zu Silvester in die Luft. Doch Pere kämpfte auf verlorenem Posten, und ehe er die lebensnotwendige Zigarette weglegte, ließ er den kleinen Hund lieber in Ellies Schoß fallen. Das behagte Pepito durchaus. Er begrüßte Ellie und kuschelte sich auf ihr Knie.

Die Schildpattkatze, die eine Atmosphäre zunehmender Leutseligkeit spürte, kroch schnurrend aus ihrem Schlupfwinkel unter Ellies Stuhl hervor, und kletterte auf meine ausgestreckten Beine, wo sie sich zusammenrollte und gleich einschlief.

Ich gähnte und spürte, wie mein Kopf immer weiter niedersank, mir die Lider schwerer wurden, mein Mund sich langsam öffnete und bis zum Schnarchen nicht mehr viel fehlte.

»Komm schon! Reiß dich zusammen!«, zischte Ellie. »Wir sind die letzten hier im Lokal. Señor Pau wird für heute Abend schließen wollen. Wir müssen allmählich nach Hause!«

»*Tranquilo, tranquilo, señores*«, rief Pere beschwichtigend aus der Küche. Damit habe es keine Eile, versicherte er uns, und außerdem habe er noch eine Überraschung für seine beiden höchst geduldigen und – vor allem – urteilsfähigen Gäste. Er setzte ein großes Metalltablett auf den Tisch. Für Ellie gab es *un flan* – eine glänzende hausgemachte Crème caramel –, zusätzlich befanden sich auf dem Tablett noch eine Untertasse mit zerbröselten Keksen und ein paar Scheibchen Schweinefleisch für Pepito, drei Tassen *café solo* sowie zwei bauchige Gläser mit *coñac* für *el patrón* und für mich.

Als die Schildpattkatze hörte, wie sich Pepito uns zu Füßen gierig über sein kleines Festmahl hermachte, öffnete sie ein Auge, schnurrte noch einmal und schlief dann wieder ein. Ganz offensichtlich war die Mäusebevölkerung von Andratx an jenem Abend beträchtlich dezimiert worden.

Bevor Pere sich setzte, schob er ein fahrbares Gasöfchen an Ellies Seite vom Tisch. An solch einem Abend müsse die *señora* warm gehalten werden. Sich irgendwo drinnen ein gemütliches Plätzchen suchen und dann nicht mehr von der Stelle rühren – was anderes könne man nicht tun, wenn draußen der *Tramuntana* wehe. Er zog sich einen Stuhl heran und hob sein Glas. »*Salud, señores!*«

Es war inzwischen weit nach Mitternacht, doch Pere Pau hatte noch längst nicht die Absicht, es für heute gut sein zu lassen. Er wollte uns noch die Geschichte seines Lebens erzählen. Mir fiel auf, dass Ellie höflich ein Gähnen unterdrückte, aber ein weiterer *café solo* würde ihr die Schläfrigkeit schon austreiben, empfahl Pere. Sie solle sich ruhig jederzeit die Freiheit nehmen, in die Küche zu gehen und sich selbst zu bedienen – und es gebe nicht viele, denen er ein solches Privileg gewähre, betonte er.

Bevor ich die zwei Krüge Wein geleert hatte, waren meine dürftigen Spanischkenntnisse im Bemühen, Pere zu folgen, bisweilen an ihre äußerste Grenze gestoßen, doch nun, in etwas »gelösterem« Zustand, stellte ich fest, dass ich seinen Wortkaskaden ohne größere Schwierigkeiten folgen konnte. Etwas voreilig zog ich die verlockende Schlussfolgerung, dass der Verzehr solcher Weinmengen dem Verständnis von Fremdsprachen eindeutig zugute komme – eine Theorie, die sofort von meiner Frau über den Haufen geworfen wurde, als sie mich darauf aufmerksam machte, das für die Stunden nach Geschäftsschluss vorbehaltene Umgangsspanisch von Pere sei bedeutend langsamer und, um es noch einfacher zu machen, großzügig mit Englischbrocken gesprenkelt gewesen.

Nun, Pere Paus Geschichte war jedenfalls interessant, und sie bestätigte, dass er über die beneidenswerte Unabhängigkeit eines wahren Exzentrikers verfügte. Er hatte unter verschiedenen *gran maestros de cocina* sein Handwerk gelernt, und danach als Küchenchef in einigen der besten Hotels auf der Insel gearbeitet. Ja, er hatte sogar bei etlichen *ocasiones grandes* für den spanischen König in Palmas Royal Yacht Club gekocht. Doch sein Herz hatte immer für das Landleben geschlagen, und als er es endlich leid war, immer wieder wählerische, aber undankbare Touristen zufrieden zu stellen, hatte er froh und dankbar die Fünf-Sterne-Küchen in Palma gegen dieses kleine Lokal eingetauscht, ein *eigenes* kleines Lokal in seinem Heimatort Andratx.

Hier könne er in seinem *estilo especial* die traditionellen Gerichte des ländlichen Mallorca nachschöpfen, stets aus jenen bekömmlichen Erzeugnissen der Region gekocht, die bereits seine Vorfahren vor hunderten von Jahren benutzt hatten. Mit seinem Lokal locke er nur Leute an, die sein Essen wirklich zu schätzen wissen, betonte er. (Weshalb sonst würde wohl jemand sein bescheidenes Etablissement aufsuchen?) Und er müsse sich nun nicht mehr mit den pingeligen *nuevos ricos* abgeben, die mehr daran interessiert seien, sich in Szene zu setzen und ständig zu mäkeln, als sich dem Genuss guten Essens hinzugeben. »*Ignorantes!*«

Bei dem Gedanken schnitt Pere eine Grimasse und goss zwei weitere Brandys ein. Draußen heulte der *Tramuntana*. Pere zündete sich noch eine Zigarette an und schaute hinunter auf die zu meinen Füßen schlafende Schildpattkatze, dann auf die anderen Katzen, die gemütlich aneinander geschmiegt vor dem Gasöfchen lagen. Einen Augenblick dachte er nach, dann verkündete er: »Die Leute vom Gesundheitsamt haben keine Ahnung – die wissen *absolutamente nada!*« Wie konnten sie sich nur zu der Behauptung versteigen, seine Küche sei nicht sauber, nur weil er die Katzen hinein lasse. Katzen seien sehr saubere Geschöpfe. Wer vom Gesundheitsamt könne sich schon den Arsch mit der Zunge auswischen? Die sollten die Katzen lieber in Ruhe lassen. Die eigentlich schmutzigen Tiere seien die Mäuse. Mäuse übertrügen Krankheiten – doch in seiner Küche gebe es keine Mäuse, natürlich wegen der Katzen. Vor tausenden von Jahren schon hätten sich Köche Katzen in die Küche geholt, lange bevor es die Leute vom Gesundheitsamt gegeben habe. Ende der Debatte! Ach, und da sei noch etwas – weshalb solle er denn beim Kochen nicht rauchen? Rauch komme vom Feuer, oder etwa nicht, und im Feuer könnten keine Keime überleben. *Hombre,* wenn er mit einem Grill arbeiten würde, dann käme sehr viel mehr Rauch und außerdem Asche mit dem Essen in Berührung. Zigarettenasche lande jedenfalls nicht in *seinem* Essen. »Die Leute vom Gesundheitsamt? *BASTARDOS!*«

Peres Faust landete mit dumpfem Schlag auf dem Tisch, woraufhin das Metalltablett hochflog und mit Ohren betäubendem Geschepper auf dem Steinfußboden aufschlug. Aufgeschreckt schossen die Katzen in alle Richtungen davon, der rüde aufgeweckte Pepito sprang von Ellies Schoß und landete mitten auf dem Rücken meiner Schildpattgefährtin. Plötzlich spürte ich den inzwischen vertrauten Schmerz von Katzenkrallen in meinen wund gekratzten Beinen.

Nun war es wirklich an der Zeit, nach Hause zu fahren.

Zwei

Himmlische Gerechtigkeit in Erdenhand

»Ich weiß, dass Sie auf Ihrem Hof keine Hühner mehr haben, weil Francisca Ferrer am Tag vor Ihrer Ankunft alle Tiere geschlachtet hat«, sagte die alte Bäuerin lächelnd, als sie mir einen Korb mit großen braunen Eiern reichte. »Fühlen Sie mal – ein paar sind noch ganz warm«, meinte sie, nahm meine Hand und führte sie in den Korb. »*Muy frescos, estos huevos, no?*«

Und frisch waren sie tatsächlich – wie in alten Zeiten, mit winzigen, flaumweichen Federn, die auf Flecken von Hühnerexkrementen an der Eierschale klebten, genau wie die Eier, die ich in meiner Kindheit immer im Hühnerstall meiner Großmutter gesammelt hatte, als ich noch klein war. Plötzlich wurde mir bewusst, wie sehr uns unsere »fortschrittliche« Lebensweise daran gewöhnt hatte, keimfreie Supermarkt-Eier zu kaufen, die blitzsauber und von Amts wegen begutachtet in ihren langweiligen kleinen Plastikschalen lagen. Teufel auch, dachte ich, heutzutage glauben wahrscheinlich Millionen Kinder, dass Hühner ihre Eier im Sechser-Pack legen.

Angesichts dieser »Natur«-Eier musste ich wohl feuchte Augen bekommen haben. »Mögen Sie die Eier nicht, *señor*?«, fragte die alte Frau verwundert.

»*Oh, sí, sí*«, beteuerte ich. »Die Fleckchen mit den Hühnerexkrementen haben mich nur einen Moment lang an meine Oma erinnert.«

Sie kratzte sich den grauen Kopf und brummelte eine ganze Reihe unverständlicher Flüche, die – soviel konnte ich mit Sicherheit sagen – mit einem *extranjero loco* endeten, auf Mallorca ein recht gebräuchlicher Ausdruck für »verrückter Ausländer«.

Hastig bedankte ich mich für ihre Freundlichkeit und erklärte, dass ich nicht unhöflich wirken wollte. Es fiel mir schwer, das nostalgische Gefühl, das ihr Korb gefleckter Eier ausgelöst hatte, in spanische Worte zu kleiden, aber ich versuchte es.

Sie legte eine abgearbeitete Hand auf die meine und unterbrach mich mitten in meinem Gestammel. »*Tranquilo, señor* – nur keine Sorge. Spanisch ist wie bei Ihnen nicht meine Muttersprache, und wenn ich gezwungen bin, es dennoch zu sprechen, muss auch ich nach den richtigen Worten suchen. Früher haben wir hier auf Mallorca nur *mallorquín* gesprochen, also wenn ich mich jetzt in der Sprache der *españoles* unterhalte, bin ich gezwungen, sehr langsam zu reden … genau wie Sie … wie *un extranjero*, nein?« Ihre Augen funkelten wie kleine schwarze Perlen, und sie verzog ihr Gesicht zu einem breiten Lächeln, das fünf leuchtend weiße Zähne aufblitzen ließ – zwei oben und drei unten. Es war ein Lächeln, das sofort ansteckt, ein optisches Kitzeln, das keinerlei Widerstand zuläßt, und als sie mich ebenfalls grinsen sah, schlug die alte Dame die Hände zusammen und lachte einen Moment lang still in sich hinein, doch dann verzog sich ihr Gesicht erneut zu einer Unmutsmiene, als sie einen weiteren Strom von Verwünschungen vor sich hin zu grummeln begann – diesmal über Eier, den Bürgerkrieg und Soldaten, wie ich vermutete, und die *profesión inmoral* der *madres* dieser räuberischen *españoles*.

Ich machte Anstalten, mich vorzustellen.

»Ich weiß, ich weiß«, unterbrach sie mich. »Francisca Ferrer – *La Condesa,* die Gräfin, wie wir sie nennen – hat mir alles über Sie erzählt. *Com estàs*? Ich bin Maria Bauzá, Ihre Nachbarin. Unser Hof liegt nördlich von Ihrem. Und ich muss mich bei *Ihnen* bedanken, *señor,* denn das Land, das Sie hier gekauft haben, trennt meine *finca* endlich von der von *La Condesa* Ferrer - *gracias a Dios*.«

Damit hatte sie deutlich genug gemacht, wie wenig sie für Francisca Ferrer übrig hatte (von den *españoles* ganz zu schweigen), und so sehr ich auch in Versuchung war, mich nach den Gründen zu erkundigen, für den Augenblick hielt ich meine Neugier im Zaum, denn mein vorrangiges Ziel als Neuankömmling hier im Tal – und als *extranjero loco* obendrein – war es, mich wirklich mit *all* unseren Nachbarn auf freundschaftlichen Fuß zu stellen … sofern möglich, jedenfalls.

Wir standen unter den ausladenden, nach oben gebogenen Ästen eines wild wuchernden Feigenbaumes in der Nähe der Steinmauer, die unsere beiden Höfe voneinander trennte. Señora Bauzás' gebückte, zerbrechlich wirkende Gestalt war – wie auf Mallorca bei den älteren Landfrauen üblich – in vollkommen schwarze Kleidung gehüllt, sodass ich sie dort im Schatten erst gar nicht hatte stehen sehen, als ich durch den Obstgarten geschritten kam; die erste Gelegenheit von vielen, wo mir auffallen sollte, wie die alten *campesinos* der Insel auf ganz natürliche Weise mit ihrer von Bäumen gesprenkelten Landschaft verschmolzen. Wenn mich die alte Maria nicht mit einem fröhlichen »*Buenos!*« begrüßt hätte, wäre ich tatsächlich an ihr vorbeigegangen, ohne sie zu bemerken.

Es war gerade neun Uhr früh und ein herrlicher Wintertag. Die Wärme der Morgensonne löste bereits den spinnwebendünnen Nebelschleier auf, der sich noch feucht vom geschmolzenen Schnee des Vortages von den Feldern erhoben hatte. Meine Sinne waren erfüllt von dem modrigen Geruch der klammen Erde und dem herben, exotischen Duft der Zitrusfrüchte, in den sich das Aroma von Wacholder und Holzkohle von den umliegenden Hügeln mischte. Der bloße Hauch einer fedrigen Wolke hing über *Ses Penyes,* dem Berg mit dem Tafelrücken, einer runden, felsigen Masse, die das hochgelegene nördliche Talende abschließt und die Niederungen vor den schlimmsten Auswirkungen des kalten, im Winter aus Nordeuropa heransausenden Windes schützt, der immer schneller und heftiger wird, wenn er sich unter dem Deckmantel des Mistral trichterförmig durch das Rhône-Tal gen Süden schiebt, bevor er ungehindert über das Mittelmeer heult, um sich in einer letzten Zorneswallung über den Balearen zu entladen.

Doch während der vergangenen Nacht hatte der Tramuntana seine Kräfte gänzlich verbraucht, und in das Tal war eine friedliche Stille zurückgekehrt, die nur vom fernen Bellen eines Hundes auf einer der hochgelegenen *fincas* in den Bergen durchbrochen wurde. Die meisten dieser entlegenen Höfe waren unten vom Tal aus nicht zu erkennen, einziger Hinweis auf ihre Existenz waren die dünnen weißen Rauchfahnen aus ihren Schornsteinen, die an klaren Wintertagen über den dicht bewaldeten unteren Hängen aufstiegen.

»Da leben jetzt nur noch wenige Leute«, sagte die alte Maria, deren Augen meinem Blick auf die hohen Gebirgskämme gefolgt waren. »Aber früher … tja, früher gab es da oben in den Bergen versteckte kleine Täler, in denen schon vor Jahrhunderten das Land in Terrassen angelegt und mit

Mauern umgrenzt wurde – von den Mauren, erzählt man sich, die damals über die Insel herrschten. Diese schmalen *bancales* waren die wackelige Existenzgrundlage vieler Familien, die alles anbauten, was dort oben wuchs. *Sí,* und in den Wäldern haben sie ein paar Schweine aufgezogen – kleine, schwarze mallorquinische *porcs*. Ach, diese *porcs* … was für ein Geschmack, wegen all der Eicheln und so. Die Schweine mussten zwischen den Bäumen nach Nahrung wühlen, wissen Sie. Schweine und Wälder passen gut zusammen, nicht wahr? *Sí,* der Waldboden ernährt die Schweine, und die Schweine halten den Waldboden sauber. *Un sistema perfecto, eh? Sí, sí* – Waldbrände hat es damals nicht gegeben …«

Ich wollte fragen, wie man vor der Zeit der Tanklastwagen Wasser zu den Gebirgshöfen hinaufbekommen habe, doch sie ließ sich in ihrem Gedankengang nicht beirren. »Sie brauchen ein Schwein, *señor*. Wer Obst anbaut, braucht ein Schwein … vielleicht auch zwei. Das hängt davon ab, wieviel Fallobst Sie haben. Auf diesen Höfen muss alles bis zum letzten Rest verwertet werden, und dafür sind Schweine gut. Hühner auch. Sie werden ein paar Hühner brauchen, jetzt, wo diese *La Condesa* den alten die Hälse umgedreht hat. Igitt!«

Schnell schüttelte sie den Kopf, und ein Schauder durchfuhr sie, als habe sie gerade etwas Verfaultes gegessen. Francisca Ferrer war zweifellos nicht ihre beste Freundin.

Ich bedankte mich bei ihr für den wertvollen Rat und versicherte, dass ich mich um den Kauf eines Schweines und einiger Hühner kümmern würde, sobald wir uns im Haus eingerichtet hätten. Weit größere Sorgen bereiteten mir allerdings die zweihundert oder mehr Orangenbäume, deren Früchte beinahe reif seien. Ob sie mir nicht vielleicht einen Händler empfehlen könne, der mir die Früchte abkaufe?

»Wie sie damals das Wasser da hinaufbekommen haben?

Hombre, gar nicht haben sie das geschafft – das konnten sie nämlich nicht schaffen«, sagte sie achselzuckend in Beantwortung meiner vorletzten Frage, ohne jedes Anzeichen von Irritation. »Wenn es regnete, floss all das Wasser vom Dach in eine unterirdische Zisterne – *un aljibe,* wie bei Ihrem Haus, nicht wahr? *Si,* und kaum ein Berghof hat wie hier im Tal einen Brunnen, also musste für die meisten von ihnen der Winterregen in den *aljibes* für den ganzen Sommer reichen.« Sie rieb Zeigefinger und Daumen gegeneinander. »Für den mallorquinischen Bauern ist Wasser so gut wie Gold, und um die Brunnen und ihr kostbares *agua* ist damals viel gekämpft worden. Das werden Sie noch früh genug lernen, *señor. Ah sí,* das werden Sie schon noch lernen. *Agua, agua, agua* …«

Weise nickte sie, wieder durchfuhr sie ein Schauder, und sofort fragte ich mich, ob sich die Damen Bauzá und Ferrer womöglich in einem solchen Wasserkrieg als Feinde gegenüber gestanden hatten. Die Worte Ferrer und Wasser schienen auf die alte Dame offenbar dieselbe Übelkeit erregende Wirkung zu haben.

»Tomàs Ferrer hat mir erzählt, dass der Brunnen auf diesem Hof einer der besten im ganzen Tal ist, also haben wir Glück gehabt. Natürlich haben die Ferrers an den Wochenenden, was den Brunnen betrifft, immer noch ausschließliches Nutzungsrecht. So war die Abmachung, als wir den Hof gekauft haben, aber mein Anwalt hat mir versichert, dass eine solche Vereinbarung hier recht üblich ist, wenn ein Teil des Bauernhofes verkauft wird und der Rest an Grund und Boden beim Verkäufer verbleibt. Das erscheint mir auch gerecht … vorausgesetzt, beide Parteien halten sich an die Regeln. Ihr müsst wirklich recht vertrauensvolle und hilfsbereite Leute sein, ihr Mallorquiner, was?«, witzelte ich.

Die alte Maria warf schnell einen Blick auf die Orangenbäume. »Fragen Sie einfach Jaume, meinen Schwiegersohn, wenn Sie Ihr Obst verkaufen wollen«, empfahl sie mir und nahm so wieder mein vorletztes Thema auf. »Er hilft mir bei der Arbeit auf meiner *finca,* wissen Sie. Ich kann die Obstkisten nicht mehr hochheben – jedenfalls nicht mehr so wie früher.« Sie schaute auf den Boden und zeigte auf die Finger ihrer linken Hand. »*Sí,* ich bin ... ähm, zweiundachtzig, wissen Sie, also kümmert sich Jaume um den Obstverkauf. Aber ich kümmere mich noch immer um das Geld. Dafür bin ich bestimmt nicht zu alt.« Erneut schenkte mir ihr Mund mit den fünf Zähnen ein strahlendes Lächeln. »*Hombre,* dafür werde ich nie zu alt sein. *Nunca jamas!*« Still lachte sie in sich hinein, dann schickte sie sich zum Weggehen an. »*Adéu, señor.* Grüßen Sie Ihre Frau von mir ... und ich hoffe, die Eier werden Ihnen schmecken.«

Durch eine Allee mit Zitronenbäumen humpelte die alte Dame davon, blieb nochmals kurz stehen und schrie mir für das ganze Tal hörbar im schrillem Diskant zu: »*UND ERWÄHNEN SIE MIR GEGENÜBER NICHTS MEHR VON NACHBARN, DIE SICH WASSERBRUNNEN TEILEN!*« Spitzbübisch blinzelte sie und fügte dann laut flüsternd hinzu: »Das werden Sie noch früh genug lernen, *señor*. Das werden Sie schon noch lernen.«

Verflixt nochmal, ich würde wirklich noch eine Menge lernen müssen, dachte ich, als ich über die Felder zum Haus zurückspazierte. Herrje, sieh sich einer nur all diese verdammten Obstbäume an ... ich würde sobald wie möglich in Erfahrung bringen müssen, wie man sie düngte, beschnitt, sie besprühte und bewässerte, und die einzigen, die ich bis jetzt zweifelsfrei identifizieren konnte, waren die mit den Orangen und Zitronen dran. Aber immerhin hatte die alte Maria Bauzá mir bezüglich des Verkaufs der Früchte einen kleinen Hinweis gegeben. Das war gut ... doch jetzt gab es neue Probleme, diese komplizierte Sache mit der gemeinsamen Wassernutzung, dann waren da die Schweine und die Hühner und all das Unkraut, das unter den Bäumen wuchs ... und ich hatte noch nicht einmal einen Traktor, und ...

»Hast du heute Morgen schon geduscht?«, rief mir Ellie vom Badezimmerfenster aus zu, als ich aus dem kleinen Gärtchen mit den Mandelbäumen direkt vor dem Haus trat.

»Nein, noch nicht – aber ich hätte nicht gedacht, dass du das auf die Entfernung riechen kannst.«

»Ach, das meine ich doch nicht. Wir haben ein Problem mit der Dusche. Es gibt kein warmes Wasser.«

Der Heißwasser-Boiler befand sich in einer dunklen Ecke des *almacén*, eines weitläufigen Raumes, der zum Sortieren und Lagern der Früchte benutzt wurde und über die Hälfte des Erdgeschosses einnahm. Als ich dort ankam, war Ellie schon unten, klopfte gegen den Gaszylinder auf dem Boden und zerrte an dem Verbindungsstutzen aus Gummi.

»Also schön«, sagte sie, »in der Flasche ist Gas, und die Flasche ist ordnungsgemäß mit dem Boiler verbunden. Die Zündflamme brennt, also ist auch sie in Ordnung. Warte mal. Mhm, hier riecht es doch nach Gas, oder? Tja, das ist dann wohl eher was für den Klempner.«

Dazu fiel mir nicht viel ein: »Tja, wenn du mich fragst, der alte Boiler scheint sowieso ein bisschen klein für das Haus ...«

Juan, der Klempner, war kein gewöhnlicher Klempner. Er war Klempner *und* Elektriker, und so war sein winziger Laden am Marktplatz von Andratx eine wahre Aladin-Höhle voller kleiner Kronleuchter, Wandleuchten, Bügeleisen, Toaster, elektrischer Heizkörper und Ventilatoren – es gab sogar einige Kühlschränke, eine Waschmaschine und ein Mikrowellengerät. Den Laden beaufsichtigte Juans Gattin, eine zierliche, junge Frau mit fröhlichem Gesicht, die selbst kaum älter wirkte als ein Teenager, und doch hatte sie drei kleine Knirpse, die hinter dem Verkaufstresen an ihrem

Rock zerrten, und mindestens ein weiterer Säugling schrie im Hinterzimmer.

»Mein Mann ist sehr beschäftigt«, sagte sie zu uns.

»Nicht beschäftigt genug, wie mir scheint«, brummelte Ellie und schaute über den Tresen hinweg auf die Schar der Kleinkinder.

»Aber er wird heute Abend zu Ihnen kommen und Ihren Boiler reparieren. Wir wohnen ganz in der Nähe, also kann er bei Ihnen vorbeischauen, bevor er zum Abendessen nach Hause kommt.«

»So viel zum angeblichen *Mañana*-Phänomen«, sagte ich, als wir den Laden verließen. »Das nenne ich nun wirklich Service.«

Die Lastwagen, die die Butangasflaschen auslieferten, waren zu lang, als dass sie in unserer Einfahrt hätten wenden können. Deshalb hatte Francisca Ferrer uns gesagt, wir sollten unsere leeren Kanister (und darunter das Geld für die Nachfüllmenge) mittwochs ans Ende der Straße stellen. Notfalls könnten wir uns aber auch montags und freitags einen vollen Kanister besorgen, indem wir in Andratx einen der Lastwagen aufstöberten, die dort ihre Lieferungen für die Stadt erledigten. Heute war Montag. Wir hatten den leeren Kanister aus dem Herd genommen und in den Wagen gepackt. Da unsere Suche schon um zehn Uhr beginnen sollte, rechneten wir uns gute Chancen auf einen baldigen Treffer aus, wenn wir uns sofort auf die Plaza de España, den größten Platz im Ort, begäben. Und richtig, dort sahen wir, wie erwartet, den *butano*-Mann, der sich in Gesellschaft einiger Honoratioren des Ortes vor der Bar Nuevo über einem Vormittagskaffee und einem *coñac* ausruhte, während sein orangefarbener *camión*, voll beladen und gänzlich verlassen, halb auf dem Bürgersteig an der Ecke des Platzes parkte.

»*Perdón*«, sagte ich, als er endlich die Zeit für gekommen hielt, zu seinem Lkw zurückzuschlendern. Rauch stieg von dem dicken Stumpen seiner Zigarre auf, die ihm zwischen Ober- und Unterlippe hin und her wackelte wie eine abgebrochene braune Banane in einem gesichtsförmigen Erdbeerpudding. »*Perdón,* aber ich würde gern eine Flasche Gas kaufen, *por favor*.«

Er hievte einen vollen Kanister vom Lkw und nahm dafür meinen leeren an sich. Ich reichte ihm ein paar Geldscheine, und während er in den Taschen seines Overalls nach dem Wechselgeld suchte, klemmte er seine brennende Zigarre in das Halsstück meines vollen Kanisters. Ich schloss die Augen und wartete auf den großen Knall, doch die einzige Explosion war das plötzliche Glucksen des *butano*-Manns.

»Ist das nicht ein bisschen gefährlich – zu rauchen und mit Gasflaschen zu hantieren?«, fragte ich nervös.

»Gefährlich?« Er gab mir das Wechselgeld und zog die Schultern hoch. »*Coño,* wenn mir einer auf der Straße reinfährt – und auf dieser Insel sind eine Menge *lunáticos* unterwegs –, dann geht dieser *camión* hoch wie eine Atombombe, und ich gleich mit. Ich lebe von geborgter Zeit, *amigo,* also habe ich Spaß, solange ich noch am Leben bin … ich rauche.« Er nahm seine Zigarre wieder an sich und kletterte in den Lkw.

»Wo wir schon mal hier sind, könnten wir auch gleich zwei volle Kanister kaufen«, rief Ellie aus dem Wagen. »Eine Ersatzflasche kann nicht schaden.«

»*No es posible, señora*«, rief der *butano*-Mann zurück und schüttelte den Kopf, wobei er ein Auge geschlossen hielt, zum Schutz vor dem aufsteigenden Rauch der Zigarre, die wieder zwischen seinen Lippen steckte. Um eine zweite volle *botella* kaufen zu können, so erklärte er, müssten wir ihm entweder noch eine leere *botella* geben oder eine Bescheinigung vom *butano*-Amt vorlegen, die uns berechtigt, eine weitere volle *botella* zu erwerben. Eine leere *botella* oder ein amtliches *certificado* – so laufe das, anders sei nichts zu machen. »Tut mir Leid, *amigos. Es el sistema.*« Wieder zog er die Schultern hoch, ließ den Motor aufheulen und rumpelte davon, kleine Wölkchen von Zigarren- und Dieselrauch zurücklassend, die über den Platz wehten wie die Abschiedsrauchsignale des letzten Mohikaners.

»Wieso um alles in der Welt brauchen wir ein Stück Papier, das uns gestattet, eine Ersatzflasche mit Gas zu kaufen?«, wütete ich. »Wieso können sie nicht einfach Pfand für das blöde Ding verlangen, so wie bei uns zu Hause?«

»Wie der Mann schon sagte – so funktioniert das hier. Und irgendeine Logik wird sich dahinter schon verbergen«, schloss Ellie, »aber das werden wir auf keinen Fall ergründen, wenn wir weiter hier rumstehen. Komm, wir fahren zum *butano*-Amt.«

»Wir hätten gern *un certificado,* das uns den Kauf einer *botella de butano* erlaubt. Wir haben keine leere *botella,* also brauchen wir *un certificado, sí?*«, leierte ich wie ein Papagei dem gelangweilten *butano*-Beamten meine Litanei herunter. Auf der Straße draußen brauste ein Bus vorbei.

»*Qué! Un certificado?*« Der Beamte runzelte die Stirn und starrte mich so ungläubig an, als hätte ich ihm soeben die Nachricht überbracht, seine Frau habe Sechslinge geboren – alle dem Papst wie aus dem Gesicht geschnitten. »*Por qué? No comprendo.*« Ein weiteres wuchtiges Fahrzeug donnerte vorbei.

Plötzlich kam mir mein unzulängliches Spanisch vollkommen nutzlos vor. Ich begriff ohnehin nicht, warum ich um diese Bescheinigung bitten sollte, und jeder gestelzte Vorstoß zur Klärung des Ganzen wurde von dem Lärm vorbeirauschenden Verkehrs ertränkt. Ich war arg in Versuchung, die alte Engländer-im-Ausland-Taktik anzuwenden und den

Beamten laut und langsam auf Englisch anzubrüllen, doch mir war intuitiv klar, wie zwecklos das sein würde. Dieser Kerl sah, dass ich Blut und Wasser schwitzte, und der Scheißer genoss jede Sekunde davon. Ich plagte mich weiter mit meinem Spanisch.

Nachdem ich noch einige fruchtlose Versuche unternommen hatte, unser Anliegen darzulegen, und drauf und dran war, Ellie den Vorschlag zu machen, am besten ganz auf Elektrizität umzusteigen, grinste der Beamte selbstgefällig und verkündete auf Englisch, dass er die von uns gewünschte Bescheinigung nur ausstellen könne, wenn wir ihm eine Quittung für das neue Gerät vorlegten, das den zusätzlichen Gaskanister erfordere.

»Aber wir *brauchen* keinen weiteren Gasherd«, wandte Ellie ein, und ihre für gewöhnlich unerschöpfliche Geduld ging rasch ihrem Ende entgegen, »nur eine Ersatzflasche. Also, diese ganze Sache mit Bescheinigungen, Geräten, Quittungen – das ist doch einfach verrückt!«

Der Beamte lehnte sich in seinen Stuhl zurück, legte die Beine überkreuz auf den Schreibtisch und erklärte selbstgefällig: »Verrückt vielleicht, *señora,* aber *sistema* mit die Quittungen arbeitet gut. Und keiner klaut leere Kanister in Spanien nicht.«

»Die Situation könnte sich heute durchaus ändern, Kumpel«, brummte ich, nahm Ellie beim Arm und führte sie zur Tür, bevor sie mit ihrer schon im Anschlag befindlichen Handtasche auf den Beamten losgehen konnte.

Als wir schließlich wieder beim Haus ankamen, war sie noch immer wütend.

»Schließ den neuen Kanister an«, maulte sie, »und ich werde uns aus den Eiern der alten Maria irgendwas zum Mittagessen machen. Ich stelle mir einfach vor, ich rühre in dem Hirn von diesem blöden Beamten rum.«

Ich stopfte das Ende vom Herdschlauch auf die volle Flasche, dann versuchte ich, eine der Gaskochstellen anzuzünden. Gleich darauf hielt ich den Drehschalter in der Hand.

»Ellie, was zum Teufel ist denn jetzt schon wieder los? Der verdammte Herd löst sich in seine Bestandteile auf!«

»Übertreib doch nicht so. Nimm einfach einen Schraubenschlüssel oder sonst was und dreh ihn damit auf. Sei ein bisschen kreativ.«

Gehorsam packte ich den schalterlosen Zapfen mit einer Kneifzange und bekam ihn ein Stück weit gedreht. Das Gezische und der Geruch bestätigten mir, dass tatsächlich Gas durchgekommen war, aber nachdem dieses Problem gelöst war, tat sich gleich ein neues auf. Ich konnte das Gas nicht wieder abdrehen. Der Zapfen steckte jetzt in der »An«-Position fest, und so sehr ich auch daran zerrte und dabei schwitzte, er ließ sich kein Jota bewegen. In meiner Verzweiflung versetzte ich dem Zapfen einen heftigen Stoß mit der Kneifzange, und so ergab sich Problem Nummer drei – mit lautem Geschepper verschwand der Zapfen im Innern des Herdes, während das Gas weiter strömte.

»Jetzt sind wir ernsthaft in Schwierigkeiten«, stotterte ich und stolperte vom Herd weg. »LOS, LAUF!«

»Um Himmels willen, streng doch mal deinen Grips an. Zieh den Verbindungsschlauch vom Kanister, bevor wir ersticken oder das Haus in die Luft fliegt!« Lautstark packte sie die Eier wieder in den Kühlschrank und schlug die Kühlschranktür zu. »Okay, Red Adair – gestern hatten wir einen Herd, aber kein Gas – jetzt haben wir Gas, aber keinen Herd. Fällt dir dazu was Schlaues ein?«

* * *

Nie hatte die Bucht von Palma prachtvoller ausgesehen. Kaum waren wir von der aus Andratx kommenden *autopista* abgefahren, da begrüßte uns schon die Mittagssonne, eine goldene Kugel, die vor dem Hintergrund eines saphirblauen Vorhangs hing und auf die silbrig glitzernde Fläche des Meeres hinunterschien. Gerade erst von geschmolzenem Schnee gewaschen, wirkte die Landschaft wie neu. Die grün bewaldeten Hügel, von denen die beigefarbene Masse der Festung Castell de Bellver zu unserer Linken umgeben war, leuchteten im Abendlicht und setzten Pinien- und Myrtendüfte frei, die sich mit der salzigen Seeluft zu einem würzigen Geruch vereinten.

Wir fuhren an den ansteigenden Terrassen von Palmas elegantesten Hotels und Restaurants vorbei, die einen unvergleichlichen Blick von den inzwischen dicht bebauten Hängen auf die Bucht bieten (und sich teuer bezahlen lassen). Vor nicht allzu langer Zeit hatten auf diesen Hängen Ziegen und Schafe in tausend Jahre alten Oliven- und Mandelbaumhainen friedlich geweidet. Unser Weg führte uns weiter über den Paseo Marítimo, eine prachtvoll geschwungene, von Palmen gesäumte Straße, die auf einem girlandenartigen Landstück, das man der See wieder abgetrotzt hatte, die Rundung der Bucht umarmte. Die Straße erfüllt nicht nur den Zweck einer lebenswichtigen Ader für die Transporterfordernisse des Massentourismus', sondern auch den einer eleganten Flaniermeile. Selbst einheimische Palmesanos gehen hier gerne spazieren oder ruhen sich in einem der Strandcafés mit Blick auf den Hafen von Palma aus, der früher einmal gleichermaßen Zufluchtsort für plündernde Korsaren wie Heimstatt für ehrbare und auf den Weltmeeren Handel treibende Segelschiffe war.

Ich hielt an der roten Ampel und nahm mir Zeit, den alten Kai zu betrachten. In der Sonne trockneten und reparierten Fischer ihre Netze, während in der Nähe ein paar Touristen saßen, unter den hohen Dattelpalmen etwas tranken und auf die historischen Wahrzeichen der Stadt blickten, die sich über den inzwischen hinfällig gewordenen ehemals unbezwingbaren alten Deich erhoben: die uralten Windmühlen von Es Jonquet, die man zu neuzeitlichen Bars und Nachtclubs umgebaut hatte; die stattlichen Residenzen reicher Kaufleute aus einer längst vergangenen Seefahrerepoche, deren hochherrschaftliche Häuser inzwischen in elegante Wohnungen für die erfolgreichen Tourismus-Manager von heute aufgeteilt worden sind; und schließlich die respekteinflößende Pracht von La Seu, Palmas gewaltiger Kathedrale, deren Türme und Zinnen im rosigen Schimmer der Wintersonne glänzten und die die ewige Vorherrschaft der Kirche über Stadt und See zum Ausdruck brachten.

Die Ampel schaltete auf Grün, und in den wenigen Sekunden, die ich brauchte, um in den ersten Gang zu schalten und auszukuppeln, ertönten plärrend hinter uns die Hupen von etwa einem Dutzend Wagen.

»*TURISTAS!*«, brüllte ein Taxifahrer, schlug sich mit der Hand gegen die Stirn und funkelte mich wütend an, als er in einem irren Tempo an mir vorbeibrauste, um sich an der nächsten Ampel die beste Startposition zu ergattern. Leider beherrschte ich noch immer nicht die Rennstreckentechnik, derer man sich in Palma bedienen muss, wenn man mit dem Auto unterwegs ist und nicht den Eindruck gewinnen möchte, bei den einheimischen Fahrern so willkommen zu sein, wie ein Schweinefleischpasteten-Verkäufer in Tel Aviv.

Stoßstange an Stoßstange brausten die städtischen Raser an uns vorbei (und zwar zu beiden Seiten). Die obligatorische Zigarette hing ihnen von den dicken, Schnurrbart verzierten Lippen herab, die linke Hand baumelte lässig aus dem Seitenfenster, und Hupen gellten schon beim leisesten Verdacht, der Vordermann könne den Fuß auch nur um einen einzigen Millimeter vom Gaspedal heben. Die Gegenwart einer ins Auge springenden Frau am Steuer vergrößerte das allgemeine Chaos nur noch und erhöhte das Risiko einer

Massenkarambolage beträchtlich, da die Fahrerin zum Zielobjekt unverhohlen inbrünstiger Blicke wurde – einige besonders lüsterne Männer beugten sich sogar zum Fenster auf der Fahrerseite heraus, schauten ihr hinterher und musterten ihren Wagen, als sei er eine Verlängerung des weiblichen Körpers ... und während dieser ganzen Zeit rasten sie, dicht hinter ihrem Vordermann, in Höchstgeschwindigkeit weiter.

Ausgerüstet mit der Bedienungsanleitung des Gasherdes waren wir auf dem Weg zu einer Filiale des Herstellers im belebtesten Geschäftsviertel von Palma.

Wir bogen vom Paseo ab und brausten in dreispuriger Attacke an den üppigen Gärten des alten Mauren-Palastes Almudaina vorbei, wo kühle Brunnen inmitten subtropischer Gehölze plätscherten. Sie flüsterten ihr besänftigendes Lied einer Reihe von Pferden mit schweren, müden Köpfen zu, die auf drei Beinen dastanden, vor offene Kutschen gespannt, in denen die Fahrer sich räkelten, dösten und auf die im Winter nur selten vorbeikommenden Touristen-Gruppen warteten.

Ohne jede Vorwarnung verengte sich der Boulevard zu einer schmalen, von Platanen gesäumten Gasse, sodass sich das Autoskooter-Rennen kreischend in ein ungeduldiges Kriechen im Gänsemarsch verwandelte, vorbei an den prächtig dekorierten Schaufenstern vornehmer Geschäfte, die Haute-Couture-Modelle sowie teure Lederwaren, kostspielige Uhren und erlesenen Schmuck feilboten.

»Das Geschäft mit den Gasherden ist weiter die Straße rauf, da vorne links, noch ein Stückchen geradeaus«, sagte Ellie, »also halte von jetzt an am besten nach einem Parkplatz Ausschau.«

»Na, dann viel Glück. Links abbiegen können wir nicht, und die Chance, hier in der Gegend einen Parkplatz zu finden, ist ungefähr so groß, wie die Aufnahme von Pere Paus Restaurant in den Guide Michelin.«

Immer schneller fuhren wir an immer mehr Gässchen vorbei, bis sich die Straße schließlich zur Plaza Rei Joan Carlos I öffnete, wo wir wieder vom Strom der wahnsinnigen Masse mitgerissen wurden, bis wir an der Bar Bosch rechts abbogen. Um die auf dem Bürgersteig aufgestellten Tische tummelten sich wie üblich gaffende Touristen in Shorts und Gummisandaletten, adrette Geschäftsleute mit übergeschlagenen Beinen in Kaschmiranzügen und Carrera-Sonnenbrillen auf den Nasen, aber auch Studenten, die im Spiel von Sehen und Gesehenwerden die anwesenden Mädchen gerade so lange musterten, dass sie ihnen kein Getränk spendieren mußten.

»Das Geschäft mit den Gasherden kannst du vergessen«, sagte ich mürrisch. »In diesem Stau werden wir heute Abend noch stecken, und wer weiß, wo wir schließlich landen.«

»Da, schau!«, kreischte Ellie. »Gleich da vorn ist eine Tiefgarage, und da ist ein grünes *libre*-Zeichen, also muss ein Parkplatz frei sein. Los, fahr hin!«

Sie klammerte sich an den Rand ihres Sitzes, als ich den Wagen nach rechts schwenkte, mich zwischen zwei Bussen hindurchmogelte und beinahe mit einer ganzen Wagenladung von Nonnen zusammengestoßen wäre, die ebenfalls in Richtung Tiefgarage unterwegs waren. Es war eine dieser Fifty-Fifty-Situationen, und zu Hause in Schottland hätte ich ganz bestimmt gute Manieren bewiesen und den Damen den Vortritt gelassen, aber wir waren hier in Spanien, ich hatte gerade meine erste nervenaufreibende Bekanntschaft mit der Fahrweise der Einheimischen hier hinter mich gebracht und war außerdem sowieso nichts anderes als ein *extranjero loco*.

»Ihr könnt mich mal – in Rom besuchen!«, knurrte ich wütend und scherte unverfroren vor den Nonnen ein, sodass ich als erster an der Ticket-Schranke war.

»Peter! Das war widerlich«, keuchte Ellie und starrte mich

entgeistert an. »Ich bin zutiefst schockiert. Die armen Nonnen. Deine ›Ihr könnt mich mal in Rom besuchen‹-Tour ist absolut fehl am Platz, so ungalant verhält man sich in Spanien Frauen gegenüber nicht – schon gar nicht, wenn es sich um Nonnen handelt.«

»Du meinst also, es ist durchaus in Ordnung, hinter Frauen herzugeifern wie diese geilen Spanier vorhin, aber ihnen den Parkplatz wegzunehmen, gehört sich nicht. Willst du das damit sagen?«

»So ungefähr, und ich schäme mich maßlos für dich. Das war einfach nicht nett von dir, und wenn diese Nonnen über so etwas nicht erhaben wären, würden sie dir eine ordentliche Standpauke halten. Du kannst von Glück sagen, dass es Geistliche sind.«

»Das mag ja alles sein, aber die Standpauke einer Nonne nehme ich für einen Parkplatz in dieser Gegend gerne in Kauf. Ich war als erster da – ein fairer Kampf. Sollen die Nonnen doch sehen, wo sie bleiben.«

»Ah, *buenos días*. Und wie kann ich den Herrschaften behilflich sein?« schmeichelte uns der Verkäufer, während er auf leichten, unter seinen 70er-Jahre-Schlaghosen hervorlugenden Halbschuhen aus Lackleder durch den Laden schwebte. Er war ein untersetzter kleiner Mann mit unnatürlich schwarzem Haar, das wie eine eingeölte Badekappe angeklatscht auf seinem Schädel lag; sein Zapata-Schnurrbärtchen war auf der linken Seite ein wenig höher ausgeschnitten, womit ein goldener Eckzahn betont werden sollte, den ein ständiges einseitiges Grinsen entblößte; er wirkte wie die südländische Gigolo-Variante eines gesichtsgelähmten Peter Lorre und machte den Eindruck, als bewege er sich in einem schäbigen Schuppen im Stadtzentrum, die ganze Nacht Tango tanzend, weitaus sicherer als in einem piekfeinen Laden im Villenviertel, wo es Kühlschränke und Gasherde zu verkaufen galt. Ich reichte ihm die Bedienungsanleitung für den Herd und zeigte mit dem Finger auf eine Abbildung der Leiste mit den Schalterknöpfen. »*Roto* … der Schalter, der Zapfen … alles *roto* … alles kaputt.«

Da breitete sich ein gehässiges Grinsen in seinem Gesicht aus, und seine Chamäleon-Augen funkelten in Vorfreude auf eine Provision. Unser spezieller Gasherd sei völlig veraltet, teilte er uns wohlgemut mit. Der Hersteller sei schon vor Jahren Bankrott gegangen. Natürlich seien keine Ersatzteile mehr lieferbar, und im gegenwärtigen Zustand sei der Gasherd entschieden zu gefährlich – *muy peligroso … una bomba!*

Tänzelnd glitt er in den Ausstellungsbereich des Ladens und wies die werte Kundschaft darauf hin, dass es die beste Lösung sei, den alten Gasherd auszurangieren und einen neuen zu kaufen … und was für ein Glück, dass wir in seinem Verkaufsraum aus dem umfangreichsten Sortiment von ganz Mallorca wählen könnten.

Fünf Minuten später waren wir um mehrere hundert Pfund Sterling leichter und stolze (wenngleich ein wenig verblüffte und zugleich verärgerte) Besitzer eines robusten, weiß verkleideten Modells mit separatem Fach für die Gaskanister. Wirklich, *muy importante*.

Eine kluge Entscheidung – ein Gasherd, der für die traditionelle Bauernhofküche bestens geeignet sei, versicherte uns der Verkäufer und reichte Ellie den Garantieschein und die Quittung. »*Muy importante,* die Quittung … damit die Herrschaften die neue *botella de butano* für das separate Fach erwerben können. *Muy importante,* die Quittung«, betonte er noch einmal.

Als wenn wir das nicht wüssten! Und die Tatsache, dass ich mich völlig unverhofft von *muchas pesetas* hatte trennen müssen, versetzte mich auch nicht gerade in die rechte Stimmung für den Anblick, der uns in der Tiefgarage erwartete.

»Scheiße, das glaube ich einfach nicht«, jammerte ich, als sich meine Augen an das Dämmerlicht gewöhnt hatten. »Wir haben einen Platten!«

Ellie stand da und summte leise vor sich hin, während ich im Kofferraum wütend nach dem Ersatzreifen tastete.

»Also, wo ist denn jetzt bloß dieses Loch, in das man den Wagenheber steckt?« Inzwischen kniete ich, den Blick unter das Auto geheftet, auf dem Boden, tastete im Dunkeln nach der Befestigungsvorrichtung – und erreichte absolut nichts.

Da machte Ellie die Wagentür auf. »So, siehst du. Jetzt ist das Licht im Wagen angegangen. Vielleicht hilft das ja.« »Ah, das ist besser. Da ist es ja!« Ich ließ den Wagenheber einrasten. »So, jetzt haben wir's gleich. Wirklich eine gute Idee, Ellie.«

Schnell zog ich den Kopf wieder unter dem Wagen hervor, nur um ihn gleich darauf hörbar an der Unterseite der offenen Autotür zu stoßen. Der Schmerz war qualvoll. »Weshalb ist denn diese blöde Tür immer noch auf?«, brüllte ich, holte zu einem seitlichen Fußtritt gegen den platten Reifen aus und stieß mir das von den Katzen zerschrammte Schienbein an der Kante der Stoßstange.

»Gott verdammt nochmal!«, heulte ich unter fürchterlichen Schmerzen auf. »GOTT VERDAMMT NOCHMAL!«

Genau aufs Stichwort tauchte das Nonnenmobil aus dem Dämmerlicht auf und glitt auf dem Weg zum Ausgang langsam an uns vorüber. Ich konnte gerade noch den Ausdruck gelassener Zufriedenheit auf den Gesichtern der Schwestern ausmachen, als sie auf mich herunterschauten und sahen, wie ich, ein Häufchen Elend auf dem Betonboden, dasaß und mir Kopf und Bein rieb.

»Das können sie unmöglich getan haben. Das können sie einfach nicht getan haben«, dachte ich laut.

Eine ältliche Nonne lächelte mich aus dem Heckfenster ihres Wagens an und machte in meine Richtung eine Geste mit zwei Fingern, die höchstens die Allerfrömmsten unter den Leichtgläubigen als Erteilen eines Segens missverstanden hätten.

»Könnten sie schon, und das zu Recht«, meinte Ellie trocken. »Aber wie ich schon sagte, ich bin sicher, diese Damen stehen über solchen Dingen. Dein platter Reifen ist wahrscheinlich eher ein Fall göttlicher Vergeltung.«

Da war ich mir nicht so sicher.

Als wir wieder beim *butano*-Amt waren, präsentierten wir dem Angestellten unsere frisch erstandene Quittung, woraufhin er uns mit einem Grinsen das wertvolle *certificado* ausstellte.

»Sehen Sie, *señores*. Wie ich schon sagte, *sistema* mit die Quittungen arbeitet sehr, sehr gut, nein? Jetzt haben Sie also zwei Gas-*botellas* für nur einen Herd. *Olé!*« Stillschweigend nahmen wir unsere Niederlage hin und fuhren nach Hause.

* * *

Obwohl mein Glauben an das Unwahrscheinliche erschüttert war, erschien Juan, der Klempner (wie Klempner überall auf der Welt), schließlich drei Tage später bei uns, nachdem seine Frau unsere immer verzweifelter werdenden Anrufe mit all den üblichen Ausreden abgeblockt hatte – ein Rohrbruch hier, ein verstopfter Abfluss dort, und jeder neue Auftrag ein absoluter Notfall, um den man sich unbedingt *immediatamente* kümmern musste. Ja, fast eine Woche lang hatte sie ihn vor Mitternacht kaum je zu Hause gesehen.

»*Es un desastre!*«, erklärte Juan, der für einen jungen Mann mit zu viel Arbeit und zu wenig Schlaf erstaunlich frisch wirkte. »Ihr Boiler ist nicht mehr zu gebrauchen. Da läuft Gas aus. *Es una bomba!*«

Da hatten wir nun also eine weitere potentielle Bombe, die sich hinter dem von Señora Ferrer angepriesenen modernen Komfort verbarg. Einfach fantastisch! Zuerst der Herd, und dann das. Ich sah mich schon wieder mit beträchtlich erleichterter Brieftasche.

Er kenne diesen Boiler wirklich gut, ließ Juan uns wissen. Er sei schon seit ewigen Jahren eine Gefahr, doch Ferrer sei zu geizig, einen neuen zu kaufen. Der Boiler sei übrigens für die Warmwasserversorgung eines Hauses dieser Größe von Anfang an zu klein gewesen. Er deutete auf das kleine Porzellanbecken unter dem Boiler. *Dafür* habe der Boiler ursprünglich heißes Wasser bereiten sollen – ein einziges Waschbecken!

»Ja, ich hatte auch den Eindruck, dass er ein wenig zu klein ist«, pflichtete ich ihm kleinlaut bei, als mir klar wurde, dass der junge Juan in uns wohl die typischen blauäugigen Idioten sehen musste, die idealen Opfer für ein gewitztes einheimisches Ehepaar, das ein Haus voller Müll verkaufen wollte.

»Und, wenn wir schon dabei sind, wie steht's mit Ihrer *electricidad?*«, wollte Juan wissen, setzte seine Elektriker-Mütze auf und beäugte misstrauisch blinzelnd den uralten Sicherungskasten an der Wand. Ob wir denn noch keine Probleme damit gehabt hätten?

»Tja, also jetzt, wo Sie's erwähnen, die Sicherungen brennen manchmal durch, wenn wir versuchen, den elektrischen Wasserkocher und den Toaster gleichzeitig zu benutzen«, gab ich zu und kam mir von Minute zu Minute dümmer vor.

Juan schüttelte den Kopf und zog auf typisch spanische Art langsam die Schultern hoch. »*Hombre, es un catástrofe*. Da haben Sie wirklich *problemas ... problemas grandes*.« Was dieses Haus brauche, sei eine komplette Überholung sämtlicher elektrischer Geräte, verkündete er und sah mir dabei direkt in die Augen. Es grenze an ein Wunder, dass es hier noch keinen Brand aufgrund von Kurzschluss gegeben habe oder eine Gasexplosion ... oder beides. Wir bräuchten einen viel größeren Sicherungskasten, *un interruptor moderno,* der den gesetzlichen Vorschriften entspreche, die meisten Elektrokabel müssten durch neue in der richtigen Stärke ersetzt werden, die, die wir im Moment hätten, würden gerade eben für ein paar Lampen reichen. »*Hombre – un catástrofe potencial!*« Dann war da noch das Problem mit dem Boiler. Wir sollten uns ganz schnell von albernen kleinen Apparaturen verabschieden, die an einen Gaskanister angeschlossen würden. Einen elektrischen Boiler sollten wir uns besorgen – einen richtig großen guten –, das sei viel sauberer und sicherer. Die Gasflasche sollten wir als Ersatz aufheben – das könne nie schaden, eine extra *botella de gas,* nein?

Wem sagte er das. Wenn er bloß wüsste, was für eine frustrierende Jagd nach Gas wir bereits hinter uns hatten, nur um einen einzigen Ersatzkanister zu ergattern, und nach dem neuesten Stand der Dinge hätten wir sogar zwei!

»Ähm, könnten Sie sich, wo Sie doch schon mal hier sind, vielleicht auch noch unsere Waschmaschine ansehen?«, fragte Ellie ängstlich, weil sie die unausweichliche Antwort fürchtete. »Da … nun ja, da scheint irgendwas mit den Umdrehungen nicht richtig zu funktionieren.«

»Waschmaschine? *Señora,* da muss ich Ihnen ganz ehrlich sagen …« Juan hielt inne und ging zu der uralten *lavadora* hinüber. »Diese alte Klapperkiste ist schon ewig nicht mehr zu gebrauchen. Die Schnellschleuder-Funktion tut es schon seit fast zehn Jahren nicht mehr, und der alte Ferrer wollte sich das Geld für die Reparatur sparen. Seither wäscht seine Frau die Wäsche in ihrer Wohnung in Palma. Der Schrotthaufen hätte längst rausgeworfen werden müssen. *Basura!*« Er versetzte dem Sockel der Maschine einen sanften Tritt, ein metallisches Rasseln war in ihren Eingeweiden zu hören – dann fiel die Tür ab. Juan gab sich alle Mühe, ein Lächeln zu verbergen, indem er sich mit dem Daumen über die Nasenspitze rieb. »*Lo siento, señores*. Tut mir Leid.«

Ellie und ich sahen uns an und fingen an zu lachen – zuerst ein jämmerliches Gekicher vor lauter Selbstmitleid, das uns nur die Schultern zucken ließ, dann ein lautes, fast schon hysterisches Gelächter – ein schenkelklopfendes Gelächter, bei dem es uns die Tränen in die Augen trieb und wir die Beine zusammenpressen mussten. Mittlerweile war so klar wie Kloßbrühe, dass wir von den Ferrers ganz gehörig aufs Kreuz gelegt worden waren, und Lachen war einfach die beste Medizin. *Hombre,* Lachen war nun einmal die beste Medizin!

Juan ging zur Tür, spielte nervös mit dem Türknauf und dachte wahrscheinlich, dass das Haus jetzt tatsächlich von einem Paar übergeschnappter Ausländer in Besitz genommen war. Er war bereit zur Flucht – und zwar schnell, falls nötig.

»Keine Sorge, Juan«, sagte ich und bemühte mich wieder um Haltung. »Das ist einfach nur unsere Art, mit den, ähm … *problemas* fertig zu werden.« Ich gab ihm einen beruhigenden Stups. »Sie wissen schon, was ich meine, nicht?«

Aus seiner verstört-misstrauischen Miene konnte ich mit ziemlicher Sicherheit schließen, dass er nicht den Funken einer Ahnung hatte, was ich meinen könnte, also besann ich mich auf die Dinge, die anstanden. »Okay, Juan – Sie machen mir eine Liste mit all den Sachen, die gerichtet werden müssen, dann arbeiten Sie einen Kostenvoranschlag aus, und den holen wir morgen bei Ihnen im Geschäft ab. Und wenn der Preis in Ordnung ist …«, ich legte ihm eine Hand auf die Schulter, woraufhin er zurückzuckte, als habe ihn ein unter Strom stehendes Kabel berührt. »Und wenn der Preis in Ordnung ist und Sie uns schnelle Arbeit garantieren, dann kommen wir ins Geschäft. Okay, Juan?«

»Okay, *señor* … *muy bien,* okay«, stotterte er und tastete nach dem Türknauf. »*Mañana* … okay.« Die Tür schwang auf, und er war fort.

»Den armen Kerl haben wir richtiggehend zu Tode geängstigt«, sagte Ellie, die noch immer ihre Augen trockentupfte. »Der wird nie wieder einen Fuß in dieses Haus setzen.«

»Das glaube nur ja nicht. Hier geht es um einen richtig dicken Auftrag, und er wird versessen sein, ihn zu bekommen, selbst wenn er davon überzeugt ist, dass wir einer Anstalt für *extranjeros locos* entsprungen sind. Du wirst schon sehen.«

Diesmal trog mich meine Ahnung nicht, und Juan stellte die Internationalität des klempnerischen Profitdenkens unter Beweis. Sein Kostenvoranschlag lag am nächsten Tag für uns in seinem Geschäft bereit, und obwohl sein Preis (getreu der Devise seines Gewerbes) etwa doppelt so hoch war wie der, den wir erwartet hatten, waren wir verzweifelt genug, ihm den Auftrag zu erteilen – allerdings nur unter der Voraussetzung, dass er *immediatamente* beginne.

»*Immediatamente, señores!* Ich werde sofort einen neuen Boiler holen, und ich werde ihn noch heute anschließen. Es wird natürlich nur ein Provisorium sein, bis der neue *interruptor* und die ganzen neuen Kabel eingebaut sind, aber Sie werden ausreichend warmes Wasser haben – *immediatamente!*«

Solange Juan vor lauter Begeisterung darüber, unseren Auftrag ergattert zu haben, in immer höheren Sphären schwebte, ergriff Ellie die Gelegenheit, aus ihm einen besonders günstigen Preis für die neue Waschmaschine herauszuschlagen, die in seinem Geschäft ausgestellt war.

»*Sí, una lavadora excelente, señora. Una máquina fabulosa!*«, begeisterte sich Juan und klopfte leicht mit dem Fuß gegen den Sockel der glitzernden neuen Waschmaschine. »Gut, um mit den, ähm … *problemas* fertig zu werden, nein?« Besorgt schaute er uns an, dann versetzte er mir mit dem Ellenbogen einen Stoß in die Rippen und brach in zwanghaft nervöses Gelächter aus.

Höflich fielen wir mit ein und bestätigten dem verwirrten

Verstand des Klempners damit zweifellos, dass wir zwei gestörte Perverslinge waren, die Spaß daran hatten, wenn jemand auf Waschmaschinen eintrat.

Juan, der es offenbar vorzog, zwei solche Spinner besser nicht zu verärgern, hielt tatsächlich Wort, und noch am selben Abend hatten wir jede Menge dampfend heißes Wasser, das aus einem glänzend weißen Elektroboiler von enormem Ausmaß durch die Rohre geblubbert kam. Nachdem wir tagelang Wasser im Kessel erwärmt und nicht mehr als eine Katzenwäsche gehabt hatten, schwelgten wir regelrecht in dem wieder entdeckten Luxus – Ellie oben in der Badewanne, und ich unten in der Dusche. Die Dachbalken hallten ordentlich wider vom Gesang und Geplansche. Ja, ja, so sagte ich mir, das alte Haus war am Ende doch von fröhlicher Atmosphäre erfüllt.

Ach, der Zauber warmen Wassers, und oh, wie leicht lullt er doch den Badenden ein und wiegt ihn in dem trügerischen Gefühl des Wohlbefindens. Doch für den Augenblick wussten wir, dass das Leben eine entscheidende Wende zum Besseren genommen hatte, und als wir uns an jenem Abend – ganz rosig, gemütlich und sauber – unter die Decken kuschelten, kam uns sogar der Riesenklotz von einem Bett bequemer vor als vorher.

»Ach übrigens, Ellie«, sagte ich und knipste die Nachttischlampe aus, »ich habe heute den Reifen aus der Werkstatt geholt, wir hatten gar keinen Platten. Sie brauchten ihn nur wieder aufzupumpen.«

»Mh … mhm …«

»Siehst du, bei der himmlischen Gerechtigkeit, die deiner Meinung nach in dieser Tiefgarage im Spiel war, hat offenbar doch eine sehr irdische Hand mitgemischt.«

Ellie war bereits eingeschlafen.

DREI

Raus aus dem Schneckenhaus

Sonntag ist auf Mallorca Familientag, der Tag, an dem man in die Berge fährt, um über dem Holzfeuer *paella* zu kochen, der Tag, an dem man zum Fußballspiel oder zum Stierkampf geht, der Tag, an dem man zu einer ruhigen, von Pinien gesäumten Bucht pilgert, um am Hafen zu spazieren oder vielleicht im Familienboot zum Fischen hinauszufahren. Vor allem aber ist der Sonntag der Tag, an dem die Menschen in einen der vielen Landgasthöfe strömen, die sich darauf spezialisiert haben, jene herrlich lärmende Nachmittagsfestlichkeit aus Fröhlichkeit und Schmauserei auszurichten – das mallorquinische Sonntagsmahl.

Der Sonntag war unser liebster Wochentag geworden.

»Sieh dir nur diesen Himmel an, Ellie«, rief ich, zum Schlafzimmerfenster hinausgelehnt und in tiefen Zügen die lieblich duftende Luft einatmend. »Sieh nur dieses Dunkelblau vor den blassgrünen Eukalyptusblättern. Vor allem darfst du dabei nicht vergessen, dass wir jetzt eine Woche vor Weihnachten haben, und hier ist es wie an einem idealen Sommermorgen zu Hause. Eigentlich habe ich so einen Sommermorgen zu Hause nie erlebt. Und all diese Gerüche ... die Orangen, die Zitronenblüten, die Berge. Aahhh, es ist einfach herrlich!«

»Ach, halt den Mund. Du hörst dich ja an wie ein Urlaubsprospekt. Außerdem ist es mitten in der Nacht, und ich schlafe noch. Hau ab.« Sie drehte sich um und zog die Decken über den Kopf.

Ich war schon seit Stunden auf und hatte bereits drei von den braunen Eiern der alten Maria gefrühstückt. Dass Eier überhaupt so aussehen und schmecken können, hatte ich ganz vergessen. Eigelbe, die der Farbe reifer Orangen im rötlichen Abendschimmer Konkurrenz machen, ein Geschmack, der nur als unvergleichlich beschrieben werden kann – das einzigartige Produkt einer Reihe gackernder Ahnen, die bestimmt auf Jahrhunderte gemächlichen Pickens nach Samen und Körnern im sonnengewärmten Erdreich und ebenso langes und zufriedenes Knurpseln an all dem nahrhaften Hühnerfutter zurückblicken konnten; Futter, das auf einer kleinen mallorquinischen *finca* wie der von Maria reichlich vorhanden sein musste.

Ellie war noch nie sonderlich begeistert gewesen, wenn man sie an einem Sonntagmorgen allzu früh geweckt hatte. Es war nun einmal der Tag der Ruhe. Daran glaubte sie fest, und deshalb wollte sie auch so lange wie nur möglich gemütlich im Bett bleiben.

Dagegen hatte ich auch nie etwas einzuwenden gehabt, aber hier war es nun einmal anders. Dies war kein typischer Sonntagmorgen in Schottland, wo einem alles genauso kalt, trübe und grau vorkam wie die Decke aus Regenwolken, die sich über den Himmel zog. Das hier war Mallorca, Königin des Mittelmeers, eine Insel der Götter, die überquoll von den Gaben der Natur, wo die Sonne bereits hoch am wolkenlosen Himmel stand.

Ich fing sogar schon an, wie ein Urlaubsprospekt zu denken, doch das war mir egal. Ich meinte es wirklich so.

»Ellie, es ist schon fast elf Uhr, und wenn wir uns jetzt nicht aufrappeln, haben wir keine Chance mehr, einen guten Platz fürs Mittagessen zu ergattern. Aber ganz wie du willst – wir können uns auch hier eine Kleinigkeit zusammenbrutzeln, wenn du möchtest, oder wir stürzen uns ins mallorquinische Sonntagsleben und drängen uns wie all die Einheimischen in eines der überfüllten Esslokale.«

Das Ultimatum hatte die erwartete Wirkung. Noch halb im Schlaf stand Ellie auf und schwebte – mit immer noch geschlossenen Augen – unter einem aufgebauschten Morgenmantel ins Badezimmer. »Du kannst in mir getrost eine Einheimische sehen«, murmelte sie.

»HOLA! HEY, AMIGO! ICH BIN'S RAFAEL … ORANGEN … NARANJAS!«, ertönte ein Ruf von der Straße her. Das war der alte Rafael, unser erster Kunde. Er hatte sich angewöhnt, fast jeden Sonntagmorgen vom Dorf heraufzukommen und sich im Selbstbedienungsverfahren ein oder zwei Taschen voll Orangen zu pflücken, für gewöhnlich war er in Begleitung einiger Ziegen, die er in dem kleinen Hof hinter seinem Reihenhäuschen hielt, in einem winzigen Hüttendorf aus zusammengeflickten Baracken und heruntergekommenen Schuppen. Jedesmal, wenn er das Haus verlassen musste, nahm er drei oder vier Ziegen mit, damit sie am Wegesrand unentgeltlich grasen konnten – so auch heute. Ich konnte die Ziegen schon riechen, noch bevor ich beim Tor war. Rafael stand da und schaute durch die Metallgitter auf das Grundstück, zwei seiner Geißen mit ihren Jungen waren auf der anderen Straßenseite schon an die Zaunpfosten gebunden. Eifrig taten sie sich am Unkraut gütlich, aber als sie hörten, wie ich das Tor aufschloss, hoben sie die Köpfe, schauten neugierig zu mir herüber und meckerten einträchtig.

»*Buenos días,* die Damen«, erwiderte ich lächelnd ihre Begrüßung. »Oh, und auch Ihnen *buenos días,* Rafael.«

Er war ein kleiner untersetzter Mann in den Siebzigern, mit einem runden, fröhlichen Gesicht, das unter einer alten Cord-Mütze halb versteckt war. Seine Kleidung hätte eine Medaille für langjährige Dienste verdient und stank außerdem unverkennbar nach Ziegen, aber den kleinen Jungen, der sich scheu an die zerbeulten Hosen des alten Mannes klammerte und sich dabei alle Mühe gab, sich vor mir zu verstecken, schien das nicht zu stören.

»*Mi nieto*«, sagte Rafael stolz und tätschelte den Kopf des kleinen Burschen.

»Ihr Enkel, ja? Ein prächtiger Bursche. Ist es Ihr erstes Enkelkind?«

Rafael wirkte beleidigt. »Nein, *amigo.* Ich habe fünfzehn davon«, erklärte er empört. »Vier Söhne, drei Töchter und fünfzehn Enkel … und zwei gerade in der Mache.« Er gab mir einen Stups mit dem Ellenbogen und blinzelte. »Wir vermehren uns fleißig, wir *e'pañoles,* nicht wahr?«

Ich versetzte ihm einen leichten Klaps auf den Rücken. »Okay, Rafael. Gehen Sie nur und pflücken sich Ihre Orangen, ich sehe Sie dann später beim Haus.« Nur eine kleine Ermutigung meinerseits und Rafael wäre vermutlich stehen geblieben und hätte den ganzen Tag geredet – oder wenigstens so lange, bis seine Ziegen alles Essbare ringsrum abgegrast hätten – doch obwohl er ein liebenswerter alter Mann war, dessen Besuche mich immer wieder freuten, fand ich es recht anstrengend, eine Unterhaltung mit ihm zu führen. Er stammte aus Andalusien in Südspanien, und für einen ausländischen Neuling wie mich war sein Akzent mitunter völlig unverständlich. Mit der Angewohnheit der Festland-Spanier, die Buchstaben »c« und »z« gemäß den phonetischen Regeln zu lispeln, kam ich gerade noch klar, doch Rafael hatte außerdem die andalusische Angewohnheit, den Buchstaben »s« überhaupt nicht zu sprechen, und das gab mir wirklich den Rest. Langsam gesprochene Freundlichkeiten waren eine Sache, aber wenn er sich bei einem Thema in Rage redete und in ein mörderisch schnelles Plappern verfiel, hätte er, was mich betraf, genauso gut in der Sprache der Marsmenschen reden können.

Als ich zur Vorderfront des Hauses zurückging, hörte ich die schrille Stimme unserer Wochenend-Nachbarin Francisca Ferrer. Sie und Ellie führten wie üblich ihre ureigene Variante von Steno-Dialog, doch diesmal konnte ich den Hauch eines aggressiven Untertons heraushören. Offensichtlich war Francisca mit einer Tasche voll Tierfutter herübergekommen, das sie uns für ihre Hunde und Katzen für die kommende Woche bringen wollte, doch augenscheinlich war sie alles andere als guter Stimmung.

Weshalb denn ihre geliebten Hunde Robin und Marian während der Woche nicht in unserer Küche schlafen durften, wollte sie wissen. Das war doch die Übereinkunft, die wir bei unserem Einzug getroffen hätten, oder etwa nicht? Jetzt habe sie feststellen müssen, dass die beiden Hundekörbe in einen Schuppen bei ihrer *casita* geschafft worden seien! Sie habe fest vorgehabt, am Freitagabend bei ihrer Ankunft aus Palma sofort zu uns herüberzukommen und uns deswegen zur Rede zu stellen, aber dazu sei sie viel zu aufgeregt gewesen und stattdessen von einem Migräneanfall niedergestreckt und von Tomàs zu Bett gebracht worden. »*Madre de Dios!*«

»Mhm. Tja, also ich hatte das eigentlich schon erklären wollen«, gab Ellie halb entschuldigend zu, »aber offen gesagt, es war mir einfach zu peinlich.«

»*Cómo?*«

Verblüfft schaute Señora Ferrer mich an, sie hoffte wohl auf ein kleines bisschen linguistischen Beistands. Den bekam sie jedoch nicht. Diesmal überließ ich Ellie die ganze Sache.

»Ihre Hunde – Robin und Marian – Ihre *perros* sind nicht wirklich stubenrein, oder? Das ist das Problem – das *problema, sí*? Das *problema* besteht darin, dass sie … ach, so ein blöder Mist!« Ganz gegen ihre sonstige Gewohnheit regte sich Ellie fürchterlich auf. »Wie sagt man denn bloß Hundehaufen auf Spanisch?«

Franciscas Gesicht war der Inbegriff von Verwirrung. *»Cómo? No comprendo.«*

Ellie seufzte tief. Entschlossen ging sie auf das Haus zu, zeigte auf das Badezimmerfenster und rief zu der unglücklichen Francisca herüber: »Sehen Sie … Toilette … Hunde machen Toilette, *sí*?« Dann deutete sie auf das Küchenfenster und fügte hinzu: »Hunde, Ihre *perros,* machen Toilette in der Küche – der *cocina.* Nicht gut!«

Traurig schüttelte Señora Ferrer den Kopf, die Mundwinkel sanken herab, ihr Kinn bebte. »Aber weshalb wollen Sie denn, dass Robin und Marian in der Toilette schlafen?«, erkundigte sie sich unter Tränen. *»Qué cruel!«*

»Nein, nein, nein!«, schrie Ellie und wedelte verzweifelt mit den Händen vor unserer verblüfften Nachbarin. »Nicht in der Toilette schlafen … Kacka in der *cocina*! Verstehen Sie denn nicht?«

Dieses Glück war ihr nicht beschieden. Die Sprachbarriere stand fest und unverrückbar.

Bisher hatte ich in meiner Frau stets den Inbegriff guten Geschmacks und damenhafter Zurückhaltung gesehen, und so traf mich die Vorstellung, die sie nun geben sollte, wie ein Schock. Ein lautes, anhaltendes Furzgeräusch explodierte auf ihren Lippen, gefolgt von einem dröhnenden *»WUFF! WUFF!«* Das Gesicht hatte sie zu einem Ausdruck gespielten Ekels verzogen, und dann schaute sie auf die nach oben gereckte Sohle ihrer Hausschuhe, hielt sich die Nase zu, blickte Señora Ferrer starr ins Gesicht und artikulierte überdeutlich: *»PFUI-UII! … IGITT-IGITT!«*

Der alte Rafael hatte einiges von diesem seltsamen Spektakel mitbekommen, als er auf dem Rückweg vom Orangenhain auf das Haus zuging. Vielleicht weil er die Konsequenzen fürchtete, die ihm drohten, wenn er eine Art heidnisches Ritual der Schotten störte, stand Rafael jetzt in sicherer Entfernung hinter einem Granatapfelbaum und schaute mit offenem Mund zu. Das einzige, was man von seinem Enkel sah, waren ein schwarzer Haarschopf und zwei verschreckte Augen, die aus dem Schutz der Jacke des alten Mannes hervorschauten.

In grenzenloser Verwirrung sah Señora Ferrer Ellie stirnrunzelnd an und bekreuzigte sich – für alle Fälle.

Ellies normalerweise friedliche Veranlagung wurde jetzt von schierer Verzweiflung bezwungen. Sie packte die zitternde Francisca bei der Hand und zog sie zum Haus hinüber. Unter wütendem Gestikulieren in Richtung Küchenfenster brachte sie ein weiteres donnerndes Furzgeräusch hervor und brüllte unsere in sich zusammengesunkene Nachbarin an: »In der *cocina* … Robin und Marian, jeden Abend … *comprende?*«

Irgendwie fiel bei Señora Ferrer endlich der Groschen. Sie wischte sich eine Träne aus dem Auge und zog die Schultern fast bis zu den Ohren hinauf, die Ellenbogen hatte sie fest angewinkelt, und die Handflächen zeigten nach vorn in jener typisch spanischen Geste, die andeuten sollte: Was ist schon dabei?

»*Normal. Perros serán perros. Es normal.*«

Sie reichte Ellie das Päckchen mit dem Hundefutter, schüttelte trotzig den Kopf, dann drehte sie sich um und schritt über das Feld auf ihre *casita* zu.

»Hunde sind und bleiben eben Hunde? Das war es, was sie gesagt hat? Na, dann sollen ihre Hunde doch auf ihrem Küchenfußboden *normal* sein, auf meinem *NICHT*! Und jetzt gehe ich duschen!« Geräuschvoll schlug Ellie die Vordertür hinter sich ins Schloss. So wütend hatte ich sie in meinem ganzen Leben noch nicht gesehen.

Als die beiden Damen den Schauplatz verlassen hatten, kam Rafael hinter dem Granatapfelbaum hervor und schlurfte vorsichtig zum Haus hoch, in der einen Hand zwei Taschen voller Orangen, während er mit der anderen seinen Enkel hinter sich beschirmte.

»*Un poquito enferma, su esposa?*«, fragte er und deutete mit einem Kopfnicken auf das Haus.

»Krank? Nein, meine Frau ist nicht krank – nur ein bisschen … na ja … verärgert.«

Das überzeugte Rafael nicht. »*No está enferma?*«, erkundigte er sich ungläubig und tippte sich mit dem Zeigefinger an die Schläfe.

Ich entschied, dass ein schneller Themenwechsel das Klügste wäre, doch Rafael hatte denselben Einfall und kam mir zuvor. Mit einem kurzen, dicken Finger voller Schwielen, der lebhaft von Orangen und Ziegen sprach, stach er mir in die Brust. Eine Schnellfeuer-Salve andalusischen Dialekts wurde auf mich abgeschossen, und ich verstand kein einziges Wort.

»*Mas despacio, por favor*«, bat ich. (Jemanden zu bitten, langsamer zu sprechen, war einer der wenigen spanischen Sätze, die mir fließend über die Lippen kamen.)

»*Ma' de'pathio? U'ted no puede entender mi e'pañol?*«

Sí, sí. Ich könne sein Spanisch durchaus recht gut verstehen, log ich, aber ich sei ja noch im Begriff, die Sprache zu lernen, und ich hätte einige Probleme, wenn er zu schnell spreche. Wenn er vielleicht, *un poquito mas despacio, por favor* sprechen könne?

Rafael schob sich seine Mütze auf den Hinterkopf und atmete tief durch die Nase ein. Dann legte er erneut los und stieß einen Wortschwall völlig unverständlicher Sätze aus, kein bisschen langsamer als vorher, dafür aber doppelt so laut. Jetzt wusste ich, was für ein Gefühl es sein musste, spanischer Kellner in einem Hotel voller englischer Pauschaltouristen zu sein. Rafaels Arme schwangen wild umher, während er immer schneller und lauter sprach. Ich hatte den deutlichen Eindruck, dass der alte Mann mich in einer Sache belehren wollte, bei der er sehr fest gefügte Ansichten hatte.

Als er geendet hatte, zog er sich den Schirm der Mütze wieder über die Augen und blinzelte mich erwartungsvoll an. Es folgte ein entschieden bedeutungsschweres Schweigen.

»*Qué?*«, erkundigte ich mich schließlich mit schwacher Stimme und fragte mich dann sofort, weshalb ich das gesagt hatte. Ich klang genau wie der spanische Kellner Manuel in der englischen Comedy-Serie *Fawlty Towers*. Ich kam mir wie ein kompletter Idiot vor, und so muss ich wohl auch ausgesehen haben, als ich wie vom Donner gerührt dastand. Rafaels Enkel kicherte und verschwand auf der anderen Seite des Hauses.

»*Qué?*«, wiederholte ich aus reiner Verlegenheit, denn mir fiel einfach keine andere Erwiderung ein. Ich war vorübergehend ganz benommen von der Erkenntnis, wieviel wir in Sachen Konversation mit unseren spanischen Gastgebern noch zu lernen hatten. Weder Ellie noch ich hatten an diesem Morgen bisher irgendwelche Punkte gemacht.

Glücklicherweise muss der alte Mann wohl eingesehen haben, dass auch er noch einiges über die Verständigung mit Ausländern zu lernen hatte, oder vielleicht tat ihm auch nur dieser spezielle *extranjero loco* Leid. »*Amigo*«, sagte er leise. Er tätschelte meinen Arm, führte einen Zeigefinger an die Lippen und fügte dann flüsternd hinzu: »*U'ted tranquilo ... U'ted tranquilo.*«

Ich begriff, dass er mir riet, mich zu beruhigen, einfach zu entspannen. Die Tatsache, dass er derjenige gewesen war, der wie ein Wahnsinniger getobt und gewütet hatte, schien er geflissentlich zu übersehen. Immerhin nahm mich jetzt ein entschieden ruhigerer Rafael beim Ellenbogen und führte mich zu der Terrasse seitlich des Hauses, wo er mir mit Gesten zu verstehen gab, dass wir uns auf die zwei wackeligen Stühle gegenüber dem Brunnen setzen sollten. Es war wohl nicht das erste Mal, dass er seine alten Knochen dort ausruhte.

Was ich brauche, sei ein Traktor, erklärte er, und klopfte dabei auf meinen Handrücken, um jede sorgfältig artikulierte Silbe zu betonen. Aufmerksam hörte ich zu, ein wenig gedemütigt von dem Wissen, dass Rafael jetzt zu mir sprach, als sei ich einer seiner Enkel im Kleinkind-Alter. Doch wenn man es recht bedachte, verstand wahrscheinlich selbst sein jüngster *nieto* mehr Spanisch als ich.

Dieser Bauernhof sei inzwischen ein einziges Durcheinander, jammerte Rafael. »Sehen Sie sich nur das Unkraut an. *Mierda!*« Unkraut entziehe dem Boden die Feuchtigkeit, und das sei eine schreckliche Verschwendung. Das Unkraut müsse jetzt untergepflügt werden, ob ich das nicht verstehe?

Ich wusste nur allzu gut, wovon er redete. Das gängige Einmaleins der Landwirtschaft war wohl doch recht universell, nahm ich an. Rafael wusste jedoch nicht, dass man mich in dem Glauben gelassen hatte, die im Herbst anstehenden Arbeiten würden vor unserer Übernahme des Hofes noch von Tomàs Ferrer erledigt. Ich weiß nicht, weshalb die Arbeiten nicht ausgeführt worden waren, und Señor Ferrer hatte dieses Thema von sich aus nie angesprochen. Vielleicht hatte ich die Abmachung einfach missverstanden, also hatte ich bereits insgeheim beschlossen, den unansehnlichen grünen Teppich selbst anzugehen – sobald ich Zeit hätte, die notwendige Ausrüstung zu besorgen. Für den Augenblick war es einfacher, in stillschweigender Übereinstimmung mit meinem wohlmeinenden Berater zu nicken.

Dann seien da die Bäume, fuhr Rafael ernsthaft fort. »*Ah, sí, los árboles … los árboles.*« Er strich sich über das Kinn und schaute über die Obstgärten hinweg, die für mein ungeschultes Auge in dem hellen morgendlichen Sonnenlicht einfach wundervoll aussahen.

»Aber das mit den Bäumen ist doch bestimmt kein großes Problem?«, wagte ich mich erwartungsvoll vor.

Rafael schüttelte den Kopf. »Nein, nicht ein großes Problem, *mi amigo*, ein *sehr* großes Problem. *Ah sí. Un problema MUY grande!*«

Da sich mein Wissen über Obstbäume am unteren Ende des Spektrums von »nicht nennenswert« bewegte, war mir sehr daran gelegen, so viel wie möglich darüber zu lernen, sofern sich nur irgendjemand die Zeit nahm, es mir beizubringen. Bevor wir aus Schottland fortgegangen waren, hatte ich ein paar Bücher zu dem Thema gekauft und mir alle nur erdenkliche Mühe gegeben, in die Tiefen der Obstbaumzucht hinabzusteigen, doch schließlich hatte ich einsehen müssen, dass ich kaum an der Oberfläche dessen gekratzt hatte, was eine unendlich komplexe Wissenschaft zu sein schien.

»Also worin genau besteht dieses *problema muy grande?*«, fragte ich Rafael besorgt.

Er räusperte sich, hielt inne, räusperte sich noch einmal und setzte dann zu einem rasselnden Husten an, das sich wiederum zu einem kehligen Gurgeln auswuchs, ein Geräusch, als würde irgendwo ein altes, verstopftes Abflussrohr gereinigt. Dann packte er mich fest am Arm, der besseren Hebelwirkung wegen, während er das mit dem Gurgeln hervorgebrachte schleimige Geschoss in einem vollendeten Bogen hoch über den Brunnen hinweg abfeuerte, und da landete es dann – vermutlich zielgenau – am Fuß eines Walnussbaumes. Rafael gab ein schmatzendes Geräusch von sich und blinzelte mir aus einem feuchten Auge zu. »Was für ein Prachtexemplar, nein? Das passiert nur alle Jubeljahre einmal, *amigo!*«

»Ja, wohl wahr, aber was ist denn nun mit diesem Baumproblem?«, drängte ich und gab mir Mühe, nicht allzu beeindruckt von seinem Spucktalent zu sein.

Rafael lehnte sich auf dem alten knarrenden Stuhl zurück und verschränkte die Hände hinter dem Kopf. »Ach, wenn Sie das Anwesen doch nur gesehen hätten, als Señora Ferrers Vater in seinen besten Jahren war«, gab er sich seinen Erinnerungen hin, schloss die Augen und zog sich die Mütze über das Gesicht. »*Ah, sí* … Señora Franciscas Vater … der alte Paco. Was für ein Mann … ein wahrer Maestro … ein Maestro der Bäume. Das hier war einmal der beste Hof im Tal. Ständig kamen die Leute, um sich die Bäume anzusehen … so wunderschön.«

»Na gut, aber jetzt erzählen Sie mir etwas über das Problem, das ich mit den Bäumen habe, Rafael. Ich muss das wirklich wissen.«

»Und dann war da der Wein. *Ah sí* … der Wein vom alten Paco. Den hat er aus den Trauben von genau dieser Terrasse hier gemacht – *aquí mismo.* Hier habe ich immer gesessen und an warmen Herbstabenden ein oder zwei Flaschen mit ihm getrunken … genau auf diesen Stühlen hier – *aquí mismo. Ah sí* … wenn Sie doch nur damals das Anwesen gesehen hätten. *Ah sí* …«

Das gedämpfte Schnarchgeräusch, das unter seiner Cord-Mütze hervorkam, bestätigte, dass Rafael eingeschlafen war.

Ich schaute auf den friedlich vor sich hindösenden alten Mann. Er war nicht viel besser gekleidet als eine Vogelscheuche, und es war nicht sehr wahrscheinlich, dass er in seinem Leben je in den Genuss von viel Geld oder anderen materiellen Gütern gelangt war. Aber er hatte eine große Familie – auf die er offensichtlich außerordentlich stolz war –, er hatte sein kleines Häuschen, und er hatte seine Ziegen. Ja, mehr noch, er hatte die Gesellschaft guter Freunde in einer kleinen ländlichen Gemeinschaft, in der Menschen, Tiere, Land, Pflanzen und Bäume immer noch harmonisch miteinander leben mussten, weil das Überleben und Wohlergehen des einen von dem des anderen abhing; ein einfaches Leben, und doch in vielerlei Hinsicht ein beneidenswertes Leben – vor allem in solch idealem Klima und an einem derart gesegneten Fleckchen Erde.

Diese Tage gehörten fast der Vergangenheit an, darüber gab es keinen Zweifel. Das Aufkommen des Massentourismus, des Fernsehens, des »Fortschritts« hatte dafür gesorgt. Und doch war das Tal, auch wenn sich die Lebensweise änderte, so geblieben wie eh und je. Die Berge, die Pinien, die kleinen Obstgärten und die alten Bauernhäuser aus Stein waren noch immer da. Die Welt rundum allerdings hatte sich verändert.

Wieder dachte ich an Rafaels Erinnerungen, an den Bauernhof von einst, und ich gelobte, alles in meiner Macht Stehende zu tun, den Hof wieder in seinen früheren Zustand zurückzuversetzen. Ich konnte von Glück sagen, dass ich überhaupt die Möglichkeit dazu hatte, also war es meine Pflicht und Schuldigkeit, mich darum zu kümmern. Ich wusste, es würde nicht einfach sein, doch ich war überzeugt, dass wir es schaffen könnten – wenn wir nur hart genug arbeiteten ... und viele gute Ratschläge erhielten.

»*Abuelo! Abuelo! Tengo hambre!*«, rief da Rafaels Enkel und zerrte am Ärmel des alten Mannes.

»*Aha, Pedrito.*« Rafael schob sich die Mütze aus dem Gesicht, rieb sich die Augen und gähnte. »*Sí, sí* – du hast Hunger. Zeit, nach Hause zu gehen. Aber erst muss ich dem *Señor* noch die Orangen bezahlen.«

Am liebsten hätte ich dem alten Rafael gar nichts berechnet. Die Bäume waren übervoll mit Orangen, für die ich immer noch einen rentablen Massenabsatz-Markt finden musste, die paar Kilo für Rafael würden da kaum ins Gewicht fallen, zumal er das Pflücken selber besorgt hatte. Aber stets bestand er darauf, zu bezahlen, und um nicht Gefahr zu laufen, seinen Stolz zu verletzen, berechnete ich ihm lieber einen symbolischen Preis.

»*Cuanto es?*«, fragte Rafael und steckte Zeigefinger und Daumen in ein winziges Portemonnaie aus Leder.

»Sagen wir einhundert Peseten pro Tasche.«

Einen Augenblick lang sah mich Rafael an, dann hob er eine der Taschen hoch. »Wollen Sie sie denn nicht wiegen?«

Weshalb sich die Mühe machen und sie wiegen, wenn ich sie ihm ohnehin fast umsonst gebe, fragte ich mich. Aber um Rafael die Freude nicht zu nehmen, holte ich die alte Federwaage von der Wand und hängte die Tasche an den Haken. »Zehn Kilo, *mas o menos,* Rafael.«

»*Muy bien, muy bien.*«

Jetzt schien er zufrieden, und pflichtgemäß reichte er mir die einhundert Peseten. Ich hatte den Verdacht, dass Rafael in Wirklichkeit dankbar über das gemachte Schnäppchen war, und mit seinem Beharren darauf, die Orangen wiegen zu lassen, wollte er wohl nur in Erfahrung bringen, wie gut das Schnäppchen tatsächlich war.

Er hob die zweite Tasche hoch. »Und was ist mit denen hier?«

»Na schön – wenn Sie wollen, wiege ich die auch noch für Sie.«

Rafael wirkte leicht verlegen. »Na ja … es ist ja bloß, dass ich die hier vom Boden aufgelesen habe … ich dachte, das könnte vielleicht …«

»Vom Boden? Aber die werden Würmer haben und wer weiß was noch. Die können Sie nicht essen.«

»*Hombre,* Würmer sind gesund. Die Orangen werden sowieso zu Saft gepresst. Sollten also Würmer da drin sein, werden sie mitpüriert. Ein bisschen Zucker dazu …« Er lachte, als er sah, wie es mich beim bloßen Gedanken daran schüttelte. »Aber ich sage Ihnen doch, das ist wirklich gesund, *amigo*. Saft aus Orangen mit Würmern habe ich mein ganzes Leben lang getrunken, und sehen Sie mich nur an. Ich habe vier Söhne, drei Töchter und fünfzehn ...«

»Na schön, na schön, Rafael. Ich glaube Ihnen ja, und Sie können kommen und sich so viel Fallobst abholen, wie Sie wollen – jederzeit.«

»*Grati'?*«

»*Sí, sí, absolutamente gratis*. Dafür verlange ich nichts.«

Rafael war glücklich. »Genau wie beim alten Paco«, strahlte er, als er sich umdrehte und zum Tor ging.

Wenngleich ich einsah, dass sein Kompliment bis zu einem gewissen Grad dem Eigennutz entsprang, glaubte ich doch an die Aufrichtigkeit seiner Gefühle. Auf seine ureigene Art vergalt er mir meine Freundlichkeit, und dafür war ich ihm dankbar.

»Aber bevor Sie gehen, Rafael – was ist denn nun das Problem mit meinen Bäumen? Das haben Sie mir noch immer nicht erklärt.«

»Fragen Sie mich nicht, *amigo*. Ich habe keine Ahnung von Obstbäumen. Aber ich habe die Leute im Dorf sagen hören, dass die Bäume hier jetzt ein wahrer Schandfleck sind. Da fragen Sie lieber einen Experten. *Adio', y mucha' grathia'*.«

»Na, das hat mir zu meinem Glück heute gerade noch gefehlt«, brüllte ich nach oben in Ellies Richtung. »Der Mistkerl hat mir eine komplette halbe Stunde lang mit dem schrecklichen Zustand der Obstbäume hier auf dem Anwesen in den Ohren gelegen, dann sagt er mir freudestrahlend, dass er von der ganzen Sache keine Ahnung hat, und schließlich macht er sich mit seinen Scheißziegen aus dem Staub ... und mit meinen billigen Orangen.«

»Beruhige dich, Schatz«, sagte Ellie und kam munter die Treppe herunterstolziert, fix und fertig angezogen und zum

Ausgehen bereit. »Oder *u'ted tranquilo,* wie dein alter Kumpel gesagt hätte.«

»Ja, aber wieso macht er mir dann die Bäume madig und jagt mir einen Schrecken ein, wo er doch überhaupt keine Ahnung hat, wovon er redet? So eine Unverschämtheit. Von jetzt an werde ich ihm den vollen Preis berechnen.«

Ellie gab mir ein Glas Saft, frisch gepresst aus den Orangen, die sie am Vorabend geerntet hatte. »Da – trink das. Dann wirst du gleich ruhiger. Und bitte nicht mehr fluchen. Böse Worte und ungute Gefühle hat es ja nun wirklich für einen Tag genug gegeben.«

»Na ja, ein guter Rat ist ja ganz schön – und davon kann ich auch weiß Gott eine Menge gebrauchen –, aber einfach nur die Obstbäume mies machen ...«

»Na, nun sei mal nicht ungerecht. Ich bin sicher, der Alte wollte dich nicht beleidigen. Ich habe vom Badezimmerfenster aus zugehört, und fast die ganze Zeit hat er so langsam gesprochen, dass sogar ich mitgekriegt habe, was er gesagt hat.«

»Hä?« Ich kratzte mir den Kopf und warf Ellie über den Rand des Glases einen fragenden Blick zu.

»Ja, ich habe tatsächlich einiges verstanden, da brauchst du gar nicht so erstaunt zu gucken. Denk doch einfach mal nach. Dir ist doch auch dieses klebrige schwarze Zeug auf manchen Orangen aufgefallen, und dann all die abgestorbenen und wild wuchernden Zweige. Selbst du kannst nicht übersehen, dass mit vielen von den Bäumen was passieren muss, und dabei bist du doch ein kompletter Laie. Stimmt's?«

»Na ja, vielleicht, aber so übel sehen die gar nicht aus. Mal ehrlich – wir werden eine ganz schön üppige Orangen-Ernte haben.«

Ellie schaute aus dem Fenster und nickte nachdenklich. »Mhm, wahrscheinlich hast du Recht, aber wieviel besser könnte die Ernte womöglich noch sein? Das ist doch der springende Punkt. Und ich glaube, Rafael wollte dich nur mit der Nase draufstoßen – hat einfach nur gesagt, was für jeden offen auf der Hand liegt, nur für den Fall, dass es dir entgangen ist.«

»Okay, aber als echter Nachbar hätte er mir doch sagen müssen, wo ich den Rat eines Experten einholen kann, statt mir erst Angst einzujagen und dann einfach mir nichts dir nichts zu verschwinden.«

»Bestimmt hätte Rafael dir selber den einen oder anderen Rat wegen der Bäume geben können. Ganz sicher gibt es hier unter den Alten nur wenige, die das nicht könnten. Aber die werden nicht alle als die *echten* Experten gelten.«

»Die ›*maestros*‹, meinst du?«

»Genau. Und es könnte doch sein, dass Rafael sich als Obstbaum-Maestro nicht gerade hervorgetan hat. Ziegen, vielleicht – aber Obstbäume vielleicht nicht. Also, du solltest dir bei einem richtigen Baum-Experten Rat holen – mehr hat er damit nicht sagen wollen. Zumindest ist er so keinem auf die Füße getreten … und keiner kann ihm vorwerfen, dich falsch beraten zu haben. Das erscheint mir nur logisch.«

Allmählich fiel die gedrückte Stimmung von mir ab.

»Ellie, du hast es wieder einmal geschafft. Du hast mir den Glauben an die Menschheit zurückgegeben. Eine Lektion in gesundem Menschenverstand.« Ich gab ihr einen Klaps auf den Hintern und trank mein Glas Saft aus. »Lecker! Das war der beste Orangensaft meines Lebens. Von welchem Baum hast du die Apfelsinen diesmal gepflückt?«

Ellies Gesicht verzog sich zu einem schelmischen Lächeln, und sie tänzelte in Richtung Tür.

»Baum?«, rief sie über die Schulter zurück. »Baum? Die habe ich überhaupt nicht gepflückt. O nein, die habe ich vom Boden aufgesammelt.«

* * *

Wie viele mallorquinische Städte im Landesinnern, die vom äußersten Rand der Insel nicht allzu weit entfernt liegen, hat auch Andratx eine Schwesterstadt – den Hafen, *el Puerto* –, und zwar ein paar Meilen entfernt direkt an der Küste; ein typisches Phänomen auf Mallorca, das bis in die Zeit der Piraten zurückreicht, als plündernde Schiffe von der Berberküste Nordafrikas diesen Teil des Mittelmeers durchstreiften. Um die Leute im Landesinnern vor den Piraten zu warnen, zündete man Feuer auf den steinernen Türmen an, jenen *torres,* die entlang der Küste immer noch auf strategisch günstigen, ins Meer vorragenden Klippen stehen. Die Fischer und Bauern der Gegend zogen sich dann in die einfacher zu verteidigenden Dörfer im Landesinnern zurück, wo ihre Häuser sich um die befestigte Kirche drängten – die stets auf einem höher gelegenen Stück Land errichtet war.

Als wir damals nach Ca's Mayoral zogen, folgte die schmale Straße von Andratx nach Puerto Andratx noch dem sich windenden Verlauf von *el Torrente,* dem Namen nach ein reißender Strom, in Wirklichkeit jedoch nicht viel mehr als ein ausgetrockneter Graben, außer in Zeiten jener seltenen flutartigen Überschwemmungen nach einem ungewöhnlich heftigen Gewitter. Sobald man die üppigen Orangenhaine und die mit Blumen bewachsenen Mauern und Patios der alten Häuser am Rand von Andratx-Stadt hinter sich gelassen hat, zieht sich das Tal mäandernd dahin und verbreitert sich zu einer winzigen Ebene, die zu beiden Seiten von den piniengrünen Ausläufern der Berge geschützt wird. In der Farbe verwitterten Strohs liegen kleine Bauernhäuser auf den unteren Hängen inmitten winziger Gemüse- und Getreidefelder sowie uralter, von Bruchsteinmauern umgebener Mandelbaumpflanzungen verstreut, die die Landschaft in ein Schachbrett willkürlicher Parzellen teilen, voll sanfter, unberührter Schönheit.

Auch wenn heutzutage keine Gefahr mehr besteht, auf

einen Trupp plündernder Piraten zu treffen, birgt doch jede Kurve der beschwerlichen Straße auch für den modernen Reisenden noch das Risiko einer tödlichen Bedrohung. Riesige Tanklastwagen unterhalten einen regelmäßigen Pendeldienst zwischen nahe gelegenen Trinkwasserbrunnen und den Haushalten der Gegend, von denen viele weder an eine Hauptwasserleitung angeschlossen sind, noch über einen eigenen Brunnen verfügen. Todesmutiges Rasen ist zur zweiten Natur der muskulösen Lastwagenfahrer geworden, die ihre rumpelnden Sattelschlepper bei Höchstgeschwindigkeit um die engen Kurven wuchten.

Dem Gesetz der Wahrscheinlichkeit gemäß müsste also in einer dieser unübersichtlichen Kurven früher oder später ein Wassertanklaster, ein Auto, ein Bus, ein Traktor oder ein Eselskarren, ja vielleicht sogar eine Schafherde oder einer jener Trupps alter deutscher Wanderer, die im Winter die Straße entlangmarschieren – in welcher Kombination auch immer – in einen unvermeidlichen, entsetzlichen Unfall verwickelt werden. Doch wundersamerweise ist das bis heute nicht geschehen, und man kann nur hoffen, dass das Wunder weiterwirkt.

Doch an jenem Dezembersonntag waren die Anzeichen eines Beinah-Unfalls nur allzu deutlich zu sehen. Als wir um eine besonders scharfe Kurve bogen, sahen wir direkt vor uns, etwa zehn Meter von der Straße entfernt und fast zweieinhalb Meter über dem Boden, einen kleinen Seat 600, der an den Hinterrädern von den Ästen eines Mandelbaumes herunterhing. Wie er ohne ersichtlichen Schaden und noch dazu rückwärts halb auf diesen Baum gekommen war, blieb uns ein Rätsel. Auf der Straße waren keine Bremsspuren zu sehen und auf dem Feld keine Reifenspuren. So konnten wir nur mutmaßen, dass der tollkühne Fahrer in der vergangenen Nacht bei Höchstgeschwindigkeit die Straße entlanggebraust und dabei vielleicht der Ehrfurcht gebietenden Masse eines Zweitausend-Gallonen-Wassertanklasters begegnet war, der ihm frontal entgegengepräscht kam, so dass sich in der Kurve wahrscheinlich beide dieselbe Rennstrecke teilen mussten. Ein kluges Ausweichmanöver zum erhöhten Straßenrand hin könnte das kleine Auto über die Mauer hinauskatapultiert und in fast idealer Fluglinie (wenn auch kopfüber) im Mandelbaum zur Landung gebracht haben.

Das schien uns die wahrscheinlichste Erklärung des Phänomens, doch unter den Kunden in Margaritas gut gehendem Zeitungsladen kursierten am nächsten Morgen weit fantasievollere Theorien zur Ergründung des Geheimnisses um *el coche en el almendro*.

Ein junger Mann mit Brille meinte, dass fliegende Untertassen mit im Spiel gewesen sein müssten. Eine alte Frau mit quiekender Stimme verwarf diese Idee sofort als viel zu *fantástica* und behauptete zuversichtlich, der Wagen sei aus einem Touristen-Flugzeug gefallen. Nachdem die ersten Düsenflieger auf der Insel gelandet wären, sei sie nie mehr das gewesen, was sie früher einmal war, erinnerte sie ihr kopfnickendes Publikum aus ebenfalls in schwarz gekleideten Matronen. *Dios mío,* sogar das Wetter sei schlechter geworden, seit all diese *máquinas del diablo* Löcher in die Wolken machten! Die Gruppe ältlicher Damen bekreuzigte sich in schönem Einklang, eine Geste, die jede weitere Debatte überflüssig machte.

Ich spürte einen Ellenbogen in den Rippen.

»Scheiße! Alles nur gequirlte Scheiße, echt, eh«, wurde mir vertraulich mitgeteilt, und zwar in furchtbarem, aber doch fließendem englischen Slang, der zusätzlich von einem merkwürdigen Hispano-Birminghamer Akzent mit leisen Anklängen ans Pakistanische gefärbt war, gesprochen allerdings aus dem Mund eines schmächtigen Mallorquiners in Arbeitskleidung, der neben mir in der Schlange stand. »Eh,

Mann, ich sag dir, das Scheißauto gehört dieser Bande von stinkenden Hippies. Die hausen da oben im Tal von S'Arraco in einer *casita* wie in nem dreckigen Schweinestall. Das ganze Drecks-S'Arraco ist voll von diesen Drecksleuten! Verrückt was! Aber echt wahr, eh!«

»Ach, echt? Tja, ist ja intere …«

»Und eins kannste mir glauben, Mann«, sagte er leise und kam näher, um mir exklusiv seine Version der Geschichte zu enthüllen, »die sind letzte Nacht hier runtergekommen und haben sich Mary Jane vom Boot geholt.«

»Mary Jane? Ach?«

Er nickte selbstgefällig. »Tja, ich weiß alles, was hier so abgeht.«

»Aber welche Mary Jane soll denn das gewesen sein, die diese Hippies vom Boot geholt haben?«

Völlig verzweifelt schloss er die Augen und schüttelte den Kopf. »Nicht eine Mary Jane – Mary Jane! Scheiße noch mal, ich rede von Mary Jane – Dope, Hasch, Shit, Tea, Gras, Heu! Verdammte Scheiße, eh! Auf was für nem Planeten lebst du, Mann?«

»O ja – jetzt verstehe ich. Mary Jane – Marihuana. Die Hippies haben sich auf einem Boot Cannabis geholt, ja?«

»Ja, Mann! Sag ich doch die ganze Zeit … Cannabis! Und das rauchen die – einen Joint nach dem andern, sag ich dir – und die ganze verdammte Nacht, eh, kippen die sich hinterm Fischmarkt den Billigfusel rein. Hab ich alles gesehen, von der Bar Acal aus, echt wahr, eh, und die waren so verdammt high von ihrem Dope und Hasch, trotzdem sind sie mit zugedröhntem Schädel samt der Karre weggefahren und dann in dem blöden Baum gelandet! Echt blöd, eh!«

Mein Informant lachte laut und trat an die Theke, um der völlig ungerührten Margarita seine Zeitung zu bezahlen.

»Biste aus England?«, rief er mir auf dem Weg nach draußen zu.

»Ähm, nein – Schottland«, antwortete ich und fühlte mich plötzlich bloßgestellt und obendrein im Mittelpunkt des Interesses, als sich das versammelte Aufgebot einheimischer Gesichter zu mir umdrehte.

»Alles verdammt nochmal dasselbe«, kam die dreiste Erwiderung von der Tür her. »England, Schottland, Irland, Wales – für Jordi ist das verdammt nochmal dasselbe. Ich war da.« Wieder lachte er und verschwand schließlich im Gewirr von Zeitschriftenständern draußen vor dem Laden.

Ellie wartete an einem Tisch vor der winzigen Bar Tur auf mich, direkt an der Ecke jenes kleinen, höher gelegenen Platzes, von dem aus man den weiten, malerischen Bogen des Hafens überblicken kann. Es gehörte fest zu unserem Sonntagmorgenprogramm, eine Weile dort zu sitzen, das *Majorca Daily Bulletin* zu lesen, in der angenehm warmen Sonne gemütlich etwas zu trinken und den herrlichen Blick durch die Palmen auf die prachtvolle, geschützte Bucht zu genießen.

Die kleine hafeneigene Flotte hochseetüchtiger Fischerboote lag direkt unter uns am Kai. Ihre unverwechselbaren, sich hoch aufrichtenden Buge und die geschwungenen Linien ihrer Schiffsrümpfe waren in den leuchtendsten Blau-, Rot-, Türkis- oder Grüntönen bemalt. Auf den Decks dieser Boote wimmelte es von beflaggten Masten, die wie Girlanden aus Ballons und bunten Wimpeln aussahen, die man für eine Fischer-Fiesta aufgehängt hatte. Nicht weit davon entfernt lagen einige *llauds,* kleine mallorquinische Boote für die Küstenfischerei in den wunderschön geschwungenen Formen des seit Jahrhunderten am Mittelmeer gebräuchlichen Stils. Alle waren rein weiß – im Gegensatz zu der lebhaft bunten Festtracht ihrer großen Schwestern längs des Kais –, und voller Respekt mit den Namen der Ehefrauen und Geliebten ihrer Eigentümer, all jener getauften Carmens, Catalinas und Marias, oder denen der Leitsterne des Meeres geschmückt. Hinter diesen Nutzschiffen schwankten sacht die hohen Masten unzähliger, vor Anker liegender Yachten in einem stillen Wasserballett auf der leichten Dünung, und auf der anderen Seite des Hafens erhoben sich vom Küstenstreifen hoch über dem glitzernden Wasser die umstehenden Berge, deren grüne Wälder von weiß ummauerten Villen gesprenkelt waren, die sich wie versteinerte Alpenblumen an die steilen Hänge klammerten.

So war Puerto Andratx am schönsten – still und verschlafen der ruhigen Atmosphäre vergangener Tage eingedenk, als der Ort noch nichts weiter war als ein schlichtes, unentdecktes winziges Fischernest, das sich friedlich an die sicheren Küsten dieses so begünstigten Hafens schmiegte. Doch diese Idylle war das glatte Gegenteil von dem, was in den Hochsommermonaten aus dem Puerto werden sollte. Dann würden sich motorbetriebene Gummiboote voller Großstadtsegler mit glatten, gepflegten Händen aus den im Winter verlassenen Yachten an Land ergießen und schallend lachende Leute in buntgestreiften Sporthemden über die kleinen Bars und Cafés am Kai herfallen, um ihre nächtliche Kakophonie schenkelklopfende Heiterkeit auslösender Geschichten über die großen Abenteuer des Tages auf der champagnergischtigen See zum Besten zu geben. *Coño*, brummelt mehr als ein einheimischer Fischer vor sich hin, wenn er seinen Lieblings-Dominotisch in seiner Lieblings-Bar Abend für Augustabend von den Sommergästen besetzt findet, die sich dort lautstark ihre Extrarationen Alkohol genehmigen – und ihre Vorfahren in Andratx könnten noch von Glück reden, dass sie sich nur mit den Berberpiraten abzugeben hatten! *Prou*!

Die Unannehmlichkeiten während der Winter-Invasionen beschränkten sich hingegen auf ein oder zwei Busladungen voller Rentner aus Palma, die am Meer einen kleinen *paseo* machten, um sich Appetit für das Mittagessen zu holen. Die älteren Damen mit Schals aus komplizierten Häkelmustern und makellos sitzenden Frisuren spazierten in scheinbar lebhafte Unterhaltungen vertieft Arm in Arm einher, ihre *maridos* folgten ihnen in respektvollem Abstand, strahlend in ihren besten blauen Sonntagsanzügen und polierten braunen Schuhen oder grell bunten, unter sorgfältig gebügelten Hosen aus blauem Tuch getragenen Turnschuhen, die im Fall einiger lässigerer alter Knaben wohl eine Brücke zur jüngeren Generation schlagen sollten. Die Zeichen der Veränderung waren allerorten unübersehbar.

Nachdem Ellie ihre gewohnte sonntägliche *ensaimada,* ein leichtes mallorquinisches Gebäck, gierig verschlungen hatte, folgten wir einer dieser Gruppen alter Palmesanos den Kai hinunter, blieben dann und wann stehen und sahen den Fischern zu, wie sie ohne alle Hast ihre Boote für den Ausflug am nächsten Tag flott machten, während sie vor sich hin sangen oder sich in dem langsamen, schleppenden Tonfall der Mallorquiner Witze oder Neckereien von Boot zu Boot zuriefen und dabei eine seit Jahrhunderten unveränderte Alltagsszene wiederholten.

Ohne Vorwarnung, wie es um diese Jahreszeit am Mittelmeer passieren kann, kam vom Meer her eine frische Brise auf, Brecher mit Schaumkronen schlugen gegen die Hafenmauern, was die vor sich hinspazierenden Matronen aus Palma dazu nötigte, dem beleidigenden Wind den Rücken zu kehren, während sie die schützenden Schals über die kostbaren Frisuren schwangen. Noch vor ein paar Wochen hätte es uns größtes Vergnügen bereitet, dort stehen zu bleiben und das Schauspiel der Wellen zu genießen, die die vor Anker liegenden Boote zu einem lebhafteren Tanz antrieben, doch nun zogen wir unsere Pullover an und setzten uns in das schützende Auto – fast schon wie eingefleischte Einheimische. Ja, heute würden wir im Landesinnern zu Mittag essen.

Verborgen im dazu gehörenden Grundstück inmitten der bewaldeten Gebirgsausläufer der Sierra Burguesa genau westlich von Palma liegt Son Berga, ein altes, befestigtes Gehöft. Seine dicken Mauern lockeren Gesteins sind gekrönt von kräftigen, burgartigen Türmen und Zinnen, doch an den ehemals der Verteidigung dienenden Bogenscharten, die wie die Wachtürme an der Küste an die wechselvolle Geschichte der Insel erinnern, klettern nun Rosen und Jasmin entlang. Rosafarbene Clematis und purpurrote Bougainvilleen erklimmen ungehindert die Festungswälle und schlängeln sich über das moosgefleckte, ockerfarbene Auf und Ab der uralten, mit Ziegeln gedeckten Dächer. Heute nimmt das Restaurante Son Berga den Hauptteil des Gehöfts ein, und ein Mantel aus Efeu bedeckt die Mauer bei der mit Geranien übersäten gefliesten Treppe, die zum Eingang hinaufführt.

»Sie kommen gerade noch zur rechten Zeit, *señores*«, empfing uns der Kellner, während er uns zu einem Tisch in einer stillen Ecke des scheunenähnlichen Gastraumes geleitete. »Hier wird heute Hochzeit gefeiert, deshalb wird es heute noch voller als sonst.«

Der übliche Korb mit knusprigem, braunen Brot und ein Schälchen auf dem Hof selbst eingelegter Oliven (noch mit Stielen und Blättern) wurde vor uns abgestellt, dazu in schmale, längliche Stücke geschnittene rohe Möhren samt einem scharfen Dip und auf Kosten des Hauses zwei Gläser köstlichen Muskatellerwein, die wir beim Betrachten der Speisekarte und beim Genießen der Umgebung trinken durften.

Son Berga erfüllte alle Kriterien eines mallorquinischen Bilderbuchgasthofes auf dem Lande – robuste Sandsteinsäulen, die eine gewölbte Decke auf schweren, freiliegenden Balken stützten; gelbbraune Steinmauern, gefleckt von der anheimelnden Patina des Rauches, der von dicken, im Kamin glimmenden Holzscheiten aufstieg; ebenfalls vom Rauch gedämpfte Sonnenstrahlen, die durch die kleinen, tiefliegenden Fenster hereinfielen und an der versammelten Armee klobiger Tisch- und Stuhlbeine vorbei fächerförmige Parkettmuster aus Schatten auf die alten Bodenfliesen malten. Man fühlte sich behaglich und willkommen, es herrschte eine Atmosphäre wie bei Gasthäusern auf altmodischen Weihnachtskarten, und da das Haus im Ruf stand, traditionelle mallorquinische Speisen auf höchstem Niveau zu servieren, war es für viele sozial aufgestiegene Familien aus Palma zum Ausflugsziel fürs Wochenende geworden.

Die lässig, aber teuer gekleideten Manager- und Akademikertypen, die in Begleitung ihrer in der Kleidung ganz auf sie abgestimmten Ehefrauen und Kinder eintrudelten, konnten sich hier heimisch fühlen, ganz eins mit ihren Wurzeln – wie auch die ehemals bäuerlichen Großeltern, die freudig (wenn vielleicht auch ein wenig befangen) ihren Verwandten folgten, um das Bild der vielgerühmten spanischen Großfamilie zu vervollständigen. Sie waren gekommen, um ihre wöchentliche Ration des alten Mallorca auf einem Teller serviert zu bekommen, wunderschön angerichtet und fröhlich vorgesetzt von aufmerksamen Kellnern in frisch gestärkten, langen weißen Schürzen. Für sie war Son Berga eine Idealwelt – ein Ort, wo die Generation des gesellschaftlichen Aufstiegs sehen und von ihresgleichen gesehen werden konnte, wo die Kinder sich benehmen konnten, wie Kinder es nun einmal tun, und wo die Alten eine essbare Gratisreise auf der Straße in die Vergangenheit unternehmen konnten. Ellie und ich mochten einfach nur das Essen und die Atmosphäre hier.

»*Para comer, señores?*«, erkundigte sich unser Kellner und schlug seinen Notizblock auf.

Ich bestellte bei ihm *Arroz Brut*, eine Spezialität des Hauses, auf die wir uns als Vorspeise geeinigt hatten, dann wartete ich, bis Ellie sich in ihrem besten Spanisch-Englisch-Mischmasch ein Hauptgericht bestellt hatte, seit einem erst kurz zurückliegenden Einkaufserlebnis in Andratx wohl darauf bedacht, jedes Wort ihrer Bestellung sorgsam abzuwägen.

Ihre feministische Entschlossenheit, ein Huhn pedantisch als weibliche *pollA* zu bezeichnen, anstatt der paradoxerweise akzeptierten Verwendung des männlichen *pollO,* hatte bei den Damen des Dorfes, die im Metzgerladen an der Theke hinter ihr standen, nie mehr als nur leicht unterdrücktes Gekicher hervorgerufen. Erst, nachdem sie bei wiederholten Gelegenheiten den Metzger um *una pollA grande* gebeten hatte, war eine junge Mutter mit Baby auf dem Arm vorgetreten und hatte schüchtern in Ellies Ohr geflüstert, dass der Gebrauch des weiblichen *pollA* in diesem Zusammenhang *incorrecto* sei. *La señora* mache *un error grave. Un pollO* sei ein Huhn zum Essen, ganz gleich welchen Geschlechts, so erklärte sie, und una *pollA* sei – ähm –, wie solle sie das nur sagen? *Sí, una pollA* sei – sie zog das Vorderteil der Windel ihres Babys herunter, nahm den Pimmel des kleinen Burschen hervor und wedelte ihn mit dem Zeigefinger hin und her. Stolz lächelte sie und erklärte: »*Hombre!* DAS ist *una pollA!*«

Da drehte der schmächtige Metzger sich um und stattete dem hinteren Teil seines Ladens einen außerplanmäßigen Besuch ab – möglicherweise, um Ellie nicht erröten zu sehen, oder wahrscheinlicher noch, um sein eigenes Erröten zu verbergen. Als Metzger, der schon lange im Fleischhandel tätig war, wusste er durchaus, dass seine Kundinnen, die Hausfrauen, gut Abgehangenes zu schätzen wussten … und an diesem kleinen Burschen hing etwas frühreif und beneidenswert Gutes.

»*Carám!* Ein Gehänge wie ein Esel«, gackerte eine Alte und humpelte heran, um sich das Objekt des improvisierten Sprachunterrichts aus der Nähe anzuschauen. *José, Maria y*

Jesús! Noch nie in ihrem Leben habe sie ein *bambino* mit solch einer *pistolita* gesehen. *Nunca*! Glücklich könne sich die *chiquita* schätzen, um deren *fuego* sich in ein paar Jahren einmal *seine* Feuerspritze kümmern würde!

Wie aufs Stichwort strampelte das *bambino* mit den Beinen in der Luft, kreischte und krähte fröhlich und spritzte schließlich, ehe seine Mutter die Windel wieder richten konnte, einen prachtvollen, pulsierenden Springbrunnen in Richtung Decke.

»HUU-II-II!«, kreischte die zur Seite springende Riege der Kundinnen. »*Viva el bomberito!* Lang lebe der kleine Feuerwehrmann!«

Von jenem Tag an gab sich Ellie besondere Mühe, das »o« am Ende von *pollo* überdeutlich zu artikulieren, wenn sie in einem Restaurant Huhn bestellte. Und wer hätte ihr das schon verübeln können? Ihren *error grave* aus dem Metzgerladen zu wiederholen hätte sich als möglicherweise entschieden heikel erwiesen, wenn irgendein Kellner ihre Bestellung wörtlich genommen hätte. Kulinarisch gesehen wäre das wohl im wahrsten Sinne des Wortes in die Hose gegangen!

Das Risiko, sich mit derartigen sprachlichen Schnitzern lächerlich zu machen, ging sie in Son Berga allerdings nicht ein – vorsichtigerweise umschiffte sie alle Gerichte mit Hühnchen und bestellte zuversichtlich *Gazapo* – »mit extra *mucho tomate* und, ähm – und als separate Beilage Zwiebeln, allerdings nicht *mucho* Brot – *pan, por favor*.«

Der Kellner zog langsam die Schultern hoch und kritzelte wild entschlossen.

»Und du bist auch ganz sicher, dass du weißt, was du bestellt hast?«, fragte ich vorsichtig andeutend, denn ich wollte Ellies Stolz bezüglich ihrer wachsenden Vertrautheit mit dem mallorquinischen Speisekarten-Jargon nicht kränken.

»Natürlich weiß ich das. Bloß, weil Winter ist, heißt das

noch lange nicht, dass ich mir nicht etwas Sommerliches und Gemüsehaltiges bestellen kann, oder?«

»Na schön – solange du weißt, was du tust. Ich glaube, ich halte mich an das ›Wenn wir schon einmal hier vor Ort sind‹-Prinzip und nehme die *Escalopes mallorquines*.«

»*Para beber, señor?*«, fragte der Kellner und deutete auf die Weinkarte.

»Nun, ich denke, weil heute Sonntag ist, gönne ich mir einmal eine Flasche vom besten Wein Mallorcas – den José Ferrer Gran Reserva. Ach, und eine Flasche Wasser ohne Kohlensäure, *agua sin gas. Gracias*.«

Eine durchgehende Reihe von Tischen, die eine Seite des Restaurants einnahm, war für die Hochzeitsgesellschaft vorbereitet worden, und an strategisch günstigen Stellen – von jedem Sitzplatz jeweils nur eine Armeslänge entfernt – war eine ganze Batterie von Flaschen und Krügen aufgestellt worden. Es gab Wein, und zwar weißen, roten und rosé, literweise Wasser und die unentbehrliche *gasiosa* – die einheimische Variante einer sprudelnden Limonade, die zum Verdünnen (oder, besser gesagt, zum Abmildern) der eher »robusten« Rotweine sehr geschätzt wurde. Diese wurden aus kleinen, auf Stützblöcken stehenden Fässern in den meisten spanischen Bars ausgeschenkt. Zwischen zwei der Bogenscharten in der Mauer befand sich ein großflächiges Wandgemälde, das eine Gruppe traditionell gekleideter junger Mallorquinerinnen darstellte, die sittsam in einem hübschen, von Zypressen geschützten Garten mit Wasseramphoren posierten und auf das herabschauten, was der ideale Schauplatz für ein fröhliches Hochzeitsfest zu sein schien.

Dann begannen die Gäste hereinzuströmen – und was war das nur für ein erbärmlich wirkendes Häuflein. Wenn wir durch die Bemerkung des Kellners nicht eines besseren belehrt gewesen wären, hätten wir annehmen müssen, sie kämen gerade von einer Beerdigung. Niemand sprach ein

Wort. Sie nahmen einfach ihre Plätze ein und saßen dann in verdrießlichem Schweigen da. Eine Frau, die wir für die Mutter der Braut hielten, hatte so viel geweint, dass ihr Gesicht an eine geplatzte Tomate erinnerte – und irgendetwas verriet uns, dass sie keineswegs Freudentränen vergossen hatte.

Obwohl die Hauptpersonen nirgendwo zu sehen waren, ließ uns das durch die Fenster flackernde Blitzlichtgewitter vermuten, dass in dem kleinen Patio hinter dem Restaurant in diesem Augenblick die Hochzeitsfotos von dem glücklichen Brautpaar geschossen wurden.

»Ich kann es kaum erwarten, die Braut zu sehen«, flüsterte Ellie, vor Begeisterung übersprudelnd. »Ach, bestimmt ist ihr Kleid wunderschön – ganz aus weißer Seide und alter spanischer Spitze und so weiter.«

»Zu schade, dass du nicht etwas von deiner freudigen Erregung an die Verwandten und Freunde dort drüben abgeben kannst. Ich dachte immer, mallorquinische Hochzeiten seien unglaublich fröhliche Angelegenheiten, aber ich habe schon Leute im Wartezimmer beim Zahnarzt gesehen, die sich besser amüsiert haben.«

»Da, guck! Da kommen sie ja. Ach, ist das romantisch! Guck doch – ist sie nicht wunder ... ach, du meine Güte!«

Da war er nun endlich, der Grund für den Massentrübsinn, und tat sein Möglichstes, sich hinter dem finster dreinblickenden Bräutigam zu verstecken, der niedergeschlagen zum Tisch hinüberschlurfte – die Braut. In ihrem zartblauen Umstandskleid, das den schwellenden Beweis einer verheerenden Attacke der Schlange aus dem Hosenschlitz nicht verbergen konnte, war sie das ganze Gegenteil einer strahlenden Jungvermählten. Erneut fing ihre Mutter an zu schniefen.

»Na, hoffentlich hat sie wenigstens hinter einem Baum gestanden, als die Fotos gemacht wurden«, murmelte ich. »Das sieht doch mindestens nach siebtem Monat aus.«

»Sei doch nicht so gefühllos! Schließlich ist es kein Verbrechen, schwanger zu sein, weißt du. Und ihr Freund – ihr Mann – hat daran mindestens genauso viel Schuld wie sie, wenn nicht mehr. Ich meine, in diesen Zustand ist sie ja wohl kaum allein geraten, oder?«

»Na ja, schließlich gibt es noch so etwas wie die unbefleckte Empfängnis«, sagte ich und schaute zu dem Kruzifix über der Tür auf. »Vielleicht hat man dem armen Kerl die Sache ja nur angehängt.«

Ellies Schweigen war Antwort genug.

Drüben beim Hochzeitsempfang wurde das Eis schließlich durch das Wimmern der Brautmutter gebrochen. Ihr Mann, der ihr andauerndes Schniefen offensichtlich leid geworden war, griff nach einer Flasche Wein und goss sich ein Glas voll. In einem Zug trank er es aus, dann stand er auf, das Glas in der einen Hand, die Flasche in der anderen, und brachte einen halbherzigen Toast auf das untröstliche Paar aus. »*A la novia, y al novio*. Auf Braut und Bräutigam.«

Die Gäste erhoben ihre Gläser. Der Vater der Braut hob seine Flasche, und nachdem er einen flüchtigen Blick auf den Bauchauswuchs seiner Tochter geworfen hatte, brummelte er: »Und auf das *bambino!*« Dann ließ er sich wieder auf seinen Stuhl fallen. Seine Frau jammerte mit frischer Kraft.

Inzwischen war das Restaurant bis auf den letzten Platz gefüllt, und nach dem entsetzten Schweigen, mit dem die aufgeblähte Braut begrüßt worden war, breitete sich nun allmählich ein fröhliches Lärmen im ganzen Raum aus, als die einzelnen Familien sich an das geräuschvolle Ritual des sonntäglichen Mittagessens in mallorquinischem Stil machten. Oliven und Brot wurden in Münder gestopft, der Wein floss reichlich, und die Tischkonversation wurde zunehmend lauter und lebhafter.

Alle amüsierten sich aufs Prächtigste – alle außer der Hochzeitsgesellschaft. Eine düstere Wolke schwebte über dem verurteilten Paar, und die warf allmählich ihren Schatten über sämtliche geladenen Gäste.

Die Mutter des Bräutigams hatten wir schnell ausgemacht – ein mageres Geschöpf mit ergrauendem Haar, das zu einem strengen Dutt zusammengebunden war, was die vogelähnliche Erscheinung ihrer spitzen, knochigen Züge noch betonte. Reglos saß sie da, die Hände fest im Schoß gefaltet, aus ihren kleinen, schwarzen Augen schoss sie Pfeile des Abscheus über den Tisch auf die frisch gebackene Schwiegermutter ihres Sohnes, die derweil versuchte, ihre Sorgen zu ertränken, indem sie ein Glas *vino rosado* nach dem anderen hinunterstürzte. Ihr Mann tat sein Möglichstes, sie darin zu bestärken, denn er selbst war jetzt bei der zweiten Flasche seines bevorzugten *vino tinto* angelangt.

Bald schon tauchten die ersten *greixoneras*, jene allgegenwärtigen und vielseitig verwendbaren Tonkasserollen aus der Küche auf, balanciert und in die Höhe gehalten von Kellnern, die sicher auf den Beinen waren und ebenso geschickt wie freundlich den zwischen den eng stehenden Tischreihen spielenden Kleinkindern auswichen, die großen Schüsseln bis zum Rand mit dampfend heißem *Arroz Brut* gefüllt – offensichtlich ein beliebtes Gericht im Restaurant Son Berga. Der Name *Arroz Brut,* wörtlich übersetzt »schmutziger Reis«, ist eine wenig schmeichelhafte Umschreibung für ein traditionelles mallorquinisches Bauerngericht aus Reis in cremiger, safrangelber Brühe mit Fleisch, Gemüse und einer magischen Zutat: *los caracoles* – winzige, zarte mallorquinische Schnecken in kleinen, gescheckten Häusern.

Weil wir uns das Beste bis zum Schluss aufheben wollten, ließen wir die *caracoles* in unserer *greixonera* liegen, bis wir auch noch den letzten Tropfen der köstlichen *Brut* aufgetunkt hatten – eine an sich schon furchtbar sättigende Aufgabe, für mich noch erschwert durch Ellies plötzliche Aversion gegen Schnecken, weil eine von ihnen, so behauptete sie, sich angesichts des drohenden Löffels mit Fühlern und allem in ihr Schneckenhaus zurückgezogen habe. So war ich also – unter den Argusaugen unseres Kellners – gezwungen, Freude über den Genuss dessen vorzutäuschen, was (wie ich hoffte) ein Produkt von Ellies überbordender Einbildungskraft war.

Dem Beispiel all der Experten um mich herum folgend, zog ich die fleischige Schnecke Nummer Eins mit einem Zahnstocher heraus und tunkte sie in die dazu servierte Untertasse mit *All-i-oli,* einer stichfesten Sauce aus rohem Eigelb, Olivenöl und Knoblauch, Knoblauch und nochmals Knoblauch.

»*Más vino* – Sie müssen mehr Wein trinken«, verkündete der Kellner und füllte mein Glas in theatralischer Geste noch einmal mit dem José Ferrer. »Sie müssen *mucho, mucho vino* zu den Schnecken trinken, *señor*. Das ist Brauch auf Mallorca. Die *All-i-oli* reinigt die Seele der *caracoles,* und der *vino* schickt sie glücklich in den Himmel. *Más vino!*«

Was *All-i-oli* bei Schneckenseelen auszurichten vermochte, konnte nur eine Schnecke beantworten, doch was mich betraf, brachte sie meine Augen zum Tränen, und nun war auch unschwer zu begreifen, weshalb das Trinken von *mucho, mucho vino* untrennbar mit dem Essen von *caracoles* und *All-i-oli* verbunden war – es war die einzige Möglichkeit zu verhindern, dass sich die eigene Zunge mit Brandblasen überzog.

»*Adiós, caracoles*«, schnaufte ich und schlang einen weiteren schnellen Bissen knoblauchüberzogener Gastropoden hinunter. »Auf dass ihr eine ungestörte glückliche Reise habt, Jungs. *Vaya con Dios!*«

»*Bravo!*«, rief der Kellner und schlug mir auf den Rücken. Das sei die richtige Art, Schnecken zu essen, begeisterte er sich. »Nur weiter so!«

Durch seine anspornenden, offenbar auf Erfahrung gründenden Bemerkungen von neuem Mut erfüllt und durch den verführerischen Rausch des Weines zusätzlich angeregt, putzte ich gierig die *greixonera* mit dem Löffel leer, bis auch noch die letzte Schnecke aufgenommen, ihres Gehäuses entledigt und meine Kehle hinuntergeschickt war.

»Ahhh, war das gut«, rülpste ich ganz außer Atem und mit feuchten Augen unter der routinierten Bewunderung des Kellners. »*Fabuloso!*«

»Du bist widerlich«, sagte Ellie. »Wie kannst du nur diese armen kleinen Geschöpfe so hinunterschlingen, das ist mir ein Rätsel.«

Der Ausdruck des Ekels in ihrer Miene war allerdings noch gar nichts im Vergleich zu dem Blick purer Bestürzung, der in ihren Augen aufflackerte, als der Kellner uns das Hauptgericht brachte.

»Das ist doch keine *Gazpacho!*«, keuchte sie, und ihr mißbilligender Blick huschte hin und her zwischen der verwirrten Miene des Kellners und ihrem Teller, auf dem etwas lag, das wie ein Fell aussah und die Form einer Fallschirm springenden, gehäuteten kleinen Katze hatte. Wobei das zarte Fleisch darunter in Konkurrenz zum Teller terrakottafarben glänzte, während die Brandspuren des Grills von dem winzigen, halbverbrannten Rumpf wie die Streifen eines Tigers hervorstachen. »Das habe ich nicht bestellt! Ich habe *Gazpacho* bestellt – geeiste Tomatensuppe … mit Tomatenstücken und Zwiebeln und so weiter, damit sollte die Suppe garniert sein!«

Der Kellner hob die Augenbrauen und verzog den Mund zu einem schiefen Lächeln, als sich der Schleier der Verwirrung lüftete. »*Señora*«, sagte er mit leise wehklagender Stimme, schob Ellie eine Speisekarte hin und fuhr geduldig mit dem Finger die Liste von Gerichten hinunter. »*Gazpacho* wir haben gar nicht, nein? Aber *Gazapo* wir haben, *sí!*«

Ellie spielte an ihrem Kinn herum, und vollkommene Verwirrung im verblüfften Blick sprach sie leise die Worte »*Gaz-*

pacho, Gazapo, Gazpacho, Gazapo …« vor sich hin. »Na, und was ist da der Unterschied?«

Der Kellner deutete auf das fragliche Wort auf der Speisekarte und dann auf ihren Teller. »Das ist *Gazapo, no Gazpacho. Comprende?*«

Mit völlig entleertem Blick starrte Ellie vor sich hin. »*No comprendo.*«

Der Kellner holte tief Luft und rieb sich die Hände wie ein Konzertpianist, der sich auf einen Auftritt vorbereitet. »Okay, Madame – iche Ihnen erklären wasse aufe Ingliss, okay? Dies Speis isse *Gazapo,* und dies Sie haben bestellt bestimmt, iche Ihnen ssoon erklären – keine *Gazpacho* auf die Karte.« Eine Handfläche nach oben gereckt, schaute er dann mich an. »*Okay, señor?*«

»*Correcto*«, bestätigte ich.

»Okay. Und jetzte iche Ihnen erklären richtig, Madame. Dies isse die *Gazapo,* die Sie bestellt, okay? Aber die *Gazapo* isse kein eiskalt Tomatensuppen. Das isse die *Gazpacho,* wasse wir nich haben. Wasse wir haben und wasse Sie kriegen, isse die *Gazapo* – junge Kaninchen ausse die Ofen!«

Ellie verzog den Mund und nickte resigniert: »Jetzt ich *comprendo.*«

Wie sie es nun über sich bringen würde, *dieses* arme kleine Geschöpf hinunterzuschlingen, nachdem sie sich schon gegen die *caracoles* gesträubt hatte, war mir allerdings ein Rätsel.

Was meine *Escalopes Mallorquines* betraf, so kann ich nur sagen, dass sie dem allgemeinen Ruf unvergleichlicher Qualität, den die Schweine Mallorcas seit Jahrhunderten genossen, alle Ehre machten. Beide Gerichte wurden mit Gemüse serviert – und *mucho* Stückchen *tomate* und Zwiebeln als Beilage für Ellie.

Für mich war dies die ländliche Küche Mallorcas von ihrer schlichtesten, bekömmlichsten und besten Seite. Taktvollerweise schwieg Ellie, doch es war offensichtlich, dass sie das Resultat ihres jüngsten sprachlichen Schnitzers rundweg genossen hatte. Und warum auch nicht? Angesichts der vielen Kinder, die in Son Berga voller Genuss ihr *Gazapo* aßen, war nur allzu deutlich, wie weit wir uns inzwischen von den Beatrix-Potter-Geschichten mit all ihren niedlichen Häschen entfernt hatten.

Genau in diesem Augenblick ertönte schallendes Gelächter von einigen Kindern am Nebentisch, deren schmächtige, silberhaarige Großmutter schon eine Weile versucht hatte, ein dickköpfiges Kleinkind im Hochstuhl mit winzigen Bissen von einem Plastikteelöffel zu füttern. Sie hatte alle üblichen Überredungsstrategien angewandt – die Lokomotive, die schnaufend durch den Tunnel fährt, das Flugzeug, das in den Hangar einfliegt, sogar den beschämenden »Mmmh-lecker-happi-pappi«-Trick –, aber alles vergeblich. Der kleine Bursche war überhaupt nicht beeindruckt. Sein finsterer Blick verdüsterte sich nur noch mehr, und den Mund hielt er fest verschlossen.

Die selbstlose Geduld der zierlichen alten Dame wurde schließlich damit belohnt, dass ihr kleiner Enkel ihr unter dem unbändigen Gelächter der älteren Kinder einen kräftigen Schlag gegen die Stirn versetzte, und zwar mit einem schweren Esslöffel, den seine Mutter ihm – vermutlich als Lernhilfe – in die Hand gedrückt hatte.

Hinsichtlich des allgemein üblichen Löffelgebrauchs mochte der kleine Junge ein bisschen schwer von Begriff sein, doch wenn es um die Durchsetzung seines Willens ging, war er durchaus zu schnellen Reaktionen in der Lage – eine Begabung, die er gewiss nicht von seiner Oma geerbt hatte. Seine Mutter wirkte stolz, seine Oma halb bewusstlos. Der Rest der Familie unterbrach für einen Augenblick das Herunterschlingen der Paella mit einem kurzen Kichern, um sich dann wieder der ungewöhnlichen Lieblingsbeschäftigung mallorquinischer Genussmenschen hinzugeben: Garnelen die Köpfe abzureißen und gierig das herauszusaugen, was an winzigem Organ in der unerheblichen Hirnhöhlung jenes niederen Schalentieres stecken mochte.

»So sieht also die glückliche spanische Familie beim sonntäglichen Mittagessen aus«, witzelte ich zu Ellie hinüber. »Auf einer Busfahrt nach Andratx mit all den anderen Rentnern wäre diese freundliche alte Dame weit besser aufgehoben gewesen.«

»Blödsinn! Das ist doch nett, wenn die Generationen gemeinsam zum Mittagessen ausgehen. Eine schöne Tradition, und ich beneide sie darum.«

»Zum Zusehen ist's ganz nett – das muss ich zugeben.«

Unterdessen wurde am anderen Ende des Raumes wenig getan, um in der neuen, bald schon noch größeren Großfamilie die schöne Tradition aufrecht zu erhalten. Den betrübten Bräutigam hatte man zum Aufstehen genötigt, und wir nahmen an, dass dies der Auftakt zum schmerzlichen Versuch einer Rede war; doch das war glücklicherweise nicht der Fall. Gemäß dem in dieser Gegend üblichen Brauch, so erfuhren wir, sollte der Bräutigam die Braut in jener Phase der Feierlichkeiten zum ersten Mal öffentlich küssen, in der die Gäste gemeinhin genügend Wein konsumiert hatten, um den rituellen Kuss als Startzeichen für das wahre Vergnügen danach zu verstehen. Entsprechend zogen zwei stämmige Brautjungfern die aufgeblähte Braut an den Ellenbogen hoch und zwangen sie zum Aufstehen. Unter obligatorischem, aber stumpfsinnigem Besteckgetrommel und allseitigem Gejohle pflanzte der widerstrebende Gatte ihr den ehelichen Kuss auf die fest verschlossenen Lippen.

Die Mutter des Bräutigams sah aus, als müsste sie sich jeden Moment übergeben. Die Mutter der Braut sah aus, als hätte sie das bereits hinter sich. Vermutlich war sie die beträchtlichen Weinmengen nicht gewohnt, die sie sich seit dem schmachvollen Auftritt ihrer Tochter hinter die Binde gekippt hatte, und so war die arme Frau tiefer und immer tiefer auf ihrem Stuhl zusammengesackt, bis sie in gelockerter entkräfteter Position dahockte, wobei nur noch der wackelnde Kopf über dem Tisch sichtbar war. Der adrette Hochzeitshut mit den rosafarbenen Blüten saß so schief, dass er ihr rechtes Ohr vollständig bedeckte, wobei die Pastelltöne der Blütenblätter merkwürdig mit dem blassen Grün ihres Gesichts korrespondierten. Ihrem Mann war inzwischen alles egal.

Und wieder senkte sich düsteres Schweigen über die Gesellschaft.

»Weißt du, Ellie, bei all dem Alkohol und bösen Blut, das da drüben reichlich fließt, hätte man inzwischen wenigstens eine zünftige Schlägerei erwarten können – aber nein.«

»Das sagt doch einiges über die friedliche Natur der Mallorquiner.«

»Nee – das ist doch nicht normal. Reines Theater. Weshalb überhaupt das Geld in diese Farce von einem Hochzeitsempfang stecken? Es wäre doch besser gewesen, diese kleinen Dummköpfe nach Hause gehen zu lassen, damit sie ihr Elend im Stillen begehen.«

»Das ist ja nun wirklich die Höhe! Hast du denn nicht einen Funken Romantik in dir?«, platzte es aus Ellie heraus, während sie Unheil verkündend an ihrem Wasserglas fingerte.

»He, guck mal!«, rief ich mit einem Kopfnicken in Richtung Hochzeitstafel, wo sich gerade rechtzeitig eine Ablenkung ankündigte. »Da hat doch gerade einer dem blöden Bräutigam die Krawatte abgeschnitten.«

»O nein – das ist nun aber wirklich nicht mehr komisch. Als wenn der's nicht schon schwer genug hätte.« Ellie war sichtlich erschüttert.

»Nur keine Sorge, *señora*. Das ist mallorquinischer Brauch«, sagte unser Kellner und blieb auf dem Weg zur Küche schwer mit Geschirr beladen bei uns stehen. »Sehen Sie, wie sie Krawatte klein schneiden und die Stücke rumreichen? Jeder Gast zahlt etwas für sein Krawattenstück, und von dem Geld werden dann die Flitterwochen bezahlt. Das ist Brauch *normalmente,* aber in dieser Situation … tja, ich glaube nicht, die Gäste werden auch nur eine Peseta ausspucken.«

»Aber weshalb denn nicht, um Himmels willen?«, wollte Ellie wissen.

»Weil, *señora,* jeder kann sehen, dass dieses Paar seine Flitterwochen schon gehabt hat!« Er lachte herzhaft und ging Geschirr klappernd durch die Küchentür davon, nur um kurz darauf mit vollen Tellern beladen wieder zurückzukommen. »Schauen Sie nicht so traurig, *señora.* Es hätte schlimmer kommen können. Der mallorquinische Brauch verlangt auch, dass der Braut ihr Strumpfband runtergezogen und klein geschnitten wird, aber in dieser Situation …« Er lachte glucksend und sah zu mir herüber. »In dieser Situation, *señor,* wird die Braut sich nicht weit genug vorbeugen können, um sich das Strumpfband selber auszuziehen, und helfen wollen wird ihr wohl keiner, weil …« Da er annahm, dass sich Ellie durch seine Bemerkungen gekränkt fühlen könnte, beugte er die Knie, bis er mit dem Mund auf gleicher Höhe mit meinen Ohren war, und flüsterte: »*Hombre,* weil es ganze Weile dauern wird, bis einer wieder Lust hat, ihr die Hand unter den Rock zu schieben – Strumpfband hin oder her, nein?« Er schickte ein dreckiges Grinsen in meine Richtung und machte sich dann wieder an seine Arbeit.

Ich wollte Ellie nicht sehen lassen, dass auch ich grinsen musste.

»Ist schon gut. Kicher du nur ruhig«, sagte sie schmollend. »Nur zu, tu dir keinen Zwang an … und mach dir erst bloß nicht die Mühe, mir zu erzählen, was der Kellner gesagt hat. Ich will's gar nicht wissen!« Verächtlich drehte sie den Kopf zur Seite, nur um Auge in Auge mit unserem zurückgekommenen Kellner zu sein.

»*Por favor, señora,* ich hoffe, Sie sind nicht verärgert von meinem kleinen Witz über die Braut.«

Ellie zwang sich zu einem höflichen Lächeln. »Nein, nein – ist schon in Ordnung. Ähm, ich habe die Pointe sowieso nicht mehr geh ...«

»Sehen Sie, *señora,* der Bräutigam ist mein Bruder.«

»Ach herrje, das tut mir aber wirklich Leid ... ich meine, herzlichen Glückwunsch ... na ja, also, was ich eigentlich sagen will, ist ...« Ellie war jetzt ziemlich aufgeregt.

Verständnisvoll lächelte der Kellner. »Es ist meine *madre,* die die schlechte Stimmung verbreitet hat«, erklärte er vertraulich und schaute zu der hageren Gestalt mit der strengen Miene hinüber. »Sie hat's im Leben nicht leicht gehabt, sie musste uns fünf ganz allein aufziehen, mein Vater ist gestorben, als wir noch klein waren, und jetzt hat mein kleiner Bruder ...« Er zuckte mit den Achseln. »Aber keine *problemas* – sie wird die Braut und ihre Familie schon noch akzeptieren, und wenn erst mal das *bambino* kommt ... wird sie wie alle vernarrten Großmütter sein. Keine *problemas,* eh! Und jetzt ich gehe und hole Ihre *cafés.*«

Ich schaute zu der kleinen alten Dame am Nebentisch hinüber, die jetzt, nur weil *sie* eine vernarrte Großmutter war, eine bläulich helle, löffelförmige Delle auf der Stirn hatte.

»Da, bitte, sieh dir das an, Ellie«, sagte ich und deutete abwechselnd auf die Oma mit der Löffeldelle und die Gesellschaft der Zwangsheirat. »Was sagst du jetzt zu den schönen Traditionen spanischer Großfamilien?«

»Ich habe doch nur gesagt, dass es nett ist, wenn alle zusammen zum Essen ausgehen. Und ich bin sicher, die alte Oma sitzt – selbst mit Beule am Kopf – lieber hier als allein zu Hause vor dem Fernseher, wie es viele Familien in unserem Land mit ihren Alten halten. Davon könnten wir uns getrost eine Scheibe abschneiden.«

»Genau, und beim ersten Besuch deiner Mutter führen wir sie sonntags hierher zum Essen aus, einverstanden?«

Ellie kniff die Augen zusammen, und wieder fingerte sie an ihrem Wasserglas herum. »Worauf willst du hinaus?«

»Auf nichts Bestimmtes – ich habe einfach nur gedacht, das wäre mal eine gute Gelegenheit, sich eine Scheibe von den Spaniern abzuschneiden und ihr mit dem Schöpflöffel ein paar Kopfnüsse zu verpassen. Hinterher könnten wir ihr sagen, das sei Brauch hier auf Mallorca.«

»Na schön – das ist jetzt wirklich der Gipfel! Erst verheimlichst du mir, dass ich mir als Hauptgericht ein niedliches kleines Hoppelhäschen bestellt habe …«

»Aber ich wusste wirklich nicht, das *Gazapo* junges Kaninchen bedeutet – ehrlich!«

»Doch, das wusstest du! Ich merke sehr wohl, wenn du dich auf meine Kosten amüsierst. Dann hast du dich über diese armen Jungvermählten lustig gemacht, die alte Oma mit ihrer Beule am Kopf veräppelt, und jetzt verkündest du, du wolltest meine Mutter umbringen. Die Konsequenzen hast du dir selber zuzuschreiben!«

Ich fing an zu lachen. Das war eigentlich nicht meine Absicht, aber ich konnte mich nicht beherrschen. »Nein, Ellie, nicht … bleib mit dem Wasser weg«, bat ich und hob die Hände. »Das kommt mir nur in den Wein und …«

»Dein Wein ist mir egal. An dich will ich ran, und ich weiß ganz genau, wie ich dir in der Öffentlichkeit dein Lächeln aus dem Gesicht wische, das kannst du mir glauben!«

In ihren Augen zeigte sich ein böses kleines Flackern, als sie mich über den Tisch hinweg bei den Ohren packte und zu sich hinüberzog, was mich dazu nötigte, aufzustehen und mich über den Tisch zu beugen. Dort drückte sie mir dann einen nicht zu verhindernden Schmatzer auf den protestierenden Mund.

Die Zeit stand still, und ich wurde mir des zunehmenden Schweigens um uns herum bewusst. Ich öffnete ein Auge und schaute mich blinzelnd in dem Restaurant um. Verdammt! Aller Augen ruhten auf uns. Ich versuchte, den Kopf wegzuziehen, aber Ellie hielt meine Ohren weiterhin fest in ihrem Schraubstockgriff. Dann ging es los – leise zuerst, bald jedoch lauter und immer lauter, bis der ganze Saal von dem regelmäßigen Rhythmus langsamen Händeklatschens widerhallte. Der Lärm steigerte sich, als die Leute begannen, mit den Füßen zu stampfen und im Takt auf die Tische zu schlagen. Die Lautstärke hatte ihren Höhepunkt erreicht und gipfelte schließlich in einem Ohren betäubenden Jubel, was Ellie endlich dazu veranlasste, mich aus ihrem Marathonkuss zu entlassen.

Ich sackte auf meinen Stuhl zurück, der Kopf drehte sich mir. Unter noch immer anhaltendem Applaus schaute Ellie schüchtern auf ihren Schoß, ein unmissverständliches Lächeln stiller Selbstzufriedenheit auf ihren Zügen. Ich war ganz außer mir vor Verlegenheit und nestelte nervös an meiner Krawatte herum, während ich mich halb von meinem Stuhl erhob, um das Jubelgeheul von den anderen Tischen entgegenzunehmen: *»VIVA EL AMOR! VIVA LA PASION! VIV-A-A-A!«*

»Oy! Bravo, señor!«, rief unser Kellner, schlug mir auf den Rücken und grinste dabei von einem Ohr zum anderen. »Es heißt, Ihr *británicos* seid nicht so heißblütig wie wir Südländer, aber was soll ich sagen? Sie haben meinem kleinen Bruder wirklich gezeigt, wie's gemacht wird. Und schauen Sie nur – Sie haben sogar meine *madre* glücklich gemacht!«

Ich riskierte einen kurzen Blick zu seiner Mutter hinüber, und verflucht will ich sein, wenn sie nicht tatsächlich ein Glitzern in den Augen hatte, den Kopf wie ein kokettierender Sperber in meine Richtung neigte und mir mit ihrem Glas *gasiosa* zutrank. Schnell schaute ich wieder weg. Himmel, musste die Frau schon lange, lange Witwe sein!

»He! Ein *caballero* mit viel Macht über die *señoras*, Ihr Ehemann, nein?«, sagte der Kellner, blinzelte Ellie zu und machte eine vorsichtig andeutende Aufwärtsbewegung mit der Faust. »Das ist die magische Wirkung von den Schnecken und dem Knoblauch. Die machen einen Mann sehr *atractivo* – verleihen ihm *mucha atracción sexual, sí?*«

»Attraktiv für andere Schnecken vielleicht«, brummelte Ellie und wedelte sich mit der Hand vor der Nase herum.

Immer noch lächelnd stellte der Kellner unseren Kaffee auf dem Tisch ab, dazu zwei kleine Gläser und zwei Fläschchen eines grünen Likörs, in denen, jedenfalls dem Anschein nach, ein Bonsai-Tannenbäumchen wuchs.

»Bitte erlauben Sie mir, dass ich Sie zu einer *copita* unseres berühmten mallorquinischen Likörs einlade, *Hierbas* heißt er. Seinen Geschmack bekommt er von den wild wachsenden Gebirgskräutern in der Flasche – Kamille, Rosmarin, Fenchel. In der einen Flasche ist süßer *Hierbas*, in der anderen trockener; aber ich mag ihn am liebsten Fifty-Fifty – *meech-y-meech*, wie wir auf *mallorquín* sagen.« Dann blinzelte er wieder Ellie zu und flüsterte: »Der *Hierbas* hat viele magische Eigenschaften, *señora* – ein Lebenselixier, sagen einige; ein Mittel gegen Mücken, auf jeden Fall; aber besonders *importante … un afrodisiáco potente, un afrodisiáco irresistable, eh!*«

»Zu schade nur, dass Ihr kleiner Bruder sich vor etwa sieben Monaten keine *Caracoles*- und *Hierbas*-Abstinenz auferlegt hat«, meinte Ellie leise.

»Sie haben keine Familie, *señores?*«, fragte der Kellner und goss zu gleichen Teilen *Hierbas* aus den beiden Flaschen in unsere Gläser.

»*Sí*, zwei Söhne«, antwortete Ellie. »*Dos hijos*.«

»Nur *dos hijos*! Ach, *señora*! Und das bei einem Ehemann,

der so *amoroso* ist wie Ihrer? He, besser, eine *familia grande* zu haben wie wir alle hier auf Mallorca – viele Söhne, die einen unterstützen, wenn man alt ist, nein? Und ich glaube, genau das wird auch passieren – jetzt, wo der *señor* erst mal die *caracoles* mit *all-i-oli* und den *Hierbas* kennen gelernt hat. *Sí, sí – es inevitable!*«

»Und vergessen Sie das Kaninchen nicht«, bemerkte Ellie trocken.

»*Absolutamente!*«, lachte schallend der Kellner. »Sie denken schon genau wie eine *mallorquina*! *Sí*, einen *gazapo* gegessen zu haben, wird die *señora* sehr … ähm, sehr *productiva*, sehr *fértil* machen, nein? Oh-hohhh, *amigo*«, brummte er und stieß mich mit dem Ellenbogen an der Schulter, »was für ein Glück für Sie, dass Ihre Frau diesen Fehler mit der Bestellung von dem *gazpacho* gemacht hat. Davon hat noch keiner gehört, dass eine *muchacha* von einem Teller kalter Suppe feurig geworden ist. Aber ein Kaninchen? *Oiga*! Das ist schon etwas ganz anderes, *señor*.«

»Na, dann prost!«, rief ich schnell zur Ablenkung, da ich bemerkte, dass Ellie die Augen schon wieder zusammenkniff, und ich um die Sicherheit des wohlmeinenden Kellners fürchten musste.

»*Salud, señores*, und *muchos bambinos*, eh! Ich werde Ihnen den *Hierbas* hierlassen, dann können Sie sich selbst davon bedienen.«

»Sie sind wirklich zu freundlich«, entgegnete Ellie ironisch.

»Nein, nein, *señora*. Das ist mallorquinischer Brauch. *Salud!*«

»*Salud*!«, kam es im Chor von der *familia* mit der Paella und der angeschlagenen Oma am Nebentisch. »*MUCHOS BAMBINOS!*«, rief die Mutter des Bräutigams.

»Zum Glück hat er den Fusel dagelassen«, lobte ich übertrieben und kostete die nach Kräutern schmeckende und nach Anis riechende Mischung. »Davon könnte ich zur Beruhigung meiner Nerven eine ganze Menge gebrauchen. Was um Himmels willen hat dich dazu gebracht, hier solche Faxen zu machen? Verdammt nochmal – noch nie im Leben habe ich mich so bloßgestellt gefühlt! Guck nur – ich zittere noch immer wie Espenlaub!«

Aber Ellie lachte sich schief. Sie konnte nicht einmal mehr antworten.

Ich kippte zwei weitere *copitas* von dem *Hierbas,* während Ellie sich allmählich wieder fasste, dann gab ich leise zu bedenken, dass es vielleicht klug sei, sich diskret zurückzuziehen, solange die anderen Gäste wieder lebhaft in ihre Unterhaltungen vertieft schienen.

Mit gedämpfter Stimme bat ich den Kellner um die Rechnung, bezahlte ihn so unauffällig wie möglich und dankte ihm leise für seine Gastfreundschaft und Großzügigkeit.

Sofort meine Motive durchschauend, machte er sich meine verstohlene Art zu eigen und flüsterte zurück: »Das Vergnügen ist ganz meinerseits, *señor. De nada.*«

Unauffällig schüttelte ich ihm die Hand und führte Ellie still und leise zum Ausgang. Bis zur Tür, die ich schwungvoll öffnete, ging ich auf Zehenspitzen, und als ich höflich zur Seite trat und Ellie hindurchgehen ließ, wagte ich nicht einmal, mich umzuschauen.

»*OLE!*«, hörte ich im Chor ein Gebrüll hinter mir.

Und als ich herumwirbelte, sah ich unseren vermeintlich so verständnisvollen Kellner mitten im Restaurant stehen und die Massenverabschiedung dirigieren: »*ADIOS, DON JUAN … ADIOS! … VIVA EL AMOR! … VIVA CASANOVA-A-A-A!*«

* * *

»Weißt du, Ellie, vielleicht hattest du doch Recht mit den spanischen Großfamilien«, sagte ich schließlich auf der Fahrt nach Hause. »Dieser Kellner hat mich wirklich zum

Nachdenken gebracht mit seiner Rede von den vielen Söhnen, die einen im Alter unterstützen. Mhm – ich glaube, da ist wirklich was dran. Das gefällt mir.«

Ellie verharrte bezeichnenderweise in bedeutungsschwerem Schweigen.

»Tja – und wenn wir schon mal so weit sind«, drängte ich weiter. »Wieso denn nicht? Ich habe schon ordentlich aufgerüstet – die Schnecken, die *all-i-oli* und den *Hierbas*, das sollte man nicht ungenutzt lassen, oder?« Ich warf ihr einen lüsternen Blick zu. »Was hältst du davon, wenn wir heute Abend zeitig in die Kiste springen, und ich mir als Schlummertrunk noch etwas von dem Würmerorangensaft genehmige, den du heute Morgen ausgepresst hast – nur für alle Fälle?«

Von Ellie war nur ein verächtliches Schnauben als Antwort zu vernehmen, doch als sich dann die Schlafenszeit näherte, gab sie unweigerlich der ureigensten Versuchung der Natur nach – möglicherweise verzaubert von der magischen Mischung aus Knoblauch, Anis und Orangen in meinem Atem.

»Na schön, Don Juan«, stöhnte sie neckend, »dann lass uns doch mal sehen, was es mit der mallorquinischen Schneckenkraft auf sich hat.«

»Ich wusste, dass du schließlich aus deinem Schneckenhaus hervorkommen würdest, *querida*«, flüsterte ich mit rauer Stimme und rückte näher, so sehr um Sinnlichkeit bemüht, wie es auf der klumpigen Matratze möglich war. »*Bésame mucho.*«

Ja, das Zeug tat seine Wirkung! Ich flüsterte sogar süße Nichtigkeiten auf Spanisch ... was machte es da schon, dass es sich nur um den Titel eines alten Schlagers handelte? Ich war mittendrin im originären Liebesprogramm der Südländer und hatte eigentlich noch gar nicht richtig losgelegt.

Aber ach, grausigstes aller Geschicke ... ganz ohne mein Wissen fiel das mystische Anwachsen meiner Libido zufällig mit einem noch größeren Wachstum des natürlichen

Appetits beim hauseigenen Holzwurmbestand zusammen; und just, als Ellie und ich uns daran machten, unsere Studie auf dem Feld des einheimischen Volksglaubens zu beenden, gab das alte Bett den ungleichen Kampf auf und brach in einem krachenden letzten Aufbäumen in sich zusammen, und da lagen wir nun auf dem Schlafzimmerboden, in einer Wolke aus Sägespänen und Federn hilflos mit den Armen wedelnd, inmitten eines Haufens aus geborstenem Holz.

»Boah!«, keuchte Ellie durch den Staub hindurch. »Das war ja nun wirklich was!«

Noch ganz außer Atem nickte ich zustimmend, während sich eine Legion mikroskopisch kleiner Leidenschafts-Killer triumphierend zum nächsten essbaren Kriegsschauplatz aufmachte.

»Aber ich warne dich«, sprudelte es aus Ellie hervor, »wenn ich dich je wieder dabei erwische, wie du Schnecken isst, verlasse ich dieses Haus!«

Vier

Urängste unter Orangen

Auf dem Bauernhof gab es vier kleine Felder, die sich in sanftem, kaum wahrnehmbarem Gefälle von der hohen alten Mauer am Weg bis hinunter zum *torrente* herabsenkten, dem Bach, der unser Grundstück nach Westen hin begrenzte. Seinen hohen, mauerbefestigten Ufern nach zu urteilen, müssen diese in früheren Zeiten einmal vom Flutwasser aus den umliegenden Bergen überschwemmt gewesen sein, doch nicht einmal die ältesten unserer *vecinos* im Tal konnten sich daran erinnern. Sie kannten ihn nur so, wie er sich an diesem milden Wintermorgen präsentierte – als schläfrigen kleinen Einschnitt, wo allenfalls ein Rinnsal verborgen unter einem dichten Brombeergeflecht dahinsickerte.

Ein uralter Brunnen, die einzige Wasserstelle für all unsere Obstbäume, befand sich in einer Ecke unseres *torrente*-Feldes, fast versteckt hinter einem besonders üppigen Baum mit Mandarin-Orangen, dessen Zweige mit reifen, saftigen Früchten schwer beladen waren. Ich wusste nicht, warum, aber von allen Bäumen auf dem Hof sah dieser am gesündesten aus.

Ich lehnte am Brunnenrand, dessen Steine von den Seilen und Eimern unzähliger Generationen von Wasserträgern glatt gescheuert waren, und schaute hinunter auf die glitzernde Wasseroberfläche in der Tiefe. Der Schacht hatte einen Durchmesser von über einem Meter, und den längst in Vergessenheit geratenen Brunnenbauern, die ihn vor mehreren hundert Jahren errichtet hatten, gereichte es noch immer zur Ehre, dass die sorgfältig ausgeführte Steinmetzarbeit so stabil war wie am ersten Tag nach ihrer Verrichtung. Das ließ sich von dem Aufbau oberhalb des Schachtes nicht sagen. Der letzte Rest von der ursprünglichen Maschinerie, mit der das Wasser einst nach oben befördert wurde, waren eine rostige Eisenstange, die auf erhöhten Eichenstützen über dem Brunnen lag, und die morschen Relikte zweier schwerer Holzzahnräder sowie ein zerborstener Balken.

Obwohl ich mit dem Bewässern der Bäume frühestens bei Einsetzen der Trockenperiode in drei oder vier Monaten beginnen musste, hatte Tomàs Ferrer mir bereits erklärt, dass zur Beförderung des Wassers aus dem Brunnenschacht nach oben nur der Schalter einer elektrischen Pumpe umgelegt werden müsse, die in einem kleinen Steinhäuschen ganz in der Nähe installiert sei. Bewässern könne ich dann mit Hilfe eines Schlauches, der auf die abnehmbaren Wasserhähne an der galvanisierten Leitung angeschlossen werde. Diese sei auf der gesamten Länge des Hofes vom Brunnen bis zum Weg verlegt worden. Aufmerksam betrachtete ich die arg mitgenommenen Reste oberhalb des Brunnenschachtes, und obwohl ich die Funktionsweise der alten »Maschine« nicht sofort erfassen konnte, war doch offensichtlich, dass ihr Prinzip weit mehr Mühsal verursacht hatte als die Errungenschaft moderner Technik, die darin bestand, einfach einen elektrischen Schalter zu betätigen.

Das Geräusch knackender Zweige hinter mir riss mich aus meinen Überlegungen, und als ich mich umschaute, sah ich, wie die zerbrechliche, gebeugte Gestalt der alten Maria Bauzá auf mich zuhumpelte und dabei mit einer kleinen Breithacke wütend auf das Unkraut einhieb, das sie unter ihren Zitronenbäumen entdeckt hatte.

»*Buenos días*, Señora Bauzá«, rief ich.

»*Buenos*«, antwortete sie ein wenig außer Atem. »Oh, *madre mía*, ich muss mich einen Moment lang ausruhen.« Steif ließ sie sich sinken, bis sie auf einer der Bruchsteinmauern zu sitzen kam, die unsere beiden Höfe voneinander trennten. »Das ist das Problem mit Traktoren und all diesen modernen Geräten – die kriegen das Unkraut unten an den Bäumen einfach nicht so ordentlich weg wie wir früher mit dem Esel oder dem Maultier. Laute, stinkende Dinger, diese Traktoren. Die alten Zeiten waren eben besser.«

»Ja, da haben Sie sicher Recht … denke ich. Und tatsächlich habe ich mich gerade gefragt, wie die Leute früher das Wasser aus diesem Brunnen hochbekommen haben – wissen Sie, vor der Zeit der Elektrizität und der Pumpen und all dem Zeug.« Ich schlug mit der Hand gegen eines der alten kaputten Zahnräder. »Ich meine, wie hat das alles damals eigentlich funktioniert?«

»*Sí, ah sí.*« Das Atmen fiel ihr schon beträchtlich leichter, und sie umklammerte mit beiden Händen ihre Hacke, um sich, wie sonst bei alten Feldarbeitern üblich, mit dem ganzen Gewicht auf das Gartengerät zu stützen. »*Sí, señor*, ich muss Jaume, meinem Schwiegersohn, sagen, dass er sich mit seinem Traktor mehr Zeit lassen soll, wenn er hier um die Bäume herum Unkraut jätet. Jedes bisschen Unkraut, das man im Boden lässt, entzieht den Pflanzen Wasser und Nahrung, den Bäumen und den *plantas cultivadas* – den Tomaten, den Paprikaschoten, den Bohnen … allem.« Sie ließ den Blick über das Chaos wild wuchernden Grünzeugs schweifen, das noch immer jeden einzelnen Quadratzentimeter Boden auf unserem Hof bedeckte, und schüttelte betrübt den Kopf.

In mir stieg unwillkürlich ein Schamgefühl hoch, obwohl ich wirklich nicht die Zeit gehabt hatte, die notwendige Ausrüstung zur Erledigung dieser Arbeiten zu kaufen. Ich ging noch immer davon aus, dass eigentlich Tomàs Ferrer diese Arbeiten hätte ausführen müssen, bevor wir den Hof übernahmen, doch das spielte augenblicklich keine Rolle und hinderte mich auch nicht daran, unserer pingeligen alten Nachbarin gegenüber ein schlechtes Gewissen zu haben.

»Vielleicht, Señora Bauzá, könnten Sie oder Ihr Schwiegersohn mich beraten, welche Art Traktor für mich am besten ist und wo ich ihn kaufen kann«, bat ich.

»Das Wasser aus diesem Brunnen wurde natürlich mit Eselskraft heraufbefördert – oder auch mit Maultierkraft, wenn man ein Maultier hatte. So hat das damals funktioniert«, sagte die alte Maria und verfiel mühelos in ihre schrullige kleine Angewohnheit, die aktuelle Frage zu ignorieren und dafür die vorausgegangene zu beantworten. »Ihrem verwirrten Gesichtsausdruck entnehme ich, dass Sie das nicht begreifen, *señor*«, fügte sie leicht ungeduldig hinzu.

»Nein … also, doch … aber ich hatte eigentlich nach dem Traktor gefragt.«

»Schauen Sie«, unterbrach sie mich und deutete mit ihrer Gartenhacke auf den Brunnen, »wenn Sie zuhören, werde ich Ihnen schon alles erklären. Haben Sie denn keine Brunnen in Schottland?« Sie machte sich nicht die Mühe, eine Antwort abzuwarten. »Sehen Sie das große Zahnrad da – das dort drüben flach aufliegt, *horizontal*?« Wieder gab es keine Pause für eine mögliche Antwort meinerseits. »Also, dieser Holzbalken, der sich aus der Radnabe löst, reichte ursprünglich über den Brunnenrand hinaus, so dass Esel oder Maultier daran angeschirrt werden konnten. *Me entiende?*«

Ich nickte zum Zeichen, dass ich sie verstanden hatte, aber die alte Maria beachtete mich ohnehin nicht.

»Also trabte der Esel immer und immer wieder um den Brunnen«, fuhr sie fort und verzog dabei ihr Gesicht zu ihrem unglaublichen Fünf-Zähne-Lächeln, »und manchmal musste man vorn auf einem Stock einen Apfel anbinden, damit er weiterlief ... jedenfalls wenn es ein sehr dummer Esel war.« Sie verlor sich in stillen Kaskaden keuchenden Gelächters. »Ah *sí*, das waren noch Zeiten damals.«

Ich wollte die Gelegenheit dieses humorigen Zwischenspiels dazu nutzen, sie nochmals mit Nachdruck zum Thema Traktorkauf zu befragen. »Also wenn ich nun einen Traktor kaufen will, gibt es da ein Geschäft in Andratx ...«

»Momentito!« Die alte Dame drohte mir mit dem Finger. »Ich war noch nicht fertig. Wenn Sie etwas über die alte Zeit lernen wollen, dann müssen Sie aufmerksam zuhören und mich nicht unterbrechen.« Sie setzte sich bequemer auf ihrem steinernen Sitz zurecht.

»Lo siento«, entschuldigte ich mich. Diese Unterrichtsstunde würde offensichtlich noch eine Weile dauern, doch eines hatte ich bereits gelernt – in solchen Situationen ungeduldig zu werden war vollkommen sinnlos. Einen halben Tag mit Geplauder zu verbringen war typisch für die mallorquinische Lebensart und dagegen ankämpfen zu wollen völlig zwecklos. Also immer schön mit dem Strom schwimmen, *tranquilo* sein – anders ging es nicht, und ich gab mir alle erdenkliche Mühe, mich anzupassen.

Wieder stützte sich Maria leicht auf ihre Gartenhacke und wirkte wild entschlossen, mit ihrem Geschichtsunterricht fortzufahren. »Der Esel trabte also, wie ich schon sagte, immer und immer wieder um den Brunnen«. Sie holte tief Luft. »Dann drehte der Balken das horizontale Zahnrad, welches wiederum das vertikale Zahnrad am Ende des Eisenschaftes hoch über dem Brunnen bewegte. Der Schaft rotierte, und in der Mitte befand sich ein großes Rad mit Krügen, die einer nach dem anderen an die Schlinge eines langen bis zum Brunnengrund hinabreichenden Seils gebunden waren. *Comprende?*«

Ich nickte und wartete schweigend, während Maria ein kleines Taschentuch aus dem Ärmel zog und sich dezent damit die Nase putzte, um dann den Inhalt sorgfältig anerkennend zu prüfen, bevor sie es wieder in den Ärmel schob.

»Als ich jung war, habe ich beim Nase putzen immer den Daumen zu Hilfe genommen – bevor mir damenhaftes Benehmen beigebracht wurde«, räumte sie ein. »Dennoch habe ich immer gedacht, mit dem Daumen sei es sauberer. Besser auf den Boden als in den Ärmel, nein?« Da zeigte sich wieder das Fünf-Zähne-Grinsen, und es war nur allzu offensichtlich, wie sehr die alte Maria es genoss, ihrem unfreiwilligen Zuhörer etwas über ihr Lieblingsthema »der guten alten Zeit« zu erzählen. Ein langes Schweigen folgte, als die alte Dame ihren persönlichen Erinnerungen nachhing.

Dies schien der geeignete Augenblick für einen neuerlichen Versuch, das Thema zu wechseln und auf die Traktoren zu sprechen zu kommen und auf die Geschäfte, in denen man sie am besten kaufen konnte. »Eh, Verzeihung, Señora Bauzá, aber …«

»Nein, nein, nein!« Wieder drohte sie mir mit dem Finger. »Immer in Eile, diese jungen Leute. Ich erkläre Ihnen schon alles, wenn Sie nur Geduld haben.«

Maria hievte sich hoch und schlurfte vorsichtig durch eine breite Mauerspalte, wobei sie rigoros all meine höflichen Hilfsangebote zurückwies, als sie sich ihren Weg über die heruntergefallenen Steine bahnte. Dann klopfte sie schließlich mit dem Griff ihrer Gartenhacke gegen eine alte Regenrinne aus Metall, die über den Brunnen hinweg zu einer riesigen steinernen Zisterne in der Nähe der Mauer führte. Dort setzte sie ihre Erzählung fort: »Wenn dann also die Krüge oben beim Rad angekommen waren, floss das Wasser, das von den Krügen hochgehoben wurde, in diese Rinne – früher wurde sie, soweit ich mich erinnere, aus Holz und Ziegeln gemacht – dann ergoss sich das Wasser in die *cisterna* da drüben, wo es so lange gespeichert wurde, bis man es brauchte. Man kann immer nur eine bestimmte Menge Wasser aus einem Brunnen entnehmen, verstehen Sie; dann muss man ihn ruhen lassen, bis der Wasserstand wieder gestiegen ist.«

»Und was ist mit …«

»Wenn es dann an der Zeit war, die Bäume zu wässern, nahm man den Esel und den Pflug und grub Furchen zwischen all die Baumreihen auf den Feldern – wobei die Furchen untereinander verbunden waren, so dass man das Wasser nacheinander zu allen Bäumen auf dem Hof leiten konnte, wenn man den Spundzapfen aus der *cisterna* zog.«

»Und das alles nur von Eseln betrieben«, bemerkte ich, als ich sicher sein konnte, dass sie mit ihrer Geschichte am Ende war.

»*Sí,* und diese alten, von Eseln betriebenen Wasserräder nannte man *norias* oder *sínias* – das haben vor Urzeiten angeblich die Araber hier eingeführt. *Sí,* ein nützliches kleines Tierchen, so ein Esel. Viel besser für einen Bauernhof als ein Traktor, wissen Sie.« Señora Bauzá kam an meine Seite und stupste mich am Arm. »Haben Sie je davon gehört, dass Dieselöl einem Baum beim Wachsen geholfen hat? Nein, natürlich nicht. *Bueno* – schauen Sie sich doch einfach mal diesen *mandarina*-Baum vor dem Brunnen an. Ist das nicht der gesündeste Baum auf Ihrem ganzen Hof? Natürlich ist er das!« Sie nahm mich beim Ellenbogen und führte mich zu dem Baum hinüber. »Und wissen Sie auch, weshalb es der gesündeste Baum auf dem ganzen Hof ist? Nein, natürlich nicht. Tja, ich kann es Ihnen sagen, *señor,* das kommt daher, dass man den Esel nach seiner Arbeit am Brunnen hier an den Baum gebunden hat, damit er sich ausruhen und etwas fressen konnte. *Comprende?*«

»Nein, ich ... äh, tut mir Leid, ich verstehe nicht ganz, was Sie meinen ...«

Unter mitleidigem Kopfschütteln schaute mich die alte Maria an. »*Hombre,* der Esel stand da unter dem Baum und hat sein Futter gefressen und sein Wasser getrunken. *Comprende?* Also was würde dann wohl passieren? *Madre de Dios!* Was am einen Ende reinkommt, muss am anderen wieder raus, nein?«

»Ach, ja! Jetzt weiß ich, was Sie meinen.« Ich lachte dümmlich. »Der Esel ... äh ... der hat ...«

»*Sí, claro*! Gleich da, unter diesem Baum – *aquí mismo*!« Sie stieß mit ihrer Gartenhacke auf den Boden, als wolle sie meinem rückständigen *extranjero*-Hirn die Worte einhämmern. Dann umschloss sie eine der kleinen dicken Mandarinen mit der Hand, betrachtete sie sorgsam und fügte schließlich hinzu: »Tja, der alte Paco hat immer behauptet, deshalb sei dieser Baum so gesund, aber jetzt bin ich mir da nicht mehr so sicher.«

»Nein?«

Sie zog die Schultern zu einem übertriebenen Achselzucken in die Höhe und ließ ihre fünf Zähne in einem spitzbübischen kleinen Lächeln aufblitzen. »Nur, wenn es ein Esel mit Zauberkräften gewesen ist, *señor,* denn dieser Baum ist heute noch genauso gesund wie eh und je, und es ist jetzt fast zwanzig Jahre her, dass ein Esel hier einen Haufen hat fallen lassen.«

Der Obstgarten hallte von ihrem hell gackernden Gelächter wider.

»*Hola*! Ich hoffe, Maria belästigt Sie nicht, *señor*.«

Ich schaute in die Richtung, aus der die Stimme kam, und sah auf der anderen Seite der Mauer in Señora Bauzás Zitronenhain die rundlichen Umrisse eines großen, älteren Mannes. Er hatte die fröhliche Miene eines gütigen alten Onkels, dessen Kopf eine Mähne aus weißem, lockigen Haar krönte, und gefährlich dicht auf der Nasenspitze saß ihm eine prächtige Brille mit Hornrand.

»Ah, Jaume, da bist du ja«, tönte Maria. »Du hast übrigens schon wieder einiges von dem Unkraut im Feld stehen lassen. Du solltest deinen Traktor verkaufen und dir einen netten *burro* anschaffen.«

»*Sí, sí,* Mama – du wirst's schon wissen«, grinste er und drehte sich zu mir um. »*Qué tal, señor*? Ich bin Jaume. Und glauben Sie nur ja nicht alles, was meine Schwiegermutter Ihnen so erzählt. Die hat es faustdick hinter den Ohren.«

Maria brummelte irgendetwas auf *mallorquín,* das ich glücklicherweise nicht verstand.

»*Buenos días,* Jaume. Mein Name ist Peter. Ich komme aus Schottland«, sagte ich, als der große, kräftige Mann mir herzhaft die Hand schüttelte.

»Oho! Peter bedeutet Pedro, nein? Dann sind Sie also Don Pedro – *Don Pedro de Escocia, sí?*« Jaume konnte nicht entgangen sein, dass mir der Klang dieser Anrede gefiel, und seine Schultern zuckten in stillem Gelächter. Er gab mir einen freundlichen, aber etwas zu kräftigen Klaps auf den Rücken, was bei mir einen kleinen Husten- und Erstickungsanfall auslöste. Maria kicherte entzückt. Jaume versetzte mir einen weiteren Schlag auf den Rücken.

»Tja, also … es … es freut mich sehr, Sie endlich kennen zu lernen, Jaume«, stotterte ich und wischte mir so lässig wie möglich eine Träne aus dem Augenwinkel. »Wie Sie sehen, sind unsere Orangen erntereif, und neulich erwähnte Señora Bauzá, dass Sie vielleicht helfen und mir einen Rat geben könnten, wie man sie am besten verkauft.«

Als wolle sie seine Worte aufhalten, bevor sie den Mund erreicht hatten, drückte die alte Maria den Griff ihrer Gartenhacke mit aller Bestimmtheit gegen Jaumes Brust. »Er braucht einen Traktor«, verkündete sie in aller Entschlossenheit und kehrte ohne Vorwarnung zu meiner früheren, unbeantwortet gebliebenen Frage zurück. »Das heißt, *er* glaubt, er brauche einen Traktor. *Ich* dagegen weiß, er braucht einen *burro,* aber wenn er unbedingt eine von diesen lauten, stinkenden Maschinen haben will wie all ihr anderen modernen *locos,* dann, denke ich, solltest du ihm lieber sagen, wo er eine bekommen kann.« Dann trottete sie, auf *mallorquin* vor sich hinmurmelnd, gemächlich wieder zu der breiten Spalte in der Mauer.

Ich nahm an, sie war mehr als nur ein wenig verärgert darüber, dass durch Jaumes Eintreffen ihr Exklusivvortrag über die guten alten Zeiten unterbrochen worden war.

Ihr Schwiegersohn kicherte gutmütig und schaute der alten Dame hinterher, bis sie wieder sicher auf ihrem eigenen Feld angelangt war. »Machen Sie sich keine Sorgen, *señor.* Ich werde gern beide Ihrer Fragen beantworten«, sagte er beruhigend. »Ich hoffe, Mama bringt Sie nicht allzu sehr durcheinander. Ihre Gedanken hüpfen neuerdings hin und her wie Springfrösche … es ist ein bisschen schwierig, ihr zu folgen, man muß sich erst dran gewöhnen.«

»Ja, aber sie ist ein richtiges Original, und ich finde ihre kleinen Marotten ganz liebenswert. Also eigentlich mag ich Ihre Schwiegermutter immer mehr. Sie ist eine wunderbare alte Dame.«

Jaume lächelte und fügte leise hinzu: »Außerdem ist sie zäh wie ein alter Bullterrier. Sie kommt nach wie vor jeden Morgen mit mir hier rauf und leistet ihren kleinen Beitrag zur Arbeit auf der *finca.* Und wissen Sie übrigens auch, wie alt sie ist?«

»Ja, das hat sie mir selbst erzählt, als wir uns kennen lernten. Zweiundachtzig, sagte sie, glaube ich.«

Jaume lachte schallend. »Zweiundneunzig kommt der

Wahrheit wohl näher. Aber sie ist immer noch listig genug, wegen ihres Alters zu lügen. Typisch Frau, nicht wahr?« Dann räusperte er sich und nahm ein eher geschäftsmäßiges Gebaren an. »*Bueno, señor* – jetzt will ich versuchen, Ihre Fragen zu beantworten. Aber ich warne Sie – ich bin nicht gerade ein Experte, was die Landwirtschaft angeht.« Er schaute über die Mauer, um sich zu vergewissern, dass die alte Maria außer Hörweite war, senkte die Stimme und sagte vertraulich: »Um ehrlich zu sein, ich mag die Landwirtschaft nicht einmal besonders. Die Arbeit ist viel zu hart.«

Wir spazierten zwischen den Baumreihen hindurch, und Jaume fing an, leise vor sich hinzupfeifen. Er schien es ganz und gar nicht eilig zu haben, mir den Rat zu geben, den ich so dringend brauchte. Tatsächlich machte er sich nicht einmal die Mühe, sich vom Zustand der Orangen oder des von Unkraut überwucherten Bodens zu überzeugen – jedenfalls war das mein Eindruck. Nach einigen Minuten machte er kehrt, und wir marschierten zum Brunnen zurück.

»Nein, die Arbeit auf dem Land gefällt mir nicht wirklich, *señor*«, wiederholte er schließlich. »Ich arbeite nur auf dem Hof, um meiner Schwiegermutter eine Freude zu machen. Der Hof ist ihr Leben. Sie ist schon seit vielen Jahren Witwe, wissen Sie, und mit dem Hof sind ihre schönsten Erinnerungen verknüpft.« Jaume strich sich ein paar Strohhalme von seiner alten Wollstrickjacke und zerrte so lange an deren Seiten, bis er das kümmerliche Kleidungsstück mit dem einzigen noch verbliebenen Knopf um seine korpulente Körpermitte herum befestigt hatte. Ernst schaute er mich über den Brillenrand hinweg an. »Ich bin Kellner von Beruf, wissen Sie. Bauer war ich nie … immer nur Kellner.« Wieder richtete er sich die Jacke, und automatisch glitt seine Hand dorthin, wo früher einmal die Fliege seiner Kellner-Uniform gesessen hätte.

»Ach, Kellner also, tatsächlich? In einem Restaurant hier in der Nähe?«, fragte ich harmlos.

Erschüttert sah Jaume mich an. *»Restaurante, señor? Restaurante?«* Voller Empörung zog er seine ausgebeulte Arbeitshose hoch und zerrte den Saum seiner ausgeleierten Strickjacke nach unten, in dem vergeblichen Versuch, beide Kleidungsstücke in der Mitte aufeinandertreffen zu lassen. »Ich war Kellner im Hotel Son Vida – dem besten von ganz Mallorca, fünf Sterne de luxe! *Sí, sí, sí.*« Stolz reckte er die Brust vor, und seine Hosen rutschten wieder unter seinen rundlichen Bauch. »Oh, *sí, sí, sí, señor*. Hotel Son Vida, fünfundzwanzig Jahre lang, da bin ich gewesen.«

»Na, das muss ja wirklich eine großartige Karriere gewesen sein … Ihren Beruf in so einem prächtigen Hotel auszuüben. Kann ich gut verstehen, dass Sie darauf sehr stolz sind«, sagte ich, wobei ich keineswegs gönnerhaft wirken wollte, aber ich fürchtete sofort, dass gerade das doch der Fall war. Aber Jaume akzeptierte, wie es schien, mein Kompliment rückhaltlos.

»Dann können Sie sich ja auch bestimmt denken, *señor,* dass die Arbeit auf dem Hof für einen Mann wie mich nicht gerade eine Selbstverständlichkeit ist.« Mit dem Fuß stieß er gegen etwas Unkraut. »Ich habe mich inzwischen an die schönen Dinge im Leben gewöhnt.«

»Ja, das kann ich nachvollziehen. Sie sind also eher ein Stadtmensch? Stammen Sie ursprünglich aus Palma?«

»Nein … nein«, antwortete Jaume, und ich nahm ein leises Zögern in seiner Stimme wahr. »Nein, *señor* … im Grunde bin ich hier in diesem kleinen Tal geboren – in dem alten Haus mit der Sonnenuhr auf der Mauer, fast ganz oben dort an der Straße.«

»Ach, dann haben Sie also Ihre Wurzeln eigentlich auf dem Land?«

»Meine Wurzeln mögen auf dem Land sein, *señor,* aber

mein Herz ist noch immer im Hotel Son Vida. Die haben mich nur deshalb vorzeitig in Rente geschickt, weil meine Beine nicht mehr mitgespielt haben. So was passiert eben in meiner *profesión*, wissen Sie. Ah *sí* – die Beine und die Füße wollen einfach nicht mehr.«

»Aber Jaume, ich nehme an, es gibt das eine oder andere, das Sie dafür entschädigt. So schlimm kann es doch gar nicht sein, sich an einem so herrlichen Fleckchen Erde zur Ruhe zu setzen, vor allem wenn das Tal im Grunde Ihr Zuhause ist.«

»Vielleicht«, sagte er wehmütig, »aber ich vermisse die geschäftige Atmosphäre in dem großen Hotel – das luxuriöse Ambiente, die wohlhabenden Gäste, den Adel. Nach all dem ist es gar nicht so einfach, das einsame Leben eines armen *paisano* zu führen.« Leise lachte er in sich hinein. »Tja, die einzigen Gäste, die ich jetzt bediene, sind Mamas Hennen und ihr Schwein ... und die geben keine so großzügigen Trinkgelder wie die Gäste im Son Vida.« Jaume schlug sich mit den Händen auf seinen üppigen Bauch und lachte erneut vergnügt in sich hinein – wie der Weihnachtsmann, bloß ohne Bart und rotes Kostüm, dachte ich.

Trotz seiner angeblichen Sehnsucht nach dem Glanz und Glamour des Hotellebens war der alte Jaume meiner Meinung nach so zufrieden, wie es ein Mann nur sein konnte, selbst wenn es ihm selbst nicht ganz bewusst war. Zweifellos war es alles andere als leicht , von den mageren Einkünften des kleinen Hofes zu leben, wenn man sich an die Sicherheit eines regelmäßigen Gehalts gewöhnt hatte, aber wenigstens gab es den Familienbetrieb, zu dem er im Alter zurückkehren konnte – weit mehr, als die meisten seiner *profesión* sich erhoffen konnten.

»Na schön, ich habe noch eine kleine Extrarente wegen meiner schlimmen Beine«, sagte Jaume, als könne er meine Gedanken lesen, »also bin ich nicht darauf angewiesen, meinen Lebensunterhalt mit dem Hof zu verdienen, *gracias a Dios*. Nein, ich arbeite wirklich nur auf dem Hof, um Mama eine Freude zu machen. Irgendwann werden meine Frau und ich den Hof verkaufen, nehme ich an – wenn Mama von uns gegangen ist … falls sie überhaupt von uns geht.« Wieder lachte er in sich hinein. »Wir wohnen sowieso lieber in unserem modernen *apartamento* in der Stadt. Das alte Haus da hinten – das mit der Sonnenuhr, wo ich geboren bin – na ja, das habe ich geerbt, als mein Vater starb, aber da wollen wir nicht wohnen … zu altmodisch. Nein, ich für mein Teil ziehe ein modernes *apartamento* vor … in Andratx, wo es wenigstens ein bisschen lebhafter zugeht.«

»Aber das alte Haus, in dem Sie geboren sind … das ist doch wunderschön. Ellie und ich bewundern es jedes Mal, wenn wir daran vorbeikommen. Es ist einfach vollkommen … der kleine Patio mit den Weinranken und die ganzen Geranien, der Brunnen beim Tor und der alte Feigenbaum, der den Eingang vor der Sonne schützt … und diese, diese herrliche Sonnenuhr auf der Mauer. Ich meine, das ist doch wie auf einer Postkarte. Das Anwesen wäre heute ein Vermögen wert. Bedauern Sie es denn gar nicht, dass Sie es verkauft haben?«

Überrascht sah Jaume mich an. »Bedauern, dass ich es verkauft habe? O nein, *señor*, ich habe es nicht verkauft. Das Haus werde ich später einmal an *meinen* Sohn weitergeben, verstehen Sie.« Sein Gesicht hellte sich auf. »Ja, an meinen Sohn, José. Er hat schon zwei eigene Kinder – zwei kleine Mädchen – *las preciosas*. José ist bei der Armee, wissen Sie. Und da macht er sich auch ausgezeichnet. Ist dieses Jahr befördert worden und … und …« Traurigkeit senkte sich über Jaumes Gesicht, und als er weitersprach, flüsterte er fast. »Und seine Mutter und ich, wir sorgen uns die ganze Zeit um ihn und die Familie. Sie haben ihn aufs Festland geschickt, als sie ihn befördert haben – ins Baskenland … nach

Bilbao. Da ist es sehr gefährlich für die Soldaten und ihre Angehörigen. Die *ETA*, wissen Sie, mit ihren Bomben und Gewehren. Wir machen uns Sorgen. Ja, wir machen uns Sorgen. Und natürlich ... vermissen wir sie auch.« Nervös schob Jaume seine Brille die Nase hoch und hüstelte gezwungen. »José ist unser einziger Sohn, *señor* ... unser einziger Sohn.«

Eine Weile stand der alte Mann mit seinen Gedanken allein und schweigend da und schaute mit glasigem Blick über die Bäume hinweg zu den weit entfernten Bergen. Wäre dies noch Señora Bauzás »gute alte Zeit« gewesen, so musste ich unwillkürlich denken, dann würden Jaume und sein Sohn jetzt glücklich und zufrieden zusammen auf ihrem kleinen Hof in diesem friedlichen Tal arbeiten, wüssten nichts von dem, was Jaume jetzt als »die schönen Dinge im Leben« beschrieb, und hätten auch gar kein Verlangen danach.

»Das ist der Preis, den wir für den Fortschritt zahlen, Jaume«, sagte ich schließlich, weil ich laut gedacht hatte.

»*Lo siento, señor*. Ich war mit meinen Gedanken ganz woanders. Bitte entschuldigen Sie.« Jaume zog ein Taschentuch aus seiner Jackentasche und schnäuzte sich laut und gründlich. Seine Brille rutschte ihm wieder bis zur Nasenspitze herunter und brachte so den freundlich fidelen Ausdruck auf sein Gesicht zurück. »Nein, ich werde das alte Haus nicht verkaufen, obwohl ich durchaus viele Angebote dafür bekomme. Ah *sí*, die ganze Zeit bekomme ich Angebote von *extranjeros*, aber es ist günstiger, es einfach zu vermieten. So habe ich neben der Rente ein kleines zusätzliches Einkommen, wissen Sie ... und eines Tages wird es José gehören.«

»Da kann Ihr Sohn aber wirklich von Glück reden.«

»Nein, nein. *Es normal*. Der Vater gibt sein Haus an den Sohn weiter. *Es absolutamente normal*.« Jaume legte mir eine

Hand auf die Schulter und machte mit mir einen weiteren Spaziergang durch den Orangenhain. »Natürlich sind da immer noch die beiden Häuser auf Mamas Bauernhof – da oben auf dem kleinen Hügel, an der Straße, die nach Capdella führt. Sehen Sie?« Durch die Bäume hindurch deutete er auf zwei halb verfallene Steinhäuser, die dicht beieinander standen und von denen aus man über das Tal hinweg auf das Meer blickte.

»O ja. Die Häuser sehen wir von unseren Fenstern in der oberen Etage aus. Die Lage ist wirklich sensationell. Von da hat man bestimmt einen herrlichen Ausblick. Ellie und ich haben uns schon oft gedacht, dass das zwei sagenhaft schöne Häuser wären, wenn man sie erst einmal restauriert hätte.«

»Meinen Sie, *señor*? Meinen Sie wirklich, dass man daraus etwas machen könnte?«

»Ganz bestimmt. Das ist doch genau das, wonach alle Ausländer suchen – alte Steinhäuser, die sie renovieren können –, davon träumt doch jeder.«

»Mhm. Also was glauben Sie, würden so alte Häuser wie die beiden einbringen? Wissen Sie, Mama hat sie meiner Frau gegeben, und wir haben dafür keine Verwendung, wie ich Ihnen ja schon sagte. Aber ich dachte nicht, dass die viel wert sein würden – so verfallen wie die sind.«

»Also das weiß ich wirklich nicht«, antwortete ich und schüttelte den Kopf, »aber hier in der Gegend gibt es doch etliche Immobilienmakler, die die Häuser für Sie schätzen könnten.«

Jaume schwieg, und über seinen Brillenrand hinweg schaute er mich an. »Aber einfach mal interessehalber – wenn Sie sie kaufen würden, was wäre dann für Sie ein angemessener Preis … äh, Ihrer Meinung nach?«

»Tja, das ist wirklich schwer zu sagen. Ich müsste sie mir natürlich erst einmal gründlich ansehen, aber ich denke …

ganz grob geschätzt ...« Ich nannte eine Summe, die mir als Verkaufspreis einigermaßen kühn erschien.

»Pro Haus?«, fragte Jaume ungläubig und mit weit aufgerissenen Augen.

»O ja, pro Haus natürlich«, versicherte ich ihm.

»Falsch, *señor. Incorrecto.* Ich habe schon – bei verschiedenen Gelegenheiten –, hauptsächlich von Deutschen, das Doppelte geboten bekommen. Aber nein, ich glaube, ich werde sie nicht verkaufen – jedenfalls noch nicht jetzt. *Un día,* vielleicht. Wir werden sehen. *Vamos a ver.*«

Ich war völlig vor den Kopf gestoßen. Da stand nun dieser alte Bauer in völlig abgerissener Kleidung, und sah aus, als würde er von seinen letzten Peseten zehren, während er in Wirklichkeit ein vermögender Mann war, mit Besitz, für den man ihm von einer halben Million Pfund an aufwärts jede Summe zahlen würde, *zusätzlich* bezog er sein Altersruhegeld, dazu eine Extrarente wegen der schlimmen Beine, dazu die Miete für das Haus mit der Sonnenuhr, dazu die Einkünfte aus dem Hof. Und dann stand er einfach da und erzählte, dass er die Arbeit als Kellner vermisse!

Und doch war Jaume nur einer von zahllosen älteren Mallorquinern, die es vorzogen, das Leben »armer *paisanos*« zu führen, während sie auf dem potentiellen Wohlstand ererbter »bäuerlicher« Besitztümer saßen, anfangs kaum etwas wert, bis der Zustrom von *extranjeros* auf der Suche nach idyllischen Zufluchtsorten im Innern Mallorcas die Preise höher hinaufgetrieben hatte, als die Mallorquiner es sich in ihren kühnsten Träumen vorgestellt hatten. Und die Preise für ihre schon seit langem leer stehenden Steinhäuschen stiegen weiter und immer weiter. Dafür sorgten die alten Mallorquiner schon. Sie verfügten über die typische Bauernschläue der Landbevölkerung; sie alle hatten kleine Höfe, und wie eine Kuh zu melken war, das wussten sie längst. Und wieso auch nicht? Wie ein alter *campesino* einmal zu mir sagte: Kühe mit goldenen Zitzen sind ungefähr genauso leicht zu finden wie Haufen von Einhorn-Dung, und wenn so eine Kuh eines Tages zufällig in deinen Stall wandert, musst du sie melken, bis nichts mehr geht.

Zweifelsohne war auch Jaume ein Anhänger dieser schlichten ländlichen Philosophie, und sein Melkeimer stand allzeit bereit.

»Aber genug von meinen nichtigen Problemen. Sie wollen wissen, wie Sie am besten Ihr Obst verkaufen«, sagte er und blieb neben einem entschieden erbärmlich aussehenden Orangenbaum stehen. »Wissen Sie eigentlich viel über Orangen, *señor?*«

»Ich weiß absolut überhaupt nichts über Orangen, und über andere Früchte eigentlich auch nichts«, gestand ich.

»Tja, also Sie hatten Recht, als Sie sagten, dass Ihre Orangen erntereif sind. Die meisten jedenfalls, und bei den anderen wird es in den kommenden Monaten soweit sein – wenn das Gelb aus ihrer Schale herausreift, wissen Sie. Aber pflücken Sie sie nicht einfach, nur weil sie reif aussehen. Auf den Bäumen werden sie sich besser halten, bis Sie einen Abnehmer für die Ernte haben.«

»Das ist ja gerade das Problem, Jaume. Ich habe keinen Abnehmer dafür, und ich weiß auch nicht, wo ich mich nach einem umsehen soll. Alles, was Tomàs Ferrer mir gesagt hat, war, dass der alte Paco das meiste Obst hier vom Hof immer mittwochs an einem Stand auf dem Markt von Andratx verkauft hat, aber ich werde keine Lizenz dafür bekommen, ehe mir die Polizei nicht meine endgültige Aufenthaltserlaubnis erteilt hat, und das kann noch ein paar Monate dauern.«

Nachdenklich schob Jaume die Unterlippe vor. »Mhm. *Es cierto.* Da haben Sie wirklich ein Problem – *un problema grande.* Ich selbst baue ja nicht viele Orangen an – hauptsächlich Zitronen. Und die verkaufe ich direkt an die kleinen

Lebensmittelläden, *las colmadas,* in Andratx und hier in der Gegend. Ich könnte ein bisschen mehr verlangen, wenn ich auch einen Stand auf dem Markt hätte, aber es ist einfacher, das Obst direkt an die Geschäfte zu liefern, und deshalb mache ich es schon seit Jahren so.«

»Ja gut, dann könnte ich das mit den Orangen ja vielleicht auch so machen, oder?«, fragte ich erwartungsvoll.

»*Posiblemente, señor* – aber ich denke, das wird nicht gehen. Alle Orangenanbauer hier in der Gegend haben schon ihre festen Abnehmer. Natürlich können Sie in den *colmadas* nachfragen, aber ...« Bedächtig schüttelte er den Kopf.

»Na, aber ich kann sie doch nicht einfach an den Bäumen verrotten lassen. Ich muss sie irgendwie verkaufen. Es wird doch Großhändler geben, die mir noch was dafür zahlen. Irgendwas.« Allmählich fühlte ich mich ganz hilflos, fremd, als würde ich den Boden unter den Füßen verlieren. Was in drei Teufels Namen war bloß in mich gefahren, dass ich mich auf ein Geschäft eingelassen hatte, von dem ich überhaupt nichts verstand, noch dazu in einem fremden Land, dessen Sprache ich noch nicht einmal beherrschte? Zu Hause hätte ich mich schließlich auch niemals auf das Obstgeschäft eingelassen. Kein Gedanke!

Jaume lachte wohlwollend und schlug mir ein paar Mal sacht auf den Arm. »Schauen Sie nicht so besorgt drein, *señor. Usted tranquilo.* Auf Mallorca ist alles möglich.«

Der hatte gut reden, dachte ich. Der konnte es sich leisten, wohlwollend zu lachen. Er war hier zu Hause, und er hatte es weit gebracht. Er war steinreich, aber ich war eintausendfünfhundert Meilen von zu Hause entfernt, ich hatte all meine Siebensachen auf diesen mallorquinischen Obstkarren geladen, und kaum waren wir in Fahrt gekommen, da verlor er schon seine Räder.

Jaume fing wieder an zu pfeifen. Aus seiner Hemdtasche zog er einen alten Umschlag und einen Bleistiftstummel, dann kritzelte er etwas auf das Papier. »Hier, bitte, *señor*. Nehmen Sie. Das ist der Name eines Obsthändlers an der Küste, in Peguera. Er verkauft Obst und Gemüse in einem winzigen Lädchen hinter der Bar El Piano. Wenn ich noch Zitronen übrig habe, bringe ich sie zu ihm. Er ist wirklich fair, *muy razonable*. Er wird Ihnen einen akzeptablen Preis machen, da bin ich sicher … äh, bis Sie dann selber gewinnträchtigere Abnahmemöglichkeiten aufgetan haben, natürlich.«

»Señor Jeronimo Frutas Frescas«, stand auf Jaumes Stückchen Papier. Ich fühlte mich, als hätte ich an einem Samstagabend gerade eine Fünf-Pfund-Note in der Sauchiehall Street gefunden. Ein Wunder hatte mich gerettet. Ich schüttelte Jaume die Hand und bedankte mich überschwenglich bei ihm. Wie könnte ich mich je bei ihm dafür erkenntlich zeigen, dass er mir meine ersten Geschäfte auf Mallorca ermöglicht hatte? Er war ein guter Nachbar und ein wahrer Gentleman – *un … un caballero*.

Doch meine ausgelassene Freude sollte nicht lange währen.

»Also, leider, *señor*, sind einige Ihrer Bäume krank«, sagte Jaume bedauernd mit monotoner Stimme und schaute durch seine Brille auf die eingerollten Blätter und die verkümmerten Früchte an den Bäumen in seiner Nähe. »Sehen Sie … dieses schwarze klebrige Zeug auf den Orangen.«

»Ja, das ist mir schon aufgefallen. Das ist nicht besonders gut, oder?« Ängstlich wartete ich, während Jaume sein Pfeifen in einem anderen Rhythmus fortsetzte, der eher zu seiner genaueren Begutachtung des Problems passte.

»Ungeziefer, *un parásito*, glaube ich. Mhm, aber genau kann ich es nicht sagen. Da müssen Sie sich an einen Experten wenden, *señor*.« Jaume schob sich die Brille wieder von der Nasenspitze nach oben. »Pepe Suau – das ist Ihr Mann. Der kümmert sich auch um meine Bäume – er kümmert sich ums Sprühen, Beschneiden, um alles. Ein wahrer *maestro de los árboles*. Der beste auf ganz Mallorca.«

Damit kamen wir der Sache schon näher. Endlich hatte ich einen richtigen Baum-Experten gefunden. »Und wo kann ich ihn erreichen, diesen Pep Su – wie heißt er noch?«, fragte ich eindringlich.

»Pepe Suau? Oh, den brauchen Sie nicht zu erreichen. Der ist im Frühjahr normalerweise sowieso hier – bei mir auf dem Hof *como siempre*.« Leise wie eine massige gackernde Henne lachte Jaume in sich hinein. »*Usted tranquilo, señor*. Regen Sie sich nur nicht auf. Wir sind hier auf Mallorca. *Todo va bien*. Es wird schon alles gut … mit der Zeit. Sie müssen einfach nur abwarten.«

Wie es schien, würde ich mich noch sehr oft zur Ruhe anhalten müssen, ehe ich die richtige Einstellung zum Leben und seinen Problemen gewonnen hatte. Ich musste mich noch viel stärker darum bemühen, alles langsamer und gemächlicher anzugehen. »*Siempre paciencia*«, immer nur Geduld, das würde mein Motto werden müssen, wenn ich mich der Lebensart und dem Tempo des ländlichen Spanien je anpassen wollte. Es lag noch ein langer Weg vor mir, bis ich mich von all den Absurditäten des angelsächsischen Arbeitsethos gereinigt hatte. *Hombre,* schließlich arbeitete man doch nur, um zu leben, und nicht umgekehrt – das war die Einstellung hier, und wer war ich, dass ich mich dem widersetzte?

Inzwischen war Jaume zu einem besonders erbärmlich aussehenden Baum hinübergegangen, der gar keine Blätter mehr hatte und aus dessen Rinde hässliche Harztropfen sickerten. Er versetzte dem Baumstamm einen leichten Schlag, und ein großer Ast fiel herunter.

»Wie es scheint, Jaume, ist dieser alte Pflaumenbaum endgültig hinüber, oder?«, fragte ich ängstlich, als mich die dem Nordländer eigene Anspannung wieder einholte.

»*Casi casi*. Fast, aber vielleicht noch nicht ganz. Sie wissen ja, ich bin kein Experte. Aber keine Sorge – wenn jemand ihn retten kann, dann Pepe Suau. Ach, und übrigens ist das ein Aprikosenbaum, *señor*. Das da hinten ist ein Pflaumenbaum«, sagte er lächelnd und deutete auf ein mindestens ebenso verloren wirkendes Exemplar. »Ihre Kakis sehen dagegen allerdings recht gut aus.«

»Meine Kakis?« Verständnislos schaute ich ihn an.

»Dattelpflaumen nennt man die wohl auch in England, glaube ich«, sagte Jaume lachend.

Damit war ich kein Stück klüger.

»Aber schauen Sie mal dorthin. Sehen Sie, wie überwuchert Ihre Feigenbäume sind. Und die Quitten, die Granatäpfel – alle. Mhm, da wird Pepe Suau ordentlich was zu tun bekommen. *Mucho, mucho, mucho.*«

Lässig pfeifend ging Jaume zu einem Zitronenbaum hinüber, und meine Anspannung wuchs sich allmählich zur Panik aus – die ganze tief sitzende Panik eines Ertrinkenden. Die Ferrers hatten uns tatsächlich die Katze im Sack verkauft. Diesen Schutthaufen wieder in Ordnung zu bringen würde mich ein Vermögen kosten. Einkünfte würde ich damit keine erzielen. Ich wäre gnadenlos pleite, lange bevor unsere Investitionen sich allmählich amortisiert hätten. All unser Geld wäre weg. Ich würde in Spanien in Konkurs gehen – noch dazu als Ausländer. Allmächtiger – die würden mich ins Gefängnis werfen! Und Ellie und die Jungs wären völlig verarmt!

»Sehen Sie diese langen grünen Triebe, die da aus den dicksten Ästen herauswachsen?«, fragte Jaume beim Zitronenbaum. »Das ist ziemlich dumm, die Äste haben ein paar wilde Schösslinge getrieben.«

»Erwähnen Sie mir gegenüber bloß nicht das Wort dumm, bitte«, sagte ich leise.

»Die nehmen dem Baum die ganze Kraft«, fuhr er fort. »Ihre ganzen Zitrusbäume sind voll davon. Die werden alle weggeschnitten werden müssen. Aber nur keine Sorge – das wird Pepe im Frühjahr alles für Sie in Ordnung bringen. Mhm. *Ah sí, amigo,* hier wird Pepe ordentlich was zu tun bekommen, denn er wird außerdem noch ...« Da Jaume irgendwie spürte, dass ich für einen Tag mehr als genug schlechte Nachrichten zu verdauen hatte, drehte er sich zu mir um und lächelte mich verständnisvoll an. Väterlich legte er mir einen Arm um die Schulter und verkündete fröhlich-forsch: »*Nos vamos,* Don Pedro. Die Bäume können bis zum Frühjahr warten. Wir gehen jetzt und schauen uns meinen Traktor an. Sie wollen doch alles über spanische Traktoren wissen, nein?«

»Ja, schon ... Sie sehen ja das Unkraut ... das ist die andere Sache, die ich erledigen muss und ... na ja, ich weiß ja nicht einmal, wo ...« Allmählich sank ich in ein tiefes Loch der Verzweiflung.

»*Tranquilo, tranquilo, siempre tranquilo,* Don Pedro.« Der alte Jaume sprach diese Worte fast im Singsang, während er mir beruhigend die Schulter tätschelte und mich zu dem breiten Spalt in der Mauer führte. »Früher, als mein kleiner José nachts noch Angst hatte, habe ich immer zu ihm gesagt – am nächsten Morgen sieht alles wieder freundlicher aus. Und Pedro, für Sie wird im nächsten Frühjahr alles wieder freundlicher aussehen, glauben Sie mir.«

Dieser nette alte Mann, der mich erst vor einer halben Stunde kennen gelernt hatte, nahm mich bereits unter seine Fittiche – und ließ mich spüren, dass er Verständnis für mich hatte und Anteil nahm. Allmählich begriff ich, was für ein Segen solch wunderbare Nachbarn wie Jaume und die alte Maria waren.

»Ju-hu-uu! Ju-hu-uu!« Das war Ellie, mit Korb und Baumschere in der Hand, die aus den grünen Tiefen eines Orangenbaumes im benachbarten Feld auftauchte.

Ich winkte sie zu uns herüber. »Ellie, das ist Señora Bauzás

Schwiegersohn Jaume. Er nimmt mich mit rüber auf ihre *finca*, damit ich mir seinen Traktor ansehen kann.«

»Freut mich, Sie kennen zu lernen«, sagte Ellie lächelnd und hielt Jaume eine klebrige, von Orangen fleckige Hand hin.

»*Encantado*«, erwiderte Jaume mit einer kleinen Verbeugung. Dann stand er schüchtern grinsend da, den einen Arm hinter dem Rücken angewinkelt, fast so als würde er darauf warten, dass Ellie einen Kaffee bestellte.

»Hätten Sie etwas dagegen, wenn ich mitkomme?«, fragte sie stattdessen.

Höflich neigte Jaume den Kopf und antwortete in perfektem Englisch: »Hier entlang bitte, Madame.«

»He, ich wusste ja gar nicht, dass Sie Englisch sprechen«, sagte ich völlig verblüfft.

Jaume führte uns in Richtung seiner *finca* und lachte scheu. »Ach, ich spreche Französisch, Deutsch und sogar Italienisch, aber alles sehr schlecht. Ich kenne nur die Sätze, die ich als Kellner im Hotel zu sagen hatte.«

»Na ja, schon möglich«, entgegnete ich, »aber es wird mir eine große Hilfe sein, wenn wir uns ab und an auf Englisch unterhalten können, denn ...«

»O nein, nein. Das wäre überhaupt keine Hilfe für Sie«, unterbrach mich Jaume, blieb stehen, drehte sich zu mir um und schaute mich über seinen Brillenrand hinweg wie eine weise alte Eule an. »Dies ist mein Land, und hier müssen Sie meine Sprache sprechen. Und Sie können jederzeit Ihr Spanisch an mir ausprobieren. *Siempre español,* Pedro. *Siempre español.*«

Nachdem wir so ermahnt worden waren, folgten wir unserem väterlichen Nachbarn im Gänsemarsch einen schmalen Pfad am Rand eines seiner Felder entlang, vorbei an Reihen von Zitronenbäumen voller üppiger, glänzender Früchte, die unsere minderwertigen Exemplare wie eine gänzlich andere Sorte aussehen ließen.

»Nicht schlecht, die Zitronen, nein?«, sagte Jaume, der wieder einmal beinahe meine Gedanken zu lesen schien. »Ihre werden bald auch so sein. Überlassen Sie nur alles Pepe Suau. *No problemas.*«

Kurz darauf kamen wir zu einer Lichtung in dem Obsthain, und dort befand sich, am anderen Ende, die Schaltzentrale des Hofes der Bauzás – ein kunterbuntes Durcheinander kleiner Hütten, Schuppen und Pferche aus Materialien, so verschiedenartig wie alles, was man auf dem Hof einer Baufirma finden konnte – oder auf einem Schrottplatz. In der Mitte, flankiert von zwei ausladenden Palmen, stand etwas, das wie die ursprüngliche *casita de aperos* aussah, ein winziges Steinhäuschen, in dem Werkzeuge und sonstige Gerätschaften untergebracht wurden. Ein morsches Gerüst rostiger Leitungsrohre war entlang der Vorderseite der *casita* verlegt worden und wurde von einem wild wuchernden Gewirr aus Weinranken und Bougainvilleen zusammengehalten, das die behelfsmäßige Pergola bedeckte und dem kleinen Tisch und den beiden Holzbänken vor der niedrigen Eingangstür Schatten spendete.

Die *casita de aperos* war an einer Seite durch einen Anbau erweitert worden. Auf Stücken alter Telegraphenmasten, die wiederum mehrere Betonstreben stützten, thronte das Gewicht eines niedrigen, aus verschiedensten Holzbalken und Asbest-Wellblechen zusammengezimmerten unebenen Daches. Steine und Stückchen zerbrochenen Ytongs waren wahllos auf dem Dach verteilt worden, wahrscheinlich um es während der heftigen *Tramuntana*-Winde vor dem Abrutschen zu bewahren. Jaumes alter Citroën Dyane hockte sicher und gemütlich in diesem unförmigen, nach vorn hin offenen Schuppen, der von einem prachtvollen Wirrwarr aus Obstkisten, Strohballen und Rohrbündeln umgeben war.

Auf der anderen Seite der *casita* befanden sich die Stallungen für die Tiere des Bauernhofes, *las dependencias de los ani-*

males. Eine verfallene, angebaute Hütte aus mallorquinischem Sandstein mit einem Dach aus uralten Terrakottaziegeln, passend zu denen auf der *casita*, fügte sich nahtlos an die Mauer, die die *finca* am hinteren Ende des kleinen Hofes begrenzte. Unmittelbar daneben war eine Reihe kleiner Gehege mit niedriger, ungleichmäßiger Umzäunung aus hohlen Betonblöcken errichtet worden, die hier und da von schiefen, mit Maschendraht versehenen Mandelbaumpfählen gestützt wurde. Die Tore zu jedem Pferch bestanden aus Kopf- und Fußteilen alter Metallbetten – und auf einem dieser Teile prangte noch ein einsamer Messingknauf.

Jaume war vorausgelaufen, um der alten Maria und seiner Frau unser Kommen anzukündigen, also blieben Ellie und ich am Rand der Lichtung stehen und genossen den Anblick dieser merkwürdigen, chaotischen Mischung aus traditionellen und zeitgenössischen Architekturstilen. Irgendwie hatte all das hier seinen eigenen ländlichen Charme – heruntergekommen und schäbig zwar, doch in vollkommener Harmonie mit der mallorquinischen Landschaft rund um das Anwesen. So wie sich das Gewirr aus den winzigen Gebäuden des Gehöftes harmonisch in das verschwiegene, sonnige Eckchen eines Zironenhaines einfügte, mit den imposant aufragenden Bergen im Hintergrund, ergab sich ein bemerkenswertes Bild idyllischer Naturschönheit.

Kaum hatte die alte Maria von unserem bevorstehenden Besuch erfahren, schob sie auch schon Jaume und ihre Tochter beiseite und schlurfte so schnell, wie ihre steifen alten Beine sie tragen konnten, zur Begrüßung auf uns zu. »*Ah, la señora de Escocia. Qué bellísima!*«, rief sie und entblößte ihr Quintett von Grabsteinzähnen zu einem breiten Willkommenslächeln, als sie Ellie am Nacken gepackt auf Wangenkuss-Höhe zu sich herunterzog. »*Bien venido a mi finca.*« Sie nahm Ellies Arm und plauderte ohne Unterbrechung mit ihr, bis wir die *casita* erreicht hatten, wo sie Ellie aufforderte, sich mit ihr an den kleinen Tisch zu setzen. Dabei fiel mir auf, dass die alte Dame mich völlig ignorierte, wahrscheinlich war ich in ihren Augen eine persona non grata, weil ich durch mein Gespräch mit Jaume ihre Unterrichtsstunde beim Brunnen vorzeitig beendet hatte. Sie war jetzt voll und ganz in das Gespräch mit Ellie vertieft, und ihre Zunge stand dabei nicht eine Sekunde lang still.

Geduldig wartete Jaume, bis Maria ihren Wortschwall zu Ende gebracht hatte, weil sie Luft holen musste, dann stellte er mich seiner Frau Antonia vor – einer adretten kleinen Person mit hübschem Gesicht und allzeit bereitem Lächeln. Sie war das ideale Gegenbild zu Jaume, und zusammen gaben sie ein schönes und heimeliges Paar ab.

»*Bueno, Pedro.* Wenn Sie bereit sind, gehen wir uns den Traktor anschauen«, schlug Jaume ohne Umschweife vor.

»Traktor? Pah! Lautes, stinkendes Ding«, spöttelte seine Schwiegermutter. »Kommen Sie, *señora* – lassen Sie mich Ihnen die Tiere zeigen. Ich habe gerade ein paar gute Hennen. Haben Ihnen die Eier geschmeckt, die ich Ihnen gebracht habe? Ja, natürlich haben die Ihnen geschmeckt. Na, dann werde ich Ihnen heute noch ein paar mitgeben. Wussten Sie, dass Señora Ferrer alle Hennen auf Ihrem Hof geschlachtet hat, bevor Sie gekommen sind? Sie müssen sich ein paar neue Hennen anschaffen, wissen Sie – und ein Schwein. Ich werde Ihnen mein Schwein zeigen.« Sanft schob sie Ellie zum ersten Pferch hinüber und nahm sie wieder beim Arm. »Wollen Sie herkommen, wenn wir das Schwein schlachten, *señora*? Ja, natürlich wollen Sie das. Das wird eine richtige *fiesta* geben, ganz so wie in alten Zeiten, und ich kann Ihnen zeigen, wie man mallorquinische Würste macht ... *camaiot, sobrasada, butifarra.* Für die *butifarras* verwenden wir das Schweineblut, wissen Sie.«

Jaume und seine Frau sahen sich an, zuckten die Achseln, dann schüttelten sie resigniert den Kopf.

»Ich muss mich entschuldigen, *señor*«, sagte Antonia. »Ich hoffe, Ihrer Frau macht es nichts aus, zu den Tieren geschleppt zu werden. Meine Mutter möchte bestimmt nicht selbstsüchtig sein, aber sie ist sehr stolz auf ihre *finca*, und, na ja – sie bekommt nicht gerade viele Leute zu Gesicht, verstehen Sie.«

»Ja, natürlich, das verstehe ich gut, und bitte machen Sie sich keine Sorgen. Ellie ist entzückt, dass man sie herumführt. Ihr geht es nicht anders als mir, sie hat noch sehr viel zu lernen.«

»Ah, *gracias, señor*. Sie sind wirklich sehr nett.« Sie lächelte freundlich, dann drehte sie sich zu Jaume um. »Wenn ihr vom Traktor zurückkommt, müssen wir unseren neuen Nachbarn aber einen ordentlichen Empfang bereiten. Sie müssen uns für sehr unhöflich halten.«

Jaume grinste wissend und klopfte sich auf den Bauch. »Ich glaube, meine Frau hat eine kleine Überraschung für Sie, Pedro. Mhm-mhm.«

Um an den Traktor heranzukommen, musste Jaume zuerst seinen Wagen aus dem Schuppen holen, sehr zum Ärger von zwei Enten, die sich davor gesonnt hatten, und zum Entsetzen einer Henne, die in misstönendem, übellaunigen Gegacker vom Faltdach des Wagens aufgescheucht wurde, wo sie sich in aller Ruhe ein kleines Nickerchen gegönnt hatte.

»Diese Art Traktor ist die beste für die Gegend hier – die beste für diese Sorte von Boden – die beste, um damit unter die Äste der Bäume zu kommen. Es ist der beste Traktor, Pedro – der beste«, artikulierte Jaume deutlich, als er die Plane heruntergehoben und den Hühnerkot abgeschüttelt hatte. Liebevoll betrachtete er seinen Traktor. *»Buena máquina, no?«*

Mir fehlten die Worte. Ich wusste, dass die Traktoren, die auf diesen kleinen Höfen eingesetzt wurden, im Vergleich zu den riesigen Monstren, die wir von zu Hause kannten, klein waren, aber das hier, dieser Traktor von Jaume ... Teufel noch mal, das war überhaupt kein Traktor. Das war ein motorisierter Kinderwagen!

Jaume missverstand meinen Ausdruck ungläubigen Erstaunens als baffe Bewunderung. »Aha ... aha. Ich wusste, Sie würden beeindruckt sein, Pedro. Ein prachtvolles Maschinchen, nein? Eine *Barbieri* ... aus *Italia!*« Stolz strahlte er mich an und trat beiseite, um mir einen ungehinderten Blick auf sein Ein und Alles zu gewähren.

Das erste, was mir Sorgen bereitete, war die Tatsache, dass dieser »Traktor« nur zwei Räder hatte. Zwar waren es zwei stabile kleine Räder mit den üblichen knubbeligen Traktorreifen, aber eben nur zwei – eines an jeder Seite der kleinen Maschine. Zweitens war kein Sitz vorhanden, und drittens gab es kein Lenkrad – nur zwei lange Lenkstangen mit Hebeln und so weiter ... fast wie die Steuerknüppel eines uralten Motorrades.

»Tja, wirklich ein prachtvolles Maschinchen, Jaume«, log ich diplomatisch. »In, äh ... in Rot und ... und Weiß ... ja, Rot und Weiß ... schöne Farben.«

»Nein, nein, nein, nein, nein!« Jaume fuchtelte mir mit dem Zeigefinger im Gesicht herum. »Die Farbe ist doch ganz egal. *No importa*! Worauf es ankommt, das ist die Stärke, und dieser Traktor hat Stärke – *doce caballos!*« Er ballte die Faust, um die Tatsache noch zu betonen.

»*Doce caballos* – zwölf Pferdestärken, ja? Ach so, ach so.« Ich war überzeugt, dass es kaum klug oder auch nur der Mühe wert gewesen wäre, ihm zu sagen, dass ich an Traktoren mit Motoren der zehnfachen Leistungsstärke, mit noch dazu vier Rädern, einem Sitz und einer klimatisierten Fahrerkabine gewöhnt war. Nein, sein Traktor war genau das richtige für diese Art von Bauernhof, also sollte ich den Tatsachen lieber ins Auge sehen und auf seinen Rat hören. Denn den konnte ich dringend gebrauchen.

»Und dazu kommt noch, Pedro, dass dieser Traktor einen Dieselmotor hat.« Diesmal ballte er beide Fäuste, um maximale Wirkung zu erzielen. »Diesel ... Sie brauchen einen Traktor mit Dieselmotor. Zweitakt-Gemisch-Benziner? Völlig nutzlos. *Basura!*«

»Das Zweitakt-Gemisch erzeugt nicht genug Kraft, stimmt's?«

»*Correcto. Hombre,* der Boden hier unten im Tal ist so schwer. Bei Regen ist er schlammig und klebrig, und bei Trockenheit wie Beton. Sie brauchen die Kraft eines Diesel-Traktors, um hier etwas anzubauen.«

»Okay, Jaume, das verstehe ich ja. Aber sagen Sie mir – äh ... vier Räder. Ich habe hier schon Traktoren gesehen mit vier Rädern, also frage ich mich natürlich ...«

»Nein, Pedro, nein.« Jetzt fuchtelte mir Jaume mit allen fünf Fingern im Gesicht herum. »Hören Sie, wenn Sie vier Räder am Traktor haben, dann brauchen Sie doch auch einen Sitz auf dem Traktor, oder?«

»Doch, das stimmt, und ich dachte mir einfach, es wäre besser, wenn ...«

Schwer ließ mir Jaume die Hand auf die Schulter fallen.

»Denken Sie doch einfach mal nach. Denken Sie doch einmal an all die Äste an Ihren Bäumen, die fast bis zum Boden reichen. Die Spitzen von einigen dieser Äste stehen gut zwei Meter von den Baumstämmen weg, nein?«

»*Sí.*«

»*Bueno.* Wenn Sie nun also einen Traktor mit Sitz haben, dann können Sie sich unter diesen niedrigen Ästen nicht bücken, also fahren Sie entweder weiter und brechen die Äste ab und zerkratzen sich vielleicht noch das Gesicht , oder Sie steuern um diese niedrigen Äste herum und lassen das Unkraut darunter stehen, und dann gehen Sie zurück und rupfen das Unkraut später mit der Hand aus. Aber das ist viel zuviel Arbeit, Pedro. *Demasiado trabajo, no?*«

»*Sí.*«

»*Bueno.* Also gehen Sie hinter einem Traktor mit zwei Rädern wie diesem hier her, und dann können Sie allem ausweichen. Sogar ich mit meinen schlimmen Beinen kann das machen. *Hombre,* ein Traktor mit zwei Rädern ist das zweitbeste, gleich nach dem Esel. *Incorrecto* – der Traktor ist besser, weil er mehr Kraft hat als ein Esel und Ihnen außerdem nicht auf die Stiefel scheißen wird.«

Jaume hatte mich überzeugt. Ich brauchte einen Traktor mit zwei Rädern, *doce caballos – mínimo.*

Zärtlich drapierte er die Plane wieder über die winzige Maschine. »*Ahora,* Pedro, müssen wir Ihre Frau vor Mama retten. *Nos vamos.*«

Wir hörten die Stimme der alten Dame von dem kleinen angebauten Schuppen auf der anderen Seite der *casita* herüberschallen.

»Also sehen Sie, *señora,* glauben Sie bloß niemandem, dass zerzauste Federn um den After ein sicheres Zeichen dafür sind, dass die Henne häufig die Legebox aufsucht. Nein, nein, nein. Schauen Sie – kommen Sie raus in die Sonne, und dann zeige ich es Ihnen.«

Ellie tauchte aus dem Schuppen auf, vorsichtig bückte sie sich unter dem niedrigen Türsturz. Die alte Maria kam dicht hinter ihr, sie hielt eine protestierende Henne mit dem Kopf nach unten an den Füßen. Dann steckte sie einen Finger in die unteren Regionen des Vogels, und die Henne erhob quäkend, aber folgenlos Einspruch, ein rollendes Auge auf ihren menschlichen Peiniger gerichtet, blinzelte sie empört.

»Da«, sagte die alte Dame triumphierend und hielt den Flügel schlagenden Vogel zu Ellies Gesicht hoch. »Das nenne ich das beste Indiz für eine gute Legehenne – ein schönes, sauberes Arschloch. *Bellísima!*«

»Mama!«, rief Jaumes Frau von der Eingangstür der *casita* her. »Das reicht jetzt aber wirklich. Ich bin sicher, die *señora* weiß auch ohne deine Belehrung alles über Hennen. *Ven acquí.* Komm und setz dich her. Ich muss doch unseren neuen Nachbarn einen ordentlichen Empfang bereiten.«

Schmollend machte Maria eine Bemerkung auf *mallorquín,* dann scheuchte sie die Henne ohne viel Aufhebens in den Schuppen zurück.

Als Jaume uns alle gemütlich an dem kleinen Tisch versammelt hatte, ging Antonia in die *casita* und kam mit einem großen Laib selbst gebackenen Brotes zurück, einer Schüssel voll leuchtend roter Tomaten und einer *aceitera,* einem kleinen Weißblechbehälter für Olivenöl, der wie eine winzige Ausgabe einer Gießkanne mit langem, dünnen Ausguss aussah.

»Wenn ich gewusst hätte, dass *los señores* heute zu Besuch kommen, hätte ich aus meiner Küche im *apartamento* in Andratx etwas mitgebracht, das wirklich *especial* wäre, aber ich glaube – ich hoffe –, Sie werden diesen kleinen ländlichen und für Mallorca typischen Imbiss genießen«, sagte Antonia und schnitt das frische, knusprige Brot in dicke Scheiben.

Mir fiel auf, dass sich Jaume mittlerweile still und leise zum Traktorschuppen auf und davon gemacht hatte.

»Die habe ich heute Morgen erst gepflückt«, mischte sich Maria ein, während ihre Tochter einige der saftigen Tomaten halbierte. »Schauen Sie, da hinten wachsen sie, zwischen den Mandelbäumen dort drüben. Sehen Sie die Rohrstöcke? Wenn sich das Wetter hält, können wir sie bis Weihnachten frisch vom Feld essen, dann werde ich den Rest aufsammeln, mit Bindfaden an den Stengeln zusammenbinden und drinnen aufhängen. Diese *tomates de ramillete* werden bis zur nächsten Ernte für uns reichen … ganz genau wie in guten alten Zeiten.«

»Natürlich machen wir auch ein paar von den überzähligen Tomaten in Gläsern ein«, fügte Antonia hinzu, während sie die Tomatenhälften mit der Schnittfläche in jede einzelne Brotscheibe rieb, bis diese hellrot glänzte.

Die alte Maria klopfte Ellie auf den Handrücken, sie wollte Aufmerksamkeit. »Heutzutage machen wir allerdings auch ein paar von den Tomaten in Gläsern ein, wissen Sie.«

»Ach, tatsächlich? Tja, das ist aber wirklich eine gute Idee«, sagte Ellie und gab sich alle Mühe, überrascht zu wirken.

»*Oh, sí, sí. Una idea maravillosa*«, erwiderte die alte Dame und zwinkerte Ellie zu. »Ich gehe gern mit der Zeit.« Wieder klopfte sie Ellie auf die Hand. »Nächstes Jahr müssen Sie Ihre eigenen Tomaten anbauen, *señora*. Viele werden Sie nicht brauchen – nur ein oder zwei Reihen davon an einem schönen geschützten Fleckchen. Aber denken Sie unbedingt daran, sie bei zunehmendem Mond zu pflanzen.«

»Aha, *sí*«, entgegnete Ellie vollkommen verblüfft.

Inzwischen besprenkelte Antonia die mit Tomate eingeriebenen Brotscheiben mit Tropfen reinsten Olivenöls aus ihrer *aceitera*. Dann schnitt sie die übrigen Tomaten in Scheiben, mit denen sie sorgfältig jede einzelne Schnitte des vorbereiteten Brotes belegte. Ein flüchtiges Darübergleiten mit ihrem Salzstreuer aus Olivenholz, und fertig war das Festessen. »*Vale, señores*. Und das wäre nun das *Pa-amb-oli*. Ich hoffe, es wird Ihnen schmecken.«

Wir wurden gebeten, uns von der großen weißen Platte zu bedienen, die sie in die Mitte des Tisches stellte.

»Ähm, Antonia«, sagte die alte Maria, und in ihrer Miene spiegelte sich Sachverstand, »du hättest erklären sollen, dass dies nicht etwa ein gewöhnliches *Pa-amb-oli* ist. Was du hier für unsere Gäste vorbereitet hast, ist das spezielle *Pa-amb-oli tomàtiga*.« Sie drehte sich zu Ellie um und fuhr fort: »Und zwar deshalb, weil sie die Tomaten hinzugefügt hat, sehen Sie. Und Sie müssen wissen, dass ich die Tomaten heute morgen erst gepflückt habe, und zwar …«

»*Sí, sí,* Mama – wir wissen alles über deine Tomaten«,

seufzte ihre Tochter und fischte mit dem Löffel einige dunkelgrüne, fleischige Zweiglein aus einem Einmachglas. »Lieber sollte ich wohl etwas über diese Leckerei erzählen, nein?«

»Ah, die *fonoi marí* – eine wahrhafte Delikatesse hier auf Mallorca. Das ist der Meeresfenchel, der an unseren felsigen Küsten wächst, wissen Sie. Wir sammeln ihn, tauchen ihn in Salzwasser und legen ihn dann in Essig ein. *Madre mía,* kein *Pa-amb-oli* ist vollständig ohne *fonoi marí* als Beilage. Und es kostet nichts. Hier – versuchen Sie mal, *señora.* Und, ähm, wenn Sie mögen, zeige ich Ihnen, wo er wächst.«

Vorsichtig knabberte Ellie am Ende eines der Zweiglein, dann steckte sie schnell das ganze Stück in den Mund. »Mhm – köstlich. Genau wie diese kleinen, knubbeligen Gurken, nur noch schmackhafter. Mhm!«

»*Bueno, no*?«, wollte Maria wissen und ließ ihre fünf Zähne in erwartungsvollem Grinsen aufblitzen.

»*Bueno, sí!*«, antwortete Ellie fließend. »Sehr *bueno!*«

»Ach ja, in den guten alten Zeiten konnten wir ständig so essen, *señora* – wie die Königinnen. Das *Pa-amb-oli* und der *fonoi marí* – und es hat nichts gekostet. Wir hatten alles – Öl aus den Oliven, *fonoi* von den Felsen, Tomaten vom Feld, und alles umsonst. Bloß das Brot mussten wir backen. In den guten alten Zeiten gab es in allen Häusern einen großen Ofen in der Steinmauer, und wenn der vom Brotbacken noch heiß war, haben wir ein kleines Schwein darin geröstet – zu Fiestas und besonderen Gelegenheiten. *Mierda!* Wo wir gerade von Schweinen reden …«

Jaume war wieder auf der Bildfläche erschienen, den Mund hatte er zu einem breiten Grinsen verzogen, und mit beiden Händen trug er vorsichtig eine große, bauchige, von Staub überzogene Glasflasche. »Die letzte *garrafa* meines eigenen Rotweins aus dem Jahr 1982«, verkündete er feierlich, entkorkte ihn unter professionellem »Plopp« und goss mit sorgsam einstudierter Ehrerbietung eine rubinrote Flüssigkeit in ein Sammelsurium von Marmeladengläsern, die seine Frau aus der *casita* geholt hatte. »Oho, der 82er – was für ein Jahrgang«, plapperte er und atmete tief das Bouquet aus seinem »Glas« ein. Verzückt schloss er die Augen, musste unwillkürlich husten und nutzte dann geschickt die Gelegenheit, aufzuspringen und einen Toast auszubringen: »Auf unsere neuen Nachbarn! Möge Ihr Leben in unserem Tal stets voller Glück sein. *Molts d'anys!*«

Antonia und die alte Maria erhoben ihre Marmeladengläser und säuselten im Einklang: *»A nuestros vecinos nuevos. Molts d'anys!«*

Jaume nahm einen männlich kräftigen Schluck von seinem hoch geschätzten 82er, seine Frau nippte ein winziges bisschen davon, während die alte Maria ihr Glas lautstark auf den Tisch zurücksetzte, es verächtlich zur Seite schob, und dabei auf *mallorquín* etwas von »Eselspisse« brummelte und davon, dass sie noch nicht die Absicht habe, ihre »zuverlässige Gartenhacke durch einen weißen Stock zu ersetzen«.

Unerschrocken nahm ich einen großzügigen Schluck von Jaumes hausgemachtem *vino,* schwenkte ihn wie ein wahrer Weinkenner im Mund herum, dann stürzte ich wie ein richtiger Saufbruder alles auf einmal hinunter.

Über seine Hornbrille hinweg beobachtete Jaume ganz genau meine Reaktion.

›Ob die Zähne noch heil waren?‹ fragte ich mich und zählte sie mit der Zunge ab – nur um ganz sicher zu gehen. Puh! Ich hatte in meinem Leben ja schon manchen so genannten vollmundigen, schweren Wein getrunken, aber dieses Zeug, das Jaume da zusammengebraut hatte, war nun wirklich der monströse ›Unglaubliche Hulk‹ der Winzerkultur.

»Ich sehe schon, Sie sind auch ein *aficionado* guter Weine, Pedro«, sagte er, meinen Ausdruck äußerster Verblüffung offenbar als irgendeine Form von Kompliment deutend. »Da brauchen Sie gar nichts mehr zu sagen. Ich weiß, dass mein 82er ... na ja, es gibt einfach kein Wort, um ihn angemessen zu beschreiben.«

›Furcht erregend‹ wäre für den Anfang vielleicht gar nicht so schlecht, dachte ich im Stillen. Das hier war gewiss kein Wein für kleine Jungs.

»Und jetzt müssen Sie das *Pa-amb-oli* meiner Frau probieren. Sie werden sehen, wie wunderbar es zum Wein passt«, war Jaumes Empfehlung, der mühelos in die Rolle des Kellners schlüpfte.

Schon oft hatte ich beobachtet, wie Leute angesichts dieses einfachen mallorquinischen Gerichts ins Schwärmen kamen, doch der Name – wörtlich übersetzt: Brot mit Öl – hatte vor meinem inneren Auge nie ein appetitliches Bild entstehen lassen. Bis zu diesem Augenblick war mir nicht bewusst gewesen, was mir entgangen war. Der erste Biss in dieses trügerisch schlicht belegte Brot verführte meine Geschmacksnerven: es war weich, herb, cremig, süß, kross, knusprig, üppig, bitter, frisch ... sensationell. Und natürlich hatte Jaume Recht gehabt. Das *Pa-amb-oli* und sein kräftiger *vino tinto* harmonierten wunderbar miteinander. Na ja, das hatte ich ohnehin angenommen, auch wenn mir aufgefallen war, dass Ellie und Antonia den Inhalt ihrer Gläser heimlich in die ihrer anspruchsvolleren Ehemänner gekippt hatten.

Die warme Mittagssonne über uns schien durch das knorrige Filigrangeflecht der Weinranken auf den Tisch herab und überzog ihn mit einem sich langsam verschiebenden Schnürwerk aus Licht und Schatten. Ein kleiner, sich in Positur werfender Bantamhahn, der immer wieder hochmütig über den Hof stolziert war, seit das *Pa-amb-oli* in unserer Mitte stand, kam plötzlich auf den Tisch geflattert, brach mit gebrochener Stimme in ein eher mickriges »Kikeriki« aus und näherte sich dann auf Zehenspitzen kühn der großen weißen Platte, von der wir uns alle bedienten.

»Aha, General Franco«, sagte Antonia lächelnd und streckte sanft die Hand aus, um den Vogel vom Essen fernzuhalten. »Er glaubt, er ist hier auf der *finca* der Boss, *el jefe*. Er macht viel Krach und gibt gerne ein bisschen an, aber tatsächlich ist er ein richtiger kleiner Gentleman.«

»Kleiner Gentleman, das wüsste ich aber«, spöttelte die alte Maria und fegte den Hahn mit einem einzigen Schlag ihres Handrückens vom Tisch. »Das letzte Mal, als er diesen Trick ausprobierte, nahm er sich einen Schnabel voll Brot, kackte auf die Platte, sprang dann hinunter und bestieg anschließend direkt vor meiner Nase eine hübsche kleine Henne. Gentleman, dass ich nicht lache.«

»Mama, *por favor*«, bat Antonia, die sichtlich peinlich berührt war.

»Nein, nein, nein«, fuhr ihre Mutter erbost fort. »General Franco oder nicht, wenn ich ihn erwische, drehe ich ihm die Gurgel um. Wenn er das nächste Mal auf diesem Tisch landet, dann nur im Topf.«

Zufrieden saß Jaume da, schlürfte seinen Wein und knabberte sein *Pa-amb-oli,* auf den Lippen ein seliges Lächeln, während sein Bauch trotzig zwischen Hose und Strickjacke hervorlugte. »Tja, also, Jaume«, sagte ich und spürte schon, wie sich die sanfte Wärme seines Ehrfurcht gebietenden 82er *tinto* in meinen Adern ausbreitete, »ich weiß ja nicht, wie Ihr Fünf-Sterne-Deluxe-Hotel Son Vida gewesen ist, aber wenn Ambiente, Essen und Wein mit dem hier Schritt halten können, würde es in meiner Bewertung Spitzenklasse sein.«

»Oho, Pedro«, entgegnete Jaume grinsend in aller Bescheidenheit, »Sie sind zu freundlich, wirklich zu freundlich.« Er goss mir ein weiteres Marmeladenglas voll Wein ein – diesmal allerdings nicht mehr ganz so zaghaft.

Ich hörte, wie prächtig Ellie und Antonia miteinander auskamen, wobei die Tatsache, dass die eine die Sprache der anderen nicht verstand, kein wirkliches Hindernis für sie zu sein schien. Selbst die verspäteten Bemerkungen, die die alte Maria in das Gespräch einwarf, vermochten den Fluss der Unterhaltung nicht zu verlangsamen.

»Was nun die Traktoren betrifft, Pedro«, sagte Jaume und drehte den plaudernden Damen halb den Rücken zu. Er klopfte sich mit dem Zeigefinger seitlich an die Nase und blinzelte vertraulich. »Ich glaube, ich weiß, wo Sie genau so einen wie meinen bekommen können – einen *Barbieri* –, und einen fairen Preis werden Sie auch herausschlagen.«

»*Sí?*«

»*Sí.* Kennen Sie die Werkstatt von Juan Juan, *el carpintero,* in Andratx?«

»Nein.«

»*Bueno.* Das ist ganz leicht zu finden – an der Ecke der Straße zwischen dem Marktplatz und *el cine Argentina.* Draußen vor der Tür sehen Sie schon *las persianas,* all die kaputten Fensterläden, die repariert werden müssen.«

»*Sí?*«

»*Sí.* Und ich habe gehört, dass er sich vor kurzem einen neuen *Barbieri* gekauft hat und jetzt glaubt, dass er für seine *finca* oben in den Bergen nicht der richtige ist.«

»Nein?«

»Nein. Da ist es einfach zu steil für ein Fahrzeug, das nur zwei Räder hat. Jetzt will er einen Traktor mit vier Rädern und einem Sitz.« Jaume lachte glucksend und gutmütig. »Aber ich glaube, in Wirklichkeit reizt ihn am meisten der Sitz.«

»Aha, schön, wirklich gut zu wissen, Jaume. Ich hätte mich sowieso nach einem Tischler umsehen müssen, weil wir ein paar Fensterläden reparieren müssen, also kann ich zu Señor Juan Juan gehen und gleich zwei Fliegen mit einer Klappe schlagen.«

»*Cómo? Por qué* wollen Sie denn in der Werkstatt von *el carpintero* Fliegen schlagen? *No es posible.*« Jaume war ganz eindeutig verwirrt.

»Ist schon gut, Jaume. *No importa* – nur so eine Redensart in *Ingles*.« Es schien mir leichter, das Thema zu wechseln, als näher darauf einzugehen. »Ähm, wie ich sehe, halten Sie in einem Ihrer Pferche da drüben Schafe, Jaume. Sind die für den Obstanbau nützlich?«

Jaume zuckte die Schultern. »Nützlich?« Seine Schultern hoben sich noch ein bisschen höher. »Nicht sehr nützlich, nein. Ich halte mir nur ein paar Schafe, weil sie interessanter sind als Zitronen, deshalb.« Er ließ die Schultern wieder sinken und nahm einen weiteren Schluck Wein. »Und auf diese Weise haben wir immer mal wieder ein Lamm zum Essen, *naturalmente*.« Das letzte Stückchen *Pa-amb-oli* verschwand in seinem Mund, und mit einem geräuschvollen Schmatzen der Lippen leckte er sich langsam und bedächtig das Olivenöl und den Tomatensaft von einem Finger nach dem anderen. *»Fabuloso!«*

»Ja, das *Pa-amb-oli* war fantastisch, Jaume. Ich hatte schon oft davon gehört, aber nie geglaubt, dass es so köstlich sein könnte.«

»Tja, wie bei so vielen guten Dingen im Leben – es geht einfach nur darum, das zu verbessern, was die Natur uns geschenkt hat, Pedro.« Er schaute mich über den Brillenrand hinweg an und klopfte sich wieder seitlich an seine Nase. »Der Trick besteht einfach darin zu wissen, *wie* man das verbessert, was die Natur uns geschenkt hat, nein?« Der letzte Rest seines bedeutenden Jahrgangs wurde ohne große Umstände aus der riesigen bauchigen Flasche in unsere Gläser gegossen. »Nehmen Sie diesen Wein, zum Beispiel – diesen *vino clásico,* Pedro. Das ist alles das Werk der Natur, mehr nicht, dazu kommt dann natürlich noch das Wissen, das Talent, die … die … die Zauberkraft, die ich hinzugefügt habe.«

»*Sí*, Jaume, *sí ... si*«, antwortete ich mit stockender Stimme, denn ein halber Liter seines sensationellen 82ers, schon mittags getrunken, zeigte die vorhersagbare Wirkung auf mein Denk- und Sprachvermögen.

»Ah *sí*, Pedro ... das Geschenk des Weines ... das Geschenk des Weines.« Schlürfend nahm Jaume einen weiteren Schluck. »Ich pflanze den Wein, und der Wein entzieht dem Boden Feuchtigkeit, und damit lässt er seine Trauben wachsen. Und dann werden die Trauben ... äh, was sagte ich gerade? ... *Sí*, dann werden die Trauben reif durch *el sol. Sí, el bon sol*. Mhm, mhm, ich pflücke die Trauben, presse den Saft aus ihnen heraus, und *vale*! ... das Geschenk, das wundersame Geschenk des Weines.« In unverhohlener Bewunderung vor dem letzten Rest dessen, was von seiner bislang erfolgreichsten Zusammenarbeit mit Mutter Natur noch übrig geblieben war, reckte er sein Marmeladenglas dem Himmel entgegen.

Aus dieser Tagträumerei riss ihn eine gut gezielte Brotrinde, die ihn im rechten Winkel an der einen Schläfe traf und seine Brille so verrutschen ließ, dass das Bild des meisterhaften Weinfachmannes, den er so tapfer zu mimen versucht hatte, eine deutliche Einbuße erfuhr. Die alte Maria hatte das Wurfgeschoss vom anderen Ende des Tisches abgefeuert, und ihre Treffsicherheit mochte ein Indiz für eine direkte Verwandtschaft der Bauzás mit den legendären balearischen Wurfschleuder-Kriegern aus römischer Zeit sein.

»Natürlich sind Schafe für den Obstanbau nützlich«, rief sie ihrem zerzausten Schwiegersohn zu. »Weshalb erzählst du *el señor* nicht, dass sie das Unkraut fressen, bevor der Boden gepflügt wird? *Madre mía*, gerade im Moment könnte er auf seiner *finca* ein paar Schafe dringend brauchen.« Dann wandte sich Maria wieder der Unterhaltung der Frauen zu, auch wenn sie jetzt ein Thema hinterherhinkte.

»Ah *sí* ... *correcto* ... *absolutamente correcto*, Pedro«, sagte Jaume nervös und fummelte an seiner Brille herum. »Ich wollte Ihnen natürlich davon erzählen, aber … *el vino* … Ich, ähm … musste doch erst das mit *el vino* erklären. Aber Mama hat natürlich Recht.«

Ich schloss ein Auge und konzentrierte mich angestrengt.

Unruhig richtete sich Jaume die imaginäre Fliege. »Sie kennen doch den alten Pep, Ihren Nachbarn auf der anderen Seite des Weges, nicht?«

»Na ja, vom Sehen wohl, aber richtig kennen gelernt habe ich ihn noch nicht.«

»Na ja, jedenfalls, Pep hat viele Schafe. Eine richtig große Herde. Die größte Schafherde im Tal. Ich denke, er hat, ach … *posiblemente* fünfundzwanzig Mutterschafe – vielleicht auch sechsundzwanzig –, und *naturalmente* sind da immer auch ein paar Lämmer. Na ja, der alte Pep ist immer auf der Suche nach frischem Weideland für seine Schafe. Er lässt sie auf den *fincas* im ganzen Tal weiden, wissen Sie.«

»O ja. Ich höre oft die Glöckchen von den Schafen. Sind das seine?«

»*Sí, absolutamente*. Er weiß, wo jedes Schaf ist, sogar im Dunkeln, wenn es so ein Glöckchen trägt. Die Leute sind froh, wenn Peps Schafe ihr Unkraut fressen, bevor sie den Boden pflügen. Hier hat niemand mehr so viele Schafe wie Pep. Ja eigentlich gibt es auf den meisten *fincas* überhaupt keine Schafe mehr.«

»Dann würde Pep seine Schafe also auch zum Unkrautfressen zu uns bringen?«

»*Sí*, Sie müssen ihn nur fragen. Er braucht sie ja bloß über den *camino* von seiner *finca* zu Ihnen herüberzutreiben. Nichts leichter als das.« Jaumes Miene wurde ernst. »Aber, Pedro – eines muss ich Ihnen sagen. Die Schafe dürfen nie auf dem Feld am *torrente* weiden, dem Feld beim Brunnen.«

»Nein? Wieso denn nicht? Da wächst doch das meiste Unkraut – alles ist mit diesem Wildklee-Zeugs bedeckt.«

Jaume schüttelte den Kopf und runzelte die Stirn. »Nein,

nein, Pedro – das ist kein Klee. Das ist ein Kraut namens *Maria*. Manche nennen es auch *vinagrella,* weil es nach Essig schmeckt. Es mag ja ungefähr wie Klee aussehen, aber wenn es blüht, dann sind die Blüten gelb, also ist es kein Klee. Wenn die Schafe zuviel davon fressen, tja dann ...« Er warf einen Blick zur Seite auf die Damen und vertraute mir leise an: »Es ... es bekommt ihrer Verdauung nicht.«

»Das ist ein guter Rat, Jaume. *Muchas gracias*. Das mit dem *Maria*-Kraut werde ich mir merken.«

»*No problemas,* Pedro. Der alte Pep wird das schon für Sie machen, keine Sorge. *Sí, sí, sí.*« Jaume lehnte sich zurück und gähnte ausgiebig.

Mittlerweile hatten sich die Damen vom Tisch erhoben, standen in der Sonne und drängten sich aneinander in einer Drei-Personen-Zeremonie von Abschiedsumarmungen und Abschiedsküssen.

Ich stand auf und drehte mich zu Jaume um, weil ich ihm für seine Gastfreundschaft und die guten Ratschläge danken wollte, aber da war er bereits tief und fest eingeschlafen – den Kopf gebeugt, ruhte das Kinn auf der Brust, die Brille schwankte ihm auf der Nasenspitze, und seine Strickjacke hing ungehindert zu beiden Seiten seines vorgewölbten Bauches herunter. Der Knopf hatte dem Unvermeidlichen schließlich nachgegeben und lag in Jaumes Handfläche.

Ich bedankte mich und verabschiedete mich stattdessen von seinen *señoras,* dann machten Ellie und ich uns über den staubigen Feldweg zwischen den Zitronenbäumen auf den Heimweg – Ellie mit einem Korb voller frischer Eier und ich mit einem Kopf voller kleiner Männchen mit Presslufthämmern.

»Ellie«, sagte ich, »ich weiß, es wird noch eine ganze Weile dauern, und ... und ... es wird manchmal auch sehr mühselig sein, aber ich glaube, ich lerne inzwischen wirklich, so richtig *tranquilo* zu sein ... endlich.«

»Ja, ja, Liebling. Und die nächste Lektion in ›*tranquilo*heit‹ besteht darin, nach Hause zu kommen, ab ins Bett zu marschieren und deine erste echte *siesta* zu halten. Ich glaube, heute hast du vom alten Jaume gelernt, weshalb so was hier lebenswichtig ist.«

»Absolut richtig. Und ich habe heute noch sehr viele andere wichtige Dinge von Jaume gelernt … über Traktoren, über Obsthändler, über Pepe Su … Su … und über Schafe und so weiter. Ich bin jetzt wirklich sehr viel mehr *tranquilo*.«

»Ja, ja, Liebling. Und das hat natürlich überhaupt nichts mit der kleinen vormittäglichen Privatverkostung von diesem ›vino collapso‹ zu tun, oder?«

Darauf war nichts zu sagen.

»Und vergessen Sie nicht, *señor*«, kam das schrille Piepsen der alten Maria von dem kleinen Bauernhof hinter uns, »lassen Sie die Schafe nicht dieses *Maria*-Kraut fressen. Davon kriegen sie mächtige Blähungen … UND SCHAFE KÖNNEN NICHT FURZEN!«

Was für ein lehrreicher Vormittag!

FÜNF

Ein Hund namens Hund

»HE! HALLOOOO, *AMIGOS*! WIE GEHT'S EUCH SO AN DIESEM FANNNNNTASTISCHEN HEILIGABEND? HIER GEHT'S GLEICH RUND AUF SENDER EINS-NULL-SECHS-KOMMA-EINS FM AUS DEN STUDIOOOOS VON *ANTENNA TRES* MITTEN IM HERRRRLICHEN PALMA. JAWOHL – EINEN WUNDER-, WUNDERSCHÖNEN GUTEN MORGEN EUCH ALLEN VOM GRÖSSTEN UND BESTEN ENGLISCH-SPRACHIGEN RADIOSENDER IN SPANIEN. WIR KOMMEN AUS DER SONNENSCHEINHAUPTSTADT DER WELT ZU EUCH INS HAUS – AUS DEM FANNNNNTASTISCHEN PALMA DE MALLORCAAAA! HE! ES WÄRE BESSER …«

Ellie steckte den Kopf durch die Tür. »Hör mal, tut mir Leid, aber ich musste diesen Krach einfach abstellen. Ich versuche, am Flugplatz anzurufen; ich will wissen, ob der Flieger mit den Jungs heute Morgen pünktlich sein wird.«

»Oh, entschuldige, das wusste ich nicht. Aber gleich nach den Nachrichten kommt die Oldie-Show und … Zum

Teufel noch mal! Was ist denn das für ein ekelhafter Geruch?«

»Das? Ach, das ist das Hundefutter, das Señora Ferrer mir neulich gegeben hat. Ich habe es vor ein paar Minuten aus dem Kühlschrank genommen und in einen alten Topf getan, um es für ihre Lieblinge Robin und Marian zu kochen.«

»Aber was um Himmels willen ist denn das? Mensch, das stinkt doch wie Dachs-Arsch.«

»Tja, da ist ungefähr ein Kilo Bruchreis drin. Das verwenden die hier anstelle von Keksen und Hafermehl, um das Hundefutter zu strecken, und ... na, du weißt schon ... so'n Zeug eben.«

»Ellie, dieser Gestank kommt garantiert nicht von dem Reis, ob Bruchreis oder sonst was, es sei denn, er hätte ein paar Jahre auf einem Misthaufen gelegen.«

»Nein ... na ja, der ungewöhnliche Geruch ... der wird wohl von den anderen Zutaten kommen, die Francisca mir gegeben hat. Die sind alle in Ordnung, ganz frisch und so. Sie hat gesagt, sie nehmen diese, ähm, *Zutaten* hier immer als Tierfutter.«

»Okay, Ellie, dann erzähl mir doch einfach mal, was das für Zutaten sind, okay? Ach nein, lass nur, ich habe es mir anders überlegt. Ich werde selbst nachsehen gehen.«

Der Übelkeit erregende Geruch verstärkte sich, als ich in die Küche kam. Mit der einen Hand hielt ich mir die Nase zu, mit der anderen hob ich schnell den Topfdeckel und ließ ihn sofort wieder fallen. Ein lebendiges Huhn, das mir aus einem Schmortopf mit kochendem Essen entgegenguckte, hatte ich mein Lebtag noch nicht gesehen.

»Um Himmels willen, Ellie! Was zum Teufel kochst du denn hier? Da drin bewegt sich ein Huhn. Nein zwei! Herrje! Drei Stück sind da drin!«

»Mach dir keine Sorgen. Das ist schon in Ordnung. Das ist kein Huhn, auch keine Hühner. Nein, das sind nur ... tja, das sind nur Köpfe und Füße von Hühnern … die schwimmen da so im Reis rum, das ist alles.«

»Nur Köpfe und Füße von Hühnern! Ellie, du bist ja wohl nicht ganz bei Trost. Du hast da ein Hexengebräu auf dem Herd, das *Macbeth* alle Ehre gemacht hätte, und der Gestank würde ausreichen, einen Elefanten auf hundert Meter Entfernung zu Fall zu bringen. Und – und da sagst du, das sind ja *nur* Köpfe und Füße!«

»Also, mir kannst du das nicht vorwerfen. Das hat mir Señora Ferrer gegeben – in diesem Bündel, weißt du noch? Seinerzeit habe ich nicht mal reingeguckt. Ich habe einfach nur das Bündel im Kühlschrank verstaut, und heute Morgen habe ich es rausgenommen und …«

»Aber guck doch!« Ich packte sie am Arm und zog sie zu dem blubbernden Hexenkessel. »An den ekligen Köpfen ist doch noch alles dran … Federn, Kämme, Kehllappen, Schnäbel, Augen, alles. Und die Füße – also hör mal, guck dir nur diesen Fuß an, der da rumschwimmt. Da ist ja immer noch der Plastikring dran! Das kann ja wohl nicht dein Ernst sein, dieses ganze Zeug hier im Haus zu kochen.«

Ellie schaute zu Boden und schüttelte deprimiert den Kopf. »Ich weiß, ich weiß. Ich gebe ja zu, dass es vielleicht ein klitzekleines bisschen, na ja, eklig aussieht und riecht, aber die nehmen das hier nun mal als Hundefutter. Und außerdem, was hätte ich denn machen sollen? Ich hätte es ihr ja wohl kaum mit dem Kommentar zurückbringen können, dass ich es nicht will, oder?«

»*Genau* das hättest du tun sollen.«

»Nein. Tut mir Leid, aber das kann ich einfach nicht machen«, sagte Ellie mit aller Bestimmtheit.

»Und weshalb nicht, wenn ich fragen darf?«

»Weil, na ja, weil Señora Ferrer dann beleidigt wäre, deshalb. Um ehrlich zu sein, glaube ich sogar, dass ich neulich, als ich ihr gesagt habe, ihre Hunde dürften nicht mehr hier im Haus schlafen, vielleicht ein bisschen unhöflich zu ihr gewesen bin, und – na ja, schließlich hat sie uns das Hundefutter gegeben, weil sie es als ihre Pflicht angesehen hat. Sie wollte nicht, dass wir es auslegen müssen. Seien wir doch mal ehrlich – sie konnte schließlich nicht wissen, dass wir den Geruch nicht mögen.«

»Den Geruch nicht mögen? Aber Ellie, das ist doch genau der Grund dafür, warum die alten Bauern bei uns zu Hause einen Kocher in einem Nebengebäude hatten, wenn sie Schweinefutter machen wollten. Denn es wäre ja wohl keiner so blöde, all diesen Müll in der Küche zu kochen und sich damit das ganze Bauernhaus zu verpesten.«

»Da magst du ja Recht haben, Mister Neunmalklug, aber wir haben eben kein Nebengebäude mit Kocher, also blieb mir nichts anderes übrig, als es in der Küche zu machen. Stimmt's?«

»Stimmt, Ellie, okay, ich sehe ja ein, dass du es nicht in böser Absicht getan hast. Aber das war das erste und letzte Mal. Schlimm genug, dass ihre Hunde uns jede Nacht auf den Küchenfußboden gekackt haben, aber selbst das hat besser gerochen.«

»Meinst du, mir gefiele das besser als dir? Aber ich glaube, du vergisst etwas ganz Entscheidendes.« Ellie schaute durch das Fenster und auf die *casita* der Ferrers. »Über die Weihnachtsferien sind sie da in ihrem Häuschen, und du kannst jede Wette eingehen, dass es nicht lange dauern wird, bis Francisca ein weiteres Bündel mit genau dem gleichen Futter für ihre Tiere herbringen wird.«

»Na schön. Kein Problem. Es gibt nur eine Möglichkeit, dem einen Riegel vorzuschieben, stimmt's?«

»Peter, das kannst du nicht machen«, gab Ellie mit einem Ausdruck des Erstaunens zurück. »Du darfst sie nicht beleidigen. Das hast du doch selbst gesagt – ›wenn wir nun schon mal hier im Land sind‹ und all das? Na, und es ist hier nun mal so üblich, dass die Leute ihre Hunde und Katzen mit diesem Zeug füttern, und wenn du sie spüren lässt, dass du das nicht anerkennst, dass du nicht mal Verständnis dafür hast ...«

»Ich weiß, Ellie. Du brauchst nichts weiter zu sagen. Deine Gefühle in allen Ehren, aber es gibt Augenblicke, in denen man einen festen Standpunkt vertreten, Augenblicke, in denen man mit aller Entschiedenheit auftreten muss, selbst wenn sich jemand beleidigt fühlen könnte. Und so ein Augenblick ist jetzt gekommen.«

»Aber du kannst doch nicht einfach hingehen und ganz offen ihre Gefühle verletzen.«

»Doch, das kann ich, und das werde ich auch. Erst hatten wir den Ärger mit dem ganzen Dreck von ihren Hunden, und jetzt verlangt sie, dass wir uns das Haus verpesten, indem wir ihnen dieses Ekel erregende Futter kochen. Das läuft einfach nicht, Ellie. Das läuft nicht. Du gehst jetzt und rufst am Flughafen an. Und ich bin eben mal kurz bei Ferrers und sage ihnen gehörig die Meinung.«

Das weihnachtliche Chaos am Flughafen von Palma machte seinem Ruf alle Ehre. Die französischen Fluglotsen litten wieder einmal unter der für diese Jahreszeit typischen Verstimmung, und so waren die weitläufigen Ankunfts- und Abflugshallen knüppelvoll mit unschuldigen Opfern – tausenden von Familien mit ihren quengelnden Kindern und ihren aufgebrachten Eltern am Ende ihres Urlaubs, die sich alle wie hilflose Flüchtlinge um ihr Gepäck drängten. *Bon voyage,* wie man in Frankreich sagt.

Ellie und ich verfluchten die gesamte französische Nation und begaben uns in die National Departures Lounge, die offiziell nur der Bequemlichkeit von Passagieren auf Inlandsflügen dienen sollte, doch es war das einzige Schlupfloch auf dem ganzen Flughafen, wohin sich die wenigen

Glücklichen, die den Ort kannten, vor dem Gedränge und Geschiebe der Pauschaltouristen flüchten konnten. Mit Kaffee und *ensaimadas* setzten wir uns an einen ruhigen Ecktisch.

»Wie ist denn nun deine Auseinandersetzung mit den Ferrers ausgegangen?«, fragte Ellie. »Du hast mir noch immer nicht erzählt, wie sie auf dein abschätziges Urteil über ihr ›widerliches‹ Tierfutter reagiert haben.«

»Nein, na ja, also da gibt es eigentlich auch nicht viel zu erzählen. Hauptsache man bleibt nur fest und entschlossen. Wer vernünftig ist, wird darauf eben wie ein reifer, erwachsener Mensch reagieren – vorausgesetzt natürlich, man verlangt etwas Angemessenes und Faires.«

»O ja?«

»O ja, allerdings. Nur keine Sorge – von Señora Ferrer wirst du keine Hühnerköpfe und -füße oder sonstige zweifelhafte Hühnerteile mehr bekommen. Von jetzt an wird sie uns nur noch den Bruchreis bringen.«

»Nur noch den Bruchreis! Aber wer soll dann das andere Futter für ihren kleinen Zoo kaufen? Das darf ich doch wohl fragen.«

»Ach, schau mal! Da ist ja Jock Burns –, den muss ich unbedingt noch was fragen.«

»Moment mal. Erwartet Francisca Ferrer tatsächlich von uns, dass wir …«

»He, Jock! Hier! Du hast doch einen Moment Zeit, oder?«

Ursprünglich kam Jock Burns aus derselben Gegend in Schottland wie wir, aber er war schon vor etlichen Jahren nach Mallorca gekommen und führte jetzt bei Tage das ruhige, respektable Leben eines Lehrers an einer der internationalen Schulen auf der Insel, während er nachts als Allein-Unterhalter in den Touristenhotels arbeitete, und damit finanzierte er sich seine Hobbys: Essen, Trinken und sonstige Vergnügungen, die die Insel zu bieten hatte. In mehr als einer

Hinsicht genoss Jock das Leben in vollen Zügen. Aber er hatte das Herz am rechten Fleck, und er hatte sich bei vielen Gelegenheiten besonders viel Mühe gegeben, uns beratend zur Seite zu stehen.

Ich berührte Ellie an der Hand. »Tut mir Leid, wenn ich dich unterbreche, aber unser Charlie muss in zehn Tagen hier mit der Schule anfangen, das solltest du nicht vergessen, und ein, zwei Dinge würde ich in dieser Angelegenheit gern mit Jock klären.«

Wie üblich war Jocks Auftreten in der Bar reichlich übertrieben.

»He, super, Pedro!«, brüllte er, während er mit seiner schreiend gelb und rot karierten Jacke zwischen den Tischen hindurch auf uns zugewalzt kam, die Jacke in Hollywood-Filmproduzenten-Manier über die Schultern geworfen und völlig unbekannten und offenkundig reichlich verblüfften Barbesuchern in gekünsteltem anglo-amerikanischem Singsang Begrüßungen zurufend. Vor Ellie blieb er stehen und breitete die Arme aus.

»He, Mensch, Ellie-Baby«, grölte er. »Was für eine Frau! Mann, wenn du je vorhast, diesen Penner hier abzuservieren, sag mir bloß Bescheid, ich komme sofort.«

Ellie zuckte zurück, also drehte sich Jock zu mir um und legte klatschend seine Hände an meine Wangen.

»Pedro, du bist und bleibst doch der Größte!«, erklärte er und hob seine Stimme um einige weitere Dezibel. »Wie stehen denn die Aktien in Hollywood, Alter? Sag mal, hast du meine Nachricht von Clint gekriegt?«

Die Tatsache, dass ich noch nicht einmal auf der Erdhalbkugel gewesen bin, auf der Hollywood liegt, war für Jock ohne jede Bedeutung. Theatralisch ließ er sich neben mir auf einen Stuhl sinken und die Arme über dessen Rückenlehne baumeln, dann blickte er lässig in die Runde, um bei den Barbesuchern in seiner Nähe nach Anzeichen von Bewunderung Ausschau zu halten. Derartige Anzeichen jedoch waren nicht auszumachen.

»Bescheuerte, stillose Primitivproleten«, brummelte er, und verfiel wieder in den heimatlichen schottischen Akzent.

Ich räusperte mich. »Ich wollte dich schon anrufen, Jock. Und mich nach ein paar Sachen erkundigen, die ich gern wissen würde, ehe Charlie auf eurer Schule anfängt.«

»Ach, immer mit der Ruhe, Alter. Ich kümmere mich schon um alles. Komm einfach nur am ersten Tag des neuen Semesters mit dem kleinen Bengel vorbei und bezahl das Schulgeld. Oh, ach ja, übrigens, ich konnte da was Hübsches für dich aushandeln. Hübschen kleinen Preisnachlass.« Überdeutlich und langsam zwinkerte er mir zu. »Wirst ein nettes kleines Sümmchen sparen – du weißt schon, was ich meine, oder?«

»Tja, also, tausend Dank, Jock«, erwiderte ich, grinste ihn an und schlug ihm auf den Rücken. »Wie wär's – ich spendiere dir einen Drink, ja?«

»Nee, nee – keine Zeit, Alter. Vielen Dank, aber ich habe echt keine Zeit. Ich warte auf den Flug aus London, weißt du. Ein Kumpel von mir kommt, um mir ein brandneues Keyboard zu bringen. Neuestes Modell. Echt der Hit. Zum halben Preis, und keiner fragt groß nach – du weißt, was ich meine?« Er beugte sich vor, zog die Augenbrauen hoch und senkte die Stimme. »Natürlich ohne Quittung, deswegen muss ich dafür sorgen, dass mein Kumpel beim spanischen Zoll beide Augen zudrückt.«

»Und wir müssen jetzt auch gehen«, sagte Ellie aufgeregt und schaute nervös auf die Anzeigetafel mit den Ankünften. »Da, guck – ihr Flugzeug! Es ist schon gelandet!«

»Eh, da bist du wohl ein klitzekleines bisschen aufgeregt, was?«, hänselte Jock. »Ihr habt eure beiden Kleinen ganz schön vermisst, was?«

»Klein sind die inzwischen bestimmt nicht mehr«, sagte

ich, als wir vom Tisch aufstanden. »Sandy wird bald neunzehn, und Charlie geht auf die Dreizehn zu.«

»Na, aber für mich sind sie immer noch meine Kleinen«, gestand Ellie. »Und ja, Jock, ich habe sie vermisst, und es macht mir auch nichts aus, das zuzugeben.«

»Tja, auf die große Wiedervereinigung müsst ihr ja jetzt nicht mehr lange warten«, lachte Jock. »He, was für eine prachtvolle Szene ungezügelter schottischer Gefühle wird sich da abspielen.«

»Ach, das hätte ich ja beinahe vergessen«, sagte ich und fasste Jock beim Ellenbogen, als wir uns durch die wimmelnde Menschenmenge unseren Weg zu den internationalen Flügen bahnten. »Ich wollte noch ein paar Sachen über den Schulalltag wissen. Also zunächst, welche Kleidung soll Charlie tragen, und dann …«

»Jeans und Turnschuhe ist die Antwort auf deine erste Frage, und was den Rest betrifft, immer nur mit der Ruhe, das klärt sich schon von ganz allein. Wir sind hier auf Mallorca, Alter. Immer nur kühlen Kopf bewahren. Bleib *tranquilo* – wenn du weißt, was ich meine.«

Und schon rief Jock wieder einem imaginären Kumpel am anderen Ende der Halle eine ausufernde Begrüßung in amerikanischem Slang zu. Und als er sicher sein konnte, dass genügend Leute zu ihm herüberschauten, stolzierte er in einer Woge rot-gelber Karos davon.

Ellie und ich gaben uns in dem bunten Völkchen bei den Auslandsankünften so unauffällig wie nur möglich.

»Hi, Mum. Hi, Dad«, hörten wir die vertrauten Stimmen hinter uns. »Wir dachten schon, ihr hättet vergessen, uns abzuholen. Wir stehen schon seit drei Minuten hier.«

»Sandy! Charlie!«, schrie Ellie und gab sich alle Mühe, ihre Arme um beide Jungs gleichzeitig zu werfen, nur um erleben zu müssen, dass ihre liebevolle Begrüßung von hochgereckten Ellenbogen und gekränktem Wegducken abgewehrt wurde. »Ihr glaubt gar nicht, wie sehr ich euch beide vermisst habe.«

»Ja, ja«, sagte Sandy automatisch, »schon gut, aber ich bin völlig pleite.«

»Ich bin auch pleite«, fügte sein jüngerer Bruder hinzu und schlug sich auf die leeren Taschen.

»Ja, aber du warst schon pleite, bevor du in das Flugzeug gestiegen bist, du Hohlkopf. Ich habe dir ja gesagt, du sollst von diesen Computer-Spielen am Flughafen die Finger lassen, aber …«

»Na, na, Jungs«, unterbrach ich die beiden, »Weihnachten ist doch das Fest der Liebe und so, also …«

»He, Jungs! Immer schön cool bleiben. Ich sage, immer nur schön cool bleiben, Leute.« Das war wieder Jock Burns, nach wie vor in seinem anglo-amerikanischen Akzent. Hinter sich her zog er jetzt einen verdächtig langen Koffer. »Sagt mal, gehört ihr jungen Burschen zu irgendso ner Gruppe schottischer Diplomaten oder so?«

»Hi, Jock!«, kam es einstimmig von den Jungen, die plötzlich beide über das ganze Gesicht strahlten, als sie die Hand ausstreckten, um Mallorcas ältestem Teenager »die Flosse« zu drücken.

»Ja, genau, Jock«, strahlte Sandy. »Wir halten hier eine Versammlung ab – in der Stierkampfarena.«

»Super! Aber passt bloß auf, Jungs, dass sich die Toreros vor lauter Angst nicht in die Hosen machen.« Jock genoss sichtlich die lang ersehnte Wertschätzung seiner Show.

»Na ja, jedenfalls freut's mich, dass du dein neues Keyboard durch den Zoll gebracht hast«, sagte ich und deutete auf seinen Koffer.

»Das war überhaupt kein Problem, Alter. Du musst bloß wissen, wen du auf die gute alte Art schmieren kannst. Nur so überlebt man hier auf der Insel, aber das nur nebenbei«, erklärte Jock vertraulich und fiel in den heimatlichen schottischen Tonfall zurück, kaum dass wir durch die automatischen Türen hindurch in den alles übertönenden Lärm der Busse getreten waren, die im Passagier-Abholbereich an- und dann wieder abbrausten. »Aber vergiss nie, dass du Ausländer bist, und du musst dich zurückhalten.« Das Zwinkern, mit dem er mich bedachte, hatte beinahe etwas von der Geheimniskrämerei der Freimaurer. »Du weißt doch, was ich meine, oder, Alter?«

»Ja, klar, ich werde dran denken, Jock. Ach, und übrigens – ich hoffe, wir sehen Meg und dich irgendwann mal während der Feiertage. Wir würden gern mal wieder was mit euch unternehmen.«

»Nur keine Sorge, Kumpel. Irgendwann während der Scheiß-Festtage holen wir euch mal ab, und dann machen wir ordentlich einen drauf, essen was Nettes, zwitschern 'n paar Drinks. Das klappt schon, immer mit der Ruhe.«

Wir schüttelten uns allseits die Hände, umarmten einander und wünschten uns alle ein frohes Fest, dann inszenierte Jock seinen üblichen Abgang, indem er überschwenglich grüßte und verblüfften Fremden ein »Schönen Tag auch« zurief. Die standen bei einer Reihe parkender Busse und sahen ihm hinterher, als er bühnenreif an ihnen vorbeidefilierte.

Die Jungen hatten ihr neues Zuhause bisher noch nicht gesehen, und als wir durch das Tor von Ca's Mayoral fuhren, warf die Nachmittagssonne, die durch die Wedel der alten Palme in der Ecke des Hofes schien, exotische Schattenbilder an die weiß getünchten Hauswände. Das Tal lag still und ruhig, zu hören war nichts als das lebhafte Gezirpe eines Rotkehlchens, das vor kurzem erst sein Zuhause in unserem Garten eingerichtet hatte und jetzt vom obersten Blatt eines riesigen Gummibaumes seinen Anspruch auf dieses Territorium geltend machte. Unser ganz privater Vorbote der Weihnachtszeit, so hatte Ellie ihn getauft.

Sandy und Charlie schlugen die Wagentüren zu, standen da und betrachteten schweigend die Umgebung. Ich konnte mich noch genau erinnern, wie ergriffen ich das erste Mal war, als ich zu diesen majestätischen Bergen hochgeschaut und dieses Gefühl von Frieden und Zeitlosigkeit um mich herum wahrgenommen hatte. Ich gab den Jungen ein paar Minuten, damit sie alles in sich aufnehmen und ihre erste Begegnung mit diesem idyllischen Fleckchen Erde auskosten konnten, dann sagte ich: »Okay, Jungs – also was haltet ihr davon? Ganz schön beeindruckend, was?«

Charlie runzelte die Stirn, schaute hoch und fuhr sich dabei vage mit der Hand um den Kopf. »All diese Berge. Der Fernsehempfang hier ist bestimmt nicht so besonders. Und Gras. Ich sehe gar kein Gras. Also, wo sollen wir denn Fußball spielen?«

»Das ist ja wieder mal typisch. Du denkst immer nur an dich«, schimpfte sein älterer Bruder. »Egoistischer kleiner Schwachkopf.« Dann drehte er sich zu mir um und lächelte ermutigend. »Mach dir keine Sorgen, Dad. Das ist alles super. Wirklich sensationell. Nur eines wundert mich. Wie sollen wir denn auf diesen winzigen Feldern arbeiten? Scheint mir fast, als könne man darauf nicht mal einen Traktor normaler Größe wenden. Und wie soll man mit so einem Traktor unter all diese Obstbäume mit den niedrigen Ästen kommen?«

»Das, tja, das ist eine Sache für sich, Sandy«, seufzte ich.

Beide Jungen standen da und starrten mich an, den Kopf hatten sie zur Seite geneigt, und so warteten sie auf annehmbare Antworten auf ihre jeweiligen Fragen. Wie sollte ich ihnen nur vorsichtig beibringen, dass es kein Fernsehen geben würde, bis die Spediteure unsere schon lange überfälligen Habseligkeiten aus Schottland verschifft hätten, dass es in mallorquinischen Obsthainen kein Gras gab und wir auch keinen Traktor normaler Größe haben würden, ja nicht einmal einen, auf den solch eine Beschreibung auch nur im Entferntesten passte?

Ellie kam mir zu Hilfe mit einem fröhlichen: »Na, dann kommt mal, Jungs. Nehmt eure Koffer und kommt mit ins Haus. Ihr könnt es sicher kaum erwarten, eure neuen Zimmer zu sehen.«

»Ja – gute Idee, Ellie«, fiel ich schnell ein. »Du zeigst den Jungs alles. Auf der Herfahrt habe ich den alten Pep auf seiner *finca* an der anderen Straßenseite arbeiten sehen, also sollte ich die Gelegenheit nutzen und mich vorstellen. Ich wollte ihn ja sowieso bitten, seine Schafe rüberzubringen, damit sie unser Unkraut abweiden können.«

Pep stand mit gekreuzten Beinen an seinem Eselskarren gegen eines der großen Räder mit den Holzspeichen gelehnt, als ich seinen Hof betrat, wo ein heilloses Durcheinander herrschte. Er hatte sich gerade eine unförmige Zigarette gedreht, die er sich in den Mundwinkel steckte und unter gefährlich wirkendem Flammen- und Funkensprühen in Brand setzte, wie einen schwer entzündbaren Knallfrosch.

Es war das erste Mal, dass ich Pep von nahem sah, und es fiel mir sofort auf, dass er wahrscheinlich beträchtlich älter war, als seine drahtige Erscheinung aus der Ferne vermuten ließ. Er hatte sich eine kleine schwarze Baskenmütze in die Stirn gezogen, damit die Augen – kleine dunkle Perlen, die in einem hageren Gesicht mit gebräunter, ledriger Haut leuchteten – nicht der Sonne ausgesetzt waren. Als er mich bemerkte, verzerrten sich seine Gesichtszüge zu einem tiefe Falten werfenden Lächeln, das einen Friedhof von Zähnen entblößte, die in unregelmäßigen Abständen Lücken aufwiesen und von dem Rauch des Krautes oder der getrockneten Substanz, die er in seinen selbstgedrehten Zigaretten zu verbrennen pflegte, tiefbraun verfärbt waren. Deren Rauch rief Erinnerungen an längst vergangene Jahre in mir wach und ließ mich an die Dämpfe eines alten Dunghaufens denken, der sich in meiner Kindheit auf dem Bauernhof meiner Großeltern einmal selbst entzündet und dann Feuer gefangen hatte.

Obwohl Peps Stiefel fast durchgescheuert waren und seine alten grauen Hosen mit den ausgefransten Säumen Flicken auf den Knien hatten, bekam seine Gesamterscheinung durch die amerikanisch anmutende Fliegerjacke – auch wenn das Leder noch so abgewetzt war – und durch das kleine rote Halstuch, das verwegen in einem ordentlichen Knoten auf seiner Kehle saß, dennoch einen merkwürdig schneidigen Anstrich. Ich stellte mir vor, dass hinter dem alten Pep mehr steckte als nur ein durchschnittlicher mallorquinischer *campesino*.

»*Buenas*«, dröhnte er in tiefer Bassstimme, die wahrscheinlich durch lebenslanges tiefes Inhalieren von Zigarettenrauch so heiser und rau geworden war. »*Cómo va su vida?*«

Was für eine herrliche Begrüßung, dachte ich. *Cómo va su vida*? Wie geht es Ihrem Leben? Das würde ich mir merken müssen.

Wir tauschten die üblichen Höflichkeitsfloskeln aus, und dann fing ich an zu erklären, wer ich war und woher ich kam, aber ich hatte das sichere Gefühl, dass Pep alle wichtigen Einzelheiten ohnehin längst wusste. Während ich weiterredete, blieb er an das Rad seines Karrens gelehnt, die Daumen hatte er in den Gürtel seiner Hose gesteckt, und dabei blinzelte er mich mit einem Auge an, während das andere über der glimmenden Zigarette fest verschlossen blieb. Trotz seiner lässigen Pose wusste ich, dass Pep mich sehr genau taxierte.

Nachdem ich den Bericht über meinen gerafften Lebenslauf beendet hatte, folgte ein Zwischenspiel in unbehaglichem Schweigen, während dessen Pep mein Gesicht unbeirrt einäugig musterte. Die Anspannung löste sich erst, als er sich an seinem Zigarettenrauch verschluckte und sich eine Funkenkaskade über das Vorderteil seiner Weste hustete. Doch das konnte Pep nicht aus der Fassung bringen. Er krächzte bloß ein kehliges »*Va bé, va bé*« (die mallorquinische Entsprechung für »okay, alles in Ordnung«), kreuzte wieder die Beine und setzte die eingehende Betrachtung meiner Person fort – jetzt allerdings mit beiden Augen.

Sich mit diesem komischen alten Kauz gut zu stellen würde nicht gerade einfach sein! »Das ist aber ein schöner Hund, den Sie da haben«, sagte ich mit erzwungener Begeisterung und nickte in Richtung einer reglosen schwarzen Masse, die vor der Eingangstür zu Peps verfallenem Häuschen in der Sonne lag.

Da leuchteten Peps Augen auf. Offenbar war ich zufällig über das Thema gestolpert, das ihm am meisten am Herzen lag – seine Tiere. Bewundernd schaute er auf das riesige schlafende Vieh und fing an, dessen Loblied zu singen. Dieser Hund, so könne er zuversichtlich sagen, ohne Widerspruch zu befürchten, sei ein vollkommenes Exemplar der berühmten einheimischen Rasse Mallorcas, des *Ca de Bestiar* – ein Tier von einzigartiger Intelligenz, ein *perro* mit vielen Qualitäten. *Hombre,* auf der ganzen Welt ließe sich kein besserer Schäferhund finden. Noch weit erstaunlicher sei die erblich bedingte Wachsamkeit der Rasse und ihr unvergleichlicher Mut als Wachhund. *Sí,* er sei furchtlos, der *Ca de Bestiar*. *Molt valent*! »Warten Sie nur, bis Sie sehen, wie groß der hier ist«, sagte er und konnte seine Begeisterung kaum im Zaum halten. »*Qué energía*!« Er räusperte sich und rief: »*Perro! Oy, Perro!*«

Der Hund rührte nicht einen einzigen Muskel.

»Perro – ist das nicht ein etwas ungewöhnlicher Name für einen *perro?*«, gab ich zu bedenken, indem ich das Schweigen brach. »Sie wissen schon – ein Hund namens Hund?«

»Ungewöhnlich? Ganz gewiss nicht! Ich habe schon viele *perros* gehabt, und ich habe sie alle Perro genannt. Ist einfacher so. Ungewöhnlich? *Mierda!* Perro!«, brüllte er noch einmal und nahm sich die Zigarette von den Lippen, um seinen verräucherten Stimmbändern zu maximaler Lautstärke zu verhelfen. »PE-E-RR-RR-O-O!« Nichts.

Pep bückte sich, hob einen massiven Stock hoch und schleuderte ihn mit aller Kraft auf den wie im Koma daliegenden Hund. Es war ein dumpfer Aufprall zu hören, als das Wurfgeschoss Perro mitten auf den Kopf traf. Ich hatte Angst um das Leben des Tieres, aber der *valent* Perro zuckte, als schüttele er eine Fliege ab, nur mit einem Ohr, gab ein paar zufriedene Schnalzer mit der Zunge von sich und setzte seine *siesta* fort.

Der *perro* sei noch sehr jung, erklärte Pep. Erst acht Monate alt – ein richtiger Welpe –, noch im Training. Doch ich solle mich nicht von seiner augenblicklichen lethargischen Erscheinung zum Narren halten lassen. Der Grund dafür seien die drei Tauben, die Perro zum Mittagessen verzehrt habe. »Ist in den verdammten Taubenschlag eingebrochen«, murmelte Pep fast unhörbar. »*Hijo de puta!*«

»Wirklich ein Prachtexemplar«, sagte ich fröhlich, um jede Verlegenheit zu überspielen, die Pep angesichts der Tatsache empfinden mochte, dass Perro die Stimme seines Herrn und Meisters völlig ignoriert hatte.

Doch Peps Selbstvertrauen brauchte keine Ermutigung meinerseits. »Vergessen Sie nur nie, was ich Ihnen jetzt sage«, riet er mir vollen Ernstes. »Diese *perros* sind sehr misstrauisch Fremden gegenüber. Äußerst unberechenbar, unter Umständen tötet er auch, dieser *Ca de Bestiar*. Das liegt in der Rasse, wissen Sie. *Cuidado!*« Damit war ich also gewarnt.

»*Gracias,* Señor Pep. Ich werde ganz bestimmt immer daran denken.«

Und dann schien es mir langsam angebracht, die Unterhaltung auf den wahren Grund meines Besuches zu lenken, doch ich war nicht schnell genug für den alten Pep. O nein.

Wahrscheinlich habe ich ihn bitten wollen, seine Schafe zum Abweiden meiner Felder herüberzubringen, mutmaßte er, ohne jede Hilfe meinerseits. »*Va bé, va bé.*« Das sei kein *problema*. Einige seiner *ovejas* hätten gerade gelammt, und deshalb suche er nach frischem Weidegrund in der Nähe, und er wolle sie sicherheitshalber nicht so weit wegbringen, da schlechtes Wetter im Anmarsch sei. *Sí, sí,* eine Weide in der Nähe seiner *finca* wäre wirklich *muy conveniente*.

»*Muchas gracias, Pep*. Ich lasse also das Tor zum Feld für Sie offen.«

Da sei nur noch ein klitzekleines *problema,* warnte er mich. Das Feld in unmittelbarer Nähe des *torrente* – das Feld mit dem Brunnen; das würde ich pflügen müssen, ohne dass es vorher abgeweidet werde. Zuviel von diesem *Maria*-Kraut. Schlecht sei das für die Schafe. Davon bekämen sie Blähungen. Er furzte laut, um sein Argument zu stützen. »*Comprende?*«

Ich konnte nicht anders, ich musste grinsen. Der Alte war ein ziemlich rüder Kerl, aber irgendwas an seiner Art war liebenswert.

»Sie haben gut lachen«, sagte er barsch, da er offenbar fälschlicherweise annahm, dass ich mich über ihn lustig machte, »aber wenn Sie ein Schaf wären, würden Sie das nicht so komisch finden. Den Magen voller Marias … KRAWUMM!« Er warf seine Baskenmütze in die Luft. »*Una bomba*!«

Ich entschuldigte mich dafür, dass ich ihn gekränkt hatte. Es sei nicht mit Absicht geschehen, betonte ich und erwähnte außerdem, dass Señora Bauzá mich bereits vor den Gefahren des *Maria*-Krauts gewarnt hatte. Natürlich sei ihre Art, mit dem Thema umzugehen, ein wenig anders gewesen, doch die grundlegende Botschaft sei dieselbe.

Pep stellte sich taub. Er spuckte den Stummel seiner heruntergebrannten Zigarette lässig auf den Boden und fischte in den Innentaschen seiner Weste nach den Zutaten für eine neue.

»*Cigarillo?*«, fragte er und hielt mir eine flache Weißblechdose hin, die einen Stapel Zigarettenpapier und ein übles schwarzes Gemisch zerkleinerter pflanzlicher Substanzen enthielt, die aussahen, als seien sie vom untersten Ende eines Komposthaufens hervorgezerrt worden.

»Nein ... *no gracias*«, beharrte ich und erklärte, dass ich das Rauchen vor Jahren schon aufgegeben hätte.

Pep war sichtlich verblüfft. Ja, und? Selbst wenn ich vor Jahren aufgehört habe, mutmaßte er mit übertriebenem Schulterzucken, hieße das doch noch lange nicht, dass ich auch einen Zug von diesem Zeug hier ausschlagen würde?

Er steckte Zeigefinger und Daumen in die Dose, fischte eine größere Menge von dem scheußlichen Tabakzeugs heraus und hielt es mir unter die Nase. »Da, riechen Sie mal, *hombre*. Riechen Sie das.«

Ich gehorchte und musste nicht einmal lügen, als ich ihm sagte, dass es sehr gut roch: süß, stark, sogar durchdringend – aber gut. Welch wundersame Wandlung zu beißendem Gestank, dachte ich, sobald man es in Papier wickelte und anzündete. Ich hatte keinerlei Zweifel daran, dass Pep notgedrungen jeden Morgen eine Hand voll rohen Knoblauch kauen musste, um einen frischen Geschmack in den Mund zu bekommen. Also nein, ich wolle noch immer nicht rauchen, aber trotzdem vielen Dank.

Sichtlich gekränkt über die Zurückweisung seines großzügigen Angebotes nahm Pep wieder seine Position am Rad des Karrens ein und drehte sich einen weiteren *cigarillo*.

Ob ich überhaupt wisse, was ich da ausschlage, fragte er, ohne den Blick von dem heiklen Vorgang des Drehens abzuwenden. Ob ich denn nicht schon am Aroma erkannt habe, dass es sich hierbei um echten Havanna-*tabaco* handele?

Er beleckte das Papier, fuhr mit dem Finger sorgfältig den

Falz entlang, presste das eine Ende der zylindrischen Rolle zu einem Docht zusammen, befeuchtete das andere großzügig mit der Zunge, damit das Papier nicht an seiner Lippe kleben blieb, dann zwängte er sich den jungfräulichen *cigarillo* in den Mundwinkel.

Nun also, was habe ich denn dazu zu sagen? Ob ich nicht einmal wisse, wo Havanna liege?

»Also, na ja – auf Kuba«, antwortete ich dümmlich. »Ich weiß, die besten Zigarren kommen aus Hav …«

»*Sí,* und ich bin dort gewesen«, unterbrach er mich, zündete sich ein Streichholz mit dem Daumennagel an, und nachdem er das Zündpapier des *cigarillo* entflammt hatte, starrte er mich während des kleinen pyrotechnischen Kunststücks unmittelbar vor seinem Gesicht ohne mit den Augen zu blinzeln an. Als er den dicken Rauch einsog, löste sich irgendwo weit hinten in seinem Rachen ein unterdrücktes, kaum wahrnehmbares Kratzen, und obwohl er wahrscheinlich glaubte, er habe den verzweifelten Drang zu husten erfolgreich vor mir verborgen, verrieten ihn doch seine blutunterlaufenen Augen und die wie blaue Schlangen auf seiner Stirn hervorquellenden Adern. Peps Lungen waren offenbar der Ansicht, sein echter Havanna-*tabaco* bestehe aus alten Kohlblättern.

»Früher einmal«, brach es mit angestrengter, hoher Stimme aus ihm hervor, »sind viele Männer aus Andratx nach Kuba gegangen, um nach Schwämmen zu tauchen. Gingen bloß für ein paar Jahre zum Geldverdienen rüber.« Gierig sog er die frische Luft ein und musste heftig schlucken. »Etliche sind nie wieder nach Mallorca zurückgekommen. Haben ihre Frauen hier gelassen und sind nie mehr zurückgekommen. *Me entiende?*«

»Ja, ich kann Ihnen folgen. Aber wieso sind sie nicht zurückgekommen? Wurden sie an der Rückkehr gehindert, als Castro in Kuba an die Macht kam?«

»Castro? Castro? Das hat nichts mit Castro zu tun. *Hombre,* die wollten einfach nicht mehr zu ihren Frauen zurück.« Pep nahm die Zigarette aus dem Mund und sah sie verträumt an. »Aber ich bin zurückgekommen. Ah *sí.* Nach drei Jahren bin ich zurückgekommen und habe meine *novia* hier in Andratx geheiratet.« Er seufzte tief. »Und was ist bis heute davon geblieben? Mein *tabaco* ... bloß noch mein *tabaco.*«

»Ach, das tut mir aber Leid. Ich wusste ja gar nicht, dass Sie Ihre Frau verloren haben, also bitte ich Sie ...«

»Das ist echter *tabaco de Havana*«, fiel mir Pep ins Wort. »Er kostet mich nichts, und er verschafft mir eine dauernde Befriedigung. Zeigen Sie mir eine Frau mit diesen Eigenschaften. *Sí,* zeigen Sie mir so eine Frau.« Er steckte sich die Zigarette wieder in den Mundwinkel und fixierte mich noch einmal mit einem durchdringenden einäugigen Starren.

»Na ja, wenn Sie es so sehen. Aber Havanna-Tabak – wie kann der umsonst sein? Ich verstehe nicht, wie ...«

»*Caramba!*« Er sei umsonst, so erklärte er mir ungeduldig, weil er ihn selbst anpflanze. Deshalb. Er habe einige Tabakpflanzen nach Mallorca geschmuggelt, als er Kuba vor all diesen Jahren verlassen habe. Sehr gefährlich. Franco hätte ihn ins Gefängnis geworfen, wenn er ihn damit erwischt hätte. Na, jedenfalls habe er sie alle eingepflanzt, aber trotz seiner unermüdlichen, sorgsamen Pflege hätten nur zwei Pflanzen überlebt. Aber aus diesen beiden habe er das ganze Feld mit den fünfzig Tabakpflanzen angelegt, das jetzt hinter seiner *casa* blühe und gedeihe. *Gracias a Dios.*

»Fünfzig Pflanzen, tatsächlich? Na, da haben Sie ja ganz schön was zu paffen. Aber wie trocknen Sie die Tabakblätter? Wie steht es damit?«, fragte ich und täuschte höfliches Interesse vor.

Ein kehliges Gurgeln rumpelte aus den Tiefen von Peps Brustkorb herauf. Langsam schwenkte er den Zeigefinger vor meinem Gesicht. Ich erwarte doch sicherlich nicht, dass er mir eine derart wertvolle Auskunft gebe, schimpfte er. Das sei ein Geheimnis, das ein alter Schwarzer auf Kuba ihm kurz vor seinem Tod anvertraut habe. Schleichende Schwindsucht habe der gehabt. Zu schade. Na ja, egal, viele hätten ihm schon enorme Bestechungsgelder für das Verfahren geboten, doch dieses Geheimnis würde Pep nie enthüllen. Um keinen Preis der Welt. Das würde er mit ins Grab nehmen.

Ja, und der Tag dürfte nicht mehr allzu fern sein, dachte ich, als ich sah, wie Pep eine weitere blaue Wolke ekligen Gestankes durch die Nase hervorstieß. Das geheime Verfahren für sich zu behalten könnte unter Umständen ein selbstloser und wertvoller Beitrag zur Gesundheit zahlloser künftiger Generationen von Mallorquinern sein.

Pep beugte sich zu mir herüber und senkte die Stimme zu einem rauen Flüstern. »Es gibt Männer hier auf Mallorca, die liebend gern ein paar von meinen Pflanzen stehlen würden, um ihren eigenen Anbau des *tabaco de Havana* zu beginnen. *Hombre*, das haben sie auch schon versucht, viele, viele Male. Deshalb halte ich mir hier jetzt auch einen Kampfhund.« Mit bewunderndem Blick schaute er zu Perro hinüber, der selig weiterschlief, nur seine Beine zuckten, als er die gefürchteten Tabakräuber durchs Traumland scheuchte.

Plötzlich wehte eine kühle Brise durch das Tal, pfiff durch die Pinien auf den hohen Berghängen und peitschte eine Zusammenballung winziger Wirbelwinde auf, die im Zickzack über den kleinen Bauernhof hinweggingen und kleine Häufchen Staub und Stroh aufstieben ließen. Das Ganze dauerte nur wenige Sekunden, dann war alles wieder so ruhig wie zuvor.

Pep schaute himmelwärts gen Norden und verkündete weise: »*Sí, ah sí* – ein Wetterumschwung wird kommen. Es wird kalt heute Nacht. *Sí, mal tiempo viene.*« Er paffte an seinem *cigarillo*, dessen Aschenlänge schon der Schwerkraft trotzende Ausmaße erreicht hatte, und schaute gleichgültig in Richtung Ca's Mayoral. »Und Sie haben kein Feuerholz, stimmt's?«

»Ähm, na ja, da sind bestimmt noch ein paar Scheite Holz«, erwiderte ich völlig vor den Kopf gestoßen. »Señor Ferrer hat etwas für uns dagelassen, glaube ich.«

»Tse! Da muss er wohl einen Fehler gemacht haben. Ich habe gesehen, wie Ferrer am Tag vor Ihrer Ankunft ganze Schubkarrenladungen voller Holzscheite von Ihrem Haus zu seiner *casita* gebracht hat. Von dem kriegen Sie nichts. *Nada*. Sie meinen, ich sei unfair? *Coño,* dieser Ferrer würde nicht mal auf Sie draufpissen, wenn Sie in Flammen stünden.«

Also ganz gleich, welches Ansehen die Ferrers in der Gegend von Andratx allgemein auch genießen mochten, es wurde immer augenscheinlicher, dass ihre unmittelbaren Nachbarn im Tal ihnen kaum weniger Sympathie hätten entgegenbringen können.

»Dann – dann bestelle ich wohl lieber gleich etwas Holz«, sagte ich ungerührt, denn ich wollte in Peps offensichtlicher Fehde mit Tomàs Ferrer nicht Partei ergreifen. »Holz bestellen?« Pep schüttelte den Kopf. »*No es posible*. Die Sägemühle ist über *las vacaciones* geschlossen. Vor nächster Woche werden Sie kein Feuerholz bekommen.« Wütend glühte das Ende seines *cigarillo* in hellem, warnenden Rot auf, als er einen weiteren tiefen Zug von den echten Havanna-Dämpfen nahm. »*Hombre,* Sie werden wohl ein kaltes, kaltes Weihnachtsfest haben.«

Was konnte ich darauf schon groß sagen? Allmählich fühlte ich mich wieder wie der typische *extranjero loco*.

»*Bueno*«, sagte Pep und nickte in Richtung der untergehenden Sonne. »Ich muss jetzt reingehen und das Feuer anmachen, bevor es anfängt kälter zu werden. Muss doch das Haus warm halten – besonders zu Weihnachten, nicht?« Er machte sich nicht einmal die Mühe, auf Wiedersehen zu sagen.

Was für ein widerlicher alter mallorquinischer Geizkragen, dachte ich, als ich ihn weggehen sah. Es war ja wirklich schon schlimm genug, mich darauf hinzuweisen, dass ich kein Holz hatte, aber es mir dann auch noch auf diese Art unter die Nase zu reiben ...

Peps Schultern fingen an zu zittern, und ich hörte etwas, das verdächtig nach Kichern klang – verschleimt vielleicht, aber doch ein Kichern. Ja, tatsächlich, der widerliche alte Mistkerl amüsierte sich prächtig, und zwar über mein Missgeschick!

Er drehte sich um, seine Augen tränten. »Ha! Ihr Gesicht!«, lachte er schallend, mit der einen Hand griff er sich ans Herz, mit der anderen deutete er auf mich. »Was für ein Bild! *Madre mía!*«

Ich war sprachlos. Ich konnte nur dastehen, mir dumm vorkommen und auch so aussehen, bis Pep zu Ende gelacht hatte. Ich kannte nicht genug spanische Schimpfwörter, um ihn mit dem zu titulieren, was mir passend erschienen wäre.

»He, haben Sie das wirklich geglaubt, dass ich so ein Mistkerl sein könnte?«, keuchte er schließlich, wischte sich die Augen mit dem Ärmel aus und hustete lang und heftig. »Vergessen Sie nicht, *amigo* – ich heiße nicht Tomàs Ferrer, eh!« Er kam zu mir herüber, packte mich bei den Schultern und drehte mich so herum, dass ich auf das Tor schaute. »Sehen Sie mal da, am Wegrand. Ich habe da einen Stapel Holzscheite für Sie zurechtgelegt – die werden reichen, bis die Sägemühle wieder aufmacht. Wie ich sehe, haben Sie zwei Söhne – also am besten schicken Sie die rüber, damit sie das Holz in Ihr Haus schaffen können, bevor es dunkel wird. Glauben Sie mir, es wird kalt heute Nacht – so kalt, dass sogar einem Heiligen aus Holz die Brustwarzen abfrieren würden!«

Ich war ganz gerührt, und fast hätten mir die Worte gefehlt. Ich versuchte, mich bei ihm für diesen unerwarteten

Beweis lange im Voraus geplanter Freundlichkeit zu bedanken, doch davon wollte er nichts wissen.

»*Hombre,* wozu sind Nachbarn denn da?«, grinste er. »Ich mag ja nicht gerade reich sein, aber das bisschen, das ich besitze, gehört auch Ihnen – wenn Sie je in Not sein sollten. Für meinen Eigenbedarf habe ich mehr Holz als genug auf dieser *finca,* also *no problemas. Va bé.*«

Er tänzelte zu seinem kleinen Haus zurück, drehte sich noch einmal um und warf mir einen Gruß zu, der John Wayne bei der Kavallerie alle Ehre gemacht hätte. »*Adiós, amigo.* Möge es Ihnen im Leben immer gut gehen und mögen Ihre Hennen stets Eier mit zwei Dottern legen. *Adiós y feliz Navidad!*«

»Und auch Ihnen frohe Weihnachten, Pep. Und ganz, ganz herzlichen Dank.«

Von diesem spontanen Akt der Großzügigkeit fühlte ich mich sowohl beschämt als auch beglückt, und so machte ich mich auf den Nachhauseweg und war schon fast von Peps Hof herunter, als laut schallend seine Stimme noch einmal zu hören war: »PE-E-RR-O-O-O!«, brüllte er ganz außer sich. »PE-E-RR-O-O-O!« Plötzlich hörte ich das Aufklatschen galoppierender Füße hinter mir, und ich wirbelte gerade in dem Moment herum, als der massige schwarze Hund sich vom Boden abstieß und, den Kopf hoch nach oben gereckt, auf mich zugeschossen kam. Alles schien sich auf einmal in Zeitlupe abzuspielen. Das riesige Maul des Hundes klaffte weit offen, Speichel tropfte ihm von der Zunge herab, und ich starrte auf die mächtigen Kiefer, die mit Reihen tödlicher weißer Zähne bestückt waren – die direkt auf meine Kehle zielten.

Die Atemluft wurde aus mir herausgepresst, als die schweren Vorderpfoten des Tieres auf meinem Brustkorb landeten und ich über den Stapel mit den Holzscheiten nach hinten geschleudert wurde, wo ich hilflos mit den Füßen in der Luft auf dem Rücken landete. Der Hund stürzte sich auf mich, nagelte mich mit den Schultern fest auf den Boden, und sein stinkender Atem blies mir ins Gesicht.

Irgendwo in der Ferne konnte ich Pep wild herumgrölen hören, doch das nützte nichts. Das Tier war außer Rand und Band. Es hatte mich da, wo es mich haben wollte, und ich konnte nichts weiter tun als beten, dass das Ende schnell und vor allem relativ schmerzlos kommen würde. Ich spürte die feuchte Nase der tollen Bestie an meinem Ohr, Panik und Entsetzen lähmten mich, während ich darauf wartete, dass mir das Tier die Zähne in die Halsader grub.

Mehrere Sekunden, die mir wie Stunden erschienen, stand die Zeit still. Doch nichts geschah. Ich spürte, wie die riesigen Pfoten sich mir unbarmherzig in die Schultern gruben, ich hörte das aufgeregte Keuchen. Doch nichts geschah. Ich wurde nicht zerfleischt. Ich lebte noch.

Vorsichtig öffnete ich ein Auge, woraufhin der Hund ein dröhnendes »WUFF!« ausstieß. Doch statt mich in Stücke zu reißen, schaute er einfach nur auf mein Gesicht herunter, den großen Kopf schief und fragend zur Seite geneigt, während ihm seine Zunge seitlich aus dem Maul baumelte.

»Perro?«, sagte ich zögerlich.

»WUFF!«

»Na schön, Perro. Nur ganz ruhig – so ist es brav, mein Junge. Lass mich jetzt einfach nur aufstehen. So ist es brav, mein Junge«, redete ich ihm mit übertriebener Gelassenheit in der Stimme zu.

Doch Perro konnte nicht mehr länger an sich halten – oder vielleicht, so fragte ich mich zu spät, verstand er einfach kein Englisch. Er machte einen Satz nach vorn und fing an, mich reichlich grob zu traktieren ... mit der Zunge. Er leckte und besabberte alles, was nicht bedeckt war – meine Augen, mein Haar, meine Nase, meinen Mund, meinen Hals. Es konnte keinen Zweifel mehr geben, dieser Kampfhund, den

Pep sich da hielt, war nichts weiter als eine riesige Schmusekatze.

Als meine Panik allmählich schwand, fing ich an zu lachen und zu kichern. Perro beleckte mich so heftig, dass ich kaum atmen konnte, und außerdem kitzelte es.

»Schon gut, Perro, schon gut«, keuchte ich und rubbelte spielerisch an seinen schlaff herabhängenden Ohren. »Du leckst mich ja halb zu Tode, du riesenhaftes, kuscheliges Schmusevieh.«

Es dauerte nicht länger als eine Sekunde, bis ich begriff, dass es ein verhängnisvoller Fehler gewesen sein muss, an seinen Ohren zu rubbeln. Ich spürte etwas Feuchtes auf meinen Beinen, das mich wieder an den Tag erinnerte, als wir dieses Tal entdeckt hatten, den Tag, an dem ich Señora Ferrers Gartenschlauch die Hand geschüttelt hatte. Doch diesmal war da etwas Warmes – warm, aber trotzdem genauso feucht. Du lieber Himmel, nein, betete ich, das darf doch nicht wahr sein – oder? Ich schaute Perro, der mit gespreizten Beinen über mir stand, unter den Bauch, und meine schlimmsten Vermutungen bestätigten sich. Dieser schlaksige, überdimensionale Dummkopf von einem Welpen pinkelte voller Begeisterung – und zwar über die ganze Länge meiner Beine, mit denen ich wild herumfuchtelte.

Ein massiges Stück Holz zischte an meinem Gesicht vorbei und prallte schallend gegen Perros Schädel. Dann war Peps staubiger Stiefel zu sehen, der sich blitzschnell bewegte und direkt auf Perros vorstehenden und nichts ahnenden Hodensack zielte.

Der große Hund stieß jaulend ein unterdrücktes, für einen Welpen typisches Kläffen aus, als der Tritt mitten im Ziel landete. Vor lauter Schock pinkelte er einen letzten Schwall auf mich herunter, dann humpelte er auf drei Beinen auf seine Hundehütte zu. Jetzt würde er eine sehr viel praktischere Verwendungsmöglichkeit für seine Zunge haben.

»Das tut mir aber wirklich Leid, *amigo*«, keuchte der verstörte Pep und half mir auf die Beine. »Ich habe ihn gerade noch rechtzeitig von Ihnen heruntergezerrt – bevor er zum Todesbiss ansetzte. Wirklich *infortunado,* dass mein Hund Sie angegriffen hat, aber er hat ja nur getan, wofür er gezüchtet wurde, wissen Sie.« Freundschaftlich legte er mir die Hand auf die Schulter. »Er konnte einfach nicht anders, *amigo*. Seine Gene sind halt so.«

»Was mit seinen Genen los ist, soll mir egal sein. Was der blöde Köter mit meinen Jeans angerichtet hat, macht mir allerdings zu schaffen«, brummelte ich auf Englisch.

»*Correcto*«, stimmte Pep mir zu, ohne auch nur ein Wort von dem verstanden zu haben, was ich gesagt hatte. »Er ist ein geborener Champion. Unberechenbar, tödlich, aber ein Champion. *El Ca de Bestiar … qué perro tan magnifico!*«

Als ich ins Haus zurückgestolpert kam, war Ellie in der Küche gerade dabei, Gemüse zu putzen.

»Was ist denn mit dir passiert?«, fragte sie. »Du siehst aus, als hättest du dich in einem Graben gewälzt.«

»Lass uns lieber nicht darüber reden.«

»Und wie ich sehe, hast du dir wieder mal die Hosen nass gemacht. Das wird langsam zur Gewohnheit bei dir, was?«

»Vergiss es einfach, Ellie, in Ordnung?«

»Und dann stinkst du auch noch. Puh! Das ist ja heftig. Du riechst wie eine Abflussrinne im Stall.«

»Schon gut, schon gut, Ellie. Nun hast du ja gesagt, was du sagen wolltest. Also wechsle jetzt bitte einfach das Thema. In Ordnung?«

»Na ja, das könnte ja ein Zeichen sein. Vielleicht solltest du langsam deine Trinkgewohnheiten mäßigen. Du weißt schon, was ich meine – wenn dein Urin anfängt, wie Pferdepisse zu stinken, dann muss doch was nicht in Ordnung sein. Das ist einfach nicht …« (Sie schwieg einen Moment, während sie eine ungewöhnlich große Möhre halbierte) »… normal.«

»An meinen Trinkgewohnheiten gibt es überhaupt nichts auszusetzen, und übrigens ist das nicht *mein* Urin.«

Ellie hörte auf, Gemüse zu hacken, und schaute mich von oben bis unten an. »Willst du etwa behaupten, dass ein Pferd das Bein gehoben und dir die ganze Jeans bepieselt hat?«

»So ungefähr. Aber du würdest mir sowieso nicht glauben, selbst wenn ich's dir erzählen würde. Vergiss es einfach. Ich gehe jetzt unter die Dusche.«

In dem Moment wurde schwungvoll die Küchentür geöffnet, und herein stürzten die Jungen.

»Ich glaube immer noch, dass Sandys Zimmer besser ist als meins«, quengelte Charlie. »Ach, und er hat auch das größere Bett.«

»Hör mit dem Gemecker auf, du Fatzke«, sagte sein älterer Bruder und kniff ihn ins Ohr. »Du kannst froh sein, dass du überhaupt ein Bett hast. Du pinkelst ja sowieso nur wieder rein.« Er sog Luft durch die Nase ein und verzog dann das Gesicht. »Mensch, Mum! Wo wir gerade vom Pinkeln reden … wer hat denn das Pferd ins Haus gelassen?«

»O ja, Mann. So was gehört wirklich nicht hier rein!«, erklärte Charlie und hielt sich die Nase zu. Dann bemerkte er meine nassen Jeans und riss die Augen weit zu einem verblüfften Blick auf, in den sich ein Hauch verlegener Bewunderung mischte. »Boah, Dad – du bist das. Du hast dir ja die Hosen vollgepisst!« Er tat so, als ob er sich übergeben müsse. »Ekelhaft!«

»Das reicht, Charlie«, fuhr ich ihn an. »Wenn du dir eine fangen willst, bist du genau auf dem richtigen Weg.«

Ich schaute auf meine verdreckten Hosen herunter und fügte kläglich hinzu: »Außerdem war ich's nicht. Das war Peps Hund.«

In der Küche herrschte Schweigen, als alle mich verdutzt anschauten.

Schließlich brach Sandy das Eis. »Mach dir nichts draus,

Dad. Ich glaube dir, auch wenn Mum und Charlie es nicht tun. Aber eine Sache wäre da noch ...«

»Ja?«

»Was ist denn bloß in dich gefahren, dass du Peps Hund erlaubt hast, deine Hosen zu tragen?«

Die Küche hallte von hysterischem Gelächter wider.

»Ja genau. Amüsiert euch nur«, sagte ich kühl und gab mir den Anschein gelangweilter Gleichgültigkeit. »Es macht mir überhaupt nichts aus, Zielscheibe eurer Heiterkeit zu sein. Mein Kreuz ist breit genug. Aber wenn ihr euch dann wieder gefasst habt, dann lauft hinüber und holt die Holzscheite her, die ihr bei Peps Tor findet. Und ich gehe jetzt unter die Dusche.«

»Ähm, bevor du gehst, Schatz – ich soll dir von Señora Ferrer etwas ausrichten«, sagte Ellie ganz nebenbei.

»Ach ja?«

»Ja. Sie hat das hier für dich abgegeben, während du drüben bei Pep warst.« Ellie reichte mir eine Geschenkpackung mit einer Flasche ›Gran Duque d'Alba‹, einem Weinbrand.

»Aha, guck einer an! Ganz schön teuer, das Zeug!«

»Mhm. Und das hat sie für uns drei gebracht.« Klappernd legte sie eine Büchse von Franciscas gefürchtetem hausgemachtem Mandelkuchen auf den Tisch. »Da siehst du ganz deutlich, wer aus der Familie bei den Ferrers am beliebtesten ist.«

Charlie kicherte, wie nicht anders zu erwarten, während Sandy auf seine Füße hinuntersah und sich alle Mühe gab, ein Grinsen zu unterdrücken.

Ich zog es vor, nichts darauf zu erwidern, weil ich sehr deutlich spürte, dass ich wieder auf den Arm genommen wurde.

»Und sie lässt dir Folgendes ausrichten ...« Ellie hielt mich noch ein wenig hin und beäugte mich dabei eingehend, um sicher zu gehen, dass meine Befürchtungen ihren Höhepunkt erreichten. »Sie lässt dir ausrichten, dass sie und Tomàs vollkommen überrascht und absolut entzückt von der Flasche Scotch und dem herrlichen englischen Früchtekuchen waren, den du ihnen heute morgen gebracht hast.«

»Ach das? Ich – das war ja nur – na ja, ich musste doch …«

»Und da ist noch etwas. Sie bedankt sich bei dir aus tiefstem Herzen für das freundliche Angebot.«

»Das äh … freundliche Angebot?«

»Mhm. Das freundliche Angebot, mit dem du ihr ersparen wolltest, weiterhin Hühnerköpfe und -füße für das Tierfutter zu kaufen.«

»Ach, das Angebot?«

»Mm-hmm. Das Angebot. Sie sagt, wir hätten wirklich Glück, einen so freundlichen englischen Metzger in Palma Nova zu kennen, und wir täten gut daran, ihn nicht zu verärgern, wenn er schon darauf bestehe, uns so viele Fleischreste zu schenken, wie wir für ihre Hunde und Katzen bräuchten. *Muy generoso,* war es, glaube ich, was sie gesagt hat.«

»Ja, na ja, es schien mir nicht die schlechteste Lösung zu sein, um …«

»Ja, aber wir kennen doch gar keinen englischen Metzger – weder freundlich noch sonst wie – in Palma Nova oder sonst irgendwo auf dieser Insel, oder, Schatz?«

Ellie zog die Schrauben fester an.

»Nein – nein, aber ich bin sicher, wir werden einen finden«, brummelte ich gebührend geknickt.

»Ja, sicher werden wir das, Liebling«, gurrte Ellie mit noch einer stärkeren Spur Sarkasmus. »Du hast das so gut hingekriegt, und ich sollte dich deswegen wirklich nicht so grausam aufziehen.« Sie tätschelte mir den Kopf, dann küsste sie mich auf die Wange.

Wieder tat Charlie so, als müsse er sich übergeben.

»Lass das, Charlie«, warnte ich ihn.

»Ja, ganz recht«, sagte Ellie ein bisschen zu entschieden,

»ihr solltet stolz auf euren Vater sein. Mit einem einzigen kühnen Schlag hat er unsere freundschaftlichen Beziehungen zu den Ferrers wiederhergestellt und uns gleichzeitig für alle Zukunft die Ekel erregende Aussicht erspart, Teile von toten Hühnern kochen zu müssen. Lasst euch beiden das eine Lehre sein. Denkt immer an die Worte eures Vaters: ›Es gibt Augenblicke, in denen man einen festen Standpunkt vertreten muss, Augenblicke, in denen man mit aller Entschiedenheit auftreten muss.‹«

»Und Augenblicke, in denen man dem Feind Whisky und Früchtekuchen schenken muss?«, schlug Sandy vor.

»So was nennt man Diplomatie, mein Junge – Diplomatie«, brummte ich. »Aber Mum hat doch gesagt, dass sie den Früchtekuchen für uns gekauft hat«, wandte Charlie ein. »Das sollte doch der Weihnachtskuchen für die Familie sein, und außerdem ist er auch noch mein allerliebster Lieblingskuchen. Und jetzt hat diese alte Ferrer-Frau ihre Beißerchen drin, und wir haben ihr beschissenes Mandelzeugs am Hals. Das ist keine Diplomatie. Das ist bekloppt!«

Sandy, der physische Gewaltanwendung heraufdämmern sah, zog seinen Bruder geschickt durch die Tür und weiter über den Hof, um das Feuerholz zu holen.

»Mach dir nichts draus«, sagte Ellie besänftigend. »Wo der eine Früchtekuchen hergekommen ist, gibt es noch mehr. Und den Mandelkuchen können wir ja immer noch als Hunde- und Katzenfutter verwenden – das heißt, bis du deinen sagenumwobenen menschenfreundlichen Metzger gefunden hast.«

Ich ging unter die Dusche.

Peps Wettervorhersage stimmte genau. An jenem Abend sank die Temperatur drastisch, und wir waren heilfroh, dass er uns so vorausschauend mit Holzscheiten versorgt hatte.

Die Kaminecke in der Küche war in Wirklichkeit ein kleiner Raum ganz für sich – ein gemütlicher, viereckiger Bereich, der um die große Feuerstelle in der Ecke herumgebaut worden war und von Steinbänken mit hohen Rückenlehnen begrenzt wurde, die eine doppelte Funktion erfüllten – einmal als behagliche, mit Kissen gepolsterte Sitzgelegenheit, von der aus man auf das offene Feuer schaute, und dann als wirksamer Schutz vor dem kühlen Wind, der alte Häuser mit Steinfußböden im Winter heimsucht.

Wir hatten das Feuer auf die traditionell mallorquinische Art angemacht, zuerst eine kleinere Menge getrockneter Mandelschalen angezündet und dann immer größere Zweige und Stöckchen nachgelegt, bis so viele Flammen aufloderten, dass sie Peps riesige Scheite aus Olivenholz zum Brennen brachten.

Die offene Feuerstelle umgab ein schön geschwungener Kaminaufsatz aus weiß getünchtem Gips, und zu beiden Seiten an den Wänden befanden sich rustikale Holzregale. Darauf stand ein Sammelsurium von Tontöpfen, Krügen und Tellern, zwischen denen Ellie unsere Weihnachtskarten und einige Stechpalmenzweige aufgestellt hatte. Ein buschiger Pinienzweig, den wir vor ein paar Tagen aus den Bergen mit heruntergeschleppt hatten, stand in einem Bottich bei der Tür, und mit einer bunten Lichterkette, Girlanden und anderem Krimskrams war er in einen Weihnachtsbaum verwandelt worden.

»Es ist so kalt, und deshalb glaube ich, wäre es schön, wenn wir heute am Heiligabend hier am Feuer essen«, sagte Ellie und hängte einen großen gusseisernen Topf an ein Metallgestell, das sie über die offenen Flammen schob. »Ich habe ein paar althergebrachte mallorquinische Spezialitäten, und ihr könnt euch selbst bedienen.«

Sie griff in einen Korb und holte eine Auswahl von Pasteten heraus, die einem den Mund wässerig machten und die sie sorgfältig auf einen Rost über einem Häufchen glühender Holzkohle an der Seite des Kamins legte. »Die habe ich heute ganz frisch in der Panaderia Tony in Andratx gekauft, wir müssen also nichts weiter tun, als sie aufzuwärmen.«

Da waren *Empanadas mallorquinas,* köstliche kleine Pastetchen mit verschiedenen Füllungen: Lamm, Schweinefleisch oder *sobrasada*-Wurst. Dann gab es noch *Coca mallorquina,* die alte mallorquinische Variante der Pizza, die der Bäcker aus übrig gebliebenem *ensaimada*-Teig macht und im Ofen backt, bis das leicht gebräunte Gebäck kross und blätterig ist. Der Topf, der über dem Feuer hing, enthielt Ellies ersten Versuch einer *Potaje de Lentejas,* einer wärmenden winterlichen dicken Suppe aus Linsen, Gemüse, *sobrasada* und der würzigen mallorquinischen Blutwurst, dem *butifarrón.* Das Rezept zollte dem schlichten Erfindergeist der ländlichen Küche Mallorcas Tribut, und Ellie hatte es von der alten Maria Bauzá erhalten, dazu noch ein kleines Glas mit ihrem *fonoi marí,* der, darauf hatte sie bestanden, unverzichtbare Beilage zu diesem traditionellen Gericht sei.

Die *Potaje* war ein Riesenerfolg, und die Jungen schaufelten sie sich mit unverhohlener Begeisterung in ihre *greixoneras,* während das Feuer vor uns zischte und knackte, die Funken aus Peps Weihnachtsholz sprühten und in der ansteigenden Hitze der prasselnden Glut den Kamin hinaufwirbelten. Ellie griff noch einmal in ihren Korb und holte einige Kastanien heraus, legte sie zum Grillen auf den Rost, der von unseren heißhungrigen Sprösslingen, die über die köstlichen Pasteten hergefallen waren, bereits leer gegessen worden war; in der Zwischenzeit entkorkte ich eine Flasche *Herederos de Ribas Tinto,* einen Wein aus der kleinen Stadt Consell im Landesinneren.

Nachdem die Jungen mit vollen Mägen ins Bett abgezogen waren, saßen Ellie und ich noch eine Weile in der Kaminecke und schauten in die leuchtenden Farben der verglimmenden Flammen, die sich züngelnd über die Reste des verkohlten

Feuerholzes hermachten, wobei der gelegentliche Luftzug eines kalten Fallwindes von draußen kleine Wolken eines würzig duftenden Rauches in den Raum blies und die Holzasche aus dem Kamin in winzigen Wirbeln grauweißen Pulvers aufstieben ließ.

»Es ist so schön, dass Sandy und Charlie jetzt hier sind«, sagte Ellie.

»Wieder eine glückliche Familie, ja?«

»Ja, und ich habe sie wirklich vermisst – trotz all ihrer albernen Streitereien. Zuhause ist schließlich da, wo die Familie ist.«

»Stimmt schon – und außerdem hätte es wirklich noch schlimmer kommen können.«

»Wie meinst du das?«

»Denk doch mal nach. Wenn ich *Hierbas,* Schnecken und wurmhaltigen Orangensaft vor Jahren schon entdeckt hätte, dann wären heute Abend wahrscheinlich ein halbes Dutzend von den Bengeln hier gewesen, die sich gierig über unsere Pastetchen hergemacht hätten.«

»Zeit zum Schlafengehen«, gähnte Ellie. »Es ist ein langer Tag gewesen.«

»Ja, und es wird jetzt, wo das Feuer nicht mehr so wärmt, allmählich kühl. Wie der alte Pep schon sagte, es wird so kalt werden, dass sogar einem Heiligen aus Holz …«

Oben an der Treppe blieb Ellie stehen und packte mich am Arm.

»Scht! Hör doch – da draußen ist jemand!«

»Das wird nur eine von Franciscas Katzen beim Herumstromern sein. Denk nicht weiter dran.«

»Nein – da ist es wieder. Das ist eine Stimme – eine menschliche Stimme – ganz rau und … unheimlich!«

»Das bildest du dir bloß ein. Komm schon – es ist viel zu kalt, um hier oben einfach nur stehen zu bleiben. Lass uns zu Bett gehen.«

»Nein – um nichts in der Welt kriegst du mich ins Bett, ehe wir nicht – ehe du nicht herausgefunden hast, was da draußen ist. Geh schon – geh auf den Balkon raus und sieh mal nach.«

»Na schön, wenn du dann glücklich bist. Aber glaub mir, ganz bestimmt bildest du dir das bloß ein«, sagte ich erwartungsvoll.

Vorsichtig öffnete ich die Verandatür und steckte den Kopf in die Dunkelheit hinaus.

»Na – siehst du irgendwas?«, zischelte Ellie. »Ist da draußen jemand?«

Ich nickte, forderte sie mit einer Geste auf, zu mir herauszukommen und legte den Finger an die Lippen. »Komm her«, flüsterte ich. »Es ist alles in Ordnung, aber sei so leise wie möglich.«

Ellie nahm meine Hand, und ich fühlte, wie ihr Puls raste, während sie zögerlich auf den Balkon hinaustrat.

»Hör mal genau hin«, murmelte ich. »Kannst du es hören?«

Sie zitterte und drängte sich dicht an meinen Arm. »Ja … das ist eine Stimme … eine Männerstimme – ganz tief und gruselig, die da unten jammert und stöhnt. Da krieg ich Angst. Ich bin weg!«

»Bleib doch mal hier. Was hörst du sonst noch?«

»Glöckchen. Ich höre Glöckchen«, sagte sie leise, lockerte ihren Griff um meinen Arm und ging näher ans Geländer. »Ach … das sind Schafe. Jetzt erkenne ich sie – sie weiden auf dem kleinen Feld vor dem Haus. Und schau nur, manche haben Lämmer bei sich.«

»Mhm. Das ist der alte Pep mit seiner kleinen Herde«, flüsterte ich. »Aber steh nur einfach einen Moment lang still und schau und hör zu. Ich glaube, wir bekommen da wirklich etwas ganz Besonderes zu sehen.«

Die Nacht war vollkommen ruhig, das Sternenlicht tauchte die hohen Bergrücken in dunkle, gezackte Silhouetten vor dem klaren und wolkenlosen Himmel, das Tal lag still und schlafend. Am hintersten Ende des Feldes konnten wir gerade eben die schwachen Umrisse von Pep ausmachen, der sich in eine Decke gehüllt gegen den verdrehten Stamm eines Olivenbaumes stützte. Sanft sprach er auf seine Schafe ein – beobachtete sie, horchte auf den Klang ihrer Glöckchen und rief zärtlich jedes Tier zurück, das sich möglicherweise zu weit von der Herde entfernt haben könnte, ganz so wie Schäfer das schon seit Tausenden von Jahren taten.

Ellie und ich sagten nichts, doch wir beide wussten, dass unsere Gedanken unausweichlich zu der Geschichte einer ganz ähnlichen Nacht, einer stillen Nacht, vor langer, langer Zeit schweiften.

Von einer fernen Dorfkirche drang mitternächtliches Glockengeläut, und auf dem Feld unter uns schrie ein neu geborenes Lamm nach seiner Mutter. Es war Weihnachten.

Sechs

Albträume zu Weihnachten

Das Wetter am ersten Weihnachtsfeiertag machte Peps Vorhersage alle Ehre. Charlie seufzte, das alles sehe nach einem trostlosen, verwahrlosten Nest im schottischen Hochland aus und nicht nach dem sonnendurchfluteten paradiesischen Tal, auf das er sich gefreut habe. Das hier sei das Allerletzte, fällte er sein Urteil, und nicht einmal Fernsehen könnten sie jetzt gucken.

Schlechtes Wetter halte auf Mallorca nie lange an, versicherte ich ihm und schaute durch die geöffnete Küchentür auf die bedrohlichen Regenwolken, die sich über den Bergen sammelten. Bald würde die Sonne wieder scheinen, dann könne er so richtig anfangen, das Leben unter freiem Himmel am Mittelmeer zu genießen.

»Denk doch nur, wieviel Spaß wir auf diesem kleinen Bauernhof haben werden«, begeisterte ich mich. »Die ganzen Orangen, die zu pflücken sind – damit kannst du dir außerdem noch ein paar Peseten verdienen –, und wenn erst einmal das Unkraut abgeweidet und untergepflügt ist, dann können wir auch ein Stückchen Feld zum Fußball spielen herrichten. Das wird natürlich nur der blanke Erdboden sein, aber das ist hier normal. Also komm schon, sei ein bisschen fröhlich. Das wird schon wieder.«

»Die Jungs zu Hause werden jetzt alle Fernsehen gucken«, murmelte Charlie, den die einmalige Gelegenheit, so viele Orangen zu pflücken, sichtlich unbeeindruckt ließ. »Zu Weihnachten gibt's im Fernsehen immer haufenweise tolle Sendungen.«

»Ja, aber das hast du sofort vergessen, wenn erst mal das Wetter wieder so ist wie sonst. Das Leben hier ist einfach völlig anders. Du wirst schon sehen … in Jeans und Turnschuhen zur Schule gehen, den ganzen Sommer über schwimmen …«

»Und Fußballplätze ohne Rasen. Das muss nicht unbedingt sein.«

»Nur keine Sorge, daran gewöhnst du dich schon«, sagte ich und lächelte ihn an.

»Das glaube ich kaum«, sagte Charlie stirnrunzelnd. »Dann müsste ich mich ja auch daran gewöhnen, Wundbrand zu kriegen. Das kriegt man nämlich, wenn man auf blankem Erdboden Sport macht. Hat was mit Schafexkrementen zu tun. Und am Ende müssen sie einem die Beine amputieren.«

»Da können wir alle nur hoffen, dass du auch Wundbrand auf der Zunge kriegst«, knurrte Sandy, als er in die Küche spaziert kam und sich den Schlaf aus den Augen rieb. »Dann haben ein paar von uns vielleicht Ruhe und können in der Nacht schlafen, anstatt sich durch die Wand dein ganzes Gequengel und Gegreine anhören zu müssen. Du weißt einfach nicht, wann es dir gut geht, das ist dein Problem. Ewig unzufrieden.« Er schaute aus dem Fenster und fröstelte, hob die Schultern und rieb die Hände gegeneinander. »Bisschen trostlos da draußen, was, Dad? Nicht ganz dein sonnendurchflutetes paradiesisches Tal, oder?«

»NARANJAS! HOLA! NARANJA-A-AS!«

Ich erkannte die Stimme des alten Rafael. Er war gerade rechtzeitig beim Tor erschienen und bewahrte mich davor, mir noch mehr verächtliche Bemerkungen über die enttäuschende Entwicklung des Wetters anhören zu müssen. Was zum Teufel erwarteten die Jungs denn, fragte ich mich: etwa ununterbrochenen Sonnenschein an dreihundertfünfundsechzig Tagen im Jahr?

»Feliz Navidad, amigo. Cómo le va?« strahlte Rafael, als ich ihm das Tor öffnete. Ausnahmsweise war er einmal nicht in Begleitung einer ganzen Horde von Ziegen oder Enkelkindern. Er sei heute sehr in Eile, erklärte er, also habe er den Motorroller genommen. Und wo ich denn überhaupt gewesen sei? Er sei schon gestern vorbei gekommen, um Orangen zu kaufen, doch niemand sei dagewesen. *Hombre,* ich könne doch nicht erwarten, in der Obstbranche Geld zu verdienen, und dann einfach nicht anwesend sein, wenn zahlende Kunden kämen. *»Madre de Dios!«*

Ich stand in Windrichtung von Rafael und seinem Motorroller, als er an seinem uralten Gefährt zog und zerrte, bis er endgültig davon überzeugt war, dass es sicher auf seinem wackeligen, einbeinigen Gestell ruhte. Der Gestank nach Ziegen war übermächtig, und mir kam der Gedanke, dass Rafael diese Maschine vielleicht tatsächlich mit einer Art Geheimtreibstoff laufen ließ, den er in seiner eigenen Hinterhof-Raffinerie aus Ziegenurin destillierte.

»Tut mir Leid, dass ich Sie gestern verpasst habe, Rafael«, sagte ich und trat diskret in den Windschatten, »aber wir mussten zum *aeropuerto* fahren, um unsere Söhne abzuholen. Ich schicke sie zu den Obstbäumen runter, dann können Sie Ihnen pflücken helfen. So sparen Sie ein bisschen Zeit, wo Sie doch in Eile sind.«

Das wäre nett, sagte er. Heute würde er ein wenig Hilfe brauchen können, weil er noch viel vorzubereiten habe, ehe die Familie zum Weihnachtsessen komme. Nur zwölf dieses Jahr, aber trotzdem eine Menge vorzubereiten. Und außerdem braue sich da ganz schön schlechtes Wetter zusammen. »Schauen Sie nur da rüber, *amigo*.«

Die Wolken hatten begonnen, sich zu anschwellenden Massen unheilvollen Graus zu bauschen, und dabei bedeckten sie die höchsten Bergrücken unter einem gespenstischen Nebel, der buchstäblich die hohen Schluchten herunterkroch und seine kalten Finger langsam, aber unbarmherzig durch die Pinien nach dem Tal unten ausstreckte. Hoch oben jagten kleinere Wolkenfetzen über den sich verdüsternden Himmel und kündigten die Ankunft des *Tramuntana*-Windes und der ihn begleitenden Gewitterwolken an, die sich, wie man bereits sehen konnte, drohend über den fernen Bergen im Norden zusammengeballt hatten.

»Greift euch ein paar Baumscheren und Körbe, Jungs, und dann nichts wie runter in den Orangenhain, da könnt ihr dem alten Rafael ein wenig zur Hand gehen«, sagte ich, als ich in die Küche zurückgelaufen kam. »Der hat's heute nämlich ein bisschen eilig.«

»Aber, Dad, wir wissen doch gar nichts über Orangen und übers Pflücken und so«, wandte Charlie ein.

»Das kann euch ja wohl kaum jemand besser beibringen als ein alter spanischer Orangenpflücker, oder?«, gab ich zurück.

»Ja, schon, aber die Sprache, Dad. Ich meine, spricht der Alte irgendwie Englisch?«, fragte Sandy besorgt.

»Keine einzige Silbe, das wird eine gute Gelegenheit für euch sein, euer Spanisch zu üben. Irgendwann müsst ihr ja mal damit anfangen, wieso nicht jetzt gleich; los, ab mit euch.«

»Aber unsere Weihnachtsgeschenke – wir haben ja noch nicht einmal unsere Weihnachtsgeschenke ausgepackt«, jammerten die Jungen in schönem Einklang.

Aber ihre Proteste trafen auf taube Ohren, und so schlurften sie zögerlich davon, frisch vereint in ihrem gemeinsamen Mangel an Begeisterung für die vor ihnen liegende ungewohnte Aufgabe und für – so hatte ich Charlie leise brummeln hören – das ganze beknackte Mallorca.

»Du musst Geduld mit ihnen haben, Liebling«, sagte Ellie, die gerade das Feuer schürte und die Kaminecke nach dem Festmahl des gestrigen Abends wieder aufräumte. »Das ist eine ziemliche Umstellung für die Jungs. Sie werden eine Weile brauchen, um sich einzugewöhnen. Du musst einfach nur Geduld mit ihnen haben.« Sie lächelte ein Geduld anfachendes Lächeln und fügte hinzu: »Weißt du, ich glaube, du solltest das Feuer gleich wieder anmachen, so lange die Asche noch warm ist. Wir wollen es doch am Weihnachtstag hübsch gemütlich haben, vor allem, wenn der Himmel so bedeckt ist und bedrohlich wirkt. Die wenigen Dinge, die es uns hier im Moment wohnlich machen, müssen wir doch nutzen, oder?«

Damit hatte sie natürlich Recht. Solange all unsere vertrauten Dinge – die Bilder, die Lampen, der ganze Zierrat, Charlies geliebter Fernseher, all die Gegenstände, die ein Haus zum Heim machen – noch immer irgendwo zwischen Schottland und Spanien unterwegs waren, mussten wir Trost suchen, wo wir nur konnten. Und was gab es da Besseres als ein prasselndes Feuer zu Weihnachten, abgesehen vielleicht von einem Haus voller Freunde und Verwandter und wohlmeinender Nachbarn. Aber all das lag jetzt weit hinter uns. All das war fünfzehnhundert Meilen weit weg, und was Charlie betraf, so vermutete ich, hätte es getrost fünfzehntausend Meilen sein können.

»Charlie wird sich bald einleben«, sagte Ellie, die meine Gedanken aufs Wunderbarste las. »Wenn er erst einmal mit der Schule angefangen hat, wird er schnell Freunde finden und sich für neue Dinge interessieren. Das wird schon gut gehen, da bin ich mir sicher. Aber Sandy ... tja, in seinem Alter könnte es schwieriger werden.«

»Ja, ich weiß, was du meinst«, sagte ich und fächelte die Glut an, um einen kleinen Stapel Mandelschalen anzuzünden. »Er hatte zu Hause schon angefangen, sich ein eigenes Leben aufzubauen – hatte jede Menge guter Kumpel, die er schon ewig kannte, sein erstes Auto, auch wenn es nur ein alter Schrotthaufen war, und nächstes Jahr wollte er aufs College gehen. Sich durchzuringen, mit uns hierher zu kommen, muss für Sandy eine ganz schön schwere Entscheidung gewesen sein.«

»Mhm, tja. Ich bin mir immer noch nicht sicher, ob wir für Sandy nicht doch zur falschen Zeit umgezogen sind«, erwiderte Ellie nachdenklich. »Aber andererseits, schließlich war es ja seine eigene Entscheidung, mit uns hierher zu kommen, und so, wie ich ihn kenne, wird er sich bestimmt alle Möglichkeiten offen halten.«

»Was willst du damit sagen?«

Ellie kniete sich neben mich vor den Kamin und fing an, mit einem alten, löcherigen Blasebalg, den die Ferrers zurückgelassen hatten, eifrig die knisternden Mandelschalen zu beblasen. »Na ja, es ist ja nicht so, als sei er hier draußen zu lebenslanger Haft verurteilt, oder? Er ist ja nicht für den Rest seiner Tage in irgendeine Sträflingskolonie verbannt worden. Wenn es ihm hier nicht gefällt oder er hier keine Zukunft für sich sieht, dann ist er ganz bestimmt vernünftig und stark genug, zurückzugehen und da weiterzumachen, wo er aufgehört hat.«

»Ja, aber ich weiß noch, wie wir beide wieder und immer wieder darüber gesprochen haben, als wir zusammensaßen und uns in unseren Träumen ausmalten, nach Spanien zu ziehen, und Sandy dann bedrängten, sich zu entscheiden, ob er bleiben oder mit uns kommen wolle – das war damals unsere größte Sorge. Ich weiß, dass Sandy uns mehr als sonst jemand ermutigt hat, den Schritt zu wagen, aber jetzt, wo wir tatsächlich hier sind und wo auch er seine Brücken hinter sich abgebrochen hat, da überlege ich doch …«

»Schau mal«, sagte Ellie und legte ihre Hand fest auf meinen Arm, »du machst dir viel zu viele Sorgen. Vergiss nicht, dass Sandy kein kleiner Junge mehr ist.«

»Ganz gleich, was du auf dem Flugplatz zu Jock gesagt hast?«, zog ich sie auf.

»Ganz gleich, was ich gesagt habe. Sandy ist jetzt ein junger Mann, und er ist auch schon sehr vernünftig. Er wird schon machen, was für ihn am besten ist, da bin ich mir sicher.«

»Du hast ja Recht, Ellie, du hast ja Recht«, seufzte ich. »Es ist ja nur, dass ich erst jetzt allmählich begreife, was für eine Riesenumstellung den Jungs bevorsteht. Für dich und für mich ist das nicht mehr so wichtig, aber der Umzug hierher wird sich bei den beiden auf ihr ganzes weiteres Leben auswirken.«

»He, nun mach aber mal halblang, Methusalem«, schimpfte Ellie gut gelaunt. »Wir beide stehen bestimmt noch nicht mit einem Bein im Grab, jedenfalls hoffe ich das, also haben wir *alle* noch ein Leben vor uns, auf das sich der Umzug hierher auswirken wird, und bestimmt werden wir alle davon profitieren – *ganz besonders* die Jungen und *wir zwei* natürlich auch.«

Sie versetzte mir einen liebevollen Stups in die Rippen, und ich verlor das Gleichgewicht, so dass ich zur Seite weg in einen zusammengefegten Schmutzhaufen auf dem Boden der Kaminecke fiel.

»Borracho! Ya borracho a la' nueve de la mañana?«

Ich schaute um den Rand der Sitzbank herum und sah das grinsende Mondgesicht des alten Rafael bei der Küchentür, flankiert von den ebenfalls belustigten Gesichtszügen von Sandy und Charlie.

»Er will wissen, ob du schon betrunken bist – um neun Uhr früh«, sagte Sandy lachend. »So viel verstehe ich immerhin schon. Aber du liebe Güte, was für eine Sprache spricht dieser Alte denn bloß? Er hat nicht ein einziges Mal aufgehört zu reden, seit wir bei den Orangenbäumen angekommen sind, und ich habe kaum ein Wort verstanden. Ich habe einfach nur ab und zu ›*sí*‹ gesagt, und er hat dann die nächsten paar Minuten immer munter weitergebrabbelt. Ganz schön einseitige Unterhaltung!«

»Rafael stammt aus Andalusien«, grunzte ich und hievte mich auf die Beine.

»Ah, Anda-lu-thi-ah. Mii pa-iith. Qué pa-iith tan fanta'tico!«, rief Rafael voller Stolz auf seine Heimat, versetzte beiden Jungen gleichzeitig einen Schlag auf den Rücken und schüttete sich aus vor Lachen, bis er mit seinem Husten ein weiteres seiner klumpigen Fluggeschosse hochgeholt hatte, das er allerdings, in Gegenwart einer Dame, mit schmatzenden Lippen zu schlucken vorzog, statt es dem Spucktrieb folgend an sein bevorzugtes Ziel unter dem Walnussbaum zu befördern. Das Zeitalter der Ritterlichkeit würde niemals untergehen, solange es den guten Rafael gab.

Angesteckt von seinen guten Manieren, beschloss ich, Rafael und Ellie einander offiziell vorzustellen, denn Rafael hatte Ellie ja erst einmal kurz gesehen – und zwar, als sie ihre vornehm pantomimische Version von Señora Ferrers Hunden und deren Geschäften auf unserem Küchenfußboden vorführte.

»Rafael, das ist meine *esposa,* Ellie. Ellie … Rafael.«

Ungeschickt lüftete der alte Rafael seine Cordmütze und streckte Ellie eine von Orangen verschmierte und von Ziegen verdreckte Hand hin.

»Encantado, señora«, flüsterte er, verbeugte sich steif und gestattete seinen schwarzen Oliven-Augen ein oder zwei Sekunden lang, auf dem erfreulichen Anblick von Ellies Knö-

cheln, Knien und allen Körperteilen nördlich davon zu verweilen.

»Er hat Orangen voller Würmer und Maden gepflückt, Dad«, vertraute Charlie mir mit einem Ausdruck angewiderter Bewunderung an.

»Das kann ich daran sehen, wie er deine Mutter anschaut, Junge«, murmelte ich mit Kennerblick.

»Ich – ich höre, Sie haben einen ganzen Stall voller Enkelkinder, Señor Rafael«, stotterte Ellie, befreite ihre Hand aus Rafaels klebrigen kleinen Fingern und machte ein paar Schritte nach hinten auf den behelfsmäßigen Weihnachtsbaum zu. »Und, ähm – und ich habe da etwas, das Ihnen bestimmt gut gefällt.«

»Na, Gott sei Dank versteht er kein Englisch, Ellie«, sagte ich und schüttelte ungläubig den Kopf. »Ich habe dir ja schon oft vorgeworfen, dass du das Offensichtliche immer so verdammt überbetonst, aber …«

»Ich will ihm doch nur ein paar Pralinen für seine Enkelkinder geben«, gab Ellie verärgert zurück. Sie drehte sich um und fing an, unter dem Baum nach etwas zu suchen. »Ich habe ein oder zwei Extraschachteln für solche Gelegenheiten.«

Während sie noch mit dem Rücken zu uns beschäftigt war, sah mich Rafael traurig an und tippte sich mit dem Zeigefinger an den Kopf. *»Un poquito mejor en la cabeza, la señora?«*

»Ja, sie ist wieder ganz richtig im Kopf, Rafael. *Completamente normal*«, sagte ich und nickte.

Rafael war nicht vollständig überzeugt. So gehe das oft, sagte er, schürzte die Lippen und neigte den Kopf, um einen besseren Ausblick auf Ellies hochgereckten Hintern zu haben. Die Gutaussehenden seien *loco,* während die besten Köchinnen, die besten Putzfrauen, die besten Ziegenhirtinnen, die besten Feldarbeiterinnen, die besten Gebärfreudigen alle ausnahmslos hässliche Hexen seien. Er selbst habe sich für eine aus der letzten Gruppe entschieden. Nicht, dass er nicht auch seine Erfahrungen mit jener anderen Sorte gemacht hätte, aber auf dem Land müsse man praktisch denken, wenn man sich eine Frau zum Heiraten aussucht. *Hombre*! Weshalb sich ein teures Vollblut halten, wenn sie den Pflug nicht mal so gut wie ein altes Maultier ziehen kann?

Ich war in Versuchung, ihm zu erzählen, dass Ellie am Abend zuvor tatsächlich eine große *Potaje de Lentejas* gekocht hatte, doch dann überlegte ich es mir anders. Sinnlos, das Ganze noch weiter zu verkomplizieren. Ich hoffte nur, dass Ellie nichts von Rafaels sexistischen Bemerkungen verstanden hatte, die für ihn und Leute seiner Generation ja normal und annehmbar sein mochten, aber ganz gewiss nicht Ellies Zustimmung finden würden. Ich wusste, dass sie nicht viel von den alten, von Männern bestimmten häuslichen Traditionen Spaniens hielt, und ich wollte gern vermeiden, dass Rafael übel für ein Verbrechen beschimpft wurde, das nach seiner Auffassung nicht einmal existierte.

Doch beim Anblick von Ellies freundlichem Lächeln, mit dem sie Rafael die Pralinenschachtel reichte, konnte ich erleichtert aufatmen. Sie tätschelte seinen Handrücken, und Rafael schmolz dahin – er stand da und schaute dümmlich auf seine Füße hinunter wie der kleine Verschämte von Schneewittchens Sieben Zwergen.

Sacht hob Ellie das Kinn des alten Rafael mit der Fingerspitze an, und während sie ihm zärtlich in die Augen sah, sagte sie sanft auf Englisch zu ihm: »Fröhliche Weihnachten, und ich hoffe, die Pralinen werden Ihren Enkelkindern schmecken. Vielleicht liegt es für Sie ja sogar im Bereich des Möglichen, Ihre Frau eine davon probieren zu lassen, Sie völlig aus der Mode gekommenes fieses, kleines Chauvinisten-Schwein.«

Rafael, der glücklicherweise nicht in der Lage war, auch

nur eine einzige Silbe von dem zu verstehen, was da gesagt worden war, wurde rot und zerfloss sichtlich zu Gelee. »*Mucha' grathia', señora.*« Er hoffe, dass *la señora* auf Mallorca Gesundheit, Reichtum und Glück finden werde und vor allem *el señor* noch einige kräftige Söhne wie diese beiden hier gebären möge. Sie seien tatsächlich prächtige *muchachos*, die bei der Arbeit zupacken könnten. Die Saat von *la señora* sei wirklich gut. Sehr selten bei einer Frau, die gesegnet sei mit solch ... *atractivos*. Sie habe Hüften, die zum Kinder kriegen geradezu ideal seien, das sei ihm aufgefallen, und sie solle nur ja vollen Gebrauch von dieser Gabe machen, bevor sie zu alt sei. *Sí, claro que sí.*

Ellie bedankte sich bei ihm, lächelte mild, und diesmal hatte sie wirklich keine Ahnung, wovon zum Teufel er da geredet hatte.

Ich schloss die Augen und bewegte meine Lippen zu einem stummen Dankgebet an den Gott der Sprachbarrieren. Grollend gingen Donnerschläge durch das Tal. Die Botschaft war angekommen und verstanden worden, folgerte ich. Amen.

»Heute berechne ich Ihnen nichts für die Orangen, Rafael«, sagte ich schnell. »Betrachten wir es als Opfergabe an die Götter.«

Rafael schaute reichlich belustigt drein, aber vorsichtshalber bekreuzigte er sich trotzdem. »*Sí, grathia' a Dio', amigo. Grathia' a Dio'.*«

Bis ich den mit Orangen voll beladenen Motorroller des alten Rafael den Weg hinunter angeschoben hatte, waren die Gewitterwolken näher gerückt und es hatte angefangen zu regnen – zunächst fielen nur vereinzelte Tropfen heftig platschend zu Boden, kleine flüssige Bomben, die den staubigen Weg sprenkelten und in eine Miniaturlandschaft mit winzigen Kratern verwandelten. Ein weiteres Donnergrollen kam als Echo von Norden, lauter diesmal und näher, und innerhalb von Sekunden öffneten sich die Himmelsschleusen und gaben eine wahre Sintflut von Wassermassen frei, von plötzlichen wirbelnden Windstößen zu Peitschenschnüren aufgewühlt, die auf dem Gesicht schmerzten.

Rasch lief ich zum Haus zurück, war aber bereits völlig durchnässt, bevor ich den Schutz des überdachten Kücheneingangs erreichte.

»Mensch, sieh sich bloß einer diesen Regen an«, staunte Charlie, während ich dastand und mir das Wasser aus dem Haar schüttelte. »So was habe ich noch nie im Leben gesehen. Guck nur, der prallt da draußen ja bis zu dreißig Zentimeter wieder vom Boden ab. Ich glaube nicht, dass die Götter deine Opfergabe angenommen haben, Dad«, stieß er leise zwischen zusammengepressten Zähnen hervor, damit seine Mutter ihn nicht hörte. »Die stehen alle da oben und pinkeln auf dich runter.«

»Gut möglich, Charlie. Gut möglich. Aber geh jetzt einfach aus dem Weg und lass mich rein, bevor ich noch im Regen ertrinke.«

In der Kaminecke war Sandy damit beschäftigt, immer mehr trockene Holzstöckchen ins Feuer nachzuschieben. Er drehte sich zu mir um, sah meinen erbärmlichen Zustand und fing an, die ersten paar Takte aus ›I'm Dreaming Of A White Christmas‹ zu pfeifen.

»›Raindrops Keep Falling On My Head‹ wäre wohl passender gewesen«, sagte Ellie, die mir ein Handtuch reichte. »Und ich hoffe, dein alter *compadre* bekommt auf dem Nachhauseweg auch eine ordentliche Ladung ab.«

»Wieso? Und überhaupt, was hat er eigentlich gesagt, dass du so verärgert warst und ihn ausgerechnet fieses Chauvinisten-Schwein genannt hast?«, wollte ich mit leicht warnendem Unterton wissen.

»Es war ja nicht nur, was er gesagt hat. Um ehrlich zu sein, das meiste von dem, was er sagt, ist für mich sowieso völlig unverständliches Kauderwelsch. Aber ich mag es einfach nicht, wenn man mich so abschätzend anguckt, als sei ich eine junge Kuh auf einer Viehauktion.«

Wütend stapfte Ellie ans andere Ende der Küche, um die Fortschritte des weihnachtlichen Mittagessens zu überwachen. Sie warf einen schnellen Blick in den brutzelnden Ofen, dann schlug sie krachend die Ofentür zu. »Du kannst mich mal«, fauchte sie, und ich nahm an, dass sie damit nicht den Truthahn meinte.

Ein greller, blauweißer Blitz erhellte die hereinbrechende Dämmerung des Tages, und fast unmittelbar darauf folgte ein Ohren betäubender Donnerschlag, der direkt über uns zu explodieren schien, die Fensterscheiben und die Fensterläden klirren und klappern ließ und das alte Haus bis in die Grundfesten hinein erschütterte. Der Lärm hallte in den Bergen wider, wobei jeder Felsen und jede steinerne Spalte als Resonanzboden diente, der das tiefe Grollen von einer Seite zur anderen durch das Tal schleuderte.

Ellie kam angelaufen, klammerte sich an meinen Arm und vergrub das Gesicht an meiner Schulter. »Ich habe solche Angst vor Gewitter«, wimmerte sie. »Bitte, *bitte* halt mir die Ohren zu und sag mir Bescheid, wenn alles vorbei ist. Ich hasse das. Nicht einmal hingucken kann ich.«

»Augen und Ohren zuzuhalten wird dir auch nicht viel nützen, wenn der Blitz ins Haus einschlägt«, sagte Sandy von der Tür her.

»Ja, dann bist du bloß ein totes Stück Fleisch genau wie wir anderen auch«, sagte Charlie grinsend, »also kannst du genauso gut zur Tür kommen und dir das Spektakel angucken. Es ist fantastisch! Komm schon, Mum. Sei kein Waschlappen.«

Ohne Vorwarnung war da plötzlich ein widerliches Geräusch, wie von einer riesigen Machete, die sich eine Schneise durchs Holz schlägt, und als ich hinausschaute, sah ich eine sich windende Blitzschlange, die sich einen flammenden Weg durch einen der Eukalyptusbäume vor dem Haus bahnte. Heftig, als sei es nichts weiter als das Brustknöchelchen eines winzigen Vogels, rammte sich der Blitz in die Astgabel des Baumes hinein und hieb ein massives Stück vom Stamm ab, bevor er schließlich den Weg zur Erde fand und in einem zischenden Wüten von Flammen und Dampf sein Leben aushauchte.

Mir kam es so vor, als hätten unsere Augen gerade nur den Bruchteil einer Sekunde Zeit gehabt, um Zeuge der unaufhaltsamen Grausamkeit des Blitzes zu werden, ehe unsere Ohren vom Lärm des den Blitz begleitenden Donners bombardiert wurden. Es war, als wären wir im Moment des Abfeuerns im Geschützrohr einer riesigen Kanone gefangen. Eine Ohren betäubende Explosion ließ alles andere um uns herum versinken. Wir spürten, wie die alten Fliesen unter unseren Füßen zitterten. Steingutgeschirr wurde von den Regalen geschleudert und ging auf dem Fußboden zu Bruch, während das Geklirre zerspringender Fensterscheiben sich mit dem Donnergrollen mischte, das in vielen Echos das Tal hinunterzog.

Einige unwirkliche Augenblicke lang schienen wir in eine unheimliche Stille getaucht, aber als sich unsere Sinne von dem Schock erholten, wurden uns der hämmernde, sintflutartige Regen und das Heulen des *Tramuntana* wieder bewusst.

»Verdammt noch mal!«, rief Sandy.

Mit aschfarbenem Gesicht stand er bei der Küchentür und presste den Rücken fest gegen die Wand.

»Der war aber ganz schön dicht dran.«

Ich spürte, wie Ellie zitterte, als sie den Griff, mit dem sie meinen Arm gepackt hielt, allmählich lockerte.

»Ist schon in Ordnung, Liebling«, sagte ich beruhigend, obwohl ich das nervöse Beben in meiner Stimme nicht gänzlich unter Kontrolle hatte. »Du kannst jetzt gucken. Es ist alles vorbei … glaube ich. Uns ist nichts passiert, das ist die Hauptsache.«

»Aber – aber dieses furchtbare Krachen und das zersplitternde Glas«, stotterte sie. »Ich dachte, ich hätte Glas splittern hören.«

»Boah, ja, Mum, du hättest hingucken sollen«, quiekte Charlie voller Begeisterung und krabbelte mit plötzlich aufkeimendem Mut aus seiner Zufluchtsstätte unter dem Tisch hervor.

»Einer von den großen Bäumen da draußen … total kaputt. Und deine Teller. In tausend Scherben. Und auch die ganzen Fenster im Haus.«

»Woher willst du das wissen, Charlie?«, höhnte Sandy. »Du bist doch unter den Tisch geflitzt wie ein Kaninchen mit einer Rakete im Hintern in seinen Bau.«

»Ja, übertreib nicht, Charlie«, sagte Ellie mit zittriger Stimme. »Und du sollst nicht fluchen, Sandy.«

»Hintern ist doch kein Fluch«, wehrte sich Sandy.

»Na schön – vielleicht sollten die Jungs und ich lieber mal nachsehen, was für Schäden es gegeben hat«, schlug ich vor. »Hol einen Feger und eine Schaufel, Sandy, und du siehst nach, ob du irgendwo ein paar leere Eimer findest, Charlie.«

Ich legte Ellie die Hände auf die Schultern und schaute ihr tief in die Augen. Zu meiner großen Erleichterung schien das blanke Entsetzen darin schon wieder verschwunden zu sein. Arme Ellie – sie war wirklich krank vor Angst, wenn es um Blitz und Donner ging, aber wenigstens hatte der Donnerschlag ihre Feindseligkeit gegenüber dem alten Rafael vertrieben, und das war ein Segen. Vielleicht waren die gewohnheitsmäßig vorgebrachten Dankesworte des Alten an die Gottheit nicht ganz so nutzlos gewesen, wie es zunächst den Anschein hatte.

»Geht's dir auch wirklich wieder gut?«, fragte ich leise.

»Ja, es geht mir gut – ehrlich«, versicherte sie mir mit einem kleinen Lächeln. »Du gehst jetzt besser mit den Jungs los. Und ich räume inzwischen das kaputte Geschirr weg.«

Glücklicherweise war das Geräusch von Glas auf dem harten, gefliesten Boden schlimmer gewesen als der eigentlich angerichtete Schaden. Nur drei Fenster waren zerbrochen, und den meisten Regen konnten wir leicht draußen halten, indem wir einfach die außen angebrachten Fensterläden schlossen. Ansonsten konnten wir nur noch Pappkartonstücke vor die kaputten Fenster stecken, um so gut es eben ging zu verhindern, dass es allzu sehr zog.

»Sehr ordentlich sieht das ja nicht aus«, gab ich den Jungen gegenüber zu, »aber das muss reichen, bis nach den Feiertagen ein Glaser kommt.«

Nach der Aufregung und dem Schock wegen des eingeschlagenen Blitzes schien plötzlich ein merkwürdiges Gefühl der Leere vorzuherrschen, dem Verärgerung folgte, als wir entdecken mussten, dass die Telefonleitung von dem heruntergeschlagenen Eukalyptus-Ast beschädigt worden war, und schließlich stellte sich so etwas wie Verzweiflung ein, als uns klar wurde, dass durch das Gewitter auch die Stromversorgung unterbrochen worden war.

Ohne Strom funktionierte unsere elektrische Wasserpumpe nicht, und ohne Pumpe hatten wir überhaupt kein fließendes Wasser im Haus. Irgendwie würde ich telefonieren müssen, aber ich wusste, dass von unseren nächsten Nachbarn keiner ein Telefon hatte.

»Da hilft alles nichts«, beschloss ich. »Ich muss eben mit dem Auto los.«

Eine riskante Fahrt über geflutete Wege voller Schlammteppiche und Felsbrocken, die von den umliegenden Erhebungen heruntergespült worden waren, brachte mich schließlich zur öffentlichen Telefonzelle ganz am anderen Ende des Dorfes. Nach einem immer wieder unterbrochenen und völlig frustrierenden Telefonat in meinem besten Spanisch mit einem, wie sich herausstellte, fehlerhaften Anrufbeantworter in den Geschäftsräumen der G. E. S. A., den Gas- und Elektrizitätswerken, teilte eine freundliche Stimme vom Band mir mit, dass am Weihnachtstag keinerlei Reparaturen in Privathäusern ausgeführt würden. Man habe sich mein Problem notiert und würde sich dann zu gegebener Zeit darum kümmern.

Mein Anruf bei der Notfall-Nummer der Telefongesellschaft wurde nicht einmal beantwortet. Tja, *Feliz Navidad*.

Ich fuhr nach Hause zurück und teilte den anderen die Neuigkeiten mit. Die allgemein niedergeschlagene Stimmung verdüsterte sich noch, als ich ihnen erzählte, dass alles Wasser, das wir brauchten, mit Seil und Eimer aus dem *aljibe* heraufgezogen werden müsste, der hauseigenen Zisterne, die sich unter der offenen Terrasse befand. Doch während eines ununterbrochenen mediterranen Regenschauers von draußen Wasser holen zu müssen würde keine angenehme Sache werden, wie wir bald herausfanden.

»Stell dich lieber ans Feuer«, sagte ich zu Sandy, der das kürzere Streichholz gezogen hatte, als es um die Auslosung des ersten Gangs zum *aljibe* ging. »Das muss man diesen alten Mallorquinern wirklich lassen. Die wussten tatsächlich, was sie taten, als sie diese riesigen Kaminecken gebaut haben. Ein gemütlicher Platz zum Sitzen, wenn es draußen kalt ist, und genau der richtige Ort, um wieder trocken zu werden, wenn es regnet. Wirklich eine großartige Idee.«

»Eine noch bessere Idee«, keuchte Sandy, der zitternd mitten in der Küche stand, »wenn vielleicht auch nicht ganz so großartig, wäre es gewesen, unter dem Dach einen schlichten Vorratsbehälter für Wasser anzubringen – so wie die, die wir zu Hause haben –, damit man nicht raus muss und jedes Mal, wenn der Strom ausfällt, von so einem Regenschauer durch und durch nass wird.«

»Da ist was dran«, gab ich verlegen zu. »Daran habe ich

noch gar nicht gedacht, aber du hast Recht. Schon merkwürdig, dass sie für Notfälle nicht irgendwelche Wasservorräte auf den Dachböden dieser alten Häuser hatten.«

»Was für einen Sinn hätte das gehabt, wenn sie keinen elektrischen Strom hatten, um das Wasser dort hinaufzupumpen?«, argumentierte Ellie.

»Das kann heute nicht mehr als Ausrede gelten«, sagte Charlie. »Das ist fast genauso bescheuert, wie eine Fernsehantenne ohne Fernseher.«

»Ja, ich frage mich, weshalb die Ferrers keinen Wasserbehälter auf dem Dachboden eingebaut haben, als der Strom gelegt wurde«, überlegte Ellie.

»Dazu sind die viel zu knickrig, deshalb«, antwortete ich. »Na, jedenfalls müssen wir uns fürs Erste mit Seil und Eimer behelfen, also versucht doch einfach, es positiv zu sehen. Sagt euch eben, das ist eine echte Kostprobe des traditionellen mallorquinischen Landlebens.«

»Traditionell? Vorsintflutlich, das trifft es wohl eher«, brummelte Sandy, der platschend Richtung Kaminecke spazierte.

Die himmlischen Botschafter guten Willens schienen, was das Wetter betraf, allerdings noch immer einen großen Bogen um unseren Haushalt zu machen, und wenn man jetzt in diesem Augenblick die Jungen aufgefordert hätte, ihre begehrtesten Weihnachtsgeschenke zu nennen, dann hätte ein einfaches Flugticket weg von der Insel bestimmt ganz oben auf ihrer Liste gestanden.

Doch Ellie war wild entschlossen, alles zu tun, damit unser erstes Weihnachtsfest auf Ca's Mayoral nicht nur unvergesslich sondern auch wunderschön würde. Sie hatte alle Vorkehrungen getroffen, und von einer kleinen Unannehmlichkeit wie einem mediterranen Monsun würde sie sich ihre Feiertagsstimmung nicht verderben lassen. Also mussten wir uns um den großen Küchentisch setzen, und zogen dort an unseren Knallbonbons, setzten uns Papierhütchen auf und gaben uns zumindest den Anschein von Fröhlichkeit, horchten auf das ermutigende Geräusch der Holzscheite vom alten Pep, die zischten und Funken sprühten und rochen den süßen, beißenden Geruch von Rosmarin, den Ellie einem mallorquinischen Weihnachtsbrauch folgend ins Feuer geworfen hatte.

Auch ihr weihnachtliches Mittagessen war den ländlichen Traditionen unserer Wahlheimat entlehnt; zur Vorspeise gab es eine *Sopa de Pilotes* – nicht, wie Charlie annahm, das Zeug, mit dem sich Flugzeugpiloten die Füße wuschen, sondern eine bräunliche Brühe mit kleinen, würzigen Fleischbällchen, auf deren Grund im Ofen geröstetes Brot lag. Dann war da natürlich der Truthahn – ein Prachtexemplar von einem Burschen, der sein irdisches Leben damit verbracht hatte, Futter herunterzuschlingen und seinen am Hintern angebrachten Indianerhäuptlings-Kopfschmuck vor seinen mit bescheidenerem Federkleid ausgestatteten Weibern auszuführen, während er durch sonnendurchflutete Alleen von Aprikosen- und Pflaumenbäumen auf einer kleinen *finca* weiter oben im Tal auf und ab stolzierte. Es war vielleicht ein wenig ironisch, dass der majestätische Vogel seinen letzten Ruheplatz auf unserer Weihnachtstafel gefunden hatte, gefüllt mit einer Farce aus Schweinefleisch und gehackten, getrockneten Früchten aus eben jenen Obstgärten, durch die er in all seiner Herrlichkeit so großtuerisch stolziert war. Doch ein Totenhemd aus Ellies Granatapfelsauce und ein Kranz aus gerösteten kleinen Kartoffeln, gebackenen Tomaten, Erbsen und gebratenen Süßkartoffeln gaben diesem dahingeschiedenen Geflügelpotentaten ein bunt schillerndes, respektvolles Geleit.

Unser Bankett beschlossen wir mit kleinen Riegeln *Turrón* – einem speziell für Weihnachten gemachten Mandelnougat aus der *pastelería* des Ortes – und dazu gab es noch einen den Gaumen erfrischenden Zitrusfruchtpudding, komponiert aus den unbezahlbar köstlichen Eiern der alten Maria und dem Saft unserer eigenen Zitronen.

Ellie hatte uns wahrhaft verwöhnt.

Langsam zog sich der Nachmittag hin, und die reißenden Regenfälle hielten unvermindert an. Das Gewitter hatte sich auf die See gen Afrika zurückgezogen, und als sich frühzeitig eine graue Dämmerung über das Tal senkte, sahen wir das ferne Wetterleuchten, das rosafarben vor dem Hintergrund der bleiernen Wolken am südlichen Himmel aufflackerte.

Wir saßen um den Tisch herum, unsere Papierhütchen stellten vor der immer schwerer werdenden Düsternis ihre fröhlichen Farben zur Schau, während draußen die kleinen, terrassenförmig angelegten Äcker wie Reisfelder aussahen, den Boden bedeckte eine Schicht Schlammwasser, das vom niederprasselnden Regen genarbt war. Irgendwie schienen das üppige Grün der Orangenbäume und ihre schimmernd goldenen Früchte in traurigem Kontrast zu dieser trostlosen Landschaft zu stehen. Sogar die hohen Palmen, die wie Wächter bei den benachbarten Bauernhäusern standen, wirkten verloren und fremd, und ihre exotische Pracht welkte vor unseren Augen in der nassen und windigen Szenerie dahin, die eher zu einer düsteren Ecke der Atlantikküste, etwa den Äußeren Hebriden, gepasst hätte als zu dem zauberhaften Hinterland einer Mittelmeerinsel. Die Jungen hatten Recht gehabt; das hier stimmte in nichts mit dem weit verbreiteten Bild eines sonnendurchfluteten paradiesischen Tales überein.

»Ich bin voll bis obenhin«, stöhnte Charlie, streckte sich genüsslich und kratzte sich unter dem Arm. »Ich glaube, ich gehe jetzt mal schiffen.«

»Na schön«, sagte Ellie mit einem Ausdruck völliger Gleichgültigkeit auf dem Gesicht, »aber versuch diesmal bitte, sorgfältig zu zielen. Sei so lieb.«

»Ja, allerdings«, brachte ich vage vor und überlegte, dass die Sonne – wenn überhaupt Sonne da gewesen war – inzwischen weit unter die Spitze der westlichen Berge gesunken sein musste, ein untrügliches Zeichen für den herannahenden Abend. »Ziel einfach sorgfältig, Charlie. Diese gefliesten Böden können tödlich sein, wenn sie nass sind.«

Das hereinbrechende abendliche Dämmerlicht tauchte die alte Küche inzwischen in melancholische Schatten und hüllte uns in eine mit Wehmut gefärbte Düsternis.

»Na schön – lasst uns die Kerzen rausholen«, sagte ich atemlos. »Dann wird gleich alles viel fröhlicher.«

»Wieso nicht?«, meinte Sandy.

Er hatte das Kinn auf die Faust gestützt und starrte geistesabwesend zum Fenster hinaus auf den tintenschwarzen, feuchten Mantel der herankriechenden Dunkelheit. »Was kümmern uns die Kosten? Schließlich ist ja Weihnachten.«

»Wir langweilen uns alle – das ist das Problem«, sagte Ellie. »Wir müssen doch irgendwas tun können, das uns wieder aufheitert. Denkt doch mal nach!«

»Ich glaube, ich genehmige mir jetzt einen großzügigen Gin Tonic«, sagte ich und ging zum Schrank hinüber. »Das heitert mich ganz bestimmt wieder auf. Irgendwo muss noch eine Flasche von dem Xoriguer von Menorca sein. Wollt ihr auch was trinken?«

Beide schüttelten den Kopf.

»Lasst euch doch nicht so hängen«, drängte ich. »Holt die gute alte Partystimmung raus. Einen Sherry, Ellie? Für dich ein Bier, Sandy?«

»Nein danke, Dad, ich bin noch so satt vom Truthahn und allem anderen.«

»Ich muss auch passen, Liebling.«

»Wie ihr wollt«, sagte ich und schaute ehrfürchtig auf den Xoriguer in seiner altmodischen Steingutflasche mit ihrem kleinen runden Griffloch am Hals. »Du solltest mal einen Orangensaft mit einem Schuss von dem hier versuchen, Ellie. Du weißt gar nicht, was gut für dich ist.«

Ellie schüttelte sich und rümpfte die Nase. »Ich weiß sehr wohl, was gut für mich ist, also nein danke.«

»Wieso geht die Klospülung nicht, Dad?« fragte Charlie, der mit der Taschenlampe in der Hand in die Küche zurückgestolpert kam. »Ich habe gezogen und gezogen, aber nichts ist passiert. Da ist kein Wasser im Klo.«

»Genau, Superhirn des Jahres«, höhnte Sandy. »Lies es von meinen Lippen ab. Es-gibt-kein-Wasser. Schon vergessen? Kein Strom, keine Wasserpumpe, kein Wasser?«

»Ach herrje, die Toilettenspülung – daran habe ich gar nicht gedacht«, gab ich zu. »Wir müssen Wasser vom *aljibe* holen, damit wir die Toilette spülen können. Gib deine Taschenlampe her, Charlie. Sandy und ich werden so viel Schüsseln und Eimer füllen, wie wir nur können. Und bei der Gelegenheit können wir auch gleich das Wasser holen, das wir für die Nacht brauchen.«

Gott sei Dank hatte mit Anbruch der Dunkelheit auch der Regen allmählich nachgelassen, und der Wind war kaum mehr als eine kühle, steife Brise von Norden. Als wir die alten Holzeimer den Brunnen hinauf auf die Terrasse zogen, sahen wir die Wolken über den Bergen aufbrechen und den Blick auf ein paar Sterne freigeben, die hoffnungsvoll auf den Flecken indigoblauen Himmels funkelten. Das Gewitter war vorüber, nicht jedoch unsere Sorgen, wie wir bald entdecken sollten.

»Nimm den Eimer Wasser mit nach oben und kipp ihn in die Toilette, Charlie«, sagte ich. »Sandy und ich werden die restlichen Eimer füllen. Ach, und vergiss nicht, deinen Eimer wieder runterzubringen, damit wir ihn noch mal füllen können.«

Im Nu war Charlie wieder zurück. »Hat keinen Zweck,

Dad«, keuchte er. »Ich habe das Wasser in die Kloschüssel gegossen, aber es hat nicht funktioniert. Das Wasser hat sich in der Schüssel gesammelt und steht da jetzt .«

»Noch ein Stückchen Komfort, das wir auf Ca's Mayoral von der Liste streichen können. Jetzt haben wir nicht einmal mehr ein Klo«, lamentierte Sandy.

»Nur keine Sorge«, bluffte ich vergnügt, »unter dem Abfluss in der Küche steht der Sauger. Den holen wir uns, und dann funktioniert auch das Klo bald wieder.«

Fünfzehn Minuten und einige hundert Stöße mit dem Gummisauger später stand die Kloschüssel immer noch bis zum Rand voll Wasser, und ich war erschöpft.

»Das können wir vergessen«, sagte ich schwer atmend. »Hier rumzuplanschen hat jetzt auch keinen Zweck mehr. Es hilft einfach nichts, zum Teufel noch mal. Ich werde draußen nachsehen müssen.«

Wie in ländlichen Gegenden üblich, war das Haus auf Ca's Mayoral nicht an den Abwasserkanal angeschlossen, und zwar einfach deshalb, weil es keinen Abwasserkanal gab. Und wie bei den meisten Bauernhäusern war es auch bei unserem so, dass die Rohrleitungen in einen nahe gelegenen Klärbehälter mündeten – einen unterirdischen Tank, in dem Bakterien alles, was in ihre Reichweite gelangt, verdauen und in eine Flüssigkeit umwandeln, die dann mit Hilfe eines Absaugsystems im umliegenden Untergrund versickert. Wenn ein guter Klärbehälter erst einmal ordentlich arbeitet und nicht durch Einkaufstüten aus dem Supermarkt, Plastikenten, Spielzeugautos, Teddybären und andere nicht biologisch abbaubare Abfälle verunreinigt wird, muss man sich kaum, wenn überhaupt, um ihn kümmern. Allerdings hatte ich gehört, dass der vermehrte Einsatz moderner chemischer Küchenreiniger und Waschpulver die empfindliche Verdauung der mikroskopisch kleinen Bewohner im Klärbehälter nachhaltig stören und ihnen sogar gänzlich den Appetit nehmen konnte. Von jemand anderem (einem alten Wildhüter, der sich in diesen Dingen auskannte) wiederum hatte ich gehört, man müsse nur eine tote Katze von der Straße auflesen und in den Behälter werfen, damit die Bakterienarmada wieder hungrig würde und herzhaft zulangte. Das habe alles mit höherer Chemie zu tun, hatte der Alte mir anvertraut.

Ich wollte dem Ratschlag des Wildhüters nicht unbedingt folgen müssen, aber während ich an jenem elenden Weihnachtsabend zum Klärbehälter stapfte, fühlte ich mich deutlich durch die Gewissheit aufgeheitert, dass drüben bei der *casita* der Ferrers, wenn nötig, ein überreicher Vorrat an potentiellen Appetitanregern für Bakterien herumlungerte. Und der bösartige, räudige kleine Katzenteufel, der mir das Bein zerkratzt hatte, wäre bestimmt hervorragend für diesen Zweck geeignet.

Doch dieses Mal hatten Franciscas Katzen keine Veranlassung, sich bedroht zu fühlen. Als ich mit meiner Taschenlampe den Weg zum Klärbehälter entlangleuchtete, wurde die Ursache des Problems nur allzu offensichtlich – und die Lösung würde nichts mit höherer Chemie zu tun haben. Der Behälter war einfach zum Bersten voll, der Druck im Innern war so stark gewesen, dass der Betondeckel aus seiner Verankerung gehoben worden war und sich ein fauliges, ekelhaftes Abwassergebräu blubbernd über den Boden ergossen hatte.

»Also, was machen wir jetzt?«, fragte Ellie, als ich in die Küche zurückgekommen war, um ihr die jüngste Hiobsbotschaft zu überbringen.

»Wie Sandy schon sagte, ein weiteres Stückchen Komfort, das wir von der Liste streichen können. Jetzt haben wir also kein Telefon, keinen Strom, kein fließendes Wasser, und wir können weder den Küchenabfluss noch die Toilette, noch das Bad benutzen.«

»Was für eine tolle Abwechslung!«, begeisterte sich Charlie. »Kein Bad, und ich kann aus dem Fenster meines Zimmers pinkeln, ohne dafür zur Schnecke gemacht zu werden. Herrliche neue Sitten!«

»*Und* du wirst nicht beim Abwasch helfen müssen«, fügte Sandy hinzu.

»Du sagst es, großer Bruder. Tja, so ist es doch noch ein schönes Weihnachtsfest geworden.«

Ellie nahm die Neuigkeiten allerdings nicht ganz so begeistert auf. »Das kann ich gar nicht glauben«, seufzte sie und schüttelte langsam den Kopf. »Und all unser albernes Gerede darüber, dass dieses alte Haus irgendwie eine gute Atmosphäre habe. Tja, da bin ich jetzt nicht mehr so sicher. Ich weiß nicht … Ich frage mich wirklich, was sich dieses Haus als nächstes ausdenken wird.«

Es war deutlich zu sehen, dass die gehäuften Katastrophen des Tages ihr allmählich schwer zu schaffen machten, und ich wünschte mir sehnlichst, dass ich irgendetwas sagen könnte, um sie aufzuheitern. Aber da gab es nichts.

»Jetzt können wir nicht einmal mehr aufs Klo«, murmelte sie, der Ausdruck ihrer feuchten Augen war ein Bild tiefster Niedergeschlagenheit in dem schwachen Kerzenlicht.

Das schon recht vertraute Gefühl zunehmender Düsternis verstärkte sich noch, so fürchtete ich, durch ein erstes, leises Nagen des Heimwehs. Alle gleichzeitig fühlten wir uns plötzlich sehr weit von zu Hause weg – gefangen in einem feindseligen alten Haus auf einer fremdländischen Insel sehr, sehr weit fort von Verwandten und Freunden, die sich wirklich etwas aus uns machten. Verlorenes Paradies … schon jetzt.

Plötzlich durchbrach ein schüchternes Klopfen an der Küchentür unsere stille Schwermut. Ich öffnete und staunte nicht schlecht, als ich in der Dunkelheit draußen den alten Rafael stehen sah, in der einen Hand eine Öllampe und in der anderen etwas, das wie ein kleines Tablett mit gedrungenen Gegenständen aussah, bedeckt mit einem Küchenhandtuch.

In aller Bescheidenheit entschuldigte er sich dafür, uns so spät noch zu stören, *e'pethialmente* am Weihnachtsabend, aber im Dorf habe es geheißen, dass das heftige Gewitter einen Stromausfall im Tal verursacht habe, und da er wisse, dass unser Hab und Gut immer noch nicht aus *E'cothia* eingetroffen sei, habe er beschlossen, herzukommen und uns seine Laterne für die Nacht anzubieten. Er brauche sie ohnehin nur, wenn er nach seinen Ziegen schauen gehe, versicherte er uns, aber die seien jetzt alle sicher im Trockenen, und bis zum Morgen würde man sich nicht mehr um sie kümmern müssen. Ach, und wir mögen, *por favor,* entschuldigen, dass er direkt zur Tür gekommen sei, aber das Tor habe offen gestanden und …

Ich legte ihm den Arm um die Schultern und führte ihn in die warme Küche. »Rafael«, sagte ich und musste schlucken, weil ich einen regelrechten Kloß im Hals hatte, »das hätten Sie wirklich nicht tun sollen. In so einer kalten Nacht den ganzen Weg hierher zu kommen, bloß um …«

»*U'ted tranquilo, amigo*«, sagte er mit einem Lächeln, stellte die Lampe auf den Tisch und tätschelte mir die Hand. »*U'ted tranquilo.*«

Dann drehte sich der alte Mann zu Ellie um, nahm seine Kordmütze vom Kopf und steckte sie sich unter den Arm, während er zögerlich durch den Raum schlurfte.

»*Señora*«, flüsterte er schüchtern und schaute in ihr verblüfftes Gesicht, »*mi mujer y yo … o sea, ehm …*« Mit zitternden Händen hielt er ihr das bedeckte Tablett hin.

»Nimm es, Ellie«, drängte ich leise. »Es ist ein Geschenk für dich – ein Geschenk von Rafael und seiner Frau.«

Seine Frau sei erstaunt und entzückt gewesen, *totalmente encantada,* über die Pralinenschachtel, die *la señora* so freundlich gewesen sei mitzugeben, stotterte Rafael und zog nervös, aber vorsichtig das Küchenhandtuch zurück. Und würde *la señora* ihnen vielleicht die Ehre erweisen, im Gegenzug diese bescheidene Gabe anzunehmen? Ellies Gesichtszüge wurden ganz mild, und ihre Unterlippe fing an zu zittern, als sie auf die Gruppe winziger Figuren hinuntersah, die der alte Rafael aufgedeckt hatte. Sie war sichtlich überwältigt.

»*E' un belén, señora*«, erklärte er, und sein zerfurchtes, gegerbtes Gesicht wirkte ängstlich. »*E' el belén ma' viejo de mi familia.*«

Es war eine Miniaturdarstellung einer Weihnachtskrippe, ein *belén* beziehungsweise Bethlehem, eine Nachbildung der Weihnachtsszene, die als das am höchsten geschätzte Symbol des Weihnachtsfestes um diese Jahreszeit in jedem spanischen Haus einen Ehrenplatz erhält – und Rafaels Geschenk war der älteste *belén* in seiner Familie. Das Fundament bildete der Deckel einer alten runden Keksdose, auf dem das Innere eines einfachen Stalles grob aus Ton gestaltet worden war, der jetzt aufgrund des Alters Risse aufwies. Der früher einmal leuchtend gelbe, grüne und rote Farbanstrich war inzwischen verblasst und blätterte ab. Mittelpunkt war eine kleine Krippe, die auf schlichte Weise aus einem kleinen Stückchen Feuerholz geschnitzt worden war, der Kopf des kleinen Christuskindes war wenig mehr als ein Farbklecks inmitten der winzigen Strohschnipsel, die sein Bett darstellen sollten. In ehrfürchtiger Bewunderung standen Maria und Joseph und die Heiligen Drei Könige da, deren Körper nichts weiter als kleine Tonsäulen mit Armen aus Mandelbaumzweiglein waren, und ihre gebeugten Eichelköpfe schmückten Heiligenkränze aus Schmelzdraht. In ehrerbietiger Entfernung hockten gedrängt drei winzige Tiere unbestimmbarer Art (wahrscheinlich Schafe) und in deren Nähe ein größeres Geschöpf, das vage an ein Einhorn erinnerte, wahrscheinlich aber ein Esel sein sollte, der vor langer Zeit schon ein zerbrechliches Ohr aus Ton verloren hatte. Vervollständigt wurde die Szene durch einen Hintergrund aus gezackten Bergen, auf deren Hängen wie hingetupft Kiefern standen, und einen Streichholzstern, der mit Silberpapier aus einer Zigarettenschachtel überzogen war und auf einer gebogenen Stricknadel aus Metall von seinem Himmelszelt herunterfunkelte.

»*La señora* mag meinen *belén* nicht?«, fragte Rafael mit drängendem Unterton und drehte sich um Übersetzung ersuchend zu mir um, während über Ellies Wangen die Tränen zu laufen begannen. *Hombre,* er habe diesen *belén* mit seinen eigenen Händen gemacht, artikulierte er überdeutlich und kochend vor Wut. *Sí* – vor so vielen Jahren! *Bueno,* vielleicht sei er nicht unzählige *milliones* wert wie der große mit Juwelen besetzte und mit Seide ausgekleidete *belén* im Palau March in Palma, und vielleicht würden seine Akteure *Jesús, Maria y José* nicht so hübsch und ordentlich aussehen wie diese Plastikfiguren, die man in Geschäften kaufen könne und die die Leute sich heutzutage auf ihre reich verzierten *belénes* stellten, aber sein kleiner *belén* sei einzigartig; er sei Teil seiner selbst. *Madre de Dios,* wessen Spucke sei unserer Meinung nach wohl dazu benutzt worden, all diese Kiefernzapfen zu Bergen zusammenzukleben? »*Cuarenta putas!*«

Was genau sein letzter Ausruf – der wörtlich übersetzt ›vierzig Huren‹ bedeutete – mit der Weihnachtskrippe zu tun hatte, wusste ich nicht; und fragen würde ich ihn auch nicht danach. Gerade jetzt war Rafael in voller, wutentbrannter Fahrt, also nahm ich zur Beruhigung einen Schluck Xoriguer-Gin, während er mit seiner Schimpftirade fortfuhr – nachdem er das Glas Gin, das ich ihm angeboten hatte, in einer ausschweifenden Geste seiner schwieligen Hand brüsk zurückgewiesen hatte.

»*Córcholi'!*«, sagte er fuchtig, und seine Stimme wurde ganz hoch wie das Sirren einer Mücke; die Mütze hatte er sich fest auf den Hinterkopf geschoben. »Dieser *belén* ist nicht einfach nur *e'pethial*, er ist heilig, sakral, ein Werk meiner eigenen Seele!«

Ich tat mein Bestes, um Ellie und den Jungen das alles zu übersetzen, während Rafael im rechten Augenblick eine Pause machte und grimassierend und zitternd dastand in dem Versuch, seine wachsende Wut zu zügeln.

»*Ah sí,* mein erstgeborener Sohn«, fuhr er schließlich fort, seine Haltung hatte er offensichtlich wiedergewonnen, und sein Tonfall war nun etwas nachdenklicher. »Ich habe diesen *belén* für meinen erstgeborenen Sohn gemacht … für den kleinen Rafaelito.« Er senkte den Blick, schniefte vernehmlich und zog mit einem dramatisch schmatzenden Geräusch den Handrücken unter der Nase durch.

Ich schaute zu Ellie hinüber, und aus ihren sich rötenden Augen und ihrem zitternden Kinn schloss ich, dass sie die Kernaussage seiner höchst gefühlvollen Vorstellung durchaus verstand.

»*Rafaelito, oh mi Rafaelito*«, wimmerte der alte Mann und hielt dann inne, um sich mit einer zitternden Hand zu bekreuzigen. »*Sí, señora*«, fuhr er fort und hob seine tränenbenetzten Augen zu Ellie hoch, die sich inzwischen auf die Lippe biss und verzweifelt bemühte, die Tränen zurückzuhalten, »*sí,* mein kleiner Rafaelito, der ebenfalls an diesem Tag geboren ist, für ihn habe ich diesen *belén* gemacht … vor so vielen Jahren.« Der alte Mann holte tief und schaudernd Luft, das Kinn fiel ihm auf die Brust, und unter dem Schirm seiner Mütze kullerte eine große Träne hervor, die schließlich auf den Fliesen des Fußbodens landete. »Heute ist der Geburtstag von meinem Rafaelito. Ah *sí, amigos* heute wäre … heute hätte er seinen …«

Doch jetzt konnte Rafael einfach nicht mehr weitersprechen. Er senkte den Kopf, seine herabhängenden Schultern fingen an zu beben, er hob die Hände zu den Augen, und ein schweres Schluchzens erfasste seine zerbrechliche Gestalt.

Ellie zögerte einen Moment lang und hielt die Finger an die Lippen gepresst; dann konnte sie nicht mehr länger an sich halten, lief tränenüberströmt auf den alten Rafael zu, warf ihre Arme um ihn und umfing ihn in einer mütterlichen Umarmung. »Ruhig, ruhig, ganz ruhig«, besänftigte sie ihn, tätschelte die Spitze seiner Kordmütze und rieb ihm den Rücken wie einem Säugling. »Ihr *belén* ist der schönste, den ich je gesehen habe, und wir werden ihn immer in Ehren halten – darauf gebe ich Ihnen mein Wort.«

»*Grathia', señora. Oh, mucha' grathia'*«, krächzte Rafael, der kein Wort von dem verstand, was Ellie gesagt hatte, sich aber trotzdem in die Umarmung schmiegte. *Sí,* es seien unsere beiden Söhne gewesen, die ihn an Rafaelito erinnert hätten, als sie gestern mit ihm zum Orangenpflücken gegangen seien, so erklärte er. »Solch prächtige *muchachos* – genau wie Rafaelito, als … aber die *difteria* …« In einem lauten, nach innen gezogenen Schneuzen machte er sich die Nase frei und schluckte heftig. Dann fuhr er fort: »Und deshalb möchte ich, dass Sie den *belén* bekommen, den ich eigenhändig gemacht habe für Rafa … Rafa … Rafa … *oh, mi Rafaelito-o-o!*«

Ein krampfartiges Beben durchlief Rafaels Körper, seine Knie fingen an zu zittern, und er begann zu brüllen wie ein Kleinkind – auch wenn seine Schreie durch Ellies Busen, der sich zufällig gerade auf der Höhe des Gesichts von unserem bekümmerten Ziegenhirten befand, beträchtlich gedämpft wurden. Wie ein Koala auf einem Eukalyptusbaum klammerte er sich mit der einen Hand an diese üppige Quelle der Zuflucht und des Trostes, während die andere Hand eifrig Ellies Rückenstreicheln erwiderte.

Dieser rührende Akt aus wechselseitigem Trostspenden und Dankbarkeit setzte sich in gedämpftem Schluchzen fort, bis Ellie (vielleicht nicht völlig zu Unrecht) beschloss, dass Rafaels streichelnde Hand gefährlich nah in die Popo-Tätschel-Zone gewandert war. Und da schlug ihr von Natur stark ausgeprägtes Mitleid von einem Augenblick zum nächsten in tiefste Verachtung um, und schnell machte sie sich von Rafaels umherwandernden Pfoten frei, kicherte vor Entsetzen und schrie schrill und empört: »SIE FIESER, ALTER PERVERSLING, SIE!«

Rafael stand da, kratzte sich den Kopf durch den Stoff der Mütze hindurch, und sein verblüffter Gesichtsausdruck bestätigte, dass *la señora* seiner Meinung nach nicht alle Orangen im Schrank hatte.

Nach reichlichem andalusischem Schnaufen, Keuchen, Armwedeln und stammelnd vorgebrachten Beteuerungen wurde Rafael besänftigt und schließlich überredet, noch eine Weile zu bleiben und sich zum traditionellen mallorquinischen Weihnachtsabendessen, bestehend aus *ensaimadas* und großen Tassen heißer Schokolade, zu uns zu setzen – auch wenn er und Ellie sich in gegenseitigem Misstrauen auf weit auseinander liegende Plätze der Kaminecke setzten. Sein kostbarer *belén* wurde mit gebührendem Ausdruck von Respekt und Feierlichkeit auf das größte Regal in der Küche gestellt, wo die grob gehauenen Figuren von Geburtstagskuchenkerzen erleuchtet wurden, die Sandy und Charlie geschickt in zwei halbe Kartoffeln gesteckt hatten. Gesegnet sind die Friedensstifter.

Dieser unvergessliche Tag näherte sich glücklicherweise seinem friedlichen Ende, ein vom Xoriguer milde gestimmter Rafael schnarchte selig vor unserem Familien-Kaminfeuer, ein von der Hitze verstärkter penetranter Geruch nach Ziegen erhob sich aus seinen Hosen und verlieh so dem kleinen Stall aus Ton, der stolz auf dem Regal über seinem

Kopf leuchtete, eine authentische Atmosphäre. Das musste selbst Ellie mit zufriedenem Lächeln eingestehen.

Wie Charlie schon gesagt hatte, schließlich war es doch noch ein ganz schönes Weihnachtsfest geworden.

Sieben

Der fliegende Kaminkehrer

Verzaubert sahen wir den Motor des kleinen Tanklastwagens von der Osifar, der Schlamm- und Abwasserbeseitigungsfirma, in der warmen Luft vor sich hintuckern. Das vibrierende Rohr sog das üble Gebräu wie der Rüssel eines verdurstenden mechanischen Elefanten aus dem Dunkel des Klärbehälters. *Pozo negro* ist das spanische Wort für Klärbehälter, das heißt schwarzer Brunnen, und unter den gegebenen Umständen hätte ich mir keine passendere Bezeichnung denken können.

Wir waren nur zu dritt – der Angestellte von der Osifar, vorausschauend in braun gehaltenem Overall, ich selbst und ein imposanter rosafarbener Wiedehopf, der auf seinen blauschwarz gestreiften Schmetterlingsflügeln durch den Obstgarten geflattert war, um sich neugierig auf den Überresten des vom Blitz getroffenen Eukalyptusbaumes niederzulassen.

»Was glauben Sie, wann dieser *pozo negro* das letzte Mal

geleert wurde?«, fragte der Mann von der Osifar in einschläferndem Ton.

»Señor Ferrer, der mir dieses Haus verkauft hat, sagt, dass der Behälter in den zehn Jahren seit seinem Einbau nicht ein einziges Mal geleert worden ist. Erst heute Morgen habe ich mit ihm darüber gesprochen. Der musste nie geleert werden, hat er gesagt.«

Der Mann von der Osifar schüttelte nur den Kopf und zog eine Schulter hoch. Ganz offensichtlich interessierte ihn das herzlich wenig. Ein Klärbehälter sei doch wie der andere, war vermutlich seine Einstellung, und wenn er seinen kläglichen Lohn nicht bitter nötig hätte, würde er wohl kaum am zweiten Weihnachtsfeiertag hier stehen, Konversation treiben und zusehen, wie die angehäuften Exkremente anderer Leute aus einem übel riechenden Loch im Boden hochgesaugt wurden.

»Ja, Señor Ferrer hat mir heute Morgen sogar die Originalentwürfe für diesen *pozo negro* gezeigt«, sagte ich in dem Bemühen, einen Funken beruflichen Interesses an dem Thema zu wecken. »Hinter dieser einen Kammer befindet sich noch eine weitere voller Steine, die wie eine Art Filter wirken. Was dann noch übrig bleibt – im Grunde genommen nur noch schmutziges Wasser –, wird auf dem Feld da drüben irgendwo in eine Sickergrube geleitet.«

Der Mann von der Osifar zog die andere Schulter hoch. Der Wiedehopf breitete seine fächerartige Haube zu einem spontanen Mohikaner-Kopfputz aus, hob ein Bein in die Luft und machte Anstalten, sich geradezu akrobatisch mit dem langen, gebogenen Schnabel das Gefieder zwischen den Beinen zu putzen. Auch ihn interessierte die ganze Angelegenheit offensichtlich herzlich wenig. Die Abwasserpumpe tuckerte ungerührt von allem weiter vor sich hin.

Abgesehen von dem sich direkt neben dem Klärbehälter nur kurz haltenden Gestank war es ein herrlicher Tag geworden. Die Sonne schien wieder, der Himmel war blau, und auch wenn noch einige Wolkenfetzen südwärts über die Bergspitzen dem letzten schwachen Aufbäumen des *Tramuntana* hinterherzogen, war im Tal selbst alles prachtvoll. Nicht das leichteste Kräuseln eines Windes bewegte das Laub der Orangenbäume, das nach den Regenfällen dunkelgrün und glänzend sauber schimmerte, und nicht der leiseste Lufthauch störte die löcherigen Nebelbänke auf, die knöcheltief zwischen den ordentlich aufgereihten Obstbäumen standen. Es schien einer jener wunderbar angenehmen Wintertage auf Mallorca zu werden.

»Vielleicht ist ja die Leitung blockiert, die den *pozo negro* mit der Filterkammer verbindet«, mutmaßte ich in einem weiteren Versuch, ein Fachgespräch in Gang zu bringen. »Vielleicht ist der *pozo negro* deshalb übergelaufen, oder?«

Diesmal machte sich der Mann von der Osifar nicht einmal die Mühe, mit den Schultern zu zucken. Er zog lediglich skeptisch eine Augenbraue in die Höhe und schlurfte, die Hände in den Taschen, zum Klärbehälter hinüber. Er beugte sich vor und schaute eine Minute lang in die düstere Leere, wobei er offenbar den unerträglichen Gestank nicht wahrnahm, der ihm in die Nasenlöcher stieg, dann drehte er sich wieder zu mir um und vollführte eine Kombination aus Kopfschütteln, Achselzucken und beidseitigem Augenbrauenheben. »Da gibt es kein Abflussrohr«, sagte er, »also auch keine Filterkammer und auch keine Sickergrube. *Coño*, was Sie hier haben, ist ein schlichter Sammelbehälter. *Nada mas.*«

»Aber die Pläne«, protestierte ich. »Señor Ferrer hat sie mir erklärt, und darauf ist ein vollständiges Drei Kammer-System abgebildet – *totalmente comprensible*. Das können Sie alles auf den Plänen nachsehen.«

»*Los planos*? Die können Sie vergessen. Dieser *pozo negro* wurde auf die billigste Art gebaut, die überhaupt möglich ist, und weiter ist da nichts. *Los planos* haben keinerlei Bedeutung. *Nada.*«

»Aber wie konnten denn die Leute vom Gesundheitsamt zulassen, dass die Pläne völlig ignoriert wurden?«, fragte ich empört. »Wie konnten sie für eine so nutzlose Grube wie diese eine Genehmigung erteilen?«

»Genehmigung? Genehmigung?« Der Mann von der Osifar trat einen Schritt zurück und guckte mich entsetzt an. *»Hombre!«* brummelte er und schüttelte angesichts meiner Naivität in einer Mischung aus Ungläubigkeit und Mitleid den Kopf.

Das Herz wurde mir schwer, als ich begriff, was geschehen sein musste. Offenbar hatte Tomàs Ferrer seine gehobene Stellung bei den örtlichen Behörden genutzt, damit der fragliche Beamte diesen Pfusch geflissentlich übersah.

»Und was jetzt?«, fragte ich angewidert und wie gelähmt.

»Jetzt werden Sie uns, bei normaler Nutzung durch die Familie, etwa einmal im Monat kommen lassen müssen, damit wir Ihnen den Behälter leeren«, erklärte der Mann von der Osifar ungerührt und reichte mir die Rechnung mit den Kosten für den heutigen Auftrag.

»Aber wie haben die Ferrers es nur geschafft, den Behälter zehn volle Jahre lang nicht leeren zu lassen?«, wollte ich wissen, nachdem ich ausgerechnet hatte, dass ich mit jährlichen Kosten von über eintausend Pfund rechnen müsse, wenn ich verhindern wollte, dass unser kleines Paradies allmählich von unserem eigenen Dreck überschwemmt wurde. »Ich meine, sie können doch nicht so lange an Verstopfung gelitten haben, oder?«

»Jedenfalls nicht auf einem Hof mit Obstanbau«, antwortete der Mann von der Osifar in einem Anfall von unerwartet trockenem Humor. Offenbar hatten wir endlich sein Lieblingsthema angeschnitten. »*Hombre*! Die Toilette im Haus werden die doch ganz bestimmt nur dann benutzt haben, wenn es gar nicht mehr anders ging. Meistens haben sie es doch sicher lieber so gemacht wie in all den Jahren, als sie noch keinen *pozo negro* hatten. Ich fahre die ganze Zeit zu diesen Höfen auf dem Land, und ich kenne die *paisanos*. Wenn sie ein oder zwei Peseten sparen können, gehen sie lieber auf ein Feld und verrichten ihr Geschäft hinter einer Mauer. Sie dürfen nicht vergessen, eine Hand voll Feigenblätter ist immer billiger als eine Rolle Toilettenpapier, nein? Die kosten keinen einzigen Pfifferling.«

Er ließ ein trockenes, glucksendes Lachen hören und fing an, das biegsame Rohr einzufahren. Wieder war eine Mission zu Ende gegangen, und, was noch wichtiger war, sie hatte einen glücklichen Ausgang genommen. Der Tag hätte für ihn nicht besser beginnen können.

Seine Hochstimmung konnte ich nicht teilen. »Jetzt weiß ich auch, wie es sich anfühlt, keinen Pfifferling wert zu sein«, dachte ich finster. Die Ferrers hatten es mir wieder einmal gezeigt.

»*Huu – huu*«, flötete der Wiedehopf und stellte seinen Mohikaner-Haarschnitt in deutlich erkennbarem Spott zur Schau, bevor er ruckartig auf die *casita* der Ferrers zuflog. »HUU – HUU – HUU!« machte er wieder.

»Wie passend«, brummelte ich. »Sogar der blöde Vogel muss es mir noch unter die Nase reiben.«

»War das ein Kuckuck, den ich da eben gehört habe?«, rief Ellie, die aufgeregt aus der Küche angelaufen kam.

»Nicht ganz, aber so was Ähnliches«, meckerte ich. »Jedenfalls war es wahrscheinlich so eine Art geflügelter Bote im Dienst von Tomàs Ferrer. Langsam überrascht mich gar nichts mehr.«

»Geflügelter Bote? Willst du sagen, er hält sich da drüben Brieftauben? Ich weiß wirklich nicht, was du meinst. Von was für einer Botschaft redest du überhaupt?«

»Die Botschaft, liebe Ellie, lautet, dass der Klärbehälter nicht ganz die wirkungsvolle, hygienisch einwandfreie Filter- und Beseitigungsanlage ist, die Ferrer mir heute Morgen auf den Plänen gezeigt hat. Die einzige Beseitigungsarbeit, die dieser so genannte Klärbehälter erledigen wird, besteht darin, unsere finanziellen Mittel dauerhaft zu schröpfen. Das ist die Botschaft.« »Mhm, aha, jetzt verstehe ich. Erst die Hunde und Katzen, dann der Herd, die Waschmaschine, der Heißwasser-Boiler, die ganzen Elektroinstallationen ... und das hier wird uns jetzt noch mehr Geld kosten, stimmt's? Die Ferrers haben es uns wieder mal gegeben, oder?«

»Ja, aber ›gegeben‹ ist nicht unbedingt das Wort, das ich in diesem prekären Zusammenhang benutzen würde«, sagte ich voller Bitterkeit.

Der Mann von der Osifar hatte eine ganze Weile schon nichts mehr gesagt, untätig war er aber keineswegs geblieben. Er habe nachgedacht, so sagte er mir, und vielleicht habe er ja *una solución* zu *el problema*. Zu viel Flüssigkeit – das sei das Problem. Wenn wir den *pozo negro* von all der vielen zusätzlichen Flüssigkeit frei hielten, die sich aus Bad, Waschmaschine und Waschbecken schnell darin sammle, könne das Ganze einwandfrei funktionieren. Wenn wir den Wasserstand im Behälter auf einem gewissen Niveau hielten, dann könnten die Bakterien im Behälter die festen Stoffe, wie in all diesen Systemen vorgesehen, abbauen, argumentierte er. Wenn die Bakterien ihre Arbeit getan hätten, würde sich das anfallende Abwasser mit allen eventuell noch zur Entsorgung verbleibenden Flüssigkeiten mischen. *Comprende?*

»Aber wie sollen wir denn diese Flüssigkeiten entsorgen, ohne Sie ständig herbestellen zu müssen?« fragte ich. »Wie Sie schon sagten, es gibt kein Abflussrohr, und ohne Filterkammer werden die Flüssigkeiten bestimmt faulig sein und übel riechen.«

»*Correcto*. Und haargenau dieses faulige Wasser ist der Schlüssel zu meiner *solución, señor*.«

Verständnislos schaute ich ihn an.

Da die Flüssigkeiten nicht gefiltert seien, erklärte er, würden sie immer noch eine Fülle von Nährstoffen enthalten. Die Tatsache, dass menschliche Abwässer als landwirtschaftlicher Dünger sehr wertvoll sind, sei in seiner Branche weithin bekannt, und wenn wir seinen Rat nur befolgten, hätten wir ein sich regenerierendes Reservoir des kostbaren Gebräus, das wir auf dem Hof dorthin leiten könnten, wo es am meisten gebraucht würde, und zwar indem wir einfach nur eine elektrische Pumpe an den *pozo negro* anschlossen. *Madre mía,* während der langen Trockenperioden im Sommer wäre so ein kostenloser Vorrat an Flüssigdünger zur Bewässerung ein wahres Gottesgeschenk. Der *pozo negro* würde uns Geld sparen helfen, anstatt uns Geld zu kosten. »*Una solución perfecta, no?*«

»Äh … ja. Ich verstehe durchaus, was Sie meinen, und es ist eine großartige Idee – kein Zweifel. Aber was ist mit dem Geruch? Das Zeug wird doch zum Himmel stinken, oder etwa nicht?«

Der Mann von der Osifar blinzelte mir listig zu. »*No problema* – vorausgesetzt, Sie pumpen es so weit weg, dass Sie am Haus nichts mehr davon riechen. Wissen Sie, ich habe auch eine kleine *finca, señor,* und aus Erfahrung weiß ich, dass das Abwasser aus dem *pozo negro* sich hervorragend für Tomatenanbau eignet.« Seine Mundwinkel verzogen sich um ein paar Zentimeter zu einem boshaften kleinen Grinsen. »Und wenn ich mich so auf Ihrer *finca* umschaue, dann weiß ich auch aus Erfahrung, dass die beste Stelle für den Tomatenanbau dort drüben sein könnte – genau neben der Wochenend-*casita* Ihres Nachbarn Tomàs Ferrer. *Me entiende?*«

Ich spürte, wie die Wolken tiefer Niedergeschlagenheit sich bereits zu zerstreuen begannen. Ach, was für eine herrliche Vorstellung – welch schlichte, süße Rache. Was für ein bösartiges kleines Juwel von einer Idee. Wir würden nicht nur unser Abwasserproblem lösen, sondern es den Ferrers den ganzen Sommer über mit gleicher – oder schlimmerer – Münze heimzahlen und hätten außerdem eine Rekordernte kostenloser Tomaten. Noch besser wäre es sogar, dass die Ferrers sich nicht einmal über den Geruch beschweren könnten, ohne Gefahr zu laufen, uns die unredlichen Einzelheiten ihres Betruges mit dem minderwertigen Klärbehälter zu verraten.

»*Amigo,* Sie sind genial«, strahlte ich und zählte ihm die Peseten in die Hand. »Und hier haben Sie noch was extra. Sie sind wirklich genial. *Feliz Navidad!*«

Der Mann von der Osifar nahm mit elegantem Kopfnicken mein Lob und das Trinkgeld entgegen. »Aber sagen Sie keinem Menschen, dass ich Ihnen den Rat gegeben habe, *señor*. Wenn mein Boss rauskriegt, dass ich einem Kunden gesagt habe, wie er darum herumkommt, sich von der Osifar gegen Geld seinen *pozo negro* leeren zu lassen, dann würde ich ganz schön in der Scheiße sitzen.« Er warf einen seitlichen Blick auf den offenen Klärbehälter. »Und in meinem Beruf ist das eine Strafe, die man am besten vermeidet.«

Vielleicht hatten ja die in dem Haus lebenden Geister der Vergangenheit endlich beschlossen, dass wir vorläufig genug vom Pech verfolgt waren. Zu diesem Zeitpunkt konnte ich es noch nicht wissen, aber nach den traumatischen Erfahrungen mit dem Gewitter und den Toilettenproblemen zu Weihnachten sollten die Ereignisse auf Ca's Mayoral sich ganz entschieden zum Besseren wenden.

Andererseits hatten die Neuigkeiten über die uns zur denkbar schlechtesten Zeit heimsuchenden Kümmernisse womöglich Mitleid in einer Gemeinde ausgelöst, in der der landesübliche Brauch, einem Nachbarn in Not zu helfen, immer noch lebendig war – im Großen und Ganzen jedenfalls. Was auch immer der Grund sein mochte, unsere dringlichsten Probleme wurden ohne ungebührliche Verzögerung in Angriff genommen.

Die Telefon- und die Stromleitungen wurden schnellstens wieder hergestellt, und Juan der Klempner und Elektriker schenkte uns seine ungeteilte Aufmerksamkeit, bis er mit der Nachrüstung unserer Stromversorgung fertig war und außerdem eine Elektropumpe am *pozo negro* installiert hatte, die in Zukunft der Bewässerung und der Verärgerung der Nachbarn dienen würde.

Sogar Juan Juan, der Tischler, erschien prompt, um sich um unsere kaputten Fenster zu kümmern, und er nahm die zur Reparatur vorgesehenen Fensterläden mit dem Versprechen herunter, sie in *dos o tres dias – máximo, máximo* in tadellosem Zustand, so gut wie neu, zurückzubringen. Und tatsächlich war er genau drei Tage später in seinem kleinen Renault 4 mit unseren aufbereiteten *persianas* wieder da.

Im Land des ewigen *mañana,* in dem zwei oder drei Tage alles zwischen nächster Woche und nächstem Jahr oder nie bedeuten konnten, erschien uns das zu schön, um wahr zu sein.

Doch Juan Juan war im Begriff, sein ganz persönliches Motiv fürs Pünktlichsein zu verraten. Als er den letzten Fensterladen von seinem Lieferwagen heruntergleiten ließ und mit dem Handrücken einige Sägespäne davon entfernte, sagte er voraus, dass diese *persianas* jetzt etliche Jahrzehnte halten würden – vorausgesetzt, *naturalmente,* dass wir ihnen einen ordentlichen Anstrich verpassten, bevor wir sie wieder einhängten. *Sí, muy importante, la pintura.* Nervös räusperte er sich und verlagerte das Gewicht vom einen Fuß auf den anderen, dann schaute er in schnellem Wechsel auf mich und dann wieder auf seine unruhigen Füße.

Zunächst dachte ich, dass er vielleicht auf die Toilette müsse und zu verlegen sei, darum zu bitten, aber dann dämmerte mir, dass er wahrscheinlich für die gut und prompt ausgeführte Arbeit auch prompte Bezahlung wünschte.

»Lo siento, Juan«, sagte ich entschuldigend. »Natürlich, ich muss Ihnen die Fenster und die Fensterläden sofort bezahlen. Sagen Sie mir bitte einfach, wieviel ich Ihnen schulde.«

Nein, nein, nein – damit habe es keine Eile, versicherte er mir. Seine Frau würde die Rechnung schon ausstellen, wenn es an der Zeit sei. Vielleicht schon nächsten Monat. Sie habe es immer ein bisschen eilig, seine Frau. Mallorquinerin, natürlich. Er selbst stamme aus Ibiza. Viel entspannter, die *Ibicencos. Sí, sí – mucho mas plácido*. Das sei das Araberblut in ihnen, *naturalmente*.

Eifrig nickte ich in taktvollem Einverständnis und wartete auf irgendeinen Hinweis für den Grund seines offensichtlichen Missbehagens.

Der kleine *carpintero* kratzte sich den Kopf mit dem lockigen, graumelierten Haar, dann zupfte er nervös an ein paar Holzsplittern, die sich im Ärmel seiner Wolljacke verfangen hatten.

Er hoffe, er sei nicht *impertinente,* sagte er schließlich flehentlich, aber unser Nachbar, der alte Jaume, habe vor einiger Zeit ihm gegenüber erwähnt, dass wir eventuell Interesse an einem Traktor hätten, und da er zufällig genau so einen Traktor besitze, habe er gedacht, dass … Aber nein, nein – wenn ich wirklich interessiert gewesen wäre, dann hätte ich es schon längst gesagt, da sei er sicher. Er sei zu unverschämt gewesen, und ob ich ihm bitte verzeihen würde? *»Perdón, señor. Eh, usted perdone.«*

Schnell wandte Juan Juan sich von mir ab und schloss die Tür seines Lieferwagens, ganz offensichtlich voller Reue darüber, dass er sich ein Herz gefasst und das Thema mit dem Traktor angeschnitten hatte. Dann kam er wieder auf mich zu, ließ verlegen den Kopf von einer Seite zur anderen rollen und schaute niedergeschlagen zu Boden. Ich sah schon einen weiteren Schwall von Entschuldigungen auf mich zukommen.

»Schauen Sie, Juan«, lachte ich, »eigentlich bin ich es, der sich bei Ihnen entschuldigen muss. Es tut mir wirklich Leid, aber über dem Schaden, den das Gewitter angerichtet hat, und all den anderen Sorgen habe ich die Sache mit Ihrem Traktor völlig vergessen.« Ich versetzte ihm einen beruhigenden Klaps auf die Schulter. »Doch, ich bin an dem Traktor interessiert. Ja, wirklich. *Ciertamente!*«

Von einem Moment auf den nächsten verwandelte sich der Ausdruck auf Juans Gesicht in unverhohlene Erleichterung. Der *señor* sei sehr freundlich, sagte er und lächelte scheu. *Muy amable*. Er habe wirklich damit gerechnet, dass ich ihn wegen des Traktors ansprechen würde, als ich ihm den Auftrag über die Reparaturen am Haus gab, aber als ich nichts sagte, habe er angenommen, dass ich abwarten und sehen wolle, ob er ein Mann sei, der zu seinem Wort steht, bevor ich irgendwelche Geschäfte mit ihm mache. *Es normal*.

Natürlich war ich froh, dass Juans Überlegungen ihn veranlasst hatten, schnell zu handeln, doch wichtiger noch: Wie erfreulich war es, auf jemanden zu treffen, der sich mehr Gedanken über Moral als über einen schnellen Geschäftsabschluss machte. Dieser Bursche gefiel mir ganz entschieden. Wo ich mir seinen Traktor denn einmal ansehen könne, fragte ich.

Juan erklärte, dass auch er, wie so viele Geschäftsleute, die in Städten wie Andratx lebten und arbeiteten, eine *finca* ein Stück außerhalb der Stadt besitze. Den Hof habe er von den Eltern seiner Frau geerbt, und obwohl er sehr klein sei, mache es ihm viel Vergnügen, dort an den Wochenenden als *pasatiempo* zu arbeiten. Es sei auch gut für seine Kinder – ein gesunder Ort hoch oben in den Bergen, wo sie sicher spielen und an ein, zwei Tagen in der Woche eine Vorstellung vom einfachen Leben ihrer Vorfahren bekamen. *Muy importante, esto.*

Ich stimmte ihm zu, wie wichtig es für Kinder sei, ihre ländliche Vergangenheit kennen und schätzen zu lernen. Was für ein Glück, dass so viele mallorquinische Stadtkinder diese Erfahrung immer noch machen könnten, vor allem dank der noch lebendigen Tradition, die kleinen Familienhöfe zu vererben. Wenn sich so ein System doch nur in Großbritannien gehalten hätte, fügte ich hinzu.

Also gebe es im Heimatland des *señor* eine solche Tradition gar nicht mehr, fragte Juan Juan, aufrichtig verblüfft dreinblickend.

»Nein, leider nicht«, antwortete ich. »In *Gran Bretaña* ist die Landwirtschaft mehr und mehr zu einem Industriezweig geworden. Auf den kleineren Höfen haben die Familien kein Auskommen mehr, also werden sie von den Großbauern aufgekauft. Und so haben sich die Dinge da drüben nun mal entwickelt: immer weniger Bauern und immer weniger Bauernhöfe – die einzelnen Höfe sind dafür immer größer, immer leistungsorientierter, immer automatisierter geworden und brauchen immer weniger Arbeiter. Und das alles im Namen des Fortschritts, wissen Sie?«

Der kleine Tischler schien sehr betrübt. Was für ein Fortschritt das sei, wenn dem Land immer mehr das Leben ausgesaugt werde, frage er sich. Ohne aufeinander folgende Generationen von Familien, die auf ihrem eigenen Grund und Boden lebten, sei das Land doch eine tote Ödnis – eine Wüste. Eintausend leistungsstarke Maschinen könnten doch nie und nimmer die Freude und Genugtuung ersetzen, die ein Mann empfinde, wenn er das Gelächter seiner Kinder höre, die auf den Feldern spielten, während er sich um seine *finca* kümmere, ganz gleich wie klein die auch sei.

»Also ich nehme an, dass Sie Ihren Traktor auf Ihrer *finca* haben. Aber wann kann ich ihn mir denn mal ansehen?«, fragte ich, während wir zu seinem Lieferwagen hinübergingen.

Er schaute auf die Uhr. »Weshalb denn nicht gleich jetzt, *ahora mismo*? Das wird nur eine halbe Stunde dauern, wenn Sie die Zeit erübrigen können.«

Ich stieg in den Lieferwagen auf den Sitz neben ihn, und wir machten uns die gewundene Bergstraße entlang Richtung Capdella auf den Weg, die mit Terrakotta-Ziegeln gedeckten Dächer der Bauernhäuser und die kleinen Felder mit Obstbäumen hinter uns lassend, die tief unten wie Matchbox-Autos auf Fetzen gestreiften Stoffes aussahen.

Als wir den höchsten Punkt der Hauptstraße erreichten, steuerte Juan Juan seinen Lieferwagen scharf nach rechts auf einen schmalen Fahrweg für Karren, der sich in Serpentinen immer weiter den Berg hinaufschlängelte und dabei höher und immer höher in eine zerklüftete Welt aus Pinienwäldern und mächtigen Felsen, Steinblöcken und Haufen von Geröll anstieg, Sturzbäche und die durch unzählige *Tramuntanas* entstandenen Wasserfällen hatten es die steilen Hänge hinuntergespült. Meine Ohren schlossen sich allmählich, und der kleine Lieferwagen ratterte und rumpelte weiter und immer höher hinauf.

Durch das offene Wagenfenster roch ich die feuchte Süße der Bergluft, die vom Duft des Pinienharzes und Heidekrauts schwer war. Hoch über den Gipfeln vor uns glitt ein Roter Milan auf reglosen Flügeln dahin und ließ sich träge auf dem unsichtbaren Strom warmer Luft vom Talgrund in sanften Kreisen gen Himmel heben.

»Der Herr der Lüfte«, sagte Juan Juan ehrerbietig und deutete auf den aufsteigenden Vogel. »In eben diesem Augenblick schaut er herab und bemitleidet uns arme Sterbliche, die wir uns hier auf der Erde abmühen, während er mühelos auf seinen Engelsflügeln über uns schwebt. *Es magnifico.*«

Wo ich doch gerade gedacht hatte, dass der Milan nur dort oben war, um seine runden und glänzenden Teleskopaugen auf der Suche nach einem netten, dicken, kleinen erdgebundenen Nager offen zu halten, den er sich packen und zum Mittagessen in Fetzen reißen könnte. Aber alles in allem musste ich gestehen, dass Juan Juans romantische, für den Südländer typische Deutung ein wenig mehr im Einklang mit der klassischen Waldszenerie stand, die vor uns lag.

Ich beugte mich seiner sanften, poetischen Beobachtungsgabe. »Sie haben Recht, Juan. Das ist wirklich ein prachtvoller Vogel.«

»Sí«, erwiderte der Tischler und versuchte angestrengt, über die Schulter nach hinten ins Wageninnere zu schauen, »und wenn ich jetzt mein Gewehr bei mir hätte, dann würde ich das Biest an Ort und Stelle abschießen. Letztes Wochenende hat sich dieser Milan heruntergeschwungen und ist mit dem Lieblingskaninchen meiner kleinen Tochter davon geflogen.«

»Sogar die Herren der Lüfte müssen von etwas leben«, schlug ich weise vor.

»*Correcto*. Aber warum musste er sich von allen Kaninchen hier im Wald ausgerechnet dieses eine ganz besondere schnappen?«

»Das tut mir wirklich Leid, Juan. Ich wollte nicht gefühllos erscheinen. Ich verstehe sehr gut, daß Ihre Tochter furchtbar aufgewühlt gewesen sein muss.«

Juan Juans Gesicht war ausdruckslos. »Wir alle waren furchtbar aufgewühlt, *señor*. Das verdammte Kaninchen war fast schlachtreif. *Bastardo* von einem Vogel!«

Er hielt den Lieferwagen an und ließ mich über die Vielschichtigkeit seines Verhältnisses zur Natur sinnieren, während er ein kleines Holztor öffnen ging, das uns den Weg versperrte.

Wir hatten das Ende des Bergpfades erreicht – eine Lichtung inmitten der Bäume, wo das steile Gefälle in einem sanft geschwungenen Stück sorgfältig bestellten Bodens auslief. Als wir auf diesen abgelegenen kleinen Hof fuhren, sah ich weitere Flicken terrassenförmig angelegter Felder, die sich an den Berghang klammerten, eines über dem anderen, wie die Stufen irgendeines uralten verfallenen Tempels, und die kostbaren kleinen Abschnitte tiefen Bodens waren durch sorgfältig in Stand gehaltene Bruchsteinmauern vor den erodierenden Kräften von Regen und Schwerkraft geschützt.

Behaglich in den Hang des Hügels geschmiegt stand das Bauernhaus da – in Wirklichkeit nicht viel mehr als ein alter Steinschuppen mit einem Dach, das eine gleichmäßige, durchgehende Schräge bildete und mit verblassten Lehmziegeln gedeckt war. An die Giebel stützte sich zu beiden Seiten ein Anbau. Und doch war deutlich zu erkennen, dass Juan Juan und seine Familie sehr stolz auf dieses Kleinod aus Mallorcas ländlicher Vergangenheit waren. Die Vordertür und die Fensterläden waren vor kurzem erst grün angestrichen, und das aufs Geratewohl ausgesuchte, honigfarbene Mauerwerk war mit äußerster Sorgfalt bearbeitet und verfugt worden – bis hinauf zum Schornstein, der über das Dach hinausragte und den ein wasserdichter ›Hut‹ aus zum Mauerwerk passenden Ziegeln krönte.

In krassem Gegensatz zur Massigkeit der umliegenden Berge und Wälder wirkte alles auf dieser einsamen *finca* wie im Miniaturformat, die terrassenförmigen *bancales* mit ihren wie hingestreut wirkenden Mandel- und Olivenbäumen, die zwergenhaft klein erschienen angesichts der imposanten, ungezähmten Gewalt der Natur, die zu allen Seiten drohend aufragte. Zunächst kam es mir recht merkwürdig vor, dass sich Menschen einen derart abgeschiedenen Ort ausgesucht haben sollten, um dort zu leben, zu arbeiten und

Kinder aufzuziehen, in einer Gegend, in der vor der Erfindung motorisierter Fahrzeuge selbst der Weg ins Dorf hinunter eine unbequeme, ganztägige Tour mit dem Eselskarren bedeutet haben muss.

»Wunderschön, meine kleine *finca,* nicht?«, fragte *el carpintero,* während er sich an dem Türschloss eines der angebauten Schuppen zu schaffen machte.

»Es hat sicher seinen eigenen Reiz«, antwortete ich darauf.

Juan Juan hörte heraus, dass ich nur höflich sein wollte, und er lächelte wissend. »Ich verstehe, *señor.* Als ich das erste Mal hierher kam, habe ich auch gedacht, es sei viel zu abgelegen, und es gefiel mir gar nicht, dass die Berge so über mir aufragten. Derart verlassene Gegenden kannte ich von Ibiza nicht.« Er machte eine weit ausgreifende Bewegung mit der Hand und schaute auf die umliegende Landschaft. »Aber jetzt ... habe ich begriffen, dass ich dem Himmel vielleicht nirgends näher sein werde als an diesem Ort. Ich liebe alles hier. *Es celestial.*«

Als Juan merkte, dass ich seine Gefühle der Bewunderung nicht unbedingt teilte, nahm er mich beim Ellenbogen und führte mich ans äußerste Ende des kleines Feldes, wo es scharf um die Ecke des Berghanges ging. Auch wir gingen um die Ecke, und die Aussicht, die sich plötzlich bot, verschlug mir buchstäblich den Atem.

Steil fiel das Land vor uns ab, zögernd trat ich an die niedrige Stützmauer des *bancal* und schaute vorsichtig über die Mauerbrüstung in die Schwindel erregenden Tiefen des Tales. Es war alles genau so, wie die alte Maria Bauzá es beschrieben hatte. Andere kleine *fincas,* von denen die meisten von unten aus gar nicht zu sehen waren, klammerten sich an den Berg oder hockten gefährlich nah an Felsvorsprüngen und Gebirgskämmen, umgeben von winzigen Stückchen terrassenförmig angelegten Landes, und viele der uralten Begrenzungsmauern waren inzwischen ganz verfallen.

Durch die Reste von Nebel, die immer noch über dem Talgrund hingen, konnte ich die winzigen Umrisse von Haupt- und Nebengebäuden unseres eigenen Hofes ausmachen, der aus dieser großen Höhe gesehen den *fincas* unserer Nachbarn sehr viel näher zu sein schien, als es tatsächlich der Fall war.

Weit ab zur Linken konnte ich gerade noch die ockerfarbenen Dächer des alten Andratx erkennen, die sich dicht und schutzsuchend an die Kirche schmiegten, und fast blieben sie unsichtbar, verdeckt von den immergrünen Gebirgsausläufern, die sich auf ihrem Weg zur Küste hinunter am Fuß der Berge in zerklüfteten Windungen hoben und senkten. Obwohl die Luft in der Ferne von all der in der Mittagshitze aufsteigenden Feuchtigkeit ganz dunstig war, erkannte ich einige der Villen oberhalb von Port d'Andratx – winzige Fleckchen Weiß, die die mit Pinien bestandenen Hänge sprenkelten, dazu das tiefe Blau des Mittelmeers, das immer mehr verblasste und mit dem Horizont dahinter verschmolz. Dies war die Perspektive des Roten Milan aus unserem Tal, ein wahrlich Atem beraubender Blick.

»Haben Sie jemals auf so eine *vista* geschaut, *señor?*«, fragte Juan stolz.

Ich musste zugeben, dass ich so etwas noch nie gesehen hatte, und danach konnte ich nichts mehr sagen. Ich konnte nur noch dastehen und in stiller Bewunderung schauen.

»Ach, aber wenn Sie das hier schon beeindruckt, dann sollten Sie das Ganze erst im Sommer sehen. An langen, späten Abenden komme ich oft her, dann stehe ich hier und sehe zu, wie die Sonne hinter den Bergen drüben auf der anderen Seite des Tales untergeht. Sonnenschein haben wir hier noch lange, nachdem Stadt und Bauernhöfe da unten längst schon im Schatten liegen. Und auch im Winter geht dort zwischen den beiden Gipfeln im Osten morgens die Sonne auf, und man hat den Eindruck, als scheine sie zuallererst auf unser kleines Häuschen. *Sí, sí* – wer auch immer sich vor Jahrhunderten diesen Platz für seine *finca* ausgesucht hat, der war wirklich ein kluger Mann. *Claro que sí.*«

Wir drehten uns um und gingen wieder auf das Haus zu.

»Und die Luft hier oben«, fügte Juan Juan hinzu und atmete tief ein, »… ach, die ist immer ganz frisch und kühl, auch wenn im Juli und August die schreckliche Hitze unten im Tal alle quält. Eines kann ich Ihnen sagen, *señor* – wenn ich mich nicht um mein Geschäft in Andratx kümmern müsste, dann würde ich den ganzen Sommer über hier wohnen.«

Der kleine Tischler blieb stehen und fasste mich am Arm. »Seien Sie einen Augenblick still und horchen Sie einfach nur. Und dann sagen Sie mir, was hören Sie?« Schweigend stand er neben mir, schaute auf die Berge und lächelte zufrieden in sich hinein.

»Ähm, ich höre gar nichts«, antwortete ich leicht verwirrt, »nur ein paar Vögel, die zwitschern … und den Wind in den Pinien. Aber sonst wirklich nichts.«

»*Exacto.* Außer Tieren und Natur gibt es im Augenblick nichts und niemanden auf dieser *finca* – alles verlassen und menschenleer. Aber an den Wochenenden kehrt hier wieder Leben ein. Dann hört man das fröhliche Geschrei spielender Kinder, Rauch steigt aus dem Kamin, aus der Küche kommt der Geruch von frisch gekochtem Essen, und das nehme ich wahr, während ich auf den Feldern arbeite. *Es celestial.* Es macht mich ganz traurig zu hören, dass die kleinen Bauern in Ihrem Heimatland all das verloren haben, *señor.*«

Ich nickte und pflichtete ihm resigniert bei, dann setzten wir unseren gemächlichen Weg zum Bauernhaus fort.

Wenn man es aus dieser Richtung betrachtete, bot es den Anblick einer stillen, reizvollen Idylle, das Gebirge im Hintergrund verströmte eine Atmosphäre der Geborgenheit, die Hänge spiegelten das warme Licht der südlich stehenden

Sonne, boten dem winzigen Gehöft aber auch den idealen Schutz vor der Wucht der winterlichen Stürme aus dem Norden. Juan hatte Recht; der ursprüngliche Besitzer hatte diesen Ort klug gewählt.

»Ich begreife allmählich, was Sie meinen, Juan. Der Ort ist wirklich traumhaft. Aber die Abgeschiedenheit – ich meine, wenn die Leute damals ständig hier lebten, wie sind dann zum Beispiel die Kinder zur Schule gekommen?«

»Schule?«, lachte Juan. »*Hombre,* das hier war ihre Schule – die Berge, die Wälder, die Felder. Vielleicht konnten ihre Eltern ihnen Lesen und Schreiben beibringen, vielleicht auch nicht. Solche Sachen waren damals nicht wichtig. Überleben war das einzige, worauf es ankam, und in der Schule wird einem nicht beigebracht, wie man an einem Ort wie diesem hier am Leben bleibt.«

»Aber wie haben sie denn überlebt? Das Stück Land ist doch im Grunde viel zu klein, um davon leben zu können. Wie haben ein Mann und eine Frau es nur geschafft, hier Kinder großzuziehen?«

»Das frage ich mich auch oft, *señor,* und ich kann mir nur denken, dass es nicht einfach gewesen ist – jedenfalls nicht an heutigen Maßstäben gemessen. Und dennoch, sie werden fast alles gehabt haben, was sie brauchten ... außer Geld, *naturalmente.* Sie werden sich Hühner gehalten haben, ein paar Kaninchen, einige Schafe und Ziegen, um Fleisch und Milch zu haben – keines dieser Tiere braucht viel Wasser, wissen Sie – und vielleicht sogar ein oder zwei Schweine, die im Wald herumwühlten, was auch den Schafen und Ziegen zu etwas rauem Weideland verholfen hätte.« Juan Juan dachte einen Moment lang nach. »Außerdem werden sie noch Hafer und Bohnen und einiges Gemüse zwischen den Bäumen auf den *bancales* angebaut haben. Damals werden wesentlich mehr Bäume hier gewesen sein – alles Mandel- und Olivenbäume, wissen Sie, weil die kein Wasser brauchen, nur das, was sie der Erde direkt durch ihre Wurzeln entziehen. Mandel- und Olivenbäume brauchen nie bewässert zu werden, deshalb gedeihen sie auch unter solchen Umständen.«

»Wie war das denn überhaupt mit dem Wasser hier? Wo haben sie das herbekommen?«

Wieder waren Juan Juans Worte ein genaues Echo dessen, was Señora Bauzá erzählt hatte. »Vom Himmel. Der Regen fiel auf das Dach und in den *aljibe* unter dem Haus, genauso, wie heute auch noch.«

»Aber die Regenfälle im Winter können doch nicht ausreichend gewesen sein, um eine Familie und deren Vieh das ganze Jahr über zu versorgen.«

»Vielleicht nicht – je nach dem, wie trocken oder regnerisch der Winter war. Aber wie zu allen Zeiten haben sie sich immer darauf verlassen können, dass der Berg sie am Leben erhält. Es gibt da ein paar Plätze, an denen das ganze Jahr über das Wasser aus den Felsen sprudelt – klar, kalt und süß. Die *campesinos* kannten diese Plätze gut und trugen Fässer oder sogar Ziegenhäute voller Wasser von diesen *fuentes* fort, wenn sie es brauchten. In manchen Gegenden haben sie sogar *canaletas* gebaut, kleine, von Steinen umsäumte Kanäle, um Wasser für die Bewässerung zu den niedriger gelegenen *fincas* zu leiten oder auch um im Tal Wassermühlen anzutreiben. *Sí,* der Berg ist ihnen immer ein Freund gewesen – Lieferant von Feuerholz, um sie im Winter warm zu halten, und von vielen Dingen zum Essen, wie Tauben, Wachteln, Kaninchen, wilde Ziegen, Pilze, Beeren, Kräuter und wilder Spargel, und vor allem Wasser.«

»Aber was war denn mit Werkzeug, Kleidung und so weiter? Wie sind sie denn mit wenig oder gar keinem Geld an diese Dinge gekommen?«

»*Mi amigo,* all diese *problemas* konnten durch eine Tour zum Wochenmarkt in der Stadt gelöst werden. Heutzutage mag der mittwochs stattfindende Straßenmarkt von Andratx als kaum mehr erscheinen als eine Attraktion für tausende *turistas*, aber vor gar nicht allzu langer Zeit war so ein Markt in Gegenden wie dieser die Schaltzentrale des Landlebens. An Markttagen machten sich die Bauern von diesen Bergfincas beim ersten Lichtstrahl mit ihren Eselskarren auf den Weg, voll beladen mit allem, was über den unmittelbaren Bedarf der Familie hinausgehen mochte – mit ein paar Eiern, einem Huhn oder einer alten Henne, einem Lamm, einem kleinen Schwein, den Nahrungsmitteln, von denen ich Ihnen sagte, dass sie sie im Wald finden konnten, nach einem Regenschauer sogar mit einem oder zwei Eimern voll Schnecken. Im Herbst verkauften sie ihre frisch geernteten Mandeln oder Oliven, und fingen, *naturalmente*, so viele Drosseln, wie sie nur konnten – zwei oder drei Millionen von diesen Zugvögeln jedes Jahr, heißt es. Eine wahre Delikatesse hier in Mallorca, die Drossel.«

»*Naturalmente*.«

»Im Frühjahr und im Sommer konnte ein Mann natürlich *carbonero*, Köhler, werden und mit der ganzen Familie in die Wälder ziehen, in einer kleinen Steinhütte mit einem Dach aus Zweigen und Schilf leben und *sitjas* errichten – Hügel aus klein gehackter Steineiche, bedeckt mit jungem Holz und Erde, was dann langsam und sorgfältig abgebrannt wurde, um Holzkohle herzustellen. In jenen Tagen vor dem *butano*-Gas war Holzkohle fürs Kochen und zum Heizen auf der Insel der Hauptbrennstoff. *Sí*, es gab eine große Nachfrage nach dem Produkt der *carboneros*. Aber viel Geld gab es nicht, *naturalmente*.«

»*Naturalmente*.«

Juan Juan deutete nach Norden auf den hoch aufragenden Gipfel des Puig de Galatzo. »Und auf den höchsten Bergen der Sierra konnten einige *campesinos* im Winter als Schneemänner arbeiten.«

»Schneemänner auf Mallorca?«

»*Sí – nevateros*, so nannte man sie – Schneemänner. Sie hatten dort oben mit Steinen eingefasste Gruben, so genannte Schneehäuser, in den Boden gegraben, und wenn die Schneefälle einsetzten, schaufelten sie den Schnee in die Grube, trampelten ihn fest, so lange, bis die Grube voll war, dann bedeckten sie sie bis zum Sommer mit Asche und Schilf.«

»Und dann?«

»Dann entnahmen die *nevateros* den festgetretenen Schnee und brachten ihn auf Karren in die Dörfer und in die Stadt, wo sie ihn verkauften, um Speiseeis daraus zu machen oder ihn für medizinische Zwecke zu verwenden. Noch vor der Zeit der Gefriergeräte und Kühlschränke, *naturalmente*.«

»*Naturalmente*.«

»Sie sehen also, die Leute wussten damals, wie man auf diesen hoch gelegenen *fincas* überlebte, und sie wussten auch, wie man all die Gaben der Berge und Wälder zu nutzen hatte. Sie hatten viele Talente, diese Berg-*campesinos*, und sie mussten hart arbeiten, um sich ihren Lebensunterhalt zu verdienen, da bin ich mir sicher. Wir alle sind natürlich stolz, die Traditionen dieser kleinen Bauernhöfe fortzuführen, aber ich bin auch froh, dass wir es nur als Hobby, als *pasatiempo*, tun müssen.«

»Und diese Bauern damals mussten natürlich auch Händler sein.«

»*Correcto*. Sie verkauften oder tauschten ihre eigenen Waren gegen die Dinge, die sie brauchten – eine Art, Handel zu treiben, die so alt ist wie die Menschheit, und sie funktionierte. Und wenn ein *campesino* auf dem Markt einen guten Tag gehabt hatte, dann hatte er vielleicht noch ein paar Peseten übrig, um sich in einer der Bars ein oder zwei Gläschen zu genehmigen, wo er und seine Freunde sich gegenseitig die eine oder andere Geschichte erzählten. Und wenn er so einen *richtig* guten Tag beim Handeln gehabt hatte, dann hat er sich stets darauf verlassen können, dass seine *amigos* ihn rechtzeitig auf den Karren packten, damit sein Maultier ihn noch vor Einbruch der Nacht sicher zu seiner Frau und seinem Zuhause in den Bergen schaffen konnte. *No tan malo, no?*«

»Nein, tatsächlich gar nicht so übel, Juan. Im Grunde erinnert es mich an ein paar alte Bauern, die ich früher bei mir zu Hause immer auf dem Viehmarkt getroffen habe, allerdings hatten die kein vernünftiges Maultier, das sich um sie gekümmert hat. Die sind im eigenen Auto nach Hause gefahren, egal ob sie nun ein gutes Geschäft zu sehr gefeiert oder ein schlechtes zu sehr betrauert hatten. Aber irgendwie haben sie es immer geschafft.«

»So muss es wohl an Markttagen überall gewesen sein, *señor* – bevor der Fortschritt die Erfindung des *barracho*-Röhrchen nötig machte.«

»Ja, und da wir gerade über das Röhrchen, den Promillemesser, sprechen, wie ich sehe, haben Sie ja auch Trauben, Juan«, bemerkte ich, als wir uns dem Haus näherten. »Machen Sie Ihren eigenen Wein?«

»Nein, nein. Dazu fehlt mir die Zeit, *señor*. Nein, den kaufe ich lieber im *supermercado*.« Er deutete auf die kleine Winkeleisen-Pergola vor dem Haus. »Diese Trauben sollen uns nur ein bisschen Schatten spenden, wenn wir hier draußen essen, und zum Nachtisch haben wir dann auch ein paar Früchte, wenn die Kinder sie nicht alle schon vorher aufessen. Aber früher hat so mancher Berg-*campesino* so viele Trauben angebaut, dass er sich seinen eigenen Wein machen konnte, *sí. Hombre*, Wein zu machen war für die Leute die fröhlichste Arbeit des ganzen Jahres – abgesehen vom Schweineschlachten, *naturalmente*.«

»*Naturalmente*.«

»Und wenn man Wein hat, dann kann man auch Weinbrand machen. Dazu braucht man schließlich weiter nichts als eine Destillieranlage, nicht wahr?«

»Sie wollen sagen, die Leute hier oben hatten illegale Destillieranlagen?«

»Illegal?« Der Tischler hob die Schultern und drehte die Handflächen nach außen. »*Señor,* eine Destillieranlage ist natürlich nur dann illegal, wenn die Behörden beweisen können, dass sie existiert. Folglich hat es hier in diesen Bergen nie irgendwelche illegalen Destillieranlagen gegeben. *Me entiende?*«

Beifällig lächelte ich. »Und, ähm, ich gehe davon aus, dass diese kleinen mallorquinischen Schwarzbrennereien heute nicht mehr existieren, oder?«

Scheu musterte Juan Juan seine Füße. »*Indudablemente no.* Die Behörden sind dazu viel zu clever, heißt es. Aber, äh, es gibt da so einen alten Burschen, der lebt hoch oben auf einer *finca* mit ungehindertem Blick auf die Zufahrtsstraße zum Berg hinauf. So lange die Leute sich erinnern können, ist der ständig besoffen und stinkt nach Weinbrand, und doch hat keiner ihn je eine Flasche Schnaps kaufen sehen – die ganze Zeit nicht. *Es muy misterioso, no?*«

»Tatsächlich höchst mysteriös, Juan. Tatsächlich höchst mysteriös. Vielleicht könnten Sie und ich versuchen, dieses kleine Mysterium eines Tages aufzuklären. Das könnte spaßig werden.«

Ich schaute auf die Uhr, und es war bereits eine Stunde vergangen, seit Juan Juan angekündigt hatte, der Aufenthalt hier werde nur halb so lange dauern.

»Na schön, ich weiß, Sie sind sehr beschäftigt«, sagte ich entschlossen, »also schauen wir uns doch lieber Ihren Traktor an, oder?«

Juan schnipste schnell mit den Fingern, um symbolisch Dringlichkeit zum Ausdruck zu bringen, verschwand im Dunkel des Schuppens und tauchte kurz darauf, den Zwilling vom Traktor des alten Jaume vor sich herschiebend, wieder auf – eine klobige, kleine *Barbieri* auf zwei Rädern, so makellos und glänzend wie an dem Tag, als sie aus der Fabrik gekommen war.

»*Por favor señor*«, schnaufte er, »wenn Sie jetzt so nett sein würden und mir helfen könnten, den *remolque* und die anderen Geräte herauszuziehen …«

Wir rollten und schoben den kleinen Anhänger ins Helle hinaus, und ich sah sofort, dass weder der Anhänger noch der Kultivator oder der Drehpflug, der ebenfalls angekoppelt war, häufig zum Einsatz gekommen waren. Die Metallteile, der Farbanstrich und die Reifen waren tadellos erhalten, kein einziger Schmutzfleck, kein einziges Staubkörnchen beeinträchtigte das makellose rotweiße Äußere.

»Also was sagen Sie, *señor*?«, keuchte Juan Juan, ganz außer Atem vor Anstrengung und Erwartung. »*Es muy bonito, mi tractor, sí?*«

Langsam schlenderte ich um die hübsche, kleine Gerätesammlung herum, musterte jedes Detail aus allen nur möglichen Blickwinkeln und versuchte, Juan Juan nicht merken zu lassen, wie beeindruckt ich war. Er war nervös wie der Finger eines Schlachters, wie er da so hinter mir von einem Fuß auf den anderen trat und sich noch über das kleinste Detail lobend äußerte: die Gangschaltung, den Zapfwellenantrieb, den Schwungradanlasser, die problemlosen Verbindungsmöglichkeiten der einzelnen Geräte, die Leistungsstärke des Dieselmotors …

»Na schön, Juan«, unterbrach ich ihn, denn ich wollte seine Qual nicht unnötig in die Länge ziehen, »mir gefällt Ihr Traktor sehr. Er könnte genau das sein, was ich brauche, aber es gibt da noch eine winzige Kleinigkeit …«

Er machte ein langes Gesicht und fing an, mit der Hand auf dem Herzen nervös zu stammeln. »Oh, ich verspreche Ihnen, *señor*, dieser Traktor ist *perfecto*. Erst vor drei Monaten habe ich ihn neu gekauft. Hier, sehen Sie, da ist die Quittung. Ich habe ihn nur ein paar Mal benutzt. Er ist *absolutamente perfecto*, und ich verkaufe ihn nur, weil ich festgestellt habe, dass ich auf so einem steil abfallenden Stück Land wie dem hier oben mit einem vierrädrigen besser dran wäre. Er hätte mehr Halt und äh … und äh …«

»Und einen Sitz?«, warf ich trocken ein.

Juan Juan war sich zunächst nicht sicher, wie er diese Bemerkung auffassen sollte, aber als er begriff, dass ich den Hauptgrund für seinen ersehnten Wechsel zu einem vierrädrigen Traktor, nämlich seine Bequemlichkeit, sehr wohl kannte, versetzte er mir schelmisch einen weiteren Klaps vor die Brust und lachte mit all der Erleichterung eines Schuljungen, dem man gerade verziehen hatte, dass er unter dem Rock der Zeichenlehrerin ein Frettchen losgelassen hatte.

»Ist schon gut, Juan«, grinste ich, »ich will Ihren Traktor ja kaufen, aber die winzige Kleinigkeit, die ich noch wissen muss, ist der Preis. Das ist alles.«

»Ah, *el precio!* Ich glaube kaum, dass das für zwei Männer von Welt ein Problem ist, da werden wir uns bestimmt einig.« Er lächelte erwartungsvoll und faltete die Quittung mit leicht zitternden Händen auseinander. »Hier sehen Sie, welchen Preis ich für *el tractor y los accesorios* bezahlt habe. *Mira*! Daneben habe ich die Summe geschrieben, für die ich bereit wäre zu verkaufen. Es sind *exactamente* zwei Drittel des Neupreises.« Juan nickte bedächtig. *»Es un precio muy justo, no?«*

Da ich mir immer noch nichts in Peseten vorstellen konnte, rechnete ich die Summe blitzschnell in Pfund Sterling um und stellte fest, dass ich gegenüber dem ursprünglichen Kaufpreis über zweitausend Pfund sparte.

»Ein wirklich sehr fairer Preis«, stimmte ich schnell zu und ergriff die Hand des Tischlers, um ohne weitere Umstände das Geschäft zum Abschluss zu bringen. Das war die Art Mann, mit dem ich gern Geschäfte machte.

»Aha! *Està bien! Està bien!*«, strahlte Juan Juan, schüttelte mir kraftvoll die Hand und tätschelte mir die Wange, und es funkelten ihm die Augen bei der genüsslichen Vorstellung, bald einen Traktor mit vier Rädern und, *mas importante,* einem Sitz sein Eigen nennen zu können.

Unter sofortiger und bereitwilliger Missachtung aller anderen dringenden Dinge, die womöglich seiner Aufmerksamkeit harren mochten, bestand *el carpintero* darauf, auf der Stelle den Traktor mit dem Anhänger den ganzen Weg nach Ca's Mayoral hinunter zu fahren, wenn ich nur so freundlich sein wollte, in seinem Lieferwagen vorauszufahren und dort auf ihn zu warten, *por favor*.

Zu meiner Überraschung glich unser Innenhof einem emsigen Bienenschwarm, als ich den Wagen hineinlenkte. Der Mann vom Sägewerk war da mit seinem Maultier und einer Wagenladung voller Holzscheite, die er und die Jungen eifrig in den *almacén* stapelten. Ellie stand am Fuß einer Leiter, die gegen die Hauswand gelehnt war, und rief »*Qué?*«, und der alte Pep thronte schwankend ganz oben und hielt krampfhaft einen kleinen Beutel in der Hand.

»Ach, Gott sei Dank, dass du zurück bist«, rief Ellie, als ich aus dem Lieferwagen stieg. Sie war über irgend etwas sichtlich beunruhigt. »Vielleicht verstehst du ja, was dieser alte Irre will. Er kam her, kurz nachdem der Mann mit dem Holz eintraf, und hielt mir eine lange Predigt – irgendwas über *fuego* und *desastre*. Und dabei hat er andauernd zum Dach hochgeschaut. Ich habe kein einziges Wort von dem verstanden, was er gesagt hat. Und die Jungs waren mir auch keine Hilfe. Sobald sie Probleme mit dem Spanisch auf sich zukommen sahen, waren sie auf und davon und haben sich wie zwei Biber im Akkord daran gemacht, diese Holzscheite abzuladen. In meinem ganzen Leben habe ich die zwei sich noch nicht so rasant und obendrein freiwillig um Arbeit reißen sehen.«

»Schon gut, Liebling. Beruhige dich. Ich werde versuchen herauszufinden, was zum Teufel hier vor sich geht. *Hola, Pep! Buenos días. Qué es el problema?*«

»*El problema, amigo, es la chimenea*«, rief Pep zurück, ließ die Leiter los und zeigte wild gestikulierend auf den Schornstein, während er gefährlich auf seinem luftigen Hochsitz schwankte.

»Und was ist damit nicht in Ordnung?«, brüllte ich zu ihm hinauf.

»Der wird gleich in Flammen aufgehen, das ist nicht in Ordnung damit. *Coño,* wenn man sich jetzt nicht darum kümmert, *immediatamente,* dann haben Sie hier ein *desastre,* eine *catástrofe*. Wussten Sie das nicht?«

»Nein, ich dachte, alles wäre …«

»Alles, nichts – jemand, niemand – irgendwo, nirgends – *macarrones, cojones!*«, fauchte Pep. »Vergessen Sie das ganze *basura*. Ich sage Ihnen, wenn ich vergangene Nacht nicht in diese Richtung geguckt hätte, als ich mich auf der anderen Seite des Tals um meine Schafe kümmerte – *coño,* da sind Funken wie Mondraketen aus Ihrem *chimenea* herausgeschossen.«

»Aha. Sie sagen also, dass der Schornstein gefegt werden muss, bevor wir wieder Feuer machen. Meinen Sie das?«

Pep streckte beide Arme so weit es ging zur Seite aus und blickte zum Himmel auf, und diese gefährliche Kreuzigungsposition nahm er etwa sechs Meter über dem Boden ein, während er die Götter auf *mallorquín* anflehte, irgendetwas, das ich nicht verstand, über *el extranjero loco* – mich – zu verhängen. Unser alter Nachbar war nicht in der Stimmung, mit sich spaßen zu lassen.

»*Correcto*«, brummelte er schließlich. »*La chimenea* muss gefegt werden, und ich bin gekommen, weil ich das für Sie übernehmen möchte, aber Ihre *esposa* will einfach nicht machen, worum ich sie bitte. Sie steht nur da unten rum und ruft ›*Qué*?‹, während ich hier oben hänge wie ein Frosch, dessen Arsch man auf die Spitze eines Bambusstabes aufgespießt hat. *Caramba!*«

»Na gut, Pep. Das tut mir wirklich Leid. Sie versteht einfach noch nicht so gut Spanisch, wissen Sie. Aber wenn Sie mir erklären, was Sie brauchen, dann will ich versuchen zu helfen. In Ordnung?«

Pep holte tief Luft und formulierte mit übertriebener Deutlichkeit, was er brauchte. Ich würde ein paar alte Laken besorgen, schrie er, und sie um die Kamineinfassung hängen müssen. Es sei *muy importante,* dass ich keine Lücken lasse und mich vergewissere, dass die Laken um den Kamin herum sicher beschwert werden, denn da werde eine Menge Ruß herunterkommen, und wenn er entweichen könne, werde er sich überall im Haus festsetzen. *Seguramente. Ahora bien,* wenn ich das jetzt ohne weitere Verzögerungen erledige, dann könne er endlich seine Arbeit machen und sich anschließend wieder seinen eigenen wichtigeren Aufgaben widmen.

»Aber was ist denn mit dem Rest Ihrer Ausrüstung?«, fragte ich. »Sie wissen schon, die Bürsten, Seile, Gewichte und all das. Wenn Sie mir sagen, wo ich das alles finde, dann hole ich es für Sie.«

Pep brummelte etwas auf *mallorquín,* das ich für eine Reihe von Flüchen hielt, dann knurrte er wütend: »Kümmern Sie sich einfach um die blöden Laken im Haus, wie ich es Ihnen gesagt habe. Die gesamte Ausrüstung, die ich brauche, habe ich hier in dieser Tasche. *Comprende?*«

Ellie kam schnell hinter mir hergelaufen, als ich ins Haus ging, um zu tun, was er angeordnet hatte.

»Was soll das denn alles?«, keuchte sie. »Der ist in einer wirklich üblen Stimmung, nicht?«

»Ja, aber er will nur unser Bestes. Er besteht darauf, gleich an Ort und Stelle den Kamin zu kehren, denn wenn er das nicht tut, gibt es hier womöglich ein Feuer – ein Desaster, eine Katastrophe.«

»Also noch eine Arbeit, die Señor Ferrer sich gespart hat?«

»Sieht sehr danach aus. Aber komm, lass uns einfach ein paar Laken um den Kamin hängen, bevor den alten Pep noch der Schlag trifft.«

Ellie half mir, alles Nötige vorzubereiten, und dann lief ich hinaus, um Pep Bescheid zu sagen, dass wir jetzt soweit seien.

»Wir sind drinnen soweit, Pep«, rief ich.

Beklommen sah ich, wie Pep von der Leiter stieg und auf dem Satteldach herumkletterte, ohne jede Angst vor dem Schicksal, das ihn ereilen könnte, wenn er auf den glatten Dachziegeln das Gleichgewicht verlor. Schließlich erreichte er die Dachspitze, warf ein Bein über den First und setzte sich vor den Schornstein. Dann hängte er vorsichtig das offene Ende seines Beutels über den Schornstein und brüllte zu mir herunter: »*Bueno,* gehen Sie jetzt zurück ins Haus. Und sorgen Sie dafür, dass diese Laken dicht bleiben. Jetzt geht's los! *Cuidado abajo!*«

Ich schoss in die Küche zurück, gerade als Pep den Inhalt seines Beutels den Kamin hinunterzuwerfen schien.

»Pass auf, Ellie«, schrie ich. »Achte auf den Ruß. Der kommt jetzt runter.«

Wir hörten ein gedämpftes Krächzen irgendwo hoch oben im Kamin, dem auf *mallorquín* der raue Tonfall von Peps Flüchen folgte.

»Muss wohl ein paar Probleme mit seiner Kaminkehrer-Ausrüstung haben«, sagte ich, so ruhig ich nur konnte, zu einer aufs Äußerste angespannten Ellie.

Ein schreckliches Spektakel folgte. Noch mehr wildes Krächzen, noch mehr heftiges Fluchen, Schlagen, Klappern, Kratzen, Klopfen.

»Was zum Teufel hat der alte Irre denn bloß vor?«, keuchte Ellie und starrte mit weit aufgerissenen Augen an die Decke. »Der schafft es noch, das ganze Haus über uns zusammenbrechen zu lassen.«

Genau in dem Augenblick begannen die ersten Rußschwaden hinter den Laken und Decken den Kamin herunterzuklatschen.

»Jetzt ist alles in Ordnung«, sagte ich und tätschelte Ellies Hand. »Pep hat seine Ausrüstung endlich im Griff. Ich hoffe bloß, dass diese Laken stabil genug sind.«

Ein rasendes Pochen und Kratzen drang nun eine ganze Weile von oben durch den Kamin und wurde immer lauter, während sich Peps Kehrapparat weiter nach unten vorarbeitete und dabei, jedenfalls hörte es sich so an, Tonnen von Ruß und losem Mauerwerk vor sich herschob.

»Muss irgendwas Mechanisches sein, was er da benutzt«, schloss ich nervös. »Geschickt, der alte Knabe.«

Ellie war sprachlos.

Peps Maschine kreischte und klapperte, der wild fuchtelnde Rhythmus seiner mysteriösen Kehrmaschinenteile verlangsamte sich, und das schrille Geräusch des Motors versandete in einem dumpfen »Klack, Klack, Klack«, bis es dann schließlich in dem mächtigen Rußhaufen auslief, der sich, so stellten wir uns vor, allmählich im Kamin aufgetürmt hatte. Dann Stille. Hinter den Laken kein Laut. Die Arbeit war getan.

Ellie und ich schauten uns an, wie wir da so halb schockiert und sprachlos knieten. Draußen vor dem Haus hörten wir Laufgeräusche, dann wurde die Tür heftig aufgestoßen, und der alte Pep stürmte verzweifelt keuchend herein, Funken sprühten von der obligatorischen Zigarette in seinem Mundwinkel.

»*Rápidamente!*«, sprudelte es aus ihm heraus, dann stürzte er hastig in die Kaminecke und zerrte die Laken beiseite. »Wir wollen schnell das blöde Ding da rausholen, bevor es wieder *loco* wird und den ganzen Scheiß-Ruß überall herumwirbelt. *Vámonos!*«

Die Sonne, die durch die offene Tür hereinschien, schnitt eine Lichtbahn durch die dunkle Wolke, die sich immer noch über dem Kamin aufbauschte. In diesem hellen Lichtschein fiel Pep auf die Knie und fing an, wie wild in dem düsteren Haufen herumzutasten.

»Hab ich dich, du blödes Drecksvieh«, brummelte er, packte seinen Kaminkehrer mit beiden Händen und schüttelte voller Ungestüm den Ruß von ihm ab. »*Fantasma de puta!* Den alten Pep wirst du nie wieder zum Narren halten, du ...«

Peps Schimpftirade wurde von Ellie unterbrochen, die einen Schrei ausstieß, der einem das Blut in den Adern gefrieren ließ. »Guck doch!«, kreischte sie vor lauter Entsetzen. »Das Ding in seinen Händen! Es hat sich bewegt!«

Ich warf einen intensiven Blick auf das nicht genau zu bestimmende schwarze Bündel, und tatsächlich, es bewegte sich – wenn auch nur sacht, aber es bewegte sich. Dann blinzelte mich ein winziges Auge aus dem Ruß heraus an. Das Ding lebte!

»Himmel Herrgott noch mal«, flüsterte ich. »Erst wollte ich ja nicht glauben, was ich sah. Aber es ist wahr. Der alte Schlawiner hat doch zum Kaminkehren tatsächlich ein ...«

»Moment mal«, unterbrach mich Ellie und wappnete sich, um genauer hinzusehen. »Nein, das darf doch wohl nicht wahr sein ...«

»O doch, das ist wahr.«

»Du willst doch wohl nicht sagen ...«

»Doch. Das ›Klack, Klack, Klack‹, das wir eben noch gehört haben, war ...«

»Doch nicht ... ›Gack, Gack, Gack‹?«

»Doch – der alte Saukerl hat den Kamin mit einem Huhn gekehrt! Ellie, der hat ein lebendiges Huhn in unseren verdammten Schornsteinzug gestopft!«

Ellie war sichtlich entsetzt, und ihr empörter Blick konnte dem alten Pep nicht entgehen, der jetzt seine Grabsteinreihe brauner Zähne in einem selbstzufriedenen Grinsen zur Schau stellte, während er seinen verwirrten Vogel zurück in den Beutel zwängte.

»Machen Sie sich keine Sorgen, *duquesa*«, krächzte er Ellie an. »Die Henne hier war wirklich kein besonders williger Kaminkehrer. Hat versucht, oben aus dem Kamin zu entwischen. Das hat es für mich nicht ganz leicht gemacht, aber ich will ehrlich sein – eine Henne mit so einem Temperament bringt immer die besten Ergebnisse. Es ist dieses extra bisschen Flügelschlagen und Ankrallen, das wahre Wunder wirkt. *Palabra de honor.*« Er bekreuzigte sich.

»Nein, das ist es ja gar nicht«, protestierte ich ruhig. »Wir zweifeln ja gar nicht daran, dass der Kamin wirklich gut gekehrt wurde, aber meine Frau macht sich Sorgen um Ihr Huhn, das ist alles.«

Pep hob eine ausgestreckte Hand und schwenkte sie verächtlich. »*Mierda!* Um die Henne müssen Sie sich wirklich keine Sorgen machen. Die legt sowieso keine Eier mehr. Das hat sie längst hinter sich, die alte Hure. *Puta vieja!*«

Ungläubig starrte Ellie ihn an.

»Nein, ich glaube, Sie haben mich missverstanden, Pep«, fuhr ich fort. »Meine Frau macht sich um den Zustand der Henne Sorgen, und nicht darum, ob Sie noch Eier von ihr bekommen werden. Ich meine, nach dem Ausflug den Kamin hinunter muss das Tier doch arg mitgenommen sein.«

»Pah, das ist doch typisch für die verworrene Logik der Frauen«, höhnte Pep. »Vielleicht ist die Henne ein bisschen angeschlagen, na und? Ein Tag im Suppentopf, und das kommt schon wieder in Ordnung, nein? *Va bé!*«

»Das kann er nicht – das ist doch wohl nicht sein Ernst, nach allem, was das Tier durchgemacht hat, will er dem armen Geschöpf jetzt den Hals umdrehen und dann … und dann eine … eine Suppe aus ihr machen?«, zischelte Ellie mit zusammengepressten Zähnen.

Pep, der merkte, dass er Ellie mit seiner Vorstellung so richtig auf die Palme bringen konnte, schaukelte seinen Beutel provozierend vor ihrem Gesicht hin und her und prahlte: »Ein blödes Huhn mehr oder weniger ist doch völlig ohne Belang für mich. Ich habe da drüben einen geilen alten Hahn, und der macht mir sowieso in einem fort neue Hühnchen. Die Arbeit macht ihm Spaß, und er ist gut dabei. *Es igual.*«

Pep blies seine Lungen zu einem pfeifenden, rasselnden Lachen auf, das unfreiwillig in einen Hustenanfall überging, der ihm die Tränen in die Augen trieb und sein Gesicht purpurfarben anlaufen ließ. Erstaunlicherweise blieb die angezündete Zigarette dabei die ganze Zeit fest in seinem Mundwinkel stecken.

Ich wusste, dass dieser kleine Lungenkrampf den alten Pep für den Augenblick vor einer von Ellies heftigen Schimpftiraden bewahrt hatte, und glücklicherweise wurde die danach anstehende nutzlose Auseinandersetzung durch Charlies Auftauchen in der Küche abgewendet.

»Der Mann vom Sägewerk will sein *dinero*«, verkündete er, »und noch ein komischer kleiner Kerl ist gerade auf einem merkwürdigen pferdelosen Vehikel erschienen. Am besten kommst du sofort mit raus, Dad. Der Typ mit der pferdelosen Kutsche sieht gar nicht gut aus – der steht einfach nur da und brummelt wieder und immer wieder *›coñac‹*.«

Der arme Juan Juan stand regelrecht unter Schock – Schweißperlen standen ihm auf der Stirn, die Augen quollen ihm vor, seine Beine zitterten, und das Gesicht passte farblich genau zu den zartgelben Blüten, die sich in üppigen Bündeln winziger Baumwollbällchen den Mimosenstrauch hinab ergossen.

»Fühlen Sie sich nicht wohl, Juan?«, erkundigte ich mich

besorgt. »Kann ich Ihnen irgendwas anbieten? Ein Glas Wasser vielleicht?«

»*No, no, señor*«, stammelte er. »*No agua, gracias. Coñac – solamente coñac, por favor. Coñac! Pronto!*«

Charlie, der den Notfall richtig eingeschätzt hatte, war bereits mit einer Flasche Fundador-Brandy und zwei bauchigen Cognac-Schwenkern zur Stelle. Ich schenkte eine großzügig bemessene medizinische Dosis ein und schloss die zitternden Finger des kleinen Tischlers um das Glas.

»Runter damit, Juan. Das wird Ihnen gut tun«, riet ich in besorgtem Ton.

Der kleine Mann hatte alle Mühe, das Glas zu den Lippen zu führen, ohne den Kräfte heilenden Inhalt auf dem Boden zu vergießen. Juan in derartiger Pein zu sehen führte dazu, dass auch ich mich ein wenig wackelig fühlte, also machte ich auf der Stelle selber Gebrauch von dem zweiten Glas, das der kleine Charlie mir so zuvorkommend gereicht hatte.

»Prost, Juan. Wohl bekomm's. *Salud!*«

»*Salud, señor, y gracias.*« Mit einem Schlürfgeräusch, das mich eher an ein saufendes Kalb erinnerte, stürzte Juan seinen Brandy hinunter. Natürlich ließ es sich nicht vermeiden, dass er dabei etwas von der kostbaren Flüssigkeit verschüttete, die für immer verloren ging, als sie ihm in kleinen goldenen Rinnsalen das Kinn hinunterlief. Der Mann stand ernsthaft unter Schock. Ich schenkte ihm eine weitere Kräfte heilende Dosis ein.

Bald gesellte sich der Mann aus dem Sägewerk dazu – ein mürrisch aussehender dicker Kerl mit wild zerzaustem Haar und struppigen Augenbrauen, die zusammengewachsen waren und so den Eindruck von zwei schwarzen, haarigen Raupen machten, die auf seiner Stirn Unzucht trieben.

»Leider ist Juan Juan ein wenig *enfermo*«, erklärte ich ihm. »Aber bestimmt nichts allzu Ernstes. Gleich geht's ihm wieder besser, also machen Sie sich bitte keine Sorgen.«

Die schwarzen Raupen verknoteten sich oberhalb seiner Nase in einer unheilvollen Umarmung. Er stieß ein urzeitliches Grunzen aus und heftete seine tief liegenden Augen auf die Flasche Fundador. Juans Gesundheitszustand war für ihn offensichtlich von keinerlei Interesse.

»Darf ich Ihnen einen Brandy anbieten?«, fragte ich überflüssigerweise.

Die Raupen tanzten, und der Mann vom Sägewerk grunzte eine Bestätigung und schnappte sich gierig mein Glas.

»Wie steht's mit Ihnen, Pep?«, rief ich unserem Nachbarn zu, als er mit seinem Hühnerbeutel vom Haus zu uns herüberschlenderte. »Möchten Sie einen Schuss Fundador, um sich den Ruß aus den Leitungen zu spülen?«

»*Basura!* Alkohol rühre ich nie an. Ich bin Wassertrinker. *Solamente agua.*«

»Wie Sie wollen«, erwiderte ich etwas überrascht. Aus irgendeinem Grund hatte ich den alten Pep für einen begnadeten Schluckspecht gehalten, aber der angewiderte Blick, als er den Mann vom Sägewerk seinen Brandy hinunterstürzen sah, war offenkundig aufrichtig.

Ohne große Umstände stellte der Mann vom Sägewerk sein leeres Glas auf dem Boden ab, rülpste, ordnete die Raupen zu einer finsteren Vorhangleiste an, dann schlurfte er schweigend zu seinem wartenden Maultier davon.

»Ein wahrer Charmeur, was?«, bemerkte Charlie. »Der hat definitiv in der falschen Schlange angestanden, als Ausstrahlung und Persönlichkeit verteilt wurden. Ich glaube, sein Maultier hat seinen Anteil abgekriegt.«

»Na ja, vielleicht hat er ja bloß einen schlechten Tag«, sagte ich.

»Na, schlecht ist ja wohl untertrieben. Er hat sich nicht mal bei Mum bedankt, als sie ihm das Geld für die Holzscheite gegeben hat. Er hat jede einzelne Pesete nachgezählt, sich aber mit keinem einzigen Wort bedankt. Ich hätte gedacht, dass er Sandy und mir auch ein paar Scheinchen rüberwachsen lassen würde, weil wir ihm doch geholfen haben, aber nein. Unfreundlicher Spinner.«

»Aber Charlie, so ist das nun mal – bei manchen Leuten ist das Eis eben schwerer zu brechen als bei anderen. Denk immer dran, dass wir hier fremd sind, wenn du also über ihn urteilst, sollte dein Urteil im Zweifelsfall zu seinen Gunsten ausfallen. Nimm einfach an, er fühlt sich heute nicht so gut. Versuch immer, das Beste in den Menschen zu sehen. So sollte man das handhaben.«

Charlie machte ein finsteres, missbilligendes Gesicht und marschierte auf Sandy zu, der mit einem Ausdruck verblüffter Ungläubigkeit Juans Traktor und dessen Zubehör musterte. »Dad muss total einen an der Waffel haben, wenn er anstelle eines richtigen Traktors diesen als Geländefahrzeug getarnten Rollstuhl kauft«, hörte ich ihn seinem jüngeren Bruder zuflüstern.

Ich heuchelte Gleichgültigkeit und wandte meine Aufmerksamkeit wieder dem kleinen *carpintero* zu, der inzwischen seine normale Gesichtsfarbe zurückerhalten hatte, und zwar dank des zweiten üppigen Brandys, dessen letzter Schluck in diesem Augenblick seine Kehle hinunterrann. Ohne einen einzigen Tropfen zu verschütten, wie mir auffiel. Das war nun wirklich ein gutes Zeichen.

»Sie haben ja eben wirklich furchtbar ausgesehen, Juan«, bemerkte ich. »Haben Sie vielleicht etwas Schlechtes gegessen?«

»Kein Bissen ist heute über meine Lippen gekommen, *gracias a Dios*. Das hätte ich sonst auf meiner Fahrt den Berg runter ganz bestimmt wieder rückwärts gegessen.« Bei dem bloßen Gedanken daran wurde Juan schon wieder blass.

Nur für den Fall, dass sich sein Zustand wieder verschlimmern sollte, verabreichte ich ihm einen weiteren kräftigen Schuss Brandy.

»Ah, *muchísimas gracias, señor*«, wimmerte Juan, der jetzt sein Glas mit einem kaum mehr wahrnehmbaren Zittern hielt. Die Behandlung wirkte.

Der alte Pep zündete sich eine weitere Zigarette an, spuckte mitten in den Mimosenstrauch und lehnte sich an die Seite von Juans Lieferwagen, ganz gespannt darauf, welche Erklärung der Tischler über seinen Zustand abgeben würde, wozu die dreifache Verabreichung von Fundador diesen gewiss bald anregen würde.

»*Madre mía*«, stöhnte Juan Juan und führte die eine Hand ein wenig zu theatralisch zur Stirn, als er sich auf die Zugstange des Anhängers setzte. »Solche Angst habe ich in meinem ganzen Leben noch nicht gehabt. Bis heute, wissen Sie, bin ich nämlich noch nie mit einem Traktor und Anhänger auf einer öffentlichen Straße gefahren. Und diese zweirädrigen Traktoren, *hombre,* die haben keine Bremsen – nur Kupplung, Gaspedal und Gangschaltung; also wenn man anhalten will, muss man sich unten beim Sitz des Anhängers auf die Fußbremse stellen. Wenn man darin keine Übung hat, ist das *muy difícil.*«

»Tja, das ist eben das Problem mit diesen Traktoren«, warf Pep voller Verachtung ein. »Verstehen es einfach nicht, wenn man ›brr!‹ zu ihnen sagt.«

Der Tischler beachtete den alten Pep gar nicht. »Es war ja schon schlimm genug, den Bergpfad von der *finca* runterzufahren«, erklärte er. »Ich bin immer im ersten Gang geblieben, damit er nur ja schön sicher und langsam über die Steine und Schlaglöcher wegkommt. *Sí,* das war wirklich schon schlimm genug. *Bueno,* ich war halbtot von dem ganzen Gerüttele, und ein paar Mal hätte es mich auch fast umgeworfen, aber immerhin hatte ich das Ganze im Griff … beinahe. Aber als ich auf die Hauptstraße kam, habe ich versucht, in den zweiten Gang hochzuschalten, nur um ein ganz klein bisschen schneller voranzukommen, *poco a poco,* bis ich mich an die besseren Straßenverhältnisse gewöhnt hätte. Ich hatte beschlossen, äußerst vorsichtig zu sein, um ein Gefühl für alles zu kriegen, bevor diese scharfen Kurven kommen würden.« Bei der Erinnerung daran führte er sein Brandy-Glas zu den Lippen.

»*Caga de toro!*«, brummelte Pep.

»Und da«, sagte Juan mit zitternder Stimme, »ist mir dann dieser verhängnisvolle Irrtum passiert, dieser Fehler, der mich die Nerven hat verlieren lassen und mich beinahe das Leben gekostet hätte.«

»*Cómo?*«, fragte Pep, ließ den Kopf nach hinten fallen und blinzelte *el carpintero* skeptisch durch ein halb geschlossenes Auge an, das dunkel unter dem schattigen Baldachin seiner schwarzen Baskenmütze hervorfunkelte.

Juan Juan schluckte den Brandy hinunter, den er im Mund hatte, zog eine Grimasse und zitterte heftig. Entweder durchlitt er gerade aufgrund eines verspäteten Schocks einen Krampf, oder sein leerer Magen rebellierte endlich gegen den Ansturm puren Fundadors, dem er ausgesetzt war.

»Ah, das ist schon viel besser«, hustete er. »Ich glaube, ich habe mich allmählich wieder in der Gewalt … beinahe. *Casi casi.*«

»*Sí, sí, carpintero*«, gähnte der alte Pep. »Nun endlich weiter mit der Geschichte. Was war das also für ein verhängnisvoller Irrtum, der dir da unterlaufen ist? *Venga!*«

»Ihr werdet es nicht glauben, *amigos*«, vertraute Juan Juan uns feierlich an, »aber als ich versuchte, in den zweiten Gang zu schalten, kriegte ich den Gang nicht richtig rein und geriet aus Versehen in den höchsten Gang. *Madre de Dios*, als ich den Knüppel von der Gangschaltung losließ, war der Traktor auf und davon, schneller als – schneller als …«

»Schneller als die Vorhaut eines Juden?«, fragte Pep in schleppendem Tonfall.

»Noch schneller sogar«, begeisterte sich Juan, der sich

allmählich für seine Geschichte erwärmte und Peps Sarkasmus offensichtlich nicht bemerkte. »*Hombre,* ich schoss die Straße entlang wie eine Gewehrkugel. Und – und ich konnte das Tempo einfach nicht drosseln. Kein Synchrongetriebe, also konnte ich nicht in einen niedrigeren Gang schalten, und bei dem Gewicht von all dem Zubehör auf dem Anhänger, das uns den steilen Hang hinunterschob, war auch die Fußbremse nutzlos … selbst wenn ich sie gefunden hätte.«

Das Gesicht fing ihm an zu zucken, und die Hand, die den Brandy hielt, entwickelte wieder ein deutlich wahrnehmbares Zittern – aber ohne Erfolg. Der vorausschauende Charlie hatte den Fundador bereits in der Küche in Sicherheit gebracht. Juan Juans Selbstkontrolle würde dem Anschein nach auch ohne weitere Unterstützung Fortschritte machen müssen.

»*Dios mío!*«, fuhr er fort, und seine Stimme jodelte vor lauter Gefühlsaufwallung.

»Diese Haarnadelkurven, und zwischen Straßenrand und Talgrund weiter nichts als fünfhundert Meter frischer Luft. *Jesús, Maria y José!*«, rief er aus, indem er für alle Eventualitäten als Ersatz für jene traurigerweise verschwundene Flasche die Hilfe einiger heiliger Geister anrief. »Ich dachte schon, die Zeit sei gekommen, in der ich meinem Schöpfer gegenübertreten müsste. Und als ich diesen Bus sah, der mir oberhalb der Villa Tramuntana bei dieser Achterbahnkurve auf meiner Straßeseite den Berg hoch entgegenkam, habe ich einfach nur die Augen zugemacht, mit übermenschlicher Kraft die Lenkstangen zu der einen Seite gehievt und gebetet. *Hombres,* ich habe die *turistas* in dem Bus in panischer Angst kreischen hören, als ich mit halsbrecherischer Geschwindigkeit an ihnen vorbeischoss.«

»*Increible*«, krächzte Pep unbeeindruckt.

»Und als ich die Augen wieder öffnete – he, da hingen die

Räder von Traktor und Anhänger links über die Straße hinaus, *en aire libre*! Ich habe gesehen, wie die Leute im Garten der Villa Tramuntana unter mir wegrannten, um Schutz zu suchen. Wenn ich nicht so schnell um diese Kurve gebraust wäre, dann wäre ich über den Rand hinausgeschossen. Ich wäre erledigt gewesen. *Muerto*! Nur die Fliehkraft hat mich gerettet … ähm-äh, *y los santos.*« Juan nickte Richtung Himmel.

»Wie ist es Ihnen denn schließlich gelungen, anzuhalten?«, fragte ich und entsandte meinerseits ebenfalls ein stilles Stoßgebet an Juans Heilige, mit dem ich um baldige Beendigung dieses Heldenepos flehte.

»Ach du liebe Güte, anhalten habe ich gar nicht können, *amigo*. Die Schwerkraft zog mich schneller und immer schneller die Straße hinunter – jede einzelne Kurve ein einziger Albtraum. Ich musste verborgene Kräfte mobilisieren, sonst hätte ich nie im Leben um all diese Haarnadelkurven steuern können. Ich muss wohl an die hundert *Ave Marias* gebetet haben. Glauben Sie mir, erst als ich die ebene Strecke auf dem Weg vor Ihrem Tor erreichte, fuhr die Maschine langsamer, und ich konnte sie zum Stehen bringen. Und äh, es war natürlich ein Wunder, dass ich es geschafft habe, überhaupt von der Hauptstraße auf diesen Weg abzubiegen. Da unten an der Bergstraße hatte ich so ein irres Tempo drauf, dass ich wahrhaftig dachte, ich würde an der Einfahrt des Weges vorbeischießen und bis nach Andratx durchrasen. Können Sie sich das *desastre* vorstellen, das ich angerichtet hätte, wenn ich auf einem Traktor mit Anhänger, der sich selbständig gemacht hat, die Straßen der Stadt runtergedonnert wäre? *Santo Padre!* Ein Gemetzel … ein Blutbad … Panik … ein Massensterben …«

»Massenhafte Scheiße«, röchelte Pep durch einen Funkenregen von seinem *cigarillo*. »Ich habe dich den ganzen Weg den Berg runterkommen sehen, als ich auf dem Dach gewesen bin. Von da oben hatte ich eine fabelhafte Aussicht, und du bist so langsam gefahren, dass an dir sogar die Großmutter von meinem alten Maultier hätte vorbeitrotten können, ohne ins Schwitzen zu kommen. Deine Geschichte ist vollkommener Blödsinn. *Basura!* Für einen Brandy tust du wohl alles, was?«

»Blödsinn? Was meinst du mit Blödsinn?«, sprudelte es aus Juan heraus. »Du bist es doch, der hier Blödsinn redet. Kein Maultier auf der ganzen Welt hätte es an Schnelligkeit mit meinem Traktor aufnehmen können, als er diese Steigung runtergebraust ist. Alles war völlig außer Kontrolle geraten und …«

»*Sí, exacto!* Völlig außer Kontrolle! Und mit dem sicheren Tritt eines Maultiers wäre das nicht passiert. Ich würde jederzeit ein Maultier vorziehen. Deine Traktoren kannst du behalten!« Der alte Pep war inzwischen in voller Fahrt. »*Caramba!* Ein Maultier arbeitet den ganzen Tag für einen und liefert noch gratis einen Haufen Scheiße, den du auf deinen Feldern verteilen kannst, ein Traktor dagegen verschuldet das Land am Ende eines Tages nur noch mehr bei irgend so einem verdammten Ölscheich.«

Juan Juan richtete sich zu voller Höhe auf und schaute Pep aus vorsichtiger Distanz keck in die Augen. »Erzähl du mir doch nichts von Maultier-Scheiße«, rief er. »Wer braucht denn so was? Wenn du dich den ganzen Weg den Berg runter mit einem durchgegangenen Traktor hättest abmühen müssen wie ich gerade, dann hättest du in den Beinen deiner *pantalones* mehr Scheiße, als ein Maultier in einem ganzen Jahr produzieren kann. *Vate a la mierda!*«

Der sanftmütige Tischler, der seine Nerven gerade eben erst wieder in die Gewalt bekommen hatte, verlor nun rasch die Geduld.

Pep war entzückt. Zuerst hatte er Ellie mit dem prekären Thema der Hühnerrechte so richtig in Rage gebracht, und nun hatte er es geschafft, dass sich Juan Juan herrlich über die auf dem Land nie enden wollende und unlösbare Diskussion über die Vorteile von Maultieren und Eseln im Vergleich zu Traktoren erregte. Er amüsierte sich köstlich.

Glücklicherweise kam Ellie in den Hof, bevor Pep noch mehr Zwietracht säen konnte. Vor sich schwenkte sie ein Päckchen Hühnerbrühwürfel hin und her.

»Da – nehmen Sie das, mit den besten Empfehlungen von mir«, sagte sie auf Englisch und drückte Pep das Päckchen in die Hand. »Aber bitte verschonen Sie die Henne. Mit den Brühwürfeln können Sie auf jeden Fall mehr Suppe machen, als Sie aus dem einen Huhn rauskriegen. *Und* Sie müssten die Hühner nicht mal rupfen. Also lassen Sie die arme Henne einfach laufen.«

Pep schaute auf das Päckchen mit den Brühwürfeln und lächelte boshaft. »*Duquesa*«, sagte er, wohlwissend, dass Ellie der Typ Frau war, der sich darüber ärgerte, mit »Herzogin« angeredet zu werden, »mit dem Zeug würde ich mich nie im Leben vergiften. Alles voller Chemie, genau wie all Ihre neumodischen Fertiggerichte. Ich verseuche mein Land nicht mit Chemikalien, und mein Körper wird auch nicht damit abgefüllt.« Er hielt inne, um ein paar Sekunden nachzudenken, dann verzog sich das Gesicht zu einem Unheil verkündenden Lächeln, Vorbote einer letzten boshaften Erwiderung. »*Además*, auch meine *animales* bekommen keine Chemikalien. Was für glückliche Geschöpfe, dass sie einen so freundlichen Herrn wie mich haben, nein? *Por ejemplo*, wenn mein Hund Würmer hat, dann bitte ich nicht *el veterinario*, ihn mit irgendwelchen *tabletas sintéticas* vollzupumpen. Nein, nein – dieser synthetische Mist kommt für meinen Hund nicht in Frage. Ich nehme das uralte Heilmittel, das die Natur uns zur Verfügung gestellt hat. Ich gebe ihm jeden Tag eine ganze Knoblauchzehe in sein Futter. Nirgends gibt es ein stärkeres *antiséptico* als im Knoblauch, und das spült einem Hund die Würmer gründlicher raus, als ein Huhn einen Schornstein fegt.«

Verblüfft und finster starrte Ellie ihn an. Obwohl sie längst nicht alles von Peps Wortschwall verstanden hatte, missfiel es ihr ungeachtet seiner Bedeutung instinktiv.

»*Ah sí*, ich entdecke da in Ihren Augen ein wenig Verwirrung, *señora*«, bemerkte Pep, indem er einen verdächtig begütigenden Tonfall annahm. »Sie fragen sich, wie ich den Knoblauch verabreiche, wenn der Hund den Geschmack nicht mag. Was ich mache, wenn der Hund sein ganzes Futter auffrisst, aber die Knoblauchzehe in seinem Napf liegen läßt, was? *No problema*. Ich mache, was alle cleveren Ärzte mit ihren schicken neumodischen Pillen machen. So nehme ich die Knoblauchzehe ...« Pep legte sich den imaginären Knoblauch auf die Spitze des nach oben zeigenden Mittelfingers seiner rechten Hand, »und dann stopfe ich sie dem Hund direkt hinten rein. *Puff!*« Er stieß den verabreichenden Finger vielsagend in die Luft und flüsterte mit heiter-gelassenem Lächeln: *»Un supositorio, sí?«*

Die Tatsache, dass Ellies Wangen sich röteten, ließ vermuten, dass sie höchstwahrscheinlich den Kern von Peps Epilog verstanden hatte, und das unverhohlene Gekicher von Sandy und Charlie brachte zum Ausdruck, wie mühelos sie zumindest die eindeutig vulgären Elemente der spanischen Sprache verstanden. Juan Juan, der sichtlich peinlich berührt war, widmete sich wieder der eingehenden Betrachtung seiner auf dem Boden scharrenden Füße. Ich hüstelte wenig überzeugend.

Der alte Pep hätte nicht glücklicher sein können. Seine einzigartig schlagfertige Erwiderung hatte die versammelte Runde auf die eine oder andere Weise überwältigt, also konnte er jetzt ein Wohlwollen an den Tag legen, das zu seiner erwiesenen Stellung als Oberirrer passte.

Er stellte sich gerade hin und hielt seinen Beutel auf. »*Se-*

ñora, ich danke Ihnen für Ihr freundliches Angebot«, sagte er und fasste sich vorn an seine Baskenmütze, um seine neu entdeckte Höflichkeit zur Schau zu stellen. »Ihre Hühnerbrühwürfel wären ein fairer Tausch gegen diesen alten Vogel gewesen, aber wie ich schon erklärte, habe ich keinen Bedarf an derlei Dingen. *Nunca.*« Pep reichte Ellie das Päckchen zurück. »Aber andererseits«, fuhr er fort, »bin ich ein mitfühlender Mensch und ein guter Nachbar, und weil ich sehe, dass Sie ein Auge für die Qualität einer Henne haben, möchte ich Ihnen diese hier schenken. Da, bitte, die Henne gehört Ihnen. Und jetzt können Sie überall erzählen, dass Sie das erste Stück Vieh auf Ihrer *finca mallorquín* von mir bekommen haben – von Pep, *un caballero generoso.*«

Und so stand Ellie völlig verblüfft da und umklammerte einen gackernden Beutel, während der alte Pep großtuerisch auf seine eigene *finca* zustolzierte, um sich wichtigeren Dingen zu widmen. Doch beim Tor drehte er sich noch einmal kurz um und nahm sich in einer tiefen, schwungvollen Verbeugung die Mütze vom Kopf. Das war der Abgang eines wahren Gentleman.

»*Viejo bastardo*«, brummelte Juan Juan leise. »Jedesmal, wenn ich dem alten Ziegenbock begegne, legt er es darauf an, mich zu verspotten, und jedesmal schlucke ich den Köder. Es gelingt ihm immer. *Es loco.*«

»Ja, es scheint ihm sichtlich Spaß zu machen, bei Leuten anzuecken«, stimmte ich ihm zu. »Aber unter der rauen Schale verbirgt sich doch bestimmt auch eine freundliche Seite seines Wesens, meinen Sie nicht?«

Zögerlich nickte Juan. »*Sí,* das muss ich wohl zugeben. Aber trotzdem, Pep kann ganz schön hart sein, wenn er will – *muy duro.* Sie sollten mal versuchen, Geschäfte mit ihm zu machen. Wenn er mit seinem Wechselgeld zwei Ein-Peseten-Münzen bekommt, und die eine ist etwas abgegriffener als die andere, dann würde er glatt zur Bank gehen und die

Leute dazu bringen, ihm für die abgegriffene eine neue zu geben. Aber er ist auch ein wirklich gütiger Mensch, und das ist die reine Wahrheit. Wenn diese abgegriffene Pesete das einzige *dinero* wäre, das er auf der Welt hätte, würde er sie Ihnen mit Freuden geben, wenn Sie sie bräuchten. *Sí, Pep es un hombre muy benévolo.*«

Ganz bestimmt war er ein alter Mann voller Widersprüche, dachte ich, und erinnerte mich wieder an die Episode mit den Holzscheiten zu Weihnachten. Zweifelsohne würde es faszinierend sein, mehr über Pep und seine Lebensgeschichte in Erfahrung zu bringen. Aber das musste auf später verschoben werden. Die dringlichste Aufgabe des Augenblicks war es, das Geschäft mit dem Tischler zum Abschluss zu bringen, ein Geschäft, das vor beinahe drei Stunden mit einem »halbstündigen« Abstecher in die Berge begonnen hatte.

Ich kam gleich zur Sache. »Ich habe Sie schon viel zu lange von Ihrer Werkstatt ferngehalten, Juan. Ich werde Ihnen jetzt das Geld für den Traktor geben, ohne Ihnen noch mehr von Ihrer wertvollen Zeit zu stehlen. Darf ich Ihnen auch einen Scheck ausstellen?«

Sí, sí, un cheque, das sei wunderbar, versicherte er mir mit einer unbekümmerten Geste. Aber ich solle ihn unbedingt als zahlbar *»Al Portador«* ausstellen und nicht auf seinen Namen. Wenn der Scheck an den Überbringer ausgezahlt werde, habe man den Mann von der Steuer nicht auf dem Hals, das müsse ich verstehen. Gieriger als eine Abwasserpumpe von der Osifar seien diese Steuern eintreibenden *bandidos.* Wenn die herausfänden, dass er den Traktor verkauft habe, würden sie bloß wissen wollen, woher er das Geld gehabt habe, sich überhaupt einen zu kaufen, argumentierte er. *Hombre,* das Leben sei ohnehin schon kompliziert genug, auch ohne dieses Einkommensteuer-Chaos, also sei es besser, den Scheck einfach auf *»Al Portador«* auszustellen. *Sí,* das sei die vernünftigste Vorgehensweise und noch dazu eine, die der Wirtschaftsgemeinschaft einen guten Dienst erweise.

Schlau blinzelte Juan Juan, faltete den Scheck zusammen und verwahrte ihn sorgsam in einem sicheren Fach seiner prall gefüllten Brieftasche. Es sei nicht gerade sinnvoll, der Regierung zu viel Einblick in die eigenen Finanzen zu gewähren, erklärte er vertraulich und versetzte mir einen weiteren seiner neckischen Schläge vor die Brust. Dann lachte er herzhaft, wobei er uns in eine zu Kopf steigende Dunstwolke von Fundador einhüllte, und schüttelte jedem von uns der Reihe nach die Hand, bevor er sich hinter das Steuer seines kleinen Lieferwagens setzte und vom Hof fuhr. Dabei rief er fröhlich *gracias* und *hasta la vista,* jeglichen Gedanken an die Verkehrspolizei verdrängend.

Und doch sollte meine lebhafteste Erinnerung an jenen so ereignisreichen Tag Ende Dezember der gegackerte Protest der Henne sein, als Ellie ihr unter dem Wasserhahn im Küchenwaschbecken eifrig den klebrigen Ruß aus den Federn wusch. Das Heidenspektakel des Tieres, als man es den Kamin hinunterstopfte, war dagegen ein liebliches Gezwitscher gewesen.

Und was war Ellies Belohnung für ihre edlen Bemühungen im Namen der Henne? Als sie schließlich den blitzsauberen, mit dem Fön getrockneten alten Vogel in das behagliche Hühnernest unter dem wackeligen Stuhl beim Brunnen auf der Terrasse setzte, blinzelte das undankbare Federvieh lediglich hochmütig in Ellies Richtung, hinterließ verächtlich einen Klumpen Hühnerdreck und machte sich, so schnell seine Hühnerbeinchen es trugen, auf zum Tor, das es mit flatternden Flügeln übersprang. Wir sahen nur noch, wie es durch die Dämmerung zurück in die relative Sicherheit von Peps Hof rannte.

Acht

Schottisches Silvester

Der letzte Tag des Jahres näherte sich, und mir fiel ein, dass wir Jock Burns seit der zufälligen Begegnung auf dem Flugplatz am Heiligabend nicht mehr gesehen hatten. Da wir abgemacht hatten, uns während der Feiertage einmal zu treffen, fragte ich Señor Bonet, ob es vielleicht möglich wäre, unseren Landsmann und seine Frau zur großen Silvesterfeier in der Heladería Ca'n Toneta mitzubringen. Die Heladería Ca'n Toneta am oberen Ende der Avenida Juan Carlos I in Andratx, deren Vorderfront dem ahnungslosen Touristen wie ein beliebiges Schaufenster auf der Straße erscheinen mochte, war Ellies Lieblings-Café geworden, und zwar nicht so sehr, weil die Getränke dort besser als in jeder anderen Bar der Stadt waren, sondern weil dort, wie sie sich ausdrückte, eine irgendwie »nette« Atmosphäre herrschte. Es war nicht einfach nur ein weiteres verrauchtes und von Zeitungen übersätes Lokal voller lärmender, Domino spielender Männer. Es war friedlich, luftig, geräumig – ja tatsächlich meist recht leer. Und Señor Bonet, stolzer Besitzer des Cafés, in dem wir inzwischen Stammkunden waren, hatte uns zu seiner Silvesterfeier eingeladen. Deshalb fragte ich ihn nun, ob wir Jock Burns und dessen Frau mitbringen dürften, wobei ich betonte, dass die beiden seine Gastfreundschaft nicht über Gebühr strapazieren, sondern nur während der Spätphase der Feierlichkeiten dazustoßen würden – nachdem nämlich Jock seinen Hotel-Auftritt irgendwo an der Küste hinter sich gebracht hätte.

Auf meine zögerlich vorgebrachte Bitte kam die typisch großherzige Reaktion: »*Mi casa es su casa, amigo,* und Ihre Freunde sind auch die meinen!«

Jock und Meg wurden ordnungsgemäß eingeladen, und wir freuten uns schon darauf, uns nach langer Zeit einmal wieder prächtig mit den beiden zu amüsieren.

* * *

Señor Bonets Eiscafé sah überraschend festlich und sogar anziehend aus – ein wenig wie eine alternde, einst berühmte Schauspielerin, die man für einen seltenen Abend in der Stadt ordinär herausgeputzt hatte. Mit Rauschgoldgirlanden und buntem Krepppapier war der Torweg geschmückt worden, und die Reihe uralter Scheinwerfer funkelte nach Jahren des Winterschlafes auf das kleine Podium herunter. Es roch nach verbranntem Staub. Die Vorhänge der Bühne waren in ungeordneten Falten zurückgebunden worden und gaben so den Blick auf das grelle Schmuckstück des einstigen Ballsaales frei, ein in Lamé-Anzügen steckendes Orchester, das aufgrund finanzieller Engpässe am heutigen Abend auf einen Keyboard-Spieler und einen Schlagzeuger reduziert worden war. Still und zusammengesunken standen die beiden vor einem riesigen, gesprungenen Spiegel, der, nach den komplizierten Formen seines schäbigen Goldrahmens zu schließen, die Blütezeit seines langen Lebens vermutlich als Kaminaufsatz im Salon irgendeiner prächtigen Villa in Palma zugebracht hatte. Welch herrliche Szenen von Luxus und Eleganz musste er einst im Glanz unzähliger Kristalllüster gespiegelt haben. Doch nicht so heute Nacht.

Klobige Energiesparbirnen waren in die Mattglasschirme der Decken-Kronleuchter gezwängt worden. Die gerippten zylindrischen Lampen blähten sich wie geschwollene Zungen aus den weit offen stehenden Mündern erdrosselter elektrischer Hydras und erfüllten den Raum mit diesem kahlen, alles andere als schmeichelhaft blendenden Glanz der Kinobeleuchtung. Die Reihen weißer Plastiktische und mit hübschem Stoff bezogener Stühle waren am Rand des Saales aufgestellt worden, die Wandschirme aus Korbgeflecht hatte man weggerückt, um eine Tanzfläche frei zu machen, von der aus man einen ungehinderten Blick auf das Kabelgewirr an der Rückseite verschiedener Spielautomaten und Kühltruhen hatte. Wie eine unbewegliche Kompanie von Roboter-Wachposten standen diese aufgereiht da und beobachteten mit Argusaugen, wer sich der Bar näherte. Señor Bonet, dessen ausladende Figur unvorteilhaft in einen knappen Smoking aus offenkundig glanzvolleren Zeiten seines Ballsaales gezwängt war, stand hinter der Bar und hieß voller Stolz jedermann mit einem »*Benvinguts*« willkommen, und da unschwer zu erkennen war, dass das »Orchester« gerade Pause machte, drehte er den Kassettenrekorder bei voller Lautstärke absichtlich in Richtung des Fassstützblockes, womit er Julio Iglesias die Gelegenheit gab, zu Füßen der kleinen Statue der Jungfrau Maria »To All The Girls I've Loved Before« zu singen.

Señora Bonet – selten zu sehen, aber von angenehmem Wesen und zierlicher Gestalt, stets mit einem Ausdruck resignierter Langeweile auf dem küchenblassen Gesicht – war für diesen Abend von ihren Hinterzimmerpflichten befreit worden und hatte sich, sittsam im wenig getragenen schwarzen Vorderzimmerkleid, in eine Ecke hinter die Tapeziertische platziert, die sich unter einer fantastischen Auswahl frisch zubereiteter Gerichte bogen. Unzählige Warmhalteplatten waren mit einem dampfenden Seerosenteich von runden *greixoneras* übersät, die die verschiedensten *tapa*-Sorten enthielten – die traditionellen pikanten kleinen Leckerbissen, die früher in spanischen Lokalen als Beigabe zu den Getränken serviert wurden, inzwischen allerdings immer öfter in speziellen *tapa*-Bars als Hauptgerichte verzehrt wurden, wobei die Getränke nur noch sekundäre Bedeutung hatten. Nun ja, beinahe sekundäre Bedeutung.

Señora Bonets *tapa*-Auswahl war wahrlich grandios – ein hinreißendes Arrangement aus unterschiedlichsten Farben, Aromen und Geschmacksrichtungen, mit denen die üppigen Gaben der mallorquinischen Felder und des Mittelmeers zelebriert wurden: in Olivenöl und Zitronensaft gegrillte glänzend rote Garnelen und *langostinos;* goldfrittierte Tintenfischringe; in *aioli* getränkte Kartoffelscheiben; kleine Fleischbällchen aus gehacktem Schinken und Kalbfleisch, die in Petersiliensauce brodelten; silbrige und in Weißwein gegarte junge Aale; zarte, ganz sacht in Sherry geschmorte Lammnierchen; schwarze und weiße *butifarrón*-Würste, die das exotische Aroma von Zimt und Kreuzkümmel verströmten; sogar pralle, in besten *serrano*-Schinken gewickelte Datteln.

Als Alternative oder vielleicht sogar als nächsten Gang im Anschluss an die »kleinen Häppchen«, hatte Señora Bonet mehrere riesige *greixoneras* mit *Sopes de Matances* vorbereitet – nicht wirklich eine Suppe, sondern eher ein nahrhafter dicker Eintopf und auf Mallorca ein Lieblingsessen um diese Zeit der *matances,* der feierlichen Schlachtung des Familienschweins.

»Wenn es im Lokal selbst nicht genug Platz gibt, können sie ja auf dem Zeug tanzen«, spöttelte Ellie.

Hauptattraktion von Señora Bonets kulinarischer Vorstellung war zweifellos die *Porcella Asada,* ein fürstliches Spanferkel, das im Alter von drei Wochen »geopfert« und jetzt, feierlich mit Olivenöl und Zitronensaft begossen, zu knackiger, goldbrauner Vollendung gegrillt wurde, um schließlich verführerisch auf Röstkartoffeln und grüne Bohnen gebettet zu werden.

Neben dem Spanferkel brutzelten außerdem magere Schultern und Keulen von mallorquinischen Milchlämmern, flankiert von einer Armee kleiner, knackiger Vögel, die allesamt in krossen Speck gewickelt und gebacken worden waren.

»Wachteln?«, fragte Ellie und musterte skeptisch die Kompaniezüge winziger, geflügelter Soldaten.

»Ja«, log ich, obwohl ich ganz genau wusste, dass es sich eher um Drosseln handeln müsse. Allerdings, so sagte ich mir, was machte es schon für einen Unterschied, außer dass – je nach Gehör – die eine Vogelsorte eine schönere Stimme hatte als die andere? Den Vögeln wäre das jetzt sicher vollkommen egal gewesen. Wachtel, Drossel, Krähe oder Dodo – schließlich ist der Name nicht von Belang, wenn man mit den Füßen in der Luft auf dem Rücken liegend darauf wartet, verspeist zu werden.

Dann gab es noch *greixoneras* mit *Escaldums* – Truthahnstücken, die in cremiger Sauce brutzelten – und Schüsseln mit angemachtem Salat sowie Platten mit aufgehäuftem Safranreis, die wiederum zu Tabletts führten, auf denen sich unzählige Reihen *Bunyols* drängten (kleine mallorquinische Krapfen), noch zischend heiß von dem Bad in der Fritteuse und großzügig mit Puderzucker bestäubt.

Die Tische entlang der Saalwände waren mit Körben voller Landbrot, Tellern mit eingelegten Oliven, Krügen mit Wein, Flaschen mit *gasiosa*-Limonade und Karaffen mit eisgekühltem Wasser gedeckt worden, auf dass alle versorgt waren, bis Señor Bonet die geladene Gesellschaft für vollzählig erklärte und das Buffet eröffnete. In schneller Folge schaltete er dann die Deckenbeleuchtung aus und wieder ein (woraufhin ein halbes Dutzend der Energiesparbirnen knallend ihren Geist aufgab), und nachdem er so unsere Aufmerksamkeit gewonnen hatte, bat er seine Gäste höflichst, sich bei den Tapeziertischen zu versammeln.

Dorthin hatten er und die Küchenmädchen – beide anlässlich der *fiesta* mit knappen, paillettenbesetzten Kreationen herausgeputzt – sich gesellt, um gemeinsam mit Señora Bonet die Köstlichkeiten von ihrem *banquete grande* zu verteilen.

Als das darauf folgende Gerangel sich endlich gelegt hatte und wir alle erfolgreich den geplagten Kräften am Buffet unsere Vorlieben hatten zurufen können, wurden randvoll gefüllte *platos* zu den Tischen zurückgetragen, wo die Feier dann ernsthaft in Gang kam. Die Festgäste aßen, unterhielten sich laut rufend, lachten und trugen so den Sieg über die vom Tonband dringenden Klänge von Plácido Domingo davon, der inzwischen Julio Iglesias unter der Lieben Frau von den Fassstützblöcken abgelöst hatte.

Unterdessen hatten die beiden Mitglieder des »Orchesters« ihre von Natur aus zusammengesunkenen Positionen an der jetzt menschenleeren Bar eingenommen, von wo aus sie durch ihre dunklen Brillen – sicher versteckt hinter ihrem selbstgemachten Paravent aus Bierdünsten und durch die Nase ausgestoßenem Zigarettenrauch – die merkwürdige Essensbesessenheit der versammelten Erdenmenschen beobachten konnten.

Je weiter das Mahl voranschritt und je freizügiger der Wein strömte, um so mehr nahm wie üblich die Lautstärke der Tischgespräche zu, was auf höchst willkommene Weise kaschierte, dass wir von dem Gesprächswirrwarr auf *mallorquín*, der uns umrauschte, kein einziges Wort verstanden. Ein Lächeln, ein Kopfnicken und ein angedeutetes »*sí*« schienen zu genügen, wenn eine Frage oder eine Bemerkung an uns gerichtet wurde.

Als sich der größte Andrang am Buffet gelegt hatte, wurden die beiden Küchenmädchen in die Getränke-Abteilung abkommandiert und bewegten sich auf entsetzlich hochhackigen Schuhen wackelnd zwischen Bar und Tischen hin und her, wichen all jenen aus, die zweite Portionen balancierten, ersetzten leere Weinkrüge durch volle und freuten sich über die flüchtigen, lüsternen Blicke der unter dem Pantoffel stehenden Ehemänner, die sich alle Mühe gaben, heimlich und verstohlen etwas von dem zusätzlichen Zentimeter Dekolleté und Schenkel zu erhaschen, den die Mädchen mit wohl dosierter Präzision enthüllten, wenn sie sich über die drangvoll mit Gästen besetzten Tische beugten, um nach den leeren Krügen zu greifen.

Die Tatsache, dass die Küchenmädchen Beine vorzuweisen hatten, die nur unbedeutend wohlgeformter waren als die der aufgespießten Drosseln – und auch im Bereich Dekolleté nicht wesentlich besser ausgestattet schienen –, machte den lüstern Schauenden überhaupt nichts aus. Es war das verführerisch begrenzte Entblößen von Haut unter Pailletten, das sie in Fahrt brachte, und mit jedem Schluck von dem kostenlosen Wein nahm ihre Faszination zu, und entsprechend wuchs die Kühnheit ihrer musternden Blicke, bis eine besonders verärgerte Ehefrau dem ganzen Spaß dadurch ein Ende setzte, dass sie den Küchenmädchen ein Bein stellte und gleichzeitig ihrem Ehemann einen Krug Eiswasser in den überhitzten Schoß goss.

Den Geräuschpegel des sich daran anschließenden Spektakels und den Anblick der Küchenmädchen, die mit dem Gesicht nach unten über den Fußboden rutschten, nahmen die beiden Musiker als Zeichen dafür, dass die Gesellschaft sich jetzt genügend aufgewärmt hatte und reif für etwas Live-Musik war. Sie gingen zur Bühne.

Der Keyboard-Spieler wirkte mindestens eine Generation älter als der Schlagzeuger, und das spiegelte sich auch im Umgang des Duos mit dem ersten Medley – einer Auswahl von Glenn-Miller-Hits aus den 40er Jahren –, denn die Melodien auf dem Keyboard wurden in einer Weise ausgeführt, die eher dem *paso doble* als dem Swing verpflichtet war, während der Kaugummi kauende Schlagzeuger einen bemerkenswert un-coolen Beat auf seinem Instrument drosch, der sich anhörte, als würde ein Ringo Starr für Arme Gene Krupa an einem seiner schlechten Abende imitieren. Nichtsdestotrotz nahmen einige unverdrossene Paare die Tanzfläche in Besitz, und die Musik inspirierte zu Tanzdarbietungen, die von Aufsehen erregenden, schnellfüßigen Drehbewegungen über den klassischen Jitterbug bis zum ruhigen Jive und »unanständigen«, richtig zur Sache gehenden Boogie reichten. Wir bemerkten sogar die alte Maria Bauzá, die im Sperrgebiet vor den Herrentoiletten die vom Rheuma beeinträchtigte Solovariante eines uralten mallorquinischen Volkstanzes zur Melodie von »Chattanooga Choo-choo« zum Besten gab. Wenn es darum ging, eine kesse Sohle aufs Parkett zu legen, hinkte sie offensichtlich nicht nur ein Gesprächsthema, sondern gleich eine ganze Epoche hinterher.

Doch das spielte keine Rolle; die Musiker hatten es geschafft. Sie hatten das Publikum in Stimmung gebracht, und die Party war in vollem Gange.

Die einzigen Nachbarn aus nächster Nähe, die wir nicht sahen, waren die Ferrers, wahrscheinlich weil es – jedenfalls ihrer Meinung nach – ein wenig unter ihrer Würde war, auf einer Party mit dem niederen Volk von Andratx gesehen zu werden. Vermutlich hätte es weit eher jenem Bild entsprochen, das sie der Öffentlichkeit von sich gaben, wenn sie auf irgendeiner protzigen Fete für die beamteten Honoratioren in Palma herumstünden. Na, sollten sie. Die meisten von denen, die uns hier in der Gegend ans Herz gewachsen waren, befanden sich in genau dieser Heladería, und es war herrlich mitanzusehen, wie sie aus sich herausgingen.

Inzwischen beanspruchte der alte Jaume die Mitte der Tanzfläche für sich und amüsierte seine beiden kichernden Enkelinnen mit einer ureigenen, recht merkwürdigen Variante irgendeines modischen Tanzes, den er zweifellos während seiner Laufbahn als Kellner im Hotel Son Vida gesehen hatte – sein üppiger Bauch über den mutig hin und her geschwungenen Knien hüpfte auf und ab, seine Ellenbogen wurden wild geschwenkt, seine Hornbrille schlug perfekt den Rhythmus auf seiner Nasenspitze, und auf seinem knallroten, schwitzenden Gesicht zog sich ein Grinsen von Ohr zu Ohr.

»Was er da macht, ist die ›Stampfkartoffel‹«, schrie mir Ellie ins Ohr.

»Nein, guck dir doch nur die Armbewegungen an«, brachte ich vor. »Wenn ich je ein ›feiges Huhn‹ gesehen habe, dann ist es das.«

Noch eine kleine Weile sahen wir Jaumes rotierendem kugelrunden Körper zu, dann nickten wir und erklärten in schönstem Einklang: »Tja, das ist die ›feige Kartoffel‹.«

»Na ja, jedenfalls«, lachte Ellie, »schön zu sehen, wieviel Spaß Jaume mit seiner Familie hat. Er ist ja offenbar ganz aus dem Häuschen vor Freude darüber, dass er sie über die Feiertage bei sich hat. Mhm-mm, das ist wirklich schön.«

»Ja, tatsächlich«, pflichtete ich ihr bei und hob meine Stimme, um gegen das Gebrüll von »PENNSYLVANIA SIX-FIVE-O-O-O-!« anzukommen, das von der Bühne herunterdonnerte. »Und wenn wir schon von Familie reden, wohin sind denn unsere beiden Helden entschwunden?«

Ellie deutete zunächst auf die Tür zum Hinterzimmer, wo Charlie und der junge Toni sich zusammengefunden hatten und vollauf damit beschäftigt waren, in einem fort über irgendetwas zu kichern, was sich bei der Tür abspielte. Dann wies sie mit einem Kopfnicken zur Bar, wo Sandy mit der örtlichen Maradona-Variante vom Andratx-Fußballclub in ein tiefes Gespräch versunken stand; den jungen Fußballer hatten wir seit dem unvergesslichen Essen an unserem ersten Abend hier in Andratx in Pere Paus winziger Gaststätte nicht mehr gesehen.

Ich ließ den Blick ans andere Ende der Bar schweifen, und dort stand, in der für ihn typischen Pose mit den gekreuzten Beinen, der alte Pep neben dem an diesem Abend nicht unter Strom stehenden Flipperautomaten in der Nähe der Tür. In seiner Ausgehkleidung, bestehend aus bester schwarzer Baskenmütze, neuem gepunktetem Halstuch und besonders der polierten Fliegerlederjacke, sah er selbst aus, als ob er unter Strom stünde. Den Kopf hatte er nach hinten geneigt, als er dem fröhlichen Treiben in vorgetäuschter Verachtung mit Augen zusah, die er zum Schutz vor dem beißenden *cigarillo*-Qualm halb geschlossen hielt. Ich winkte ihm über den Saal hinweg zu, und als Antwort blinzelte er kaum merklich mit einem Auge. Der Pep der Öffentlichkeit war Mr. Cool höchstpersönlich.

Ich spürte einen Stoß im Rücken, und jemand brüllte mir ins Ohr: »Blöder alter Mistkerl!«

Ich wirbelte herum und sah den kleinen Mann, der mir vor ein paar Wochen die ultimative Erklärung für das Auto-im-Mandelbaum-Rätsel gegeben hatte, als ich eine Zeitung in Port d'Andratx gekauft hatte.

Er gestikulierte in Peps Richtung und wiederholte in seinem besten rüden Umgangsenglisch: »Verdammter alter Mistkerl! Der bildet sich doch immer noch ein, er sei der Chef von dieser ganzen verdammten Scheißstadt. Zum Kotzen, echt.« Bösartig glucksend lachte er in sich hinein und zog einen Stuhl an meine Seite, verbeugte sich steif in Ellies Richtung und streckte ihr die Hand hin. »Wie steht's denn so, Lady? Hab Sie gar nich gesehen hier, also nix für ungut wegen meiner Ausdrucksweise. Das hat mir so'n Pakistani-Typ in Coventry beigebracht, als ich dort jahrelang inner Autofabrik malocht habe. Ich bin Jordi. Jordi Beltran Nicolau, Bootsbauer und auch sonst Experte.«

Wir schüttelten uns die Hand, und dann stellten wir uns vor, während Jordi ungehemmt lächelte und jedesmal ein kleines leises Kichern ausstieß, wenn er einen unserer Namen wiederholt hatte: »Jordi ... Peter ... Jordi ... Ellie. Echt geil.«

Er amüsierte sich prächtig, seine hellwachen mallorquinischen Augen funkelten aus mageren, verlebten Zügen unter einem dichten Büschel grau werdenden Haars.

»Sie haben also eine Weile in England gelebt, Jordi?«, erkundigte ich mich.

»Sechzehn Scheiß-Jahre, sach ich Ihnen«, erklärte er und reckte stolz seine schmächtige Brust vor. Dann schlug er die Beine übereinander, und der Umriß seiner knochigen Knie zeichnete sich durch seine viel getragenen Hosen ab. »Meine Frau, nich, die is Engländerin. O ja.«, fügte er hinzu und schnippte ein Krümelchen Zigarettenasche vom Ärmel seines ausgebleichten Baumwolljacketts. »Und die Gören übrigens auch. Alle drei echt Spitze. Alles Mädchen, und alle in England geboren, o ja.«

»Und jetzt leben Sie alle auf Mallorca?«, wollte Ellie wissen.

Jordi lächelte weiter, doch eine Spur Traurigkeit hatte seine Augen getrübt. »Nein, nur ich, Lady. Die bessere Hälfte und die Gören, tja also, vor fünf Jahren sind die mit mir zusammen hierher gekommen, weil wir wollten alle hier leben. Also ich hab hier'n Haus mit ner Riesen-Palme, richtig schön das, in Andratx, o ja. Aber für die bessere Hälfte war's im Scheiß-Sommer zu heiß.« Er zwang sich zu einem tapferen Lachen. »Tja, ich sach Ihnen, ein Jahr hier in Andratx, und sie is mit den Gören zurück nach England. Hocken jetzt alle wieder im Scheiß-Coventry und kümmern sich um den alten Großvater – einer wie der da, dieser Pep – verdammter Scheiß-Mistkerl, alter.«

Ich bezweifelte nicht, dass es interessant gewesen wäre, weitere Geschichten aus Jordis Privatleben zu hören, und obwohl kaum größere Überredungskünste nötig gewesen wären, ihn zum Erzählen sämtlicher Details zu bewegen, wollte ich auch nicht zu neugierig erscheinen, also ergriff ich erleichtert die Gelegenheit und wechselte das Thema.

»Ach ja – der alte Pep«, sagte ich. »Ein echtes Original, was? Er ist unser Nachbar, wissen Sie. Wir wohnen …«

»O ja, Sie haben die *finca* von dem Ferrer gekauft – hält sich für den Scheiß-Bürgermeister von Palma. Echt zum Kotzen is das. O ja, weiß ich alles. Ich sach Ihnen was, ich kenn alle hier in Andratx und weiß immer, was so abgeht. Wegen meinem guten Englisch kann ich Ihnen auch alles sagen, das is die verdammte Scheiß-Wahrheit!« Wieder schlug Jordi die Beine übereinander und nahm einen Schluck von der merkwürdigen wässerigbraunen Flüssigkeit in seinem Glas – eine tödlich aussehende Mixtur, bei der es sich, so erklärte er voller Stolz, um eine Mischung aus Gin von Menorca und »Palo« handelte, einem einheimischen Likör aus Chinin … und den Wurzeln des *Maria*-Krautes. »Prost!« strahlte er. »Hoch die Tassen, meine besten Wünsche für die Gesundheit!«

»Ja – auf, äh, Ihre Gesundheit, Jordi«, erwiderte ich. »Meine besten Wünsche.«

Ich nippte an meinem Wein, während sich Jordi eine Zigarette anzündete.

»Spanische«, grinste er und warf mir das Päckchen herüber. »Englische Kippen sind tödlich, da fang ich an zu krächzen wie'ne Rasierklinge, und im Mund hab ich 'nen Geschmack wie Kuharsch. So'n Scheiß, Mann, echt zum Kotzen is das.«

Ellie entschuldigte sich höflich und flüchtete auf die Damentoilette.

»Was Sie da eben über den alten Pep gesagt haben, Jordi, von wegen er bilde sich ein, immer noch der Chef von der Stadt zu sein«, gab ich das Stichwort, denn meine Neugier hatte schließlich Oberhand gewonnen. »Äh … was haben Sie damit gemeint?«

»Ach, vor vielen Jahren is er in Andratx mal 'n großes Tier gewesen, o ja.« Jordi beugte sich weit vor, um sicher zu gehen, dass mir auch nicht eine der brisanten Einzelheiten entging. »Pep war hier 'n mächtig großes Tier im Stadtrat, und Ihr anderer Nachbar, Ferrer, is sein Assi … äh, ja, sein Assistent gewesen. Ja, echt wahr, Ferrer is der Assistent von Pep gewesen! Und ich sag Ihnen noch was, Pep is mit Señora Francisca gegangen, als die noch ein Mädchen war – echt geil hat die ausgesehen, und Pep und sie, na ja, in dem einen Sommer hat es da unter den Obstbäumen jede Menge Rumgebumse gegeben.«

Jordi schlug sich aufs Knie und lachte schallend, ganz offensichtlich bereitete ihm die Erinnerung an dieses kleine Juwel eines längst vergangenen Skandals viel Vergnügen. Dann sprach er weiter und berichtete, dass Francisca damals erst dreizehn gewesen sei und Pep gut doppelt so alt, und als der alte Paco herausfand, wie intim die Beziehung seiner einzigen Tochter zu diesem niederträchtigen Mann von Welt war, gab es in der Gegend so ein Aufsehen, dass Pep gezwungen war, einen Beamtenposten auf Kuba anzunehmen, um Gras über die Sache wachsen zu lassen. Als Pep dann einige Jahre später nach Andratx zurückkehrte, war Tomàs Ferrer nicht nur auf Peps hochkarätigen Posten im Stadtrat befördert worden, sondern hatte obendrein noch die liebreizende Francisca geheiratet. Pep war am Boden zerstört. Als Reaktion darauf heiratete er dann ein anderes Mädchen, aber die Ehe ging nicht gut. Er hat dann ziemlich heftig zur

Flasche gegriffen, und oft sah man ihn nachts auf der Straße liegen, nachdem er sich in den Bars der Stadt den Verstand aus dem Kopf gesoffen hatte.

Von einem der angesehensten Männer der Gegend war Pep zum stadtbekannten Säufer geworden, und dann wurde ihm noch der zusätzliche Schmerz zuteil, mit ansehen zu müssen, wie sein früherer Assistent mit der angebeteten Francisca an seiner Seite die Karriereleiter hinaufkletterte. Nachdem nun sein Leben ruiniert war und er sein ganzes Geld verloren hatte, war Pep auf die kleine *finca* im Tal zurückgekehrt, die während seines Aufenthaltes auf Kuba nach dem Tod seiner Eltern völlig verwildert war. Dort führte er dann einige Jahre lang das Leben eines Einsiedlers, und er rührte keinen Alkohol mehr an, sondern arbeitete Tag und Nacht mit den ältesten verrotteten Geräten, um den Hof wieder wirtschaftlich zu machen und seine Schafherde aufzubauen – und all das, während er Qualen leiden musste, wenn er die beiden immer wohlhabender werdenden Ferrers sah, die jedes Wochenende der *finca* von Franciscas Eltern auf der anderen Straßenseite einen Besuch abstatteten.

Doch die Zeit heilte alle Wunden, und nach und nach begann Pep wieder, am täglichen Leben der kleinen Gemeinde teilzunehmen, auch wenn diese verlorenen Jahre ihn für immer verändert hatten. Er war nicht mehr der flotte Verwaltungsbeamte, der unbekümmerte Mann aus dem Ort, dem die ganze Welt zu Füßen lag und der das Herz eines jungen Mädchens in der Tasche hatte, sondern ein zäher alter Brocken in einer missgelaunten Schale, mit diesem ärgerlichen Anstrich von Überlegenheit, von der manche sagten, sie sei einfach nur eine Art Wahnsinn, den schon Legende gewordenen Trinkgewohnheiten längst vergangener Tage geschuldet, während andere behaupteten, dass er nichts als ein griesgrämiger alter Geizkragen sei, der im stillen Kämmerlein über ein Vermögen nachgrübelte, das er Pesete für

Pesete um den Preis einer Existenz, die kaum besser als die seines Maultieres war, auf die hohe Kante gelegt hatte.

Das einzige, was Jordi zweifelsfrei wusste, war, dass Pep ihn an den Vater seiner Frau in Coventry erinnerte, der nun wirklich ein alter, widerlicher, geiziger Scheiß-Mistkerl war und sich nur für sich selbst interessierte, für niemanden sonst.

»Ich sag Ihnen was«, sagte er und stand auf, um weiterhin seine Energie geladenen Konversationskünste an jemandem zu erproben, den er gerade an der Bar bemerkt hatte, »die beiden sind sich so ähnlich wie ein Ei dem andern. Das is einfach echt zum Kotzen.«

Ob Jordis Geschichte über Pep nun ganz der Wahrheit entsprach oder nicht, konnte ich nicht beurteilen, aber sie würde sicherlich etliche der verwirrenden Aspekte im Charakter unseres geheimnisvollen Nachbarn erklären, und außerdem seine schlechte Meinung über Tomàs Ferrer. Vielleicht rührten auch Maria Bauzás bittere Gefühle gegenüber Francisca Ferrer von jenen vermeintlichen sexuellen Aktivitäten vor vielen Jahrzehnten in jenem Obstgarten her. War womöglich Maria die Zeugin gewesen, die Francisca und Pep im benachbarten Orangenhain von jener verbotenen Frucht hatte kosten sehen? Hatte Maria die verboten fruchtige Episode in einem Anfall von Eifersucht dem alten Paco erzählt, weil sie möglicherweise auch ein Auge auf den jungen Pep geworfen hatte? Vielleicht hatte es zu Peps Amtspflichten gehört, über die gerechte Nutzung von Wasseranteilen zu wachen, und womöglich hatte er seine amtliche Stellung als Vorwand genutzt, um der heranwachsenden Francisca hinter dem Brunnen einige inoffizielle Demonstrationen in der Kunst der wirkungsvollen Handhabung von Rohrleitungen zu erteilen? Ja, natürlich – das würde auch die leidenschaftliche Abneigung der alten Maria gegen gemeinsame Brunnennutzungen erklären!

Ein Finger, der mich ungeduldig in den Rücken stieß, brachte meine wilden Phantastereien zu einem abrupten Ende. Es war der alte Rafael – sein Gesicht wie auf Hochglanz poliert, der Atem nach Wein stinkend, und in der Kleidung noch die Ausdünstung der Ziegen. Außerdem war da noch ein ganz neuer, beißender Geruch, von dem er fröhlich und bereitwillig sofort erklärte, er komme von dem Ziegenmilchjoghurt, den er zum Glätten seiner Haare verwendet hatte. Das treibe die *muchachas* zum Wahnsinn, erzählte er. Freundschaftlich schüttelte er mir die Hand, dann schlenderte er mit selbstsicherem, schwungvollem Gang davon, um ein bedauernswertes armes Muttchen auf der Tanzfläche durch Ersticken dem Wahnsinn nahe zu bringen.

Der von den Küchenmädchen betriebene Pendeldienst mit kostenlosem Wein war inzwischen eingestellt worden, also machte ich Ellie, die gerade auf ihren Platz zurückgekehrt war, den Vorschlag, uns einen Weg zur Bar zu bahnen, denn so war es nun wohl vorgesehen: Wer jetzt noch mehr trinken wollte, musste zahlen. Señor Bonet war ein großzügiger Gastgeber gewesen, aber Geschäft blieb nun mal Geschäft.

Sandy stand immer noch ins Gespräch versunken neben dem Maradona von Andratx, und wir hörten ihnen eine Weile zu, während wir darauf warteten, an der überfüllten Bar bedient zu werden.

»Aber ich habe für die schottische Schülermannschaft Fußball gespielt, nicht auf internationalem Niveau«, sagte Sandy voller Nachdruck. »Ehrlich – ich war schon froh, dass ich es in die Zweit-Liga-Schulmannschaft geschafft hatte ... und auch da habe ich meist nur als Ersatzmann auf der Bank gesessen.«

»Nur kein Panik, Kumpel. Die von La Real sin ganss ssön verssweifelt auf die Suche nach eine neue Ausputzer. Kein Sseiß, du mir glauben, okay? Also ich sag die Manager –

eine originale Gauner, der, okay? –, dass ich zufällig diese geniale Junge getroffe – das biss du, wahre Genie –, und dass du viele in Wembley für die ssottische Ssulmannssafte gespiele hass, okay?«

»Hampden. Schottland spielt in Hampden, nicht in Wembley.«

»Sseiß auf Hampden, Kumpel. Von die blöde Hampden hat keine Mensse wass gehöre. Aber alle höre von Wembley, okay? Also ich sag die Wembley-Sseiß diese Arsse von La Real, und du bisse drin. Kapiert? Ja, nur kein Panik, Kumpel. Alles wird gutt.«

In diesem Augenblick muss der clevere Maradona gespürt haben, dass jemand seine behutsamen Vertragsverhandlungen mit angehört hatte. Mit finsterer Miene drehte er sich um, doch sein Gesicht hellte sich sofort wieder auf, und die Miene verzog sich zu seinem einstudierten, einseitigen Lächeln, als er mich erkannte.

»He, Daddy, alles gutt, Kumpel?«, brüllte er und schlug mir auf die Schulter. »Ssön, Sie zu sehe. Ich habe fur Ihre Jungen gerade klar gemach, dass er Vertrag mache mit eine Mannssaft hier auf die Insel – La Real –, ziemliche Sseiß-Verein, aber irgendwo musse anfange. Okay? Wenn er diese Saison bei La Real gutt halte, ich besorge fur nächste Saison eine Vertrag mitte Andratx. Nur kein Panik, okay? He, Misses, Sie sehe wundervolle ausse«, strahlte er, als er Ellie neben mir bemerkte, und beglückte sie mit einer allzu vertraulichen Umarmung. »Wow, was fur eine susse Puppe – so wass ich auche gern zu Mama haben!«

»Oooh! Oh! Ich freue mich auch, Sie zu sehen, Mister ähm …« mühte sich Ellie ab. »Und wie geht es Ihrer kleinen Freundin? Ist sie heute nicht mit Ihnen hier?«

Maradona zog die Augenbrauen hoch, und ohne den Kopf zu bewegen verdrehte er gleichgültig die Augen Richtung Bar, wo sein ihn anbetendes Groupie stand und ihn übellaunig anstarrte, die Hände hatte sie über den kaum wahrnehmbaren Anzeichen eines gerundeten Bauches verschränkt.

»Doch, doch, die hänge bestimmt irgendwo rum«, sagte er gedehnt. »Und da isse was Kleines unterwegs. Treffer versenkte, Kumpel.«

»Ach, wie nett«, sagte Ellie und lächelte unsicher. »Da werden Sie also Vater?«

»Tja, ich un der Reste, Misses«, grinste er und nahm einen kräftigen Schluck aus seiner Bierflasche. »Wenn die Knirpse die Name von seine Vater haben soll, dann er wird Andratx United heisse, alles klar? Kein Sseiß, die hatte diese Saison mitte mehr nackte Junge aus die Team Kontakte gehabe als die Sseiß-Physio-Tipe von Verein. Tja, Susse, du mir glauben, eh.«

Maradonas Ausdrucksweise, ganz zu schweigen von seinen Manieren, war eine dauernde Hommage an den Sprachunterricht der Bier trinkenden englischen Rüpel, die häufige Gäste in der Strandbar waren, in der er arbeitete, und obwohl er den Eindruck erwecken wollte, dass auch er zu dieser leichtlebigen Spaßgeneration gehörte, stellten wir uns doch vor, dass schließlich ernsthaftere Einflüsse die Oberhand gewinnen würden, und es dauerte wahrscheinlich gar nicht mehr lange, bis auch er »das Anständige« tun und zu seiner eigenen Zwangsheirat beim Empfang im Restaurante Son Berga die Hauptrolle spielen würde.

Wieder gingen die Lichter mehrmals aus und an, und ein Trommelwirbel wie das Krachen von Blechkanistern, die eine Steintreppe herunterkullerten, ertönte rasselnd von der Bühne, und mit dem eleganten Gang eines wahrhaft erstklassigen Ballsaal-Direktors schritt Señor Bonet auf die Bühne, sein Schreiten wurde nur leicht durch die knappen Hosen, die ihn im Schritt zwickten, beeinträchtigt. Schwungvoll riss er das Mikrofon aus seiner Halterung, klopfte darauf und blies ein paar Mal hinein wie ein richtiger Profi, dann sagte er unter dem Ohren zerfetzenden Geheule und Gepfeife der Lautsprecher-Rückkopplung die Varieté-Nummer an. Mit schauspielerisch gekonnter Geste zur Tür des Hinterzimmers kündigte er an: »*Señoras y caballeros ... El Flamenco Famoso de LAS HERMANAS DE GRANADA-A-A!*«

Das »Orchester« stimmte die ersten Takte von »Sol y Sombra« an, jener erhabenen Ouvertüre, die an jedem Wochenende von den Sitzreihen tausender Stierkampfarenen widerhallte, und nach einer qualvoll langen Pause, während der einige Unverdrossene an der Bar wieder Getränke bestellten, fegte die Flamenco-Truppe der Schwestern aus Granada – es waren derer zwei – in hautengen Kleidern mit weit ausgestellten Röcken an uns vorbei und stürzte sich in heißblütiger, hochhackiger Attacke auf den Fliesenboden der Heladería.

»Deswegen also all das Gekichere von Charlie und Toni vorhin«, brummelte ich und lächelte verständnisvoll.

Ellie verzog die Augenbrauen zu einem verwirrten Stirnrunzeln. »Die Flamenco-Tänzerinnen?«

»Genau. Las Hermanas de Granada sind niemand anderes als die Küchenmädchen, und die beiden kleinen Perverslinge haben an der Tür zum Hinterzimmer gestanden und den beiden beim Umziehen zugeguckt.«

»Diese widerlichen kleinen Schmutzfinke! Da setzt es aber nachher gehörig was für Charlie.«

»Ich würde das auf sich beruhen lassen, Schatz. Jungs sind nun mal Jungs, und außerdem glaube ich nicht, dass diese beiden Fandango tanzenden Streichholz-Damen die Jungs zu Spannern gemacht haben.«

»Da wäre ich mir nicht so sicher. Schau dir nur den alten Rafael an. Dem fallen fast jedes Mal die Augen aus dem Kopf, wenn die Mädchen sich drehen und ein bisschen Bein zeigen.«

»Mhm. Der hat wohl wieder eine Portion wurmhaltigen

Orangensaft intus, was? Weißt du, ich glaube, wir sollten damit anfangen, das Zeug in Flaschen abzufüllen. Wenn man sich Rafael anschaut, machen wir womöglich ein Vermögen, wenn wir den Saft als Liebestrank verkaufen.«

»Da magst du wohl Recht haben. Guck ihn dir doch jetzt nur an, um Himmels willen.«

Rafael war völlig durchgedreht. Die Klänge seiner heimatlichen andalusischen Musik und das aufwühlende Schauspiel der Zigeuner-Tanzkunst waren zu viel für ihn gewesen. Es war ihm einfach zu Kopf gestiegen – unter geringfügiger Beihilfe eines Bauches voller Gratis-Wein –, und er hatte sich zu den Küchenmädchen auf die Tanzfläche gesellt, dickliche Fingerchen schnipsten über seinem Kopf, Gummi besohlte Turnschuhe stampften auf den harten Fliesen mit der rhythmischen Präzision zweier nasser Fische, die auf einer Marmorplatte landen. Er beugte die Knie und schob verführerisch das Becken vor, während er sich aufreizend langsam drehte, das Kinn hatte er angezogen und den Blick drohend gesenkt, eine einzige Demonstration kontrollierter Aggression und der gezügelten Drohgebärde eines kleinen fetten Matadors, der sich einem Killer-Stachelschwein gegenübersieht.

Der ganze Saal war in Aufruhr. »*OLE*«-Rufe waren zu hören, und die Musik wurde lauter und schneller, Schweißperlen zeigten sich auf Rafaels Stirn, als sein klappriger Körper gegen die Absurdität dieses grotesken Balletts protestierte, das er zu vollführen gezwungen war. Rafaels Füße mochten zwar über den Fußboden einer stickigen Eisdiele in Andratx schlurfen, aber seine benebelten Hirnzellen befanden sich irgendwo auf der Erdumlaufbahn über Granada. Er schien davon überzeugt, dass er gerade ein Pirouetten drehender Adonis war, der inmitten einer Schar glutvoller andalusischer Engel in der heißen Luft der Sierra Nevada tanzte.

Die Schweißperlen wurden zu Rinnsalen und die Rinnsale zu Strömen, die Rafael das milchige Haarwasser über das Gesicht und auf das durchnässte Hemd spülten. Mit Tränen in den Augen rasten die Küchenmädchen durch die Tanznummer, wahrscheinlich weil sie sich über diesen kleinen *borracho* ärgerten, der ihren ultimativen Durchbruch im Showbusiness platzen ließ, aber eher wohl noch, weil sie sich von dem Gestank vergorenen Joghurts, in den sich die dampfenden Ausdünstungen der Ziegen mischten, vergiftet fühlten.

So blieb Rafael auf der Tanzfläche sich selbst überlassen, ein einsamer Fürst der Roma, der sich stolz um das Lagerfeuer herum spreizte, während die Zigeunergitarren fieberhaft klimperten und seine ihn bewundernden *compañeros* ihm ermutigend zuriefen und ihn beklatschten – was seine geschmeidigen, mit Rhythmus aufgeladenen Glieder zu noch großartigeren Drehungen improvisierter Flamencofiguren inspirierte. Vor lauter Ekstase hatte er die Augen geschlossen, der Mund stand ihm jetzt offen, und traurig entwichen die klagenden, zitternden Gesänge seiner maurischen Vorfahren. Den Kopf, der in unkontrollierter Raserei hin und her schwang, hatte er in den Nacken geworfen. Rafael war völlig verzückt.

In der realen Welt hatte das »Orchester« bereits die Bühne verlassen, um ein weiteres Zwischenspiel an der Bar einzulegen, und ein weinseliger alter Ziegenhirt stolperte über die Tanzfläche und stöhnte in einsamer Benommenheit Unzusammenhängendes, während sich die übrigen Gäste vor krampfhaftem Lachen bogen, als sie sahen, wie ihm mit jeder unsicheren Drehung seiner zusammensackenden Gestalt die Hosen weiter und immer weiter hinunterrutschten. In dem Augenblick, als sie sich ihm um die Knöchel legten und den Blick auf eine zerknitterte beige Hemdhose mit aufknöpfbarer Klappe auf dem Hintern freigaben, wurden durch ein

Zeichen von Señor Bonet im richtigen Moment zwei stramme junge Burschen aus der Menschenmenge auf die Bühne geholt, die Rafael packten, bevor er ganz zusammensackte, und ihn in die Abgeschiedenheit des hinteren Patios schleiften, wo die kühle Nachtluft ihn entweder wieder zu sich bringen oder ihm zu einer tödlichen Lungenentzündung verhelfen würde.

Señor Bonet war in dieser Hinsicht nicht empfindlich. Er war bereits wieder auf der Bühne und kündigte die nächste Darbietung an, eine Volkstanzgruppe junger Leute mit traditionellen mallorquinischen Kostümen: die Mädchen trugen einen das Gesicht umspielenden weißen Kopfputz, der auf die spitzenbesetzten Bordüren an der Schulter fiel, dazu schwarze, langärmelige taillierte Mieder und lange, weite Röcke in den verschiedensten Farben, die niedliche weiße Schürzen zierten; die Jungen hatten langärmelige weiße Hemden, knappe schwarze Westen und sich bauschende *pantalones* aus bunter, gestreifter Baumwolle an, die unterhalb des Knies über langen weißen Socken gerafft waren. Für die musikalische Untermalung sorgten zwei Männer in mallorquinischer Bauernkleidung – der eine schlug ein *tambor,* eine schlichte Trommel, die an einem Lederriemen von seiner Schulter herabhing, der andere spielte die *xiramías,* einen kleinen mallorquinischen Dudelsack, der mit leiserer, samtigerer Stimme erklingt als ihr markerschütternder schottischer Vetter.

Sanfte, federnd dahinschwingende Melodien – Reminiszenzen an Arabien, gefiltert durch ein Jahrtausend Inselfolklore – erfüllten bald darauf die Heladería, und die Tänzer schritten und drehten sich, sprangen und wirbelten in einem anmutigen *parado,* erfreuten ihr Publikum mit dem fröhlichen Überschwang der Jugend. Es war wirklich ein Anblick, der das mallorquinische Herz erwärmte, und niemand hätte begeisterter sein können als die alte Maria Bauzá, die mit Freudentränen in den Augen dastand, während ihre fünf Zähne in einem vom Scheinwerferlicht erhellten Lächeln aufblitzten, als sie die gebeugten Schultern hin und her drehte und die erhobenen Hände ihrer beiden Enkelinnen im Takt der Musik hin und her schwenkte. Die Rhythmen dieser uralten Melodien und der Anblick der jungen Leute, die die vertrauten Tanzschritte genossen, hatten sie in ihre geliebte gute alte Zeit zurückversetzt. Nun war sie selber wieder eine junge Frau, die auf den sommerlichen Feldern tanzte, und ihre nackten Füße trugen ihren geschmeidigen jungen Körper so leicht über den warmen Boden, wie ein Blatt, das von einer sanften Brise erfasst wird, und die starken Hände ihres *novio* hielten ihre schmale Taille umklammert, während beide herumwirbelten und sich drehten, ganz versunken in die sorglosen Träume der Jugend.

Genau in dem Augenblick wurde unsere Aufmerksamkeit durch eine durchdringende, schrille Fanfarenstimme zur Eingangstür gelenkt: »JU-HU-UU! OH, JU-HU-JU-HU-UU!« Das war Jocks Frau Meg, die ihren großen Auftritt in der Heladería zelebrierte, ihr draller Körper steckte in einem fließenden Gewand, das sich aus so vielen Farben zusammensetzte, dass es aus den versammelten Flaggen der Vereinten Nationen hätte bestehen können. Auf ihrem Gesicht lag ein Grinsen, so breit wie eine Melonenscheibe, zerrupfte Luftschlangengirlanden hingen ihr aus dem blonden Haar, in den Augen sprühten glitzernde Funken, hervorgerufen von der unstillbaren Fröhlichkeit der kampferprobten Partygängerin, in der einen Hand hielt sie zwei silberne Luftballons und in der anderen eine halb leere Champagnerflasche. Der Party-Service war eingetroffen.

Wenn es darum ging, sich zu amüsieren, mischte Meg in den obersten Rängen mit, und wenn viele Jahre des Essens, Trinkens und Frohsinns ihre Taille ein wenig hatten in die Breite gehen lassen, was war schon dabei? Sie hatte eine eingebaute Lebhaftigkeit, die unzerstörbar war, und ihre überschwengliche Haltung dem Leben gegenüber spiegelte sich in ihrem Gesicht, das genauso strahlend und überwältigend attraktiv war wie in den besten Tagen ihrer Mädchenzeit, noch vor dem regelmäßigen Cocktail-Konsum. Meg war der Clou jeder Party, und alle Köpfe drehten sich nach ihr um, als sie sich wie eine Ein-Personen-Show im Karneval von Rio ihren Weg zu uns bahnte.

»HALLO-OO-OO! JU-II, HALLO IHR SÜSSEN!«, rief sie laut und erdrückte Ellie und mich unter Umarmungen und Küssen, dann warf sie einen schnellen Blick auf das Geschehen im Lokal. »Du meine Güte – was für eine gemütliche kleine Party. Wann geht der Spaß denn so richtig los, Herzchen?«

»Das wird nicht mehr lange dauern, jetzt wo du gekommen bist«, zog ich sie auf.

Meg stieß ein ungehemmtes gackerndes Gelächter aus, das einen kurzen Moment lang die Klänge der *xiramías* übertönte und einen beinahe panischen Blick auf die Gesichter der Leute aus der Volkstanzgruppe brachte.

»Und was ist mit diesem altertümlichen Getanze?«, fragte sie deutlich hörbar. »Ach herrje, da werden wir aber was tun müssen. Also wirklich, seien wir doch ehrlich – das Zeugs war schon aus der Mode, als der gute alte Noah sein Schiff bestieg. Hier werden wir wohl ein bisschen Leben in die Bude bringen müssen.«

»Ähm, wieso bist du denn ganz allein hier, Meg?«, fragte Ellie, die sich offensichtlich Sorgen machte, dass sich Meg jeden Moment wirbelnd und laut rufend in die wohl geordnete Formation der Tänzer werfen könnte. »Wo ist Jock?«

»Es ist mir nicht gelungen, ihn abzuhängen, wenn du das meinst. So viel Glück habe ich einfach nicht. Nee, der parkt nur den Wagen, aber als er hörte, was hier aus dem Laden für ein Bänkel- und Minne-Singsang ertönte, hat er gesagt, er habe eine großartige Idee, also wer weiß, was er sich wieder ausgedacht hat? Aber was auch immer es ist, hochnot peinlich ist es allemal – darauf könnt ihr wetten.«

Da hörte ich, wie Pep direkt hinter mir ein rasselndes Husten vortäuschte.

»Oh, tut mir Leid, Meg. Das ist Pep, unser Nachbar aus dem Tal«, sagte ich, einigermaßen überrascht, dass der alte Bursche sich so still und leise angeschlichen hatte. Ganz entgegen meiner Erwartung hatte Megs überkandidelter Auftritt offensichtlich sein Interesse geweckt und begonnen, den, wenn auch noch so schwachen Funken jener Liebesflamme neu zu entzünden, die vor beinahe vierzig Jahren von der untreuen Francisca bei seiner Rückkehr aus Kuba gelöscht worden war.

Pep richtete sich das Halstuch und schob sich seine Baskenmütze zurecht. Er nahm Megs Hand und führte sie an seine Lippen, wobei er sich sogar – wenn auch in allerletzter Sekunde – daran erinnerte, die allgegenwärtige Zigarette aus dem Mundwinkel zu nehmen. »*Encantado, madame*«, flüsterte er heiser. Den alten Pep hatte es tatsächlich erwischt.

»Dieser alte Unruhestifter sieht aus, als hätte er nichts mehr zu lachen gehabt, seit er der Inquisition entlaufen ist«, witzelte Meg und warf Pep ein für sie typisches verführerisches Lächeln zu. »Aber was soll's. Ich werde seinen Motor schon wieder zum Laufen bringen.« Sie kniff Pep in die Wange und warf ihm einen aufmunternden Blick zu. »Stimmt doch, Süßer, oder?«

Als einzige Antwort von Pep kamen ein Grunzen und ein finsterer Blick.

Vor uns stand das klassische Beispiel einer unwiderstehlichen Kraft, die auf einen unbeweglichen Gegenstand stieß. Das könnte ein Riesenspaß werden!

Die Küchenmädchen, die sich von ihrer demütigenden und kurzen Karriere als Las Hermanas de Granada hinreichend erholt hatten, waren wieder in ihren Pailletten besetzten Leichte-Mädchen-Kleidern erschienen, um im ganzen Saal Weintrauben zu verteilen, und die Gäste waren gerade dabei, sie unter sich aufzuteilen, als Señor Bonet den Volkstanz abbrach und ein Fernsehgerät hinter der Bar einschaltete.

»Da, das werdet ihr brauchen«, rief Meg und warf uns allen eine Hand voll Trauben zu. »Das ist so Brauch hier. Mit jedem der zwölf Schläge um Mitternacht müsst ihr eine Traube essen. Das soll Glück bringen im neuen Jahr. *Falls* ihr das überhaupt schafft.«

Flackernd erwachte das Fernsehen zum Leben und zeigte Szenen sich amüsierender Menschenmengen, die vor dem alten Rathaus in Palma ungeduldig die Ankunft des neuen Jahres erwarteten.

Genau aufs Stichwort drehte Señor Bonet die Lautstärke hoch, und als die Glocken ertönten, hallten die alten Gewölbe der Heladería von Getrampel wider, von dem hastigen Kaugeräusch der Trauben schluckenden Traditionalisten und vom Jubel, Gelächter und Korkenknallen der militanten Spaßsucher, denen Champagnerschlürfen aus gemeinsamen Flaschen traditionell genug erschien.

Tapfer gaben wir uns Mühe, den alten Brauch aufrecht zu erhalten, aber nachdem wir mutig fünf oder sechs Trauben hinuntergeschluckt hatten, sahen wir uns genötigt, ins Lager der neuen Traditionalisten überzulaufen. Wir füllten unsere Gläser aus Megs Flasche, prosteten dem neuen Jahr zu und verloren uns in dem ganzen emotionsgeladenen Gemisch aus Händeschütteln, Küssen, Umarmen und Rückenklopfen, ausgelöst von einem Wohlwollen gegenüber der gesamten Menschheit, das während der paar gefühlsseligen Minuten in der Geburtsstunde eines jeden neuen Jahres auf mysteriöse Weise stets unsere tief verinnerlichten Vorurteile auslöschte.

Das »Orchester« spielte Robert Burns »Auld Lang Syne«, und die Gutmütigkeit wurde fast unerträglich. Alte Damen weinten wehmütige Tränen in ihre Taschentücher, alte Männer standen Nase an Nase in triefender brüderlicher Liebe, und rund um den Tanzsaal reichten sich alte Leute wie überall auf der Welt die Hand und sangen seltsame phonetische Versionen von Robbi Burns geheiligten Versen, während einige Teenager die Gunst der Stunde nutzten und das Beste aus diesem Zwischenspiel des Gefühlsüberschwanges machten, indem sie einander in irgendeiner dunklen Ecke des Saales befummelten.

Als am Ende des Liedes Rufe ertönten und die Leute sich *»Molts d'anys«* und *»Feliz año nuevo«* wünschten, durchtrennte ein vertrautes, aber an diesem Ort unerwartetes Geräusch den Lärm zerplatzender Luftballons und schnarrender Papiertröten. Es war der gespenstische Klang eines fernen Dudelsacks – aber nicht des kleinen Singvogelsummens der *xiramías,* sondern des voll tönenden, das Blut zum Gefrieren bringenden schrillen Pfeifens des schottischen Kriegsdudelsackes. Die Eingangstür wurde von der Straße her aufgestoßen und herein marschierte der Geisterspieler: Jock, der mit Absicht übertrieben mit den Hüften wackelte, um den Faltenwurf eines schlecht sitzenden Kilts zu betonen, der so lang war, dass er beinahe ans obere Ende seiner kurzen Socken reichte. Sein linker Ellenbogen fiel pumpend und wie wahnsinnig auf den Dudelsack im Schottenmuster nieder, seine Brust hob sich so sehr, dass sie jeden Moment zu platzen schien, seine geröteten Wangen bliesen sich auf und fielen wie ein Paar verliebter Ochsenfrösche wieder zusammen, als er der Melodienpfeife des Instrumentes quetschend und pressend die quietschend jammernden Töne entlockte.

»Versteht ihr jetzt, was ich meine?«, schrie Meg und hielt sich die Hände vor die Augen. »Peinlichkeit und Jock, zwei Dinge, die bis in alle Ewigkeit miteinander vermählt sind.«

»Aber wo hat er denn nur den Dudelsack und den Kilt her?«, rief ich.

»Von einem schottischen Touristen, den er heute Abend im Hotel getroffen hat. Der Typ war pleite, also hat Jock ihm fünfzig Pfund geboten, und leider hat er angenommen.«

»Aber ich wusste gar nicht, dass Jock Dudelsack spielen kann.«

»So wie es sich anhört, glaube ich auch gar nicht, dass er es kann, obwohl er behauptet, er habe als Kind in der Boys' Brigade gespielt.« Meg zuckte mit den Schultern. »Da müsst ihr euch schon euer eigenes Urteil bilden.«

Obwohl Jock mit seiner Dudelsacktechnik (die, um es freundlich auszudrücken, ein wenig eingerostet schien) gewiss nirgendwo einen Preis gewonnen hätte, ließen sich der Keyboard-Spieler und sein Schlagzeuger nicht davon abhalten, mit in das einzufallen, was Jock jeweils zum Besten gab, und ehe Señor Bonets Gäste wussten, was über sie hereingebrochen war, kamen sie in den Genuss einer wilden Improvisation, dargeboten von der unwahrscheinlichsten Zufallsband.

Jock war wie besessen und entfesselte einen wahren Sturm verschiedener Tänze, während der Mann mit der *xiramía* sich alle Mühe gab, den Takt zu halten – auch wenn er in einer anderen Tonart spielte –, und die übrigen *músicos* fielen in diese verrückte Jam-Session mit ein, mit all der ungehemmten Lust, die Musiker überall auf der Welt erfasst, wenn sie zu der mystischen Quelle musikalischer Inspiration und ungezügelter Fröhlichkeit Zugang finden, die nur ihrer exklusiven Bruderschaft bekannt ist ... und darüber hinaus vielleicht noch einigen wenigen sangesfreudigen Arbeitern einer Schnapsbrennerei. Sie amüsierten sich prächtig, und die Leute waren begeistert.

»JU-HII-HII!«, kreischte Meg. »Die Party geht los! Kommt her, ihr Süßen. Jetzt lasst uns mal so richtig loslegen!« Sie packte Pep bei den Händen und zog ihn auf die Tanzfläche. Ohne dem verblüfften komischen alten Kauz Gelegenheit zur Gegenwehr zu geben, hakte Meg sich bei ihm ein und wirbelte ihn in Schwindel erregenden Drehungen wieder und wieder herum. Pep hatte alle Hände voll zu tun, seine Baskenmütze auf dem Kopf zu behalten.

»Ich glaube, die zwei brauchen Unterstützung, wenn sie aus ihrer Eintracht erwachen«, rief ich Ellie ins Ohr.

»Na gut, ich will es wagen, wenn du dabei bist. Also los, auf geht's!«

Wir begaben uns auf die Tanzfläche und stürzten uns in einen improvisierten Vierertanz mit Meg und Pep, bewegten uns im Zickzack den Saal hinauf und wieder hinunter, schleuderten und wirbelten uns gegenseitig herum, bis uns die Arme weh taten.

Jock und seine bunt zusammengewürfelte Band verdoppelten ihren wilden Ausstoß improvisierter schottischer Folklore, die Bläser brachen aus dem Stegreif einen Sturm keltischer Kadenzen los, der Keyboard-Spieler legte sich ins Zeug wie ein turbo-betriebener Dampfhammer, und die beiden Trommler schlugen den Takt, als hinge ihr Leben davon ab. Der Rausch des glühend heißen Rhythmus verbreitete sich wie ein Lauffeuer, und bald schon war die kleine Tanzfläche ein einziger Schwarm von Körpern, die in einem wilden schottischen Volkstanz herumwirbelten – alle hielten die Arme abgewinkelt über dem Kopf, hatten die Zehen im Pas de basque gestreckt und warfen die fliegenden Füße hoch in die Luft.

Als stets aufmerksamer Ballsaalbesitzer schaltete Señor Bonet die Deckenventilatoren auf höchste Geschwindigkeit, um es den Tänzern angenehm zu machen, dann drängte er seine Frau, mit einer langen Stange auf die Bühne zu gehen, damit sie einen widerstrebenden Propeller über den schwitzenden Musikern in Gang brachte.

Jock stand mit dem Rücken zu Señora Bonet, als sie wiederholt gegen den widerborstigen Ventilator stieß, und er war so versunken in sein Spiel, dass er gar nicht bemerkte, wie das untere Ende ihrer unhandlichen Stange sich aus Versehen im herunterhängenden Saum seines Kilts verfing und den Kilt so hochhob, dass er an der Schnalle seiner Felltasche auf seinem Rücken hängen blieb. Als echter Schotte hatte Jock seine Unterhose im Wagen gelassen, und als er sich umdrehte, um den Männern, die ihn begleiteten, das nahende Ende der ersten Melodienfolge zu signalisieren, kam das Publikum in den Genuss der unverhüllten Zwillingsmonde seines Hinterteils.

Ein mächtiges, tosendes Gelächter erhob sich, nachdem alle zu tanzen aufgehört hatten, mit Fingern auf ihn zeigten und Jocks unbeabsichtigten Akt zur Erregung öffentlichen Ärgernisses mit Rufen und Pfiffen der Lächerlichkeit preisgaben. Jock missverstand diesen Hohn der Menge als spontane Beifallsbekundung und entschloss sich weiterzuspielen, obwohl die anderen Musiker bereits aufgehört hatten. Der Angeber in ihm hatte vollständig die Oberhand gewonnen, und er stürzte sich in die sonderbare Dudelsack-Version einer Samba, drehte der Menge den Rücken zu und wedelte in einer grobschlächtigen Nachahmung von Carmen Miranda im Kilt das hin und her, was er ganz unschuldig für sein mit Schottenstoff bekleidetes Hinterteil hielt.

Das Lärmen und Getöse, das darauf folgte, war Ohren betäubend und spornte Jock zu weiteren Extremformen des Exhibitionismus an. Der Schlagzeuger des »Orchesters«, der die Situation vollkommen richtig einschätzte, gab schnell Maracas und Rumbakugeln an seine drei Kollegen aus und verwandelte sie so an Ort und Stelle in eine lateinamerikanische Rhythmusgruppe, die unseren herrlich glücklosen Rattenfänger von Hameln begleitete, als er von der Bühne herunterkletterte und die vor Gelächter hysterischen Partygäste in einer ausgelassenen, nacktarschigen Dudelsack-Polonaise wieder und wieder durch die ganze Heladería führte.

Und plötzlich war es ein typisch schottisches Silvester mitten in Andratx.

Mañana

Einen glücklicheren Start ins neue Jahr hätten wir uns kaum wünschen können, und als die Januarwochen vorüberzogen, waren wir froh, die Turbulenzen jenes ersten, uns hart auf die Probe stellenden Dezembers hinter uns zu lassen. Die guten Momente hatten die schlechten bei weitem überwogen, und obwohl uns das alte Haus einige entschieden unangenehme Überraschungen bereitet hatte, waren wir überzeugt, dass wir mit den Problemen, die sich uns in den Weg gestellt hatten, gut fertig geworden waren. Wir hatten die Aufnahmeprüfungen bestanden und glaubten nun endlich, dass wir Ca's Mayoral wirklich und wahrhaftig unser Zuhause nennen konnten.

Sogar die lang ersehnte Lieferung unserer Möbel und des restlichen Hausrats traf endlich aus Großbritannien ein, wenn auch nicht ganz so, wie wir das erwartet hatten. Der Möbelwagen legte die letzte Etappe seiner langen und abenteuerlichen Reise über zwei Meere und halb Europa zurück, nur um festzustellen, dass er für die kleine Brücke, die ins Dorf hineinführte, zu lang war, weshalb wir gezwungen waren, jede nur denkbare Variante von Kleintransporter zu Hilfe zu nehmen, angefangen bei unserem eigenen winzigen Traktor mit Anhänger über Peps Maultier mit Karren bis hin zu einer ganzen Flotte von Schubkarren und Handwagen aus der Nachbarschaft, mit denen wir unsere Habseligkeiten Stück für Stück jene längste letzte Meile bis nach Hause schleppten. Am Ende des Tages gab es kaum etwas, das die Anwohnerschaft über unseren persönlichen Besitz nicht wusste.

Trotz unserer anfänglichen Befürchtungen war Charlie in der neuen Schule gleich voll und ganz in seinem Element, und der Reiz, eine aus T-Shirt, Jeans und Turnschuhen bestehende »Schuluniform« zu tragen, überwand sämtliche sozialen und schulischen Kinderkrankheiten, die wir uns hätten vorstellen können. Schon bald sprach er mit dem südländisch schleppenden Tonfall, den sich irgendwie alle Kinder ungeachtet ihrer Muttersprache aneignen, wenn sie an internationalen Schulen zusammengeführt werden. Sogar seine unsterbliche Liebe zum Fussball wurde schnell ersetzt durch eine Leidenschaft für, ausgerechnet, Basketball – ein Spiel, von dem er früher immer gedacht hatte, es eigne sich »nur für Mädchen«. Aber mir war das ganz recht; einen Basketballkorb hinter dem Haus anzubringen war schließlich bedeutend einfacher, als ein improvisiertes Fussballfeld in einem Orangenhain anlegen zu wollen. Und als Charlie die Kinder aus dem Dorf besser kannte, führte der Spaß, den Jungs in solchem Klima und solcher Umgebung im Freien haben können, unweigerlich dazu, dass er auch sein heiß geliebtes Fernsehen mehr und mehr aufgab. »In der blöden Kiste ist ja sowieso nie was Anständiges zu sehen«, war sein letztes Wort in dieser Angelegenheit.

Und Sandy wurde dank der Kontakte des Maradona von

Andratx tatsächlich in die kleine Fussballmannschaft von La Real aufgenommen, die abendlichen Trainingsstunden dort und die sonntags stattfindenden Spiele verhalfen ihm bald zu einem neuen Freundeskreis und einer guten Beherrschung der spanischen Sprache – wenn auch nicht sein gesamtes Vokabular in jeder Gesellschaft für akzeptabel gehalten worden wäre. Aus seinem anfänglichen Flirt mit dem kleinen *Barbieri*-Traktor entwickelte sich allerdings nie eine echte Liebe. Tatsächlich nahm in demselben Maß, in dem die Temperatur stieg und die Tage länger wurden, Sandys Ärger darüber zu, von diesem Miniatur-Eisenpferd durch die Gegend gezogen zu werden, während er sich ducken und den kratzenden Ästen ausweichen musste. Mehr als einmal konnte ich beobachten, wie er auf die kleine, vor sich hintuckernde Maschine starrte und dann sehnsüchtig nach oben schaute, wenn ein Düsenjet vom Flughafen in Palma gen Norden flog – nach Schottland, wo es auf den Feldern keine Obstbäume gab und wo, so dachte er vielleicht, die Ackerflächen weitläufig genug waren, dass man dort mit einem *richtigen* Traktor arbeiten konnte. Wer weiß …

Ellie und mir ging es inzwischen leicht von der Hand, unsere tägliche Pflicht des Orangen- und Zitronenpflückens zu erfüllen und in der angenehmen Wintersonne unsere dreifüßigen Leitern von Baum zu Baum zu ziehen und dann Kiste um Kiste zu füllen, bis die tägliche Bestellung von Jeronimo, dem Obst- und Gemüsehändler, vollständig war. *Poco a poco* erlernten wir unser neues Geschäft, doch obwohl uns Jeronimo stets großzügig den Höchst-Marktpreis des Tages zahlte, sahen wir bald ein, dass Obstanbau in solchem Maßstab keine gewinnbringende Tätigkeit war – nicht wenn wir für ein Kilo kaum mehr erhielten als den Preis einer einzigen Orange in England. Aber dann fanden wir heraus, dass wir ohnehin nicht so viel Geld brauchten, um auf Mallorca zurecht zu kommen und gut zu leben.

Auch Jordi wurde für uns bald zu einer wertvollen Quelle von Geldspar-Tipps und Informationen. Tatsächlich war er Experte in fast allem, was wir an Kenntnissen über Leben und Arbeit in dieser Gegend brauchten. Es stellte sich heraus, dass er selbst eine kleine *finca* besaß – einige schmale *bancales* Land auf den Hängen des Coll d'Andritxol –, und da er ein Mann von bescheidenem Auskommen war und kaum mehr als seine alte Mobylette, ein paar Ziegen und einen verfallenen kleinen Traktor sein Eigen nennen konnte, war kostengünstiges Wirtschaften auf dem Hof für Jordi nicht nur wichtig, sondern regelrecht lebensnotwendig. Bereitwillig gab er seine Erfahrungen an uns weiter, ohne an eine Gegenleistung auch nur zu denken, denn er war schon zufrieden, wenn er sich an den Markttagen mit mir draußen vor der Bar Nuevo in Andratx treffen, in der Sonne sitzen, ein oder zwei Bier trinken und seinem Lieblingshobby frönen konnte – auf Englisch zu fluchen.

Und was war mit den Hunden und Katzen der Ferrers? Wir hielten unser Versprechen und nahmen jedes Wochenende das Futter entgegen, um an den Wochentagen ihr Sammelsurium an Näpfen vor der *casita* der Ferrers zu füllen. Doch mehr denn je weigerten wir uns, Franciscas Übelkeit erregende Geflügelteile aufzukochen (ganz abgesehen davon, dass sich noch immer kein menschenfreundlicher Schlachter gefunden hatte, der gewillt gewesen wäre, uns umsonst mit ein paar Fleischresten zu versorgen), und so verfielen wir tatsächlich darauf, spezielle Hundewürste zu kaufen und sie unter Franciscas Bruchreis und die Reste zu mischen, die wir von unserem eigenen Essen erübrigen konnten. Es war eine Nahrung, die den Tieren sehr gut zu bekommen schien, aber bis heute frage ich mich, ob Franciscas Hühnerköpfe und -füße nicht doch nur ein Trick gewesen waren, damit uns übel wurde und wir das Futter für ihre Tiere auf eigene Kosten kauften. Wie dem auch sei, wir konnten die armen Tiere auf keinen Fall wegen der vermeintlichen Heimtücke ihrer Herrin leiden lassen.

Schließlich wurde unsere Sorge um das Wohlergehen der Tiere von Robin und Marian doch noch belohnt, denn nach einiger Zeit beschlossen sie, uns gelegentlich mit ihrer Gesellschaft zu beehren und sich dann sogar, wenn wir eine Pause beim Obstpflücken einlegten, auf unsere Knie zu setzen – vor allem, wenn sie dachten, ein oder zwei kleine Leckerbissen könnten auch für sie abfallen. Aber diese Höflichkeitsbesuche endeten abrupt, sobald Tomàs und Francisca am Freitagabend unter dem Geheule und Gejaule der Hunde eintrafen. Den ganzen Rest des Wochenendes schauten Robin und Marian nicht einmal mehr in unsere Richtung, selbst wenn wir nur Zentimeter von ihnen entfernt an ihnen vorbeigingen.

Was nun die Katzen betraf, so blieben sie einfach unter sich und beachteten uns überhaupt nicht, abgesehen von einem übellaunigen Choral aus Gefauche und Gespucke in unsere Richtung, wenn wir sie fütterten. Diesen Katzen war unsere Gegenwart wirklich zuwider, und im Gegensatz zu den Hunden, die sich dazu herabließen, dass wir ihnen von Montag bis Freitag den Kopf tätscheln und die Ohren kraulen durften (möglicherweise als Absicherung gegen das Risiko, dass ihre wahren Herren eines Tages fortbleiben könnten), fand sich die kunterbunte Truppe der Miezen zu derartigen Zugeständnissen nicht bereit. Sie hassten unseren Anblick, und kein noch so ausgedehntes »Pussy-Pussy-Kitte-Kätzchen«-Friedensangebot von uns würde daran jemals etwas ändern. Nun, sei es drum. Unsere Zeit würde schon noch kommen.

Unsere Beziehung zu den Ferrers selbst spielte sich auf höfliches Winken im Vorübergehen ein, den einen oder anderen Smalltalk über Traktoren und Bäume mit Tomàs über die Grenzmauer hinweg oder ein paar »Oohs« und »Aahs« über das Wetter von Francisca, wenn sie mit vollen Taschen zu uns herüberkam, um uns den Bruchreis zu bringen – oder, wie Ellie meinte, ihre neugierige Nase ins Haus zu stecken.

Las Calmas de Enero, das Hereinbrechen ruhigen, sommerähnlichen Wetters, mit dem die Insel im Monat Januar unweigerlich gesegnet ist, verkündete schließlich das Ende des Winters (eine nicht ganz glückliche Bezeichnung für diese meist schönste und angenehmste Jahreszeit auf Mallorca) und den Beginn des Frühlings. Innerhalb weniger Tage schien die Landschaft von einem Mandelblütengestöber in zartem Weiß und blassestem Rosa übersät, das die Bäume schmückte, noch bevor sich die ersten Blätter zeigten, was uns an unseren allerersten Tag auf Ca's Mayoral erinnerte, als jener seltene Schnee fiel, sich auf die Zweige und Äste eben dieser knorrigen Bäume legte und das Tal mit einem märchenhaften Mantel aus Weiß bedeckte.

Das schien schon lange her zu sein, und allmählich begriffen wir, dass die Zeit in der gemächlichen, heiteren Ruhe des mallorquinischen Landlebens an dem sich langsam verändernden Gesicht der Natur abgelesen werden musste, und nicht an Uhrzeigern oder Kalenderblättern.

Das erwähnte ich Ellie gegenüber an einem milden Frühlingsabend, als wir auf den zwei wackeligen Stühlen am alten Brunnen auf der Terrasse saßen, an unseren Weingläsern nippten und durch den Blätterbaldachin der sich windenden Weinstöcke auf die Sterne schauten. Ein schläfriger Chor zirpender Heimchen und das träge Quaken eines verliebten Frosches tönte vom *torrente* herauf.

»Weißt du, was ich glaube?«, murmelte Ellie, »ich glaube, du hast endlich gelernt, was es heißt, *tranquilo* zu sein. Und das gefällt mir. Es ist … schön.«

Ich lehnte mich in den alten Stuhl zurück, genoss die Ruhe des schlummernden Tales und betrachtete staunend die stille Schönheit der dunklen Berge, die sich vor dem tiefen, samtigen Blau des Himmels abhoben.

Bald schon würde der Baum-*maestro* Pepe, der Freund des alten Jaume, zu uns kommen und unsere Obstgärten seiner bitter nötigen Wunderkur unterziehen, und obwohl wir wussten, dass wir noch viel zu lernen und eine Menge harter Arbeit vor uns hatten, ehe der kleine Hof auch nur annähernd in den Zustand früherer Pracht zurückversetzt sein würde, waren wir entschlossen, die Herausforderung anzunehmen. Jaume hatte gesagt, dass sich im Frühjahr alles allmählich bessern würde, und inzwischen schloss ich mich mit jedem weiteren magischen Augenblick seiner Meinung mehr und mehr an. Wer weiß, vielleicht würde ich ja morgen sogar ein Schwein kaufen, und sei es nur, um der alten Maria Bauzá eine Freude zu machen. Und vielleicht auch noch ein paar Hühner … ich würde darüber nachdenken … *mañana*.

Aus ihrem geheimen Versteck irgendwo tief in den sternenerleuchteten Orangenhainen begann eine Nachtigall, ihr Lied in trillernden Kaskaden und munteren Crescendos in die Nacht zu singen, und vollendete die zauberhafte Szene.

Mañana Mañana

Inhalt

Folge mir auf eine Insel der Ruhe, wo die Männer nie in Eile sind und die Frauen nie alt werden; wo man keine Worte verschwendet, wo die Sonne länger scheint und selbst der Mond, vom Müßiggang angesteckt, sich langsamer bewegt.

Aus *L'Illa de la Calma* von Santiago Rusiñol
(Editorial Selecta, Barcelona 1922)

Eins

Junghähne und Miesmuscheln

General Franco litt neuerdings an Schlaflosigkeit. Vielleicht spürte er aber auch nur den nahenden Frühling. Was auch immer dahinter steckte, der winzige Hahn mit dem gebieterischen Namen und der dazu passenden herrischen Art ließ es sich auf einmal nicht mehr nehmen, seine frühmorgendliche Anwesenheit klar und deutlich zur Geltung … *und* zu Gehör zu bringen.

Und so machte der gefiederte *generalísimo* kurzen Prozess mit dem Luxus der langen, stillen Nächte, die zu einem Genuss auf »Ca's Mayoral« geworden waren, unserem kleinen Bauernhof, der sich zwischen duftenden Hainen voll Orangen- und Zitronenbäumen und anderen exotischen Gewächsen in ein üppiges Tal schmiegte, das versteckt am Fuß der hoch aufragenden Tramuntana-Berge im Südwesten Mallorcas lag. Der freche kleine Kampfhahn, der im Hühnerstall der *finca* unserer Nachbarin, der alten Maria Bauzá, das Regiment führte, hatte sich unmissverständlich zum Ziel gesetzt, sobald er wach war, auch jedes andere Lebewesen im gesamten Tal zu wecken. Und das ausgerechnet, als unser neues Leben endlich erfreuliche Formen anzunehmen begann …

Es war nämlich gar nicht so leicht gewesen, die Gemütsruhe zu entwickeln, die für ein Leben im *»tranquilo«*-Stil der mallorquinischen Landbevölkerung unabdingbar ist, in deren Mitte wir erst kürzlich gezogen waren. Hier herrschte eine so entspannte Lebenseinstellung, eine so beneidenswerte Gelassenheit, dass wir schon sehr schnell an diesem Ort Wurzeln geschlagen hatten, der den Spitznamen »*Mañana*-Tal« verdient gehabt hätte. Und wir fanden es herrlich!

Ich muss zugeben, dass es eine Art Schock war, sich nach den hochindustrialisierten Methoden des Ackerbaus, die wir aus unserer »alten Heimat« Schottland gewohnt waren, an die überwiegend manuellen Bearbeitungsmethoden auf einer kleinen Obstplantage am Mittelmeer gewöhnen zu müssen, aber langsam – oder vielmehr *poco a poco,* wie die Einheimischen sagen – schafften wir es. *Hombre,* anders ging es gar nicht! Und obwohl unsere tapferen Bemühungen, mit unseren neuen Nachbarn auf Spanisch zu kommunizieren, bestimmt des Öfteren für Gelächter gesorgt hatten, wenn sie unter sich über die *familia extranjera* redeten, die sich in ihrer eng verwobenen Gemeinschaft niedergelassen hatte, um dort zu leben *und* zu arbeiten, zeigten sie sich ausnahmslos höflich und geduldig, wenn sie direkt mit uns sprachen.

Sogar der Hang meiner Frau Ellie, gewisse kleine, aber unverzichtbare Besonderheiten der Landessprache zu ignorieren, wurde stets höflich, wenn auch mitunter schelmisch übergangen. Doch einmal hatte sie ihre Gewohnheit, den spanischen Buchstaben »ñ« nicht wie ein normales »n« mit einem »j« dahinter (wie in »Sonja«) auszusprechen, ganz schön in die Bredouille gebracht.

Es war Anfang Januar, und Ellie ging zum ersten Mal im neuen Jahr wieder im nahe gelegenen Marktflecken Andratx einkaufen, wo sie den verschiedenen Ladenbesitzern fröhlich ihre sorgfältig einstudierten guten Wünsche aussprach. Doch als sie nach einem Besuch beim Fischhändler zum Auto zurückkehrte, schien mir irgendetwas nicht zu stimmen.

»Du siehst ein bisschen verärgert aus«, sagte ich. »Was ist denn los?«

»Ach, dieser Fischhändler«, fauchte sie und knallte die Wagentür zu. »Er hat eine ganz blöde Art, weiter nichts!«

»Wie kommst du denn darauf? Ich habe an Markttagen ab und zu in der Bar nebenan mit ihm geplaudert, und auf mich macht er einen recht netten Eindruck.«

»Tja, es war ja auch alles in Ordnung, bis ich ihm beim Gehen ein gutes neues Jahr gewünscht habe.«

»Ach so?«

»Ja. Da lief er puterrot an, und sämtliche Frauen in der Warteschlange fingen an zu kichern.« Ellie schnaubte. »Na ja, ich habe zwar nicht verstanden, was er mir nachgeschrien hat, aber einen schönen Tag hat er mir auf jeden Fall nicht gewünscht, das steht fest!«

»Ähm, du hast ihm also vermutlich auf Spanisch ein gutes neues Jahr gewünscht, oder?«

»Natürlich. *Feliz Ano Nuevo* – was sonst?«

Ich rieb mir die Nase und versuchte das Grinsen zu verbergen, das um meine Mundwinkel zuckte. »Gut, du hast also *ano* gesagt, ausgesprochen wie ›anno‹, nicht *año,* ausgesprochen wie ›anjo‹?«

»Natürlich. Warum?«

»Weil der arme Kerl gerade erst im Krankenhaus Hämorrhoiden wegoperiert bekommen hat. Kein Wunder, dass er aus der Haut gefahren ist.«

Ellies Brauen zogen sich zu einem verständnislosen Stirnrunzeln zusammen. »Aber warum wird er sauer, wenn ihm jemand ein gutes neues Jahr wünscht, nachdem er sich die Hämorrhoiden hat wegoperieren lassen?«

»Einfach weil du ›anno‹ statt ›anjo‹ gesagt hast.«

»Na und?«

»Du hast ihm gar kein gutes neues Jahr gewünscht, das ist der Punkt.«

»Nein?«

»Nein. Was du ihm nämlich in Wirklichkeit gewünscht hast«, sagte ich, während mir die Lachtränen in die Augen stiegen, »war ein gutes neues Arschloch!«

Jetzt lief Ellie puterrot an.

Bestimmt ließen wir immer wieder solche sprachlichen Fehlschüsse los, ohne es auch nur wahrzunehmen. Das war unvermeidlich. Doch selbst wenn wir gelegentlich etwas Beleidigendes sagten, reagierte niemand von den Einheimischen unhöflich – mit der verständlichen Ausnahme dieses bedauernswerten Fischhändlers. Die Tatsache, dass wir uns wenigstens bemühten, schien gewürdigt zu werden, und das reichte uns. Unser Hauptanliegen bestand schließlich darin, unseren herabgewirtschafteten kleinen Bauernhof wieder flottzumachen.

Doch jetzt vergällte mir General Franco alles, indem er die dritte Nacht hintereinander meinen dringend benötigten Schönheitsschlaf sabotierte. Na gut, ich gebe ja zu, dass ich mit dem morgendlichen Krähen eines Familienhahns in den Ohren aufgewachsen war, aber die Berge ringsum verstärkten solchen ländlichen Lärm zu nervtötendem Krach. Und zu allem Überfluss machte Franco seine Sache nicht einmal gut. Seine frühmorgendlichen Bemühungen klangen eher wie die klägliche Vokalakrobatik eines Nachwuchsjodlers statt wie der markante Ruf des stolzen Herrn im Hühnerhof.

Der kleine General schmetterte erneut mit gebrochener Stimme sein Wecksignal.

»Was in Gottes Namen ist nur in diesen verrückten Vogel gefahren?«, stöhnte ich und blinzelte in dem von Fensterläden verdunkelten Zimmer zum Wecker auf dem Nachttisch hinüber. »Zum Kuckuck, es ist noch nicht mal fünf Uhr! Er fängt jeden Morgen früher an!«

Ellie rollte sich in Embryonalstellung zusammen und zog sich die Decke über die Ohren. »Sei still und schlaf weiter«, brummte sie. »Es ist mitten in der Nacht.«

»Wem sagst du das!«

Das ärgerliche Talent meiner Frau, so ungefähr alles zu verschlafen, was nicht gerade einem Erdbeben der Stärke acht gleichkam, hatte sich an unsere beiden Söhne vererbt, den achtzehnjährigen Sandy und seinen zwölfjährigen Bruder Charlie, deren Schnarchen ich durch die dicken Schlafzimmerwände des alten Bauernhauses hören konnte.

Von dem kleinen Bauernhof nebenan ertönte ein weiterer durchdringender Weckruf des Miniatur-*generalísimos*. Gleich darauf wurden seine krächzenden Ausbrüche von einer feurigen Legion weiterer um ihr Revier besorgter Junghähne erwidert, die sich allesamt auf die Krallenspitzen stellten und flügelschlagend darauf warteten, dass ein neuer Tag über ihrer jeweiligen Geflügelprovinz anbrach – den mickrigen Hühnerhöfen, die auf zwanzig kleinen *fincas* der Umgebung lagen.

Nun fing auch Ellie an zu schnarchen.

Ich lag da, starrte blind in die finstere Leere des Zimmers und sehnte mich nach Schlaf, während ein immer lauter werdender Chor erwachender Vögel inbrünstig in den nahe gelegenen Orangenhainen zu zwitschern begann. Und immer noch umgaben mich die heimeligen Geräusche schlummernder Familienmitglieder. Offenbar war ich die einzig wache menschliche Seele im ganzen Tal, dazu verurteilt, dazuliegen und Frau Dornröschen und ihren Söhnen dabei zuzuhören, wie sie selig vor sich hin schnarchten.

Dann bellte Perro, der dämliche Hund des alten Pep, auf dem kleinen, chaotischen Bauernhof gegenüber. Er bellte noch einmal und jaulte auf, als hätte er Schmerzen – Schmerzen, die wohl von einem Tritt in die *cojones* vonseiten seines übermüdeten Herrchens herrührten –, und verstummte wieder. Doch es war zu spät. Perro hatte es geschafft, die gesamte Hundepopulation des Tals zum Kläffen und Bellen zu bringen. Jeder angekettete Köter verjagte pflichtbewusst Wolfsrudel, Banditen und schwarze Männer, die seiner Einbildung zufolge in den finsteren Wäldern um die einsamen Gehöfte herum lauerten.

Gut gemacht, Perro! Auf einen Streich hatte er aus einem gefiederten Tumult ein komplettes Pandämonium gemacht. Der ruhig vorüberfahrende Nachtzug der Natur war regelrecht entgleist.

Ellie und die Jungen schnarchten ungerührt weiter.

Ich stöhnte. »Na gut, dann muss ich eben mit den Wölfen heulen«, murmelte ich, hievte meinen widerwilligen Leib aus dem Bett und zog mich an. »Ich gehe spazieren!«

Draußen hingen die Moschusdüfte der mediterranen Nacht noch betörend in der feuchten Morgenluft. Der Blick von der Veranda mit ihrem Balkendach an der Vorderfront des Hauses war traumhaft. Die uralten Mandelbäume auf dem nächstgelegenen Feld waren in der Dämmerung nur schemenhaft erkennbar, und ihre krummen Äste erhoben sich geisterhaft aus dem Nebel wie verrenkte Arme und spinnenhafte Finger.

Mich fröstelte. Ich zog den Kragen meiner Jacke bis zu den Ohren hoch und wanderte wie in Trance auf die schlafenden Obstgärten zu. Hier im Freien wirkten die Geräusche des erwachenden Tierlebens irgendwie weniger störend, ja sie standen geradezu im Einklang mit ihrer Umgebung und verloren auch langsam an Aufgeregtheit. Schließlich stand ich vor dem alten, aus Bruchstein gemauerten Brunnen in der Ecke unseres abgelegensten Feldes und wandte mich um, um über die in sanft ansteigenden Terrassen angelegten Obsthaine zum Haus zurückzublicken. Sein mit ockerfarbenen

Ziegeln gedecktes Dach war durch die nachlassende Finsternis gerade zu erkennen. Nun herrschte Schweigen. Eine geheimnisvolle Stille hatte sich über das Tal gesenkt mit der Lautlosigkeit, die der Morgendämmerung vorangeht.

Eine Brise wehte durch die Obstbäume und brachte in ihrem linden Hauch den Duft von wilden Myrten und Thymian aus den grünen Hügeln mit, die sich bis an die Küste zogen. Halb fantasierte ich, halb roch ich die Gerüche Afrikas, das jenseits des Horizonts auf der anderen Seite des Mittelmeers lag. Jetzt beneidete ich Ellie und die Jungen nicht mehr um ihren ungestörten Schlaf. General Franco hatte mir einen Gefallen getan.

Mein Blick wurde nach oben gelenkt, zur Sierra Garrafa, wo noch ein einsamer Stern in der tintenblauen Leere über den Gipfeln glomm. Ihre gezackte Silhouette hob sich nun gegen einen breiter werdenden Lichtstreifen ab. Dies war Mallorca, wie ich es noch nie zuvor gesehen hatte: beim Erwachen in seiner ganzen Pracht. Und ich wurde nicht nur Zeuge der Geburt eines neuen Tages, sondern auch des Beginns einer neuen Jahreszeit.

Plötzlich war der Frühling gekommen, und überall waren die Zeichen seiner Ankunft zu sehen. Grüne Gewächse mit Blütenblättern sprossen fröhlich rings um mich herum. Und dort, auf dem exponierten Ast einer in der Nähe stehenden Kiefer, übte ein junges Spatzenmännchen seine unausgereifte Kopulationstechnik an einem willigen Kiefernzapfen. Drüben bei der Ziegelmauer der alten *cisterna* schnüffelte ein pubertierender Igel voller Leidenschaft am stumpfen Ende eines umgedrehten Schrubbers. O ja, der Frühling war wirklich gekommen!

Ich weiß nicht, wie lange ich an die Brüstung des Brunnens gelehnt dastand und mit allen Sinnen die Reize des jungen Tages genoss. Doch als ich endlich den Rückweg zum Haus antrat, überflutete bereits warmes Sonnenlicht die Talsohle und drang durch das üppige Blattwerk der Zitrusbäume, in denen die *azahar*-Blüten dufteten und die Honigbienen ihre Melodien summten.

»Bienen sind die Liebesgötter der Obstgärten«, hatte mir die alte Maria Bauzá kurz nach unserer Ankunft im Tal erklärt. »Ohne sie käme es nicht zum Liebesakt zwischen den Bäumen, dem *matrimonio,* das zur Geburt der Früchte führt.«

Ich weiß noch, wie ich über eine derart poetische Beschreibung von etwas gestaunt hatte, das für die meisten Menschen selbstverständlich war.

»Sie brauchen einen Bienenstock«, hatte Maria hinzugefügt, während ich im Stillen noch über diese unerwartet romantische Formulierung unserer forschen Nachbarin nachdachte.

Sie hatte mir bereits erklärt, dass ich ein Schwein brauchte, ein paar Hühner und einen Esel. Das Schwein und die Hühner waren immerhin auf unsere Einkaufsliste gesetzt worden, wenn auch ein wenig halbherzig, doch ein Esel würde – zum größten Entsetzen der alten Maria – in meiner Hitliste unverzichtbarer landwirtschaftlicher Hilfsmittel niemals den Traktor ersetzen. Insgeheim war ich außerdem der Meinung, dass der Bienenstock sich zum Esel in die Kiste mit den abgelehnten Ideen gesellen würde. Ich hatte weiß Gott schon genug über die Feinheiten des mediterranen Obstanbaus zu lernen und würde mir das Leben bestimmt nicht noch schwerer machen, indem ich mich in die Geheimnisse der uralten Kunst der Bienenzucht vertiefte. Nein, unsere liebebedürftigen Bäume würden sich schon auf die kleinen Pfeile der geflügelten Liebesboten anderer Leute verlassen müssen.

Doch es war schön, sie in den Blüten vor sich hin summen zu hören, und beruhigend zu wissen, dass ihre hingebungsvolle Arbeit sozusagen den Keim zu unserer nächsten Ernte legte. Die Bienen waren mit dem Arrangement offenbar zufrieden, und ihr Besitzer (wenn sie denn einen hatten) konnte sich auf eine Ration Zitrusblütenhonig freuen, die ihm gratis von den Bäumen anderer Leute in den Schoß fiel. Es war eine Situation, von der alle profitierten, und während ich gemächlich meinen Nachhauseweg fortsetzte, freute ich mich an dieser Vorstellung.

Obwohl es noch nicht einmal sieben Uhr war, begannen sich ringsum im Tal schon die mechanischen Werktagsgeräusche bemerkbar zu machen – ein weiteres Anzeichen für den Frühling und das Eintreffen wärmeren Wetters. Und während die Tage immer länger wurden, würden wir schon bald der erstickenden Hitze des Sommers entgegengehen. Dann würde die Landarbeit notgedrungen in der relativen Kühle des frühen Morgens, Spätnachmittags und Abends verrichtet werden.

Drunten auf der Straße, die zum Dorf führte, konnte ich den knatternden Zweitaktmotor des kleinen Citroën 2CV des Bäckers hören, der seine morgendliche Auslieferung begann. Daneben verkündete das Rasseln eines Mobylette-Mopeds, dass der erste der im Dorf ansässigen *campesinos* seine tägliche Fahrt von zu Hause zu einer *finca* irgendwo weiter oben im Tal angetreten hatte. Garantiert hatte er bereits mit ein paar *amigos* in einer der Bars im Dorf ein paar mit *coñac* versetzte Kaffees »gefrühstückt«. Als er gegenüber am Hof unseres Nachbarn vorübersauste, wechselte er einen vergnügten Gruß mit dem alten Pep. Obwohl alles hinter der uralten Mauer verborgen blieb, die an der straßenseitigen Grundstücksgrenze von Ca's Mayoral entlang verlief, schloss ich aus den lautstarken Schimpfwörtern, die Pep seinem Hund zubrüllte, und dem Klingeln von zwanzig blechernen Glocken, dass er sich bereits mit seiner kleinen Schafherde auf den Weg zu einer der zahlreichen »Wiesen« voller Unkraut auf den hohen *bancales* machte, wo er Weiderechte genoss.

Schließlich stimmte noch das hohle Tuckern eines Dieseltraktors mit ein, der zwischen den Bäumen eines weit entfernten Feldes angelassen wurde.

Der Morgen war angebrochen.

Ellie und die Jungen wandten mir den Rücken zu, als ich die Küche betrat. Ellie stand am Herd und kochte Kaffee, während die Jungen am Tisch saßen und Eier mit Speck verputzten, die ihres Namens würdig waren, da sie von den im Obstgarten pickenden Hennen und den mit Feigen gefütterten Schweinen der alten Maria stammten.

»Morgen, Dad. Du hast wohl länger geschlafen, was?«, erkundigte sich Sandy und sah kurz von seinem morgendlichen Festmahl auf. »Hätte nicht gedacht, dass du das nötig hast, dem Geschnarche nach, das die ganze Nacht aus eurem Schlafzimmer kam.«

»Ja«, stimmte Charlie mit ein, ohne sein Geschaufel vom Teller in den Mund zu unterbrechen. »Ich bin total erledigt. Hab kaum ein Auge zugetan bei dem tierischen Krach, den du gemacht hast.«

Schweigend stand ich da und nickte langsam, während ich auf Ellies Richtigstellung wartete, die unvermeidlich war.

»Die Jungs haben Recht, Schatz«, sagte sie schließlich ohne die geringste Spur von Reue im Blick, als sie sich umdrehte, um mir den Kaffee zu bringen. »Du musst wirklich mal was dagegen unternehmen.«

* * *

Es war Mittwoch und damit Markttag in Andratx.

Sandy hatte sich bereit erklärt, an diesem Morgen die »Görentour« zu übernehmen – sein Ausdruck dafür, seinen jüngeren Bruder zusammen mit den drei noch jüngeren Kindern, die er unterwegs einsammelte, die etwa fünfundzwanzig Kilometer zur Schule zu fahren. Nicht dass es ihm besonders viel Spaß gemacht hätte, für vier faule, kleine Rotznasen – wie er sie mit der stolzen Herablassung eines »reifen« Achtzehnjährigen zu nennen beliebte – den Chauffeur zu spielen, aber er hätte beinahe alles getan, um den Beginn der täglichen Feldarbeit mit unserem winzigen Barbieri-Traktor hinauszuzögern. Im Vergleich zu den wuchtigen Kolossen mit Vierradantrieb, die er gewöhnt war, betrachtete er unseren windigen Diesel herzloserweise als eine Art motorisierten Esel … ohne Sattel. Und im Grunde war er ja auch fast nichts anderes: ein kleines, zweirädriges Arbeitstier, hinter dem man herging wie hinter einem Esel und das man statt mit Zügeln mit einer Lenkstange dirigierte. Doch es war auf jeden Fall eine Maschine, die für die Arbeit in den engen Grenzen dieser von Bäumen übersäten kleinen Felder ideal war. Und sie hatte noch einen Vorzug, wie mir Jaume, ein weiterer unserer verehrten Nachbarn, ausgeführt hatte, als er mir zum ersten Mal empfahl, einen solchen Traktor zu kaufen: »Im Gegensatz zu einem Esel, Don Pedro, scheißt er Ihnen nicht auf die Schuhe.«

Das leuchtete mir durchaus ein, doch Sandy interessierte das alles nicht. Das erniedrigende Bild, hinter diesem tuckernden Micky-Maus-Vehikel über die Felder zu trotten, schmeckte ihm ganz offensichtlich nicht. Oder zumindest stellte er es so dar …

Jedenfalls machten sich unsere Söhne in dem relativ bequemen »Familien«-Ford-Fiesta auf den Weg, während Ellie und ich den Rücksitz des »Hof«-Seat-Pandas ausbauten und das Auto bis zum Dach mit Orangenkisten voll luden, der heutigen Bestellung für Señor Jeronimo, unseren freundlichen Obstgroßhändler an der Küste in Peguera.

»Praktisch, zwei Autos zu haben«, keuchte Ellie und bemühte sich redlich darum, es sich auf dem ganz nach vorn geschobenen Beifahrersitz des Pandas bequem zu machen, obwohl jedes Mal, wenn ich auf dem kurvenreichen *camino* bremste, der durch das Dorf Sa Coma nach Andratx führte, eine Plastikkiste gegen ihren Hinterkopf schlug und ein paar saftige Valencia-Orangen auf ihrem Schoß landeten.

»Mm, trotzdem wäre mir wohler, wenn wir die Zulassungspapiere hätten«, murmelte ich und klaubte eine fliegende Mandarine vom Armaturenbrett. Ich musste daran denken, wie unser Freund Jock Burns unsere Bedenken zerstreut hatte, als er uns zu seinem Gebrauchtwagenhändler-*contacto* im Inneren der Insel gelockt hatte.

»Total clever, dieser Enrique«, hatte Jock mir anvertraut und mir dabei durch ein Zwinkern zu verstehen gegeben, dass das unter uns bleiben sollte. »Macht die besten Geschäfte, die du dir vorstellen kannst, mit den großen Autovermietern, du weißt schon. Ein Jahr alte Motoren, in bestem Zustand, kaum Kilometer, jede Woche beim Kundendienst, zum halben Neupreis. Unschlagbar, Mann.« Und wieder ein Zwinkern, das diesmal schon verschwörerisch wirkte. »Kontakte, weißt du, was ich meine? Kontakte – so kommt man nämlich hier auf der Insel am besten durch.«

Allerdings waren volle drei Monate verstrichen, bevor wir Jocks Rat angenommen hatten und die stolzen, wenn auch etwas bangen Besitzer des Fiestas und des Pandas geworden waren – natürlich beide in bestem Zustand und mit kaum Kilometern. Doch die Zulassungspapiere waren immer noch nicht aufgetaucht.

»No problema«, hatte Enrique mir damals versichert und mir mit der einen Hand mehrere vertrauensfördernde Klapse auf den Rücken gegeben, während er sich mit der anderen mein freudig in Empfang genommene *dinero* in die Brusttasche steckte. Ich solle mir wegen einer derartigen Nebensache wie den fehlenden Papieren für diese *coches estupendos* keine Gedanken machen. *Coño,* wir waren hier in Spanien, und solche Sachen dauerten eben ihre Zeit. Er legte den Kopf schief, zog die Schulter hoch und ließ in einem mi-

mischen Achselzucken die Mundwinkel fallen. »Sie wissen doch, wie diese großen Mietwagenfirmen sind, *amigo*. Haben ihre eigenen Gesetze, stimmt's?« Ich solle alles ganz locker sehen, *tranquilo* bleiben. Die *documentos* würden bald mit der Post kommen. Wahrscheinlich schon *mañana*. *»Ay-y-y, no problema, eh!«*

Jock, der ebenfalls Schotte war und jahrelang als Lehrer auf der Insel gearbeitet hatte (und außerdem ein beliebter Alleinunterhalter in Hotels sowie ein bekanntes Faktotum war), hatte in den Wochen darauf, als ich mehrmals ihm gegenüber meine Besorgnis geäußert hatte, Enriques Philosophie wiederholt.

»Mach dir nich ins Hemd, Mann«, hatte er gesagt. »Sieh's mal so: Solang du keine Papiere hast, kannste die Autos auch nich auf dich zulassen, stimmt's?«

»Stimmt, und genau das stört mich. Ich meine, dann kann ich sie auch nicht versteuern und –«

Jock hob die Hand, um mich zum Schweigen zu bringen, und sah mich fragend an. »Und solang die Autos nich auf dich zugelassen sind …?«

Ich sah Jock verständnislos an, während er in klassischer Lehrermanier auf meine Antwort wartete.

»Du kapierst nicht, worauf ich rauswill, was, Mann?«

Ich schüttelte den Kopf.

Auch Jock schüttelte den Kopf und gab pikierte Schnalzgeräusche von sich. »Haste schon mal versucht, im Stadtzentrum von Palma zu parken, wenn dich Ellie an nem Samstagmorgen zum Einkaufsbummel schleppt?«

Ich nickte.

Auch Jock nickte, diesmal aber mit selbstgefälligem Grinsen. »Is doch zum Kotzen, oder? Alles voller Autos. Und die Bullen verteilen massenhaft Strafzettel, stimmt's?«

»Schon, aber ich weiß nicht, was das mit …« Dann dämmerte es mir. »Ach, Moment mal – du meinst also, dass ich parken kann, wo ich will, weil die früheren Besitzer der Autos –«

»*Deine* Strafzettel geschickt kriegen«, ergänzte Jock grinsend.

»Hm, aber –«

»Hm, aber gar nix! Hör mal, was glaubste, was diese Mietwagenfirmen mit den Dutzenden von Strafzetteln machen, die sie auf so ner Ferieninsel wie der hier Tag für Tag geschickt kriegen? Sie ihren längst abgereisten, auf Nimmerwiedersehen verschwundenen Kunden nach Großbritannien, Deutschland, Skandinavien oder sonst wohin nachschicken? Vergiss es! Nee, Kumpel, die hauen sie postwendend in ihren Aktenvernichter. Und genau dasselbe wird mit deinen auch passieren, also park einfach ungeniert drauflos, solang du kannst.« Jock zuckte wie Enrique mit den Achseln. »Is hier völlig normal.«

Ich war nicht ganz überzeugt. »Na ja … mag sein. Aber es gibt doch auch noch die Verkehrspolizei. Was mache ich, wenn denen aufgeht, dass die Kfz-Steuer für die Autos überfällig ist?«

Jock tätschelte meine Wange und warf mir ein herablassendes Lächeln zu. »Stell dich gegenüber den Bullen einfach dumm. Dürfte dir doch nich schwer fallen, oder? Du sagst ganz laut: ›*No comprendo!* Sprechen only English! Auto nix meine. Von Mietwagenfirma!‹ Dann soll ihm deine Frau nen Schlafzimmerblick zuwerfen und ihm kurz neckisch ihre *melones* unter die Nase halten – das hat bei den spanischen Bullen noch immer gezogen –, und Bingo! – schon biste aus dem Schneider.«

»Oder auf dem Weg in den Knast wegen Zuhälterei«, wagte ich matt einzuwenden. »Und wegen verschiedener Vergehen im Zusammenhang mit den Autos. Womöglich müsste ich monate- oder sogar jahrelang sitzen.«

»Nee, nee«, widersprach Jock lachend. »He, denk mal nach,

Mann. Clever musste sein – damit kommt man hier auf der Insel am besten durch.«

Es war mir schon anstrengend genug, dass ich lernen musste, *tranquilo* zu sein (und offen gestanden hatte ich noch einen weiten Weg vor mir, bis ich mir diese spanischste aller Eigenschaften auch nur halbwegs antrainiert hätte), und jetzt erwartete Jock auch noch, dass ich »clever« würde, ein Charakterzug, den ich seiner Ansicht nach ohnehin im Blut haben müsste, »weil du ja schließlich Schotte bist und so – du weißt schon, was ich meine.«

Genau wie ich es befürchtet hatte, regelte ein Polizist den Verkehr. Wie ein Fels in der Brandung stand er mitten auf der Kreuzung am Ortseingang von Andratx, als Ellie und ich mit unserem orangenbeladenen Panda auf ihn zurollten. Er bedeutete mir anzuhalten und kam dann herübergeschlendert. Sein gesamtes Auftreten zeugte von der Macht seiner Uniform. Jede Spur von angeborener Cleverness, die vielleicht in meinen schottischen Genen auf der Lauer gelegen hatte, machte sich schleunigst aus dem Staub.

Der undurchschaubare Gesetzeshüter umkreiste langsam das Auto und inspizierte es durch seine verspiegelte Sonnenbrille.

»Halt ihm um Gottes willen nicht deine *melones* unter die Nase«, tuschelte ich Ellie aus dem Mundwinkel zu.

»*Wie* bitte?«, schnaubte sie.

»Na ja, versuch einfach, ruhig zu wirken. Bleib ... bleib natürlich und so.«

»Ich *bin* natürlich und so! Und ruhig!«

»Ja, aber ich meine ... ohne Papiere für das Auto ...« Mittlerweile flüsterte ich.

»Stell dich nicht so an«, schimpfte Ellie. »Selbst wenn er sie sehen will – was ist schon dabei? Sag ihm die Wahrheit. Du hast dir nichts zuschulden kommen lassen. Schieb einfach alles auf diesen Enrique, wenn es Ärger gibt.«

Wie immer hatte Ellie Recht. Die bestechende Logik des reinen Gewissens. Schon wieder etwas, das ich offenbar lernen musste.

Ein plötzlicher Disput, der sich zwischen einem jungen Traktorfahrer und einem alten *campesino* mit Esel und Karren darüber entsponnen hatte, wer an der Kreuzung Vorfahrt hatte, lenkte den Polizisten von uns ab. Das cholerische Verkehrsverhalten der Mallorquiner hatte gerade im richtigen Moment sämtliche Unterschiede zwischen Generationen und technischen Niveaus eingeebnet. Der finster dreinblickende *policía municipal* winkte uns – etwas widerwillig, wie mir schien – weiter, pfiff den Streithähnen im Fall Traktor gegen Esel zu und stolzierte hinüber, um sie zur Schnecke zu machen. In der Zwischenzeit wurde natürlich der gesamte Verkehr hinter ihnen aufgehalten, und da Markttag war, führte dies zu einem rasch anwachsenden Stau von Bussen, die zu diesem beliebten allwöchentlichen Ereignis Touristen in die Stadt karrten. Während ich dem Gott der Steuerbetrüger ein stilles Gebet entrichtete, fuhr ich so schnell davon, wie der kleine Panda es gestattete. Hinter uns blies ein Orchester von Bushupen eine wirkungslose Protestfanfare gegen den Brüllwettstreit dreier Männer, der nun hinten auf der Kreuzung tobte. Wie ich im Rückspiegel bemerkte, war der Esel bereits eingeschlafen.

Wenn man Andratx hinter sich lässt, steigt die Straße nach Peguera steil zum Coll d'Andritxol an, einer Bergkette, die die bewaldeten tieferen Hänge der Biniorella- und der Garaffa-Berge miteinander verbindet und zugleich eine der ergiebigsten Quellen der Gegend birgt. Normalerweise musste man ein Auge auf die regelmäßigen Prozessionen von riesigen Wassertankwagen haben, die auf der schmalen Straße von der Quelle kamen, doch heute Morgen war das einzige Fahrzeug, das auf die Hauptstraße einbog, eine zerbeulte alte Mobylette, die von einem schmächtigen mallorquinischen

Bauern mit einem Lächeln und einer Zigarette im Mund gesteuert wurde und von deren Lenkstange eine Einkaufstasche baumelte.

Es war Jordi Beltran, ein echtes Andratxer Original. Er wohnte zwar in der Stadt, bewirtschaftete aber einen von mehreren *huertos* oder kleinen Nutzgärten, die einen schmalen Streifen flachen, fruchtbaren Landes beanspruchten, das direkt neben der reichhaltigen Wasserquelle des Colls am Berghang lag. Jordi, der sich anerkennenswert flüssig in Gossenenglisch auszudrücken wusste, war ein guter Kumpel und eine wertvolle Anlaufstelle für Ratschläge und lokale Informationen geworden, seit ich ihn vor ein paar Monaten zufällig im Zeitschriftenladen unten in Port d'Andratx kennen gelernt hatte.

Ich drückte auf die Hupe und winkte. Ein Grinsen des Erkennens breitete sich über Jordis hagere Gesichtszüge aus. Er zeigte auf Andratx und machte mit an die Lippen gesetztem Daumen und in die Luft abgespreiztem kleinen Finger die mallorquinische Geste für Trinken. Nachdem er meinen aufgerichteten Daumen als Bestätigung dafür aufgefasst hatte, dass ich seine Botschaft verstanden hatte, drehte er den Gashebel der Mobylette auf und zockelte in einem Wirbel aus blauen Auspuffgasen und Zigarettenrauch den Berg hinab.

»Dann ist *dein* Markttag ja wohl schon unter Dach und Fach«, sagte Ellie trocken.

Ich entschied mich für besonnenes Schweigen.

* * *

Peguera ist ein quirliger Urlaubsort, eine aufstrebende *urbanización,* die vor dem Aufkommen des Massentourismus nur wenig mehr gewesen war als eine Ansammlung von Fischerhütten, und damit das absolute Gegenteil zum verschlafenen, alten Andratx und dem Mallorca, das wir kennen und lieben gelernt hatten. Aber trotzdem fuhren wir regelmäßig nach Peguera, vor allem weil es damals nicht nur den nächstgelegenen Supermarkt von nennenswerter Größe besaß, sondern auch eine Filiale der Palmaer Bank, bei der wir unser Konto hatten – und natürlich Señor Jeronimos Obstgroßhandel.

Ich setzte die durch Verrenkungen lädierte und von Orangen traktierte Ellie beim *supermercado* am Stadtrand ab und fuhr weiter. An der Bar El Piano hielt ich kurz an, um ein paar Worte mit der Besitzerin zu wechseln, der stets freundlichen Señora Esperanza, die gerade zur Vorbereitung auf das Tagesgeschäft die Terrasse wischte. Eigentlich nichts weiter als ein großes, schlichtes Speiselokal abseits der Touristenströme, wird die »Bar« El Piano vorwiegend von Bauarbeitern und Lastwagenfahrern für einen kurzen Brandy nach dem Essen aufgesucht, nachdem sie Esperanzas berühmte *menús del día* genossen haben – drei großzügig bemessene Gänge, einschließlich Brot und einer ordentlichen *garrafa* Wein, und das alles zum Preis einer »Vorspeise« in einem durchschnittlichen britischen Restaurant. Natürlich hatten die Unmengen überwiegend deutscher hier ansässiger Ausländer schnell begriffen, welche eindeutigen Vorteile es hatte, ein Lokal zu besuchen, in dem man ein reichlich bemessenes Menü für nicht mehr Geld – und bedeutend weniger Mühe – bekam, als man für die Zubereitung einer Mahlzeit in der eigenen Küche gebraucht hätte.

Die kosmopolitische und gesellschaftlich gemischte Bar El Piano war schon lange auch auf unsere immer länger werdende Liste von Mallorcas preiswerten Mittagstischen gesetzt worden, und als Señora Esperanza das aktuelle Tagesmenü vortrug, bekam ich gleich Hunger. Doch es war noch viel zu tun, bevor solchen Regungen nachgegeben werden durfte, und so verabschiedete ich mich und fuhr um die Ecke zu Jeronimos kleinem Lagerhaus.

Wie immer wimmelte es in dem engen Raum von Menschen: Bauern, die ihre Waren anlieferten, Ladenbesitzer, Gastwirte und Hotelköche, die Ware suchten und auswählten, Lieferanten, die volle Kisten zu ihren Wagen schleppten, und mittendrin der unerschütterliche Jeronimo, der mit der einen Hand Geld entgegennahm und es mit der anderen ausgab. Wie es den altehrwürdigen spanischen Traditionen auf dem Lande entsprach, wurden sämtliche Transaktionen in bar vorgenommen, und falls irgendwelche Aufzeichnungen geführt wurden, so konnten diese nur in Jeronimos Kopf existieren. Bedauert sei der arme Steuerprüfer, der versuchen wollte, die finanziellen Feinheiten eines offenkundig so ungenauen Systems zu ergründen, das – wiederum den altehrwürdigen spanischen Traditionen entsprechend – gerade der Grund für die offenkundige Ungenauigkeit gewesen sein könnte. Aber natürlich nur, wenn es sich um einen weniger ehrbaren Geschäftsmann als Señor Jeronimo gehandelt hätte.

»*Lo siento, señor*«, sagte er mit bedauerndem Achselzucken, nachdem er einen Blick auf meine Orangensammlung geworfen hatte. »Ich kann Ihnen heute alles abnehmen, was Sie haben, außer den zwei Kisten Valencias.« Er wies auf einen Stapel Kisten im hinteren Teil des Lagerhauses. »Alles Valencias, Señor Peter. Es ist schon spät in der Orangensaison, und da die Valencias eine späte Sorte sind, gibt es ein Überangebot.« Er zuckte erneut mit den Achseln. »Ich habe heute Morgen schon zu viele gekauft.«

»Na gut«, sagte ich lächelnd und versuchte, nicht allzu enttäuscht dreinzuschauen. »So läuft es eben im Obsthandel.« Ich dankte ihm für das kleine Bündel Scheine, das er mir sorgfältig in die Hand zählte, wandte mich um und schleppte die zwei Kisten unerwünschter Orangen zum Auto zurück.

»*Momentito!*«, rief mir Jeronimo nach und kam mit einer Hand voll kurzer, grüner Stängel, die nicht viel dicker als Grashalme waren, aus dem Lagerhaus gerannt. »Ein kleines

Geschenk für Ihre Frau.« Er musterte einen Moment lang meine verwirrte Miene, runzelte dann die Stirn und fragte: »Sie mag das nicht, oder?«

»Ich weiß nicht«, antwortete ich und starrte verständnislos auf die dünnen Triebe herab. »Nehmen Sie es mir nicht übel, aber ... was ist das?«

»Sie wissen es nicht?«

Ich schüttelte verlegen den Kopf.

Jeronimo war perplex. »*Hombre*«, japste er, »das hier ist unbezahlbar – der Kaviar des mallorquinischen Bodens!«

»Also ... also dann danke. Vielen Dank«, sagte ich, um keinen Deut schlauer. »Was, ähm ... was mache ich damit?«

»Sie wissen nicht, wie man *espárragos* zubereitet? *Dios mío!*«

»Ach, Spargel! Klar, natürlich«, bluffte ich und betrachtete die spindeldürren Stängel genauer. Und ja, es war tatsächlich Spargel, der allerdings wie eine extrem magersüchtige Version der dicken Stangen aussah, die ich kannte. »Sie, äh, sehen sehr hübsch aus.«

»Hübsch? *Hübsch?*«

Zweifellos hatte ich Jeronimo beleidigt, also entschuldigte ich mich wortreich und gestand meine bisherige völlige Ahnungslosigkeit in Bezug auf diesen Schatz mallorquinischer Vegetation ein.

Dieser mallorquinische Spargel, so erklärte er mir nun, während er mich mit dem leicht mitleidigen Blick eines Mannes bedachte, der einen Vollidioten vor sich zu haben glaubt, sei ein gastronomischer Luxus von unermesslichem Wert.

»Trotz seiner bescheidenen Größe«, plapperte mein Mund respektlos hervor, bevor ich das Gehirn einschalten konnte.

Jeronimo behandelte meinen vorlauten Fauxpas mit der Missachtung, die er verdiente, und erläuterte mir, dass die *espárragos* wild auf der Insel wüchsen und die jungen, zarten

Schößlinge – wie diese hier – jedes Frühjahr begierig von Leuten mit erlesenem Geschmack gesammelt würden.

»Die Franzosen mögen ja stolz auf ihre Trüffel sein«, fügte er herablassend hinzu, »aber, *hombre,* diese überteuerten Klumpen von Stinkpilzen können mit dem kulinarischen Schatz Mallorcas nicht mithalten, den Sie gerade in der Hand halten. In etwas Butter sautiert, leicht gewürzt und vielleicht mit einem zarten Hauch Knoblauch versehen, und … ich sage Ihnen, *señor,* manche Leute würden für diesen Genuss töten.«

Plötzlich beschlichen mich leichte Schuldgefühle, weil ich eine derart kostbare und seltene Delikatesse angenommen hatte, und ich versuchte, das Jeronimo klarzumachen. »Hören Sie«, begann ich, »bitte fassen Sie das nicht falsch auf, aber Ihre eigene Familie … ich meine, würden Sie nicht lieber –«

Jeronimo hob die Hand und schüttelte beruhigend den Kopf. »Bitte, ich weiß, was Sie jetzt sagen wollen, aber ich versichere Ihnen, dass ich Ihnen die *espárragos* liebend gern überlasse, mein Freund.«

»Wirklich?«

»Sicher.« Er machte eine abwehrende Geste zu dem kleinen grünen Bündel in meiner Hand und ging dann wieder zum Lagerhaus zurück. »Ich persönlich«, rief er mir über die Schulter zu, »kann das verdammte Zeug nicht ausstehen.«

Da ich fest daran glaube, dass man eine gute Tat mit einer anderen vergelten soll, hielt ich auf dem Rückweg erneut an der Bar El Piano und schenkte Señora Esperanza eine der Orangenkisten. Sie nahm sie mit einem gekreischten Schwall von *muchas gracias'* entgegen und bestand darauf, mir diese herrlichen Orangen zu bezahlen. Also, *naranjas* anzubauen sei schließlich mein Beruf, erklärte sie, und daher sei es nicht mehr als recht und billig, dass ich dafür eine Bezahlung erhielte. Respektvoll lehnte ich ihr Angebot ab (ich wusste ganz genau, dass ich die Früchte auf einem übersättigten Markt wohl ohnehin nicht an jemand anderen verkaufen könnte) und deutete an, dass sie ja womöglich auch für die zweite Kiste Verwendung habe. Aber nein, erwiderte die Señora mit höflichem Lächeln, sie könne keinesfalls ein noch großzügigeres Orangengeschenk von mir annehmen als das bereits erhaltene, und der *señor* werde bestimmt woanders einen würdigeren Empfänger für seine *benevolencia* finden.

Da war ich mir nicht so sicher, aber ich wusste, dass Señora Esperanza meine kleine Geste nicht vergessen würde, auch wenn ihr Lagerraum wahrscheinlich schon von preisreduzierten Valencia-Orangen überquoll. Wenn eine angemessene Höflichkeitsfrist abgelaufen war, würde sie uns mit Naturalien entschädigen. Und obwohl wir nicht auf derartige Gegengaben aus waren, würden wir sie, wenn der Zeitpunkt gekommen war, taktvoll und ohne großes Getue annehmen. Das war, wie wir bereits gelernt hatten, die spanische Art.

»Ein Jammer, dass du sie nicht auf dem Baum gelassen hast«, meinte Ellie mit einem Blick auf die letzte volle Kiste, als wir gemeinsam den Inhalt ihres Einkaufswagens ins Auto luden. Sie rieb sich den Hinterkopf. »Hm, außerdem hätte mir das auf dem Weg hierher ein paar kleinere Blessuren erspart.«

Sie hatte in beiden Punkten Recht. Orangen halten sich am besten, wenn man sie dort hängen lässt, wo sie wachsen, selbst wenn sie schon ganz reif sind. Das war mir von unserem Nachbarn Jaume gleich zu Beginn unseres Abenteuers als Obstbauern auf Mallorca erklärt worden und seitdem noch viele Male von ungefähr jedem zweiten *campesino* im Tal. Und doch hatte es meiner ersten Begegnung mit einem übersättigten Markt bedurft, bis ich diesen Rat wirklich begriffen hatte.

»Und was willst du jetzt mit ihnen anfangen?«, fragte Ellie in unverhohlen herablassendem Tonfall.

Ich widerstand der Versuchung, ihr die auf der Hand liegende Antwort zu geben, und lenkte den Panda in Richtung Andratx.

* * *

Der Marktplatz von Andratx liegt am Stadtrand, in einer breiten Allee, über der sich die imposante Masse der Burg Son Mas erhebt. Jahrhundertelang war sie die prunkvolle Residenz der reichen Landbesitzer gewesen, doch nun diente sie der Stadtverwaltung von Andratx als nicht minder prächtiger Sitz. Zeiten, politische Verhältnisse und eben auch Geschicke wandeln sich.

Ich setzte Ellie ab, damit sie wie jede Woche an den zahlreichen Buden herumstöbern konnte, die alles verkauften: von frischen Produkten vom Bauernhof bis zu Lammfell-Hausschuhen, von lebendem Geflügel zum Kochen und Kaninchen zum Braten bis zu Töpfen, Pfannen und Baumscheren, von Kanarienvögeln in Käfigen bis zu Gürteln aus falschem Schlangenleder, die von dunkelhäutigen Romas mit dem Ruf »Looky, looky, Lady!« angepriesen wurden, und schließlich von Plastiksäcken voll dampfendem Maultierdung bis hin zu Musikkassetten mit den ewig gleichen Hits der spanischen Urlaubsorte. *Costa*-Klassiker wie »The Birdie Song«, »Agadoo« und natürlich das unverzichtbare »We're Having A Gang Bang Against The Wall« dröhnten über das lebhafte Treiben hinweg.

Obwohl die Touristensaison erst langsam anlief, herrschte tatsächlich überraschend viel Betrieb auf dem Marktplatz. Landfrauen, die ihre Hühner anboten, standen Seite an Seite mit von Sombreros geschmückten Urlaubern, ledergesichtige alte Bauern wurden von bierbäuchigen Rüpeln in Fußballtrikots beiseite geschoben, verschlagene Burschen griffen in offene Handtaschen oder schnappten sich überquellende Brieftaschen, die einladend aus vorüberkommenden Hosentaschen lugten. Wenn doch nur schon Herbst wäre und die Mittwochvormittage im verschlafenen Andratx wieder »normal« würden. Gern ließ ich Ellie dort zurück und fuhr zum Hauptplatz.

Die Plaza de España verbirgt sich im Stadtzentrum und ist ein angenehmer, offener Platz inmitten eines rechtwinklig angelegten Netzes aus schmalen Straßen. Der überwältigende Irrgarten-Effekt verstärkt sich für den Ortsfremden durch ein verwirrendes, aber notwendiges Einbahnstraßensystem. Noch nach vier Monaten als Wahl-Einheimischer verlor ich in Andratx immer wieder die Orientierung. Doch heute Morgen klappte es. Ich parkte das Auto an einer Ecke des Platzes und steuerte die Bar Nuevo an.

»Ay-y-y, ja Kruzifix! Wie geht dir heute, Mann?«, rief Jordi von seinem sonnigen Plätzchen vor seiner Stammkneipe.

Nachdem wir uns mit Handschlag begrüßt hatten, setzte ich mich an seinen Tisch und bestellte zwei Bier bei Guillermo, dem aufmerksamen Besitzer, der in der Tür seines Lokals erschienen war, sowie er Jordis Begrüßung vernommen hatte.

»Nein, nein, Kruzifix, mir nix kaufen Bier!«, protestierte Jordi.

»Okay«, sagte ich zu Guillermo, »ein Bier für mich, *por favor,* und einen *coñac* für Jordi. Oder Gin oder Bacardi – was er eben will.«

Guillermo sah mich an, als wollte er sagen »Sie werden's nicht glauben«, während Jordi seine Proteste bekräftigte. Obwohl er weiß Gott kein Säufer war, hatte ich doch nie erlebt, dass Jordi in Mußestunden eine alkoholische Erfrischung abgelehnt hätte. Daher verschlug mir seine nächste Äußerung den Atem.

»Zumo de naranja, Guillermo. Sí, solamente zumo de naranja, eh!«

Orangensaft? Nichts als Orangensaft! Was war mit Jordi geschehen? Ob er krank sei, erkundigte ich mich.

»Bin gewesen in Krankenhaus, echt wahr«, vertraute er mir mit gedämpfter Stimme an. Wenn Jordi Englisch sprach, lag sein Akzent irgendwo zwischen Karatschi und der englischen Stadt Coventry, wo er sechzehn Jahre lang gearbeitet, allerdings fast ausschließlich unter Asiaten gelebt hatte. »Zwei Wochen in diese verfluchte Scheiß-*sanatorio* droben in Berge, Mann.«

Diese Neuigkeit kam nicht völlig überraschend für mich. Immerhin hatte Jordi zeit seines Lebens regelmäßig die starken spanischen Zigaretten geraucht und hatte nun seinen sechzigsten Sommer hinter sich …

»Im *sanatorio*?«, fragte ich ernsthaft besorgt. »Hast du Probleme mit der Lunge, Jordi?«

Der schmächtige Kerl schüttelte den Kopf, zog die nächste Zigarette aus seiner Hemdtasche und zündete sie an. Nicht der kleinste Ansatz eines verräterischen Hustens drang aus seiner knochigen Brust. Allerdings sagte mir das Zögern, mit dem er meine Frage beantwortete, dass er nach dem richtigen Wort suchte. Jordi sprach leidenschaftlich gern Englisch, und obwohl sein Wortschatz nicht besonders umfangreich war, war es ihm zuwider, bei einer Lücke ertappt zu werden. Er war auch nie um Worte verlegen. Im Zweifelsfall setzte er irgendetwas ein, und in diesem speziellen Fall war das Ersatzwort »Kutteln«.

»Kutteln?«, fragte ich völlig perplex. »Du warst wegen … *Kutteln* im Krankenhaus?«

»Kruzifix! Was für verfluchte Scheißesprach du reden in Schottischland, Herrgott noch mal?« Die beste Form der Verteidigung war in Jordis Augen offenbar Angriff. Erbost zeigte er auf seine Magengrube. »Du weißt schon – Zeug hier drin, was gut passt mit Zwiebeln. Wie ich sein sagen … Kutteln!«

Dann dämmerte es mir. Der Hinweis auf die Zwiebeln brachte den Durchbruch. »Ach«, sagte ich und rang verzweifelt darum, nicht einmal zu schmunzeln, geschweige denn zu lachen, »du, ähm, – du meinst Leber, stimmt's?«

»Ja! Wie ich sein sagen ... Leber! Jordis gottverfluchte Drecksleber sein werden Mist!« Er verzog das Gesicht sorgenvoll, schlug die spindeldürren Beine übereinander, zog tief an seiner Zigarette und brummte dann durch eine Wolke ausgeatmeten Gestanks: »Is verflucht albern!«

Es brauchte nicht viel, um Jordi dazu zu überreden, sein Leiden in allen Einzelheiten zu schildern, und mein anfänglicher Verdacht, dass sein Leberproblem aufs Trinken zurückzuführen war, erwies sich natürlich als völlig richtig. Vor etwas mehr als vierzehn Tagen, so erzählte er, war er auf dem Nachhauseweg von seiner *finca* auf einen Sprung in die Bar Nuevo gegangen – »nur für paar verfluchte Kurze«, wie jeden Abend. Doch dann schlug das Schicksal grausam zu (was in Bars nicht selten geschieht). Diesmal hatte das Schicksal die Gestalt von Wayne Murphy angenommen, einem versoffenen Australier, der, wenn er nicht gerade auf Ölbohranlagen im Nahen Osten schuftete, mit einer Schwedin, die schon bessere Tage gesehen hatte, in einer ehemaligen Schäferhütte bei Andratx hauste. Wayne war gerade nach einer dreimonatigen »Trockenzeit« in der Golfregion nach Mallorca zurückgekehrt und hatte – wie er es formulierte – »nen Packen Petrodollars, Kumpel, und nen Durst, der ein verfluchtes Buschfeuer im Hafen von Sydney entfachen könnte«. Das Problem bestand nun darin, dass ein Mann einen Kumpel braucht, mit dem er quatschen kann, während er sich ein paar kühle Blonde hinter die Binde kippt, und Wayne hatte niemanden, da er die Landessprache nicht beherrschte und an diesem Abend keiner der Einheimischen in der Bar Nuevo die seine verstand ... bis Jordi eintraf.

Nun hatten Jordi und Wayne schon bei früheren Gelegenheiten ein paar denkwürdige Besäufnisse in den Bars von Andratx hinter sich gebracht, und so hatte Jordi es als selbstverständlich empfunden, sich erneut zu seinem alten Kumpel zu gesellen. Ein paar Flaschen San Miguel, eine nette, gepflegte Plauderei auf Englisch und natürlich die Gelegenheit, ein paar ausgefallene Schimpfwörter von einem richtigen Fachmann wie Wayne aufzuschnappen. War ja nichts dabei, hatte Jordi sich gesagt.

Doch als der Abend immer länger wurde und die geplanten paar Flaschen zu mehreren Litern pro Mann ausuferten, war es den zwei unerschrockenen Zechern wie eine glänzende Idee erschienen, als Guillermo schließlich die Rollläden herunterließ, auf einen schnellen Schlummertrunk Jordis Haus aufzusuchen. Etwa eine Hand voll von Waynes Petrodollars, die er ohnehin unbedingt loswerden wollte, waren dann in ein bescheidenes Mitnahmepaket aus sechs Literflaschen Fundador-*coñac* investiert worden.

Jordi wachte drei Tage später wieder auf. Er war zu Hause. Das wusste er, weil er den Küchenfußboden erkannte, auf dem er lag. Doch wie lange er schon dort lag oder auch nur, was geschehen war, nachdem sie die Bar Nuevo verlassen hatten, war ihm völlig schleierhaft. Er wusste nur, dass sein Kopf hämmerte, als wäre er kurz vorm Zerspringen, sein Mund wie die Unterhose eines Beduinen schmeckte (ein Ausdruck, den er *glaubte*, bei Wayne aufgeschnappt zu haben) und er rechts unterhalb des Brustkorbs entsetzliche, brennende Schmerzen verspürte. Wayne war weg, und der Brandy auch, aber die sechs leeren Flaschen, die verstreut auf dem Fußboden lagen, sprachen für sich.

»Verfluchter Drecksdokter kommen meine Haus«, schnaubte Jordi und trank einen winzigen Schluck von seinem Orangensaft. Einen Moment lang dachte ich, er würde ihn wieder ausspucken. »Mich schicken rauf in *sanatorio*, echt wahr. Gleich sofort – *ambulancia* – Blaulicht blinken – Sirene tuten – schwere Notfall.« Schweigend starrte er in seinen Orangensaft, bevor er, fast wie für sich selbst, hinzufügte: »Kruzifix! Armer Jordi fast beinah sein gegangen hops.«

»Ein klitzekleiner Hauch von Alkoholvergiftung, was, Jordi?«, bemerkte ich mitfühlend und begriff auf der Stelle, dass ich mich mit dieser Formulierung vermutlich um den Preis für die Untertreibung des Jahrhunderts bewerben konnte.

Jordi sagte nichts. Er saß nur da und hing seinen Gedanken nach.

»Und was war mit deinem Freund Wayne?«, fragte ich nach einem Weilchen.

Jordi sah auf. Plötzlich hatte er ein Funkeln in den Augen, und ein Blick stiller Hochachtung beflügelte das Lächeln, das nun seine Mundwinkel umspielte. »Ach, er sein ganz gut okay. Ich ihn sehen gestern – drüben in Bar Balear, andere Seite von verfluchte Platz. Und er immer noch saufen, jau, Magen wie Blechhütte zum Schafescheren diese Scheißkerl muss haben.« Jordi kicherte. Sein Akzent besaß nun einen leicht australischen Anstrich. »Ah jau, ersäuf die verfluchten Würmer, Kumpel. Kruzifix!« Seine knochigen Schultern erzitterten unter einem gekeuchten kleinen Kichern.

»Du, ähm, du – trinkst also keine harten Sachen mehr, Jordi?«

Der trübsinnige Ausdruck legte sich wieder über seine Gesichtszüge. »Harte Sachen, Wein, Bier, alle Zeug Sachen. Drecksdokter mir klar sagen, nix mehr trinken die Alkoholiker für dich, Jordi – sonst du unter Garantie sein toter Mann.« Jordi hielt inne und sah mich an. In seinen Augen standen Tränen, und seine Unterlippe bebte. »Ich dir ja schon sein sagen ... Jordis Kutteln ... im Arsch.« Er schüttelte den Kopf in unverhohlenem Selbstmitleid und schloss dann mit gefühlvollem Krächzen: »Is verflucht albern.«

Die Mühe, mir eine geeignete Entgegnung einfallen lassen zu müssen, blieb mir erspart, weil ich sah, wie sich Ellie, beladen mit noch mehr überquellenden Plastiktüten, auf den Platz schleppte. Allerdings fragte ich mich, wie lange ein eingefleischter Gesellschafts-Trinker wie Jordi es fertig brächte, beim Orangensaft zu bleiben. Doch beim Anblick Ellies fragte ich mich noch eindringlicher, wie es kam, dass eine Frau den halben Vormittag damit verbringen konnte, im Supermarkt einen ganzen Einkaufswagen mit Zeug voll zu laden und direkt anschließend eine weitere Stunde lang exakt das Gleiche noch einmal auf einem Straßenmarkt zu tun.

»Ah, hallo, Lady – bitte setzen«, sagte Jordi, als Ellie auf den Tisch zukam. Er stand auf, machte seine gewohnte steife, kleine Verbeugung, wies Ellie einen bestimmten Stuhl zu und ersuchte sie dann freundlich, ihren »Arsch dort zu pflanzen«.

Ellie tat wie gebeten und warf Jordi ein sittsames kleines Dankeslächeln zu. Sie hatte schon mehrmals kurz das Vergnügen von Jordis Gesellschaft gehabt und wusste, dass die harmloseren Schimpfwörter, die er sich für die Gegenwart von Damen aufhob, ausschließlich als Kennzeichen von Respekt und Ritterlichkeit zu verstehen waren. Und tatsächlich hatte ich Jordi in Ellies Anwesenheit nicht ein einziges Mal etwas Härteres als sein Markenzeichen »Kruzifix« oder wie heute »Arsch« sagen hören. Ein richtig galanter *caballero*, unser Jordi.

»So, Lady, was du sein haben einkaufen?«, fragte er, nachdem er zufrieden festgestellt hatte, dass Ellie bequem »gepflanzt« war.

»Na ja, wissen Sie, nur das übliche Kleinzeug. Aber, ähm, ich habe beim Fischhändler Muscheln gekauft. Das erste Mal, dass ich wieder drin war, seit ich ihm ein gutes neues –«

»Muskeln?«, rief Jordi aus, und ein begeistertes Grinsen schob sich über seine hageren Gesichtszüge. »Kruzifix, Kruzifix! Jordi auch!« Er bückte sich und zog ein kleines Netz voller glänzender, schwarzer Weichtiere aus seiner Einkaufstasche und hielt es stolz in die Höhe. »Majorki-Muskeln. Die bestesten, echt wahr.«

»Ja, ich fand auch, dass sie schön frisch aussahen. Aber eigentlich habe ich hier noch nie welche gekauft. Und Muscheln … na ja, irgendwie bin ich nicht ganz sicher …«

»Du wissen, wie müssen kochen, Lady?«

»Ähm, ja. Normalerweise mache ich sie einfach –«

Jordi drohte Ellie mit dem Zeigefinger. »Entschuldigen den Unterbruch, Lady, aber Jordi haben bestes Rezept aller Zeiten für Muskeln. Von alte Oma von Jordi – er sein gewesen Matrose auf die Fischerboote.«

Während wir versuchten, uns darauf einen Reim zu machen, begann Jordi sein Spezial-Muschelrezept zu diktieren, wobei er darauf bestand, dass Ellie es sich notierte, »für Fall sie vergessen«.

»Mejillones à la Jordi«
(»Jordis Muskeln«)

1 Kilo frische Muscheln, gewaschen, entbartet und bei mittlerer Hitze in einen großen Topf gelegt

Dazu gebe man:
1 großes Glas trockenen Rotwein
1 halbierte Zitrone
1 große, fein gehackte Zwiebel
3 in Scheiben geschnittene Knoblauchzehen
1 große, gehackte Tomate
ein paar Tropfen Weinessig
eine Hand voll gehackte Petersilie
frisch gemahlenen schwarzen Pfeffer
Tomatenmark in ausreichender Menge, um die Soße einzudicken

Topf zudecken und zum Kochen bringen, dann Hitze reduzieren.

Fünf oder sechs Minuten köcheln lassen (bis die Schalen sich geöffnet haben), dabei immer wieder schütteln und mit knusprigem Brot servieren.

Während Ellie die letzten unerlässlichen Anweisungen auf die Rückseite eines Umschlags schrieb, beugte sich Jordi zu mir herüber und flüsterte: »Ist verflucht herrliche Rezept, Mann.« Er zwinkerte. »Das Scheißgelbe vom Ei, echt wahr.«

Nach einer derart farbigen Beschreibung konnte ich es kaum erwarten, möglichst bald den Topf zuzudecken und ihn immer wieder zu schütteln. Ja, ich spürte geradezu, wie ich unruhig wurde. Oder rührte das daher, dass ich gerade bemerkt hatte, wie der Verkehrspolizist, der mich vorher bereits angehalten hatte, nun auf den Platz geschlendert kam und neben unserem Auto stehen blieb? Erneut musterte er es eingehend, betrachtete die Nummernschilder hinten und vorne und spähte dann hinein. Ein fieses kleines Grinsen breitete sich unterhalb seiner unergründlichen Spiegelbrille aus. Erwischt, dachte ich. Mein Gott, und ich hatte schon ganz vergessen gehabt, dass ich immer noch keine spanische *residencia*-Bescheinigung hatte, die zumindest das Verkaufen von Orangen legal gemacht hätte. Was würde ich also sagen, wenn er mich fragte, wo die ganzen Kisten geblieben waren, die vorher noch das Auto gefüllt hatten? Dass ich sie einem Waisenhaus gestiftet hatte? Bestimmt nicht, ich kannte nicht mal ein passendes Kinderheim. Einem Nonnenkloster? Noch schlechter, auch in der Richtung hatte ich keinerlei Verbindungen. Nur keine Panik! Sich tief in den Stuhl hineinsinken lassen und versuchen, sich unsichtbar zu machen, das war die Lösung …

Jordi brauchte nicht lange, um meine Reaktion auf das Nahen des Gesetzeshüters zu bemerken. Er machte eine abfällige Handbewegung. »Ay-y-y-y-y, du nix Angst haben wegen ihm«, höhnte er. »*Policía municipal?* Pah! Du nur Angst haben brauchen wegen *Guardia Civil,* Kruzifix!« Er gluckste vor sich hin. »*Sí,* und die erschießen heute auch nicht mehr so viele Leuten.«

Aber trotz seiner prahlerischen Erklärung entschuldigte Jordi sich rasch und trat geschickt den Rückzug ins Innere der Bar an, als der Polizist auf uns zukam und unterwegs stehen blieb, um sich Jordis alte Mobylette anzuschauen, die wie üblich illegal auf dem Gehsteig geparkt war. Mein Herz begann unregelmäßig zu schlagen, als der Polizist schließlich direkt auf unseren Tisch zugeschlendert kam.

»*Ah-h-h, buenos días, señor.* Das ist Ihr Wagen, nicht?«, erkundigte er sich auf beängstigend herzliche Weise, während er in Richtung unseres kleinen Pandas nickte.

Ich versuchte Blickkontakt aufzunehmen und hinter den verspiegelten Gläsern seiner Sonnenbrille nach einem Funken von Mitgefühl zu suchen, doch alles, was ich sah, war mein eigenes Spiegelbild – das Gesicht eines schuldbewusst dreinsehenden Ausländers – in doppelter Ausführung.

»Ähm, *sí, sí … Mi coche … sí*«, gestand ich stockend ein, wobei mir finstere Bilder der berüchtigten Verliese in Schloss Bellver am Stadtrand von Palma in den Sinn kamen. Verdammt – und ein Glas Bier hielt ich auch noch in der Hand. Keine Wagenpapiere, keine Kfz-Steuer, keine Arbeitserlaubnis, und zu allem Überfluss war ich jetzt auch noch ein Kandidat für den Alkoholtest!

Ellie räusperte sich und schenkte dem Polizisten ein entwaffnendes Lächeln. »Ein *problema,* Sir?«, fragte sie in fließendem Spanglish.

Der Polizist nahm die Brille ab, und zum Vorschein kamen zwei braune Augen, die ungefähr so bedrohlich wirkten wie die eines Koalabären. »*No problema, señora*«, antwortete er lächelnd. Nein, nein, fuhr er fort und machte beruhigende Handbewegungen, als glätte er eine Tischdecke – nein, es sei nur, dass er zuvor die wunderbaren Valencia-Orangen in unserem Auto gesehen habe und nun fragen wolle, ob er uns welche abkaufen könne. Aber dann habe dieser dumme alte *campesino* mit dem Esel das Theater mit dem *chico* mit dem Traktor angefangen, und … Nun ja, er habe eben bemerkt, dass wir immer noch ein paar Valencias im Auto liegen hätten, und da er selbst *valenciano* war, hielt er auf dem Markt von Andratx stets Ausschau nach den Orangen seiner Heimat, aber heute habe er keine so guten wie unsere gesehen, und deshalb –

»Sie gehören Ihnen«, sagte ich schnell, nahm den verdutzten Schutzmann beim Arm und führte ihn zu unserem Auto. »Alle. Bitte … bedienen Sie sich.«

Ich machte die Heckklappe auf und drängte ihm die volle Kiste auf.

»Nein, *gracias,* aber ich brauche nur –«

»Nein, ich bestehe darauf.«

»Aber – aber, ich muss sie bezahlen. Wie viel –?«

»Nein, nein – ich verkaufe sie nicht! O nein, wir – wissen Sie, wir haben so viele, wir verschenken sie einfach an – an, ähm, Freunde. Ja! Und bitte nehmen Sie sie an … äh, *amigo.*«

»Aber die Kiste …«

»Zerbrechen Sie sich nicht den Kopf über die Kiste. Geben Sie sie, ach, geben Sie sie einfach irgendwann Guillermo in der Bar. Aber das eilt nicht – das eilt überhaupt nicht. Nur wenn Sie irgendwann mal zufällig vorbeikommen.«

Ein freudiges Grinsen zog sich über die Miene des Polizisten. *»Muy generoso, señor«,* sagte er strahlend und beugte sich dann vor, um mir leise zuzuflüstern: »Und wenn Sie je einen Strafzettel kriegen, dann wissen Sie ja, wohin Sie sich wenden müssen, damit – äh, damit das … geregelt wird, *sí*?«

Auf einmal waren Valencias meine Lieblingsorangen geworden.

»Weißt du jetzt, was ich meine?«, hätte Jock sicher gesagt. »Kontakte und Cleverness. Das brauchste nämlich, wennste hier auf der Insel durchkommen willst. Ey, echt unschlagbar, Mann!«

Seine beiden Richtlinien hatten mir auf jeden Fall durch den Tag geholfen, wenn auch eher zufällig, und als wir uns am Abend zum ersten Mal in diesem Jahr zum Familienabendessen hinaus auf die Veranda setzten, klang sogar General Francos gejodeltes Krähen relativ melodisch. Vielleicht war es der Wein, vielleicht war es der zarte Duft der Zitrusbäume, der mit dem warmen Abendwind aus den Obsthainen herüberwehte, oder vielleicht war es einfach nur die Ankunft des Frühlings. Was auch immer der Grund dafür war, ich war mit meinem Schicksal zufrieden, und auch wenn es nicht ausgesprochen wurde, hatten wir zweifellos endlich alle begriffen, dass wir uns mehr als nur ein bisschen glücklich schätzen durften, an einem so herrlichen Ort zu leben.

Und was war mit Señor Jeronimos *espárragos?* Genau auf die Art zubereitet, die er empfohlen hatte, waren sie in der Tat ein absoluter Genuss – zarter, saftiger und schmackhafter als jeder andere Spargel, den ich zuvor oder danach gegessen habe … abgesehen vielleicht von den seltenen Gelegenheiten, wenn wir das Glück hatten, ein paar der mallorquinischen Wundertriebe in einer unbestellten Ecke des Feldes zu entdecken.

Auch Jordis Muschelrezept stieß auf ungeteiltes Lob. Eine weitere Perle der schlichten mallorquinischen Kochkunst, die auszuprobieren ich jedem wärmstens ans Herz lege. Jordis zur See fahrende Oma wird großen Beifall ernten, das verspreche ich Ihnen.

»Tja, Dad«, sagte ein gesättigter Sandy, während er die letzten köstlichen Reste seines Muschelsuds mit einem Stück Brot auftunkte, »willst du uns heute Nacht wieder mit deinem Geschnarche unterhalten?«

Ich goss mir noch ein Glas Wein ein und lehnte mich zurück, um zuzusehen, wie die Sonne hinter dem Bergkamm auf der anderen Seite des Tales verschwand. »Ja«, erwiderte ich mit zufriedenem Schmunzeln, »höchstwahrscheinlich tu ich das.«

Ellie und Charlie stöhnten einstimmig auf, während in den Tiefen des Feigenbaums neben dem Haus ein Grillenchor seinen nächtlichen Gesang anstimmte. Ein weiteres Zeichen dafür, dass der Frühling tatsächlich gekommen war.

Zwei

Auch der Holzweg führt zum Ziel

»In einem unserer Orangenbäume hängt kopfüber eine anderthalb Meter große Blaumeise.«

»Eine *was*?«

Ellie trank nicht, daher wusste ich, dass sie nüchtern sein musste, aber ich hatte gehört, dass auf Mallorca angeblich wilder Schlafmohn wuchs, und so fragte ich mich, ob sie versehentlich an einer solchen Blüte geschnüffelt hatte.

»Ich schwöre dir«, beharrte sie, »ein Ding, das aussieht wie eine riesige Blaumeise, hängt von einem der Bäume im hinteren Obstgarten. Komm raus und sieh's dir selbst an.«

Ich ging zu ihr auf den Balkon und folgte ihrem Blick über die Baumreihen hinweg, die sich über die sanft abfallenden Felder zogen. Und sie hatte Recht. Sie hatte keine Halluzinationen. Dort unten war etwas – ein bunt gefärbtes Wesen, das aus dieser Entfernung einer überdimensionalen Blaumeise erstaunlich ähnlich sah. Es fuhrwerkte im Inneren eines

Orangenbaums herum und schleuderte büschelweise Zweige und gelegentlich sogar einen Ast auf die Erde.

»Siehst du jetzt, was ich meine?«

»Ja, schon«, keuchte ich. »Aber wenn das eine Blaumeise ist, dann muss man sie mit einem Specht gekreuzt haben, der mit Gorilla-Hormonen behandelt wurde. Schau nur! Das Ding zerfetzt den ganzen Baum! Ich gehe lieber gleich runter und sehe nach, was zum Henker das ist.«

Das Problem mit einer Obstplantage ist, dass man vom Boden aus im wahrsten Sinne des Wortes den Wald vor lauter Bäumen nicht sieht. Während ich also die Reihen im Laufschritt durchmaß, sah ich nichts als Bäume und Zitruslaub, das fast bis auf Kniehöhe herabreichte. Und wie sehr ich mich auch bemühte, ich konnte nicht den kleinsten Zipfel der gigantischen Blaumeise entdecken, während der Krach, den sie beim Verwüsten der Bäume veranstaltete, immer lauter wurde, je näher ich kam. Das grässliche Knacken und Ächzen mutwilliger Holzzerstörung schien inzwischen das ganze Tal zu durchdringen. Die gewohnt heitere Ruhe unseres Eckchens im mediterranen Paradies war zumindest akustisch zu etwas geworden, das eher der Geräuschentwicklung eines Holzfällerlagers in den kanadischen Rockies ähnelte.

Der Anblick, der mich erwartete, als ich das abgelegene Feld endlich erreicht hatte, verschlug mir die Sprache. Direkt vor mir stand der Baum, den ich bislang als den gesündesten der ganzen Plantage betrachtet hatte – ein großer, fruchtbarer Mandarinenbaum, der nun zu einem fast blattlosen Skelett verunstaltet worden war. Einige Zweige und mehrere Äste lagen verstreut um die traurigen Überreste seiner einst so stattlichen Gestalt.

Ein Gemetzel.

»Was zum Teufel ist hier los?«, brüllte ich.

»Ah, *buenos días, señor*«, säuselte die Blaumeise … oder

vielmehr das, was selbst aus der Nähe immer noch ein bisschen wie eine Blaumeise wirkte.

Doch das Wesen, das in der Baumruine hing, war kein Vogel. Es war ein Mann – ein drahtiger, kleiner Mann Mitte fünfzig mit einer blau-weißen Baseballkappe auf dem Kopf, einem gelben T-Shirt und Bluejeans. Sein »Schwanz« bestand aus einem Sortiment von Sägen, Messern und Scheren, die von einem stabilen Gürtel um seine Taille herabhingen.

»Ich bin Pepe Suau«, sagte er lächelnd, ließ sich geschmeidig aus der Baumleiche fallen und streckte mir die Hand entgegen. »Ich bin gekommen, um Ihre Obstbäume zu beschneiden.«

Pepe erklärte weiter, dass er sich in unserem Tal normalerweise zuerst um die Bäume der alten Maria kümmere, aber da die Bäume des *señor de Escocia* in einem derart vernachlässigten Zustand seien, habe er es für das Beste gehalten, in diesem Jahr stattdessen hier anzufangen. Seine Stimme klang sanft und beruhigend, während er mir darlegte, wie viel Arbeit es bei mir für ihn zu tun gab. *»Hombre, mucho, mucho trabajo!«*

Wem sagte er das! Kurz nachdem ich den Bauernhof Ca's Mayoral von Francisca und Tomàs Ferrer gekauft hatte, einem aufstiegsorientierten Mallorquiner Ehepaar, das das Anwesen von Franciscas Eltern geerbt hatte, wurden wir von wohlmeinenden Nachbarn darauf aufmerksam gemacht, dass es um die Gesundheit der Obstbäume nicht ganz so bestellt war, wie es *inexperto* Obstbauern wie uns scheinen mochte. Obwohl Franciscas Vater, der alte Paco, stolz darauf gewesen war, den Hof zu jeder Zeit in bestem Zustand gehalten zu haben, hatten ihn das Alter und der tragische Verlust seiner Frau nach und nach seiner Energie und des Willens zum Weitermachen beraubt. Die Folge war, dass die Obstplantage in den letzten Jahren immer mehr vernachlässigt worden war. Auch wenn die Bäume auf das ungeübte

Auge noch einen guten Eindruck machen mochten, stand doch fest, dass mittlerweile viele von ihnen von Krankheiten befallen waren und sie alle unter dem Mangel an Beschneidung litten. Wir mussten uns den Tatsachen stellen: In unserem naiven Unwissen hatten wir eine taube Nuss von Orangenplantage gekauft – eine heruntergekommene, wenn auch idyllisch erscheinende Katze im Sack, die unsere Entschlusskraft, unsere Beharrlichkeit und – so vermuteten wir – unsere finanziellen Ressourcen auf die Probe stellen würde, wenn wir sie jemals wieder zu früherem Glanz zurückführen wollten.

Ich wusste noch, wie geknickt ich gewesen war, als mir der alte Jaume an einem sonnigen Dezembertag während eines zwanglosen Inspektionsgangs durch die regelmäßigen Reihen unserer Bäume zartfühlend die schlechte Nachricht beigebracht hatte. Auf einmal stand die Gelassenheit des milden Mallorquiner Winters in scharfem Kontrast zu meiner zunehmenden Panik. Hatte ich meine Familie den weiten Weg in ein fremdes Land machen lassen und so viel von unseren Ersparnissen in eine Form der Landwirtschaft investiert, über die ich nichts wusste, nur um als Opfer meiner eigenen Impulsivität – und vielleicht der mit allen Wassern gewaschenen Ferrers – an der ersten Hürde zu straucheln? Damals fürchtete ich genau das, trotz Ellies stets optimistischer und aufbauender Worte.

Doch es gab kein Zurück. Wir hatten alle Brücken hinter uns abgebrochen, und nun blieb uns keine andere Wahl, als die Zähne zusammenzubeißen, die Ärmel hochzukrempeln und uns an die Arbeit zu machen. Schließlich hatten wir vor vielen Jahren in Schottland vor einer ähnlichen Herausforderung gestanden und durch pure Willenskraft und harte Arbeit das erreicht, was wir uns vorgenommen hatten. Also warum nicht hier? Im Grunde genommen bestand der einzige Unterschied doch nur in der Sprache und dem Klima.

Wenn man von der Tatsache absah, dass wir keine Ahnung von dem hatten, was wir taten.

Doch letztlich bedurfte es der Freundlichkeit und des Verständnisses unserer alten Mallorquiner Nachbarn, um mich davon zu überzeugen, dass ich keinen nicht wieder gutzumachenden Fehler begangen hatte.

»Im Frühling wird alles gut, Don Pedro«, hatte der alte Jaume an diesem unvergesslichen Dezembertag gesagt. »Wir sind hier auf Mallorca. Seien Sie einfach *tranquilo,* dann wird alles gut, Sie werden sehen.«

Ein vernünftiger Rat für einen anderen *tranquilo mallorquín* vielleicht, aber leichter gesagt als getan für einen nordischen Neurotiker wie mich, der aus seiner gewohnten Umgebung herausgerissen worden war.

»Sie brauchen nichts als die Hilfe eines echten Maestros der Bäume«, war Jaume fortgefahren. Er hatte mir mitfühlend eine Hand auf die Schulter gelegt und mich durch seine vorbildlichen Zitronenhaine zu einer *tranquilo*-fördernden Probe seines hausgekelterten *vino tinto* geleitet. »Und mein *amigo* Pepe Suau ist der Maestro aller Baum-Maestros in der Gegend von Andratx. Überlassen Sie nur alles mir, Don Pedro. Ich leite alles in die Wege.«

Eine ordentliche Dosis von Jaumes kräftigem Weinjahrgang zur Mittagszeit hatte mich zumindest mit der Notwendigkeit der täglichen *siesta* vertraut gemacht. Doch die bohrenden Zweifel daran, ob es klug gewesen war, unsere Existenz auf ein potenzielles Hirngespinst zu gründen, plagten mich noch die ganzen restlichen Wintermonate hindurch, auch wenn ich mich mit der Zeit auf Ca's Mayoral voll und ganz zu Hause und mit dem Tal und seinen Bewohnern im Einklang fühlte.

Und nun, als ich die drastische Operation an unserem in meinen Augen gesündesten Baum begutachtete, die Pepe Suau für nötig erachtet hatte, steigerten sich diese Zweifel erneut fast zu einer Panik. Wie konnten wir nächsten Winter auf eine anständige Ernte hoffen, wenn sämtliche Zitronen- und Orangenbäume am Schluss so aussahen? Selbst die emsigsten Bienen konnten kein *matrimonio* arrangieren, wenn nichts mehr übrig war, woran Blüten wachsen konnten. Ja, schlimmer noch, in der Zwischenzeit musste man sich um all die anderen Bäume kümmern, die im Sommer und im Herbst Früchte tragen – die Aprikosen, Quitten, Kakipflaumen, Feigen, Granatäpfel, Loquats, Pflaumen, Kirschen und Birnen – von den Mandel- und Johannisbrotbäumen ganz zu schweigen. Wie sollten wir überleben, wenn wir bis weiß Gott wann kein Obst zu verkaufen hatten? Verflucht und zugenäht, es würde Jahre dauern, bis sich die Bäume von solchen lebensgefährlichen Amputationen erholt hätten!

Ich merkte, wie mir ein kalter Schweißtropfen über die Stirn zu rinnen begann. Im selben Moment legte auf dem Bauernhof der alten Maria eine Henne aus General Francos Harem punktgenau ein Ei. Ihr postnatales Gegacker klang mir in diesem Augenblick verdächtig nach einem höhnischen Glucksen. Vielleicht hatte sie ja Recht. Ganz egal, für wie integriert ich mich auch hielt, ich war nach wie vor der *loco extranjero,* der bekloppte Ausländer, genau wie all die anderen, die in den Augen mancher Mallorquiner ihr Gehirn bei der Ankunft am Flughafen zurückließen. Ja, es ließ sich nicht leugnen, dass ich ein wesentlich dickeres Ei gelegt hatte, als es Marias lachende Henne in ihren kühnsten Träumen hätte produzieren können. Das tat weh.

Pepe Suau stieß ein kurzes, wissendes Kichern aus. Seine freundlichen Augen musterten mich eingehend. »Sie glauben, ich ermorde Ihre Bäume, Señor Peter, stimmt's?«, murmelte er.

Eine Antwort wäre überflüssig gewesen, also zuckte ich lediglich resigniert mit den Achseln, nach dem Motto *»que será, será«* – es kommt, wie es kommt. Der Boden schien sich unter mir aufzutun.

Pepes Lächeln wurde zu einem breiten Grinsen. »Sie haben diesen alten *mandarino* für einen Ihrer besten Bäume gehalten, *sí*?«

Ich nickte todernst.

»Und er hat Ihnen *mucha fruta* geschenkt, stimmt's?«

»*Sí, mucha.*«

Pepe wies auf den traurigen Amputierten. »Und jetzt fragen Sie sich, wie auf ihm wieder *mandarinas* wachsen sollen – jemals wieder, *sí*?«

Ich rang mir ein bestätigendes Seufzen ab und senkte die Mundwinkel zu einem betrübten Lächeln.

Ah, das sei die List der Bäume, verriet mir Pepe und lenkte meine Aufmerksamkeit auf das Gewirr von Ästen und die Haufen belaubter Zweige, die auf dem Boden herumlagen. »Sich selbst überlassen wachsen und wachsen sie einfach, und das Geflecht aus Ästen wird immer komplizierter und verworrener. Bäume sind nämlich wie Kinder, *señor* – ohne Kontrolle und ohne Bildung schießen sie einfach ins Kraut. Das macht sie vielleicht in mancher Hinsicht nicht weniger schön, aber ungebärdig, weniger ertragreich und normalerweise selbst zu ihrem schlimmsten Feind.« Er bückte sich und hob einen dünnen Trieb auf, der fast so lang war wie er groß. »Und genau wie Sie es bei einem Kind tun würden, müssen Sie den Baum vor schlechter Gesellschaft bewahren, vor Schmarotzern wie diesem Schößling hier, da er dem Baum mit der Zeit alles stiehlt, was gut an ihm ist.« Und wenn Gesundheitsprobleme auftraten, wie dies unweigerlich geschah, ganz egal, wie aufmerksam der Landwirt auch war, musste der Baum gepflegt werden, bis es besser wurde. »*Sí*, das ist genau wie bei einem Kind, Señor Peter – nur noch schwieriger.« Er legte seinen Finger an die Lippen. »Ein Baum kann nämlich nicht sprechen.« Dann wies er auf sein Auge. »Also muss der Bauer *muy observador* sein, stimmt's?«

Herrje, und da hatte ich mir eingebildet, in Schottland eine

Woche alte verwaiste Kälbchen aufzupäppeln sei schon eine Herkulesarbeit gewesen! Na, wenigstens konnte einem ein Baum keinen Durchfall über die Jeans kleckern oder mitten in der Nacht nach warmer Milch aus der Flasche brüllen. Immerhin ein Vorteil.

»Ja, schon gut, ich habe es kapiert, Pepe«, sagte ich. »Ist ja gewissermaßen nur vernünftig. Aber offen gestanden begreife ich nicht, wie es einem Baum gut tun kann, so massiv verstümmelt zu werden wie der hier. Oder dem Obstbauern, nebenbei bemerkt. *Oder* dessen Bankkonto.«

Pepe kicherte. »Ah ja, aber genau wie ein widerspenstiges Kind wird dieser Baum Sie schon bald dafür belohnen, dass Sie ihn vor seiner eigenen Torheit bewahrt haben. Sie müssen ihn nur den ganzen Sommer lang tränken und nähren und den Rest der Natur überlassen. Im November wird Ihnen dieser Baum einen guten Ertrag an *mandarinas* schenken – vielleicht nicht so viele wie dieses Jahr, aber dafür sind sie dann größer, saftiger und« – er hielt inne und rieb Daumen und Zeigefinger aneinander – »was am wichtigsten ist … schwerer.«

Meinem unerfahrenen Auge schien es, als bedürfte es einer Art kleineren Wunders, um Pepes Vorhersage eintreffen zu lassen, doch nun lag unser nacktes Überleben voll und ganz in seinen Händen, und mir blieb nichts anderes übrig, als mich auf ihn zu verlassen und das Beste zu hoffen.

Anschließend erklärte er mir in allen Einzelheiten, warum er mehrere ziemlich dicke Äste aus der Mitte des Baumes herausgeschnitten hatte. Man müsse das Herz des Baumes offen halten, sagte er, um Licht hineinzulassen und das Wachstum frischer, Früchte tragender Zweige anzuregen. »Derart störende Äste hätten schon vor Jahren entfernt werden müssen«, vertraute er mir im Flüsterton an und warf einen Blick über die Schulter, als könnte der alte Paco, der ehemalige Besitzer des Hofes und früher selbst ein berühmter Baum-

Maestro, irgendwie lauschen. »Aber der Baum hat Sie bereits dafür belohnt, dass Sie ihn gerettet haben, Señor Peter«, sagte er grinsend. Ich vermutete, dass er damit meine Stimmung aufhellen wollte, die ihm meine finstere Miene unmissverständlich verdeutlichte.

»Ja?«

»*Sí, claro!* Sehen Sie sich das an, mein Freund.« Er bückte sich und hob einen der dickeren Äste auf, die er von dem Baum entfernt hatte. »Schlagen Sie sämtliche dünnen Triebe und Zweige ab, hacken Sie den Rest in einen halben Meter lange Stücke, und was haben Sie dann?«

»Holzscheite?«, fragte ich zaghaft, während ich überlegte, ob das eine Fangfrage gewesen war.

»*Sí!* Holzscheite! *Estupendo!*« Der kleine Mann lachte laut und schlug mir derart enthusiastisch auf den Rücken, als hätte ich gerade die Million im Fernsehquiz gewonnen. Ah, *sí, sí,* begeisterte er sich, nächsten Winter würde ich das Vergnügen haben, vor einem lodernden Feuer zu sitzen, das den süßen Duft von Orangen, Zitronen, ja sogar von Kirschen, Quitten und allem Möglichen verströmte! *Coño,* wenn er mit meinen Obstgärten fertig wäre, brauchte ich jahrelang kein Feuerholz mehr zu kaufen!

Zumindest würden wir mit allem Komfort verhungern, sagte ich mir zum Trost, während vor meinem geistigen Auge Bilder vorüberzogen, auf denen unsere Felder nach Pepes »heilsamem« *trabajo* aussahen wie ein atomares Schlachtfeld.

»*Ahora!*«, sagte er, legte seinen Werkzeuggürtel wieder an und setzte eine geschäftsmäßige Miene auf. »Señor Peter, jetzt muss ich mit meiner Arbeit weitermachen. Aber schauen Sie nur.« Er beschrieb mit der Hand einen weiten Bogen. »All diese Orangenbäume, die noch Früchte tragen – die hebe ich mir bis zuletzt auf, dann können Sie sie abernten, bevor ich sie beschneide. *Sí,* hier gibt es wirklich viel zu tun. *Mucho, mucho trabajo.*«

Das brauchte er mir nicht zweimal zu sagen. Die nächsten zehn Tage schufteten Ellie, Sandy und ich – und an den Wochenenden sowie nach der Schule auch Charlie – wie die Berserker, um dem sägenden und schneidenden Pepe immer einen Schritt voraus zu sein. Manchmal wurde er von seinem Sohn Miguel begleitet, der offenkundig die Gabe seines Vaters zur Baumbehandlung geerbt hatte. Anscheinend mussten sie einen Baum bestenfalls einer ganz oberflächlichen Inspektion unterziehen, bevor sie sich daranmachten, mit ihren Werkzeugen mindestens einen kosmetischen Eingriff und äußerstenfalls eine komplette Umgestaltung vorzunehmen. Das Tempo ihrer Technik war sagenhaft, aber zu unserem Glück sorgte ihr mit anderen Aufträgen gefüllter Terminkalender dafür, dass sie nur morgens nach Ca's Mayoral kamen und wir daher alle Nachmittage und Abende zur Verfügung hatten, um aufzuholen: die letzten Orangen zu pflücken, das zu Scheiten verarbeitbare Holz vom restlichen zu trennen, es zurechtzuschneiden und das Abfallmaterial anschließend zu Haufen zu stapeln, um es später zu verbrennen.

Während die Frühlingstemperaturen tagsüber unerbittlich auf Werte um fünfundzwanzig Grad kletterten, erhielten wir einen beängstigenden Vorgeschmack auf die Arbeitsbedingungen, die uns in ein oder zwei Monaten erwarten würden. Schon jetzt fiel es uns mitunter schwer, bei Temperaturen weiterzuschuften, die – auch wenn sie nach Mallorquiner Sommermaßstäben noch niedrig waren – ungefähr dem entsprachen, womit wir es beim Heumachen in Schottland normalerweise höchstens in einem besonders sonnigen Jahr zu tun hatten. Zudem hatten wir in Schottland Maschinen, die einen Großteil der schweren Arbeit übernahmen, während hier, auf dem engen Raum der Obstplantage, fast ausschließlich manueller Einsatz gefordert war. Selbst auf die unerlässliche *siesta* musste verzichtet werden, um den blitzenden

Klingen von Pepe Suau und seinem Sohn immer wenigstens einen Schritt voraus zu bleiben.

»Denk an die vielen Pfunde, die du abnimmst«, sagte ich an einem besonders schwülen Samstagnachmittag aufmunternd zu Ellie, während eine feuchte Brise die Flammen des Scheiterhaufens anfachte, den wir mit den inzwischen staubtrockenen Bergen von Baumabfällen fütterten. »Das hier ist besser als eine Sauna.«

Ellie sagte nichts, doch der Blick, den sie mir zuwarf, während sie sich den mit Asche vermischten Schweiß von der Stirn wischte, sprach Bände.

»Eine richtige Sauna wäre mir lieber«, schnaubte Sandy und hievte einen wuchtigen Aprikosenast auf den kleinen Anhänger, den wir am hinteren Ende unseres winzigen Barbieri-Traktors befestigt hatten. »Und ein richtiger Traktor ... mit vier Rädern ... einer hydraulischen Frontladeschaufel ... einem Führerhaus mit Sitz ... *und* einer Klimaanlage!«

»Mir würden schon ein Sitz und eine Klimaanlage reichen«, witzelte Charlie, der sein Bestes tat, um geschäftig zu wirken und nicht aufzufallen, während er auf der windwärts gelegenen Seite des Feuers mit ein paar leichtgewichtigen Ästen herumhantierte.

Ich beschloss, meine erbaulichen Worte zur Motivation meiner Mitmenschen ab sofort für mich zu behalten.

Doch wir machten Fortschritte, selbst wenn es ziemlich *poco a poco* voranging. Und unsere entschlossene Schufterei ging nicht unbemerkt an unseren Nachbarn vorbei.

»In der guten alten Zeit hätten wir sogar noch die Zweige aufgehoben«, erklärte die alte Maria Bauzá, Jaumes hochbetagte Schwiegermutter und Besitzerin der *finca* nebenan, die Jaume für sie bewirtschaftete, seit er seine *profesión* als Kellner in einem der besten Hotels von Palma aufgegeben hatte und in den Ruhestand gegangen war. Maria, wie üblich ganz in Schwarz – abgesehen von einem ramponierten, breitkrempigen Strohhut von der Art, wie sie die Mallorquiner Landfrauen ihrer Generation gern trugen –, war unbemerkt an die Natursteinmauer gehumpelt, die unsere beiden Höfe voneinander trennte. Sie hatte wie gewohnt ihre zuverlässige Breithacke in der Hand, lehnte ihre winzige, gebeugte Gestalt gegen den glatten Stamm eines Schatten spendenden Zitronenbaums und blickte zu uns herüber.

Wir hatten schon lange begriffen, dass Marias bevorzugtes Gesprächsthema – oder genauer gesagt Vortragsthema – ihre geliebte »gute alte Zeit« war und alles, was damit zusammenhing.

»*Buenos días,* Maria«, keuchten wir einstimmig und harrten ohne allzu große Vorfreude ihres Sermons.

»Und ihr müsst unbedingt die Holzasche aufheben, wenn das Feuer ausgegangen ist«, fuhr sie fort. »Füllt sie in Säcke oder Kisten und bewahrt sie an einem trockenen Ort auf.«

»*Sí?* Und dann kann man sie noch zu etwas brauchen, oder, Maria?«, japste ich, während ich mich vor der langen Spitze einer Flamme wegduckte, die unter dem heißen Atem des Windes gierig aus dem Scheiterhaufen züngelte.

»In der guten alten Zeit hätten wir auch die Zweige aufgehoben, sogar die ganz kleinen, um im Winter damit das Kaminfeuer anzuzünden«, erklärte Maria vorwurfsvoll und schwenkte damit mühelos auf ihre verwirrende Form der Gesprächsführung ein, nämlich zum vorletzten Thema zurückzukehren, ohne das letzte abgeschlossen zu haben. Mit Maria zu sprechen war, als spielte man verbal Bockspringen – und zwar rückwärts.

Ich blinzelte sie durch den beißenden Qualm an. »Gute Idee!«, erwiderte ich, Begeisterung markierend. »Vielleicht machen wir das in einem anderen Jahr, Maria. Aber im Moment, na ja, Sie sehen sicher, dass wir ein bisschen zu beschäftigt sind, um –«

»Und was liefert euch dieser laute Traktor zum Verbrennen im Haus, wenn die kalte Jahreszeit kommt?«, unterbrach sie mich. Unter dem Rand ihres Strohhuts bildete sich ein Stirnrunzeln, während sie mit dem Griff ihrer Hacke auf das kleine Fahrzeug deutete.

Ich holte tief Atem und machte mich auf eine ihrer bevorzugten Tiraden zum Thema Esel gegen Traktor gefasst. »Na ja«, seufzte ich, »vielleicht könnten wir das verbrauchte Motoröl verbrennen. Aber im Haus wäre das eigentlich keine gute –«

Maria knallte die Klinge ihrer Hacke auf die Mauer und unterbrach mich mitten im Satz.

»*Mierda de burro!*«, schrie sie, so laut sie es mit ihrer Piepsstimme vermochte.

Ellie und Sandy kicherten leise, während Charlie in schallendes Gelächter ausbrach. Ich suchte nach einer Entgegnung, die weder beleidigend wäre noch der boshaften alten Frau den Eindruck vermittelte, dass ich bereit war, ihren Köder zu schlucken.

»Ähm, tut mir Leid, Maria – *no entiendo*. Ich verstehe nicht ganz, was Sie –«

»Sie hat Eselsscheiße gesagt, Dad«, platzte Charlie mit großen Augen heraus. Ein um Zustimmung heischendes Grinsen teilte sein Gesicht in zwei Hälften wie eine umgekehrte Melonenscheibe.

»Schön zu erfahren, dass du im Spanischunterricht in der Schule so gut vorankommst, Charlie«, brummte ich, »aber auf diese Übersetzung bin ich selbst auch schon gekommen, besten Dank. Würdest du jetzt bitte einfach mit deiner Arbeit weitermachen und mir alles Weitere überlassen?«

»*Mierda de burro!*«, wiederholte Maria, diesmal sogar noch lauter.

Ich beschloss, es zu riskieren, bocksprungartig vorzugehen. »Sie schlagen also vor, Maria, dass die Holzasche und die *mier-*«

»Wer hat irgendwas von Holzasche gesagt?«, schrie sie. »Ich rede von Sachen, die ihr im Winter in eurem Feuer verbrennen könnt! *Madre mía!* Ihr jungen Leute hört einem nie zu – das ist das Problem mit euch!«

Vermutlich hätte ich mich davon geschmeichelt fühlen sollen, dass sie mich »jung« nannte, aber dummerweise war in Marias Augen jeder unter achtzig jung. Ich häufte die nächste Forke mit belaubten Zweigen auf das Feuer, was Maria dazu veranlasste, eine Reihe von Wörtern in ihrem angestammten *mallorquín* von sich zu geben – abfällig klingende Wörter, die, auch wenn ich sie nicht verstand, keiner Erläuterung bedurften. Mittlerweile war ich fest davon überzeugt, dass sie mich schon lange als *loco extranjero* erster Güte abgestempelt hatte.

»Habt ihr denn in *Escocia* keine handgemachten Scheite gehabt?«, rief sie schließlich, nun wieder in kastilischem Spanisch, das für sie und die anderen *mallorquines* vom Land im Grunde eine Zweitsprache war – eine Fremdsprache, bei der sie manchmal überlegen mussten, bevor sie sprachen, was sie dann relativ langsam taten. Für Leute wie uns, die noch mit der spanischen Sprache zu kämpfen hatten, war das ideal.

»Handgemachte Scheite?« Ich kratzte mir den Kopf. »Nein, ich glaube, nicht. Na ja, jetzt, wo Sie es erwähnen – es hat mal jemand eine kleine Maschine erfunden, mit der man Briketts aus alten Zeitungen machen konnte, glaube ich. Hat sich aber nie durchgesetzt. Mehr Aufwand als Nutzen, schätze ich.«

»Mehr Geld als Verstand«, lautete Marias gemurmelte Erwiderung. *Vale,* sie wusste nichts von Zeitungsscheiten, doch das Prinzip war das gleiche. Nutze alles. Wirf nichts weg. Das war das Motto auf diesen kleinen mallorquinischen Höfen. »Denken Sie an meine Worte«, fügte sie weise hinzu. »Sie werden es noch früh genug einsehen, *muchacho.*«

Obwohl ich Marias Rat keine Sekunde lang in Zweifel zog, hätte es uns in der gegenwärtigen Situation mehr als ein paar Portionen Brennstoff gekostet, wenn wir Pepe Suau hätten warten lassen, während wir mühsam unzählige Ladungen Zweige sortiert, gebündelt und auf dem Anhänger abtransportiert hätten. Unsere spitzbübische alte Nachbarin wusste das mit Sicherheit ganz genau, aber ihr schien die Angelegenheit geeignet für die »Unterhaltung« an diesem Tag – auch wenn diese notgedrungen überaus einseitig bleiben musste.

»*Gracias* für die, ähm, Eier, Maria«, sagte Ellie und versuchte so, in ihrem charakteristischen Hispano-Englisch einen Themenwechsel herbeizuführen. »Die, äh, Jungs – *hijos* –, ja, die *hijos* hier haben sie neulich *mañana* zum Frühstück gegessen. *Sí, muy* lecker, die, Sie wissen schon – Eier ... *gracias*.«

Ob Maria viel davon verstanden hatte, war nicht auszumachen, doch da sie Ellie als eine Art Märchenprinzessin aus dem romantischen, eisigen Norden betrachtete, schien sie das gestotterte Kauderwelsch zumindest als Kompliment aufzufassen.

»Nein, nein, *señora de Escocia*«, erwiderte sie mit süßem Lächeln und schwenkte verhalten vorwurfsvoll den Zeigefinger wie ein Uhrpendel vor Ellies Nase hin und her, »*Gracias a ti!* Ich danke *dir*!«

Doch dieses Zwischenspiel willkommener Abschweifung war nur von kurzer Dauer. Wie ich schon befürchtet hatte, ließ sich Maria nicht so ohne weiteres vom Hauptziel ihrer Gedanken für den heutigen Tag ablenken. Der Ausdruck des Missfallens legte sich wieder auf ihre Miene, und sie wandte ihre Aufmerksamkeit von Ellie ab und richtete sie erneut auf mich.

»*Mierda de burro!*«

Erneut war ein Kichern der Vorfreude von meinen schwer schuftenden Angehörigen zu vernehmen.

Ich seufzte tief und ergeben, rammte die drei hölzernen Zinken meiner mallorquinischen Heugabel in die Erde, schloss die Finger um das Ende ihres langen Stiels, nahm mit übereinander geschlagenen Beinen die Ruheposition ein und schenkte der alten Frau meine ungeteilte Aufmerksamkeit. Es war besser, die Sache ein für alle Mal hinter sich zu bringen.

»*Bueno,* Maria«, sagte ich und verband die Worte mit einem gemächlichen Kopfnicken, das ihr ihren Sieg bestätigte. »Das müssen Sie mir schon genauer erklären. Worin besteht denn der Zusammenhang zwischen Zweigen, trockenem Laub, Eselsmist und Brennstoff für den Winter?« Ich wartete auf die absehbare Antwort, während Maria triumphierte und keuchend in sich hineinkicherte.

Jeder Mensch von ausreichender Intelligenz, so erklärte sie und ließ mich dabei nicht einen Moment im Zweifel darüber, dass ich nicht in diesen speziellen Club aufgenommen war, wüsste, dass man im Mai bei abnehmendem Mond die trockenen Blätter und die kleineren Zweige zerbröselte, sie mit etwas Stroh, dem Eselsmist und ein bisschen Wasser vermischte (sie hielt inne, um Backe-backe-Kuchen-Gesten zu machen), die dabei entstandenen Klötze zum Trocknen in die Sonne legte, und, *»Oye!«*, schon hatte man seine handgemachten Scheite. *»Mágico, no?«*

»Ja, schon, jetzt verstehe ich auch, warum Sie so enttäuscht gewesen sein müssen, als Jaume Ihren Esel gegen einen Traktor eingetauscht hat«, räumte ich diplomatisch ein und versuchte, mich beeindruckt zu geben.

»*Sí,* und noch etwas«, sagte sie, »ihr *modernos* tätet gut daran, diese Gewohnheit aus der guten alten Zeit wieder aufleben zu lassen.«

»Tja, mag sein, Maria – aber heutzutage könnte es vielleicht ein bisschen zu zeitraubend sein, sich auf die Suche nach genug Eselssch-«

»*Barbacoas!*«

»Barbecue? Tut mir Leid, da kann ich Ihnen nicht folgen.«

»Das ist doch so ein neumodischer Fimmel, diese *barbacoas, sí?*«

»*Sí*, aber ich verstehe nicht, was das –«

»*Mosquitos!*«

»Barbecue und Stechmücken … ja, das kann wirklich eine unangenehme Kombination sein.« Langsam ging sie mir auf die Nerven. »Aber was hat das mit Scheiten aus Eselsmist zu tun? Ich meine –«

»Sehr listige Tiere, *los mosquitos*.« Maria tippte sich mit ihrem knorrigen Zeigefinger an die Schläfe, um diese Aussage zu bekräftigen. Dann tippte sie sich seitlich an die Nase. »Sie fliegen nämlich nie irgendwohin, wo es nach Rauch von *mierda de burro* riecht.«

Das Gesicht der Greisin verzog sich zu einem breiten Grinsen. Ihre Lippen teilten sich und entblößten ihre verbliebenen fünf Zähne – zwei oben, drei unten. Ich weiß noch, dass mir Marias Lächeln beim ersten Mal, als ich es in seiner ganzen Pracht gesehen hatte, wie ein optisches Kitzeln erschienen war, und genauso empfand ich es nun wieder: unwiderstehlich und absolut ansteckend.

Ich lächelte. Ich konnte gar nicht anders. Und dann, als Marias Grinsen zu ihrem typischen, klingelnden Kichern wurde, begann auch ich zu lachen. Unweigerlich erfasste die ansteckende Heiterkeit Ellie und die Jungen. Doch die Einzige, die wirklich wusste, warum wir in ein solches Gelächter ausbrachen, war die Urheberin selbst.

Hatte sie mich mit ihren Stechmücken abwehrenden Scheiten aus Eselsmist nur auf den Arm genommen? Ich vermutete es. Doch andererseits hatte ich tatsächlich von Viehhirten im australischen Busch gehört, die getrocknete Kuhfladen in ihren Lagerfeuern verbrannten, um die Fliegen fern zu halten, also hatte sie mich vielleicht gar nicht veralbert. Wie dem auch sei, ich hatte jedenfalls nicht vor, mit einem Eimer die Landstraßen abzusuchen und klumpenweise Eselsmist aufzusammeln, nur um Marias schrullige Empfehlung auszuprobieren. So, wie ich sie nämlich langsam kannte, war das höchstwahrscheinlich genau das, wozu sie mich bringen wollte, nur damit sie auf Kosten ihres Lieblings-*loco extranjero* mal wieder so richtig herzhaft lachen konnte. Allerdings nahm ich an, dass das mit dem Esel ziemlich ernst gemeint gewesen war – eine Vermutung, die durch den viel sagenden finsteren Blick, den sie beim Gehen unserem Traktor zuwarf, bestätigt wurde.

»Verbrauchtes Öl?«, schnaubte sie. »Pah!«

»Wenigstens ist uns das mit der Holzasche erspart geblieben«, tuschelte ich Ellie zu.

»Ja«, pflichtete mir Sandy bei, »vielleicht hat ihr chaotisches Grashüpfer-Gedächtnis endlich mal kapituliert.«

Welch schöne Hoffnung.

»*Oiga!*«, rief María über die Schulter. »Vergesst nicht, was ich euch über die Holzasche gesagt habe. Verstreut sie um eure Kohlköpfe, *amigos,* dann fallen keine Schnecken über sie her.« Sie hielt inne und wirbelte herum, um ihren gewohnten Abschiedsschuss abzufeuern: die Hacke erhoben wie die Axt eines Scharfrichters. »Aber um die beste Asche zu kriegen, hättet ihr eure Zweige bei abnehmendem Mond im November verbrennen müssen!«

* * *

Eines Morgens, als er gerade die abschließenden Schnitte an unserem letzten Orangenbaum vornahm, sprach ich Pepe Suau auf Marias Mondphasen-Fimmel an.

»Ich kann mich noch gut daran erinnern, wie mein Großvater immer von diesem ganzen Zeug mit Zunehmen und Abnehmen geredet hat«, sagte ich. »Aber ich bezweifle, dass es in Großbritannien noch viele Landwirte gibt, die an diesem alten Glauben festhalten. Ehrlich gesagt sind die Tipps von den Herstellern chemischer Pflanzenschutzmittel das Einzige, woran sich die jüngeren orientieren.«

Pepe setzte ein wissendes Lächeln auf. Er benutze mittlerweile auch solche Pflanzenschutzmittel, gestand er – aber nur, wenn es absolut notwendig sei. Viele der älteren Obstbauern lehnten die Anwendung solcher »giftigen« modernen Mixturen natürlich ab, aber wenn man sie verantwortungsbewusst und maßvoll einsetzte, sah er keine große Gefahr in ihnen. »*En realidad* können manche dieser Spritzmittel Wunder wirken«, versicherte er. »Sie können einen kranken Baum retten, der in früheren Zeiten abgestorben wäre.« Er wies auf eine schwarze, modrige Masse, die an den Blättern des Baumes klebte, den er soeben bearbeitet hatte. »Ein Pilz, den Insekten ausgelöst haben, die auch Viruskrankheiten verbreiten«, erklärte er. »Diese *parásitos* müssen einfach mit Chemikalien unter Kontrolle gehalten werden. Und sehen Sie mal hier.« Er zeigte auf einen Aprikosenbaum, den er so massiv beschnitten hatte, dass er aussah, als wäre er vom Blitz getroffen worden. »Der hier hat eine *enfermedad* an den Hauptästen, die durch alte Beschneidungsnarben ins Holz eingedrungen ist.« Pepe senkte den Kopf und sah sich erneut verstohlen um. »Darum hätte sich der alte Paco schon vor Jahren kümmern müssen«, flüsterte er.

»Und, wird er überleben?«, fragte ich beklommen, nachdem mir schon mehrere andere Aprikosen- und Pflaumenbäume im gleichen »kurz geschorenen« Zustand aufgefallen waren.

Pepe hob die Schultern. »*Vamos a ver.* Mal sehen. Aber möglich ist es nur mit dem überlegten Einsatz von Pflanzenschutzmitteln und *por la gracia de dios*.«

Also, dachte ich im Stillen, musste sich Gott bei landwirtschaftlichen Wundern heutzutage sogar in einem derart frommen Land wie Spanien auf die Unterstützung von Verbündeten wie Bayer und ICI verlassen.

»Na ja, Pepe, ein oder zwei Gebete bringe ich bestimmt zustande«, sagte ich, »aber was die Anwendung von Chemikalien an den Bäumen betrifft, habe ich keinen blassen Schimmer. Ich meine, ich kann nicht einmal die Krankheiten identifizieren, geschweige denn die richtigen Heilmittel verschreiben.« Schon wieder bekam ich dieses altbekannte flaue Gefühl in der Magengrube.

Pepe lachte in sich hinein und tätschelte mir beruhigend die Schulter, ging mit der Säge in der Hand zu seinem nächsten Patienten weiter. »Das lernen Sie mit der Zeit schon, Señor Peter.«

»Womöglich bringe ich dabei alle meine Bäume um«, mutmaßte ich matt.

Pepe stimmte erneut sein sonores kleines Kichern an. »*Usted tranquilo, señor.* Jetzt, im ersten Jahr, zeige ich Ihnen, wie man es macht, keine Angst.« Er hörte einen Moment lang auf zu sägen und sah mir in die Augen. »Aber es gibt eine goldene Regel, die Sie von Anfang an beherzigen müssen.«

»*Sí?*«

»*Sí.*« Er hielt sich eine Hand hinters Ohr. »Hören Sie ihre Musik?«

»Sie meinen die Bienen?«, fragte ich, erstaunt, dass die fleißigen kleinen Insekten immer noch genug Blüten fanden, um sich von unseren versehrten Bäumen angezogen zu fühlen.

»*Sí*, die Bienen. *Las abejas.*« Ein sentimentales Lächeln ließ Pepes Gesicht aufleuchten. »Die kleinen Musikanten des Obstgartens nennen wir sie auf Mallorca.«

Zuerst hatte die alte Maria die Bienen als Liebesgötter bezeichnet, und nun beschrieb Pepe sie als Musikanten. Die liebevollen, ja fast schon schwärmerischen Gefühle, die diese scheinbar so nüchternen, arbeitsamen Landbewohner für ein solch niederes Geschöpf aufbrachten, erstaunten und rührten mich zugleich.

»Und die goldene Regel?«, erkundigte ich mich.

»Die goldene Regel lautet, dass Sie, wenn Sie Ihre Bäume spritzen wollen, unbedingt bis zum Abend warten müssen – bis die Bienen nach vollbrachtem Tagwerk nach Hause geflogen sind. Denn sonst, *señor,* riskieren Sie lediglich, die besten kleinen Freunde umzubringen, die ein Obstbauer haben kann.«

In der Tat ein einfacher, aber scharfsinniger Rat und noch dazu etwas, das ich noch überhaupt nicht bedacht hatte.

»Und was ist mit den Mondphasen?«, fragte ich halb im Scherz.

Doch Pepe blieb erstaunlich ernst. »Ihr Großvater hatte Recht. Wenn man auf einer Insel lebt, bleibt einem gar nichts anderes übrig, als den Einfluss des Mondes mit Respekt zu behandeln.«

Das fand ich nun wirklich interessant, da mein Großvater tatsächlich auf einer Insel gelebt hatte. Er war Bauer auf Sanday gewesen, einer der entlegenen Orkneyinseln nördlich von Schottland und ganz in der Nähe eines Meeresstreifens, der als das vielleicht tückischste Gewässer rund um die gesamte britische Küste galt. Außerdem fiel mir jetzt rückblickend wieder ein, dass er mir erzählt hatte, wie er Ackerbau und Viehzucht mit dem Fischen verbunden hatte – Letzteres nicht in kommerzieller Absicht, denn er fuhr nur dann mit einem kleinen Segelboot hinaus, wenn die Versorgung der Familie nach einem Fang verlangte. Mit den Auswirkungen vertraut zu sein, die die Mondphasen auf Wind und Gezeiten hatten, war für ihn mit Sicherheit unabdingbar gewesen.

Ich hörte genau zu, als Pepe mir nun schilderte, wie man ihm als Heranwachsendem beigebracht hatte, bei nahezu jeder Arbeit, die übers Jahr auf dem Bauernhof zu verrichten war, auf die Mondphasen zu achten. Die Mandelbäume wurden bei zunehmendem Mond im Januar veredelt und die Bauerngärten bei abnehmendem Mond desselben Monats gehackt. All diese Regeln mussten befolgt werden. Und so ging es weiter – säen, pflanzen und veredeln bei zunehmendem Mond, jäten, stutzen und beschneiden bei abnehmendem. Genauso war es bei den Tieren. Ja, sogar Aufgaben wie das Kastrieren von Lämmern und Kälbern mussten bei abnehmendem Mond erledigt werden, während Übereinstimmung darüber herrschte, dass das Decken von Ziegen und Schafen am erfolgreichsten war, wenn man es bei zunehmendem Mond »arrangierte«.

»Man folgt damit nur dem Rhythmus der Natur, Señor Peter. Ich für meinen Teil glaube jedenfalls an so was. *Bueno*, es ist heutzutage schwer, die Zeit zu finden, um den ganzen alten Überzeugungen nachzukommen, aber ich habe keine davon vergessen und sie auch schon an meinen Sohn weitergegeben.«

»Und das Spritzen mit Chemikalien? Gibt es eine Zeit, die dafür am besten ist?«

Pepe zuckte resigniert mit den Achseln. »Viele der uralten mallorquinischen Bauernregeln gehen bis auf die Römerzeit zurück, auf die Schriften des Plinius.« Er kicherte wieder. »Aber ich bezweifle, dass selbst er als Ausbund an Weisheit es gewagt hätte, eine Antwort auf Ihre Frage zu geben, mein Freund. Nein, warten Sie einfach, bis die kleinen Musikanten am Abend ihre Instrumente eingepackt haben – ich glaube, das ist der beste Rat, den Sie für den Einsatz von Chemikalien kriegen werden, oder?«

Der kleine Mann schob die Baseballkappe nach hinten, um sich die Stirn zu wischen. Die Sonne beschien seine gelassenen Züge. Er hatte ein freundliches, zufriedenes Gesicht, ohne den bräunlichen Teint und die dunklen Haare, die so typisch für einen Festlandspanier sind. Nein, er besaß das Gesicht eines Insulaners, das wie bei so vielen Mallorquiner Bauern Züge aufwies, die eher jenen der Bewohner der nördlichen britischen Inseln ähnelten als den dunklen Abkömmlingen der Mauren, die weite Teile Südspaniens bevölkern. Die kühnen alten nordländischen Seefahrer hatten ihren Samen weiß Gott weit – und erfolgreich – gestreut.

Ich sah Pepe zu, wie er dem Orangenbaum geschickt die

letzten Schnitte beibrachte, und blickte dann gemeinsam mit ihm auf die Ergebnisse seines *trabajo* zurück. Vielleicht waren unsere Obsthaine doch nicht ganz zu dem atomaren Schlachtfeld geworden, wie ich befürchtet hatte, aber trotz allem waren sie arg zugerichtet. Wieder hoffte ich insgeheim, dass Pepes Können seinem Ruf entsprach.

»Die erholen sich bald«, sagte er, als er meinen Blick bemerkte, und lenkte dann meine Aufmerksamkeit auf die nächstgelegenen Baumreihen. »Wie Sie sehen, habe ich einige Bäume nur ganz leicht beschnitten. Die erholen sich noch schneller als die anderen und bringen Ihnen dieses Jahr auf alle Fälle eine gute Ernte. Aber nächstes Jahr sind sie dann dran für einen Eingriff *más extenso, sí*?«

»Wie Sie meinen, Pepe. Ich bin Ihnen vollkommen ausgeliefert.«

Obwohl ich Pepe, sooft ich konnte, aufmerksam bei der Arbeit zugesehen hatte, waren mir die Feinheiten seines Könnens weitgehend verborgen geblieben. Allerdings fiel mir auf, dass er einige besonders stark verwachsene Bäume völlig unangetastet gelassen hatte, und so sprach ich ihn darauf an.

»Ah, *sí, los higos*.« Er schüttelte den Kopf. »*Hombre*, allem Anschein nach haben diese alten Feigenbäume schon seit vielen, vielen Jahren keine Baumsäge mehr gesehen.« Von allen Obstbäumen, so erklärte er mir, war der Feigenbaum derjenige, dessen Wachstum am dringendsten rigoros kontrolliert werden musste, da er sonst wucherte und wucherte, bis er jenes fortgeschrittene Stadium eines vernachlässigten Ausreißers erreicht hatte, das ich nun vor Augen hatte. »*Por Dios!*«, rief Pepe aus. »Wenn diese Bäume Kinder wären, könnte man sie nur noch *gamberros* nennen – Rabauken!«

»Dann hat sie der alte Paco also nicht besonders gut erzogen, was?«, sagte ich halblaut.

Doch Pepe beeilte sich, den ehemaligen Besitzer von Ca's Mayoral in Schutz zu nehmen. »Nein, nein«, protestierte er, diesmal ohne die Stimme zu senken. »Paco hat *los higos* schon in Schach gehalten, keine Sorge – oder vielmehr so lange, wie es seine Gesundheit und sein Engagement erlaubten. Und damit war ihr Schicksal dann besiegelt. *Oye!* Dreh nie einem Feigenbaum den Rücken zu, wie das alte Sprichwort sagt, sonst greifen dir seine Zweige in die Taschen, während dir seine Wurzeln das Haus einreißen!« Pepe blickte in das Gewirr aus herabhängenden und aufwärts gebogenen Zweigen an einem besonders ungebärdig wirkenden Exemplar hinauf. »*Sí, señor,* die Finger *und* die Zehen dieser *chicos* brauchen eine anständige Maniküre.« Er pfiff durch die Zähne. »*Vaya! Mucho, mucho trabajo!*«

Wann er denn mit der Arbeit an ihnen beginnen werde, fragte ich, ohne besondere Vorfreude darauf, noch mehr Berge von Baumabfällen sortieren zu müssen.

Ah, das werde nun leider bis nächstes Jahr warten müssen, eröffnete mir Pepe. Der Druck, sich der Anliegen anderer wartender *clientes* anzunehmen, sei inzwischen so groß geworden, was ich angesichts dessen, wie viel Zeit er auf unserer Obstplantage zugebracht habe, sicher verstehen werde. Außerdem müsse er sich auch um die Arbeit auf seinem eigenen Hof kümmern – so viel Arbeit, dass es seinem Sohn und ihm nahezu unmöglich sei, alles zu schaffen, da sie zu dieser Jahreszeit jeden Morgen damit zubrächten, die Bäume anderer Leute zu beschneiden.

»Ach so – ja klar. Sie sind ja selbst auch Landwirt«, sagte ich und bekam Schuldgefühle, weil ich womöglich den Eindruck erweckt hatte, als wollte ich seine wertvolle Zeit quasi selbstverständlich in Anspruch nehmen. »Ich meine, zusätzlich dazu, dass Sie ein professioneller Baum-Maestro sind. Tut mir Leid, Pepe, mir war nicht ganz klar ...«

»*No problema*«, beruhigte mich Pepe und tätschelte mir die Schulter. Auf seiner Miene lag der Hauch eines stolzen kleinen Lächelns, als er mir gestand, dass er diese Art zu leben durchaus gewohnt sei, nachdem er von jeher tagein, tagaus auf demselben Hof arbeitete und das Einkommen der Familie dadurch aufbesserte, dass er sich bei Bedarf um die Bäume der anderen Obstbauern kümmerte. »Mein Zuhause heißt Es Pou, eine *finca* von vielen Hektar – oder *cuarteradas*, um das mallorquinische Flächenmaß zu verwenden. *Sí, sí, señor*«, versicherte er, und seine gewohnte Bescheidenheit verschwand einen Augenblick lang, »ich bewirtschafte eine der größten *fincas* im ganzen Bezirk von Andratx – mit Tausenden von Mandelbäumen und einer riesigen Schafherde!«

Natürlich wollte ich diesen sanftmütigen kleinen Mann nicht dadurch beleidigen, dass ich in Frage stellte, was er mir gerade erzählt hatte, aber es kam mir trotzdem seltsam vor. Ich hatte es ja selbst gesehen: Pepe schuftete wie ein Pferd, und zwar *immer*. Ihm war die lockere mallorquinische Art fremd, das Werkzeug für einen längeren Schwatz beiseite zu legen, wann immer sich die Gelegenheit bot. Also warum rackerte er sich dermaßen ab, um zusätzliches Geld zu verdienen, wenn er selbst ein so einträglich klingendes Anwesen besaß? Denn sicher galt auch auf Mallorca die allgemein anwendbare landwirtschaftliche Maxime »Je größer der Hof, desto lohnender ist er«. Doch die offenbare Diskrepanz, die hier zu herrschen schien, war Pepes Angelegenheit, und es stand mir nicht zu, neugierige Fragen zu stellen.

»Es wäre mir eine Ehre, wenn Sie mich einmal zu Hause besuchen würden, Señor Peter«, sagte er, während er sein Werkzeug in den Kofferraum seines uralten kleinen Seat 600 lud, der im Innenhof von Ca's Mayoral geparkt war. »Das Haus von Es Pou ist sehr alt und sehr groß – ein *senyoríu* nennen wir hier ein solches Herrenhaus –, und es gibt dort viel Traditionelles zu sehen. Dazu noch den Hof und die Tiere. Bestimmt fänden Sie alles sehr interessant.«

Ob Pepe gespürt hatte, dass ich seine Behauptung, ein »Groß«-Bauer zu sein, nicht ganz für bare Münze genommen hatte, und er mich nur auf seine *finca* eingeladen hatte, um mir meinen Irrtum nachzuweisen, wusste ich nicht. Doch er hatte seine Einladung auf überaus herzliche Weise ausgesprochen, und ich zögerte nicht, sie anzunehmen.

»Die *señora de Escocia* auch. Bitte bringen Sie sie mit, wenn Sie kommen. Meine Frau und ich würden uns freuen, Sie bei uns willkommen zu heißen.«

Und so wurde ein Tag vereinbart, an dem Pepe wie üblich nachmittags zu Hause wäre. Ich freute mich aufrichtig darauf, mit eigenen Augen seinen alten mallorquinischen Hof zu sehen. Und natürlich konnte ich es kaum erwarten, das Geheimnis dieses arbeitsamen, aufrichtigen kleinen Mannes zu lüften, der sich ganz gelassen solcher wertvoller materieller Besitztümer brüstete. Wer weiß? Vielleicht stellte sich ja heraus, dass er doch eher einer Elster ähnelte als einer Blaumeise.

Drei

Paseos, Plantagen und ein Abendessen mit Dämonen

Mit den länger werdenden Frühlingstagen beginnt in Spanien unweigerlich die *paseo*-Saison. Was ist ein *paseo*? Nun ja, wörtlich übersetzt ist es ein Spaziergang, aber für die Spanier ist ein *paseo* bedeutend mehr als das. Natürlich ist es ein Spaziergang, aber auch ein Ritual aus Sehen und Gesehen-Werden, ein gesellschaftliches Ereignis und eine Modenschau in einem. Und der *paseo* ist für alle Altersgruppen da – er ist eine Pflichtveranstaltung, die sich jeden Abend wiederholt, wenn die Einwohner einer Stadt oder eines Dorfes auf der zentralen *plaza* oder einer beliebten *avenida* zusammenkommen. In ihren besten Sachen schlendern sie ungezwungen herum, tauschen im Vorbeigehen höfliche Grußformeln mit ihren Nachbarn aus und schwatzen mit Feuereifer über die anderen, sobald sie außer Hörweite sind.

Der *paseo* ist auch eine ideale Gelegenheit für ungebundene junge Leute, sich zu zeigen und sich gegenseitig zu taxieren.

Mädchengruppen kichern scheu, wenn sie den Weg ihrer männlichen Flammen kreuzen, die im Gegenzug pseudo-lässige Kommentare austauschen, während sie Blicke über die Schulter werfen, um die Rückenansicht der *chicas* zu mustern, die ihnen gefallen. Doch die Stars der Show sind unbestreitbar die älteren Matronen. Sie glänzen stets mit makellos frisierten Haaren, schick über die Schultern drapierten, zarten Spitzenschals und – ob die Temperatur es nun erfordert oder nicht – Fächern mit komplizierten Filigranmustern, die sie in regelmäßigen Abständen aufklappen, um sich die Wangen zu kühlen oder, wenn ich das sagen darf, um ihre Klatschmäuler vor den Blicken potenzieller Lippenleser zu schützen.

Der *paseo* ist, so heißt es, eine Tradition, die seit Menschengedenken gepflegt wird und die es selbstverständlich ebenso in anderen Mittelmeerländern gibt, wenn auch unter anderen Namen. Doch die Spanier haben ihn zu etwas Besonderem weiterentwickelt – einem Ereignis, an dem auch der einfachste Bürger gleichberechtigt mit den anderen teilnehmen kann. Aber vielleicht ist er ja eine spanische Sitte, deren Aufrechterhaltung ausschließlich den Spaniern überlassen bleiben sollte. Nicht dass man es ungern sähe, wenn die *extranjeros* so vieler Nationalitäten, die heute Spanien besuchen oder dort leben, daran teilnähmen. Im Gegenteil – schließlich liefern sie den Einheimischen neuen Gesprächsstoff. Nein, es ist nur einfach so, dass allein die Spanier diese würdevolle Gelassenheit besitzen, die für die stilvolle Atmosphäre des Anlasses unverzichtbar ist. In ihrer eigenen Sprache »geben« Spanier einen *paseo*. Andere machen nur einen Spaziergang.

Bevor wir nach Ca's Mayoral gezogen waren, war ein *paseo* für mich vor allem das, was ich miterlebt hatte, wenn wir auf Menorca, der Nachbarinsel von Mallorca, Urlaub machten. Mahón, die hübsche kleine Hauptstadt Menorcas, besitzt einen Platz namens Explanada, wo sich an ruhigen Sommerabenden die Stadtbewohner versammeln, um auf altehrwürdige Weise zu »promenieren«, während Touristen wie wir fasziniert und voller Neid zusehen. Eine angenehmere Umgebung für einen *paseo* ist nämlich kaum denkbar: eine großzügige, von Bäumen beschattete und von Häusern mit grünen Fensterläden umstandene *plaza,* auf die weiße Tauben hinabgeflattert kommen, um Sonnenblumenkerne aufzupicken, die ihnen lachende Kinder hinwerfen, und wo sich genussfreudige Einheimische sowie Besucher um Kioske drängen, die brutzelnde *bunyol*-Krapfen oder knusprige, mit *sobrasada*-Wurst bestrichene *bocadillo*-Sandwiches verkaufen. Ein unvergessliches Erlebnis, umgeben vom Leuchten eines mediterranen Sonnenuntergangs.

Wir freuten uns darauf, diese Atmosphäre nun in unserer neuen Inselheimat genießen zu können, aber bis jetzt hatten uns die langen Stunden unerlässlicher Landarbeiten daran gehindert.

Doch dann kam der *paseo* zu uns! Natürlich nicht die komplette Prozession von der Plaza de España aus Andratx, sondern eine wesentlich kleinere, bescheidenere Version, die für uns aber auf ihre Art ebenso reizvoll war. Es geschah eines sonnigen Abends Ende März, als das Tal nach einem der spektakulären Regengüsse, wie sie mitunter in der Übergangszeit von Frühling und Herbst auf Mallorca vom Himmel kommen, in duftender Ruhe schwelgte.

Zuerst war es eine alte Frau, die Hand in Hand mit ihrer mutmaßlichen Enkelin langsam den Weg entlangschritt. Als Nächstes kam ein älterer Mann mithilfe eines Stocks angehumpelt. Dann erschienen zwei Teenager, die wie Schwestern aussahen – vielleicht lag es aber auch nur an ihrem identischen, übertriebenen Make-up. Schon bald waren in unregelmäßigen Abständen über zwanzig Personen vorübergekommen, manche in Gruppen, andere allein, und alle hatten uns ein verhaltenes »*Buenos tardes*« zugenickt, während sie durch unser Gatter schauten und sich womöglich darüber wunderten, dass wir immer noch arbeiteten. Alle gingen in dem gemächlichen Schritt, der den echten *paseo* ausmacht.

Wir erkannten sie als Leute aus dem Dorf, das einen knappen Kilometer weiter am anderen Ende des Weges lag. Viele von ihnen hatten wir bislang lediglich scheu aus ihren Haustüren spähen sehen, wenn wir auf dem Weg nach Andratx vorbeifuhren. Die meisten waren offenkundig Leute mit bescheidenen Mitteln, wie die schlichten Reihenhäuser bezeugen, welche die einzige Straße säumen, aus der ihr gesamtes Dorf besteht. Und irgendwie sahen sie gar nicht wie Mallorquiner aus. Ihnen fehlte die gelassene, zufriedene Ausstrahlung, die so typisch für die Inselbewohner ist – jedenfalls einigen der Älteren.

»*Españoles*«, hatte Jordi erklärt, als ich das ihm gegenüber eines Tages erwähnt hatte. »Regierung von Madrid sie schicken rüber von Festland. *Sí,* das sein gewesen vor viele Jahre, echt wahr. Sie bringen die Männer für bauen die Straße um die Berge, Mann – die verfluchte Küste rauf, bis ganz nach Estellencs, Banyalbufar, Deià auch dazu. Viele Gefahr arbeiten für die Männer«, hatte er hinzugefügt und sorgenvoll den Kopf geschüttelt.

Als ich nach näheren Einzelheiten fragte, hatte Jordi geantwortet, dass die Regierung ganze Familien aus den ärmeren Gegenden des spanischen Festlandes »exportiert« habe, offenbar, um billige Arbeitskräfte für den Ausbau der gewundenen Straße zu haben, die Hunderte von Metern über dem Meer an der steilen Nordflanke des Tramuntana-Gebirges klebt. Denn genau das war es, wofür man die Männer gebraucht hatte – Leib und Leben unter Bedingungen zu riskieren, die extrem gefährlich gewesen sein mussten.

Und doch hatten viele Einheimische geglaubt – und manche

dachten noch heute so –, dass die Regierung diese Familien in Wirklichkeit nur deshalb auf Mallorca ansiedelte, um die hartnäckig auf ihre Unabhängigkeit bedachte Inselbevölkerung mit *españoles* zu »verwässern«. Denn obwohl Mallorca geographisch und politisch zu Spanien gehört, fühlen sich die meisten Mallorquiner aus innerer Überzeugung in erster Linie als Mallorquiner und bestenfalls in zweiter (und das in manchen Fällen ausgesprochen widerwillig) als Spanier.

Doch selbst wenn es einen ausgeklügelten Plan gegeben haben sollte, das mallorquinische Volk zu unterjochen und seine Sprache, das *Mallorquín,* zu unterdrücken, indem man die Insel klammheimlich mit Festlandspaniern »kolonisierte«, war das Vorhaben in diesem Fall nicht weiter gediehen, als eine etwas verlorene Personengruppe hervorzubringen, die zumindest von einem Teil der Einheimischen nicht gerade mit offenen Armen willkommen geheißen wurde. Steckte in manchen Mallorquinern ein Stückchen Fremdenfeindlichkeit, oder waren ihre Befürchtungen berechtigt? Erinnerungen an den spanischen Bürgerkrieg vielleicht? Wer weiß. Doch die Zeit, die große Heilerin aller Wunden, hatte nach und nach die Wogen geglättet, zumindest unter der jüngeren Generation der Mallorquiner. Die meisten von ihnen akzeptierten mittlerweile ihre Altersgenossen, die auf der Insel geborenen Kinder der Zugezogenen, als ebenbürtige Landsleute.

»Für mich«, hatte Jordi achselzuckend gesagt, »ich nehmen eine Mann, wie ich ihn sehen. Ich sein gewesen in Spanien, Frankreich, Deutschland und England. Überall Jordi sein gewesen. Und ich dir sagen eines, Mann: Es geben Gute und Schlechte überall. Kruzifix! Das Leben sein zu verflucht kurz für nicht nehmen die Guten!«

Eine durchaus vertretbare Philosophie, und außerdem konnten wir als *extranjeros* ersten Grades froh sein, dass offenbar sämtliche Mallorquiner, die wir kennen gelernt hatten, ihr anhingen. Und genauso behandelten wir im Gegenzug unsere ursprünglich vom Festland stammenden Nachbarn aus dem Dorf – in der Hoffnung, dass das Gefühl erwidert würde.

Nach dieser flüchtigen Begegnung bei ihrem ersten *paseo* der Saison blieb erst der eine und dann der andere Dörfler im Vorübergehen stehen, um kurze Höflichkeiten auszutauschen und, so vermuteten wir, um diese seltsamen, hellhäutigen Spinner aus dem Norden genauer zu betrachten, die allen Ernstes auf die Insel gezogen waren, um sich auf den Feldern abzurackern – und das auch noch, wie es uns in letzter Zeit zwangsläufig zur Gewohnheit geworden war, während der sakrosankten *siesta*.

»Deine find ich aber nicht so toll«, sagte Charlie zu seinem älteren Bruder.

Sandy ließ sich nicht einmal herab, von dem Bewässerungsgraben aufzusehen, den er mühsam um einen Baum herum zog. Dazu benutzte er eine dreieckige Hacke mit kurzem Griff, das in Spanien übliche Werkzeug für Arbeiten vom Betonmischen bis … na ja, bis zum Anlegen von Bewässerungsgräben.

»Ich wüsste gern, wie das Ding auf Spanisch heißt«, sagte ich und nahm Sandy das Utensil mit dem konkaven Blatt ab, um ihm eine Atempause zu gönnen.

»Tierisch bescheuert – so würde *ich* es jedenfalls nennen«, brummte Sandy. Er rollte mit den Schultern und reckte seinen schmerzenden Rücken. »Noch über fünfhundert Bäume zu beackern. Mein Gott, das muss doch auch einfacher gehen.«

»Ich hab gesagt, deine find ich aber nicht so toll«, wiederholte Charlie.

Ich sah Sandy eine Grimasse ziehen, während sein Blick Charlies mehrfachen seitlichen Kopfbewegungen auf das Gatter hin folgte, das eine Öffnung in der zum Weg hin gelegenen Mauer bildete.

»O nein«, stöhnte Sandy, »nicht schon wieder die gefürchteten Schwestern des Schreckens.«

Sie befanden sich gut dreißig Meter von uns entfernt, aber sogar auf diese Distanz konnte ich erkennen, dass die beiden übertrieben geschminkten Mädchen, die vor zwei Wochen beim ersten kleinen *paseo* an Ca's Mayoral vorbeigekommen waren, ihrer inzwischen vertraut gewordenen Gewohnheit folgten. Es war ihnen zur Routine geworden, nicht nur zu den üblichen *paseo*-Zeiten, sondern zu jeder beliebigen Tageszeit, wenn sie ihre Arbeit – was auch immer das sein mochte – zufällig gerade unterbrechen konnten. Dann schlenderten sie mit gespieltem Desinteresse den Weg entlang, und wenn sie Sandy auf den Feldern arbeiten sahen, blieben sie am Gatter stehen, lächelten ihm scheu zu und klimperten dabei verführerisch mit ihren von Mascara schweren Wimpern.

»Ich finde, meine ist um Klassen besser«, spöttelte Charlie.

»Die Stimme der Erfahrung!«, murmelte Sandy, während er so tat, als würde seine Aufmerksamkeit von etwas beansprucht, das in entgegengesetzter Richtung zu seinen beiden Bewunderinnen lag.

»Geh doch hin und plaudre mit ihnen, Sandy«, empfahl ich und zwinkerte dabei verstohlen Charlie zu. »Wär ne gute Übung für dein Spanisch.«

Ohne sich umzudrehen, begann Sandy sich an einem der unteren Äste des nächstgelegenen Mandelbaums zu schaffen zu machen. »Nee«, grummelte er, »nicht ganz mein Typ. Ein bisschen zu viel Baumarkt für meinen Geschmack.«

»Baumarkt?«

»Ja, zu viel Moltofill und Dulux feste Farbe.«

Es war eine grobe Art, es auszudrücken, aber ich wusste, was er meinte. Als ich die Mädchen das erste Mal hatte vorbeigehen sehen, hatte ich sie zunächst auf Mitte dreißig geschätzt und gedacht, sie hätten sich im hoffnungslosen Versuch, jünger zu wirken, so aufgedonnert. Doch seitdem hatte ich sie ein paarmal aus der Nähe gesehen, als ich mit dem Auto an ihnen vorbeigefahren war, und war zu dem Schluss gekommen, dass sie vermutlich nicht älter als siebzehn oder achtzehn waren – hübsche *señoritas* mit rabenschwarzen Haaren, die offenbar südspanischer Abstammung waren und aus Gründen, die nur sie selbst kannten, ihre natürlichen Gesichtszüge unter einer dicken Schicht Make-up, Rouge, scharlachrotem Lippenstift und zu dick aufgetragenem Lidschatten verbargen. Sie sahen aus, als kämen sie geradewegs vom Set eines Buster-Keaton-Films, und obwohl Sandys Spitzname »Schwestern des Schreckens« vielleicht ein bisschen *zu* flegelhaft war, konnten einem die Mädchen in voller Kriegsbemalung auf jeden Fall kalte Schauer über den Rücken jagen, wenn man in einer finsteren Nacht unvermittelt vor ihnen stand.

»Er hat Muffensausen wegen ihrer Brüder«, verriet uns Charlie, während Sandy durch die Bäume auf unsere *casita de aperos* zustolzierte, das kleine Steinhäuschen, in dem unser Traktor sowie verschiedene Geräte und Werkzeuge untergebracht waren. »Sie haben zwei. Meistens lungern sie in der Nähe rum, wenn die Schreckensweiber auf Männerfang gehen.«

»Anstandspersonen, Charlie. Eine alte spanische Tradition.«

»Aufpasser, würde ich sagen. Ich meine, wie soll man Mädchen anquatschen, wenn einem dabei zwei Gorillas auf die Pelle rücken?«

Die tiefgründigen Überlegungen eines Zwölfjährigen.

Doch Charlie hatte seinerseits ganz offensichtlich begonnen, sich lebhaft für das andere Geschlecht zu interessieren, und ich hatte den Verdacht, dass seine Art, in das Spielchen einzusteigen, nicht so vorsichtig sein würde, wie es bei seinem älteren Bruder der Fall zu sein schien – zumindest nach seinem heutigen Verhalten zu urteilen.

Auf jeden Fall verebbten die Avancen, die die rätselhaften Schwestern des Schreckens Sandy aus der Ferne machten, nach und nach in der kühlen Brise, die von der sprichwörtlichen kalten Schulter ausgeht. Immer seltener erschienen sie auf dem Feldweg, und binnen weniger Wochen konnte man sie abends in Andratx sehen, wo sie vom ländlichen Vorbeispazieren an Ca's Mayoral zum vollwertigen *paseo* auf der Plaza de España aufgestiegen waren. Nach wie vor hatten sie die Gesichter grotesk übertrieben geschminkt, nach wie vor schlenderten sie Arm in Arm dahin, nach wie vor lauerten ihre Brüder im Hintergrund, und nach wie vor hatten sie bezeichnenderweise keinen einzigen Verehrer im Schlepptau.

Doch das war nur eine Frage der Zeit. In der betörenden Wärme mediterraner Abende würde die Liebe eines Tages auch zu ihnen kommen. Allerdings nur, so mutmaßte ich, wenn sie Stuck und Anstrich von ihren Gesichtern entfernten und wieder zeigten, welche makellosen Reize darunter lagen. Mit dem Einzug der modernen Sitten (falls das kein zu platter Euphemismus für das ist, was die betörende Wärme mediterraner Abende unweigerlich auslöst) würden die als Anstandswauwaus fungierenden Brüder bei Bedarf einfach abgehängt. Und so kam es wohl auch.

Fürs Erste musste jedenfalls Ellies »geheimer« Wunsch, dass Sandy bald eine *novia* fände, ein nettes, einheimisches Mädchen, das sein Herz für sich gewinnen und ihn damit ermuntern würde, dauerhaft auf der Insel Wurzeln zu schlagen, noch unerfüllt bleiben. Allerdings hatte sie eines Morgens in der Ankunft einer gewissen Matrone aus dem Dorf zumindest einen Hoffnungsschimmer gesehen …

Sie war eine der regelmäßigen *paseo*-Teilnehmerinnen, eine schlanke, grauhaarige Frau von etwa siebzig Jahren, die von Anfang an die kontaktfreudigste der vorüberspazierenden

Dorfbewohner gewesen war und uns im Gegensatz zur reservierteren Art ihrer Nachbarn stets unbefangen ein breites Grinsen und einen fröhlichen Gruß zuwarf. Wir hatten uns angewöhnt, sie »Señora Brotzähne« zu nennen – einfach weil ihr breites Grinsen unweigerlich großzügige Ablagerungen von weißem *pan* zum Vorschein brachte, das hartnäckig in den Lücken zwischen den makellos geformten Zähnen ihres oberen Gebisses klebte – eines Gebisses, auf das die Señora sichtlich und zu Recht stolz war.

Sie wisse, dass es schon sehr spät in der Saison sei, hatte sie gestanden, als Ellie ihr das Gatter öffnete, aber sie habe bemerkt, dass an einigen unserer Bäume noch Orangen hingen, und wolle sich erkundigen, ob sie wohl welche kaufen könne.

Es hingen tatsächlich noch ein paar Orangen an den Bäumen, denen Pepe seine ärgsten Beschneidungsmaßnahmen erspart hatte, doch hatten sie ihre beste Zeit schon hinter sich. Ganz gewiss befanden sie sich nicht mehr in jenem frischen, saftigen Zustand, in dem man sie an Señor Jeronimo hätte verkaufen können. Ja, um sie nicht verfaulen sehen zu müssen, waren wir mittlerweile dazu übergegangen, so viele wie möglich von ihnen auszupressen und den Saft zu trinken. Dies ging so weit, dass Charlie schwor, unsere Haut fange langsam an, eine orientalische Schattierung anzunehmen. Wir schluckten Überdosen von Vitamin C – schlecht für einen Jungen in seinem Alter, meinte er –, und wenn er bis ans Ende seiner Tage keine einzige Orange mehr sähe, wäre es ihm immer noch zu viel.

Erleichtert, dass jemand anders dazu bereit war, die Orangen davor zu bewahren, auf dem Boden zu verfaulen, hatte Ellie die Señora mit offenen Armen willkommen geheißen und ihr in ihrer gewohnten Mischsprache aus mit Spanisch durchsetztem Englisch erklärt, dass sie gern kostenlos so viele Orangen mitnehmen könne, wie sie wolle – vor allem, wenn es ihr nichts ausmachte, sie selbst zu pflücken. Mit zufriedenem Nicken hatte die Señora dann in ihre geräumige Einkaufstasche gefasst und eine alte, aber gut geschliffene Gartenschere hervorgezogen.

»*Siempre preparada*. Allzeit bereit«, erklärte sie und erfreute Ellie durch ihr begeistertes Lächeln mit der Nahaufnahme eines jüngst verspeisten *bocadillo*. Die Maxime »Hilf dir selbst, dann hilft dir Gott« war der Señora in der sich neigenden Orangensaison offenbar nicht fremd. »*Ven aquí*«, hatte sie dann gerufen und war wieder durchs Gatter hinausgegangen, um jemandem zu winken, der um die Ecke der hohen, steinernen Mauer stand. »Komm her, Carmen, *pequeñita mía*!«

Carmen war ihre Enkelin, ein hübsches, schüchternes Mädchen von etwa siebzehn Jahren, deren Gesicht zu einem liebenswerten Lächeln erblühte, als sie Ellie die Hand schüttelte und einen kleinen Knicks machte.

»Ach, bloß nicht so förmlich«, hatte Ellie gelacht und aus Respekt ebenfalls einen Knicks gemacht. »Ich bin nicht die Königin. Und selbst wenn ich es wäre, würde ich diesen ganzen unterwürfigen Blödsinn schnell abschaffen.«

»*Sí, señora*«, hatte Carmen lächelnd erwidert und erneut geknickst.

Ich ging zu Ellie in den Garten, nachdem Carmen und ihre Großmutter in Richtung Orangenhain davonmarschiert waren. Ellie blickte ihnen mit verträumtem Blick nach. Die Situation war eindeutig.

»Du verschwendest deine Zeit, wenn du dir eine Liebesbeziehung für Sandy herbeiwünschst, Ellie.«

»Nein, das stimmt nicht.«

»Glaub mir, wenn sich Sandy nicht hundertprozentig sicher ist, ob seine Zukunft hier auf Mallorca liegt oder nicht, dann macht ihm eine einheimische Freundin die Entscheidung auch nicht leichter. Eher im Gegenteil.«

Ellie nickte widerwillig und seufzte. Bei dem in den Augen mancher Leute aus unserer alten Heimat etwas waghalsigen Abenteuer, auf das wir uns eingelassen hatten, bestand schließlich ihr einziges Bestreben darin, die Familie zusammenzuhalten. Als wir den Jungen eröffnet hatten, dass wir mit dem Gedanken spielten, der Vertrautheit und relativen Sicherheit unseres Heimatlandes den Rücken zu kehren und uns als ungeübte Obstbauern auf Mallorca zu versuchen, war es Sandy gewesen, der in Begeisterung geriet, während sich der jüngere Charlie bestenfalls gleichgültig gezeigt hatte. Doch nun schien sich ihre Einstellung fast komplett umgekehrt zu haben.

Trotz seiner anfangs ausgeprägten Abneigung hatte sich Charlie schnell an die ungezwungene Atmosphäre in seiner neuen Schule auf der Insel gewöhnt – einer internationalen englischsprachigen Schule, wo die Schuluniform bestenfalls aus T-Shirt, Turnschuhen und Jeans bestand. Die Überzahl an amerikanischen Kindern (viele von ihnen lebten mit ihren Müttern auf der Insel, während ihre Väter auf den Ölfeldern des Nahen Ostens arbeiteten) verlieh der Aussprache sämtlicher neuen Schüler rasch einen britisch-amerikanischen Einschlag, ganz gleich, woher sie stammten. Und Charlie sprach schon bald genauso gedehnt wie alle anderen.

Aber während er nun täglich in den Genuss einer Menge neuer Freunde, neuer Sportarten unter gleißendem Sonnenlicht und eines neuen, lässigeren pädagogischen Ansatzes als in Schottland kam, saß sein älterer Bruder die meiste Zeit im Tal fest und arbeitete auf einem Bauernhof. Sicher, er hatte sich bei einem mallorquinischen Junioren-Fußballverein angemeldet, der einen Platz nördlich von Palma besaß. Aber dieser Platz lag gut dreißig Kilometer entfernt, und obwohl sich Sandy gut integriert und mit dem überwiegend aus Mallorquinern bestehenden Team angefreundet hatte, lebte keiner seiner Sportskameraden in unserem Teil der Insel. Also musste er hier in der Umgebung Kontakte knüpfen. Das war keine leichte Aufgabe für einen achtzehnjährigen Ausländer, der die Sprache erst noch lernte und der in einer ruhigen, ländlichen Gegend wohnte, wo in erster Linie Leute lebten, die seine Großeltern hätten sein können.

Daher rührte also Ellies gut gemeinter, in Wirklichkeit aber unbedachter Wunsch, ein »nettes, junges *señorita*-Mädchen« für ihn zu finden, das in der Nähe wohnte. Doch jegliche Hoffnung darauf, dass Señora Brotzähne ihre Kupplerininstinkte teilen möge, wurde restlos zerstört, als besagte Señora mit einer bis oben hin mit frisch gepflückten Orangen gefüllten Einkaufstasche ins Haus zurückkehrte. Wie sich nun herausstellte, wollte sie mit ihrem Besuch tatsächlich etwas für die junge Carmen einfädeln, doch dieses Etwas entpuppte sich als ein Anliegen völlig unromantischer Natur.

»Meine Carmen ist ein braves Mädchen«, versicherte sie Ellie und mir mit Nachdruck. »Ehrlich, ruhig und kräftig. Eine gute Arbeiterin und sehr sauber. Ich sage Ihnen, *señores*, Sie könnten Sie allein im Haus lassen, ohne fürchten zu müssen, dass Ihre *cosas privadas* angerührt werden.«

Ellie sah mich verständnislos an und murmelte aus dem Mundwinkel: »Was sind meine *cosas privadas*? Klingt, als täte es weh.«

»Persönliche Sachen.« Ich lächelte der älteren Dame zu und sprach weiter mit Ellie auf Englisch. »Ich glaube, die *señora* ist in Sachen Arbeitsvermittlung unterwegs.«

Und während Carmen schweigend dastand und verlegen auf ihre Füße herabblickte, fuhr ihre Großmutter tatsächlich fort, die vielen Qualitäten ihrer *nieta* aufzuzählen, wobei sie sich für die Vertrauenswürdigkeit des jungen Mädchens persönlich verbürgte. Endlich kam sie zum Punkt. Sie habe gehört, dass die *señora de Escocia* kein Hausmädchen habe, und man könne ja schließlich von keiner Frau erwarten, sich um ein so großes Haus allein zu kümmern. Carmen, so hob sie hervor, wäre genau das richtige Mädchen für diese Aufgabe. »*Hombre*, sie würde sogar bei Ihnen wohnen! … Ähm, das heißt, natürlich nur, wenn sie neben ihrem Lohn auch Essen bekommt.«

Da ich unschlüssig war, wie ich auf dieses ehrlich gemeinte, wenn auch völlig unerwartete Angebot reagieren sollte, ohne sie zu beleidigen, begann ich stockend zu antworten. Doch die alte Dame war nicht zu bremsen.

»*Ah, sí, señor*! Und noch etwas!«, unterbrach sie mich und wandte sich um, um mit einem faltigen Finger auf die Obstbäume zu zeigen. »Auf einem solchen Hof fällt für einen *caballero* wie Sie auch zu viel Arbeit an. Hier in Spanien macht der *señor* die Feldarbeit nicht selbst.« Sie warf Ellie einen Blick zu, lächelte zuckersüß und musterte mich vorwurfsvoll. »Und natürlich darf von der *señora* überhaupt nicht erwartet werden, dass sie auf den Feldern arbeitet. Niemals! *Nunca! Nunca!* Nein, *señor,* Sie brauchen *labradores,* Landarbeiter, die Ihnen die Arbeit abnehmen. So ist das hier üblich. *Sí* … vor allem bei *extranjeros*.«

Ich wollte gerade erklären, dass wir ein bisschen anders waren als die reichen, pensionierten oder Urlaub machenden Ausländer, die sich, nur um die Reize eines alten Steinhauses zu genießen, Bauernhöfe in Spanien gekauft hatten, doch die *señora* kam mir erneut zuvor. Wie ich schon geahnt hatte, erklärte sie uns, dass sie drei wohlgeratene Enkel habe – starke, stramme *chicos,* die die erbarmungslose Sonne Mallorcas gewohnt waren –, die ideale Landarbeiter für uns abgeben würden. Als sie meine betretene Miene sah, ergänzte sie mit hoffnungsvollem Lächeln: »Ähm, in einer Art Turnus vielleicht, *sí*?«

Es hatte keinen Zweck, um den heißen Brei herumzureden, und so machte ich mich daran, der *señora* und ihrer Enkelin so schonend wie möglich beizubringen, dass dort, wo wir herkamen, ein Kleinbauer zwangsläufig sein eigener *labra-*

dor ist – der, wann immer nötig, bei der Feldarbeit von seiner Frau (schließlich braucht man ja jemanden, den man anbrüllen kann, wenn etwas schief geht!) oder, falls er welche hat, seinen Söhnen unterstützt wird. Finanzielle Umstände zwangen einen zu dieser Form der Arbeitsteilung. Überdies verdiente man mit einer *finca* wie Ca's Mayoral einfach nicht genug, um noch weitere Personen außerhalb der Familie zu unterstützen … und selbst das würde sich wohl als schwierig genug erweisen.

Die vorher noch begeisterte Miene der älteren Frau verzog sich einen Moment lang zu einem Ausdruck offener Enttäuschung. Doch sie erholte sich rasch und strahlte uns erneut mit teigigem Grinsen an. »Aber das Haus«, erkundigte sie sich optimistisch. »*La señora de Escocia* braucht doch auf jeden Fall Hilfe im Haus, oder?« Als sie meinen ablehnenden Blick sah, hakte sie matt nach: »Vielleicht nur einen oder zwei Tage die Woche, *sí*?«

Ich schüttelte langsam den Kopf und entschuldigte mich wortreich dafür, dass ich ihr freundliches Angebot nicht annehmen konnte, während ich meinen Standpunkt noch einmal verdeutlichte. Im Gegensatz zu anderen Ausländern, denen sie im ländlichen Mallorca begegnet sein mochte, waren wir keine betuchten Hobbybauern, die es sich leisten konnten, herumzugondeln und die Landschaft zu genießen, während sie andere dafür bezahlten, dass sie ihnen die Arbeit abnahmen. Wir waren ausgesprochen praktisch veranlagt, erledigten alle unsere Aufgaben selbst und taten es noch dazu gern. Das waren wir gewohnt. Auch Ellie war am liebsten selbst Meisterin des Mopps, Chefköchin und Spülerin – eben in jeder Hinsicht Herrin in ihrem eigenen Haus.

Es folgte ein Moment lastenden Schweigens, während dessen Señora Brotzähne mit einem Blick schwindender Hoffnung abwechselnd Ellie und mich musterte. »*Entonces*«, seufzte sie schließlich desillusioniert, nachdem ihr Bild von uns zerstört war, »*ustedes ... ustedes son nada más que campesinos también*?«

Da sah ich mich gezwungen zu nicken und resigniert die Achseln zu heben. »Ganz genau, *señora*«, gestand ich. »Wir sind leider auch nur Bauern.«

Wie sich herausstellte, war Sandy aus einem wesentlich handfesteren Grund so urplötzlich zum Geräteschuppen gerast, als nur um den Fern-Avancen der Schwestern des Schreckens zu entfliehen. Trotzdem überraschte es mich, als ich das unverkennbare Tuckern des Dieselmotors unseres kleinen Barbieri-Traktors vernahm. Normalerweise musste ich Sandy fast unter Einsatz von roher Gewalt zu dem Mini-Fahrzeug zerren, wenn er damit eine Arbeit erledigen sollte. Also warum lenkte er den Traktor nun aus freien Stücken in meine Richtung? Und warum hatte er den Pflug angehängt, wo doch sämtliches Land bereits umgepflügt und bearbeitet war?

»Schmerzlose Bewässerung«, erklärte er mir.

»Kapier ich nicht.«

»Ich schon«, tönte Charlie. »Hey, super Idee, großer Bruder!«

»Ich kapier's immer noch nicht.«

Die Jungen lachten über etwas, was nur sie beide verstanden.

»Wie geht's deinem Rücken, nachdem du zehn Minuten lang mit diesem Hackendings einen Graben ausgehoben hast?«, wollte Sandy wissen.

»Offen gestanden tut er saumäßig weh.« Ich blickte auf das gebogene Blatt des kleinen Werkzeugs herab. »Anscheinend eignen wir Nordeuropäer uns besser dazu, Hacken zu schieben als zu ziehen. Aber weshalb die plötzliche Begeisterung für den kleinen Traktor?«

»Ist doch klar«, riefen die Jungen einstimmig. »Keine Rückenschmerzen mehr.«

»Nee, nee«, wandte ich geringschätzig ein. »Pepe Suau hat gesagt, die Bewässerungsrinnen müssten in etwa zwei Meter Abstand um jeden Baum herum verlaufen.«

»Warum?«, fragte Sandy.

»Weil er sagt, dass der Baum dort trinkt – nicht am Stamm, sondern durch die zarten Wurzeln unter den äußersten Spitzen der Zweige.«

»Du kapierst den entscheidenden Punkt nicht, Dad«, meinte Charlie mit selbstzufriedenem Grinsen.

»O doch, Charlie! Ihr zwei Schlauberger bildet euch ein, ihr könntet die Bewässerungsgräben mit dem Pflug ziehen? Stimmt's?«

»Stimmt.«

»Stimmt nicht. Pflüge sind dazu gebaut, gerade Linien zu ziehen. Versuch mal, einen Kreis mit einem Radius von nur zwei Metern zu pflügen. Aussichtslos.«

Die Jungs sahen sich an und zwinkerten sich geheimnisvoll zu.

»Wer sagt denn, dass die Furchen kreisförmig sein müssen?«, bohrte Sandy weiter.

»Na ja … weißt du … na ja, so ist das eben …« Ich rang um eine Antwort. »Ja, ich meine, ein Baum ist eben so gebaut. Von oben betrachtet – aus der Vogelperspektive – ist er kreisförmig.«

»Ganz schön schlau, der Baum, wenn er rauskriegt, dass sein Wasser aus einem viereckigen Graben kommt statt aus einem runden«, wieherte Charlie.

Endlich fiel der Groschen. Die Jungen hatten natürlich absolut Recht. Anstatt um jeden einzelnen Baum auf dem Hof von Hand einen runden Graben zu ziehen, konnte man den Traktor einfach geradeaus fahren lassen und den Pflug neben jedem Baum in jeder Reihe kurz in den Boden senken. Dann wiederholte man das Verfahren in der anderen Richtung, bis sämtliche Bäume von tiefen, Wasser führenden

Furchen umgeben waren – nur eben viereckigen. Die Faulheitsgene in meiner Nachkommenschaft hatten gerade eine Arbeit sparende Methode für eine höchst strapaziöse Aufgabe ersonnen, der ich alles andere als erfreut entgegengeblickt hatte.

»Genial«, fand Ellie, die gerade aufgetaucht war, um uns daran zu erinnern, dass schon fast Essenszeit war. »So genial, dass ich glaube, wir sollten die Jungs zur Feier des Tages zum Essen ausführen!«

Es gehörte nie viel dazu, Ellie davon zu überzeugen, dass ein Restaurantbesuch angebracht war – erst recht nicht an einem Sonntag, dem Tag des typischen umfangreichen Mittagessens für die typische umfangreiche spanische Familie.

»Besten Dank, aber auf mich müsst ihr verzichten«, erklärte Sandy. »Fußball, wisst ihr noch? Wir haben heute ein Heimspiel.«

»Yeah«, pflichtete ihm Charlie in seinem britisch-amerikanischen Akzent bei, »ich glaube, ich lasse das Mittagessen heute auch ausfallen. Schaue mir stattdessen mit Sandy das Spiel an.« Er hielt inne und sah mich gemeinsam mit seinem Bruder erwartungsvoll an. Dann fügte er hinzu: »Aber vielleicht könnten wir uns unterwegs ein paar BigMäcs besorgen, ja?«

»Einverstanden«, sagte ich und gab ihnen gern die für den Hamburgerkauf nötige Summe Peseten, die erfreulicherweise bedeutend geringer ausfiel, als was ihr Verzehr in einem »konventionelleren« Lokal mit uns verschlungen hätte.

Nachdem unsere Familie nun also nur noch zwei Personen umfasste, machten Ellie und ich uns stadtfein, stiegen in den kleinen Ford Fiesta und fuhren Richtung Palma. Wir hatten nicht die leiseste Ahnung, dass sich das Lokal, in dem wir an diesem Tag zu Mittag essen sollten, als alles andere als konventionell erweisen würde …

* * *

Der stromlinienförmige Rumpf eines Kreuzfahrtdampfers, der im Hafen von Porto Pi angelegt hatte, ragte vor uns über der Straße auf, als wir uns dem westlichen Stadtrand von Palma näherten, und wachte wie ein Pfeiler des Wohlstands über das spektakuläre Sortiment von Booten, die in schier endlosen Reihen in der weit geschwungenen Bucht der Stadt ankerten. Elegante Jachten schaukelten Kiel an Rumpf neben pfeilschnellen Rennbooten, jedes einzelne Boot eine Demonstration des Reichtums seines Besitzers. Dennoch wurden alle von der imposanten Stattlichkeit schnittiger, hochseetauglicher Motorjachten in den Schatten gestellt, von denen viele exotische orientalische Namen auf den Flanken trugen oder Landeplätze am Heck besaßen, auf denen Hubschrauber hockten wie gigantische Libellen aus Metall.

»Offenbar keine Orangenbauern«, bemerkte Ellie. »Wir könnten es uns nicht mal leisten, ein Beiboot für eines dieser Dinger zu kaufen.«

»Hm, zurzeit sind wir um ein paar Ölquellen verlegen«, räumte ich ein. »Offen gestanden würde es nicht mal für ein Beiboot für eines der Beiboote reichen.«

Schweigend hingen wir diesem Gedanken nach, während wir die umwerfende Schönheit von Palmas palmengesäumter Hafenpromenade bestaunten. Obwohl nur etwa dreißig Kilometer von unserem Tal entfernt, hätte diese bekannte Seite Mallorcas kaum einen schärferen Kontrast dazu darstellen können. Hier liegt das mit Hotels besetzte Kronjuwel eines blühenden Touristenreichs. Nur der Anblick einiger kleiner Fischerboote, deren überdimensionale Laternen strategisch angeordnet waren, um in der Nacht Schwärme von Sardinen anzulocken, erinnerten an eine noch erhaltene insulare Lebensweise, die sich nun gezwungen sieht, überfüllte Hafenanlagen mit einem stetig anwachsenden Zustrom vermögender Vertreter der Freizeitgesellschaft zu teilen.

»Wohin fahren wir eigentlich?«, wollte Ellie wissen.

»Zur Straße nach Manacor auf der anderen Seite der Stadt.«

»Warum haben wir dann nicht einfach die Stadtautobahn genommen? Dann könnten wir jetzt schon dort sein.«

»Sicher, aber möchtest du wirklich den Anblick von Betonträgern gegen das hier eintauschen?« Ich wies auf einen Wald aus Segelmasten vor der imposanten Silhouette der Kathedrale von Palma, die das Bild von Stadt und Küste beherrscht. »Das hier muss immer noch eine der spektakulärsten Aussichten am ganzen Mittelmeer sein. Genieß sie!«

Ellie erhob keine weiteren Einwände.

Die gewaltigen Umrisse eines etwa anderthalb Kilometer vor der Küste vor Anker gegangenen amerikanischen Flugzeugträgers drängten sich in unser Blickfeld. Seine bedrohlich wirkende Präsenz stand in seltsamem Gegensatz zu der gelassenen und friedlichen Atmosphäre, für die Mallorca berühmt ist. Er erinnerte in ernüchternder Weise an die Unruhen, die in manchen an diesem schönen Meer gelegenen Ländern nach wie vor herrschen. In der Antike galt das Mittelmeer als Mittelpunkt der Welt, doch nun wurde es von den Schiffen eines weit entfernten und vergleichsweise jungen Staates kontrolliert, der durch ebenjene natürlichen Reichtümer zu Macht gekommen war, die bei den spanischen Abenteurern des Altertums so heiß begehrt waren.

Wir hielten an einer Ampel, um mehrere Gruppen junger amerikanischer Matrosen über die Straße zu lassen. Sie kamen von den Hafenanlagen her, wo sie ein mit Motorbarkassen operierender Zubringerdienst absetzte und sie so aus ihrer schwimmenden Festung befreite. In jungfräuliches Weiß gekleidet, mit von Vorfreude auf den Landgang strahlenden Gesichtern, schienen viele der jungen Seeleute direkt auf die La Lonja genannte alte Warenbörse zuzusteuern, die auf der anderen Seite der Fahrbahn lag. Doch ich vermutete, dass es weniger die in dem schönen Museum der Lonja ausgestellten Exponate zur maritimen Geschichte der Insel waren, die sie anzogen. Wahrscheinlich lockte sie eher das Labyrinth enger Gassen und finsterer Winkel in der Altstadt dahinter, wo man die lang entbehrte weibliche Gesellschaft fand und für eine Hand voll Yankee-Dollars auch kaufen konnte.

»Tja, du weißt ja, wie Seeleute sind«, sagte ich zu Ellie, die diesen Ansturm aufgekratzter Männlichkeit in ausgestellten Hosen mit vor Staunen gerunzelter Stirn betrachtete.

»Ja«, brummte sie, »ein Haufen wüster Kerle.«

Die Straße zu der lebhaften, im Inselinneren gelegenen Stadt Manacor teilt Mallorca östlich von Palma in zwei Hälften und führt in ihrer Fortsetzung zu zahlreichen beliebten Urlaubsorten, die sich an der von kleinen Buchten durchbrochenen Küste von Cala Ratjada südwärts bis zum Fischerdorf Porto Cristo hinabziehen, das etwa sechzig Kilometer von der Hauptstadt entfernt liegt. Nicht dass ich vorgehabt hätte, so weit zu fahren. Aber obwohl wir uns so zeitig aufgemacht hatten, dass wir glaubten, dem allgemeinen Andrang zuvorzukommen, hatte sich der altbekannte sonntägliche Exodus zum Mittagessen in die Umgebung von Palma bereits in Bewegung gesetzt. Ein steter Strom familiengerechter Autos ergoss sich aus der Stadt und trug deren Passagiere der verlockenden Auswahl großer Restaurants entgegen, die sich auf den knapp zwanzig Kilometern zwischen Palma und dem Dorf Algaida verteilen. Wir würden uns anstrengen müssen, wenn wir noch einen Tisch in einem der beliebteren von ihnen bekommen wollten.

Die Landschaft hinter der Stadt, durch die wir nun fuhren, war das genaue Gegenstück zu der dramatischen Gebirgsszenerie, die unser Zuhause in der südwestlichen Ecke der Insel umgab. Es Pla, Mallorcas weite zentrale Hochebene, erstreckte sich als endloses Panorama aus kleinen, flachen Feldern vor uns. Bauernhäuser aus Sandstein in der Farbe alter Mandelschalen tauchten auf wie verstreute Hausbootflottillen, die auf einem breiten Flickenteppich aus Grün- und Brauntönen treiben. Und die zahnlückigen Flügel von etwa hundert Windmühlen hoben sich wie zerschlissene Segel gegen die entfernten Hügel am blauen Horizont ab.

Zwei Kühe mit Fußfesseln, die auf einer nicht umzäunten Weide grasten, käuten im Schatten einer hohen Palme wieder und sahen verträumt dem schwitzenden Bauern zu, der sich mit seinem von einem Maultier gezogenen Pflug abplagte, während er sein Land auf die neue Saat vorbereitete – vielleicht das Futter für ebenjene zufriedenen Rinder. Unterdessen donnerte ein riesiges Passagierflugzeug, zweifellos voll gestopft mit den ersten Touristen, im Landeanflug auf den Flughafen von Palma direkt über uns hinweg. Es Pla führte einem die zwei Seiten von Mallorca vor Augen, die sich einen flüchtigen Moment lang in einem Schnappschuss hier zusammenfanden. Der Bauer wischte sich den Schweiß von der Stirn, fluchte über das Flugzeug und beschimpfte sein Maultier.

Einer der größten Reize der Insel ist ihre anhaltende Fähigkeit, einen zu überraschen. Nach wenigen Kilometern begann die Straße langsam anzusteigen und in ein sanft gewelltes Land aus Kiefernwäldern und *monte bajo* überzugehen, den Maquis von Mallorca. Zwergwüchsige immergrüne Eichen und silberne Olivenbäume heben die Köpfe über ein wirres Unterholz aus Kreuzdorn und Ginster, und alles ist durchdrungen vom Duft der Wacholder-, Rosmarin- und Heidekrautgewächse.

Wie für Mallorca typisch, wird diese sanfte Wildnis allerdings bald wieder von einer kultivierten Landschaft abgelöst. Doch war das hier eine Landschaft, die in scharfem Kontrast zu der gepflegten Symmetrie von Es Pla stand, wo intensiv angebautes Gemüse und Beerenobst durch üppig vorhandenes Grundwasser, das von den allgegenwärtigen Windmühlen nach oben gepumpt wird, gut gedeihen. Die Steigung war zu Ende, und wir fuhren nun eine gerade Straße entlang, die auf beiden Seiten von Kiefernwäldchen gesäumt war, hinter denen Mandel- und Olivenhaine Schutz fanden. Unmengen dieser verlässlichen mediterranen Bäume, deren Wasserbedarf von den bescheidenen Regenfällen der Region gedeckt wird, standen behaglich im staubigen Erdreich, das im Lauf der Jahrhunderte von den strohgelben Steinen befreit worden war, mit denen man anschließend die Mauern um jedes der willkürlich geformten Felder errichtet hatte.

Ein großer gelber Vogel flog direkt vor uns über die Straße und verschwand in den farblich passenden Blüten einer Echten Akazie, die neben dem Gatter eines Bauernhofs wuchs.

»Wow!«, stieß Ellie hervor. »Imposanter Kanarienvogel!«

»Ein Pirol«, erwiderte ich lachend.

»Wie bitte?«

»Du kannst mir glauben, dass es ein Pirol war.«

Aus den Augenwinkeln sah ich, wie mich Ellie ungläubig anstarrte. »Seit wann bist du denn der große Ornithologe?«

»Tja, normalerweise hätte ich auch nicht gewusst, was es ist«, räumte ich ein, »aber Pepe Suau hat mir mal einen gezeigt, als er unsere Bäume beschnitten hat. Man kriegt nur ganz selten einen zu Gesicht, meinte er. Soll aber Glück bringen.«

»Na, dann bringt er mir hoffentlich das Glück, dass du bald an einem Restaurant anhältst. Immerhin sind wir schon an einem halben Dutzend vorbeigefahren. Warum, um alles in der Welt?«

»Einfach weil ich noch keines gesehen habe, auf dessen Parkplatz genug Betrieb ist. Man muss immer nach einem gut besuchten Lokal Ausschau halten – ein Zeichen für Qualität und ein ausgewogenes Preis-Leistungs-Verhältnis.«

»Das ist ja alles gut und schön, aber auf die Art kommen wir nie zu einem Mittagessen. Schau dir mal den Verkehr an!«

Doch kurz vor Algaida fand ich endlich, was ich suchte,

nämlich ein am Straßenrand gelegenes Restaurant, das so beliebt war, dass es sich als nahezu unmöglich erwies, auf seinem überfüllten Parkplatz noch eine Lücke zu finden. »CA'L DIMONI« stand auf dem Schild und »Eingang durch die Bar«. Letztere entpuppte sich als schlichte Kneipe, wo drei unerschütterliche Tresendamen die lärmende Menschenmenge, die sich im Innern drängte, mit Getränken versorgten.

»Bleib du mal gleich an der Tür stehen«, brüllte ich Ellie ins Ohr und setzte mich in Richtung eines Durchgangs in Bewegung, der ins eigentliche Restaurant führte, das, so weit wir sehen konnten, bereits bis auf den letzten Platz besetzt war. »Ich schlage mich an die Bar durch und versuche, einen Tisch zu reservieren.«

Ellie schüttelte den Kopf und schrie: »Nein, nicht nötig. Schau mal, da ist eine –«

Ich tat Ellies Einwände ab und rief ihr über die Schulter zu: »Ja gut, es sieht nicht allzu Erfolg versprechend aus, aber *so* schnell gebe ich auch nicht auf.«

Ellie schloss die Augen und schüttelte weiter resigniert den Kopf.

»Schwarzseherin«, murmelte ich vor mich hin und quetschte mich zwischen zwei winzigen Mallorquinerinnen mit gigantischen Brüsten hindurch. *»Perdón, señoras«*, keuchte ich und hob im Versuch, meinen Umfang zu verringern, die Arme. Allerdings streifte ich dabei versehentlich mit dem Daumen etwas, von dem ich inständig hoffte, dass es nichts Empfindlicheres war als ein Jackenknopf am schwerelos schwebenden Busen der *señora* mir gegenüber.

»Oo oo ooh la la!«, quickte sie und hob automatisch selbst die Arme, ohne daran zu denken, dass sie einen Einkaufskorb hielt, in dem neben anderen Artikeln ausgerechnet ein langes Baguette steckte.

Ich biss mir auf die Unterlippe, um die Welle von Schmerz

zu unterdrücken, die in Gestalt eines erstickten Jaulens aus meinen geblähten Nüstern drang.

Die Frau mit dem Baguette sah zu der Stelle hinab, wo ihr Brotlaib seinen schnellen Aufwärtsflug beendet hatte, und hob dann langsam den Blick zu mir. »*Lo siento, señor*«, entschuldigte sie sich kokett, während sie sich vergebens bemühte, ein Grinsen zu unterdrücken.

Ihre Begleiterin kicherte. »Es heißt, ein guter Laib geht schnell auf, *señor*«, bemerkte sie und warf einen viel sagenden Blick auf meine verletzten Weichteile. »Aber vielleicht hat der Bäcker in den hier zu viel Hefe getan, was?«

»*No problema, señoras*«, log ich mit Fistelstimme und zwinkerte, um die Tränen zurückzudrängen. »Ganz ... ganz allein meine Schuld.«

Vorsichtiger setzte ich meinen Weg fort und schaffte es bis auf ein, zwei Meter vor die Bar. »*Una mesa para dos, por favor*«, rief ich durch den Lärm um mich herum mit übertriebenen Lippenbewegungen einer der Bedienungen zu. »Einen Tisch für zwei Personen, bitte.« Dazu hielt ich zwei Finger in die Höhe.

Ohne ihren Rhythmus zu unterbrechen, in dem sie gleichzeitig die Kaffeemaschine bediente, Bier zapfte, Flaschen aufmachte, Beträge in die Kasse tippte, Wechselgeld herausgab, den Tresen wischte und mit ihren Kolleginnen schwatzte, hob die junge Frau einen Finger und wies ans Ende des Tresens, wo eine der für Mallorca typischen schwarz gekleideten Oma-Figuren stand, mich angrinste und ein Heft mit Lotterielosen schwenkte.

Ich gab ihr über das Meer von Köpfen hinweg mimisch zu verstehen, dass ich kein Los kaufen wollte. Ich war zum Essen gekommen! Die *anciana* rang sich ein müdes Lächeln ab und wedelte erneut mit dem Losheft. Dabei gestikulierte sie vage zu Ellie hinüber, die immer noch dort stand, wo ich sie verlassen hatte, nur wenige Schritte neben der Los-Oma.

Jubilierend hob Ellie ein Los in die Höhe und winkte mich mit ungeduldigen Handbewegungen zu sich zurück.

»Ich habe noch keinen Tisch organisiert«, brüllte ich über das Wortgewirr zu ihr hinüber. »Hab noch ein bisschen Geduld, ja?«

Ellie verstand mit Sicherheit kein einziges Wort. Sie winkte mich erneut zu sich her, zog ihre Brauen zu einem fordernden Grollen zusammen, konnte allerdings ihr Vergnügen kaum verbergen, als sie vorgab, das Lotterielos zu verspeisen.

Schließlich begann ich mir zwischen denselben Leibermassen den Weg zurück zu bahnen, mit denen ich schon auf dem Hinweg einigermaßen intim geworden war. »Ähm, *perdón*«, wiederholte ich immer wieder, tippte sachte auf mittlerweile vertraute Schultern und grinste verlegen in verständnislose und genervte mallorquinische Mienen. Was bildet sich dieses *loco* Ausländer-Weichei ein, dachten sie bestimmt, das sich bis kurz vor die Bar durchgedrängelt hatte und jetzt wieder zurückkam, ohne auch nur ein Getränk erstanden zu haben?

»Nette Idee, Ellie!«, schnauzte ich sie an, als ich es endlich zurück bis zur Tür geschafft hatte. »Ich werde misshandelt, zerquetscht und halb kastriert, während ich versuche, uns einen Tisch zum Mittagessen zu besorgen, und dann fällt dir plötzlich ein, dass du lieber ein Lotterielos essen möchtest! Sagenhaft!«

Ellie genehmigte sich ein selbstgefälliges Schmunzeln. »Wenn du mir zugehört hättest, anstatt wie ein Wilder loszustürzen, hättest du dir den ganzen Stress sparen können.«

»Ach ja? Wie das?«

»Die nette alte Dame in Schwarz hat schon versucht, deine Aufmerksamkeit zu erregen, als wir hereingekommen sind.«

»Ja, klar«, brummte ich, »du kannst hierzulande keine Bar betreten, ohne dass jemand versucht, dir ein Ticket für irgendeine Lotterie aufzudrängen. Aber wir sind hierher gekommen, um zu essen, nicht um –«

»Aber die alte Dame verkauft überhaupt nichts.«

»Was sollen dann die Lose?«

»Sie haben ein System. Wenn du einen Tisch willst, gibt sie dir ein Ticket mit einer Nummer. Und wenn aus dem Restaurant deine Nummer aufgerufen wird, lässt sie dich durch. In einem Lokal, wo dermaßen viel Betrieb ist wie hier, können sie nicht zulassen, dass sich jeder wie eine Planierraupe vor zum Tresen wälzt, um einen Tisch zu reservieren, so wie du es versucht hast, oder?« Sie gab ein überlegenes Lachen von sich. »Also, wenn das jeder machen würde, bekäme kein Mensch jemals ein Getränk an der Bar, stimmt's?«

»Stimmt«, murmelte ich und versuchte, meine betretene Miene vor der kichernden alten Ticketverteilerin zu verbergen. »Und genau das habe ich auch für meine Mühe vorzuweisen – nicht einmal ein verdammtes Getränk von der Bar!«

Ellie beugte sich zu mir und sagte hämisch und in überlautem Flüsterton: »Tja, vielleicht hättest du doch nicht an den vielen Lokalen vorbeifahren sollen, in denen dir nicht genug Betrieb war!«

Womöglich hatte sie damit nicht ganz Unrecht, aber das würden wir noch früh genug erfahren.

Wir schnappten uns zwei gerade frei gewordene Plätze am Fenster und sahen uns um. Sofort begann ich mich zu fragen, warum derart viele Leute dieses Lokal bevorzugten. An den Räumlichkeiten konnte es kaum liegen – nackter Fußboden, nackte Tische und Stühle, zwei (knisternde) Deckenventilatoren, Fahrstuhlmusik vom Band, die einen aussichtslosen Kampf gegen den Krach gebrüllter mallorquinischer Gespräche führte, schreiende Kinder und ein an die Wand montierter Fernseher, auf dem ein Nachrichtensprecher über hundert desinteressierte Köpfe hinweg von den jüngsten Ereignissen berichtete. Zwei kreischende Sittiche pickten in einem Käfig direkt über uns apathisch an ihren Krallen herum, während ein Kanarienvogel mit lederner Lunge sich irgendwo auf der anderen Seite des verqualmten Raums die Seele aus dem Leib sang. Ein Tollhaus. Alles in allem besaß dieser Laden den Reiz einer bodenständigen spanischen Kaschemme – und noch ein bisschen mehr.

Schließlich kam ich zu dem Schluss, dass es hier eigentlich ganz herrlich war …

Allerdings nur, wenn man von den kleinen Teufelspuppen absah!

Es war der plötzliche Ausdruck des Unbehagens auf Ellies Miene, der meine Aufmerksamkeit auf die Puppen zog. Sie starrte durch eine Durchreiche hinter der Bar ins Restaurant hinüber, den Blick auf ein Regal fixiert, auf dem eine Horde dieser kleinen Kerlchen stand. Ihre roten Augen glühten aus gehörnten Köpfen, und die in Pfeilen endenden Schwänze wiesen auf Pferdefüße hinab.

»Ca'l Dimoni!«, sagte ich zu ihr und nickte zu einem lebensgroßen Ebenbild des Satans hin, das mitsamt einem rotgelben Dreizack direkt vor dem Fenster stand, an dem wir saßen. »Das heißt auf *mallorquín* wohl ›Haus des Dämons‹.«

Als sie Ellies verblüfftes Gesicht sah, kam die alte Frau mit den Tickets herüber und erklärte, dass Dämonen Bestandteil der insularen Folklore seien und auf heidnische Zeit zurückgingen. Ihr Bild sei schließlich von den Christen übernommen worden, und so spielten schon seit Jahrhunderten als Dämonen verkleidete Männer und Jungen eine wichtige Rolle auf allen möglichen mallorquinischen Fiestas. Doch es seien harmlose Gestalten, versicherte sie Ellie. Sie hätten nichts mit Okkultismus oder irgendetwas ähnlich Unappetitlichem zu tun, sondern sie seien nur Spaßmacher, die die Zuschauer auf Festumzügen mit ihren Schelmenstreichen unterhielten. Ja, das Schlimmste, was diese Möchtegern-Dämonen täten, lachte die Alte, sei, Tontöpfe zu zerschlagen und den Mädchen mithilfe ihrer Dreizacks unter die Röcke zu lugen. Doch selbst das gehörte zur Tradition der Feste, und trotz ihres Gekreisches fänden die Mädchen es herrlich! Die Dämonen stünden auch nicht für Satan, sondern sollten ein harmloses Abbild der schlechten Seiten des menschlichen Charakters darstellen und zugleich Furcht und Vergnügen bereiten. Überdies sei es eine große Ehre, den Chefdämon in seinem Dorf spielen zu dürfen – den so genannten *Dimoni Cucarell*, der oft über mehrere Generationen hinweg von ein und derselben Familie dargeboten wurde.

Ihrem fließenden Vortrag nach zu urteilen, hatte die alte Frau diese Geschichte schon zahlreichen verwunderten Gästen des Ca'l Dimoni erzählt, und gelassen kehrte sie an ihren Platz am Eingang des Lokals zurück.

Doch Ellie sah immer noch nicht allzu glücklich aus. »Ich finde dieses Lokal ein bisschen unheimlich«, murmelte sie. »Ein bisschen gruselig. Es ist, na ja … mir nicht ganz geheuer eben.«

»Sei doch nicht albern. Das mit dem Dämon ist nur eine Masche – ein Publikumsmagnet.« Ich lachte in mich hinein. »Gruselig, also bitte. So ein Blödsinn.«

In diesem Moment zuckte ein Blitz über den grau werdenden Himmel, die Lichter hinter der Bar flackerten, und in der Ferne ertönte grollender Donner.

Die arme Ellie. Sie hatte wirklich Angst vor Donner und Blitz. Und ihre Vorliebe für Gruselromane und Horrorfilme tat ein Übriges. Ein Donnerschlag, und ihre Fantasie schlug wilde Kapriolen. Wäre sie allein gewesen, ich wette, sie wäre auf der Stelle geflüchtet, doch ein wenig sanfte Überredung von meiner Seite und der unwiderstehliche Duft von Speisen, der in die Bar hereinwehte, ließen die Vernunft die Oberhand behalten. Außerdem dauerte es gar nicht so lang, wie wir gefürchtet hatten, bis unsere Nummer aufgerufen wurde.

Wir hatten Glück, dass wir so schnell einen Tisch bekommen hatten, erklärte uns die *anciana* mit den Tickets, als sie uns an sich vorbei ins Restaurant winkte, und fügte hinzu, dass sonntags nicht viel Nachfrage nach Tischen für zwei Personen bestand. »*Las familias extendidas españoles, eh!*« Sie lachte greisenhaft und wünschte uns guten Appetit, indem sie uns »*Bon profit!*« nachrief, die mallorquinische Version des spanischen »*Buen provecho!*«, was beides wörtlich übersetzt »Guten Profit!« heißt.

Dies mag merkwürdig erscheinen, aber wie kämen wir dazu, solche Merkwürdigkeiten in den Sprachen anderer infrage zu stellen, wenn unsere eigene vormahlzeitliche Höflichkeit sich meist darin erschöpft, uns einer Formulierung aus dem Französischen zu bedienen? Vielleicht eine Auswirkung der zumindest bis in jüngere Zeit allzu verbreiteten, typisch britischen Einstellung, Essen als reine Lebensnotwendigkeit zu betrachten, ganz im Gegensatz zu dem in Ehren gehaltenen mediterranen Ritual, beim ausgedehnten und entspannten Zelebrieren der Freuden aus Küche und Keller nette Gesellschaft und angeregte Gespräche zu genießen.

Und das war genau die Atmosphäre, die in diesem Restaurant herrschte. Einer der vielen weiß beschürzten Kellner brachte uns an unseren Tisch. Jeder Einzelne von ihnen machte mit seiner professionellen Hingabe dem spanischen *camarero* alle Ehre, indem er in dem ganzen nachmittäglichen Tumult sogar noch freimütig lächelte.

Es war immer angenehm, auf Mallorca sonntags zum Mittagessen auszugehen, und ich ahnte bereits, dass uns das Ca'l Dimoni nicht enttäuschen würde. Aussehen und Atmosphäre des geräumigen Speisesaals gefielen mir. Nicht wegen einer aufwendigen Möblierung oder eines prunkvollen Dekors, denn in dieser Hinsicht war rustikal bis schlicht vorherrschend, sondern weil der Raum einfach angenehm altmodischen Mallorquiner Charme ausstrahlte. Zwei stabile Steinsäulen trugen ein schräges Dach aus Rundbalken, die Zwischenräume waren mit Lattenwerk gefüllt, und alles glühte unter der gelbbraunen Patina des Holzrauchs, der von einem riesigen offenen Feuer nach oben zog. Horizontal unter der Decke hingen reihenweise lange, grob behauene Stangen, die sich unter dem Gewicht hausgemachter Würste in seltsamen Formen und verschiedensten Größen bogen. Sämtliche Würste baumelten über flachen, strategisch aufgehängten Holztrögen, die all die würzigen Säfte auffangen sollten, die sonst auf die darunter plaudernden Gäste getropft wären.

Der Speisekarte zufolge waren die Spezialitäten des Hauses *Carnes a la Brasa* – Fleisch vom Grill – oder in diesem Fall eher Fleisch von etwas, das man auch als Viehgatter hätte verwenden können. Es lag über einer gigantischen Kohlenpfanne und wurde von heißer Asche beheizt, die man unter glimmenden Olivenscheiten im Format von Baumstämmen hervorrechte. Diese kulinarische Schmiede nahm eine ganze Ecke des Speisesaals in Anspruch und wurde von zwei kraftstrotzenden Köchen bedient, deren ständige Bewegung man durch Funkenfontänen, die jedes Mal aus der Glut sprühten, wenn sie ein Stück Fleisch wendeten, schemenhaft wahrnehmen konnte.

Unser Kellner stellte die übliche Schale eingelegter Oliven, einen Korb knuspriges, braun gebackenes Brot und ein *platito* mit kleinen, milden Peperoni vor uns hin. Kurz darauf kam er wieder und brachte einen Tonkrug des offenen *vino tinto* und eine Flasche Mineralwasser, auf deren Etikett eine den Durst fördernde Abbildung eines schneebedeckten Mallorquiner Gipfels zu sehen war.

Um uns herum saßen große Mallorquiner Familien, von denen manche offensichtlich vier Generationen umfassten, und warteten auf ihr »richtiges« Essen. Manche teilten sich

Spießchen gedünsteter Schnecken oder würziger *butifarra*-Blutwurst, während andere sich aus Familienschüsseln voller *callos* (mundgerechte Häppchen aus Kutteln) bedienten oder ihre Gabeln in Gemeinschaftsportionen *fritos* aus in Olivenöl gebratener gehackter Lammleber mit Paprika- und Kartoffelwürfeln versenkten.

Ich schenkte mir ein Glas Wein ein und lehnte mich zurück, um die Atmosphäre zu genießen.

»Ich finde aber trotzdem, dass hier irgendetwas seltsam ist«, sagte Ellie und ließ ihren Blick nervös durch den Raum wandern.

Das Dämonenthema war tatsächlich in voller Bandbreite umgesetzt worden. Teufelsmasken zierten die Wände, und auf einem Regal in einer dunklen Ecke neben der Bar stand ein aus schwarzem Holz geschnitzter, ein Meter großer Dämon. Es war wirklich ein sehr lebensechtes Abbild. Seine Pferdefüße lüfteten sich zu einem teuflischen Tanz, die spinnenartigen Hände hielt er erhoben, als spielte er auf einer unsichtbaren Flöte, und hinten aus seinem schmerbäuchigen Leib wuchsen ihm ein Drachenschwanz und gigantische Fledermausflügel heraus. Auf der Stirn trug er Hörner, und sein groteskes, höhnisches Grinsen wurde vom schaurigen Schein einer geschickt platzierten Glühbirne bestrahlt.

Ellie konnte den Blick nicht abwenden.

»Entspann dich«, sagte ich. »Das ist nur Folklore.«

»Und schau dir bloß mal dieses hölzerne Wandbild da drüben an«, stieß sie hervor. »Indirekt beleuchtet und so.«

»Mm-m-m, die alte Mallorquiner Szene vom Schweineschlachten«, bemerkte ich wenig interessiert. »Ganz gut gemacht, was?«

»Es ist grausig! Zwei Männer mit Messern, die gleich ein auf einen Bock gebundenes Schwein umbringen werden. Und schau nur – daneben steht eine Frau mit einem Eimer, um das Blut aufzufangen.« Ellie schüttelte den Kopf und erschauerte. »Das reicht, um einem das Fleischessen ein für alle Mal zu verleiden.«

»Blödsinn! Das stellt nur die *matances* dar. Früher war das gegen Ende des Jahres ein großes Ereignis hier auf den Bauernhöfen. Wenn man der alten Maria Bauzá glaubt, gibt es das auf manchen heute noch. Sämtliche Nachbarn packten mit an, wenn das Familienschwein geschlachtet und die Würste und das alles gemacht wurden. Dann gab es ein großes Essen, gefolgt von gemeinschaftlichem Singen und Tanzen am Abend. Ein Riesenspaß.«

»Aber nicht für das arme Schwein. Schau dir nur seinen Gesichtsausdruck an. Absolut furchtbar.«

»Ach, geben wir's doch zu«, lachte ich. »Du würdest auch ein bisschen furchtbar dreinsehen, wenn du wüsstest, dass man dir gleich die Kehle durchschneidet.« Ich tätschelte Ellie beruhigend die Hand. »Aber es ist doch nur ein Wandschmuck – genau wie die Dämonen. Komm, iss eine Olive.«

Ellie war offenbar zu abgelenkt, um auch nur wahrzunehmen, was ich sagte. »Tod und Teufel«, murmelte sie. »Das Böse hier drin behagt mir nicht.«

»Quatsch!«, schimpfte ich. »Dieses Lokal ist ungefähr so böse wie Disneyland!«

Die sich ballenden Wolken des nahenden Gewitters tauchten plötzlich alles in Halbdunkel, was den makabren Effekt der indirekten Beleuchtung hinter den Dämonenmasken und dem *matances*-Wandbild noch verstärkte. In diesem Dämmerlicht wirkte der tanzende Teufel noch realistischer. Er schien sich bereitzuhalten, um jeden Moment loszulegen und einen wilden, satanischen Springtanz aufzuführen. Alles zusammen ergab ein zweifellos reichlich unpassendes Umfeld für ein Restaurant, aber anstatt ihnen Angst einzujagen, begeisterte die gezielt gruselige Wirkung des Ganzen selbst die Jüngsten aus den Familien um uns herum.

Ich überflog die Speisekarte und sah, dass die angebotenen

Gerichte mit Sicherheit nicht dazu gedacht waren, Vegetarier anzuziehen. Wie in den meisten Mallorquiner Landgasthöfen wurde überwiegend Schwein und in diesem Fall auch Lamm angeboten.

Das Interessante an der einheimischen Rasse der schlaksigen Mallorquiner Schafe ist, dass das Mutterschaf kaum je das bekommt, was sich Schafzüchter in kälteren Klimazonen wünschen: Zwillinge. Ja, die Natur diktiert sogar, dass das gar nicht wünschenswert ist. Es ist schon schwer genug, *ein* hungriges Jungtier aufzuziehen, wenn man den Großteil des Jahres auf ausgetrocknetem Weideland überleben muss. Doch das mallorquinische Mutterschaf hat noch einen Trumpf in seinem mediterranen Fell: Im Gegensatz zu seinen kältegewohnten Cousinen im Norden lammt es zweimal im Jahr statt nur einmal. Man muss eben sehen, wie man seine Schäfchen ins Trockene bringt, und eins plus eins macht auch zwei.

Jedenfalls sorgen ebendiese mageren Futtervorkommen sowie das große Interesse ihrer menschlichen Besitzer an Schafsmilch dafür, dass zahlreiche Mallorquiner Schafe damit rechnen müssen, schon in jungen Jahren ihren Weg auf den Teller anzutreten – häufig schon im Alter von wenigen Wochen. Ein harter Zug des Schafslebens, der aber das zarteste, wohlschmeckendste Lammfleisch hervorbringt, das man sich denken kann. Im Grunde handelt es sich um ein völlig anderes Fleisch als zum Beispiel das der »fetten« Lämmer, die traditionellerweise in Großbritannien aufgezogen werden, und die Mallorquiner geben stolz zu, dass sie süchtig danach sind.

Daher überraschte es mich nicht, als am Nebentisch köstlich magere, saftige *costillas de cordero,* Koteletts vom Junglamm, serviert wurden. Sie waren für die Kinder. Einige der Erwachsenen hatten sich für Lammkeule entschieden – magere Haxen mit zartem, jungem Fleisch am Knochen, umhüllt von einer perfekten Kruste. Andere hatten sich eine weitere Spezialität der spanischen ländlichen Küche ausgesucht, nämlich *lechona asada,* Spanferkel vom Grill, das am besten sein soll, wenn es so zart ist, dass man es mit dem Tellerrand schneiden kann. Alles sah unwiderstehlich aus und roch auch so.

Ellie las meine Gedanken und schüttelte den Kopf. Das Wandbild vom Schweineschlachten hatte mir im wahrsten Sinne des Wortes alles versaut. Es würde ein fleischloses Essen werden – es sei denn, ich wollte auf einen anderen Tisch warten und dort alleine speisen.

Ich fügte mich ins Unabänderliche und bestellte zwei *sopas mallorquinas*.

»Und danach?«, fragte der Kellner, der selbstverständlich davon ausging, dass wir uns an die örtlichen Gepflogenheiten halten und dieses Gericht als Vorspeise essen würden.

»Nein, *gracias*«, schaltete Ellie sich hastig ein. »Die *sopas* reichen uns, *gracias*.«

Das mimische Achselzucken des Kellners ließ mich in keinem Zweifel darüber, dass er seiner Ansicht nach ein Paar bediente, das nicht mehr alle Koteletts im Kühlschrank hatte. *Hombre,* ins Ca'l Dimoni gehen und kein Fleisch bestellen?, schien seine Miene zu sagen. *Ay-y-y, caramba!*

In diesem Moment, als ich die vielen Tische begeisterter Fleischesser betrachtete, konnte ich nicht umhin, seine Befremdung zu teilen. Doch Mallorcas trügerisch einfache ländliche Küche besitzt genau wie die Landschaft die Fähigkeit, einem die erstaunlichsten Überraschungen zu bereiten. Denn obwohl die Beschreibung der *sopas* auf der Speisekarte als »deftiger Kohleintopf« nicht gerade Visionen köstlichster kulinarischer Höhenflüge auslöste, erwies sie sich in der Praxis als etwas ganz anderes.

Wie unser Kellner freundlicherweise erläuterte, als er zwei dampfende *greixoneras* aus Ton vor uns hinstellte, veranlasste das Wort *sopas* den Uneingeweihten häufig zu der Annahme, er habe Suppe bestellt. Doch in Wirklichkeit ist die Bezeichnung eine Abwandlung von *sopes*, dem Wort für das rehbraune Landbrot Mallorcas, das, wie er uns versicherte, als Auskleidung unserer Schüsseln verwendet worden war. Darauf kam eine gut gewürzte Masse aus klein geschnittenem Kohl, Tomaten und Zwiebeln, und dann ließ man das Ganze köcheln, bis alle Flüssigkeit vom Brot aufgesogen worden war und nur noch das feuchte Gemüse oben lag.

Der Kellner formte mit Mittelfinger und Daumen einen Kreis, den er auf mich richtete, als wollte er einen Pfeil werfen. »*Fabuloso!*«

Und er hatte Recht. Dies war wirklich keine Suppe, sondern eine so dicke Masse, dass man sie in Scheiben hätte schneiden können. Dazu kam der wunderbare Geschmack, der von einer gekonnt zubereiteten Brühe herrühren musste, die ihrem herzhaften Aroma nach zu urteilen, aus einer großzügigen Menge Fleisch gekocht worden war. Ich sagte nichts und Ellie bedeutsamerweise auch nicht – bis sie den letzten Bissen ihrer *sopas* aus der Schüssel gelöffelt und verspeist hatte.

»Na also«, verkündete sie triumphierend und tupfte sich den Mund mit der Serviette ab. »Wer sagt denn, dass man ermordete Tiere verzehren muss, um gut zu essen?«

Ich nickte diplomatisch. Es wäre interessant, so überlegte ich, zu sehen, wer seine tugendhaften Vorsätze als Erster brach – Ellie, die plötzliche Vegetarierin, oder Jordi, der unverhoffte Abstinenzler.

Draußen hatte der Himmel eine bleierne Färbung angenommen, und es begann langsam zu regnen, doch zumindest schien sich das drohende Gewitter aufgelöst zu haben, was zu Ellies mittlerweile wieder gelassener Haltung beitrug. Und die anhaltende Zufuhr des gehaltvollen Hausweins hatte die nämliche Wirkung auf mich.

»Weißt du, Ellie«, sagte ich prahlerisch, »fast hättest du

mich auch ins Bockshorn gejagt – mit dem ganzen Tod-und-Teufel-Zeug, das du dahergeredet hast. Ob du es glaubst oder nicht, langsam wurde sogar mir ein bisschen mulmig.« Ich lachte und trank einen Schluck Wein. »Blöde Ammenmärchen. Ich sollte mich schämen.«

»Es ist überhaupt nicht blöd«, widersprach Ellie.

»Ja, ja – all diese an den Haaren herbeigezogenen Hirngespinste, mit denen du dir den Kopf zumüllst. Gib's zu: Autoren von derartigen Büchern verdienen mit leichtgläubigen Leuten wie dir ein Vermögen.« Ich schnaubte verächtlich. »Nichts als Schwachsinn.«

Ein leises Lächeln umspielte Ellies Mundwinkel. Das Glühen der indirekt beleuchteten Teufelsmasken spiegelte sich als schelmisches Funkeln in ihren Augen wider. »So«, hakte sie nach, »du glaubst also nicht an den Fürsten der Finsternis?«

»Oh-h-h, aber sicher, meine Liebe«, tönte ich in einer schlechten Imitation von Vincent Price. »Doch, ungefähr so, wie ich an den Weihnachtsmann glaube.«

Ellie blickte nun an mir vorbei. Ihr Lächeln war auf einmal wie weggewischt. Wie hypnotisiert starrte sie auf jemanden oder *etwas* hinter mir. Außerhalb meines Blickfelds stieß ein Kind einen markerschütternden Schrei aus, und ein grausiges Lachen erklang in dem urplötzlich still gewordenen Speisesaal. Ich merkte, wie sich mir die Nackenhaare aufstellten, als ein greller Blitz vor dem Lokal in die Erde einschlug, noch dazu so nah, dass der anschließende Donnerschlag fast sofort erfolgte. Die Lichter flackerten und gingen aus und tauchten den Raum in fast völlige Dunkelheit.

Dann, aus einer unheimlichen Stille heraus, berührte mich etwas an der Schulter. Etwas Spitzes, etwas Kaltes, etwas … Böses. Eisige Schauer rannen mir über den Rücken und huschten über meine Gänsehaut wie die Pfoten einer nassen Kanalratte. Instinktiv sprang ich auf und wirbelte herum, während mir das Herz bis zum Hals klopfte, um den oder *das*, was mich berührt hatte, zur Rede zu stellen.

»WA-A-A-H!«, brüllte ich und erkannte den Klang meiner entsetzten Stimme selbst kaum wieder.

ER war es! Er stand direkt vor mir. Die gehörnten Umrisse seines riesigen Kopfes zeichneten sich in scharfem Kontrast vor dem Hintergrund der Flammen aus dem Grill ab. Es herrschte Totenstille, abgesehen von seinem heiseren Atem und dem zornigen Zischen und Knistern des Feuers. Ich sah das glühende Funkeln seiner Augen, und sein Blick bohrte sich direkt in meinen.

Hinter mir begann Ellie zu wimmern, als ein zweiter Donnerschlag das Haus erschütterte. In dem abgehackten Blitz danach sah ich kurz, was mich an der Schulter berührt hatte – ein bösartig wirkender Dreizack, den dieser lebendige Dämon in seiner behaarten rechten Hand hielt und mit dem er nun auf meine Brust zielte. Mein Verstand riet mir, rational zu denken, mich nicht von Ellies absurden Fantasien einwickeln zu lassen, doch meine Füße wussten es besser und machten einen reflexartigen Satz zur Seite. Ich stolperte über ein Stuhlbein, torkelte über den Fußboden, und als die Lichter wieder angingen, saß ich plötzlich auf dem Schoß jener großbusigen *señora,* die ich zuvor in der Bar versehentlich in ihren »Knopf« gezwickt hatte.

Der Dämon stimmte als Erster das brüllende Gelächter an, das nun an sämtlichen Tischen ausbrach, und ich konnte sehen, dass sich auch Ellie amüsierte und sich Lachtränen aus den Augen wischte. Das alles trug zur Erheiterung eines Publikums aus kleinen Kindern bei, die sich um uns versammelt hatten, um den Spaß aus nächster Nähe mitzuerleben. Erst da bemerkte ich das Büschel Lotterielose, das von einem Zinken am Dreizack dieses kostümierten Dämons herabbaumelte.

»Oo-oo-ooh la-la!«, hauchte mir die Baguette-Frau verführerisch ins Ohr und klimperte dazu mit den Wimpern, wäh-

rend ich mit hochrotem Gesicht Entschuldigungen murmelte und darum rang, mich aus ihren Armen zu befreien.

»*Lo siento, señora*«, sagte ich mehrmals. »Es tut mir wirklich entsetzlich Leid.«

»*El gusto es mío*«, gurrte sie und versetzte mir einen neckischen Klaps auf den Po, als ich mich endlich losgemacht hatte. Das Vergnügen, so versicherte sie mir, war – schon wieder – ganz auf ihrer Seite gewesen!

Vier

Der Edelmut von Dieben

Als wir endlich gut gesättigt vom Ca'l Dimoni Abschied nahmen, war die Massenrückkehr nach Palma bereits in vollem Gange. Von Essen und Wein heiter gestimmte Autofahrer brachten ihre Familien in einem stetigen und raschen Strom heimwärts, wobei viele in der Manier eines Matadors versuchten, die Fahrkünste der anderen zu übertrumpfen. Wenn man nicht gerade Spaß daran hatte, sein Leben aufs Spiel zu setzen, indem man mit vierrädrigen Metallstieren den Kampf aufnahm, die sich gegenseitig hartnäckig überholten – mit Vorliebe an unübersichtlichen Stellen –, dann sollte man zusehen, dass man sich an Sonntagnachmittagen nach dem Essen so schnell wie möglich von den mallorquinischen Hauptverkehrsstraßen entfernte. Und genau das taten wir voller Erleichterung ein paar hundert Meter nördlich vom Lokal.

Nachdem wir auf eine ruhige, von Natursteinmauern gesäumte Landstraße abgebogen waren, fuhren wir an gepflegten Wiesen vorbei, auf denen kleine Schaf- und Ziegenherden zwischen ordentlich in Reih und Glied stehenden Mandelbäumen grasten. Die Bäume trugen nun allesamt frische Blätter, nachdem sie vor einem Monat oder noch früher ihre »Schneeflocken«-Blütenpracht abgeschüttelt hatten. Das Gewitter hatte sich zu einem entfernten Grollen abgeschwächt, und vor uns reflektierten die steinernen Häuser des verschlafenen Dorfes Santa Eugenia erneut die Frühlingssonne in weichen Honigtönen. Die Straße schwenkte leicht nach Westen, und zu unserer Linken erhob sich nun der »Berg« Marron. Seine sanften Hügel sind von Kiefernwäldern bedeckt, und die tiefer gelegenen Hänge verbergen Höhlen, in denen früher angeblich Piraten ihre Beute vor den gierigen Blicken rivalisierender Freibeuterbanden versteckten.

Doch heute finden sich keine Hinweise mehr auf eine derart düstere Vergangenheit in diesem ausgesprochen lieblichen Beispiel für Mallorcas wandlungsfähige Landschaft, wo es nichts Bedrohlicheres gibt als die Mickymaus-Ohren am Kopf eines stachligen Feigenkaktus, der über eine Gartenmauer hinüberäugt. Die Landschaft verströmt eine Gelassenheit, der man anmerkt, dass sie seit Jahrhunderten unverändert besteht. Zumindest so lange, bis hoch oben ein Düsenflugzeug durch die Luft dröhnt, das auf dem Flughafen von Palma landet oder gerade gestartet ist. Denn mittlerweile befanden wir uns wieder auf der Zentralebene der Insel, wenn auch ein paar Kilometer weiter nördlich von dem Punkt, wo wir sie zuvor verlassen hatten.

Brachliegende Felder, auf denen sich bereits Knospen von Mohnblumen und wilden Ringelblumen zeigten, die im Sommer das ganze Land in den lebhaften Tönen der spanischen Flagge färben würden, gingen schon bald in kilometerweite, gepflegte Weingärten über, die sich den ganzen Weg bis zu der pittoresken alten Bodega-Stadt Santa Maria erstreckten. Im Süden glitzerten die Hochhausfassaden von

Palmas betriebsamen Vororten hell in der Nachmittagssonne – eine wuchernde kubistische Skulptur, die nur wenige Kilometer weit weg lag und doch Welten von dem ländlichen Idyll entfernt war, durch das wir immer noch fuhren.

La Real ist typisch für viele Städte und Dörfer an den Ausfallstraßen, die sich fächerförmig von Palma aus ins Umland erstrecken. Es ist ein recht eintöniges Beispiel für die Stadtrandbesiedlung aus früheren Tagen, die die Hauptstraße nach Valldemossa säumt, jenem historischen Bergort, wo der Komponist Chopin und seine Geliebte, die Schriftstellerin George Sand (alias Madame Aurore Dupin, Baronin Dudevant), einst einen Winter zusammen verbrachten, der schlüpfrige Berühmtheit erlangte. Doch derartige kulturelle oder romantische Angelegenheiten standen heute nicht auf der Tagesordnung. Nur Fußball – ein Thema, das für den männlichen Durchschnittsspanier an einem Sonntagnachmittag weitaus bedeutsamer ist.

Immer näher kamen wir dem Gemisch aus Anfeuerungsrufen und Pfiffen, bis wir den Fußballplatz von La Real hinter Häusern versteckt gefunden hatten. Es war ein »gemütliches« kleines Stadion, von Ytongwänden umschlossen, die nicht hoch genug waren, um die Jungen aus der Nachbarschaft daran zu hindern, sich den freien Eintritt zu erklettern. Die heimische Mannschaft spielte gegen eine Elf von der Nachbarinsel Ibiza, und die Ränge waren dicht mit Fans gefüllt, die ihren jeweiligen Helden oder Gegnern Ermunterungen beziehungsweise Beleidigungen zuriefen. Doch alle waren offensichtlich ganz gutmütig, denn keine der beiden Fangruppen nahm die Sache *allzu* ernst.

»Ich sehe Sandy gar nicht auf dem Platz«, sagte Ellie leicht beunruhigt. »Hoffentlich ist er nicht verletzt! Schau dir nur mal diesen Belag an – kein Gras, sondern überall fester Schiefer oder so was! Mein Gott, da schürft man sich ja sofort die ganze Haut ab, wenn man hinfällt!«

»So sehen hier alle Plätze der Juniorenliga aus«, meinte ich. »Man muss einfach auf den Beinen bleiben, das ist die Lösung.«

Einen Moment später stürzte sich einer der heimischen Mannschaft in Kamikaze-Manier auf den Spieler, der im Besitz des Balls war, rutschte dabei aus und büßte – genau wie Ellie vorhergesagt hatte – einen halben Hektar Haut an seinem linken Bein ein, der auf dem Spielfeld kleben blieb. Zu allem Überfluss verwarnte ihn der Schiedsrichter auch noch für ein Foul, zur großen Freude der Fans aus Ibiza.

»Hijo de puta!«, brüllten sie ihn an. »Hurensohn!«

Die heimische Mannschaft überschüttete ihn mit Lob.

»El chico tiene cojones!«, schrien sie. »Der Typ hat Mumm in den Eiern!« Und natürlich das universelle: *»El árbitro es un pito tonto!«* – »Der Schiedsrichter ist ein blöder Sack!«

Das kleine Stadion sprudelte vor Fußballfreude geradezu über.

Schon bald hatte Charlie uns entdeckt. Das Geld für die Hamburger war längst ausgegeben, und er brauchte »dringend eine Cola«.

Ich griff in die Tasche und gab ihm ein paar Münzen.

Charlie blickte auf das Geld herab. »Danke, Mann«, brummte er und schlug mir dann kräftig auf die Schulter. »Weißt du was?«, sagte er grinsend. »Rück noch mal so viel raus, dann spendier ich dir ein Bud.«

»Treib's nicht zu weit, Charlie! Und überhaupt, wo ist Sandy? Hat er die rote Karte gekriegt oder was?«

»Nö, der ist gar nicht aufgestellt worden. Drei von den Top-Spielern von La Real sind nach einer Verletzungspause wieder aufgetaucht, und dann ...« Er wies auf einen kleinen Schuppen mit offener Vorderseite, der verborgen in einer Ecke am Eingang stand. »Sandy sitzt auf der Ersatzbank.«

Ich musste zweimal zu der Stelle schauen, auf die Charlie gezeigt hatte. »Aber – aber das ist doch die Bar!«

»Bar, Ersatzbank, Männerklo.« Charlie zuckte die Achseln. »Was auch immer. Dort ist er jedenfalls.«

»Das muss ich sehen!«

Sandy war umringt von einer Schar Mallorquiner Männer mittleren Alters, die allesamt offensichtlich mehr an einem feuchtfröhlichen Schwätzchen an der Bar interessiert waren als daran, was auf dem Spielfeld vor sich ging. Die zweite Halbzeit hatte schon vor geraumer Zeit begonnen, doch die geröteten, heiteren Gesichter von Sandys Kumpanen ließen darauf schließen, dass sie im Laufe der letzten Stunde die Böden ihrer Gläser intensiver studiert hatten als das Fußballfeld. Wie ich fasziniert feststellte, trug der vergnügte Barmann die dunkelblaue Uniform der *Policía Local* – war also in Spanien ungefähr das, was in Großbritannien dem guten alten Dorfpolizisten entsprochen hätte. Interessant.

Sandy machte uns unter einem Schwall von Gabriels, Tomeus, Paus und Peres mit seinen Kumpeln bekannt, und jede Vorstellung wurde mit kräftigem Händeschütteln, Klapsen auf den Rücken und bei Ellie mit höflichen kleinen Verbeugungen besiegelt. Diese Verbeugungen sind nicht nur ein Kennzeichen südländischer Ritterlichkeit, sondern geben auch Gelegenheit zu der südländischen Sitte, sämtliche Punkte südlich des weiblichen Halses zu taxieren.

»Mucho gusto, señora«, war die übliche Reaktion. *»Mm-m-m, sí, muy encantadora!«* Ellie hatte ihre Zustimmung gefunden.

»Ich – ich hoffe, du trinkst keinen Alkohol, Sandy«, stammelte sie und versuchte ihre Verlegenheit zu kaschieren, während das allgemeine Scherzen auf *mallorquín* um uns herum wieder einsetzte.

»Nur 7-Up«, antwortete Sandy grinsend und hielt seine Flasche in die Höhe. »Ich muss noch fahren, weißt du?«

Einer der Gabriels oder Peres drückte mir mit einem männlichen Klaps auf den Bizeps ein Bier in die Hand und sagte: »*Salud, pesetas y amor!*« – »Gesundheit, Reichtum und Liebe!«

Nachdem Ellie abtaxiert worden war, wurde sie jetzt von denselben Männern entsprechend ignoriert, während sich deren gebrülltes Gespräch wieder Fußball, Politik und anderen Themen zuwandte, die der Aufmerksamkeit von Männern (zumindest im Moment) würdiger waren.

»Etwas zu trinken?«, fragte ich sie, wobei ich wusste, dass dieser Abstecher in die Höhle spanischer Chauvis ganz und gar nicht ihr Fall war.

Sie zuckte zusammen, als die La-Real-Fans in der Nähe in ohrenbetäubendes Gebrüll ausbrachen, um den Schiedsrichter zu beschimpfen, und entschied sich ohne große Begeisterung für einen Kaffee. »Ach, und Ohropax, wenn sie welches haben!«

Weiteres Grölen kam von den Fans der heimischen Mannschaft, was sogar Sandys augenscheinlich desinteressierte Kumpane dazu veranlasste, aufs Feld zu schauen und unter begeisterten Schreien die Hände in die Luft zu werfen. Einer der Gabriels – oder war es ein Pau? – packte mich am Ellbogen und schleppte mich mitten in seine Horde von Freunden. Ellie blieb ihrem weiblichen Schicksal allein überlassen.

»Das ist ganz normal bei diesen Typen«, schrie mir ein strahlender Sandy durch das Gewühl zu. »Das sind die Väter oder die Onkel der Spieler – jedenfalls Verwandte. Du weißt ja, wie es auf dem Dorf ist – irgendwie sind alle miteinander verwandt.«

»Aber warum der plötzliche Run auf die Bar?«

»Gehört alles zu den Regeln. Jedes Mal, wenn die Mannschaft von La Real ein Tor schießt, gönnen sich die alten Herren hier zum Feiern einen *coñac*. Ist bei jedem Spiel so.«

Ich blickte zur Anzeigetafel hinüber. Genau wie ich vermutet hatte. *Cero – Cero.* Keine Tore. Verständnislos sah ich Sandy an. »Nach dem entspannten Zustand zu urteilen, in dem sich die ganzen Väter und Onkel hier befinden, hätte ich aber erwartet, dass ihre Jungs mit mindestens sieben oder acht Toren führen.«

Sandy hob resigniert die Schultern. »Na ja, es war halt irgendwie ein komisches Spiel. Die Tore sind einfach nicht gefallen.«

»Ah-ha. Und?«

»Also haben die Kumpels hier beschlossen, das umzusetzen, was bei ihnen ›das zweite Protokoll‹ heißt. Sie haben angefangen, jedes Mal einen *coñac* zu trinken, wenn es einen Eckball für La Real gibt.«

»Aber hör mal, ich habe auch zugesehen, und wenn mich meine Augen nicht trügen, dann gab es jetzt gerade keinen Eckball. Nur einen Einwurf!«

Sandy setzte ein ironisches Lächeln auf. »Wie gesagt – irgendwie ein komisches Spiel.«

»Hm, wohl ein Tag für das dritte Protokoll, was?«

Sandy bedeutete mir durch ein Nicken, dass ich es jetzt endlich kapiert hatte.

Jemand schubste mich vor zum Tresen, und der lachende Polizist, der dahinter Dienst schob, drückte meine Finger um ein bauchiges Glas und ließ dann gluckernd eine großzügige Menge aus einer Fundador-Flasche hineinströmen. Dann schenkte er sich selbst eine ebensolche zum Feiern geeignete Dosis Brandy ein und stieß mit mir an.

»*Salud, amigo!*«, prostete er mir freundschaftlich zu.

»Ähm, ja«, erwiderte ich zögerlich. Ich fühlte mich etwas überrumpelt davon, dass mich ein Polizist, den ich nicht kannte, »Freund« nannte – noch dazu ein Polizist, der in Uniform Spirituosen trank und ausschenkte. »Ja, *salud*, ähm … *amigo*!« Ich wandte mich zu Sandy um und zischte ihm leise zu: »Was ist denn das für einer?«

»Ach, der hilft nur an der Bar aus wie die ganzen anderen Väter und Onkel, weiter nichts.«

»Dann ist er also nicht im Dienst? Ach so, na dann ist das ja was ganz anderes.« Ich hob mein Glas dem Polizisten entgegen und schenkte ihm ein warmes Lächeln. »Auf Ihre Gesundheit, *amigo*!«

Doch rasch korrigierte Sandy meine naive Fehlinterpretation der Lage. »Nein, nein, er ist schon noch im Dienst. Aber der Punkt ist, na ja, dass es bei diesen Spielen eigentlich nie irgendeine richtige Arbeit für die Polizei gibt.« Er ließ sich nicht beirren und fügte hinzu: »Du weißt schon, hier gibt's keine solchen Hooligans wie in Großbritannien.«

Wie auf ein Stichwort brach auf einmal in der Zuschauermenge auf der anderen Seite des Platzes ein Tumult aus. Die plötzliche Aufregung verstärkte sich noch dadurch, dass der Schiedsrichter hysterisch in seine Pfeife blies. Es sah ganz danach aus, als hätte derselbe Spieler der heimischen Mannschaft, der schon zuvor verwarnt worden war, gerade ein weiteres Foul begangen, und ein besonders stimmgewaltiger Haufen von Mädchen im Teenageralter, die zu den Fans aus Ibiza zählten, ließ ihn für seine Sünden büßen.

»*Animal sucio!*«, kreischten sie und warfen ein paar ausgelutschte Orangenschnitze nach ihm. »Dreckiges Vieh! *Fuera! Fuera! Fuera!* Raus! Raus! Raus!«

Daraufhin setzte der galante junge Adressat ihres Hohns zur ultimativen Beleidigungsgeste an: Er ließ die Hose herunter, beugte sich vor und schenkte ihnen freie Sicht auf seinen nackten Hintern. Als auf den Rängen hemmungslose Heiterkeit ausbrach, kam die gelbe Karte des Schiedsrichters erneut zum Einsatz, automatisch gefolgt von einer roten. Der strippende Missetäter von La Real musste zur Strafe seinen unbekleideten Po – und seine *cojones* – einer vorgezogenen Dusche unterziehen.

Die Kommentare, die seine begeisterten weiblichen Quälgeister ihm nun an den Kopf warfen, klangen in meinen Ohren überwiegend wie Ibizenker Mundart. In dem tosenden

Lärm konnte ich gerade so die Wörter für »süß«, »Arsch« und (ich *glaube* zumindest, dass ich das richtig mitbekommen habe) das poetische »so knackig wie die Backen einer gefrorenen Muschel« verstehen! Jedenfalls reagierte der *cojones*-Typ mit der zu erwartenden Phallusgeste, zog die Hose hoch und stolzierte unter einem gemischten Sturm aus Buhrufen, Zischlauten, bewundernden Pfiffen und Jubelschreien in Richtung Duschen davon.

Ohne vorherige Absprache ging die Tresenbrigade fröhlich zum vierten Protokoll über.

»Aber natürlich!«, stimmte ihr uniformierter Schankkellner strahlend zu. »*Y viva el fútbol, eh!*«

* * *

Ellie bemerkte das offene Tor als Erste.

»Du hast es doch abgeschlossen, als wir weggefahren sind, oder?«, fragte sie mich.

»Also, ich hätte schwören können, dass ich es abgeschlossen habe.«

»Du *hast* auch abgeschlossen. Ich habe dir ja dabei zugesehen.«

Eine böse Vorahnung beschlich mich, als wir auf den Hof hinter dem Bauernhaus von Ca's Mayoral fuhren. Und dann sahen wir es. Eine der Doppeltüren zum *almacén,* dem großen Lagerraum, der einen Großteil des Erdgeschosses einnahm, stand einen Spalt weit offen, und das Holz neben dem Schloss war völlig zersplittert. Ellie war schon aus dem Auto gestiegen und marschierte im Eilschritt aufs Haus zu, noch bevor ich die Handbremse gezogen hatte.

»Warte!«, rief ich ihr nach. »Warte, Ellie! Sie könnten noch drin sein!«

Die Jungen, die vom Fußballplatz hinter uns hergefahren waren, kamen gerade rechtzeitig auf den Hof, um ihre Mutter ins Haus stürmen zu sehen. Ohne ein Wort zu wechseln, rasten wir alle drei von Adrenalin getrieben hinter ihr her. Instinktiv griffen wir uns Behelfswaffen von den Haken an der Wand des *almacén* – Sandy den zerbrochenen Stiel des Gartenspatens und Charlie und ich je einen Hammer. Ellie war nirgends mehr zu sehen, doch ich hörte ihre Schritte, wie sie im ersten Stock von Zimmer zu Zimmer über den gefliesten Fußboden lief. Es war sehr gut möglich, dass sich die Einbrecher noch immer im Haus aufhielten, und ich war ernstlich um Ellies Sicherheit besorgt.

Es war das erste Mal, dass wir uns in einer solchen Situation befanden, und merkwürdigerweise agierten wir alle auf die gleiche impulsive oder – wie man erst hinterher weiß – waghalsige Weise. Ich nehme an, die meisten Menschen vermuten, dass sie angesichts einer potenziellen Gefahr wie dieser rational vorgehen würden und sich völlig darüber im Klaren wären, dass die Einbrecher bewaffnet sein könnten und sich womöglich zu Verzweiflungstaten hinreißen lassen würden, um ihr Entkommen zu garantieren. Äußerste Vorsicht wäre geboten: die Polizei anrufen, Hilfe holen, jedenfalls alles andere tun, als Leib und Leben zu riskieren, indem man sich den Eindringlingen entgegenstellte.

Tja, in der Praxis läuft es jedenfalls anders. Rationales Vorgehen spielt dabei keine Rolle. Weder Ellie noch die Jungen noch ich hatten rational gehandelt. Beim Anblick der aufgebrochenen Tür war Ellies erste Reaktion gewesen, sofort zu ergründen, was im Haus passiert war, in *ihrem* Haus, im Zuhause *ihrer* Familie. Und die Jungen und ich wollten sie einfach vor der drohenden Gefahr beschützen, in die sie ihr überstürztes Vorgehen womöglich gebracht hatte.

In den wenigen Sekunden, die ich brauchte, um zu sehen, dass im Wohnraum im Erdgeschoss jeder Schrank und jede Schublade geöffnet und durchwühlt worden war, stiegen Sandy und Charlie bereits die Treppe hinauf und riefen ihrer Mutter zu, wieder herunterzukommen. Ich folgte ihnen auf dem Fuß. Der erste Schock der Erkenntnis, dass wir Opfer eines Einbruchs geworden waren, wurde nun von einer seltsamen Mischung aus Kränkung und Empörung abgelöst. Wer waren diese Leute, die es gewagt hatten, gewaltsam in unser Haus einzudringen, die die Frechheit besessen hatten, unsere Habseligkeiten zu durchwühlen, als hätten sie ein Recht dazu? Rückblickend schaudert mir, wenn ich mir ausmale, was geschehen wäre, wenn einer von uns damals tatsächlich einem der Einbrecher gegenübergestanden hätte. Auch dann hätte rationales Vorgehen keine Rolle gespielt, und das Resultat wäre höchstwahrscheinlich blutig ausgefallen. Und das bei einer normalen, friedlichen Familie, für die Gewalt normalerweise nicht in Frage kam.

Doch – zum Glück, wie mir heute klar ist – wurde kein solches Schreckensszenario Wirklichkeit. Während die Jungen die anderen Räume im ersten Stock durchsuchten, fand ich Ellie in unserem Schlafzimmer am anderen Ende des Flurs. Sie stand da und starrte aufs Bett herab. Auf ihrem Gesicht machte sich fassungsloser Unglaube breit.

»Sie haben alles mitgenommen«, sagte sie mit zitternder Stimme. »Alles außer dem hier.«

Ich sah auf die drei Schmuckstücke hinab, die in fast perverser Ordnung auf der Tagesdecke aufgereiht lagen.

»Billiges Zeug. Nur Modeschmuck«, erklärte Ellie, immer noch wie versteinert. »Aber sie haben jedes einzelne Stück gestohlen, das einen Wert hat.« Sie schüttelte den Kopf und richtete dann den Blick auf mich. Tränen stiegen ihr in die Augen. »Stell dir nur vor«, sagte sie, rang sich ein Lächeln ab und zeigte mir ihre linke Hand, »da gehe ich so selten mit nichts als meinem Ehering aus, und dann musste es ausgerechnet heute sein.« Sie wies auf den Schrank und die beiden Kommoden, die allesamt offen standen und durchwühlt worden waren. »Die wussten, worauf sie aus waren und wo sie suchen mussten. Profis.«

»Es ist im ganzen Haus das Gleiche«, berichtete uns Sandy, der atemlos hereingestolpert kam.

»Ja, sie haben alles durchsucht«, keuchte Charlie. »Sogar die Kiste mit den alten Disney-Videos, die ich als Kind geguckt habe.«

Wir standen alle vier eine Zeit lang schweigend da, bis wir die Tragweite des Ereignisses schließlich begriffen hatten. Der ursprüngliche Adrenalinstoß, der uns zu unserem impulsiven Vorgehen getrieben hatte, verlor langsam seine Wirkung und ließ lediglich die eiskalte Erkenntnis zurück, dass dies kein böser Traum war. Es war wirklich, und es war uns passiert. Das anfängliche Gefühl wütender Rachlust ging nach und nach in ein Gefühl von Verletztheit über, von Entwürdigung, wie uns brutal durch die unumstößliche Tatsache verdeutlicht wurde, dass fremde Hände die Unversehrtheit unseres Zuhauses verletzt und voller Verachtung unsere persönlichen Dinge durchwühlt hatten.

»Man fühlt sich irgendwie seltsam – auf merkwürdige Weise fast schmutzig«, murmelte Ellie.

Ich bezweifle, dass es eine prägnantere Formulierung hätte geben können, um auszudrücken, wie wir uns alle in diesem Moment fühlten.

»Übrigens, ähm, sie sind weg, Dad«, sagte Sandy ruhig. »Charlie und ich haben das ganze Haus abgesucht.«

Mein Gott! In meiner Sorge um Ellies Sicherheit hatte ich einfach ignoriert, dass die Jungen kurzerhand das Risiko eingegangen waren, die Einbrecher auf eigene Faust zu stellen. Mit einer Mischung aus Gewissensbissen und Erleichterung klopfte ich ihnen auf die Schultern und dankte ihnen. Endlich erfasste mein von der Aufregung benebeltes Hirn mit letzter Gewissheit, dass wir von großem Glück sagen konnten. Man hatte ins Haus eingebrochen, es durchwühlt sowie Schmuck und vielleicht noch andere Gegenstände gestohlen, und daran konnten wir jetzt nichts mehr ändern. Doch die

Hauptsache war, dass wir alle unverletzt waren. Der Verlust von Dingen verblasste im Vergleich dazu auf einmal zu etwas Bedeutungslosem – zumindest fürs Erste.

Ellie setzte um der Jungen willen eine tapfere Miene auf und machte Anstalten, den Inhalt einer Schublade zu ordnen, aus der zerwühlte Kleidungsstücke quollen.

Ich packte sie am Arm. »Nicht, Ellie! Nichts anfassen! Du darfst überhaupt nichts anfassen, bis die Polizei da war!«

Ich glaube, erst in diesem Moment wurde Ellie das volle Ausmaß der Geschichte mit ganzer Wucht deutlich. Der Schock, als wir entdeckten, was passiert war, war schon schlimm genug gewesen, doch das wäre nur der Beginn einer Reihe weiterer Vorstöße in unser Privatleben. Die Erkenntnis, dass sie nicht einmal innerhalb ihrer eigenen vier Wände die Freiheit hatte, ihrem instinktiven Drang zu folgen und das Chaos aufzuräumen, war zweifellos eine bittere Pille, die sie schlucken musste.

»Okay, dann, ähm – dann sehe ich mich eben mal in den anderen Zimmern um«, sagte sie und raffte sich irgendwie zu einem zaghaften, traurigen Lächeln auf, als sie an den Jungen vorbeiging. »Einfach nur schauen, wisst ihr, und überlegen, was fehlt.«

»Passt auf, Jungs«, sagte ich, »geht mal eurer Mutter Gesellschaft leisten. Sie braucht ein bisschen moralische Unterstützung. Ich, ähm, ich schlage die Nummer der Guardia Civil nach und melde diese ganze üble Geschichte.«

Da fiel mir ein, wie unzureichend ich die spanische Sprache beherrschte. Na ja, ich kam inzwischen ganz gut zurecht, solange der erforderliche Wortschatz aus dem landwirtschaftlichen Bereich stammte. Aber herrje, ich wusste nicht einmal den Ausdruck für »Einbruch«, geschweige denn die Wörter für »Schmuck«, »Halskette« und so weiter. Und sie erst nachzuschlagen würde einen Verlust wertvoller Zeit bedeuten. In traumatischen Momenten wie diesen ist es gut, wenn man einen Freund hat, den man anrufen kann, und genau das tat ich. Ich rief einen Freund an, der Spanisch *und* Mallorquín wie ein Einheimischer sprach.

»Keine Sorge, Mann«, brummte Jock Burns am anderen Ende gelassen ins Telefon. »Ich verständige sofort die Guardia Civil in Andratx, und dann komm ich *rápidamente* zu dir. Nur die Ruhe. Halt durch, bis ich da bin, klar?«

Nur die Ruhe! Okay, ein guter Rat und nett gemeint, aber leichter gesagt als getan. Ich legte den Hörer auf und merkte zum ersten Mal, wie sehr meine Hände zitterten. Die beruhigende Wirkung des Weins aus dem Ca'l Dimoni und des Fußballer-*coñac*s war wie weggeblasen. Doch ein Beruhigungsdrink war das Letzte, wonach mir momentan der Sinn stand. Einen klaren Kopf behalten, um mit dem fertig zu werden, was uns nun erwartete, war das einzig Wichtige, und das wusste ich nur allzu gut.

Obwohl Jock kaum länger als zwanzig Minuten brauchte, um die etwa dreißig Kilometer nach Ca's Mayoral zu fahren, blieb uns genug Zeit, um den vollen Umfang des Einbruchschadens abzuschätzen. Ellie hatte binnen Sekunden, nachdem sie unser Schlafzimmer betreten hatte, erkannt, dass die Diebe das gefunden hatten, was sie gesucht hatten. Sie hatten ihr Ziel anvisiert wie Lenkraketen – und das, obwohl die stets vorsichtige Ellie sämtliche Wertsachen an verschiedenen ausgefallenen Orten versteckt hatte, wie zum Beispiel in ihren kniehohen Lederstiefeln im Schrank. Ausgefallen sind diese Stellen natürlich nur für normale Leute, aber nicht für professionelle Schmuckdiebe, wie wir jetzt zu unserem Schaden wussten.

Nachdem sie das Gewünschte gefunden hatten, hatten sie sich offenbar die Zeit genommen, sämtliche Stücke einzeln auf dem Bett auszubreiten und die verkäuflichen von den anderen zu trennen. Warum hatten sie nicht einfach alles in eine Tasche gestopft, sich schnell aus dem Staub gemacht und sich später darum gekümmert, ihre Beute zu sortieren? Die kühle Überlegung abgebrühter Krimineller vielleicht? Oder auch nur großspurige Selbstüberschätzung? Wir hofften, dass wir das bald erfahren würden.

Eines stand jedoch bereits fest: Wie Ellie sofort erkannt hatte, war jedes einzelne Schmuckstück, das von Wert war, verschwunden – ihre Ringe, Halsketten, Armreifen, Broschen, alles. Und obwohl es nicht so besonders viele gewesen waren, handelte es sich doch um Stücke, die sie sich im Lauf der Jahre zusammengespart hatte und die von guter Qualität waren. Aber schlimmer als die unerfreulichen finanziellen Einbußen war die beklemmende Vorstellung, dass Gegenstände von unersetzlichem persönlichem Wert fehlten, und das womöglich für immer. Stücke wie Ellies Verlobungsring, ein Medaillon mit einem Bild unseres dritten Sohnes, der mit fünf Jahren gestorben war, und (mein einziger ganz privater Schatz) eine goldene Uhr, die ich von meinem Großvater bekommen hatte, und dazu eine kleine Medaille, die er vor mehr als drei Generationen bei einem Pferdepflügwettbewerb gewonnen hatte, als er noch ein junger Mann war und auf den Orkneys lebte. Das waren die Stücke, von denen wir sehnlichst hofften, sie wiederzubekommen, selbst wenn der Rest nie wieder auftauchte.

»Saubere Arbeit«, lobte Jock, als er mit mir einen kurzen Rundgang durchs Haus machte, während wir auf die Polizei warteten. »Hey, eines muss man ihnen lassen, sie hätten die Bude schlimmer verwüsten können, falls dich das irgendwie tröstet.«

In diesem Moment tröstete mich das freilich nicht, doch ich verstand, was Jock meinte. Obwohl kein Winkel von den Eindringlingen unangetastet geblieben war, hatten sie nichts mutwillig verunstaltet oder zerstört. Und selbst der Inhalt von Schubladen und Schränken war nicht blindwütig durchstöbert worden – zumindest nicht, bevor die Einbrecher ins

Elternschlafzimmer gelangten, wo sie offenbar in wildes Wühlen verfallen waren, als sie sich dem Höhepunkt ihres Beutezugs näherten.

»Sonst noch was geklaut?«, erkundigte sich Jock. »Abgesehen von dem Schmuck, mein ich.«

Ich schüttelte den Kopf. »Soweit wir feststellen konnten, nicht. Der Fernseher ist noch da, der Videorecorder auch, die Stereoanlage, Bilder, Uhren – alles komplett vorhanden. Nein, es sieht ganz danach aus, als seien sie nur hinter genau einem Artikel hergewesen.«

»Hätte schlimmer kommen können, Mann. Hör mal, versteh mich bloß nich falsch – das is ne Katastrophe für euch, ganz klar. Aber du weißt schon, was ich mein. Hätte echt schlimmer kommen können, oder?«

Mir war klar, dass Jock sein Bestes tat, um unsere Qualen zu lindern. Zweifellos war dies ein ungeschickter, ja fast plumper Versuch für jemanden, der sonst so eloquent war, aber er bewies dennoch echte Anteilnahme und zeigte uns einen Charakterzug von sich, den er bislang verborgen hatte.

Ich warf ihm ein beruhigendes Lächeln zu. »Allerdings hätte es schlimmer kommen können, Jock. Also los – gehen wir mal raus und schauen, ob der Polizist, den du verständigt hast, schon im Anmarsch ist.«

Es war fast eine Stunde später und wurde schon dunkel, als der kleine, in den typischen Farben der Guardia Civil lackierte Renault 4 auf den Hof gefahren kam. Wir hatten ein komplettes Team aus Ermittlern und Spurensicherung erwartet, doch es saß nur ein einziger Polizist im Wagen. Noch dazu trug er nicht die eindrucksvolle dunkelgrüne Uniform seiner Zunft, sondern einen ausgeleierten Trainingsanzug und alte weiße Turnschuhe. Außerdem schien er von seinem Einsatz bei uns nicht gerade begeistert zu sein.

Offiziell habe er bereits Dienstschluss war das Erste, was er sagte. Danach schwieg er und warf einen fast beiläufigen

Blick auf die zersplitterte Kante der Tür zum *almacén* und schlenderte ins Haus. Er habe mit seiner Frau und den Kindern Tennis gespielt, erklärte er uns trocken – der erste Sonntag seit über zwei Monaten, den er mit seiner Familie habe verbringen können. Doch da er in diesem Bezirk der zuständige Beamte für Hauseinbrüche war, hatte man ihn abkommandiert, bei uns Ermittlungen anzustellen. *»Mi día libre o no«*, fügte er platt hinzu. »Mein freier Tag hin oder her.«

»Habla inglés?«, fragte ich ihn. Ob er Englisch spreche?

Meine Frage blieb unbeantwortet, doch der Blick, den er mir zuwarf, machte uns eines unmissverständlich klar: Da wir uns hier in Spanien befanden und er ein Beamter der spanischen Guardia Civil war, würde nur *eine* Sprache gesprochen werden, und damit hätten wir uns abzufinden. Im Stillen sagte ich mir, dass das ja auch ganz in Ordnung war. Wenn wir eine spanische Familie gewesen wären, die sich in Großbritannien in einer ähnlich unseligen Lage befunden hätte, wären die Aussichten darauf, dass man uns einen Spanisch sprechenden Bobby geschickt hätte, der sich unserer Notlage annehmen sollte, gelinde gesagt dürftig gewesen.

»Arroganter Sack!«, maulte Jock wie zu meiner Unterstützung, während er gleichzeitig dem Polizisten ein von Charme überquellendes Lächeln schenkte. »Vom spanischen Festland, wie viele von seiner Sorte hier auf der Insel. Höchstwahrscheinlich aus dem tiefsten Süden. Aufgestiegener andalusischer Krämersohn.«

Die Miene des Polizisten blieb undurchdringlich. Wir hatten inzwischen fast zwei Stunden lang herumgestanden und hilflos auf die Polizei gewartet und waren beim Gedanken daran, wie viel Vorsprung unseren Einbrechern gegönnt wurde, in höchstem Maße frustriert, ja schon fast der Verzweiflung nahe. Doch trotz alledem schien es unser Guardia-Civil-Mann nicht besonders eilig zu haben. Gleichmütig forderte er Jock und mich auf, ihn auf einem Inspektionsgang durchs Haus zu begleiten. Die *señora* und unsere beiden *hijos* würden dazu nicht gebraucht … jedenfalls fürs Erste.

»Ist das alles?«, zischte ich Jock zu, da ich kaum glauben konnte, was sich immer mehr zur Tatsache verdichtete. »Ein einziger Polyp! Wo bleiben denn die Fachleute für Fingerabdrücke? Und wer befragt die Nachbarn und zieht im Dorf Erkundigungen ein? *Irgend*jemand muss doch etwas gesehen haben! Bei dem Tempo sind die Täter schon längst von der Insel verschwunden, bevor die Ermittlungen überhaupt einsetzen!«

Pflichtschuldig gab Jock in meinem Namen diese Kritikpunkte auf Spanisch weiter und erhielt als Antwort wiederholtes Achselzucken, das wohl »Friss oder stirb« heißen sollte. Unterdessen schien der Polizist ein bestenfalls oberflächlich zu nennendes Interesse an allem, was ihm an Indizien unter die Augen kam, zu entwickeln, bis wir im Schlafzimmer anlangten, wo, wie man ihm bereits mitgeteilt hatte, die Wertsachen versteckt gewesen waren. Nachdem er sich meiner ungeduldigen Meinung nach übertrieben lang damit aufgehalten hatte, eine minuziöse Untersuchung von Ellies Lederstiefeln vorzunehmen (umspielte da etwa ein leicht perverses Zucken seine Mundwinkel?), sah er schließlich auf, lächelte hölzern und erklärte die Ermittlungen für abgeschlossen.

»Das ist ja wohl ein schlechter Witz!«, fauchte ich Jock an. »Die Einbrecher! Frag ihn, wer zum Teufel die Einbrecher verfolgt hat, während er hier herumgetrödelt hat!«

Er müsse die Versicherungspolice für das Anwesen sehen, war die einzige Antwort des Gesetzeshüters auf Jocks Übersetzung. Dann werde er mit dem *señor* und dessen Familie unten im *almacén* ein paar abschließende Worte wechseln.

Falls ich nach dieser Aussage noch nicht völlig sprachlos war, so war ich spätestens dann endgültig perplex, als er uns vor seinem unwiderruflichen Verschwinden, das kaum fünfzehn Minuten nach seiner Ankunft erfolgte, eine Mitteilung machte.

»Ich freue mich, Ihnen sagen zu können, meine Dame und meine Herren«, verkündete er in tadellosem Englisch, »dass hier zu meiner Zufriedenheit tatsächlich ein Einbruch stattgefunden hat.« Dann wandte er sich mit einem höchst charmanten Lächeln an Jock und sagte: »Nicht schlecht für einen aufgestiegenen andalusischen Krämersohn, Mister Burns. Oder?«

Jetzt hatte es auch Jock die Sprache verschlagen – das erste Mal, dass ich Zeuge dieses Phänomens wurde. Und wehe Jock, falls er je wieder beim Andratxer Revier der Guardia Civil ins Fettnäpfchen trat!

Dann wandte sich der Polizist erneut an mich und sagte: »Wären Sie bitte so freundlich, in einer Stunde mit Ihrer Familie in mein Büro zu kommen? So lange brauche ich nämlich, um mein Protokoll zu schreiben. Dann können wir die ganze Angelegenheit zur allgemeinen Zufriedenheit abschließen.« Als mir der Unterkiefer herunterfiel, schüttelte er erst mir und dann Ellie die Hand und fügte hinzu: »Bitte seien Sie meiner Anteilnahme wegen dieses unglücklichen Vorfalls versichert, *señores*.« Lässig gestikulierte er zu einer Werkbank hinüber, auf der die Jungen und ich unsere zur Selbstverteidigung vorgesehenen Behelfswaffen abgelegt hatten. »Und außerdem«, erklärte er in halbamtlichem Tonfall, »können Sie von Glück sagen, dass Sie Ihren Einbrechern keine physischen Schäden zugefügt haben. Sonst wären nämlich jetzt *Sie* auf dem Weg ins Gefängnis und nicht die Einbrecher.« Dann schlug er die Hacken seiner Turnschuhe zusammen und war mit einer Grußgeste und einem höflichen *»Hasta luego«* verschwunden.

»Ja, leck mich doch am Arsch!«, platzte Jock heraus. »Äh, entschuldige bitte die heimatlichen Klänge, Ellie-Schätzchen, aber dieser Guardia-Heini ist ja wohl die Krönung! Hier hat *tatsächlich* ein Einbruch stattgefunden, sagt er! Und die Banditen seien auf dem Weg ins Gefängnis? Also, ich glaub, mein Schwein pfeift! Wie du schon gesagt hast, Pedro, kein Mensch versucht auch nur rauszukriegen, wo zum Teufel die Kerle sind, Herrgott noch mal!«

»Ganz zu schweigen davon, *wer* sie sind«, ergänzte Sandy.

»Hey, vielleicht stecken die Bullen mit den Einbrechern unter einer Decke!«, spekulierte Charlie unverzüglich. Die Möglichkeit faszinierte ihn offenbar.

Ich war versucht zu sagen, dass mir derselbe Verdacht auch bereits in den Sinn gekommen war, doch dann fiel mir auf, dass Ellie schon eine ganze Weile auffallend still war. »Alles in Ordnung?«, fragte ich sie. Auf der Stelle wurde mir klar, wie dumm diese Frage war. Natürlich war nicht alles in Ordnung. Für keinen von uns. Selbst der sonst so redselige Jock wusste nichts mehr zu sagen, während sich eine kleine Wolke der Trübsal über unseren Köpfen sammelte. Wir blieben einfach alle eine Weile dort stehen, starrten auf das zersplitterte Holz der Tür zum *almacén* und hingen unseren Gedanken nach.

* * *

Das Revier der Guardia Civil ist in einem gesichtslosen Häuserblock in einer Seitenstraße von Andratx untergebracht. Wir wurden in einen schäbigen kleinen Raum geführt, der mit einem Holztisch und mehreren Stapeln von Stühlen mit spindeldürren Beinen spartanisch möbliert war. Eine nackte Glühbirne baumelte von der Decke und warf ein trübes Licht auf kahle Wände, die im Lauf der Jahre von Zigaretten- und Zigarrenrauch braun geworden waren. Man konnte sich mühelos ausmalen, wie sich ein armer, eingeschüchterter Verdächtiger an diesem Tisch Stunde um Stunde unter den Händen einer Prozession erbarmungsloser Vernehmungsbeamter wand. Der Raum strahlte eine Atmosphäre von bösen Vorahnungen und Verzweiflung aus.

Nach endlosen Minuten, in denen keiner von uns ein Wort sprach, kam ein gelangweilt dreinblickender Wachtmeister herein und teilte uns desinteressiert mit, dass wir warten müssten, bis das Protokoll über den Einbruch getippt und von seinem Vorgesetzten durchgelesen worden sei. Die *señores*, brummte er, sollten es sich in der Zwischenzeit gemütlich machen.

»Gemütlich?«, schnaubte Jock, nachdem der *cabo* gegangen war. »Gemütlich! Ganz schön viel verlangt, oder?«

Darauf erhielt er keine Antwort, und so legte sich erneut Schweigen über unsere kleine Gruppe.

Ohne fragen zu müssen, konnte ich Ellie und den Jungen von den Gesichtern ablesen, dass sie überall sonst lieber gewesen wären als in diesem trostlosen Raum. Überall sonst, aber am liebsten, so mutmaßte ich, wieder »zu Hause« in Schottland, umgeben von Freunden, Verwandten und vertrauten Dingen. Ich wusste genau, wie sie sich fühlten. Freilich, wir hatten schon einige Rückschläge verkraftet, seit wir unser neues Leben auf der Insel begonnen hatten, aber bis jetzt hatte nichts davon so etwas wie Heimweh ausgelöst. Obwohl der Einbruch und die nachfolgenden Ereignisse für uns nicht anders waren, als sie es für eine mallorquinische Familie gewesen wären, machte sich in uns zwangsläufig das Gefühl breit, nicht dazuzugehören. Wir waren leichtgläubige Träumer, die sich schließlich in einem Albtraum wiederfanden … allerdings im Land von jemand anderem.

Und, wie Ellie zugab, als sie schließlich das deprimierende Schweigen brach, lag es nicht nur an dem Gefühl von Kränkung und Demütigung, das uns im ersten Moment niedergeschmettert hatte, sondern auch an der darauf folgenden ernüchternden Erkenntnis, dass man uns dabei beobachtet hatte, wie wir das Haus verließen, dass unsere Bewegungen von uns unbekannten Personen überwacht worden waren, die auf ihre Gelegenheit gewartet hatten, in einem der seltenen Momente zuzuschlagen, wenn keiner von uns auf dem Hof war.

Nun begannen sich unappetitliche Verdächtigungen in unsere Gedanken einzuschleichen. Könnte einer unserer Nachbarn beteiligt gewesen sein? Nein, es war ausgeschlossen, dass die alte Maria oder Pep oder Jaume sich zu so etwas herabgelassen hätten. Sie hatten sich alle schier überschlagen, um uns ihre Freundlichkeit zu beweisen und uns zu helfen, uns in ihrer Mitte einzuleben. Nicht einmal die listigen Ferrers hatten derartige Unterstellungen verdient, auch wenn sie sich in anderer Hinsicht habgierig zeigten.

Wer also dann? Wer wusste, dass kürzlich eine ausländische Familie (und in den Augen mancher Leute sind alle Ausländer reich) nach Ca's Mayoral gezogen war? Wer wusste genug über uns und das Haus, um einen so akkurat geplanten Einbruch durchzuführen? Die Antwort auf diese Fragen lautete »jeder«. Jeder aus dem Dorf am anderen Ende des Feldwegs zum Beispiel – vielleicht einer der regelmäßigen *paseo*-Gänger – oder einer der Handwerker, die bei uns im Haus etwas repariert hatten, oder der Holzlieferant, der Briefträger, der Fahrer des Bäckerwagens – jeder von über hundert Einheimischen. Oder hätten es auch Leute aus einer ganz anderen Gegend gewesen sein können? Gut organisierte Großstadtkriminelle, die von ihren abgelegenen Beuteorten erfuhren, indem sie in Kneipen auf dem Land Gespräche belauschten? Man konnte es nicht wissen. Das Einzige, was wir wussten, war, dass die Chance darauf, es je herauszufinden, immer geringer wurde, je länger wir in diesem kleinen Raum saßen, ohne dass erkennbare Ermittlungen eingeleitet wurden.

Eine halbe Stunde später kam der tadellos uniformierte *comandante* des Reviers mit ein paar Blättern hereinstolziert.

Ohne jede Förmlichkeit zog er sich einen Stuhl an den Tisch heran und teilte uns mit, dass dies das Protokoll des ermittelnden Beamten sei, auf Spanisch und in drei Ausfertigungen – ein Exemplar für die eigenen Unterlagen der Guardia Civil, eines für unsere Versicherungsgesellschaft und eines für uns selbst. Wir würden alle drei Exemplare unterschreiben müssen. Doch zuerst sei er verpflichtet, uns die Erkenntnisse aus dem Protokoll vorzulesen. Währenddessen sollten wir Zeichnungen sämtlicher gestohlener Gegenstände anfertigen.

»Wie in Gottes Namen zeichnet man eine Flachpanzerkette so, dass sie anders aussieht als eine Rundpanzerkette?«, fragte mich Ellie mit ungläubigem Blick. »Oder einen Brillantring, dass er anders aussieht als tausend andere Brillantringe? Also ehrlich, das ist doch lächerlich!«

Der *comandante* warf ihr einen strengen Blick zu. »Was lächerlich ist, *señora*«, konterte er auf Englisch, »ist, dass Sie derart wertvollen Schmuck besitzen, es aber nicht der Mühe wert befunden haben, zur Vorsicht jedes einzelne Stück zu fotografieren, um es in einem Fall wie diesem hinterher identifizieren zu können.« Er wandte sich an Jock. »Also, Sir, soweit ich weiß, werden Sie dolmetschen, während ich dieses Protokoll verlese.« Bevor ich meinem Drang nachgeben konnte, ihn zu fragen, warum er es uns nicht selbst auf Englisch vorlas, erklärte er uns, dass er verpflichtet sei, den Inhalt des Protokolls in der Landessprache zu verlesen, und es an uns lag, dafür zu sorgen, dass wir es in allen Einzelheiten verstanden hatten, bevor wir es unterschrieben.

Derart vorgewarnt, gaben wir nickend unser Einverständnis, und Ellie begann Kreise zu zeichnen, von denen manche ineinander griffen und andere nicht. Wenigstens wusste sie, wie man es anstellte, dass eine Kette anders aussah als ein Ring!

Die in dem Protokoll erwähnten kleinen Details kurierten uns gründlich von der etwaigen Annahme, der Beamte im Trainingsanzug, der es verfasst hatte, sei bei seiner Erkundung des Hauses so oberflächlich vorgegangen, wie es den Anschein gehabt hatte. Er hatte rein gar nichts übersehen, sondern sogar eine ausführliche Beschreibung der Sicherheitsvorkehrungen geliefert, die wir getroffen – oder vielmehr *nicht* getroffen – hatten.

Zum Ersten war das kleine Yale-artige Schloss an der Tür des *almacén* vollkommen unzulänglich, was durch den minimalen Schaden erwiesen war, den die Einbrecher der Tür zugefügt hatten. Es war offensichtlich, dass sie das Anwesen ohne besondere Schwierigkeiten hatten betreten können. Es folgte eine Liste unserer weiteren Versäumnisse in puncto Sicherheit. Sie schloss mit einer besonders scharfen Kritik an Ellie, weil sie Wertsachen an einem derart »einfallslosen« Ort versteckt hatte wie einer Stiefelspitze – einem Platz, wo selbst der dilettantischste Dieb als Erstes nachsehen würde!

Und wir konnten nichts dagegen einwenden. Jetzt, wo man uns darauf hingewiesen hatte, mussten wir zugeben, dass wir zumindest ein bisschen naiv gewesen waren. Es war die alte Geschichte: Bis es einem selbst passiert, denkt man einfach nicht an so etwas. Jetzt saßen wir da und merkten, wie sich auch noch ein schlechtes Gewissen unter das bereits vorhandene Gefühl mischte, etwas verloren zu haben und zu Opfern geworden zu sein.

»Aber warum hat man nicht sofort die Suche nach den Einbrechern eingeleitet, sobald der Einbruch gemeldet wurde?«, fragte ich den *comandante*, als er endlich mit dem Verlesen des Protokolls fertig war.

»Weil wir keine Ahnung hatten, nach was für gestohlenen Gegenständen wir Ausschau halten sollten, Sir.« Er warf einen Blick auf Ellies tapferen, aber schreiend unzulänglichen Versuch, ebenjene Gegenstände zu zeichnen, lächelte entwaffnend und fügte hinzu: »Jedenfalls bis jetzt.«

Daraufhin konnte es sich nicht einmal Ellie verkneifen, sein Lächeln zu erwidern. Sie war sich der völligen Nutzlosigkeit ihrer künstlerischen Bemühungen nur allzu bewusst, aber andererseits *hätten* wir natürlich Fotos zur Verfügung haben müssen. Schon wieder das schlechte Gewissen.

Aber warum, so erkundigte ich mich leicht pikiert, hatte der ermittelnde Beamte, nachdem er das Haus inspiziert hatte, die flapsige Bemerkung gemacht, dass zu seiner Zufriedenheit tatsächlich ein Einbruch stattgefunden habe? »Das war ja wohl unnötig, oder?«

Der *comandante* hielt ein Exemplar des Protokolls in die Höhe. »Das hier ist für Ihre Versicherungsgesellschaft, Sir. Und die wird die Erkenntnisse meines Mitarbeiters mit Sicherheit nicht flapsig finden.«

Der Groschen fiel wie ein Bleigewicht. »Sie – Sie meinen, er hatte allen Ernstes den Verdacht, wir hätten den Einbruch fingiert, um –«

»Um Ihre Versicherung zu betrügen? Genau. Aus Erfahrung muss das in solchen Fällen unser erster Gedanke sein. Betrug an Hausratversicherungen, Sir, ist sogar eine sehr weit verbreitete Praxis.«

Zum zweiten Mal innerhalb weniger Stunden war ich platt. Während die wirklichen Übeltäter sich in aller Ruhe aus dem Staub machen konnten, waren wir die Hauptverdächtigen, denen man unterstellte, ihren Einbruch selbst inszeniert zu haben!

»Tja, wir sind eben in Spanien, Mann«, meinte Jock, als wir endlich das Polizeirevier verlassen hatten, »und so läuft der Hase hier. Ach, und vergiss nicht, wie der *comandante* gesagt hat, es sind die Zugereisten, *extranjeros* wie du und ich, die die schlimmsten Ganoven bei solchen Versicherungsbetrügereien sind.« Er warf mir sein verschwörerisches Zwinkern zu. »War selber schon ab und zu in Versuchung, es mal zu probieren – um ein bisschen leicht verdientes *dinero* in die Pfoten zu kriegen. Du weißt schon, was ich mein!«

Aneinander gedrängt standen wir im matten Schein einer einsamen Straßenlaterne vor dem Polizeirevier. Wir waren erschöpft, wie vor den Kopf gestoßen und nicht in Stimmung für Jocks gut gemeinte Versuche, unser schweres Stimmungstief zu vertreiben. Ellie wirkte besonders deprimiert.

»Wenn du ganz ehrlich bist«, fragte sie Jock, »glaubst du dann, dass überhaupt irgendeine Aussicht darauf besteht, dass die Polizei unsere Sachen wieder beschafft?«

»Auf Mallorca ist alles möglich, Schätzchen«, sagte er achselzuckend. »Auf Mallorca ist alles möglich.«

Aber tief in unserem Innern wussten wir, glaube ich, dass wir die gestohlenen Sachen nie wieder sehen würden. Selbst der *comandante* der Guardia Civil hatte uns auf die Wahrscheinlichkeit aufmerksam gemacht, dass der Schmuck wie bei den meisten Verbrechen dieser Art, noch bevor der Einbruch überhaupt bemerkt wurde, versetzt, eingeschmolzen oder gar von der Insel geschafft worden sein könnte. Im ersten Moment war uns diese Einstellung defätistisch erschienen, doch bei genauerem Nachdenken sprach der gute Mann nichts als die Wahrheit. Abertausende von Menschen kommen Tag für Tag auf dem Luft- oder Seeweg nach Mallorca, und ebenso viele verlassen es wieder, und so standen die Aussichten darauf, geschickte Diebe zu fassen, ungefähr so wie bei der Suche nach der berühmten Nadel im Heuhaufen, falls man sie nicht auf frischer Tat ertappte. Doch seine Beamten würden ihr Bestes tun, hatte er uns versichert, und wir würden in regelmäßigen Abständen aufgefordert werden, im Polizeirevier von Palma zur Ansicht bereitliegende sichergestellte Wertsachen zu inspizieren.

Allerdings drängte sich uns der Eindruck auf, dass womöglich eindeutigere Versuche zur Aufklärung unseres Falles unternommen worden wären, wenn wir nicht versichert gewesen wären. Aber da wir Versicherungsschutz besaßen, schien sich die Taktik der Polizei stillschweigend darauf zu beschränken, dass der Einbruch eher eine Angelegenheit war, die zwischen uns und unserer Versicherung geregelt werden musste, und keine, die das ohnehin »bereits überforderte Mitarbeiterkontingent« der Polizei noch weiter belasten durfte.

Wir hatten auf die harte Tour einiges dazugelernt. Zuerst einmal darf man es Einbrechern nicht leicht machen, indem man mangelhafte Schlösser an den Türen hat. Und dann muss man einen Safe einbauen. Das war nämlich die Anweisung der Versicherungsgesellschaft, als sie, nachdem sie erheblichen Widerstand geleistet hatte, endlich eine Entschädigungszahlung ausspuckte. Danach wollte sie wegen unseres »schlechten Risikos« Schmuck nur noch dann decken, wenn er in einem verschlossenen Safe untergebracht war. Doch sowie er zum Tragen herausgenommen wurde, verlor unsere Versicherungspolice ihre Gültigkeit. Zweifellos ein fragwürdiger Zustand, aber damit mussten wir eben von nun an leben.

Natürlich sprach sich der Einbruch in unserer unmittelbaren Umgebung herum wie ein Lauffeuer. Alle unsere nächsten Nachbarn statteten uns einen Besuch ab, um ihr von Herzen kommendes Mitgefühl zu demonstrieren … und um mit eigenen Augen die Einbruchspuren an der aufgebrochenen Tür zu betrachten, wo sie angesichts des zersplitterten Holzes entrüstet mit der Zunge schnalzten. Als ehrliche Landbewohner schien ihnen fast peinlich zu sein, dass etwas in ihren Augen so Schreckliches überhaupt hatte passieren können, noch dazu Menschen, die freiwillig von so weit her gekommen waren, um sich in ihrem Tal niederzulassen.

»*Basuras!*«, nannte der alte Pep die Einbrecher. »Gesindel!« Und bestimmt waren sie auch noch Festlandspanier! Daran hegte er nicht den geringsten Zweifel. Drogensüchtiges Gesindel, das durch Erdrosseln hingerichtet würde, wenn er im Land das Sagen hätte! Man ging heutzutage viel zu lasch mit diesen Kriminellen um, das war das Problem mit den modernen Regierungen. »*Basuras!*« Ja, zu seiner Zeit musste man nicht mal daran denken, eine Tür abzuschließen. Aber heute? »*Coño,* hört mir bloß auf!«

»Sie brauchen einen Hund«, war der simple Rat der alten Maria.

Und ausnahmsweise war ich einmal ihrer Meinung. Dafür würde ich so bald wie möglich sorgen, versicherte ich ihr. Und das war mein Ernst.

Ein oder zwei Tage später genossen Ellie und ich nach einem Besuch im Supermarkt gerade ein preisgünstiges *menú del día* in der Bar El Piano in Peguera. Als sie unsere tragische Geschichte über den Einbruch hörte, warf Señora Esperanza entsetzt die Arme in die Höhe und überschüttete uns mit Entschuldigungen im Namen der gesamten spanischen Nation. Wie hatte dies nur so sympathischen und großzügigen *señores* passieren können?, fragte sie sich, während ihre Stimme zu einem schrillen Diskant anschwoll. Sie habe uns das heutige Essen ohnehin gratis geben wollen, erklärte sie (mit einem diskreten Hinweis auf die Kiste Valencia-Orangen, die ich ihr geschenkt hatte); doch im Licht dieser schlimmen Neuigkeiten sei ein wesentlich stärkerer Trost vonnöten.

»*Tío!*«, rief sie einem Kellner zu, der an der Bar Kaffee servierte. »*Champán para señor Pedro!*«

Also, ein billiges Mittagsmenü mit einer Flasche teurem spanischem *cava* herunterzuspülen kam mir ein klein wenig übertrieben vor, doch ich begriff, dass Señora Esperanza auf ihre Art versuchte, eine böse Tat wieder gutzumachen, für die sie sich in ihrer Eigenschaft als Spanierin irgendwie entfernt verantwortlich fühlte. Und so wurde unter dem Beifall der essenden Arbeiter an den umliegenden Tischen die Flasche entkorkt und das tröstliche Getränk geschlürft.

»*Un asunto triste*«, bemerkte kurz darauf der Kellner, als er die letzten Schlucke des Schaumweins in unsere Gläser goss. »Eine traurige Geschichte.« Er sei selbst einmal Opfer eines Einbruchs geworden, vertraute er uns mit ernster Miene an – und zwar in seiner Heimatstadt Murcia auf dem Festland. Daher wisse er, wie schrecklich ein solches Erlebnis sei. »*Sí, es un asunto muy triste, señores.*«

»Ach, na ja, so schlimm ist es in unserem Fall gar nicht«, versicherte ich ihm überschwänglich, da mich die nachmittägliche Zufuhr von Schampus erwartungsgemäß milde gestimmt hatte. »Okay, dass unsere Sachen gestohlen wurden, war schon irgendwie ein Jammer, aber wie mein Freund Jock Burns meinte, hätte es auch schlimmer kommen können.«

Sowohl Ellie als auch der Kellner sahen mich fragend an. Die erstaunlich gleichmütige Haltung, die ich plötzlich eingenommen hatte, verblüffte sie zweifellos.

»Schlimmer, *señor*?«, fragte der Kellner.

»Ja. Ich meine, die Diebe hätten wesentlich mehr Schaden anrichten können. Sie haben nur die Tür ein klein wenig lädiert, weiter nichts.«

Der Kellner sah immer noch verdutzt drein.

Ich beugte mich zu ihm vor, legte meine Hand auf seinen Arm und wisperte ihm ganz im Vertrauen zu: »Wissen Sie, in Großbritannien, dort, wo ich herkomme, ruinieren einem Einbrecher oft das ganze Haus, kippen Farbe an die Wände und, na ja, erleichtern sich auf dem Teppichboden und dergleichen. Das habe ich damit gemeint – dass in diesem Fall keine mutwilligen Schäden verursacht wurden. Verstehen Sie?«

Die Miene des Kellners heiterte sich auf. Allerdings begriff er jetzt, was ich meinte. »Aha«, sagte er lächelnd, und sein

Brustkorb weitete sich stolz, »das, *señor,* liegt eben daran, dass wir Spanier ein edles Volk sind!«

Ich nickte weise, und Ellie verschluckte sich an den Resten ihres moussierenden Getränks.

FÜNF

Zum Tangotanzen gehören zwei

Es ist erstaunlich, wie schnell man über ein unerfreuliches Erlebnis wie einen Einbruch hinwegkommt. Man vergisst es zwar nicht, aber man reißt sich zusammen und geht wieder zur Tagesordnung über. Man muss einfach. Es hat keinen Sinn, den Kopf hängen zu lassen und in Selbstmitleid zu zerfließen. Wir hatten das Glück, Unterstützung von den einheimischen Handwerkern zu bekommen, die uns sofort und voller Eifer zu Hilfe geeilt waren. Vielleicht waren sie mitunter auch anfällig für das *mañana*-Syndrom, wenn es ihnen gerade passte, aber als Reaktion auf die Bitte, uns in dieser Notsituation beizustehen, hätten sie nicht mehr auf Zack sein können.

Juan Juan, der Zimmermann, war als Erster erschienen – gleich am Morgen nach dem Einbruch war er in seinem kleinen Lieferwagen angerückt und hatte den Schaden an der Tür des *almacén* behoben. Dann kam Pablo Mir, der Schmied, um für abnehmbare Metallstäbe an den Innenseiten der Türen und abschließbare Sicherheitstore aus Stahl an deren Außenseiten Maß zu nehmen. Er brachte sogar einen tragbaren Schweißbrenner mit, um damit an dem Doppeltor oben am Weg eine Reihe Eggenzinken anzubringen, die ein Einsteigen verhindern sollten. All diese Maßnahmen mögen ihm reichlich übertrieben erschienen sein (uns kamen sie jedenfalls so vor), doch diese Fort-Knox-artigen Sicherheitsvorkehrungen waren uns von der Versicherungsgesellschaft diktiert worden, und man hatte uns gewarnt, dass es unser eigenes Risiko wäre, wenn wir auf sie verzichteten. Keine entsprechenden Sicherheitsmaßnahmen – keine Schadensdeckung durch die Versicherung. So einfach war das.

Ich fuhr ein paar Tage später morgens zu Pablos Andratxer Werkstatt, um die Dinger abzuholen. Pablo war nirgends zu sehen, und die Schmiedearbeiten wurden von seiner Frau erledigt. Sie war Ende dreißig, hübsch, zierlich und das krasse Gegenteil eines vierschrötigen Hünen, den man beim Hantieren mit schweren Werkzeugen zur Metallverarbeitung erwartet. Sie stand über den Amboss gebeugt da und versetzte den Befestigungen für unsere Türstäbe die letzten Hammerschläge. Sie trug einen übergroßen Overall, und der Schweiß tropfte von der Spitze ihrer rußverschmierten Nase.

»Ah, Señor Peter«, begrüßte sie mich strahlend und warf einen rot glühenden Träger in eine Wanne mit kaltem Wasser, wo er zischend und sprudelnd versank. »Gerade rechtzeitig! Ihre Sachen sind alle fertig!«

Ich warf einen Blick auf die schweren schmiedeeisernen Sicherheitstore, die an der Wand lehnten, und sagte: »Ach, das eilt nicht, *señora*. Ich kann später noch mal kommen, wenn Pablo da ist, damit er mir hilft, das ganze Zeug raus zum Auto zu tragen.«

Sie lachte. »Ha! Wenn Pablo hier wäre, würde er sowieso erwarten, dass *ich* ihm tragen helfe, also kann ich auch gleich Ihnen helfen. Ist gehupft wie gesprungen, *sí*?«

»Na ja … wenn Sie wirklich meinen. Aber seien Sie vorsichtig. Nicht, dass Sie sich einen Muskel zerren oder so.«

Sie lachte erneut, und ich sollte schon bald erfahren, warum. Ich war nämlich derjenige, der ächzte, schnaubte und japste, als ich mich mit dem einen Ende der sperrigen Tore abplagte, während sie auf der anderen Seite fröhlich vor sich hin pfiff und die wuchtigen Teile trug, als wären sie eine Tüte Lebensmittel.

»Der Schein trügt oft«, keuchte ich, als endlich alles im Auto lag.

»Ich bin Tragen gewohnt, *señor*«, sagte sie schmunzelnd. »Als Frau eines Schmieds geht es gar nicht anders.«

Und da hatte ich gedacht, ich hätte Ellie im Lauf der Jahre überbeansprucht, indem ich von ihr erwartete, dass sie zur Erntezeit tonnenweise Getreide schaufelte, im tiefsten schottischen Winter mit der Hand hektarweise Rüben aus frostharten Feldern klaubte und sogar mit temperamentvollen Bullenkälbern rang, die sich nicht von ihren Hoden trennen wollten. Jetzt war mir bedeutend wohler!

»Was bin ich Ihnen schuldig, Señora Mir?«, erkundigte ich mich außer Atem und rieb mir den schmerzenden Rücken, während ich mit der anderen Hand im Handschuhfach nach dem Scheckheft kramte.

Diese Frage löste ein weiteres Lachen aus, das diesmal mit einem Hauch Ironie gewürzt war. »Nein, nein, da müssen Sie schon Pedro fragen«, erwiderte sie. »Sich in der Schmiede abrackern ist eine Sache für eine Frau, aber sich um die finanzielle Seite des Geschäfts kümmern eine ganz andere.«

Ich erlaubte mir ein ironisches Grinsen über diese sarkastische Bemerkung, da Ellie erst vor einer Woche – allerdings mit umgekehrten Vorzeichen – in eine ähnliche Situation geraten war, als sich ein Elektriker geweigert hatte, einen von ihr ausgestellten Scheck anzunehmen. Der würde schon aus der Feder des *señor* kommen müssen, hatte er ungehalten erklärt und Ellie angesehen, als wäre sie gerade dem Irrenhaus entflohen. Manche Dinge ändern sich in Spanien eben nur langsam. Doch leider hatte der verbohrte Kerl keine Ahnung, dass Schecks ausstellen geradezu eine der Hauptbegabungen dieser emanzipierten Ausländerin war – auch auf Spanisch, obwohl die Sprache wirklich zu *sprechen* nicht annähernd so hoch bei ihr im Kurs stand.

»Und wann kommt Pablo wieder?«, fragte ich seine Frau.

Sie sah auf die Uhr. »Es ist schon fast elf Uhr, also können Sie auf dem Heimweg an seinem Büro vorbeifahren. Er müsste jetzt dort sein.«

»Büro?«

»Ja, besser bekannt als die Bar Nuevo – an der Plaza de España. Kennen Sie sie?«

Wie gesagt, manche Dinge ändern sich in Spanien nur langsam.

Jetzt, wo wir die Sicherheitstore hatten, fand sich Toni Ensenyat, der örtliche Bauhandwerker, gern bereit, sie uns unverzüglich einzubauen. Toni hielt sich oft bei der alten Mühle unten am Weg auf, die er im Auftrag von Francisca und Tomàs Ferrer zu einer Wochenend-*casita* umbaute – einem Häuschen, das immer größere Ausmaße annahm, wie uns nicht verborgen geblieben war. Die Folgen dieser speziellen Angelegenheit und ihre Auswirkungen auf uns sollten uns im Lauf der Zeit nur allzu klar werden. Doch fürs Erste waren wir einfach nur dankbar dafür, dass Toni die Arbeit für die Ferrers liegen ließ, um uns zu helfen.

Er war ein ruhiger, netter Mann und überdies ein hervorragender Handwerker, der stolz auf seine Arbeit war und nichts davon hielt, überhöhte Preise zu verlangen. Eben keiner von der Sorte, die man in dieser von Pfuschern überlaufenen Branche überall viel zu oft trifft. Auf Mallorca gibt es eine ganze Menge solcher Beutelschneider – die meisten zwielichtige Ausländer, die sich darauf spezialisiert haben andere Nicht-Einheimische, die es sich nicht zutrauen, mit den mallorquinischen Handwerkern in der Landessprache zu verhandeln, um einen Haufen Geld zu prellen.

In den Tagen nach dem Einbruch hatte sich irgendwie eine frohere, zufriedenere Atmosphäre als zuvor über Ca's Mayoral gelegt. Zwar waren wir dort auch schon vor dem traumatischen Ereignis sehr glücklich gewesen, doch das deprimierende Gefühl, nicht dazuzugehören, das uns auf dem Revier der Guardia Civil überfallen hatte, war unaufhaltsam von einer neuen Zielstrebigkeit überlagert worden, einer größeren Entschlossenheit als je zuvor, das, was wir uns mit dem Kauf des Hofs vorgenommen hatten, zum Erfolg zu führen. Jegliche selbstmitleidigen Gedanken ans Aufgeben, die sich an diesem Tiefpunkt in unsere Überlegungen geschlichen haben mochten, waren ganz schnell von der selbstlos geleisteten Hilfe verjagt worden, die wir nicht nur von unserem alten Freund Jock bekamen, sondern ebenso von unseren nächsten Nachbarn im Tal und mittlerweile auch von den einheimischen Handwerkern, die uns bis dahin kaum gekannt hatten. Unser aufkeimendes Zugehörigkeitsgefühl war nicht nur wiederhergestellt, sondern massiv verstärkt worden. Unerfreuliches passiert überall – auch auf idyllischen Inseln im Mittelmeer. So ist das Leben, und wir hatten gelernt, dass nicht einmal die rosafarbenste Brille diese Tatsache vertuschen kann.

Ellie hatte sich gleich darangemacht, die Innenseite der reparierten *almacén*-Tür zu lackieren.

»Möchten Sie eine Tasse Tee, Toni?«, fragte sie munter und zog schwungvoll das Sicherheitstor vor der Haustür auf, das er gerade einzementiert hatte.

Señor Ensenyat, der mit dem Rücken zur Tür eben seine Werkzeuge einsammelte, sprang einen halben Meter in die Luft, als das schwere Tor neben ihm auf die Erde krachte.

»No, gracias, señora«, sagte er und lächelte Ellie nachsichtig

an. Sie stand da, hielt sich die Hand vor den offenen Mund und starrte mit weit aufgerissenen Augen auf die nun wieder freigelegten Befestigungslöcher, die Toni mühsam in den Stein der Türöffnung geschlagen hatte. »Ich habe mir meinen eigenen Kaffee mitgebracht.«

Wir werden es diesem wahren Gentleman ewig zugute halten, dass er, statt Ellie auf seine platt gequetschte Thermosflasche aufmerksam zu machen und ihr vielleicht zu sagen, was sie ihn mal konnte, einfach das Tor aufhob und sich ohne zu zögern daranmachte, es wieder zu befestigen. Und nie sollte unsere kleinliche und diktatorische Versicherungsgesellschaft davon erfahren, dass sie mit ihren überzogenen Sicherheitsanforderungen (und ein klein wenig ungeplanter Hilfe von Ellie) beinahe wegen eines tödlichen Unglücksfalls belangt worden wäre!

* * *

»Edward und Elizabeth laden zum Mittagessen ein«, stand auf der Gold umrandeten Karte.

Die Smythes waren ein paar Wochen nach unserer Ankunft auf der Insel in Ca's Mayoral vorbeigekommen, nachdem sie – wie sie sagten – von einem hiesigen Immobilienmakler erfahren hatten, dass sich kürzlich eine britische Familie in der Gegend angesiedelt habe und ihnen vermutlich über das Für und Wider eines solchen Vorhabens Auskunft geben könne. Denn auch sie wollten auf Mallorca ein »kleines Häuschen« auf dem Land kaufen, nachdem sie beide ihre Posten beim britischen Außenministerium aufgegeben und in den Ruhestand gegangen waren. Trotz ihres fortgeschrittenen Alters hatten sie erst kurz zuvor geheiratet (beide zum ersten Mal) und Edwards »kleines Häuschen« in den Cotswolds an einen reichen arabischen Geschäftsmann verkauft. Daher hatten sie genug Geld, um in ein bescheidenes Anwesen auf der Insel zu investieren.

»Zu viele verdammte Ausländer in England heutzutage«, war Edwards unverhohlene Ansicht. »Saumäßig schwaches Bild, finden Sie nicht?«

Was konnten wir ihnen in unserer Unerfahrenheit über das Leben auf Mallorca schon sagen, außer einem recht banalen »Wenn es Ihnen gefällt, ziehen Sie ruhig hierher«? Und offenbar hatten sie genau das getan, auch wenn wir erst durch die postalische Einladung zum Mittagessen davon erfuhren.

Wenig überraschend beschlossen die Jungen, sich entschuldigen zu lassen, und so fuhren Ellie und ich allein über die Berge zu der verschlafenen, im Landesinneren gelegenen Stadt Calviá. Calviá ist ein unauffälliger Ort, dessen sagenhafter Reichtum lediglich in dem palastartigen neuen Rathaus erkennbar wird, da bei den dort untergebrachten Kommunalbehörden die Steuern und Abgaben aus einem der lukrativsten touristisch genutzten Küstenstreifen ganz Spaniens eingehen.

Sicher, kleiner, aber auf seine Art ebenso glanzvoll war »Chez Smythe«, ein verschwenderisch restauriertes, traditionelles Mallorquiner Bauernhaus, das verborgen an einem schmalen Weg am Stadtrand lag. Von einem Grundstück von etwa viertausend Quadratmetern umgeben, thronte das frisch verputzte weiße Haus über einer Allee aus hoch gewachsenen Palmen, die zu einem prachtvollen, beheizten Swimmingpool führte. Die Palmen, so sollten wir später erfahren, waren extra mit dem Schiff aus Alicante herbeigeschafft worden, und den Swimmingpool hatte eine Londoner Firma gebaut. »Eulen nach Athen« wäre ein passender Kommentar zu dieser Extravaganz gewesen, da auf Mallorca nicht gerade Mangel an Firmen herrschte, die Swimmingpools bauten. Aber schließlich war Edward ein Mann, der nichts »diesen Ausländerfuzzis« anvertraute, wenn es auch anders ging.

An den ferngesteuerten, zweieinhalb Meter hohen Toren empfingen uns zwei zähnefletschende Rottweiler.

»Damit ist die Verabredung zum Mittagessen gestorben«, sagte ich zu Ellie. »Ich gehe nicht da rein und lasse mich auf die Speisekarte für diese beiden Menschenfresser setzen!«

»So leicht kommst du nicht davon«, erwiderte Ellie, die ganz genau wusste, dass ich auf diesen Höflichkeitsbesuch etwa ebenso scharf war, wie es die Jungen offen eingestanden hatten. »Das kann ja interessant werden!«

In diesem Moment kam ein winziger Filipino in einer weißen Hose, einem weißen, bis zum Hals zugeknöpften Spenzer, weißen Schuhen und Handschuhen die Einfahrt heruntergetrabt und schrie den Hunden in einem Idiom etwas zu, das wir für seine Muttersprache Tagalog hielten. Die knurrenden Scheusale schlichen widerwillig davon, hinterließen bei uns aber keinen Zweifel daran, dass wir nicht willkommen waren. Der philippinische Diener lächelte, plapperte etwas Unverständliches vor sich hin und verneigte sich immer wieder, während er uns durch die Tore winkte und zum Haus geleitete. In einem Kleid aus fließendem pinkfarbenen Chiffon stand Elizabeth majestätisch neben einem üppig gedeckten Tisch, den man auf die schattige Seite der offenen Veranda platziert hatte.

»Ich fürchte, ich bin für diesen Anlass ein bisschen zu leger gekleidet«, tuschelte ich Ellie zu und blickte auf mein Freizeithemd und die sportliche Hose herab. »Vielleicht hätte ich mir einen Smoking ausleihen sollen.«

»Ah, Peter und Ellie!«, tönte Elizabeth überschwänglich. »Einfach traumhaft, dass Sie kommen konnten!«

»Freut uns auch«, sagte Ellie, und ich hätte schwören können, dass sie einen Knicks andeutete.

»Edward ist nur auf einen Sprung ins Dorf gefahren, um Zigarren zu besorgen«, erklärte uns Elizabeth, während sie nach einer kleinen Glasglocke griff und damit läutete. »Dauert nicht lang. Etwas zu trinken?«

»Ja … na ja, also gern«, antwortete ich. »Ellie trinkt normalerweise nichts, aber ich würde zu einem Bier nicht nein sagen, wenn Sie –«

Elizabeth äußerte einen sorgfältig artikulierten Befehl – in einer Sprache, die ich wiederum für Tagalog hielt – zu einer geduckten kleinen Filipina, die ebenfalls von Kopf bis Fuß in Weiß gekleidet war und auf den Klang der Glasglocke hin aus dem Haus gekommen war. Ihr Landsmann folgte ihr auf dem Fuß, immer noch lächelnd und sich verbeugend.

Elizabeth wiederholte den Befehl und kläffte dann hinterher: »*Schnell!*«

Ich erkannte das deutsche Wort und wusste, was es hieß. Offensichtlich wusste das auch das weiß uniformierte Paar, das eilig wieder im Inneren des Hauses verschwand.

»Anthony und Cleopatra nennen wir die beiden«, erklärte uns Elizabeth mit einem gezierten Lächeln. »Sprechen natürlich kein Wort Englisch. Aber Filipinos sind die einzigen Dienstboten, die man heutzutage noch zu vernünftigen Löhnen einstellen kann, finden Sie nicht?«

»Unbedingt«, erwiderte ich bestimmt, da ich mir nicht die Blöße geben wollte, in einer so zentralen Lebensfrage ahnungslos zu sein.

Anthony und Cleopatra erschienen wieder. Cleopatra balancierte ein Silbertablett mit edlen Champagnerkelchen, und Anthony brachte einen silbernen Eiskübel mit einer Magnumflasche Bollinger. »In puncto Schampus sage ich immer, es geht doch nichts über den echten«, sagte Elizabeth. »Dieses spanische *Ça-va*-Zeug, oder wie das heißt, kann man ja nicht trinken.«

»Aus meinem Bier wird wohl nichts«, flüsterte ich Ellie zu, während Elizabeth eifrig ihre Bediensteten darin unterwies, wie man den Champagner korrekt einschenkte.

Auf dem Weg war eine Autohupe zu hören, und automatisch raste Anthony ins Haus, um den Knopf zum Öffnen der Tore zu drücken. Ein riesiger Bentley, ein Oldtimer-Coupé, rollte mit heruntergelassenem Verdeck heran. Am Steuer saß Edward mit etwas im Mund, das starke Ähnlichkeit mit einer tabakfarbenen Exocet-Rakete besaß.

»Feine Sache, dass Sie beide gekommen sind«, rief er beim Aussteigen. Er schlenderte auf Ellie zu und riss sie ungestüm in seine Arme. »Absolut sagenhaft, Sie wiederzusehen, meine Liebe!«

Mir fiel auf, dass er denselben marineblauen Blazer mit dem Regimentsabzeichen auf der Tasche trug wie an dem Tag, als sie uns in Ca's Mayoral aufgesucht hatten. Und das, obwohl es ein sehr warmer Samstagnachmittag im April war, wo alles andere als Hemdsärmel jedem einfach unangenehm hätte sein *müssen*. Doch Edward war aus härterem Holz geschnitzt, und um das zu beweisen, trug er auch noch ein Halstuch.

Er fauchte dem unaufhörlich lächelnden Anthony einen militärisch klingenden Befehl zu und warf ihm die Autoschlüssel hinüber. »Er spricht natürlich kein Wort Englisch«, vertraute er mir grinsend an und ergriff meine Hand zu einem kräftigen Schütteln. »Genau wie die Jungs an der Tankstelle unten an der Straße. Also, jetzt bin ich schon seit fast drei Monaten Kunde bei ihnen, und sie verstehen den einfachen Satz ›Voll tanken‹ immer noch nicht. Verdammt schwaches Bild, finden Sie nicht?«

Und der Eindruck, es mit alten Kolonisten zu tun zu haben, blieb aufrechterhalten, als unsere Gastgeber uns auf einem gemächlichen Spaziergang durch ihren prächtigen Garten führten, für den sie, wie Edward ausführlich erläuterte, sogar einheimische Mittelmeerpflanzen und -sträucher von spezialisierten Züchtern aus England hatten importieren lassen.

»Es geht doch nichts über die guten Gärtner aus Merry Old England«, war Edwards Meinung. »Einen ganzen Zacken zuverlässiger als irgendeiner von diesen spanischen Komikern, die sich hier an der Sache versuchen, das kann ich Ihnen sagen! Die Palmen musste ich natürlich in Spanien kaufen«, fügte er fast entschuldigend hinzu. »Aber ich bin kein Risiko eingegangen – ich habe zwei Experten aus Kew Gardens einfliegen lassen, die das Einpflanzen überwacht haben.«

Plötzlich musste ich an einen Seelenverwandten von Edward denken, hinter dem ich einmal auf der spanischen Insel Menorca in einem Lebensmittelladen gestanden hatte. Er versuchte in gebrülltem Englisch etwas zu kaufen, das er als Mayonnaise bezeichnete, und wurde immer wütender, als ihm das geduldige Mädchen hinter dem Ladentisch unverdrossen genau das anbot: ein Glas Mayonnaise, eine Sauce, die in Mahón, der Hauptstadt Menorcas, erfunden und nach der sie benannt war – ebenjener Stadt, in der wir uns befanden. »Verdammt noch mal, Sie dumme Kuh«, stieß er schließlich hervor, und seine Augen leuchteten auf, als er ein Glas Heinz Salad Cream auf einem Regal hinter der Theke entdeckte, *»das* will ich haben – ein Glas echte *englische* Mayonnaise!«

Indien war Edwards erster Posten in Übersee gewesen, als er nach der Army ins Innenministerium wechselte, erzählte er uns zwischen mehreren Reihen duftender Rosmarinhecken und verschiedenen Schlucken gut gekühlten Champagners. »Bei Mountbattens Leuten, wissen Sie. Erstklassiger Mann, dieser Mountbatten. Aus deutscher Familie, wissen Sie. Genau das Richtige für die Maharadschas. Konnte mit diesen Tandoori-Typen umgehen wie kein Zweiter. Verflucht feiner Kerl.« Edward war schließlich in Frankreich gelandet. »Privatsekretär für einen verflixt wichtigen Briten, dessen Name ungenannt bleiben soll.« Er tippte sich an die Seite der Nase. »Außenministerium – Gesetz zum Schutz von Staatsgeheimnissen und so weiter.« Doch seine Jahre in Frankreich hatten auch längere Aufenthalte in Deutschland umfasst, einem Land, das seinem so wichtigen Schützling am Herzen lag und an dem auch Edward bald einen Narren fressen sollte. Die kleine Einzelheit, dass er in Deutschland auch

Elizabeth kennen gelernt hatte, wurde wie ein beiläufiger Nebengedanke angehängt. »Verdammt feiner Kerl, der Deutsche an sich«, meinte Edward.

»Sie *sprechen Deutsch,* nehme ich an?«, fragte uns Elizabeth.

»*Ein Bier bitte* ist so etwa alles, was ich kann«, gestand ich, »aber Ellie spricht es ganz gut. Sie ist sogar dort geboren.«

»Ah, hervorragend! Dann werden Sie sich ja ganz famos mit unseren anderen Gästen verstehen. Irgendwie wusste ich das einfach. Wie *wunderbar*!«

Dann bestand Elizabeth darauf, dass wir uns das Innere des Hauses ansähen. Wie schon beim Grundstück sah man sofort, dass keine Kosten gescheut worden waren, um es von einem schlichten alten Bauernhaus zu einem Anwesen umzugestalten, das sich nun auf den Hochglanzseiten von *Schöner Wohnen* bestens gemacht hätte. Unsere Gastgeber waren ganz offensichtlich stolz auf das, was sie geschaffen hatten, noch dazu in so kurzer Zeit. Dagegen wirkten die Umgestaltungen und »Verschönerungen«, die wir bislang in Ca's Mayoral zuwege gebracht hatten, absolut bescheiden. Zugleich hatte der erzielte Effekt im Inneren von »Chez Smythe«, das zweifellos Edwards und Elizabeths Geschmack entsprechend gestaltet worden war, etwas leicht Bizarres an sich.

Dahin waren die traditionellen Charakteristika, die mit großer Wahrscheinlichkeit vorhanden gewesen waren, als sie das Haus gekauft hatten – echt mallorquinische Eigenheiten wie ein offener Kamin mit Sitzbank in der Küche, frei liegende Holzbalken und schlicht weiß verputzte Wände. Stattdessen waren die Decken mit Rigips verkleidet worden und prunkten nun mit verschnörkelten Kranzleisten und Rosetten, von denen vergoldete Kronleuchter hingen. Die Kamineinfassung war aus Mahagoni und in einem georgianischen Stil gehalten, der eher zum Salon einer britischen Villa aus dieser Epoche gepasst hätte. Nicht einmal die rauen alten Wände waren den anglisierenden Bemühungen der Handwerker entkommen, die, wie uns Edward versicherte, extra von »zu Hause« eingeflogen worden waren. Glatt verputzt, waren die Wände nun mit geprägten Samttapeten bedeckt, die sicherlich perfekt zu Kamin und Decken passten, aber in einem Haus, das bis vor kurzem noch ein typisch mallorquinisches Bauernhaus gewesen war, völlig fehl am Platz waren.

Auch die Möblierung spiegelte den Hintergrund der Smythes wider – eine seltsame Mischung aus Cotswolds-Chintz und Offiziersmessen-Leder. Der frühere *almacén* war zu einem förmlichen Esszimmer umgewandelt und mit viktorianischen Möbeln eingerichtet worden, die direkt aus einem Herrenclub in Mayfair hätten stammen können. Und überall standen Gegenstände, die an die Dienstzeiten in fernen Ländern erinnerten. Es gab Souvenirs aus Indien in Form geschnitzter Elfenbeinstatuetten, französische Spitze und Gemälde mit Pariser Motiven, mexikanische Töpferwaren und sogar einen riesigen Bierkrug aus Deutschland, der mit fröhlichen Fräuleins dekoriert war.

Man vergaß ohne weiteres, dass man sich in Mallorca auf dem Land befand. Doch dies war nun das neue Zuhause der Smythes, und obwohl uns die Art, wie sie es umgebaut hatten, etwas befremdete, hatten sie doch eine Atmosphäre geschaffen, in der sie sich wohl fühlten – und in der sie sich zu Hause fühlten. Sie hielten lediglich an den mittlerweile ausgestorbenen Gebräuchen der Kolonialzeit fest, an die sie sich im Laufe ihres Berufslebens gewöhnt hatten. Dabei taten sie niemandem weh. Das einzig potenzielle Opfer ihrer protzigen Art war ihr eigenes Image in den Augen der bodenständigeren einheimischen Bevölkerung. Doch das war eine Situation, die sie sicher, wenn auch unbewusst, schon viele Male zuvor herbeigeführt hatten und die sie jetzt wohl nicht im Geringsten berührte. Das hier war ihr kleines Stück Empire, in dem die Sonne nach wie vor nicht untergegangen war – und es auch nicht tun würde!

Auch wenn diese Einstellung noch so überholt war, wirkten Edward und Elizabeth wie ernsthafte Menschen, ein sympathisches älteres Ehepaar, das sich an den Privilegien erfreute, die es sich leisten konnte, und sich Gästen gegenüber offenbar gern großzügig zeigte.

Helmut und Hilde kamen in einem glänzenden neuen BMW. Wir waren ihnen noch nicht begegnet, hatten aber von ihnen gehört. Ihr Sohn war in Charlies Klasse, und unter den anderen Eltern kursierten Gerüchte, dass Helmut, der einen extravaganten Lebensstil pflegte, ohne einer erkennbaren Beschäftigung nachzugehen, im günstigsten Fall mit Waffen, im schlimmsten Fall mit Drogen handelte. Sie sprachen beide ein bisschen Englisch. Das wussten wir. Doch bei diesem Anlass beschlossen sie, sich überwiegend auf Deutsch zu unterhalten – genau wie unsere Gastgeber von nun an. Es war ja im Grunde nichts dagegen einzuwenden, sagte ich mir. Auf Mallorca geht es schließlich kosmopolitisch zu, also muss man versuchen, so gut es geht, mit der Sprache zurechtzukommen, mit der man eben gerade konfrontiert wird.

Ich versuchte Helmut auf halbem Weg entgegenzukommen, indem ich ihm auf Spanisch eine Frage stellte, wurde aber mit einem Blick bedacht, der zu sagen schien: »Wo um *Himmels* willen glauben Sie, dass Sie sind – in Spanien?« Von Edward erntete ich die gleiche Reaktion.

Als Hauptgang gäbe es heute Rebhuhn, erklärte uns Elizabeth, als wir am Tisch auf der Veranda Platz nahmen. Die Vögel waren *natürlich* auf bayerische Art zubereitet: mit Speck umwickelt und auf einem Bett von Sauerkraut sowie mit Semmelknödeln serviert. Die Kombination war ausgesprochen delikat.

Edward freute sich, als ich das Essen lobte. »Früher hab ich die kleinen Scheißer immer im Schwarzwald mit dem Herzog geschossen, wissen Sie. Hoppla! Jetzt hätte ich mich fast verplappert.« Er stieß ein nervöses kleines Lachen aus und fuhr dann fort, nachdem er seine Contenance rasch wieder gefunden hatte. »Aber diese kleinen Kerlchen musste ich von Fortnum & Mason's schicken lassen. Hier kriegt man sie nicht so leicht. Die Einheimischen haben alles ratzekahl abgeknallt außer Schmetterlingen, und *denen* würde ich auch keine hohen Überlebenschancen mehr einräumen. Geben wir's doch zu – man weiß nie, was man in diesem Reiszeugs zu sich nimmt. Wie nennen sie das noch? ›Payola‹ oder so, stimmt's?«

Und so schritt das Essen fort, während sich der Nachmittag dahinzog. Helmut und Edward lachten immer wieder schallend über deutsche Witze, von denen Edward mir seinen untadeligen Manieren entsprechend jeden einzelnen ins Englische übersetzte. Ich wiederum lachte höflich über jede Pointe, auch wenn ich offen gestanden den Eindruck hatte, dass der Humor beim Übersetzen ein bisschen auf der Strecke geblieben war. Aber andererseits lag es ja vielleicht auch an mir … oder daran, wie Edward die Witze erzählte. Jedenfalls fand ich das Ganze etwas zäh.

Schließlich ergab sich eine willkommene Abwechslung in Form einer drallen braunen Henne, die plötzlich auf der Veranda erschien und auf Edwards Schulter hochflatterte.

»Ah, da bist du ja, meine Liebe!«, freute er sich und kitzelte den Vogel mit der Fingerspitze am Kehllappen. »Sie heißt Mrs. Wallsy«, informierte er mich, offenbar ohne zu merken, dass er sich wahrscheinlich schon wieder verplappert hatte. »Rhode Island Red, wissen Sie. Eine waschechte Amerikanerin. Früher hatte sie sogar mal nen Spielgefährten.« Er wurde einen kurzen Moment lang nachdenklich. »Hm, den haben sich die Hunde eines Tages zum Mittagessen einverleibt. Echt verdammt schade.«

Als Nächstes riss Edward ein Stück Brotrinde ab und legte es der Schoßhenne in den Schnabel. Daraufhin gackerte sie dankbar, spritzte ihm (ohne dass er es merkte) einen bunt gescheckten Schiss auf den Blazerärmel, flatterte auf festen Boden zurück und trippelte geziert davon. Mission ausgeführt.

»Sa-a-a-agenhaft«, freute sich Edward und sah der Henne nach. »Verflucht viel intelligenter, als wir ihnen zugestehen.« Dann bedeutete er dem beflissen in der Nähe wartenden Anthony, dass er Wein nachschenken solle, und nahm seinen Vortrag teutonischer Scherze wieder auf.

Unterdessen plauderte Ellie recht flüssig auf Deutsch mit Hilde und Elizabeth. Dabei fiel mir auf, dass unsere Gastgeberin mit der Zeit immer verstimmter und ungehaltener wegen Cleopatras Servierleistung wurde. Zu Elizabeths mehrfach geäußertem Ärger begriff Cleo simple Erfordernisse der Etikette einfach nicht, zum Beispiel, wie »absolut unabdingbar« es war, dem Gast das Essen von der linken Seite vorzulegen.

»Heutzutage bekommt man einfach kein qualifiziertes Personal mehr, stimmt's?«, hörte ich sie erregt zu Ellie sagen. »Sie würden nicht glauben, wie viele Stunden ich damit zugebracht habe, ihr zu zeigen, wie die Gedecke angeordnet werden müssen, und jetzt muss ich immer noch hinter ihr herkontrollieren und das Besteck richtig hinlegen!«

Doch die Sache spitzte sich erst richtig zu, als die unglückliche kleine Filipina – die meiner Vermutung nach bei ihren zahlreichen Stippvisiten in der Küche immer wieder Liebfraumilch gepichelt hatte – stolperte und den gesamten Inhalt eines großen Tellers Apfelstrudel mit Sahne auf den kostspielig verhüllten Schoß ihrer Herrin leerte. Elizabeth verließ den Ort des Geschehens in einem wütenden Chiffonwirbel.

»Keine Sorge, Herrschaften«, sagte Edward mit beruhigendem Schmunzeln und signalisierte Anthony mit einem Fingerschnippen, dass die Herrschaften einer Dienstleistung bedurften. »Das alte Mädchen macht sich schnell wieder sauber. Ist doch kein Beinbruch, oder?«

Die Hühnerscheiße an seinem Blazer war mittlerweile zu einer länglichen Kruste getrocknet, deren Form seltsamerweise stark den Umrissen von Merry Old England ähnelte. Sicher würde der alte Junge sich zu gegebener Zeit auch sauber machen, doch im Moment stand Wichtigeres an. Anthony wurde auf Englisch angewiesen, Kaffee, Schnaps – am liebsten *Steinhäger* – und Zigarren zu bringen. »Ach, und ähm, schau auch mal, was die Memsahibs wollen, ja? Bestimmt After Eight und dergleichen.« Er scheuchte den völlig verwirrten Anthony davon. »Mach schon. Sei ein guter Junge.«

Helmut, der mindestens noch eine Stufe angeheiterter war als unser zunehmend beschwipster Gastgeber, ließ lautstark einen fahren. Edward brach in schallendes Gelächter aus und zitierte etwas, das ich als ein altes deutsches Sprichwort über das eben Geschehene verstand. Die Fassaden begannen zu bröckeln, und ich dankte meinem Trink-Schutzengel, dass die widerliche Süße des Liebfraumilch-Weins mich dazu veranlasst hatte, im Laufe des Nachmittags wesentlich weniger davon zu trinken als meine beiden Tischgenossen. Ich beschloss, es beim Schnaps genauso zu halten.

Elizabeth kehrte rasch zurück. Sie hatte ihr beschmutztes Kleid durch ein nicht minder elegantes ersetzt und ihre majestätische Haltung wieder eingenommen. Ich folgte Edwards ritterlichem Vorbild, indem ich aufstand, als sie sich dem Tisch näherte. Helmut saß wie angewachsen da, hickste und rang um einen klaren Blick.

»Nur keine Umstände, alter Junge«, sagte Edward zu mir. »Ich gehe nur mal kurz den Spargel abgießen. Sie wissen ja, wo die Latrinen sind, wenn Sie mal müssen, oder?« Ohne eine Antwort abzuwarten, schwankte er aufs Haus zu.

Ich beschloss, einen zweiten Gesprächsversuch mit Helmut zu unternehmen, diesmal auf Englisch. »Leben Sie schon lang auf Mallorca?«

Er fixierte mich mit halb geschlossenen Augen und zuckte mit den Achseln, als wollte er sagen »Ist doch egal«. »Ich komme ... ich gehe.«

»Aha, Geschäfte, was?« Meine Neugier gewann die Oberhand. »Was, ähm – in welcher Branche sind Sie denn, Helmut?«

Er machte eine wegwerfende Geste zur Seite. »Ich kaufe, ich verkaufe. Ich importiere, ich exportiere. Ja, ich komme, ich gehe.«

Diese spezielle Art der Fragestellung war offenbar schnell und abrupt an ihre Grenzen gestoßen. Ich würde es anders versuchen müssen.

»Und, ähm, kennen Sie Edward und Elizabeth schon lang?«

»Nein.«

Er begann mit den Fingern auf den Tisch zu trommeln und summte dazu leise etwas, das ein Strauss-Walzer hätte sein können, während er die plaudernden Damen abtaxierte.

Ich gab meine nutzlosen Versuche auf, ein Gespräch anzufangen, und überdachte stattdessen die Situation. Helmut und seine Frau waren als Freunde der Smythes eigentlich unpassend. Abgesehen von der Verbindung zu Deutschland schienen sie im Grunde gar nichts gemeinsam zu haben. Edward und Elizabeth standen unzweifelhaft am oberen Ende der sozialen Leiter der Mittelschicht, während Helmut und Hilde ... na ja, sagen wir mal einer deutlich niedrigeren Schicht angehörten – trotz (oder gerade wegen) des zur Schau getragenen Reichtums.

Tja, es muss auch solche geben, und trotz ihrer unerschütterlichen Haltung waren die Smythes wahrscheinlich nur einsam und versuchten, sich in einem neuen Land einen neuen Freundeskreis aufzubauen. Irgendwo muss man schließlich anfangen, und dass sie jemals auch nur erwägen würden, sich in die ortsansässige mallorquinische Gemeinschaft zu integrieren, war von vornherein ausgeschlossen.

»Ihre Frau«, brummte Helmut und riss mich aus meinen Gedanken, »Sie spricht gut Deutsch, oder?«

»Ja, sie schlägt sich ziemlich gut.« Das war der Durchbruch. Jetzt konnte ich das Gespräch in Gang bringen, indem ich ihm von Ellies deutschem Hintergrund erzählte. »Sie wurde sogar dort geboren, und zwar in –«

»Eine sehr attraktive Frau«, fiel Helmut mir ins Wort und musterte Ellie aus glasigen Augen. »Sie tanzt gerne, oder?«

Worauf zum Teufel wollte er hinaus? »Ähm, na ja, das kann ich wirklich nicht –«

»Also, ich tanze gern!«, verkündete Helmut. »Und meine Hilde tanzt auch gern!« Er begann auf den Tisch zu klopfen und die Walzermelodie zu grölen, während er sein Weinglas im Takt schwenkte, als säße er in einem Bierkeller.

»Das hier geht ziemlich rapide den Bach runter«, flüsterte ich Ellie zu, während Elizabeth das Damengespräch mit Hilde fortführte, die inzwischen auch schon kräftig getankt hatte. »Ich sehe üble Exzesse kommen.«

In diesem Moment hörten wir die Tango-Musik. Die Akkordeonklänge von »Jealousy« kamen aus dem Haus.

»Ah!«, freute sich Elizabeth, die meine verwirrte Miene bemerkt hatte. »Das ist nur Edward, der seiner Leidenschaft für lateinamerikanische Tanzmusik nachgibt. Gebt ihm gutes Essen, guten Wein und vor allem« – sie hielt inne, um Ellie verschwörerisch zuzuzwinkern – »charmante, neue weibliche Gesellschaft, und schon kommt der Südamerikaner in ihm zum Vorschein.«

Ellie erstarrte.

Nun kam Edward wieder heraus, eine rote Rose zwischen die Zähne geklemmt und eine weibliche Schneiderpuppe an die Brust gedrückt. Die Puppe trug seinen Blazer. Er kam im Tangoschritt auf uns zu, mit verführerisch gebeugten Knien, während er den linken Arm und einen leeren Blazerärmel steif vor sich herschob.

»Gleich haben wir das Vergnügen, meine Liebe«, teilte er der gequält dreinsehenden Ellie mit und unterbrach seinen Tangoschritt kurz neben ihrem Stuhl, um seinen Rumpf über seine leblose Tanzpartnerin zu beugen und schließlich schwankend mit ihr die palmenbestandene Allee hinabzugleiten.

»Er hat mal ein paar Monate in unserer Botschaft in Buenos Aires gearbeitet«, erklärte Elizabeth leichthin und zündete sich in einer halbmeterlangen Zigarettenspitze aus Bambus eine Zigarette an. »Hat Tango tanzen gelernt wie ein Gaucho.«

Falls das Ellie noch nicht den Rest gab, dann war es garantiert Helmuts lüsterner Annäherungsversuch.

»Möchtest du mit mir tanzen, *mein Liebling*?«

Ellie sprang auf und sah hektisch auf ihre Uhr. »Ach du liebe Zeit. Schon so spät?«, stieß sie hervor. »Das hätte ich fast vergessen, Elizabeth. Wir müssen in einer halben Stunde einen Freund vom Flughafen abholen. Tut mir Leid. Es war ein Super-Mittagessen, aber jetzt müssen wir wirklich los. Wir machen bald mal eine Einladung bei uns. Freuen uns schon.«

Sie schob mich erbarmungslos auf unser Auto zu. »Lass uns ganz schnell von hier verschwinden!«, verlangte sie mit schriller und unverkennbar panischer Stimme. »Ich will nicht erleben müssen, wie dieser geile alte Sack und sein Kumpan ihre Ricky-Martin-Nummer an mir ausprobieren!«

In diesem Moment wechselte die aus dem Haus plärrende Musik zu dem passend betitelten »Blue Tango« über, und ein lautes Platschen, begleitet von einem erstickten Schrei, drang aus dem Swimmingpool-Bereich durch die Palmen.

»Vielleicht kühlt ihm das seine Glut«, murmelte Ellie und knallte die Autotür hinter sich zu.

Ich drehte den Zündschlüssel um. »Und wenn nicht«, ergänzte ich, »dann erspart es ihm wenigstens die Reinigungskosten für den Blazer.«

Das war das letzte Mal, dass wir Edward und Elizabeth sahen. Nette Leute, wenn auch ein bisschen exzentrisch, und klassische Beispiele für das überaus britische Stereotyp, sich in der eigenen kleinen Ecke einer fremden Umgebung trotzig an einen »überlegenen« Lebensstil zu klammern.

»Mögen sie noch lange in ihrem Reich herrschen«, sagte Ellie. »Aber mir ist eine Scheibe Brot, mit Tomate eingerieben, und ein nüchternes Schwätzchen vor der *casita* der alten Maria immer noch zehnmal lieber.«

Dazu gab ich meinen Segen.

SECHS

Eine Frage des Mitgefühls

»Hab was gefunden!«, rief Sandy. »Hier, bei den Kleinanzeigen im *Majorca Daily Bulletin*!«

Charlie sprang vom Frühstückstisch auf und blickte seinem Bruder über die Schulter. »Yeah! Wie wär's, Dad?«

Ich trank betont langsam einen Schluck Kaffee. »Sag mir lieber erst mal, was in der Anzeige steht.«

Doch Ellie hatte sich bereits vom Herd abgewandt und spähte nun ebenfalls neugierig über Sandys Schulter in die aufgeschlagene Zeitung. »Boxerwelpen!«, rief sie und konnte dabei ihre Begeisterung nicht verhehlen.

»Eine Tierhandlung in Palma«, ergänzte Sandy, und auch seine Augen glänzten vor Vorfreude.

»Mit gutem Stammbaum! Gescheckt! Und mit sämtlichen Impfungen!«, jubilierte Ellie.

»Aber nur noch zwei übrig«, mahnte Sandy mit einem kurzen besorgten Blick in meine Richtung. »Und die Zeitung ist von gestern. Könnte schon zu spät sein.«

»Aber da steht doch eine Telefonnummer dabei!«, warf Charlie hastig ein. »Ich ruf gleich mal dort an, okay?«

Ich hob abwehrend die Hand. »Ein bisschen Geduld, ja? Das ist die erste Anzeige für Boxer, die wir gesehen haben, aber es werden sicher bald noch viel mehr Welpen angeboten, selbst wenn die hier weg sein sollten. Also, wenn man einen brauchbaren Hund finden will, muss man ein bisschen mehr tun, als völlig überstürzt den erstbesten zu kaufen, wisst ihr. Außerdem können Tierhandlungen ganz schön fragwürdig sein. Es ist besser, man geht direkt zum Züchter.« Mit grimmiger Miene schüttelte ich den Kopf. »Ich finde, wir sollten warten.«

Es folgte eisiges Schweigen, in dem mich drei Augenpaare anfunkelten, wild entschlossen, mich dazu zu bringen, meine Meinung zu ändern – und wehe, ich tat es nicht.

Noch immer fiel es mir wesentlich schwerer, am Telefon spanisch zu sprechen, als eine Unterhaltung von Angesicht zu Angesicht zu führen. Das hängt vermutlich damit zusammen, dass man nicht sehen kann, mit wem man spricht, und nicht zur Unterstützung die Lippen des anderen lesen kann, ganz gleich, wie unbewusst man es auch tut. Doch in diesem Fall gelang es mir ohne allzu große Mühe, der Frau in der Tierhandlung mein Anliegen zu vermitteln, und ihre Antwort war auch leicht zu verstehen.

»Was haben sie gesagt?«, riefen drei Stimmen gleichzeitig, sowie ich aufgelegt hatte.

»Es ist nur noch ein Welpe übrig«, antwortete ich. »Ein Weibchen. Und die Frau hat versprochen, es für uns zu reservieren, bis wir es gesehen und uns dafür oder dagegen entschieden haben.«

»Optimal!«, verkündete Charlie. »Wir fahren alle hin! Die Schule kann den einen Tag gut auf mich verzichten, und –«

»Das kannst du gleich wieder vergessen, Charlie. Deine Mutter und ich müssen heute Morgen ohnehin nach Palma.

Beim Anwalt Papiere unterzeichnen. Wir setzen dich auf dem Hinweg an der Schule ab. Und Sandy –«

»Ich weiß, ich weiß«, seufzte er. »Ich habe versprochen, heute mit dem Traktor zum alten Pep rüberzufahren und ein Stück Land für ihn umzupflügen. Keine Sorge, bin schon unterwegs.« Er schlich lustlos auf die Tür zu, drehte sich dann um und sagte in feierlichem Ton: »Ich hoffe echt, ihr kriegt den Hund. Ich habe irgendwie das Gefühl, dass es ein guter ist.«

Wir hatten schon früher Boxer gehabt, und wie bei den meisten Fans dieser Rasse waren sie in unseren Augen Menschen ähnlicher als Hunden, vor allem wenn man das Glück hatte, einen zu ergattern, der überdurchschnittlich schlau war und dazu noch ein treues Wesen besaß. Eine Mischung von Vorzügen, die weder bei Hunden *noch* bei Menschen allzu häufig ist, aber wir hatten es meistens gut getroffen (zumindest bei Hunden!) und konnten nur darauf hoffen, dass uns das Glück erneut hold war.

»Hör mal«, sagte ich zu Ellie, nachdem wir Charlie an der Schule abgesetzt hatten, »mein ganzes Gerede von wegen ›Augen auf beim Hundekauf‹ war übrigens vollkommen ernst gemeint – vor allem bei einem Hund aus der Tierhandlung. Also sei so gut und werd nicht gleich sentimental und rührselig, wenn wir dort sind. Ich kenne dich. Vergiss nicht: Alle Welpen sind niedlich – auch kleine Köter mit einem miesen Stammbaum, die sich später zu vierbeinigen Albträumen auswachsen.« Ich holte kurz Atem, während ich uns im hektischen Stadtverkehr von Palma um eine besonders scharfe Linkskurve manövrierte. »Und denk auch daran«, fuhr ich fort, »dass wir hier nicht in Schottland sind und keine Ahnung von Mallorquiner Stammbäumen und dergleichen haben. Auch nicht von Preisen. Wir müssen unbedingt aufpassen. Wir könnten ohne weiteres übers Ohr gehauen werden, wenn wir nicht *ganz* vorsichtig sind. Außerdem ist es der letzte Welpe, der noch übrig ist. Wahrscheinlich der mickrigste aus dem Wurf.«

Ellie wahrte ihr geübtes diplomatisches Schweigen – wie ich aus den Augenwinkeln bemerkte, begleitet von einem entschlossenen kleinen Lächeln. Offenbar verschwendete ich meine Zeit. Wie üblich.

Die Tierhandlung lag auf der anderen Seite von Palma, in der Nähe der Plaça Pere Garau, und verströmte den üblichen Geruch eines Zoogeschäfts: eine unverkennbare Mixtur aus Sägemehl, Desinfektionsmittel und Mäuseköteln. Doch der Laden war makellos sauber, und die Besitzerin erwies sich als eine sehr sympathische Frau von sanftem Wesen.

»Schwanzlutschende Schwulensau!«, kreischte eine heisere Stimme hinter mir. Ich wirbelte herum und stand vor einem großen, bunten Papagei. Er trippelte auf einer frei hängenden Stange hin und her, wackelte ungeduldig mit dem Kopf und fixierte mich unverwandt mit einem seiner glänzenden Augen. Es war Feindschaft auf den ersten Blick, und ich sah mit großer Erleichterung, dass er an einem Bein eine Kette trug, die ihn an seinen Platz fesselte. Sein Schnabel hätte böse Schäden anrichten können.

Er habe einem Matrosen von dem amerikanischen Flugzeugträger gehört, der kürzlich vor Palma geankert hatte, erklärte uns die Ladenbesitzerin. Ein neuer Kapitän hatte das Kommando auf dem Schiff übernommen, festgestellt, dass einer aus seiner Mannschaft ein Haustier an Bord hatte, und ihm befohlen, es unverzüglich abzuschaffen. Deshalb stand der Vogel nun zu einem so günstigen Preis zum Verkauf. Er könne auch hervorragend sprechen, erläuterte sie eifrig – allerdings verstehe sie kein Wort von dem, was er sage, da sie kein Englisch könne. Aber vielleicht würde er sich ja als unterhaltsamer Gefährte für den *señor* eignen, meinte sie und warf mir einen hoffnungsvollen Blick zu.

Ich lehnte höflich, aber bestimmt ab.

»Verfickter Schweinepriester!«, krächzte der Papagei.

Ende der Unterhaltung.

Ellie kniete bereits neben einem kleinen Hundekäfig in der Ecke und gurrte in Babysprache hinein, während sie den Zeigefinger durch das Gitter steckte, um das eifrig leckende kleine Bündel darin am Kinn zu kraulen.

»Ah, die *señora* mag meine kleine *chiquilina*«, freute sich die Ladenbesitzerin, die hier sofort die besseren Verkaufschancen roch. Sie öffnete den Käfig und hob das zappelnde Hündchen heraus. »*Sí*, und meine kleine *chiquilina* mag die *señora* auch!«, sagte sie und reichte Ellie taktisch geschickt das Tierchen.

»Mm-m-m, bist du eine Süße«, gurrte Ellie, während die Zunge des Welpen ihr übers ganze Gesicht leckte und der kleine, kupierte Schwanz in ganzer Länge wedelte, wie es nur der Schwanz eines Boxers kann. »Ja, du bist ein süßes Mädchen, was?«

Genau die Reaktion, die ich befürchtet hatte. Liebe auf den ersten Blick. Allerdings musste ich mir selbst eingestehen, dass es in der Tat ein gut aussehendes Hündchen war, das ganz und gar nicht kleinwüchsig war, wie ich befürchtet hatte. Es war sogar ein ausgesprochen wohl proportioniertes kleines Tier. Über und über dunkel gescheckt, besaß es große braune Augen, die aus einem hübschen Gesichtchen blickten und ohne irgendwelcher Worte zu bedürfen »Nimm mich mit« flehten. Ich wollte gerade die Inhaberin fragen, warum ein so schöner Welpe als letzter des Wurfes unverkauft geblieben war, als ich den Grund dafür selbst sah: ein hässlicher Schorf oben auf dem Kopf. Ich wies Ellie darauf hin.

»Ah, *sí*«, sagte die Besitzerin, die meinen besorgten Blick gleich bemerkt hatte. »Eine kleine Schramme – eine harmlose Verletzung, die sie beim Spielen mit ihren Geschwistern abgekriegt hat. Nichts Schwerwiegendes, *señor*. Das ist bald abgeheilt.«

Vielleicht hatte sie Recht, doch ich wollte kein Risiko eingehen. Es hätte genauso gut eine Hautkrankheit sein können. Die ersten Anzeichen einer Scherpilzflechte womöglich. Ich war diesem Problem oft genug bei Rindern begegnet, und auch wenn es heilbar war, blieb es doch eine hoch ansteckende und unästhetische Krankheit, die man sich auf keinen Fall ins Haus holen wollte. Ich erklärte dies der Ladenbesitzerin, so gut ich konnte, und sie akzeptierte meine Einwände netterweise, ohne weiter auf einen Verkauf zu drängen. Andere Leute hatten diesem Welpen gegenüber bereits die gleichen Einwände vorgebracht, gestand sie, während sie Ellie das winzige Hündchen abnahm und es wieder in den Käfig steckte. »*No problema, señores.*«

Der Ausdruck tiefster Verzweiflung auf dem Gesicht der kleinen Kreatur reichte aus, um das härteste aller Herzen zu brechen. Dahin war die schiere Freude, von freundlichen Händen festgehalten zu werden, dahin waren die flüchtigen Momente der Hoffnung darauf, endlich aus ihrem einsamen Gefängnis befreit zu werden. Sie setzte sich einfach auf ihre Unterlage aus zerkleinertem Zeitungspapier und blickte zitternd und jämmerlich zu uns auf. Ein mattes, piepsiges Wimmern war ihr letztes Flehen um ein liebevolles Zuhause.

»Das arme kleine Ding«, flüsterte Ellie und bückte sich erneut hinab, um die samtschwarze Schnauze des Hündchens zu streicheln. »Wir könnten es zu einem Tierarzt bringen und untersuchen lassen«, schlug sie vor und sah mich mit einem verschwommenen Blick an.

Ich fühlte mich ohnehin schon mies, und diese Szene von fast dickensschem Pathos tat ein Übriges. »Das wäre nur grausam«, entgegnete ich in dem matten Versuch, Ellies Kummer zu lindern. »Wenn die Entscheidung des Tierarztes gegen es ausfällt, müssten wir es wieder hierher zurückbringen.«

»Aber sie ist so unglücklich«, wandte Ellie ein. »Schau sie dir nur an – das arme kleine Ding und noch dazu ein so schönes Hündchen.« Sie umfasste das verlorene kleine, kokosnussartige Gesichtchen.

Die Ladenbesitzerin sah mich an, hob eine Schulter und verzog die Miene zu diesem typisch spanischen Ausdruck der Ratlosigkeit.

»Der Züchter dieses Welpen«, begann ich, auf einmal voll neuer Hoffnung, » – Sie wissen nicht vielleicht, ob er in absehbarer Zeit mit einem neuen Wurf rechnet?«

»Der Züchter bin ich selbst, *señor*«, gab sie lächelnd zurück, »und *sí*, in drei Wochen gibt es einen neuen Wurf Boxer. Eine andere Mutter, aber derselbe Vater.«

»Also die gleiche Abstammung?«

»Sí, sí – exactamente!« Und stolz fügte sie hinzu, dass alle ihre Hunde von den Boxern mit den besten Stammbäumen ganz Spaniens abstammten. *»Muchos campeones! Pedigrís excelentes!«*

»Na also, Ellie!«, rief ich begeistert. »So machen wir es, ja? Wir kommen in drei Wochen wieder, und dann kannst du dir aus dem Wurf einen Welpen aussuchen! Was hältst du davon?«

Ellie hörte nicht auf, das Hündchen durch den Maschendraht des Käfigs zu streicheln. Sie sagte nichts, doch es war offenkundig, dass *das* hier der Welpe war, den sie wollte.

»Pass auf – ich sag dir was«, fuhr ich fort. Ich fühlte mich zwar immer noch schlecht, war aber nach wie vor überzeugt, die richtige Entscheidung getroffen zu haben. »Ich kaufe dir einen Kanarienvogel, der dir in der Zwischenzeit Gesellschaft leistet. So ein Kanarienvogel, ähm, weißt du, verbreitet im ganzen Haus heitere Stimmung mit seinem Gezwitscher und so. Sind tolle kleine Sänger, diese Kanarienvögel!«

Falls ich mich selbst überzeugt haben sollte, so ganz gewiss nicht Ellie. Sie schaute immer noch zu dem Hündchen zurück und tauschte hingebungsvolle Blicke mit ihm aus, als wir schließlich auf die Tür des Ladens zusteuerten – ich mit einem Kanarienvogel im Käfig und Ellie mit schwerem Herzen in der Brust.

»Verpiss dich, Arschloch!«, krächzte der Papagei, als ich an seiner Stange vorbeiging.

»Touché!«, murmelte ich mit gebeugtem Kopf und entsprechend gedemütigt.

Selbst der Kanarienvogel schwieg auf der langen Fahrt zurück nach Andratx, und nicht einmal das Angebot eines *menú del día* in einem unserer Lieblingslokale reichte aus, um Ellies trübsinnige Stimmung zu heben. Irgendetwas musste ich mir einfallen lassen, um sie aufzuheitern.

»Wir nennen ihn Mario Lanzarote!«, rief ich schließlich aus. »Mario Lanza, weil er auch Sänger ist, ja? Und das ›rote‹ hintendran, weil er ein Kanarienvogel ist! Klar?« Ich rang mir ein Lachen ab. »Lanzarote – du weißt schon, eine der Kanarischen Inseln!«

Ellie konnte dem Witz rein gar nichts abgewinnen. »Lass uns lieber zusehen, dass wir ihn nach Hause und aus dem Auto rausschaffen«, murmelte sie. »Du weißt ja, wie Kanarienvögel sind. Du willst doch sicher nicht, dass ihn die ekligen Abgase umbringen.«

Erneut senkte sich Schweigen herab.

»Hör mal, Ellie«, sagte ich nach einer Weile. »Du weißt, dass es ein Fehler gewesen wäre, den Welpen mit dem Schorf auf dem Kopf zu kaufen.« Ich versuchte, Mitgefühl zu beweisen und gleichzeitig ihr Urteilsvermögen anzusprechen. »Ehrlich, was hätte es denn für einen Sinn, einen Hund zu kaufen und ihn stante pede zum Tierarzt bringen zu müssen? Wir wären ja Trottel. Komm, sei fair – sogar die Frau aus dem Laden schien so zu denken.«

Ellie rang sich ein Seufzen ab. »Ja, du hast Recht, vollkommen Recht. Wir brauchen nur noch drei Wochen zu warten, weiter nichts.«

»*So* gefällst du mir schon besser! Genau, dann kriegst du

ein schönes Hündchen.« Ich tätschelte ihr das Knie. »Ein schönes Hündchen ohne Schorf auf dem Kopf, ja? Das beste vom ganzen Wurf, jawohl! Du wirst schon sehen – es ist das Warten wert.«

»Ja«, gab Ellie mit traurigem Lächeln zu, »und das niedliche kleine Hündchen dort wird *auch* ein gutes Zuhause finden ... irgendwann.«

Wir kamen wieder vor der Tierhandlung an, als die Besitzerin gerade zur nachmittäglichen *siesta* schließen wollte.

»Ah, *señores*!«, rief sie schmunzelnd. »Ich habe Sie schon erwartet. Und meine kleine *chiquilina* auch, *sí*?« Sie ging auf den Ladentisch zu, wo das Hündchen schon geduldig in einer kleinen Reisekiste aus Plastik wartete. Es wurde auf der Stelle munter, als es Ellie sah, stellte sich auf seine wackeligen Beinchen und wedelte hektisch mit dem Schwanz.

»Sag der Dame, dass wir die Kiste nicht brauchen«, bat Ellie, holte ihr geliebtes Hündchen heraus und herzte es. »Nur ein schönes, gemütliches Körbchen, ein kleines Halsband und Welpenfutter.«

»Ja«, gestand ich auf der zweiten Heimfahrt an diesem Tag, während ich auf das zusammengerollte, selig schlafende Tierchen auf Ellies Schoß herabblickte, »sie ist wirklich ein *bonny wee thing*, ein süßes kleines Ding.«

»Dann nennen wir sie doch so«, schlug Ellie vor.

»Ding?«

»Nein, du Dussel! Bonny! Wir nennen sie Bonny!«

In den folgenden paar Nächten wurde sie allerdings mit einigen anderen Namen bedacht, als ihre gejaulten Bemühungen, uns dazu zu bringen, sie oben bei den Menschen schlafen zu lassen, uns wach hielten. Doch sie gewöhnte sich an die Regelung wie alle Hunde, und es dauerte nicht lange, bis die warme Ecke am Küchenkamin, wohin wir ihr Körbchen gestellt hatten, zu ihrem ganz persönlichen und heiß geliebten Zufluchtsort wurde. Und ihre Liebesgeschichte mit Ellie, die unter dem feindseligen Blick eines unflätigen Papageis so ergreifend begonnen hatte, übertrug sich unverzüglich auf die ganze Familie. Bonny war etwas Besonderes. Das wussten wir. Aber, weitaus wichtiger, sie wusste es auch. Und wie alle kleinen Damen, die mit dieser speziellen Gabe gesegnet sind, lernte sie schon bald, das Herz eines jeden zu stehlen, der ihr begegnete – mit einigen bemerkenswerten Ausnahmen!

Nur um ganz sicher zu gehen, waren Ellie und ich am Morgen, nachdem wir Bonny gekauft hatten, mit ihr zu Gabriel Puigserver gefahren, dem Tierarzt am Ort, um den kleinen »Schönheitsfehler« an ihrem Kopf begutachten zu lassen. Und genau wie die Dame aus der Tierhandlung gesagt hatte, war es tatsächlich nur die Folge einer Verletzung beim Spielen, die – wie uns Gabriel versicherte – ohne jede ärztliche Behandlung in ein paar Tagen verschwinden würde.

»Da haben Sie ein schönes Tier erwischt«, sagte der Tierarzt, nachdem er sie gründlich untersucht hatte. »Eine gesunde kleine *chica* und hübsch dazu.« Er trat einen Schritt zurück, um einen taxierenden Blick auf Bonny zu werfen, die stolz auf seiner Liege stand und die geballte Aufmerksamkeit eindeutig genoss. »Einwandfreier Körperbau«, urteilte er. »Guter Stammbaum. *Sí,* da haben Sie einen guten Griff getan.«

»Ich wusste es von Anfang an«, sagte Ellie schmunzelnd und sammelte ihre kleine *chiquilina* auf. »Na komm, jetzt bring ich dich nach Hause, dann kriegst du eine Untertasse mit schöner warmer Milch, weil du beim Doktor so brav warst.«

Gabriel, der behauptete, kein Englisch zu sprechen, hatte zumindest *ein* Wort von dem verstanden, was Ellie gesagt hatte. Er hielt ihr warnend einen Finger vors Gesicht und riet ihr dringend davon ab, einem Welpen in diesem Alter Milch zu geben. Von Milch bekäme Bonny nur Magenverstimmung und würde wahrscheinlich krank – Durchfall sei die sichere Folge. Gekochter Reis mit zerkleinerten Resten von gegartem

Huhn und Gemüse sei alles, was Bonny im Moment brauche – und natürlich jederzeit Wasser. Aber Milch? Er drohte uns erneut mit dem Finger. »*Nunca!*« Niemals!

Tja, das war mir neu, aber man lernt ja nie aus, vor allem nicht als frisch gebackener Zugezogener in einem Land mit anderen Gebräuchen als den eigenen – und zweifelsohne mit den triftigsten Gründen dafür, sie zu praktizieren. Und schon bald sollte ich eine weitere Lektion bekommen …

* * *

»*Weh-ep!*«, kam ein Gruß vom Gatter.

»*Weh-ep!*«, rief ich zurück. Ich weiß nicht, was dieser Gruß bedeutet. Wahrscheinlich nichts Spezielles. Mit Sicherheit steht er nicht im Wörterbuch, aber auf jeden Fall begrüßen sich Mallorquiner vom Land auf diese Weise, und ich hatte es mir auch rasch angewöhnt.

Ich stand im Hof von Ca's Mayoral und nagelte ein winziges Vogelhäuschen aus Holz zusammen. Ellie hoffte, dass Blaumeisen darin nisten würden. Sie hatte einen oder zwei der farbenfrohen Vögel im Kiefernhain neben dem Haus herumflattern sehen und glaubte, dass die Zeit günstig dafür sei, sie zum Bleiben zu bewegen, nachdem Francisca Ferrers Bande räudiger Katzen endlich aufgehört hatte, die unmittelbare Umgebung ihres früheren Zuhauses zu kontrollieren. Ich war soeben damit fertig geworden, einen Vogeltisch zu bauen, und dieser lag nun neben mir auf der Erde.

»Es sind nicht genug Vögel in der Nähe«, hatte Ellie beklagt. »Mario Lanzarote braucht Gesellschaft – der arme kleine Kerl, wie er da ganz allein in seinem Käfig auf dem Balkon sitzt.«

Eigentlich hatte ich ihm seinerzeit in der Tierhandlung sogar eine Gefährtin kaufen wollen, doch die Ladeninhaberin hatte mir erklärt, dass man einen Kanarienvogel allein halten müsse, wenn man wolle, dass er singt. Was man in einem neuen Land nicht alles lernt! Doch die Tatsache, dass Mario seit seiner Ankunft keinen Ton von sich gegeben hatte, ließ mich darüber nachgrübeln, ob nicht mehr dazu gehörte, einen Kanarienvogel zum Singen zu bringen, als ihn nur einfach allein zu halten.

»*Weh-ep!*«, wiederholte der alte Pep und kam in seinem gemächlichen John-Wayne-Schritt über den Hof geschlendert.

Es war ein wunderbar warmer Aprilmorgen. Die Sonnenstrahlen hatten bereits die höchsten Grate der östlichen Berge erreicht, die Luft im Tal war feucht und vom verdunstenden Niederschlag der Nacht durchtränkt. Selbst in meinem dünnen T-Shirt war mir schon nach den ersten Handgriffen mit der Säge der Schweiß ausgebrochen. Doch der alte Pep – trotz seines fortgeschrittenen Alters »Señor Cool« persönlich – trug wie immer seine alte Bomberjacke aus Leder und hatte ein rotes Halstuch verwegen um den dürren Hals geknotet und die unverzichtbare schwarze Baskenmütze in die Stirn gezogen, um seine schwarzen Knopfaugen zu schützen, denen nichts entging. Die gewohnte selbst gedrehte Zigarette ragte ihm aus dem Mundwinkel, und seine Lippen verzogen sich zu einem angedeuteten schiefen Grinsen. Es war offensichtlich, dass er wissen wollte, was ich da trieb. Er stellte sich neben mich, sah ein Weilchen lang aufmerksam zu, blieb dabei allerdings auffällig still. Das Rasseln seines aus der Tiefe kommenden Atems und das begleitende Knistern seines glühenden *cigarrillo* verschmolzen mit dem rhythmischen Schaben meiner Säge.

»*Qué pasa?*«, stieß er schließlich hervor. »Was soll das werden?«

Ich spürte, dass mir eine verbale Abreibung bevorstand. »Für Vögel«, sagte ich, blickte auf und warf ihm ein verlegenes Lächeln zu. »Die sind, ähm … für Vögel.«

Eine Kaskade von Tabakfunken ergoss sich über mich, als Pep in schnarrendes Lachen ausbrach, das zwar eher eine Abfolge durch Rauch verursachter Würge-, Husten- und

Keuchlaute war als ein gewöhnliches Lachen, aber immerhin ein Lachen.

»*Coño!*«, prustete er und wischte sich eine Träne aus dem Augenwinkel, während er nach Luft schnappte. »Mit diesen Dingern fangen Sie nie einen Vogel! *Cuarenta putas!*«

»Vierzig Huren!« war die Bedeutung von Peps letztem Ausruf, ein seltsamer Fluch, den er sich für besondere Anlässe vorbehielt.

Ein schneller Themenwechsel war einen Versuch wert, dachte ich. »Hat, ähm, Sandy Ihren Acker neulich gut umgepflügt?«

Pep bohrte einen verhornten Zeigefinger in das kleine Loch, das ich vorne in den Blaumeisen-Nistkasten gebohrt hatte. »*Sí*«, schnaubte er, offenbar mehr an dem Loch als an meiner Frage interessiert. »*Sí, sí ... gracias.*«

Doch zumindest hatte er zu lachen aufgehört, und sein Hohn schien einer gewissen Verwirrung gewichen zu sein. Das war ein Schritt in die richtige Richtung. Ich sah zu, wie Pep meine beiden hölzernen Kreationen einer genauen Musterung unterzog.

»Der Traktor«, hakte ich erneut in Sachen Themenwechsel nach, »– also, Sie waren doch ganz zufrieden damit, dass Sandy Ihren Acker mit, na ja ... mit dem Traktor bearbeitet hat, oder?«

Pep wandte den Blick nicht von dem Blaumeisenhaus ab. »*Sí*«, krächzte er.

Unser mürrischer alter Nachbar hatte stets mit Nachdruck erklärt, dass er sich die Luft auf seinem Hof nie von einem Traktor verpesten, geschweige denn sein Land von ihm bearbeiten lassen würde. Daher war es mir seltsam vorgekommen, dass er Sandy kürzlich gebeten hatte, mit unserem kleinen Barbieri-Diesel zu ihm herüberzukommen und ihm zu helfen. Doch schließlich sollte ich eine Erklärung dafür erhalten – auch wenn sich Pep dafür Zeit gelassen hatte.

»*Mi caballo*«, murmelte er, sein Maultier als Pferd bezeichnend, wie er es – aus Imagegründen vermutlich – immer tat. »*Mi caballo estaba cojo.*« Sein Maultier habe gelahmt, erklärte er lässig.

Irgendwie klang Peps Erklärung in meinen Ohren nicht besonders überzeugend, doch offensichtlich würde ich mich mit ihr zufrieden geben müssen. Nachdem er mein Werk ausgiebig begutachtet hatte, sah er mir unverwandt in die Augen und erklärte mir, dass meine seltsamen Vorrichtungen vielleicht doch Potenzial besaßen. Allerdings wiesen beide den grundlegenden Fehler auf, dass sie keinen Mechanismus dafür hatten, um tatsächlich als wirkungsvolle Falle zu funktionieren.

»Ah, ja, schon – aber das liegt daran, dass es eigentlich keine –«

Pep brachte mich mit frostigem Blick zum Schweigen. »*Mire!*«, befahl er und wies mich an, zuerst den Vogeltisch zu betrachten. Die Theorie sei ganz brauchbar, räumte er widerwillig ein, doch hatte ich es versäumt, eine schnell entfernbare Stütze einzubauen – die selbstverständlich mit einem Stück Schnur aus der Ferne bedient werden konnte –, mit deren Hilfe man das Dach herunterfallen lassen und den Vogel oder die Vögel fangen konnte, die sich auf die Platte hatten locken lassen. Ein lobenswerter Versuch, aber viel zu kompliziert, lautete sein abschließendes Urteil. Ich solle alles auseinander nehmen und noch mal von vorn anfangen. Oder, was noch besser wäre, das ganze Ding auf den Müll werfen und mich für das viel einfachere und wirkungsvollere mallorquinische Äquivalent entscheiden: eine flache Steinplatte, mithilfe eines Stocks aufgestellt und wiederum mit einem Stück Schnur daran. Das gleiche Prinzip wie mein schottischer Entwurf, aber ohne jegliche Kosten, schneller aufzubauen, idiotensicher, erprobt und bewährt. »*Hombre,* einfach besser! *Comprende?*«

Ich öffnete den Mund, um noch einen Versuch zu unternehmen, ihm zu erklären, was diese beiden Gegenstände wirklich darstellten, doch Pep kam mir zuvor.

»Das hier, *amigo*, ist ein klein wenig interessanter«, sagte er mit überlegenem Nicken und nahm den Blaumeisenkasten in die Hände wie ein Antiquitätenexperte im Fernsehen. Er könne sehen, dass der Kasten speziell dazu gedacht sei, kleinere Vögel anzulocken, bestätigte er, indem er erneut den Finger in das Loch steckte. Rotkehlchen und so was. Das Loch sei natürlich ein bisschen zu klein, aber das sei ein Mangel, den man ja ganz leicht beheben könne. Allerdings stünden wir immer noch vor der grundlegenden Frage, wie ein Vogel, der in den Kasten schlüpfte, gefangen gehalten würde. Eine Klappe mit einem Scharnier über dem Eingangsloch wäre die einfachste Lösung – wiederum mit einem Stück Schnur aus der Ferne bedient.

Ich versuchte ein weiteres Mal, zu Wort zu kommen, doch Pep hob den Finger und hieß mich schweigen. Ein selbstzufriedenes Schmunzeln, das auf seinen bevorstehenden *coup de grâce* hinwies, zerknitterte sein zerfurchtes Gesicht. Wie, so wolle er höflichst anfragen, solle denn der Vogel überhaupt in die Falle gelockt werden? Sogar das klügste Rotkehlchen täte sich beim Darüberfliegen schwer, durch das massive Holzdach, das ich auf den Kasten genagelt hatte, eine Made oder einen Wurm zu erkennen. *»Correcto, amigo?«*

Mit resigniertem Achselzucken gönnte ich Pep den Moment des Triumphes. Ich konnte ihn die Sache genauso gut ganz durchziehen lassen. Offenbar war er noch lange nicht fertig, und – positiv betrachtet – lernte ich ja vielleicht sogar etwas Nützliches dabei. Ich sah ihn erwartungsvoll an.

»En todo caso«, fuhr er fort, »auf jeden Fall ist doch Folgendes die Frage: Sogar wenn Sie Glück haben und ein Rotkehlchen in dieser Falle fangen, wie wollen Sie denn *mehr* als eines fangen, hä?«

Diesmal zuckte ich mit den Achseln, um ihm zu bedeuten, dass ich nicht die geringste Ahnung hatte.

Ein Rotkehlchen zu fangen nutze niemandem etwas, erklärte er bestimmt. Man brauche mindestens ein Dutzend, um einen vernünftigen Auflauf zu machen – vielleicht sogar mehr, wenn es ein Eintopf werden sollte. Nicht dass er selbst je Rotkehlchen äße, wohlgemerkt. »*Coño,* viel zu viele spitze kleine Knochen, die einem zwischen den Zähnen stecken bleiben, was?« Die geringfügige Nebensache, dass Pep auch einen Brontosaurus humerus zwischen den meisten der weit auseinander stehenden Zahnruinen in seinem Mund hätte unterbringen können, blieb geflissentlich und vielleicht bezeichnenderweise unerwähnt.

»Aber wollen Sie etwas wissen, *vecino mío*?«, fuhr er fort und begeisterte sich immer mehr für sein Thema. Ein Hauch Vertraulichkeit mischte sich jetzt in seinen Vortrag. »Wenn Sie ein Rotkehlchen gefangen haben, haben Sie den Schlüssel dazu, ein Dutzend zu fangen.« Da das Rotkehlchen sein Territorium nach Leibeskräften verteidige und von aggressivem Charakter sei, so erläuterte er, griffe es jedes andere Rotkehlchen an, das in seinen Bereich einzudringen versuche. Häufig erfolge dann ein Kampf auf Leben und Tod. »Sie mögen ja sangesfreudige und betörende Piepmätze sein, Don Pedro, aber dahinter sind sie bösartige, mörderische kleine *bastardos*!« Also – und das war die Crux daran – musste man genau diesen territorialen Zug des Rotkehlchens ausnutzen, um es zu überlisten.

Bis jetzt hatte ich noch nie ein Rotkehlchen überlisten müssen, doch je mehr sich der alte Pep in das Thema hineinsteigerte, desto mehr faszinierte es mich. Ich verschränkte die Arme, schlug die Beine übereinander und lauschte.

Pep erklärte, dass man nur zwei Dinge brauche, um das entscheidende erste Rotkehlchen zu fangen: eine Tomate und etwas klebrigen Vogelleim. Die Tomate klebte man in dem

Wäldchen, wo das anvisierte Rotkehlchen lebte, oder wo auch immer an einer freien Stelle am Boden auf den Leim. Wenn das Rotkehlchen im Flug die rote Tomate sah, würde es, impulsiv und dumm wie es war, diese für ein anderes Rotkehlchen halten und herabstoßen, um anzugreifen. Dann bliebe es am Vogelleim kleben, und *»Oiga!«*, schon hatte man sein erstes Rotkehlchen. Anschließend ginge es nur noch darum, auf das Territorium des nächsten Rotkehlchens überzuwechseln, das erste Rotkehlchen in einem Klecks Vogelleim am Boden festzukleben und hinter einem günstig gelegenen Busch zu warten, bis das zweite Rotkehlchen wenige Minuten später zuschlug. Dieser einfache Vorgang würde dann den ganzen Wald hindurch wiederholt, bis man genug Vögel für seine kulinarischen Bedürfnisse zusammenhatte.

Auf einmal war meine Faszination zu Ekel geworden. Doch bei genauerem Nachdenken fragte ich mich, mit welchem Recht ich eigentlich diese Technik der Vogeljagd kritisierte. Schließlich war dies grundsätzlich auch nichts anderes, als eine Holzente in einem Feuchtgebiet auszusetzen und sich versteckt zu halten, bis ein Schwarm echter Tiere herangeflogen kam, um sich neben dem Lockvogel niederzulassen, und sie dann abzuknallen. Beide Methoden gingen darauf zurück, dass der Mensch Nahrung braucht, doch zumindest Letzteres wurde heutzutage als Sport praktiziert. Aber während ich das Glück habe, mich wie die meisten Menschen unserer Zeit an keinem von beiden beteiligen zu müssen, habe ich oft genug Ente gegessen, ohne mir etwas dabei zu denken. Und wenn man der Sache auf den Grund geht, dann ist in den Augen eines wirklich Hungrigen – abgesehen von der Größe – der einzig echte Unterschied zwischen einer Ente und einem Rotkehlchen der des Images. Anders ausgedrückt ist es eben das Pech der Ente, dass sie nicht auf Weihnachtskarten abgebildet wird!

Ob Pep derselben Philosophie anhing, weiß ich nicht, aber

er reagierte völlig entsetzt, als ich endlich dazu kam, ihm zu erklären, dass der wahre Zweck meiner zwei kleinen hölzernen Bauten tatsächlich der war, Vögel anzulocken – aber nicht um sie zu essen, sondern nur um sich an ihrem Anblick zu erfreuen. In der nun folgenden Tirade lernte ich ein paar neue Flüche auf *mallorquín*.

Was im Namen aller Huren der Hölle hatte ich mir da ausgedacht? War mein Kopf voller Schweinemist? War mir denn nicht klar, dass es das wichtigste Anliegen eines Obstbauern war, Vögel von den Plantagen im Tal *fern* zu halten? *Madre de Dios!* Und was glaubte ich wohl, warum sich so viele Männer die Mühe machten, Millionen von Drosseln, die während der Vogelzugzeit über die Pässe der mallorquinischen Hügelketten flogen, in Netzen zu fangen? Weil es ihnen Spaß machte, in der Dämmerung stundenlang bis zu ihren *cojones* im Heidekraut zu hocken?

»Ich dachte immer, das machten sie, weil in den Metzgereien große Nachfrage nach Drosseln besteht«, erwiderte ich matt.

Pep wäre fast explodiert. Sie zum Essen zu verkaufen sei lediglich ein Nebeneffekt der ganzen Übung, fauchte er. Der Hauptgrund dafür, dass man die Drosseln in Fallen lockte, war, dass sie sonst die Olivenhaine dezimieren und so die Lebensgrundlage unzähliger Familien ruinieren würden. *Hombre,* wenn ich mit diesem *loco* Plan weitermachte, mehr dieser fliegenden Hurensöhne ins Tal zu locken, so warnte er, würde ich *rápidamente* gelyncht!

Deutliche Worte, und ich hatte schon wieder etwas gelernt.

Genau in diesem Moment und aus Gründen, die nur ihm selbst bekannt sind, begann unser launischer Mario Lanzarote endlich zu singen.

Mit gerunzelter Stirn sah Pep zum Balkon hinauf, wo Marios Käfig hing. »Und«, knurrte er und stieß mich dabei vor die Brust, »diesen Kanarienvogel sollten Sie freilassen.«

»Wirklich?«, sagte ich verblüfft. »Warum das denn?«

»Weil es meiner Meinung nach, *amigo*«, erklärte er, »der Gipfel an Grausamkeit ist, einen Vogel im Käfig zu halten.«

* * *

Es war wirklich erstaunlich, wie schnell sich die Bäume von Pepe Suaus umfassenden chirurgischen Eingriffen ein paar Wochen zuvor erholten. In der Zwischenzeit hatte es einige heftige Regengüsse gegeben, und so hatten wir die Bäume bis jetzt noch nicht bewässern müssen, doch wir hatten begonnen, sie zu »füttern« (das spanische Wort für »düngen« war in unseren immer größer werdenden Wortschatz eingegangen). Unter Pepes Ägide hatten wir sämtliche Flecken oder Insekten, die an Rinde oder Laub auftauchten, besprüht. Wir lernten nach und nach einiges über uns zuvor unbekannte Tinkturen wie »Bordeaux-Mischung« und »Weißes Öl«, welche Baumleiden sie heilen sollten und wo und wann man sie anwandte.

Für Menschen wie uns, die an die Abläufe der Natur etwa 2500 kühlere Kilometer weiter nördlich gewohnt waren, war das vergleichbar hohe Tempo des Frühlingswachstums in diesem mediterranen Klima eine Offenbarung. Sogar eine Reihe von Gewächsen, die ich für eine Art großer Disteln gehalten und in meiner Unkenntnis »exotischer« Pflanzen bis zum Boden heruntergeschnitten hatte, waren rasch wieder gewachsen und zu etwas gediehen, was mir die alte Maria taktvoll als Artischocken ans Herz gelegt hatte. Wie mir die Menschen im Tal oft genug gesagt hatten, waren die besten Freunde des mallorquinischen Landwirts *»el bon sol y agua«* – die gute Sonne und das Wasser. Die Sonne war fast immer für alle da (manchmal wurde es fast zu viel!), doch beim Wasser sah es anders aus. Und wenn man aus einem Land kommt, wo Wasser im Überfluss und selbstverständlich verfügbar ist, begreift man nicht einmal ansatzweise, wie wertvoll es ist, bis die eigene Existenz davon abhängt, ob es fehlt oder vorhanden ist. Das mussten auch wir erst lernen.

In unserem ersten Winter auf Ca's Mayoral bezogen wir das Wasser für den Hausgebrauch aus dem *aljibe,* einem großen Wassertank unter der westlichen Terrasse des Hauses. Regenwasser wurde vom Dach direkt hineingeleitet, und gelegentlich hatten wir Wasser aus dem Brunnen auf dem abgelegensten Feld nachgefüllt. Wasser war kein Problem. Ja, es stand sogar in so üppigen Mengen zur Verfügung, dass wir Freunden, die zu Besuch kamen und ihr Wasser sonst kaufen mussten, angeboten hatten, ihre Fünf-Liter-Plastikkanister aus unserer sprudelnden Quelle aufzufüllen. Jedenfalls bis zu dem Tag, als mich Tomàs Ferrer dabei beobachtete, wie ich den *aljibe* mit aus dem Brunnen gezapftem Wasser auffüllte.

»Das können Sie doch nicht machen!«, stieß er hervor.

Da dämmerte mir, dass Samstag war. Die rechtliche Vereinbarung, die wir getroffen hatten, als wir den Ferrers den Hof abkauften, besagte, dass wir an Wochentagen das alleinige Nutzungsrecht am Brunnenwasser hätten, sie dagegen an den Wochenenden. Das, so wurde uns versichert, sei eine gebräuchliche Abmachung, wenn ein Hof verkauft wurde und der Verkäufer ein Stück Land behielt, wie es die Ferrers ja getan hatten, um ein Feld zu haben, auf dem sie zum Spaß arbeiten konnten, wenn sie an den Wochenenden von ihrer Wohnung in Palma herüberkamen. Selbst nach einem langen und erfolgreichen Berufsleben als lokaler Regierungsbeamter hatte Tomàs Ferrer seine bäuerlichen Wurzeln nicht vergessen und liebte es geradezu, jedes Wochenende diese zwei Tage auf seine kleine *finca* zurückzukommen.

»Tut mir Leid«, sagte ich und drehte hastig das Wasser ab. »Ich habe ehrlich vergessen, dass Samstag ist.« Tomàs nahm diesen Vorfall offenkundig sehr ernst – viel zu ernst, wie ich fand, und so versuchte ich die Sache herunterzuspielen.

»Wenn es an der Zeit ist, Ihr Land zu bewässern, ähm, na ja, dann pumpe ich Ihnen eben etwas von meinem Werktagswasser rüber, um es wieder gutzumachen, okay?«

Tomàs war nicht erfreut. »Wie lang pumpen Sie denn schon Brunnenwasser in den *aljibe*?«

»Na ja, quasi den ganzen Winter über – mehr oder weniger. Aber heute ist das erste Mal, dass ich es am Wochenende gemacht habe – ehrlich.« Ich hörte mich an wie ein Schuljunge, den man beim Äpfelklauen erwischt hat. Das war mir klar, und ich wusste, wie dumm das war, doch das lag an der Wirkung, die der dominante Tomàs Ferrer auf andere Leute hatte.

»Es ist nicht der Wochentag, der von Belang ist, *señor*, sondern die Tatsache, dass Sie es überhaupt tun.« Wasser aus einem offenen Brunnen wie dem auf Ca's Mayoral zu trinken, so fuhr er fort, sei gleichbedeutend mit Selbstmord. Dass wir noch nicht durch Vergiftung umgekommen waren, sei geradezu ein Wunder, und wir könnten von Glück sagen, dass es im Winter genug geregnet hatte, um das verschmutzte Wasser aus dem Brunnen zu verdünnen. »Riechen Sie nur mal!«

Er drehte den Schlauch auf und goss mir etwas Wasser in die gewölbten Hände. Und tatsächlich roch es etwas ungesund.

»Ratten«, sagte Tomàs, »Mäuse, tote Vögel, verfaulte Blätter – alles Mögliche könnte auf dem Grund dieses Brunnens liegen.«

Jetzt kam ich mir nicht nur dumm vor, sondern mir war auch noch schlecht.

»Sie haben zwei Alternativen«, fuhr er fort, »entweder Sie bauen ein teures Filtersystem ein, obwohl im Sommer gar nicht genug Wasser da sein wird, um die Bäume zu bewässern *und* das Haus zu versorgen, oder Sie tun das, was wir immer getan haben: Sie kaufen Ihr Trinkwasser vom Tankwagen.«

Auf einmal war die einfache Sache mit dem Wasser gar nicht mehr so einfach.

Tomàs führte mich zu einem Fallrohr, das von der Dachrinne in den *aljibe* reichte. »Sie müssen dieses Rohr von jetzt an bis zum Beginn der Herbststürme zumachen. Sämtlicher Sommerregen nimmt nichts als Staub und andere Schmutzpartikel von den Dachziegeln auf. Die Firma in Andratx, die das Wasser anliefert, heißt Pujol-Serra. Ich würde Ihnen empfehlen, sich sofort mit ihr in Verbindung zu setzen.«

Mit diesen Worten ging er und überließ es mir, mich mit einer kleinen Komplikation unseres Lebens auseinander zu setzen, die ich mir nicht hätte träumen lassen.

»Ach, *otra cosa*«, sagte er, während er stehen blieb und sich an der Ecke der Terrasse umwandte. »Noch etwas – diese flaumigen Nester in den Kiefern neben dem Haus: Das sind *procesionarios* – Raupen des Prozessionsspinners. Sie fressen die Bäume kahl. Ich würde Ihnen empfehlen, die Nester zu entfernen und sofort zu verbrennen.«

Damit ging er endgültig davon und überließ es mir, mich mit einem weiteren unerwarteten kleinen Problem auseinander zu setzen.

Die Raupe des Kiefernprozessionsspinners ist ein interessantes und verschlagenes Wesen. Sie lebt in großer Anzahl in Kokons, die aussehen wie Büschel weißer Zuckerwatte – ganz harmlos erscheinende, flauschige Bäusche, in denen die kleinen Kerlchen tagsüber schlafen und aus denen sie nachts in langen Reihen eine nach der anderen herausmarschieren, um ihren unersättlichen Appetit auf Kiefernnadeln zu stillen. Wenn die Zeit reif ist, steigen sie wiederum eine nach der anderen von den Bäumen herunter und entschwinden auf der Suche nach einem geeigneten Fleckchen Erde, in das sie sich eingraben können, um ein paar Monate später als Falter wieder herauszukommen. Seit sie in den Fünfzigerjahren versehentlich vom Festland eingeschleppt wurden, sind die *procesionarios* auf Mallorca zur Plage geworden und stehen bei den Ursachen für die Zerstörung der Kiefernwälder, die den Hügeln und Bergen der Insel ihre einzigartige Schönheit verleihen, gleich nach Waldbränden an zweiter Stelle. Wir mussten etwas tun, um der Bedrohung zu begegnen.

»Wie kriegen wir sie nur von da oben runter?«, fragte ich Sandy, während ich zu den vereinzelten Nestern hinaufstarrte, die von den oberen Ästen der hohen Kiefern hingen.

»Da gibt's nur eins«, antwortete er. »Einer von uns wird hochsteigen und sie abschneiden müssen.«

»Stimmt. Ich halte die Leiter.«

Doch die Leiter reichte nicht mal halb bis zum untersten Kokon, also musste sich Sandy auf waghalsiges Klettern verlegen, um zu ihnen vorzudringen. Er hatte eine kleine Baumsäge mitgenommen, um die Zweige mit den Nestern abzusägen, damit sie zu Boden fielen, wo sie schließlich verbrannt würden. Doch wie so oft entsprach die Theorie nicht ganz der Praxis.

»Es hat keinen Sinn«, rief er herunter. »Die Zweige sind viel zu dick für diese kleine Säge. Ich muss weiter raufsteigen und die Nester mit der Hand wegziehen.«

Das gefiel mir nicht. Und offenbar gefiel es dem alten Pep noch viel weniger. Gerade als Sandy nach dem ersten Nest greifen wollte, kam er mit der Schrotflinte in der Hand vom Weg herübergerannt.

»Nicht anfassen, Junge!«, brüllte er. »*Cuidado!* Weg da!«

Sandy duckte sich hinter den Hauptstamm des Baumes, während Pep anlegte und erst einen Kokon von den Zweigen fegte, dann den nächsten und nur nach jedem zweiten Schuss innehielt, um das Gewehr nachzuladen. Die Nester lagen auf dem Boden und spien ihren matschigen Inhalt von zerfetzten Raupen aus. Ich konnte keinerlei Anzeichen erhaltenen Lebens erkennen, doch Pep ging kein Risiko ein. Er schoss auf jedes herabgefallene Nest, bis alles in Fetzen dalag.

»Warum im Namen sämtlicher Holzgötzen der Christenheit haben Sie Ihren Jungen das tun lassen?«, fauchte er mich an. »Wissen Sie nicht, wie gefährlich diese *procesionarios* sind?«

»Gefährlich? Raupen? Kommen Sie, Pep – Sie machen wohl Witze?«

»Hätte ich eine ganze Schachtel Patronen verballert, wenn ich Witze machen würde?« Pep war wirklich außer sich. »*Hombre,* Sie können von Glück sagen, dass ich gemerkt habe, was hier los ist, sonst müssten Sie jetzt mit Ihrem Gewissen leben!«

»Das verstehe ich nicht. Ich habe nur getan, was mir Tomàs Ferrer geraten –«

»Ferrer! Das hätte ich mir denken können! Hat er Ihnen denn nicht gesagt, was passiert, wenn man eine *procesionario* berührt?«

»Nein – also, nein, hat er nicht.«

»Typisch! *Mire!*« Pep bückte sich und hob mithilfe eines Zweigs die Überreste einer Raupe auf. »Sehen Sie diese feinen Haare auf ihrem Rücken? Wenn Sie die berühren, bekommen Sie einen ganz schlimmen und schmerzhaften Hautausschlag. *Coño,* für Leute, die auf das Gift der *procesionarios* besonders empfindlich reagieren, kann es sogar tödlich sein!«

»Nett von Señor Ferrer, dir diese kleine Einzelheit zu verschweigen«, murmelte Sandy.

»Ferrer? Dem kann man nicht über den Weg trauen!« Pep fühlte sich inzwischen wieder mächtig überlegen. »Aber das ist nicht das Einzige, was er Ihnen hätte sagen sollen. Schlimmer als der Hautausschlag ist nämlich, dass Ihr Sohn, wenn er die *procesionarios* berührt und sich anschließend die Augen gerieben hätte, mit fast hundertprozentiger Sicherheit blind geworden wäre, *hombre*!«

Ich sah Pep an, dass das sein voller Ernst war. Mir war bereits in aller Deutlichkeit klar geworden, dass er nicht viel von Tomàs Ferrer hielt, und in diesem Moment hätte man mir nicht verdenken können, wenn ich mich seiner Meinung angeschlossen hätte. Nicht dass ich auch nur eine Sekunde lang vermutete, Tomàs habe es absichtlich unterlassen, mich vor der Gefahr zu warnen, die von den *procesionarios* ausging, doch sein Versäumnis hätte sich unter Umständen katastrophal auswirken können. Wenn das Problem mit den Prozessionsspinnern auf Mallorca allerdings so verbreitet war, wie unser alter Nachbar nun ausgeführt hatte, dann hatte Ferrer womöglich angenommen, dass ich über diese Tierchen im Bilde war. Das sagte ich auch Pep, der dies mit einem verächtlichen Schnauben quittierte. Worte waren überflüssig, um auszudrücken, wie er über diese Hypothese dachte.

»Was sollen wir denn jetzt mit den ganzen toten Raupen anfangen, Pep?«, wollte Sandy wissen.

»Sie allesamt sauber zusammenrechen, Benzin darüber schütten und verbrennen.«

»Sie werden also nicht einfach von Vögeln gefressen?«, fragte ich. Meine naive Frage veranlasste Pep zu weiterem Schnauben.

So giftig seien die Haare der *procesionarios,* sagte er, dass kein Vogel sie anrühren würde. »Außer«, fügte er nach kurzer Überlegung hinzu, »Kohlmeisen.«

Ich erwartete schon halb einen von Peps verschrobenen Witzen, aber nein, er war nach wie vor vollkommen ernst. Nicht viele Menschen hätten das Phänomen mit eigenen Augen gesehen, vertraute er uns an, doch er sei einer der wenigen Glücklichen – direkt hier unter den Kiefern, als der alte Paco noch den Hof bewirtschaftete.

»Kohlmeisen sind also immun gegen das Gift, oder?«, hakte ich nach und wartete immer noch auf eine Pointe.

Pep schüttelte heftig den Kopf. »Nein, nein – nicht immun, *amigo*. Nur schlau! Die Kohlmeise ist nämlich imstande, die Raupen umzustülpen, bevor sie sie verschluckt. Also«, erklärte er, während er die Schultern hochzog, »keine stechenden Haare, *no problema*.«

Weder Sandy noch ich konnten uns ein leises Kichern verkneifen, doch Pep, der wegen unserer offenkundigen Zweifel an seiner Behauptung schwer beleidigt war, überschüttete uns mit einer Reihe Schimpfwörter auf *mallorquín*, schulterte seine Flinte und stolzierte aufgebracht davon. Und so wenig glaubhaft Peps Geschichte von den Kohlmeisen auch im ersten Moment gewesen sein mochte, wurde mir doch später von einer hoch geachteten Kapazität in Sachen balearischer Fauna versichert, dass sie tatsächlich stimmte. Mit vielen zerknirschten Entschuldigungen haben wir Pep mittlerweile wieder milder gestimmt. Schließlich waren es ja seine Besorgnis und sein schnelles Eingreifen gewesen, die Sandy vor etwas bewahrt hatten, was sich zu einer äußerst unangenehmen Erfahrung hätte auswachsen können.

Mein weggeworfener Nistkasten wurde schließlich vom Müllhaufen geholt und in der Hoffnung, dass sich ein Kohlmeisen-Pärchen darin niederlassen und eine Familie neuer *procesionario*-Vertilger gründen möge, an eine der Kiefern genagelt. Doch leider kam es nie dazu – die schlauen kleinen Kerlchen vermuteten wahrscheinlich, dass der Kasten in Wirklichkeit eine von Peps Vogelfallen war.

SIEBEN

Ein Problem für Pepe

Der Tag, an dem Ellie und ich Pepe Suaus Einladung folgen sollten, um uns seinen Hof anzusehen, erwies sich als traumhaft. Der strahlende Sonnenschein des Spätfrühlings gab einen Vorgeschmack auf die heißen Sommertage, die noch kommen sollten. Als wir in die Einfahrt bogen, stieg bereits ein mittäglicher Hitzedunst vom Talboden auf und ließ die schroffen Grate der umstehenden Berge fast wie schimmernde Fata Morganas tanzen. Keine kalten Nebel schoben sich mehr durch die hohen Felsspalten und Pässe, keine Schatten vorüberziehender Wolken krochen dunkel über die bewaldeten Abhänge. Die Jahreszeit wandelte sich ein weiteres Mal.

Von Ca's Mayoral aus gesehen auf der anderen Seite von Andratx gelegen, nimmt das Anwesen Es Pou nur wenige Kilometer von der Stadt entfernt eine exponierte und privilegierte Position oberhalb eines breiten Tales ein. Das stattliche Haus war mir schon mehrmals aufgefallen, wenn ich hier vorbeigekommen war, und ich hatte es sehr bewundert, auch wenn ich dabei keinen Augenblick lang vermutet hätte, dass es Pepe gehörte. Doch genau hierher führte uns seine Wegbeschreibung, und je näher wir kamen, desto imposanter wirkte der Hof.

Das Haus hatte wirklich den mallorquinischen Titel *senyoríu* verdient, da es eher ein kleineres Herrenhaus als ein Bauernhaus war. Erneut fragte ich mich verwundert, warum Pepe, wenn er ein so großes Anwesen wie das hier besaß, freiwillig so schwer arbeitete und ständig in seinem mickrigen alten Seat herumfuhr, um seinen Baumzauber auf den kleineren *fincas* anderer Leute auszuüben.

Ein prototypisches mallorquinisches *senyoríu* ist für gewöhnlich zurückhaltend gestaltet, und zumindest die Fassade von Es Pou entsprach in meinen Augen dieser Beschreibung. Das Haus war solide, rechteckig und weiß verputzt und hatte ein sanft ansteigendes Dach aus ockerfarbenen Ziegeln. Fenster mit grünen Läden und gemalten Umrandungen reihten sich in regelmäßigen Abständen aneinander. In der Bemalung wiederholte sich das weiche Hellbraun der Natursteinmauern um die bestellten *bancales,* die sich in mehreren Terrassen übereinander immer steiler den dahinter liegenden Berghang hinaufzogen. Das Anwesen strömte ein Flair heiterer Würde aus. Felder auf beiden Seiten der langen Zufahrt glänzten mit ordentlichen Reihen von – wie erwartet perfekt gepflegten – Mandelbäumen, und das graubeigefarbene Erdreich dazwischen verschwand schon fast unter den bewachsenen grünen Furchen von Wintergetreide.

Wir sahen, dass uns Pepe, in seiner vertrauten Arbeitskluft, vor dem Haus erwartete. Er hatte sein bescheidenes kleines Lächeln aufgesetzt und bedeutete mir, durch einen Bogen zu fahren, der auf eine mit Kopfsteinen gepflasterte *clastra* führte, den geräumigen Innenhof, der für diese großen, alten mallorquinischen Anwesen so charakteristisch ist. Und wenn wir von der Außenseite des Hauses von Es Pou schon insgeheim beeindruckt gewesen waren, so waren wir restlos fasziniert von dem, was wir nun zu sehen bekamen.

Eine ausladende Palme beschattete einen alten Brunnen, der einen Ehrenplatz in einem von zweistöckigen Wirtschaftsgebäuden umschlossenen viereckigen Hof einnahm. Diese Gebäude waren nicht wie die Außenfassade des Hauses weiß verputzt, sondern trugen die Patina des Alters auf dem Beige ihrer warm getönten Steinmauern, was dem Ganzen eine behagliche Note verlieh. In der einen Ecke führte eine offene Treppe zu einem Heuboden im ersten Stock, während an der angrenzenden Wand zwischen einer Reihe bogenüberwölbter Wagenschuppen alte landwirtschaftliche Geräte (die, ihrem Aussehen nach zu urteilen, noch benutzt wurden) hervorlugten. Es war, als reiste man in vergangene Zeiten. Wir hatten schon ähnliche Anwesen gesehen, als wir als Touristen die Insel erkundet hatten: *clastras* wie dieses hier, die zu rustikal-schicken Freiluft-Restaurants umgewandelt worden waren – alte Gehöfte, in denen ein traditionell mallorquinisches Ambiente als Touristenattraktion »nachgebildet« worden war. Ein oder zwei dieser Lokale gingen sogar so weit, kostümierte Volkstanzgruppen und Musiker auftreten sowie Spitzenklöpplerinnen und Kunsthandwerker, die andere Techniken aus der »guten alten Zeit« beherrschten, ihr Können zeigen zu lassen. Manche hatten eine ganze Menagerie von Nutztieren zu bieten, darunter der obligatorische verschlafene Esel zum Streicheln für die Kinder. Solche Lokale können ganz interessant und unterhaltsam sein – ja, sogar durchaus einen Besuch wert.

Aber der Innenhof von Es Pou war echt. Das hier war eindeutig noch ein funktionierender Bauernhof. Doch war alles – meiner Vermutung nach aus rein praktischen Gründen – so sorgfältig erhalten worden, dass das Anwesen noch genauso aussah, wie es wohl vor hundert Jahren ausgesehen hatte.

Etwa ein Dutzend Hennen pickten zwischen den Pflastersteinen nach Körnern und Insekten. Ihr zufriedenes Gackern und Glucksen war das einzige Geräusch, das man in der fast ehrfürchtigen Stille des Innenhofs vernehmen konnte, wenn man von dem leisen Rauschen absah, das der Wind in den herabhängenden Palmwedeln auslöste. Pepes alter Hund, der bei unserer Ankunft mäßig interessiert von seinem Schlafplatz aufgesehen hatte, rollte sich herum und setzte sein Nickerchen vor dem warmen Hintergrund einer sonnengebleichten Scheunentür fort. Die Atmosphäre atmete zeitlose Ruhe, ein Umfeld von Geborgenheit verströmte ein Gefühl von Sicherheit und Abgeschiedenheit, zweifellos von den umgebenden Mauern der *clastra* bewirkt – in der Tat ein Kloster, wenn auch eines der weltlichen Art.

Pepe hieß uns mit höflichem Handschlag und dem verbreiteten Gruß »*Qué tal? Benvinguts!*« willkommen. Als wir erwähnten, wie wunderbar wir den Innenhof und dessen hervorragenden Zustand fanden, gestand er, dass er sich privilegiert fühle, Landwirt auf einem so schönen, alten Gut sein zu dürfen, und es lediglich als seine Pflicht und Schuldigkeit ansehe, die Tradition weiterzutragen, indem er den Hof auf angemessen respektvolle Weise in Schuss hielt.

Es war wirklich erfrischend, zu hören, wie sich jemand in Pepes glücklicher Lage so dankbar gegenüber seinem Erbe äußerte. Ich überlegte, wie oft ich solche Gedanken von ähnlich begünstigten Landwirten in Großbritannien gehört hatte. Weit musste ich nicht zählen.

Auf dem Weg über die *clastra* zum Haus blieb Pepe neben dem Brunnen stehen und erklärte uns, dass dies die sauberste und verlässlichste Wasserquelle im Umkreis einiger Kilometer und der Namensgeber des Hofes war: Wie wir vielleicht wüssten, sei »*pou*« das mallorquinische Wort für »Brunnen«. Ein großes *senyoríu* wie dieses um einen Brunnen herum anzulegen, fuhr er fort, sei auf Mallorca von jeher üblich gewesen; ja, es sei sogar absolute Notwendigkeit, vor allem auf den vielen *possessiós*, den riesigen Anwesen, die in einigen der höchsten und abgeschiedensten Täler des Tramuntana-Gebirges liegen. Im Gegensatz zu Es Pou, das nur wenige Minuten von der Stadt trennten, befänden sich einige der *possessiós* in den Hochebenen so weitab von den allgemeinen Verkehrswegen, dass einige von ihnen noch heute nicht mit einem Kraftfahrzeug erreicht werden könnten.

»Und es leben immer noch Menschen auf diesen Höfen und bewirtschaften sie?«, fragte ich.

»Pues, sí!«, antwortete Pepe leidenschaftlich. »Sie züchten Schafe und Ziegen und bauen Oliven an, wie sie es schon immer getan haben.« Er dachte einen Moment nach und fügte dann mit sehnsüchtigem Blick hinzu: »Aber nicht mehr so viele wie früher. Früher konnte man mit einem Jahresertrag Olivenöl von einer guten *possessió* ein Vermögen verdienen, sogar ich habe das noch erlebt. Aber die Zeiten sind vorbei. Und die Zeiten, als die Güter mit dem Nutzholz und der Holzkohle aus den Eichenwäldern Gewinn gemacht haben, sind auch für immer dahin. Von den jungen Leuten wollen nur noch die wenigsten diesen Weg einschlagen, also gibt es die Familien von Landarbeitern nicht mehr, die man braucht, um so weitläufige und schwierige Ländereien Gewinn bringend zu bearbeiten. Aber wer kann ihnen das schon zum Vorwurf machen?« Er zuckte resigniert die Achseln. »Es war noch nie eine leichte Art, sich sein Geld zu verdienen, sondern ein Leben, in das man hineingeboren wurde. Und dann die Gefahren, wenn man sich an so abgeschiedenen Orten aufhält! Ja, einige der abgelegensten Berg-*senyoríus* haben sogar Zinnen auf den *clastra*-Mauern, um die Banditen abzuschrecken, die solche einsamen Höfe immer wieder ausgeplündert haben.« Er schüttelte den Kopf. »Nein, nein, *señores* – keine leichte Art, sich sein Geld zu verdienen.«

Doch auch wenn er noch so sehr betonte, dass er die heutige Situation akzeptierte, mutmaßte ich, dass Pepe diesen lang vergangenen Zeiten nachhing, als das Leben zumindest für die Besitzer solcher riesiger Güter nicht ohne materielle Vorteile war. Die Abgelegenheit wäre schließlich nur dann ein Nachteil, wenn man es sich nicht leisten konnte, ihr zu entfliehen, um die Früchte seiner Mühen oder vielmehr derer seiner Arbeiter zu genießen, sooft einem der Sinn danach stand. Und ich zweifelte nicht daran, dass die großen alten *dueños* der mallorquinischen *possessiós,* eben wie wohlhabende Gutsbesitzer überall, genau dies getan hatten. Doch unser arbeitsamer und bescheidener Freund Pepe schien irgendwie nicht in das Schema eines Sohnes dieser begünstigten Kreise zu passen.

Mit der Erklärung, dass er uns zuerst den Hauptflügel zeigen wolle, führte er uns durch den Bogengang zurück zur rechts von der Toröffnung gelegenen Vordertür des Hauses, von wo aus man einen ungehinderten Blick auf die westlichen Ausläufer von Andratx und weiter bis zu den aufragenden Höhenzügen der Costé de Na Mora hatte. Passend zur Fassade des Hauses waren auch Eingang und Empfangshalle eindrucksvoll gestaltet, ohne jedoch im Geringsten protzig zu wirken. Und als uns Pepe vom Salon zum Speisesaal geleitete, von der Bibliothek zum Billardzimmer und vom Arbeitszimmer zur guten Stube, war der Gesamteindruck einer von Bescheidenheit, was Größenverhältnisse wie auch Einrichtung betraf. Zudem gingen die meisten Räume offenbar direkt ineinander über, da es im Grunde keine Flure gab.

Düstere Porträts von Generationen früherer Hausherrn blickten von altersdunklen Ölbildern herab. Dazwischen hingen an den strahlend weißen Wänden aufwendig gerahmte Bilder mit streng religiöser Thematik sowie verblichene Gobelins mit Jagdszenen aus vergangenen Zeiten. Die Möbel waren zwar antik und im typisch spanischen Stil gehalten, aber dennoch schlicht und funktional, nicht überladen. Es gab klobige Tische und Anrichten mit schmiedeeisernen Beschlägen, Esszimmerstühle mit aufrechten Lehnen und Sitzen aus steifem Leder und ebenso unbequem aussehende Sofas, die gepolsterten Kirchenbänken ähnelten. Sogar ein kleiner Flügel im Salon schien aufgrund seines ausgeprägten Mangels an Verzierungen ausgewählt worden zu sein.

Auch die Decken spiegelten dieses Flair von Einfachheit wider, indem sie anstatt mit aufwendigen Stuckaturen zu protzen, wie man sie in einem so stattlichen Haus hätte erwarten können, offene Balken aufwiesen, nicht anders als im einfachsten mallorquinischen Häuschen. Auch die Schlafzimmer im Obergeschoss, von denen wiederum viele ineinander übergingen, zeigten wenig Extravaganz. Die Möblierung war zwar von offenbar guter Qualität, aber dennoch mönchisch nüchtern. Nur das Elternschlafzimmer gab mit einem Himmelbett einem Hauch von Luxus nach, obwohl auch dieses Möbel den Eindruck machte, als sei es nicht unbedingt daunenweich.

Wie der Innenhof strahlte also auch das Innere des Hauses das Flair vergangener Zeiten aus, das Fluidum einer einfacheren, frugaleren Epoche, lange vor dem Aufkommen der heute als selbstverständlich erachteten Annehmlichkeiten. Aber während es zweifellos ein prächtiges Haus war, war es eben auch nur das – ein Haus, das eher einer sorgfältig konservierten, aber ziemlich leblosen Erinnerung an eine Vergangenheit entsprach als einem gemütlichen, bewohnten »Zuhause«.

Pepe führte uns zurück in die *clastra,* die steinerne Treppe hinauf, von der ich vermutet hatte, dass sie zu einer Art Speicherraum führte – vielleicht für Heu oder auch für Mandeln. Und es war auch ein Speicherraum, ein sehr großer sogar, aber leer und nicht zum Lagern von Feldfrüchten gedacht, wie er uns gleich erklärte.

Als er ein Junge war, so erzählte er, wohnten die Menschen, die auf dem Hof arbeiteten – damals elf Familien – in diesen einfachen Unterkünften über dem Innenhof. Dies war ihr Zuhause, das – auch wenn es wenig Wohnkomfort bot – das einzige Zuhause war, das die meisten von ihnen zeit ihres Lebens kennen gelernt hatten. Und trotz der spartanischen Bedingungen waren die Familien mit ihrem Los zufrieden gewesen – natürlich immer vorausgesetzt, dass der *dueño* des Hofes ein guter und fairer Arbeitgeber war. Wir blieben ein paar Minuten mit Pepe dort stehen, während er seinen Erinnerungen an eine Lebensweise nachhing, die unwiederbringlich verschwunden war, und an eine Zeit, in der dieses nun so stille Gut von morgens bis abends prallvoll mit Leben gewesen sein musste.

»Kommen Sie«, sagte er schließlich. »Ich möchte Ihnen einen ganz besonderen Ort zeigen.«

Er führte uns wieder über den Innenhof und ein paar Stufen hinauf zu einer Tür mit einem Torbogen, der, wie mir erst jetzt auffiel, unter einem kleinen, offenen Glockenturm lag. Pepe schob die schwere Eichentür auf, nahm die Mütze ab und winkte uns hinein. Es war eine winzige Kapelle von extremer Schlichtheit und doch vielleicht der spirituell bewegendste Ort religiöser Anbetung, den ich je betreten hatte. Pepe beugte den Kopf vor einer kleinen, geschnitzten Statue der Jungfrau Maria, die aus einer Nische über dem Altar gütig auf ihn herabsah. Wir hielten uns im Hintergrund und überließen ihn seiner stillen Andacht.

In seinen Augen standen Tränen, als er schließlich wieder aufsah. »Jeden Morgen«, sagte er, »wurde die Glocke geläutet, und sämtliche Familien auf dem Hof, alle, vom kleinsten Baby bis zum ältesten Großvater, versammelten sich hier mit dem *dueño* zum Gebet, bevor die Männer hinaus aufs Feld zogen und ihr Tagwerk begannen. Und abends das Gleiche. Die Glocke hieß die Landarbeiter zu Hause willkommen und rief sie mit ihren Familien hierher, wo sie sich für die unversehrte Rückkehr vom Feld bedankten.« Er lächelte und seufzte. »Die einfachen Freuden eines einfachen Lebens. Ich kann Ihnen gar nicht sagen, *señores,* wie ich die Zeiten vermisse, als dieses Anwesen und vergleichbare andere mehr waren als nur Bauernhöfe oder Landgüter. Es waren Gemeinschaften, wo man geboren wurde, heiratete, eine Familie gründete, sein ganzes Leben verbrachte und schließlich starb, in einer Umgebung, wo alles und jeder vom anderen abhing. *Sí* – die Zeiten waren manchmal schwer, aber meistens doch glücklich.«

Stolz zeigte uns Pepe einige der Nebengebäude, die außerhalb des Innenhofes lagen und in denen Nutztiere untergebracht waren, darunter ein paar Ställe voller besonders gut genährter und gesund aussehender Schweine sowie einen größeren Stall, der in den unerträglich heißen Sommertagen als Unterschlupf für seine Schafherde diente. Er lächelte erneut nachdenklich und erzählte von einem alten Hirten auf Es Pou, der, als Pepe noch ein kleiner Junge war, stets der alten Tradition gefolgt war, während der heißesten Stunden des Tages zu schlafen, wenn auch die Schafe schliefen, und dann die ganze Nacht mit ihnen auf der Weide blieb und seinen Schützlingen etwas auf den *xiramías* (einem kleinen mallorquinischen Dudelsack) vorspielte, während sie in den etwas kühleren Stunden der Dunkelheit vor sich hin grasten.

Abgesehen von einem kleinen Hain beneidenswert üppig wirkender Orangenbäume neben den Hauptgebäuden schienen alle Felder in Sichtweite der Mandelerzeugung gewidmet zu sein. Freilich habe es früher einmal unzählige Olivenbäume auf dem Gut gegeben, räumte Pepe ein. Damals seien in der Umgebung von Andratx genug Oliven gewachsen, um dreißig Ölmühlen in Gang zu halten. Doch auch das hatte sich mit der Zeit unaufhaltsam verändert, und nun gab es fast nur noch Mandeln, außer natürlich in wasserreichen Tälern wie dem unseren. Dort hatte sich der Obstbau ausgebreitet: Orangen, Zitronen, Pfirsiche, Aprikosen – all die verschiedenen Obstbäume, die wir auch auf Ca's Mayoral hatten.

»Aber Ca's Mayoral ist winzig im Vergleich zu diesem Anwesen«, sagte ich, »und wir tun uns schon manchmal schwer damit, die ganze Arbeit zu schaffen. Also, ich will ja nicht neugierig erscheinen, aber wie schaffen Sie und Ihr Sohn es, allein einen solchen Hof zu bewirtschaften, wenn dazu früher elf Familien notwendig waren?«

»Ach, irgendwie geht es schon«, lachte Pepe. »Wir versuchen gar nicht, so viel zu erzeugen wie früher, und die Mechanisierung ist auch hilfreich. Außerdem können wir immer noch Aushilfskräfte einstellen, die mit anpacken, wenn es hektisch wird – vor allem bei der Mandelernte.«

Er führte uns zurück in die *clastra* und durch eine gegenüber dem Torbogen zu den Haupträumen gelegene Tür.

»Und jetzt müssen Sie meine Frau kennen lernen«, sagte er und stellte uns einer liebenswürdigen kleinen Frau in einer geblümten Kittelschürze vor. Sie backte gerade etwas in einem mit Holz beheizten Ofen, der in einer ziemlich voll gestopften Kombination aus Küche und Wohnzimmer stand, einem Raum, der einen deutlichen Kontrast zu den nobleren Wohnräumen bildete, die wir zuvor besichtigt hatten, und der nichts als Wärme und Heiterkeit ausstrahlte. Señora Suau wischte sich das Mehl von den Händen und forderte uns herzlich auf, an einem gescheuerten Tisch aus Kiefernholz Platz zu nehmen, der gerade groß genug für vier Personen war. Zwei ziemlich abgenutzte, aber bequem wirkende Sessel standen in einer heimeligen Kaminecke vor dem offenen Feuer, und ein Sortiment von irdenem *greixonera*-Geschirr war ordentlich rechts und links davon in Regalen untergebracht. Es war unübersehbar, dass Pepe und seine Frau beschlossen hatten, diesen Raum als Wohnzimmer zu nutzen und die eleganteren Etagen im Hauptflügel des Hauses gegen den bescheidenen, alltäglichen Komfort einer funktionalen Bauernküche einzutauschen.

Seine Frau habe eine besondere Leckerei für uns zubereitet, verriet uns Pepe und schmunzelte selbst vor Vorfreude, als sie ein Blech mit zartem, länglichen Kleingebäck aus dem Ofen nahm.

»›*Sospirs de Manacor*‹«, verkündete sie lächelnd – »›Seufzer von Manacor‹«. Es sei eine typische Köstlichkeit, erklärte sie uns, basierend auf einem maurischen Rezept aus Mandeln, Zitronenschale und Gewürzen. Man sagte, dass das Rezept in der Stadt Manacor auf der östlichen Seite der Insel seinen Ursprung habe. Und das Ergebnis dieser Kreation, so musste ich zugeben, entsprach dem romantischen Namen. Verführung, die auf der Zunge zerging.

Aber trotz des köstlichen Gebäcks gewann meine Neugier schon wieder die Oberhand. Ich wollte Pepe unbedingt fragen, warum er freiwillig so schwer arbeitete und bewusst in diesen vergleichsweise engen und bescheidenen Räumen lebte, wenn auf der anderen Seite des Torbogens Wohnraum in unbegrenztem Umfang zur Verfügung stand. Außerdem interessierte mich brennend, warum seine Frau selbst niedere Küchenarbeiten verrichtete – auch wenn es ihr offenbar Spaß machte –, wo man doch von einer Frau in ihrer Position normalerweise erwarten würde, dass sie eine Haushaltshilfe hätte. Doch Pepe sollte mir die unvermeidliche Peinlichkeit ersparen, derart unhöfliche Fragen über ihre persönlichen Verhältnisse stellen zu müssen.

»Gefällt Ihnen das Anwesen Es Pou, Señor Peter?«, fragte er.

»Ja. Es ist herrlich. Sie können sich glücklich schätzen, Pepe.«

»Möchten Sie es kaufen?«, fragte er unvermittelt.

»Also, ähm, ja, gern«, stotterte ich völlig perplex. »Ich wollte sagen, nein – oder vielmehr ja, natürlich. Aber der Preis könnte meine Mittel ein bisschen übersteigen, fürchte ich.«

Ich sah Pepe vorsichtig an und suchte nach einem Hinweis

in seiner Miene, der mir sagen würde, dass er mich auf den Arm nahm. Aber es war offenkundig, dass er keineswegs scherzte. Genauso wenig wie seine Frau, die wie er nun erwartungsvoll mein Gesicht musterte.

Ich stieß ein unsicheres kurzes Lachen aus und erklärte ihnen, dass ich erst einmal in der *lotería* gewinnen müsse, bevor ich an den Kauf eines so großen *senyoríu* denken könne.

Doch Pepe ließ sich nicht so leicht abspeisen. Das Haus sei schön, sagte er, aber alt und weder mit einer Zentralheizung für die kalten Winternächte noch mit einer Klimaanlage für den Sommer versehen. Das werde sich im Preis niederschlagen, ebenso wie der Wert des Ackerlands: Ein großer Hof im Trockenfarmsystem koste nie auch nur annähernd so viel pro Hektar wie eine intensiv bebaute und bewässerte *finca* wie Ca's Mayoral.

»Nein«, murmelte ich, »aber wenn man diesen niedrigeren Preis pro Hektar mit ihrer Anzahl auf der großen Fläche von Es Pou multipliziert, käme trotzdem eine Summe heraus, angesichts deren der Filialleiter meiner Bank Selbstmord begehen würde – und zwar durch Totlachen.«

»Perdón?«, hakte Pepe interessiert nach, da er meine auf Englisch gemurmelten Erwägungen nicht verstanden hatte.

Langsam wurde es kompliziert. Pepe meinte das Angebot offenbar wirklich ernst, aber so gern ich auch ein großes Landgut wie Es Pou auf Mallorca gekauft hätte, lag dies eindeutig außerhalb unserer finanziellen Reichweite. Das erklärte ich Pepe und seiner Frau. Die Enttäuschung in ihren Blicken war unverkennbar. Ich wartete einen Moment lang und fasste dann Mut, um die Frage zu stellen, die mir auf der Zunge lag: Warum hatten sie beschlossen zu verkaufen?

Pepe wandte die Augen nicht von mir ab, und seine erwartungsvolle Miene nahm einen ungläubigen Ausdruck an. Er wechselte einen Blick mit seiner Frau.

»Entschuldigen Sie bitte, *señor*«, sagte er nach einem Moment. »Ich hoffe, Sie halten uns nicht für unhöflich, aber Ihre Frage zeigt, dass Sie die Sachlage falsch verstanden haben. Sie müssen wissen, dass Es Pou nicht mir gehört.«

»Aber – aber Sie haben doch gesagt, dass Sie hier der Bauer sind.«

Pepe zog die Augenbrauen hoch und schüttelte den Kopf. Der enttäuschte Blick legte sich wieder über seine Züge. »Ich bin ja auch der Bauer auf Es Pou«, sagte er betont. »Aber hier auf Mallorca bewirtschaftet der Bauer, *el agricultor,* eines so großen Gutes den Hof nur im Namen des Besitzers, des *señor*. Und es ist, so wie hier, sehr häufig der Fall, dass der *señor* gar nicht auf dem Anwesen lebt – zum Beispiel weil er einen Beruf ausübt oder ein Geschäft in der Stadt hat, womöglich sogar auf dem Festland.«

Jetzt passten die Puzzlestücke endlich zusammen.

Pepe führte weiter aus, dass es in solchen Fällen üblich sei, den Bauern den gesamten landwirtschaftlichen Betrieb im Auftrag des Besitzers führen zu lassen, wofür er, der *agricultor,* entweder einen bescheidenen Lohn bekam oder einen entsprechenden Anteil am jährlichen Gewinn des Unternehmens – falls es einen abwarf. Außerdem würde von ihm erwartet, dass er wie Pepe ständig auf dem Hof lebte, und zwar in angemessenen Räumen, die der *señor* gratis zur Verfügung stellte.

Endlich begriff ich, warum Pepe und sein Sohn bei ihren auswärtigen Aufträgen so hart arbeiteten. Und das gesamte Ausmaß der Zwangslage, in der er sich befand, wurde mir nun auch in aller Deutlichkeit klar.

Pepe griff meine Überlegungen auf. »Verstehen Sie?«, fuhr er fort. »Wenn der derzeitige *señor* von Es Pou das Gut an jemanden verkauft, der meine Dienste nicht in Anspruch nehmen will …«

»Dann haben Sie keine Arbeit mehr?«

»*Claro,* aber nicht nur keine Arbeit, sondern auch keine Wohnung mehr.«

Jetzt wurde mir klar, warum Pepe in manchen Momenten während seiner Führung durch das Anwesen so sentimental geworden war, vor allem als er uns die kargen Unterkünfte der früheren Landarbeiterfamilien gezeigt hatte und ganz besonders in der kleinen Kapelle. Es Pou und die lebenslangen Erinnerungen, die es barg, bedeuteten ihm offenbar sehr viel, und ich sah jetzt, dass ihm der bloße Gedanke daran, das alte Haus verlassen zu müssen, fast das Herz brach.

»Pepe hat mir von Ihren Söhnen erzählt«, ergriff nun Señora Suau das Wort, wobei sie sich angestrengt darum bemühte, eine heitere, optimistische Miene aufzusetzen. »Er hat mir erzählt, wie fleißig sie sind.« Sie nickte begeistert mit dem Kopf. »Genau wie ihre *mamá y papá, sí*? Ach, stellen Sie sich nur vor, wie schön es für die beiden wäre, wenn sie nach Es Pou zögen! Jede Menge Platz in dem großen Haus, wenn sie mal heiraten und selbst Kinder haben! Und dem Hof täte es auch gut! Wenn Ihre Familie neben Pepe und unserem Sohn Miguel und seiner Familie hier arbeiten würde – *hombre,* dann wäre es fast wieder wie in alten Zeiten!«

Wie sehr wünschte ich mir, wir hätten einen Weg finden können, uns ihrem Traum anzuschließen. Wirklich, nichts wäre mir lieber gewesen. Und die Tatsache, dass Pepe und seine Frau uns dermaßen schmeichelten, machte es nur umso schwerer, ihnen auseinander zu setzen, dass finanzielle Gegebenheiten es selbst beim besten Willen ausschlossen, das wunderbare Angebot anzunehmen, das sie uns so aufmerksam unterbreitet hatten. Unsere Gastgeber akzeptierten meine Ausführungen mit Takt und Höflichkeit, wünschten uns alles Gute und luden uns ein, sie bald einmal wieder zu besuchen.

Doch obwohl wir uns mit kräftigem Händeschütteln und fröhlichen »*Hasta luegos*« am Torbogen von Es Pou von den Suaus verabschiedeten, wussten wir, dass solche Nettigkeiten das umfassende Gefühl der Traurigkeit nur notdürftig überdeckten, das wir alle vier verspürten. Ellie und ich konnten nur hoffen, dass ihr *señor* einen verständnisvollen und würdigen Käufer für das Anwesen finden möge …

Oder dass wir doch in der Lotterie gewinnen würden!

Acht

Stürmische Ereignisse in der Drachenhöhle

Da Samstag war, hatte Charlie morgens bei einem Basketballmatch seiner Schule mitspielen müssen – das Team seiner Klasse gegen eines von der Amerikanischen Schule in Portals Nous, oberhalb der Bucht im Westen Palmas. Sandy, stets dazu aufgelegt, über das sportliche Können seines kleinen Bruders »ordentlich abzulachen«, wie er es ausdrückte, hatte sich bereit erklärt, ihn dorthin zu fahren, und zwar unter der Bedingung, dass wir uns später alle zum Mittagessen träfen. Da es ein so herrlicher Tag war, hatten wir uns für ein am Meer gelegenes Lokal entschieden, und so waren Ellie und ich am unteren Ende der Einfahrt von Es Pou rechts abgebogen und in Richtung des Fischerdorfs Sant Elm gefahren.

Während die ehemals kurvenreichen Straßen, die zu einigen der rasch wachsenden Küstenorte in dieser Ecke Südwest-Mallorcas führten, begradigt und verbreitert worden waren, um dem kontinuierlich anwachsenden sommerlichen

Strom von Touristenfahrzeugen gerecht zu werden, bot die Straße ins verschlafene Sant Elm dem nicht mit ihr vertrauten Fahrer immer noch eine gewisse Herausforderung. Denn obwohl sie geteert und in gutem Zustand war, glich sie nach wie vor eher einem Weg als einer Straße. An manchen Stellen war sie gerade breit genug, dass zwei Fahrzeuge aneinander vorbeikamen – und das auch nur, wenn man genau aufpasste. Aber wir waren die Straße schon einmal gefahren und von der puren Schönheit der Landschaft hier derart fasziniert gewesen, dass wir etwaige kleinere Verkehrsrisiken, die uns unterwegs begegnen mochten, gern in Kauf nahmen.

Hinter Andratx führt die Straße rasch aus dem Tal hinaus und windet sich steil hinauf über einen zerklüfteten Pass zwischen den beiden Bergen Molins und Sa Font hindurch. In einer der engen Haarnadelkurven, die auf dieser Strecke uneinsehbar aufeinander folgen, einem Reisebus zu begegnen ist ein Albtraumszenario, gegen das man sich nur betend wappnen kann. Jedenfalls waren wir davon ausgegangen, dass die Wahrscheinlichkeit einer derartigen Begegnung so früh in der Saison minimal wäre, und zum Glück erwies sich dies als zutreffend. Das Glück begünstigte uns außerdem in Form des klapprigen Citroën 2CV eines alten *campesinos,* der schneidig vor uns die gewundene Steigung hinaufstotterte und Benzindämpfe ausstieß, während er röhrte wie ein Diesel. Immerhin hatte er derart zu kämpfen, dass das Tempo auf einem Niveau blieb, welches es mir gestattete, hin und wieder lang genug den Blick von der Straße abzuwenden, um die Umgebung zu bewundern.

Obwohl wir durch einen Ausläufer des Tramuntana-Gebirges fuhren, das auch unser Tal beherrscht, war die überwältigende Erhabenheit der Berge hier um so vieles näher, dass es wirklich atemberaubend war. Die Kiefern- und Steineichenwälder, die am Straßenrand begannen, streckten ihre grünen Finger bis hinauf zu den höchsten Bergketten aus.

Die Bäume klammerten sich auf wundersame Weise an mächtigen Auskragungen taubengrauer und lachsfarbener Felsmassen fest, als hätten sie im Stein selbst Wurzeln geschlagen. Wenn man das Wagenfenster herunterdrehte, wehte das omnipräsente Aroma von Wacholder und Thymian und hundert anderer betörender Düfte herein, während der Klang von Vogelgezwitscher über den trägen Rhythmus der zirpenden Grillen in den Büscheln wilden Fenchels am Straßenrand triumphierte. Als wollten sie bekräftigen, dass der Sommer unaufhaltsam nahte, hatten sich die kleinen Granatapfelbäume, die wild über die den Berg von der Straße trennenden honiggelben Steinmauern herüberwuchsen, bereits mit vereinzelten scharlachroten Blüten geschmückt.

Nachdem wir die Passhöhe überwunden hatten und im Zickzackkurs nach S'Arraco hinuntergerollt waren, einem Dorf, das sich in einem breiten, fruchtbaren Becken sonnt und Visionen eines mallorquinischen »Sleepy Hollow« heraufbeschwört, führte die Straße weiter durch eine Schlucht, die auf einer Seite von überhängenden Kiefern bestanden ist. Auf der anderen Seite fällt das Terrain steil in ein enges Tal ab, das dem Verlauf eines Baches folgt, den man allerdings unter üppigen Bambuswäldchen nicht sehen kann. An seine Ufer grenzen schmale Felder fetten Ackerlands, die sich auf dem Weg des Bächleins zum Meer beiderseits fächerförmig ausbreiten.

Obwohl Sant Elm von der massiven Zunahme des Tourismus nicht völlig unberührt geblieben ist, ist es doch immer noch ein relativ ruhiges Refugium, das sich um eine kleine Bucht von bezaubernder Schönheit schmiegt. Die Bucht läuft im Anschluss an einen Keil aus goldenem Sand am Dorfeingang in einer spektakulären Sichel aus. An der entfernteren Seite wird das türkisfarbene Wasser von einem Hufeisen aus Bergen abgeschirmt, deren steil abfallende Flanken in Landspitzen übergehen, die vertikal ins Meer stürzen. Doch erst wenn man die schmale Hauptstraße bis in die Nähe des »Hafens« entlanggegangen ist, kann man die eindrucksvollsten Ausblicke auf die spektakuläre Landschaft genießen, mit der diese abgelegene Ecke der Insel gesegnet ist.

Wir parkten das Auto in einem kleinen Gässchen. Die einzigen Lebenszeichen vor den niedrigen weißen Häusern waren zwei ungesellig wirkende Katzen, die sich über dem verstreuten Inhalt einer Plastik-Mülltüte ein Fauch- und Knurrgefecht lieferten. Doch zu unserer Erleichterung hing der appetitanregende Duft von gebratenen Sardinen in der salzigen Seeluft – ein willkommener Hinweis darauf, dass zumindest eines aus dem nahe gelegenen Trio von Bar-Restaurants am Meer geöffnet haben musste, obwohl die Touristensaison noch nicht begonnen hatte. Wir waren ein bisschen früher dran, als wir mit Sandy und Charlie vereinbart hatten. Doch das war uns ganz recht, weil wir so Gelegenheit hatten, die heitere Atmosphäre des Ortes zu genießen, bevor wir in den Fängen des unvermeidlichen Bärenhungers der beiden Jungen in ein Lokal gejagt würden.

Am Ende des Gässchens eröffnete sich ein Panoramablick aufs Meer, der von der Landspitze der Bucht weit nach links reichte, bis hinüber nach Sa Dragonera, einer mit Buschwerk bewachsenen Insel, die den Horizont westlich von Sant Elm beherrscht wie ein sich zurücklehnender Riese – oder Drache, je nachdem, wie viel Fantasie man besitzt. Ein Dunstfleck hing direkt unterhalb des höchsten Punkts der Insel und ließ die winzige Einsiedelei von Dragonera magisch am klaren Himmel schweben. Das Bild erinnerte an die mystische Aura dieser Gegend, die vor langer Zeit einmal Trappistenmönche veranlasst hatte, ihr heute zerstörtes Kloster Sa Trapa auf einem abgeschiedenen Stück Steilküste über dem Meer zu bauen, zu dem ein schwieriger und steiniger Weg über den im Norden des Dorfes gelegenen Berg führte.

Bis vor gar nicht langer Zeit gelangte man am leichtesten

mit dem Boot in diese abgelegene Ecke Mallorcas. Und natürlich hatten Leute mit modernem Unternehmergeist ganz schnell das kommerzielle Potenzial dieser Tatsache erkannt. Auch wenn das Dorf heute verlassen wirkte, würden in wenigen Wochen oder schon Tagen die ersten Schiffe mit Tagesausflüglern aus Palma hier anlegen, bis oben hin beladen mit Dutzenden von *sangría*-seligen Urlaubern, die gerade lang genug an Land gespült würden, um zu Mittag zu essen, bevor sie eine feuchtfröhliche, musikbegleitete Rückfahrt die Küste entlang und zurück zu ihren Ferienhotels anträten. Zweifellos ein täglicher Kulturschock für die Bewohner des verschlafenen Sant Elm, aber Geschäft ist Geschäft, und diese sporadische Ruhestörung war schon längst in einen ordentlichen Profit umgemünzt worden – zumindest von zwei einheimischen Familien.

Das Restaurante El Pescador hätte kaum einen passenderen Namen tragen können, da es tatsächlich in der unteren Hälfte eines alten Fischerhäuschens untergebracht ist, das sich heimelig an das ähnlich umgebaute Restaurante Vistamar schmiegt. Dieses Duo bescheidener kleiner Speiselokale liegt günstig am oberen Ende der Kaimauertreppe, die regelmäßig von Horden hungriger Tagesausflügler auf der Suche nach Nahrung erklommen wird. Das Einzige, was die beiden steinernen Häuschen vom Meer trennt, ist eine kleine, überdachte Strandpromenade, die beide Gaststätten schlauerweise als Freiluft-Ergänzung zur begrenzten Anzahl ihrer Sitzplätze im Inneren nutzen: zwei sommerliche Goldgruben. Doch dem Individualreisenden, der seine Ankunftszeit frei wählen und diese gelegentlichen Masseninvasionen meiden kann, wird meist in beiden Lokalen eine verlockende Auswahl an fangfrischem Fisch angeboten, der einfach, aber gut zubereitet und ohne großes Getue an einem Ort von unbezahlbarer Schönheit serviert wird.

Ich schlenderte über die menschenleere Strandpromenade

und blickte auf die kleine Mole mit ihren hölzernen, leiterartigen Hellingen hinab, die die kleinen Bootshäuser unter der Terrasse mit dem Wasser verbinden, das gegen die felsige Küste schwappt. So mussten es die einheimischen Fischer immer vor Augen gehabt haben, wenn sie zum täglichen Fischfang ausliefen – jedenfalls bevor der »Fortschritt« manch einem dickere und lukrativere »Fische« versprochen hatte. Draußen in der Bucht schwankten ein paar Jachten mit hohen Masten und kleine *llauds* mit breitem Bug verträumt an ihren Liegeplätzen vor sich hin. An Bord waren keinerlei Lebenszeichen zu erkennen, und die rot-goldenen Heckflaggen hingen schlaff in der stillen Luft. Es herrschte eine Art erwartungsvoller Ruhe. Die Ruhe vor dem Touristenansturm, könnte man sagen.

»Da sind sie ja!«, rief Ellie und zeigte eine sanfte Anhöhe hinauf, zu einer Kurve am Ende der Hauptstraße, wo unser kleiner Seat Panda gerade am Straßenrand parkte.

Mit breitem Grinsen stieg Sandy als Erster aus dem Auto, gefolgt von einem unübersehbar bedrückt dreinblickenden Charlie. Ich bedeutete ihnen, dass wir uns vor dem Lokal treffen würden, vor dem sie geparkt hatten und das geöffnet zu haben schien.

El Restaurante Na Caragola – Zur Schnecke – verfügt aufgrund seiner bevorzugten Lage oberhalb des kleinen »Hafens« über einen völlig freien Blick auf die gesamte Bucht von Sant Elm, über das winzige Inselchen Es Pantaleu hinweg bis aufs offene Meer hinaus. Obwohl an diesem Tag keine Ausflugsboote anlegten, waren nach und nach ein paar kleine Boote um die Landspitze herumgekommen. Das gute Wetter hatte wohl ihre Besitzer dazu animiert, sich zu einem Mittagessen mit der Familie aufzumachen und einen so günstig gelegenen Hafen wie diesen hier anzusteuern.

In der kurzen Zeit, die wir brauchten, um zu ihnen zu stoßen, hatten die Jungen im Restaurant bereits einen Tisch am

Fenster organisiert. Das Lokal ist wunderbar hell und luftig und hat als interessantes und ungewöhnliches Extra eine »Galerie« aufzuweisen: An der hinteren Wand werden Bilder einheimischer Künstler (mitsamt Preisschildern) ausgestellt. Nicht dass die Jungen sich für derartige künstlerische Attraktionen interessiert hätten. Wie vermutet war das Ziel ihrer Mission nur eines: Essen.

»Gutes Basketballmatch gehabt, Charlie?«, fragte ich als Erstes.

»Ja, nicht schlecht«, gab er brummend zurück, ohne von einer ungewohnt gründlichen Inspektion seiner Fingernägel abzulassen.

Ich sah Sandy fragend an, doch seine Reaktion erschöpfte sich in einem Achselzucken und einem schiefen Grinsen.

Aber Ellie traf wie immer mitten ins Schwarze. »Was ist denn mit deinen neuen Turnschuhen los?«, fragte sie und zeigte vorwurfsvoll auf Charlies Füße, die er mühsam unter dem Tisch zu verbergen suchte. »Schau dir das nur an! Völlig verdreckt – und total verkratzt! Ich dachte, ich hätte dir gesagt, du sollst sie *nicht* beim Spiel tragen, vor allem nicht auf dem Hartplatz!«

Nun war es an Charlie, mit den Achseln zu zucken, in seinem Fall jedoch begleitet von einem trübsinnig gesenkten Kopf. »Wollte sie nur ausprobieren«, brummte er.

»Du kannst es ihnen genauso gut gleich sagen«, feixte Sandy. Offenbar genoss er die heikle Lage, in die sich sein Bruder manövriert hatte. »Der Sportlehrer wird sich deswegen sowieso an Dad wenden.«

Dass der Kellner nun an unseren Tisch trat, verschaffte Charlie ein paar Minuten Aufschub.

Die *paella,* allgemein als spanisches Nationalgericht betrachtet, kann im besten Fall eine gastronomische Wonne und im schlimmsten Fall eine matschige Katastrophe sein. Denn obwohl es zahlreiche Varianten des auf Reis basierenden

Grundrezepts gibt, wären sich die meisten Spanier darin einig, dass es nur eine einzige Methode gibt, sie korrekt zuzubereiten, und der Koch des Na Caragola genoss den Ruf, ein Meister dieser Kunst zu sein. Natürlich ist eine gute *paella* nicht nur überaus sättigend, sondern heutzutage auch ein nicht gerade billiger Genuss – was für die beiden Jungen Grund genug war, eine zu bestellen. Um uns nicht ausstechen zu lassen, schlossen Ellie und ich uns an. Der Kellner teilte uns mit, dass es bis zu einer halben Stunde dauern könne, bis das Gericht fertig sei, normalerweise ein willkommenes Zeichen dafür, dass man keine kulinarischen Abkürzungen wählte, jetzt aber auch Grundlage dafür, dass Charlie jede Menge Zeit hatte, um ein paar Erklärungen abzugeben.

»Also?«, hakte ich nach und wies auf die verschrammten Turnschuhe, grob überteuerte Markenware, die bei seinen modeverrückten Schulkameraden zurzeit der letzte Schrei war.

»Ist mir auf die Zehen gelatscht«, murmelte er. »So 'n Deutscher.«

»Nur ein *einziger* Deutscher? Es sieht eher aus, als wäre eine ganze Panzerdivision über deine Füße gerollt!«

Sandy begann zu kichern.

»Wir warten, Charlie«, mahnte Ellie.

Er bekam noch eine Gnadenfrist, da der Kellner an unseren Tisch zurückkehrte und einen Korb knuspriges Brot, ein Schälchen knoblauchgeschwängerte *allioli*-Mayonnaise und eine dampfende kleine *greixonera* voller gedünsteter Schnecken brachte.

»Eine Spezialität des Hauses«, sagte er lächelnd. »Damit die *señores* und *señoritos* etwas zu tun haben, bis die *paella* fertig ist.« Dann zog er noch ein paar hölzerne Zahnstocher hervor, damit wir die kleinen Gastropoden aus ihren Häusern ziehen könnten. *»Bon profit!«*

»Ohne mich, meine Herren«, erklärte Ellie, als der Kellner

außer Hörweite war. »Schnecken?« Sie erschauerte. »Igitt! Die erinnern mich immer an Popel!«

»Ey, geil!«, freute sich Charlie und machte sich gleich mit seinem Zahnstocher ans Werk. »Wow, genau das hat mir gefehlt!«

»Und uns fehlt noch deine Schilderung darüber, was mit deinen Turnschuhen passiert ist«, erinnerte ich ihn.

»M-m-m, okay«, brummte er, und der altbekannte Blick der Verzweiflung fegte das von der Aussicht auf Essen herbeigezauberte Grinsen wieder von seiner Miene. »Der Typ ist mir mit Absicht auf die Zehen gelatscht – und zwar zweimal.« Charlie spähte in ein leeres Schneckenhaus, als hoffte er, eine Möglichkeit zu finden, dort hineinzukriechen.

»Und?«

»Und dann hab ich ihn, ähm … na ja … umgeworfen.«

»O nein«, stöhnte ich. »Sag bloß nicht, du hast allen Ernstes einen von der anderen Mannschaft umgeworfen.«

»Von der anderen Mannschaft?«, sprudelte Sandy hervor. »Von wegen! Der Deutsche war in *Charlies* Team! Heinz heißt er. Mit seinen Eltern hättet ihr fast mal Tango tanzen müssen, wisst ihr noch?«

Ellie und ich seufzten gemeinsam. Tief.

Während Charlie die schlaffe, unförmige Gestalt einer nackten Schnecke bestaunte, die dunkelbraun und schleimig an seinem Zahnstocher hing, fügte er halblaut hinzu: »Ach, aber das hätte gar niemand gemerkt, wenn Ben Heinz nicht noch einen Tritt versetzt hätte, als er schon lag.«

»Ben?«, fragte ich.

»Ein drahtiger, kleiner Jude.«

»Aus dem amerikanischen Team, stimmt's?«

Charlie schüttelte den Kopf und sog die Schnecke mit geschürzten Lippen in den Mund. »Nö. Auch von unserem.«

Jetzt erzählte Sandy die Geschichte weiter und plauderte schadenfroh aus, dass noch zwei Mitglieder von Charlies

Team – ein Junge aus Argentinien und einer aus Ägypten – sich ins Getümmel gestürzt hätten und man nur noch Füße und Fäuste fliegen sah, während die amerikanische Mannschaft ungehindert einen Korb nach dem anderen warf. »Dann pfeift auf einmal der Schiri und kommt herübergerannt, um die Rauferei aufzulösen. Na, jedenfalls«, fuhr er fort, »hat Heinz alles gepetzt – er hat dem Schiri gesteckt, dass Charlie ihm eine gelangt hat.«

»Genau«, bestätigte Charlie, der daran offenbar Anstoß nahm, »und Ben sagt, das stimmt, und erzählt dem Schiedsrichter, dass er Heinz überhaupt nicht getreten hätte, sondern bloß über ihn gestolpert wäre.«

»Schiedsrichter?«, japste ich. »Das klingt eher nach einem Job für die UN-Friedenstruppen!«

»Allerdings!«, stimmte mir Sandy zu. »Im nächsten Moment gibt Charlies Kumpel Ali, der Ägypter, noch seinen Senf dazu und schwört Stein und Bein, dass es Ben war und nicht Charlie, der Heinz umgeworfen hat.«

»Hm-m-m«, klagte Charlie, »aber zwei vom amerikanischen Team haben den Schiri dazu gekriegt, sich auf Bens Seite zu stellen. Haben mich verpfiffen.«

»Aber du hättest es ohnehin zugeben sollen, Charlie«, wandte Ellie ein. »Schließlich hast du das Ganze angezettelt, also hättest du es auch zugeben sollen.«

»Ja, aber dann hätte Ali als Lügner dagestanden«, gab Charlie zu bedenken.

»Ist er doch auch!«

»Aber trotzdem ein guter Typ – weil er seinem Kumpel zu Hilfe gekommen ist und so. Außerdem hat Ben auch gelogen.«

»Langsam klingt die Sache mehr wie eine Vorlesung über internationale Politik als ein Bericht über ein Basketballmatch zwischen Zwölfjährigen«, murmelte ich.

»Jedenfalls hätte mir Heinz nicht die guten Turnschuhe

ruinieren sollen«, erklärte Charlie. »Und Ben hätte sich auch nicht so blöd aufzuführen brauchen.«

»Und du hättest deine neuen Turnschuhe nicht zum Spiel anziehen sollen«, schalt Ellie. »Dann wäre das alles nicht passiert.«

Ich traute mich kaum zu fragen, aber ich wagte es trotzdem: »Und was, Charlie, war die Folge dieser Schulhofversion vom Beginn des Dritten Weltkriegs?«

»Das war echt ätzend. Ali und ich wurden auf die Strafbank geschickt, und die Amerikaner haben unser Team in Grund und Boden gespielt. Na ja, wisst ihr – fünf gegen drei ...«

Ich widerstand der Versuchung, irgendwelche Parallelen zwischen der realen internationalen Politik und diesem Drama des Jugendsports zu ziehen. Das Eintreffen der *paella* tat ein Übriges und ersparte Charlie weitere sofortige Kritik.

Diesmal mussten gleich zwei Kellner mit anpacken. Der eine brachte ein weiß gedecktes Tischchen, das er neben unseren Tisch stellte, und der andere trug eine *paellera,* die traditionelle *paella*-Pfanne mit den zwei Griffen. Diese hier war fast so riesig wie ein Mülleimerdeckel und wurde mit gebührend großer Geste auf den Beistelltisch platziert. Vor dem Servieren traten beide Kellner noch einen Moment zurück, damit wir uns am Anblick der Kreation ihres Kochs weiden konnten.

Ich spürte, wie alle Gedanken an Charlies Basketball-Streit und die quälenden Sorgen über mögliche Folgen umgehend aus meinem Kopf verschwanden. Diese *paella* sah so gut aus, dass es fast wie ein Sakrileg schien, ihre wunderschön angelegte Präsentation zu zerstören. Stücke von Kaninchen, Schwein, Meerengel und Tintenfisch versanken in safrangelbem Reis, der mit Erbsen und in Streifen geschnittenen roten Paprika geschmückt und von einer Girlande aus Garnelen und Muscheln in ihren Schalen umgeben war. Die Düfte, die von dieser farbenfrohen Mischung von Zutaten ausgingen, waren nicht minder verführerisch.

»*Es buena, sí?*«, fragte der eine Kellner. Sein seliger Gesichtsausdruck besagte, dass er genau wusste, wie wir antworten würden.

Er stellte uns kleine Schälchen mit frischen Radieschen, milden grünen Paprika und Zitronenschnitzen hin, bevor er schließlich unsere Teller mit *paella* füllte. Und auch wenn der Umfang der *paellera* zuerst ein wenig einschüchternd gewirkt haben mochte, sagt es doch alles über die Qualität ihres Inhalts, dass am Ende unserer Mahlzeit nicht das kleinste Bröckchen in ihr zurückblieb.

Eine Terrasse, auf deren einer Seite eine knorrige alte Kiefer steht, zieht sich quer über die ganze Frontseite des Na Caragola. Sie geht direkt auf den spektakulären Seeblick hinaus und ist der ideale Ort, um es sich nach dem Essen bei einer Tasse Kaffee gemütlich zu machen.

»Schau mal!«, sagte Ellie und stupste mich am Ellbogen. »Schau doch – da unten an der Mole. Von dem Boot dort winkt uns jemand zu!«

Und tatsächlich stand eine junge Frau im Bikini, die ich nicht kannte, auf dem Deck eines *llaud*-Fischerboots und schien uns bedeuten zu wollen, dass wir zu ihr hinunterkommen sollten. Warum, war mir ein Rätsel, aber wir mussten gemeint sein, da sämtliche anderen Tische auf der Veranda unbesetzt waren.

Dann rief sie: »Sandee-ee! Charlee-ee!«

»Habt ihr beiden uns irgendetwas verheimlicht?«, fragte ich, neugierig geworden.

Doch bevor die Jungen antworten konnten, rief die Frau erneut: »*C'est moi* – Joséphine! Kommt doch mit, *non*? Eure Eltern *aussi*! Wir gehen fischen, *oui*?«

In diesem Moment tauchte neben ihr auf dem Deck ein stämmiger, dunkelhaariger junger Mann auf.

»Und das ist dann wahrscheinlich Napoleon«, bemerkte ich.

»Nein, er heißt Andreu«, erwiderte Sandy und grinste von

einem Ohr zum anderen, während er zurückwinkte. »Andreu und Joséphine – ein französisches Paar. Ich habe sie heute Morgen in der Schule kennen gelernt. Sie haben eines ihrer Kinder angemeldet und sind noch ein paar Minuten dageblieben, um sich Charlies Basketball-Schlacht anzusehen. Nette Leute – sie sind gerade erst nach Mallorca gekommen und würden sich gern die Fahrerei in die Schule mit euch teilen, haben sie gesagt.«

»Beeilung, *s'il vous plaît*!«, rief Joséphine. »Kommt mit zum Fangen *les petits* Fische!«

»Spring doch kurz runter und danke ihnen für das Angebot, Sandy«, bat ich, »aber sag ihnen, dass wir was anderes vorhaben. Ehrlich, ich bin viel zu satt von den Schnecken und der *paella,* um irgendetwas Anstrengendes zu unternehmen.«

»Wie du willst«, erwiderte Sandy, stand auf und schickte sich an, meinem Wunsch nachzukommen, »aber vielleicht interessiert es dich, dass Andreus Familie eine Import-Export-Firma für Obst hat – Frankreich, England, spanisches Festland und weiß Gott, wo noch. Richtig groß und international. Er meint, sie machen bald auch auf Mallorca ein riesiges Lagerhaus auf.«

Als ich das hörte, wurde ich munter. »Macht euch seefest, meine Lieben«, verlangte ich, während mich ein plötzlicher Energiestoß durchfuhr. »Wir gehen fischen!«

* * *

Obwohl sie traditionellerweise kleine, offene Boote sind, die beim Fischen in den Küstengewässern der Balearen eingesetzt werden, sind *llauds* oder vielmehr deren schöne, fließende Umrisse heutzutage beim Bau teurer Freizeitboote sehr beliebt. Viele wohlhabende Mallorquiner ziehen ihren eleganten und doch unprätentiösen Stil den protzigen, in erster Linie für hohe Geschwindigkeiten entworfenen Booten vor, die von Leuten, die sich derart aufsehenerregende Spielsachen leisten können, meist bevorzugt werden. Als sollte der Name den Unterschied hervorheben, hieß Andreus *llaud* »Donzella del Mar« – »Seejungfrau« –, während das Schnellboot mit dem phallischen Bug, das daneben lag, mit der subtilen Bezeichnung »Wet Dream« – »Feuchter Traum« – auftrumpfte. Ich wusste, wo ich lieber an Bord gehen würde.

Andreu und Joséphine hätten nicht herzlicher sein können. Sie waren ein attraktives junges Paar Anfang dreißig, besaßen jede Menge gallischen Charme und ein beneidenswert gut ausgestattetes Boot. Es gab eine trügerisch geräumig und komfortabel wirkende Kajüte mit Mini-Kombüse und Toilette sowie einem Klapptisch, an dem ihre zwei kleinen Kinder – Michelle, etwa sechs, und ihr Bruder Sasha, der vielleicht ein Jahr jünger war – saßen und zufrieden mit Buntstiften zeichneten.

Wir würden auf die andere Seite der Isla Dragonera fahren, erklärte uns Andreu, während er den beruhigend robust klingenden Dieselmotor anwarf. Das sei ein bei den einheimischen Fischern besonders beliebtes Fleckchen, so sagte er, und er habe dort selbst im Lauf der Jahre manch guten Fang getan. »Natürlich nur 'obby-Fischen«, betonte er. »Nicht besonders *sérieux*.« Es würde uns sicher Spaß machen. *»Bien sûr!«*

Nun sollten wir erfahren, dass die Küstengewässer um Mallorca genau wie die Landschaft im Landesinneren in Aussehen und Wesen sehr wandlungsfähig sind – und das ohne große Vorwarnung. Eine einzelne Wolke schob sich vor die Sonne, als wir von der Mole ablegten, und in dem dadurch veränderten Licht sah alles klarer und schärfer aus. In der Ferne liegende Felsen wirkten näher als im strahlenden Sonnenschein, und das zuvor türkisfarbene Meer reflektierte die dunklere Farbe des Himmels in tintenblauen Schattierungen. Das ruhige Wasser wurde kräuselig, und die Wellen schienen diagonal über die Bucht zu ziehen, wie von einer plötzlichen Gezeitenströmung erfasst. Selbst über dem heiseren

Rumpeln des Dieselmotors konnten wir kleine, aufgewühlte Wellen an das felsige Ufer klatschen hören, das noch wenige Momente zuvor nur sanft umspült worden war. Vor Anker liegende Boote drehten sich, um der auf sie zukommenden Dünung frontal zu begegnen, während Joséphine nach etwas zum Anziehen griff, um ihre nur notdürftig verhüllten Kurven vor der Kühle der aufkommenden Brise zu schützen – offenbar eine schwere Enttäuschung für Charlie, dessen Augen nur widerwillig in ihre Höhlen zurückkehrten.

Andreu schien die Bedenken zu spüren, die diese Wetterverschlechterung bei mindestens ein oder zwei seiner Passagiere hervorgerufen hatte. Wir sollten uns keine Sorgen machen, erklärte er uns mit lässigem Achselzucken. Das hier sei nur ein kleines *contretemps* – ein kleines mediterranes Niesen – der Wandel der Jahreszeiten, *non*? *Bientôt* würde alles wieder ganz normal sein. »*Pas de problème!*«

Ich hoffte, dass er Recht hatte, während ich in Ellies angespannter Miene las, dass sie um das Gleiche betete. Da sie sich nicht einmal auf stabilen, hochseetüchtigen Schiffen besonders wohl fühlte, könnte es interessant werden, wie sie in dieser Nussschale zurechtkäme.

Doch Andreu schien genau zu wissen, was er tat, und strahlte Zuversicht aus, als er Gas gab und seewärts steuerte. Offenbar war er mit seiner Aufgabe bestens vertraut. Dies spiegelte sich auch in der Gelassenheit seiner Kinder wider, die auf Deck geeilt waren, sobald wir abgelegt hatten, und nun am Bug saßen und die Beine über die Außenwand baumeln ließen, während sie sich an der Reling festhielten und begeistert quiekten, wenn die Gischt der Bugwelle sich über ihnen brach.

Kaum hatten wir das Inselchen Es Pantaleu und damit die schützende Bucht hinter uns gelassen, trat die Sonne aus ihrem Wolkenumhang hervor, und das Meer nahm erneut eine fast flache Unbewegtheit an.

»*Voilà!*«, lachte Andreu und gab noch mehr Gas. »Wie ich Ihnen schon gesagt 'abe, es war nur ein kleines Niesen, *n'est-ce pas*?«

Und er hatte Recht. Im Kontrast zu dem einen Augenblick zuvor noch bewegten Wasser schlangen sich nun helle Bänder reflektierten Sonnenlichts träge über das glatte Meer, über das von Süden her eine laue Brise wehte – ein milder und doch belebender Hauch des Mittelmeers. Vor uns schien die Landmasse von Sa Dragonera auf einem schimmernden Lichtkissen über dem Meer zu schweben, während auf der kiefernbestandenen Küste zu unserer Rechten vereinzelte Häuser standen, die wirkten, als hätte sie ein Wintersturm an Land geblasen.

Während Ellie und Joséphine sich zu den beiden Kindern am Bug gesellten, blieben die Jungen und ich bei Andreu am Steuer und lauschten seiner Familiengeschichte. Er war in Frankreich geboren und hatte dort den größten Teil seines Lebens verbracht. Nun, so schloss er messerscharf, würden wir uns vermutlich fragen, warum er einen so typisch mallorquinischen Vornamen wie Andreu trug, *non*?

»*Oui*«, antworteten wir.

D'accord, fuhr er fort, das käme daher, dass seine Mutter zwar Französin, sein Vater aber ein Mallorquiner gewesen sei, der die Insel als mittelloser junger Mann verlassen habe, um sich in der südfranzösischen Hafenstadt Marseille Arbeit zu suchen. Wie wir sicher wüssten, blühte der Orangenexport von Mallorca nach Marseille schon seit Jahrhunderten, und so war es nichts Ungewöhnliches, dass junge *mallorquines* auf der Suche nach einem besseren Leben dorthin zogen. In den Dreißigerjahren habe man schwere Zeiten auf der Insel erlebt, müssten wir wissen, denn das war lange bevor sich irgendjemand einen florierenden Tourismus wie heute hätte träumen lassen. *En tout cas*, sein Vater habe mehrere Jahre hart gearbeitet und tagein, tagaus viele Stunden lang schwere Obstkisten über die Kais geschleppt, bis er endlich genug Geld gespart hatte, um nach Mallorca zurückzukehren und sich seinen Traum von einer eigenen kleinen Orangenplantage zu erfüllen.

»Ein 'appy End, *non*?«, fragte Andreu und zog auf typisch französische Art fragend eine Augenbraue hoch.

»Oui«, sagten wir erneut.

»Non«, entgegnete er entschieden. Was sein Vater leichtfertigerweise vergessen habe, so fuhr Andreu fort, war, dass seine Landsleute während seiner Abwesenheit einen blutigen Bürgerkrieg ausgefochten hatten. Andreu zog die Schultern hoch und ließ die Mundwinkel fallen, als wollte er sagen: »Nichts dagegen einzuwenden. *Mais oui,* so einen Fehler macht man eben mal.« Das Problem war nur, dass die spanischen Behörden das etwas anders sahen. Sie waren der Meinung, dass sich Andreus Vater ein lockeres Leben in Südfrankreich gemacht hatte, während er eigentlich zu Hause in Spanien sein und seinen *compatriotas* im Kampf hätte beistehen sollen. Prompt konfiszierten sie seine Ersparnisse und steckten ihn ins Gefängnis. Bei seiner Entlassung stand er wieder genau da, wo er mehrere Jahre zuvor begonnen hatte – pleite und ohne Aussicht auf Arbeit in seinem vom Krieg verwüsteten Heimatland. Also ging es zurück nach Marseille, um noch mal von vorn anzufangen.

Während Andreu innehielt, um über diese traurige Wendung des Schicksals nachzugrübeln, blinzelte ich durch die blendenden Sonnenstrahlen, die sich auf dem ruhigen Wasser vor uns spiegelten. Noch immer konnte ich die Konturen der Insel Dragonera durch das grelle Licht sehen, aber (und das beunruhigte mich) wesentlich fragmentarischer als noch vor ein paar Minuten. Was mir wie ein trugbildhaftes Lichtkissen an ihrem Sockel erschienen war, hatte sich horizontal nach oben ausgebreitet und bedeckte bereits die Hälfte der Insel.

Andreu fing meinen verblüfften Blick auf. »*Brouillard*«, erklärte er gelassen. »Nebel. Wie sagt man *en L'Écosse* – ›Scotch meest‹, *c'est vrai*?« Er lachte laut.

Ich lächelte matt und nickte. Nebel! Was zum Teufel käme als Nächstes?

Die Szenerie besaß nun etwas seltsam Unwirkliches: Die Sonne glitzerte auf der ruhigen See um uns herum, der Blick in die Ferne wurde von dem sich ausbreitenden Nebel behindert, und doch schwebte die winzige Einsiedelei am höchsten Punkt Dragoneras auf ihrer eigenen kleinen Wolke an einem ansonsten wolkenlosen Himmel. Auch die Küste war nun hinter einem wabernden Film aus feuchter Luft verborgen, sodass man, wenn man sich umsah, den Eindruck bekam, wir seien vollkommen allein und glitten auf einem surrealen Meer dahin, das abgesehen vom einschläfernden Geräusch des Motors und dem leisen Schwappen des Kielwassers, das sich vom Bug des Boots ausbreitete, völlig still war.

Ich fühlte mich in Gedanken in jene unheimlichen Geschichten aus der Mythologie des Mittelmeers zurückversetzt, die ich im Lateinunterricht in der Schule mühsam aus Vergils *Aeneis* und dergleichen hatte übersetzen müssen. Und in dieser seltsam unwirklichen Atmosphäre hätte es mich nicht erstaunt, wenn direkt neben uns eine Medusa oder eine schreckliche neunköpfige Seeschlange aus den Tiefen emporgestiegen wäre.

Das Kreischen von Andreus Kindern riss mich aus meinen Tagträumen. Es war aber nicht das Auftauchen einer grässlichen Hydra, das sie aus dem Häuschen gebracht hatte, sondern ein Delphin. Das schöne Tier schloss sich unserer Expedition mit fröhlichen Luftsprüngen an und folgte dann unserem Weg, indem es mühelos auf der Bugwelle direkt unter den Füßen der Kinder ritt. Schon bald gesellten sich zwei Gefährten zu ihm, auf jeder Seite des Boots einer, die nur eine Armeslänge von uns entfernt mit vollendeter Leichtigkeit durchs Wasser glitten. Wie unzählige andere hatten wir uns die Wasserkunststücke von Delphinen in Aquariumsanlagen wie dem mallorquinischen »Marineland« angesehen und waren begeistert gewesen, doch diese bezaubernden Wesen aus nächster Nähe in Freiheit zu erleben war etwas ganz anderes.

»Magie!«, nannte es Charlie. Mir wäre keine treffendere Bezeichnung eingefallen. Und die Erkenntnis, dass die Delphine absichtlich neben uns herschwammen und ihnen das offenbar Spaß machte, ließ uns das Spektakel noch außergewöhnlicher erscheinen. Schlanke, anmutige Wesen mit einem Lächeln auf dem Gesicht und einem schelmischen Zwinkern in den Augen, die flüchtige Besucher auf ihrem *eigenen* Territorium in ihren Bann schlugen. »Magie!«

Wir sahen ihnen weiterhin zu, während Andreu seinen Erzählfaden wieder aufnahm …

Der zweite Marseille-Aufenthalt seines Vaters hatte sich ganz anders entwickelt als der erste, da er nämlich dieses Mal bald ein Mädchen kennen lernte, in das er sich verliebte und das er schließlich heiratete. Dann musste natürlich in Frankreich ein Heim eingerichtet werden, und nachdem ein Kind unterwegs war, hatte sich sein Vater verpflichtet gesehen, seine Pläne zu ändern und das Vorhaben aufzugeben, eines Tages in seine Heimat Mallorca zurückzukehren und Orangen anzubauen. Obwohl er drei Mäuler zu stopfen hatte, arbeitete er nach wie vor als Obstträger im Hafen, und die Wahrscheinlichkeit, dass er genug sparen könnte, um seinen Traum zu verwirklichen, war sehr gering. Also gründete er mit einem geliehenen Schubkarren und einem winzigen, gemieteten Blechschuppen seine eigene Obst-Importfirma.

Geschickt hatte er seine Chance im Import von Ananas gesehen, die nach dem Krieg in weiten Teilen Frankreichs nicht erhältlich waren, aber nun in begrenzten Mengen ins Land kamen – oft nur ein paar rasch an Bord geschleppte Kisten, um Lagerraum auf den Handelsschiffen zu füllen, die zwischen Westafrika und Marseille ihrem Gewerbe nachgingen. Kleine, zaghafte Anfänge, aber die Grundlage für ein Unternehmen, das rasant wuchs und Andreus Vater binnen weniger Jahre hübsche Gewinne einbrachte. Schon bald hatte er genug Geld, um nach Mallorca zurückzukehren, diesmal jedoch nicht, um eine Orangenplantage zu bewirtschaften, sondern um am Ortsrand von Port d'Andratx, das damals noch ein kleines Fischerdorf war, in einen Streifen bewaldeten Hanglandes direkt über dem Meer zu investieren. Damals hatten ihn die Einheimischen für einen Dummkopf gehalten. *Hombre,* was konnte man mit einem Stück steiler Anhöhe in der Felsküste schon anfangen?

Andreu musste kichern, als er daran dachte. Jetzt, wo Port d'Andratx zum Saint-Tropez von Mallorca heranwuchs, war jenes Stück Anhöhe, das sein Vater seinerzeit für eine relativ unbedeutende Summe Peseten erstanden hatte, *beaucoup d'argent* wert. »*Une fortune, mon Dieu!*« Dies umso mehr, als sein Vater rasch das Potenzial des Grundstücks erkannt hatte. So hatte er als Erstes direkt am Meer für sich selbst ein Ferienhaus im Hacienda-Stil gebaut und anschließend Kapital in den Bau von vier weiteren Villen gesteckt, die sich in angemessenen Abständen die kiefernbestandene Anhöhe hinaufzogen – und zwar lange bevor die Baukosten auf das momentane überhöhte Niveau gestiegen waren. Heute rissen sich Adelige, Filmstars, Pop-Ikonen und Supermodels um vergleichsweise winzige Grundstücke in dieser Gegend und bezahlten groteske Preise, um sich darauf ihre luxuriösen Refugien errichten zu lassen.

»Dann werden die Einheimischen Ihren Vater jetzt wohl nicht mehr als Dummkopf bezeichnen«, schloss ich, während ich über diese Geschichte mallorquinischen Einfallsreichtums und perfekten Timings staunte.

Andreu lächelte nur bescheiden, und obwohl er ganz offensichtlich stolz auf die Errungenschaften seines Vaters war, hatte ich den Eindruck, dass man ihn dazu erzogen hatte, den schwer verdienten Reichtum seiner Familie *nicht* als selbstverständlich zu betrachten. Wie um dies zu unterstreichen, erzählte er uns, dass er sich in der Firma von ganz unten nach oben hocharbeiten musste, angefangen beim Schleppen von Kisten im Hafen von Marseille über die Leitung der jetzt florierenden Zentrale in Frankreich bis hin zur Eröffnung und Überwachung des Aufbaus ihrer Londoner Filiale. Und nun wiederholte er Letzteres hier auf Mallorca.

»Sie haben erwähnt, dass Sie in diesen Gewässern schon mal fischen waren«, sagte ich in halb fragendem Tonfall, während ich beklommen auf die massive Nebelwand blickte, die jetzt ganz Dragonera umschloss. Die Insel war komplett verschwunden, und Schwaden des lästigen Nebels wirbelten um uns herum, verdunkelten die Sonne und verbreiteten eine feuchte Kühle in der Luft.

»*Mais oui, certainement*«, bestätigte Andreu. »Mein ganzes Leben habe ich *les vacances* auf Mallorca verbracht, und mein Vater ist immer in genau so einem *llaud* mit mir 'inausgefahren.«

Mir fiel auf, wie er mich mit einem wissenden Schmunzeln auf den Lippen von der Seite her ansah.

»Keine Sorge, *mon ami*«, sagte er. »Ich verfehle Dragonera bestimmt nicht.«

Ich hätte ihm gern gesagt, dass mich nicht die Angst plagte, wir könnten versehentlich an der Insel vorbeifahren, sondern die Befürchtung, wir könnten sie rammen. Doch ich sagte nichts, obwohl ich zugeben muss, dass ich in diesen Minuten mehr Vertrauen in die Delphine und deren Geschick setzte, uns davor zu bewahren, Schiffbruch zu erleiden, als ich es zu Andreu hatte, der uns offenbar blind in eine dicke Erbsensuppe hineinsteuerte.

Innerhalb von Minuten waren wir von dichtem Nebel umgeben. Sicht gleich null. Unbekümmert stellte Andreu den Motor aus und rief Joséphine zu, den Anker auszuwerfen. Die Delphine schnatterten ihren Abschiedsgruß und waren verschwunden. Stille. Eine unheimliche, klaustrophobische Stille, die nicht einmal vom Dröhnen eines freundlichen Nebelhorns durchdrungen wurde, das uns gesagt hätte, dass irgendwo da draußen noch anderes Leben war.

»Die 'öhle des Drachens nennt mein Vater diese Stelle«, erklärte Andreu, der begonnen hatte, Angelzeug an alle zu verteilen.

»Sie meinen, Sie wissen, wo Sie sind?«, erkundigte ich mich und starrte angestrengt in die undurchdringliche Masse, um wenigstens einen Zipfel der massigen Insel zu erspähen, vor der er zu ankern behauptete.

»Mais naturellement«, erwiderte er mit nonchalantem Achselzucken. »Die 'öhle des Drachens. Da sind wir, *sans doute. Voici!*« Er reichte mir eine Angelschnur mit Köder. *»Et maintenant* wir müssen die Fische fürs Abendessen fangen, *non? Allons-y!*«

Mein gesamtes Wissen übers Fischen ließe sich in einem Stecknadelkopf unterbringen. In gewisser Weise beneide ich den guten Mann mit den Fliegen im Hut, der den lieben langen Tag in offenbar seliger Entspannung dasitzen kann und immer wieder mit geschickten Bewegungen aus dem Handgelenk fachmännisch seine Leine auswirft, während er sein Pfeifchen schmaucht und von einem »Kaventsmann« träumt, unter dessen Gewicht sich im nächsten Moment die Angelrute biegt. Aber auch wenn ich deswegen wahrscheinlich ein weniger erfülltes Leben führe, hat mich dieser beliebte Zeitvertreib nie besonders angezogen. Muss wohl was mit mangelnder Geduld und dem Fehlen der natürlichen Gabe für geschickte Bewegungen aus dem Handgelenk zu tun haben, schätze ich.

Ja, im Grunde habe ich mich nur ein einziges Mal, vor vielen Jahren, im Fischen versucht, als ich bei den Clyde Valley Stompers Klarinette spielte und wir in der Sommersaison auf der Insel Arran vor der Westküste Schottlands gastierten. Unser renommierter Trompeter, ein pummeliger und unverbesserlicher Angel-Freak namens Malky Higgins, schaffte es, mich eines Nachmittags dazu zu überreden, in einem lächerlich winzigen Boot mit ihm aufs Meer hinauszufahren. Als Antrieb besaß es einen dieser Tuck-tuck-Außenbordmotoren, die eigentlich mit einer Herzinfarktwarnung versehen sein müssten, da man bei dem fruchtlosen Versuch, sie zum Laufen zu bringen, eine Ewigkeit lang an einem Stück Schnur ziehen muss. Doch Malky verfügte über die Hartnäckigkeit eines echten Fischers, und so saß ich trotz all meiner Bedenken als überzeugter Nichtschwimmer schon bald drei Kilometer weit draußen im Firth of Clyde und ließ meine Spielzeug-Leine mit der umgebogenen Nadel ins unergründliche Wasser baumeln. Unterdessen stand Malky breitbeinig in der wippenden Wanne und demonstrierte sein Wurfgeschick mit den neuesten Entwicklungen an Hightech-Angelruten, während er die Pfeife fest zwischen den Zähnen geklemmt hielt.

»Leng«, sagte er entschlossen.

»Wie bitte?«

»Lengfisch. Große, lange Viecher. Wie Barrakudas. Jemand hat gestern hier draußen einen gefangen. Hab ihn gestern Abend im Pub gesehen. Mindestens zwei Meter lang. Hat gekämpft wie ein Höllenhund, meinte der Typ.«

Okay, Malky hatte einen Hang zu drastischer Übertreibung, aber, mein Gott, selbst wenn er einen Fisch an die Leine bekam, der nur halb so groß war, erschienen mir die Aussichten darauf, ihn an Bord zu wuchten, ohne dass diese Badewanne von einem Boot kenterte, ausgesprochen gering. Die nächsten drei Stunden saß ich da und fluchte darüber, dass ich so tollkühn gewesen war, mich zu diesem dämlichen Ausflug bequatschen zu lassen. Aber Malky stand immer noch da und warf seine Leinen aus, was er nur gelegentlich unterbrach, um einen Schluck McEwan's Export aus seinem rasch kleiner werdenden Vorrat an Dosen zu schlürfen.

Gegen sechs sah ich auf die Uhr. Die Tortur näherte sich glücklicherweise ihrem Ende. Wir müssten uns schon bald auf den Rückweg machen, sonst riskierten wir, zu spät zu unserem Auftritt zu kommen. Das sagte ich Malky.

»Ein letzter Versuch«, erklärte er und zog zur Vorbereitung auf die Mutter aller Würfe armlängenweise Schnur aus seiner Rolle. »Irgendwo hier muss ein Lengfisch sein. Das hab ich verdammt noch mal im Urin, Mann.«

Der ungebrochene Optimismus des guten Mannes verblüffte und bestürzte mich zugleich. Warum in aller Welt machte es ihm Spaß, den größten Teil eines sonnigen Tages damit zu vergeuden, auf einer Wasserwüste dahinzudümpeln, wo er sich doch mit seiner Frau und den Kindern hätte am Strand vergnügen können? Einem Strand, den wir von hier draußen nicht einmal mehr sehen konnten! Ich wickelte meine Kinder-Angelschnur um ihren schmalen rechteckigen Rahmen, griff nach hinten und schickte mich an, an der Startleine des Außenbordmotors zu ziehen.

»JA-HII-II-II!«, ertönte der aufgeregte Schrei. »HAB ICH DICH, DU SAUKERL!«

Das Boot begann heftig zu schwanken, und als ich mich umwandte, sah ich Malky mit seiner Angelrute kämpfen. Er hatte Mühe, ihr Ende mit der einen Hand oben zu halten, während er mit der anderen hektisch die straff gespannte Schnur einholte. Die Rute bog sich dermaßen stark, dass sie gleich brechen musste. Malkys Gesicht war violett, der Schweiß rann ihm über die Wangen, und die Adern an seinem Hals standen hervor wie die aufgedunsenen Köder in seinem Kübel. Sein linker Fuß stemmte sich gegen das Dollbord des Bootes, das sich nun derart weit nach vorn neigte, dass Wasser hereinschwappte – noch dazu für meinen Geschmack viel zu schnell.

»Pass doch auf, Malky!«, brüllte ich. »Wir gehen noch alle beide über Bord, Herrgott noch mal!«

»Leng!«, keuchte er und rang um Atem. »Ich hab's dir gesagt! Das muss ein Riesending sein!« Taub für meine schon fast hysterischen Einwände setzte er seinen Kampf fort. »Halt dich bereit, dir den Saukerl zu schnappen, sobald er durch die Oberfläche stößt!«

Ich hatte eher die Befürchtung, dass ich bald durch die Oberfläche stoßen würde. Mit meinem nicht auf Auftrieb eingestellten Metabolismus würde ich vermutlich wie ein verirrter Torpedo pfeilschnell auf den Meeresgrund schießen. Hektisch begann ich, mit gewölbten Händen das steigende Wasser aus dem Boot zu schöpfen.

»Lass ihn ziehen, Malky! Schneid ihn ab! Es lohnt sich nicht, wegen eines dämlichen Fisches zu ertrinken!«

»Da ist er ja, der Scheißkerl, siehst du? Leck mich fett, ist der groß!«

Malkys Angelrute hatte inzwischen die Form eines umgekehrten Us angenommen – eines heftig zitternden Us, dessen stumpfes Ende seinen Aussichten auf Vaterschaft keinen Gefallen tat. Die Pfeife fiel ihm aus dem Mund, als er in einem letzten, muskelsprengenden Versuch, seinen fischigen Feind zu bezwingen, stockend nach Luft schnappte.

»Greif dir den – aaah – Scheißkerl, Mann! Schnell!«

Voller Angst davor, was ich wohl zu sehen bekäme, spähte ich zögerlich über den Bootsrand. Mit einer Hand, deren Knöchel schon ganz weiß waren, klammerte ich mich panisch an eine Ruderdolle auf der hohen Seite des schlingernden Boots. Jetzt konnte ich ihn sehen – zumindest beinahe. Eine seltsame schwarze Form, etwa einen Meter weit unten, wo ihre Umrisse im Wasser, das durch die ruckartigen Bewegungen des Boots aufgewühlt wurde, nur verzerrt erkennbar waren. Während Malky zog und keuchte, den Kopf vor Anstrengung in den Nacken geworfen, bewegte sich das Ding langsam nach oben, bis sich meinen ungläubigen Augen seine wahre Form offenbarte. Ich fasste ins Wasser und packte es an seinem langen »Schwanz«.

»Puh! Spitzenleistung, Malky«, stöhnte ich. »Da werden sie heute Abend im Pub aber garantiert alle schwer beeindruckt sein.«

»Echt?«

»Echt!«

Ich hievte seinen besiegten Widersacher aus dem Wasser. »Schau mal«, kicherte ich erleichtert. »Du hast den dämlichen Anker gefangen!«

Andreu stieß ein reserviertes Glucksen aus, nachdem ich ihm dieses Seemannsgarn erzählt und wir unsere Angelpositionen an den verschiedenen Seiten des Decks eingenommen hatten. Und obwohl sein einziger Kommentar ein reichlich hochnäsiges »*Quelle stupidité!*« war, entging mir nicht, dass er darauf achtete, das Heck des Boots für sich selbst zu reservieren – also das entgegengesetzte Ende zum Ankerseil.

Eine leichte Brise war aufgekommen und blies den Nebel in langsam ziehenden Schwaden vor sich her, wodurch hin und wieder kurze Blicke auf Felsformationen von unbestimmbarer Größe und Entfernung möglich wurden. Doch auch die Stimmung des Meeres veränderte sich. Das *llaud,* das bis dahin unbeweglich auf einer spiegelglatten Oberfläche getrieben war, kam auf der zunehmenden Dünung ins Schlingern. Durch den sich auflösenden Nebel konnte man die weiße Gischt der Wellen erkennen, die sich am Ufer brachen. Ihr Klatschen brachte die willkommene Befreiung von der gespenstischen Stille, in der wir festgesessen hatten.

Michelle und Sasha, die Kinder, plapperten munter auf Französisch miteinander, wobei sie sich gegenseitig instruierten, wie man es mit dem Fischen am besten anfing. Beide achteten nicht im Geringsten auf den erneuten Wetterwechsel. Offenbar kannten sie das alles schon. Ellie dagegen rülpste bereits diskret in die geballte Faust. Den kleinen Finger hielt sie zierlich abgespreizt, und ihre Gesichtsfarbe ähnelte einem zarten Chartreusegrün.

»Alles okay?«, fragte ich sie.

Keine Antwort.

Ich sah, dass auch Charlie langsam ein bisschen blass um die Nase wurde. Nicht einmal die verlockende Nähe von Joséphines Dekolleté, als sie ihm half, einen Wurm an seinem Haken zu befestigen, konnte seinen starren Blick von dem wogenden Wasser ablenken, auf dem das Boot nun immer heftiger schwankte und schaukelte.

»*Alors*, Peter«, begann Andreu, dem die Unpässlichkeit, die zwei seiner Gäste zu befallen drohte, gar nicht auffiel, »Ihr Sohn Sandy 'at mir erzählt, Sie 'aben eine Obstplantage. *C'est vrai?*«

»Ja, das stimmt. Eine kleine *finca* in den Bergen nördlich von Andratx.«

»Und, verkaufen Sie mir Ihr Obst?«

Jetzt kamen wir richtig ins Gespräch! Genau das Thema, das ich schon die ganze Zeit hatte ansprechen wollen. Señor Jeronimo, der Besitzer des einzigen Großhandels für unsere Erzeugnisse, den wir bisher aufgetan hatten, hatte mich bereits darauf vorbereitet, dass er ausgesprochen wenig Bedarf an unserem Sommer- und Herbstobst haben werde – Kakis, Quitten, Feigen, Aprikosen, Loquats und dergleichen –, und wenn der Winter kam, könne er auch nicht garantieren, dass er uns wieder die *gesamte* Orangenernte abnehmen werde. Seine Firma war klein, da sie in erster Linie Geschäftskunden in und um seinen Stammsitz Peguera belieferte, und so würde es immer eine Grenze dafür geben, was er uns abnehmen konnte.

Andreu dagegen war gerade dabei, eine neue Filiale einer riesigen Firma mit etablierten Absatzmärkten zu eröffnen. Er würde alles Obst benötigen, das er bekommen konnte – und zwar bald. Die Tatsache, dass wir nur relativ kleine Mengen jeder Sorte liefern konnten, würde kein Problem darstellen … *»À condition que la qualité soit excellente, naturellement.«*

»*Naturellement*!«, pflichtete ich ihm bei. Ich konnte meine kindliche Freude kaum verhehlen. Eine massive Bedrohung für unser finanzielles Überleben war von uns genommen, und das alles als indirekte Folge davon, dass Charlie beim Basketballspiel an jenem Morgen internationale Verstimmungen ausgelöst hatte.

»Das ist Wind in meinen Segeln«, bemerkte ich zu Andreu.

»*Non*, nur wieder ein kleines Niesen des *climat méditerranéen*«, entgegnete er höflich, da er meine Bemerkung offenbar als Kritik am schlechter werdenden Wetter verstand. »*Et regardez* – sehen Sie nur, wie die Sicht besser wird!«

Ich schaute in die Richtung, in die er gezeigt hatte. »Guter Gott!«, japste ich. »Das ist ja beängstigend!«

Während ich ergriffen nach vorn starrte, gab Andreu wieder sein typisch französisches nasales Kichern von sich. »*Oui*, sehr beängstigend, *non*? *Pourquoi* Sie denken, mein Vater nennt das die 'öhle des Drachens?«

Die frische Brise hatte den Nebel weggefegt, der die Wasserfläche zwischen uns und der Insel Dragonera bedeckt hatte, und für klare Sicht auf eine steile Felsküste gesorgt, die sich jetzt bedrohlich über uns auftürmte. Aus diesem spitzen Winkel konnte ich nicht einmal ihren oberen Rand sehen. Das *llaud* war unter diesen Massen nichts als ein winziger, tanzender Korken, und das Gefühl der Bedeutungslosigkeit, das mich unvermittelt überkam, steigerte sich zu einem schweren Schock, als mir klar wurde, wie nah wir den zahlreichen Felsblöcken am Fuß dieses wuchtigen Massivs waren. Meiner Schätzung nach keine zehn Meter entfernt. Eine winzige Drehung des Ruders in die falsche Richtung, als wir durch diesen Nebel getuckert waren, und wir wären nur noch Treibgut gewesen. Selbst jetzt würde uns der geringste Wechsel der Windrichtung auf schnellstem Weg ins Verderben schicken und das Boot in Streichhölzer zerlegen, Anker hin oder her. Jedenfalls war das meine Meinung als nicht im Erklettern von Felsküsten geübte Landratte, die in der Badewanne Panikattacken bekommt und beim Anschauen von *Roadrunner*-Filmen im Fernsehen unter Höhenangst leidet. Außerdem kannte ich mich ein wenig mit Ankern aus.

»*C'est magnifique, n'est-ce pas?*«, seufzte Andreu.

»*Oui*«, bestätigte ich ohne Überzeugung. Doch noch bevor ich meine Bedenken über die Sicherheit unserer Position äußern konnte, rief Sandy:

»Hey, ich glaub, ich hab was gefangen!«

Das hatte er ganz offensichtlich, nach dem lebhaften Zucken der Angelschnur zu urteilen, die er gerade einholte.

»*Cap roig*«, erklärte Andreu, sobald das Opfer das Wasser verlassen hatte. »So sie 'eißen 'ier. Auf Englisch Skorpionsfisch oder Drachenkopf, glaub ich. Hm, 'ässlich, aber *délicieux*.«

Hässlich war er allerdings, dieser Drachenkopf – eine stachelige, rote Kreatur mit einem derart grotesken Gesicht, dass Quasimodo neben ihr wie ein Herzensbrecher gewirkt hätte.

»Er ist ein bisschen klein«, sagte ich, als ich ihn am Ende von Sandys Angelschnur zappeln sah und mir der Gedanke kam, dass er sich auch in einem Goldfischglas gut machen würde.

»Ja, ich werf ihn wieder rein«, meinte Sandy.

»*Non, non, non*«, protestierte Andreu. »Sie müssen ihn be'alten für kochen Bouillabaisse. Mm-m-m-uah! *Exquis!* Aber passen Sie auf, wenn Sie entfernen den Haken. *Sacrebleu*, die langen Stacheln auf seinem Rücken sind wie Messer.«

Als wollte sie gegen die Freveltat, dieses mickrige, kleine

Wesen zu fangen, protestieren, wurde die See auf einmal unruhiger, und wütende Wellen warfen das Boot ziemlich heftig hin und her. Während Andreu sich über die weiteren Zutaten seiner geliebten Marseiller Fischsuppe ausließ, behielt ich Ellie und Charlie genau im Auge. Ihre hochgezogenen Schultern und die über die Seite des Bootes hängenden Köpfe lieferten einen unmissverständlichen Hinweis darauf, wie sie sich fühlten. Mir taten sie Leid, da ich selbst schon ein- oder zweimal an Seekrankheit gelitten hatte. Es kann nur wenige grässlichere Gefühle geben, als von diesem Übel befallen zu werden, wenn man in einer schwimmenden Welt gefangen ist, die unaufhörlich unter den Füßen bockt und schlingert, und einem schon der zarteste Hauch Dieselkraftstoff den Magen umdreht.

Völlig ahnungslos von ihrer Qual, rundete Andreu seinen ausgedehnten Vortrag über das ultimative Rezept für Bouillabaisse ab, indem er damit schloss, dass dies unangefochten das köstlichste Gericht aus Meeresfrüchten sei, das es gab. »Abgesehen«, fügte er nach kurzer Überlegung hinzu, »von edlen rohen Austern, *naturellement*.«

Das gab Ellie den Rest. Wenn sie schon der Anblick einer winzigen gegarten Schnecke anwiderte, die sie an etwas erinnerte, das gerade jemandem aus dem Nasenloch gefallen war, so reichte allein die Vorstellung, dass rohe Austern (in ihren Augen dicke Schleimklumpen) ihren Schlund hinabglitten, aus, um sie würgen zu lassen. Nur leider wurde in ihrem fortgeschrittenen Stadium von Seekrankheit der Würgevorgang übersprungen und gleich durch heftiges Erbrechen ersetzt. Damit war auch Charlie geliefert. Seite an Seite, die Hinterteile in die Höhe gereckt, lieferten sie eine vollendete Darbietung im Fach Formationskotzen – zum großen Vergnügen von Michelle und Sasha, die hinter vorgehaltenen Händen kicherten.

Doch das *pièce de résistance* sollte erst noch kommen. Bei

Charlies letztem und ergiebigstem Erbrechen entwich ihm ein lauter Furz aus dem erhobenen Hinterteil, der wie ein Mini-Donnerschlag von den nahen Felswänden widerhallte und bei den beiden Kindern wilde Lachkrämpfe auslöste.

»Der Drache grollt«, sagte ich verlegen zu ihrer peinlich berührten Mutter.

»Das *mal de mer*«, meinte Andreu schmunzelnd. »Vielleicht es ist Zeit, nach 'ause zu fahren.«

Es war ein interessanter Ausflug gewesen, dachte ich auf der Heimfahrt. Für beide Seiten nützliche Geschäftsbeziehungen und – wie ich vermutete – gute Freundschaften waren geknüpft worden, obwohl wir unseren Gastgebern die Angeltour vermasselt hatten. Und auch wenn es vielleicht trotz Andreus gegenteiliger Beteuerungen falsch gewesen war, den unterentwickelten Drachenkopf aus dem Meer zu ziehen, so hatten sich Ellie und Charlie doch schwer ins Zeug gelegt, es wieder gutzumachen, indem sie seinen Brüdern und Schwestern ein unerwartetes Festmahl beschert hatten. Eine Art Fischer-Karma, könnte man sagen.

Ich erwähnte diese Überlegung Ellie gegenüber, als wir in Sant Elm die Helling hinaufstiegen, nachdem wir uns von Andreu und seiner Familie verabschiedet hatten. Sie lehnte es ab, sich auf dieses Thema einzulassen.

»Ist irgendwas mit deinen Beinen los, Charlie?«, erkundigte sich Sandy.

Ich wandte mich um, um Charlie anzusehen, der allein hinter uns herschlurfte. Er hatte wirklich einen reichlich seltsamen Gang.

»Bist du immer noch angeschlagen von der Basketball-Rauferei?«, fragte ich, während ich auf ihn wartete.

Er schüttelte den Kopf. Seine niedergeschlagene Miene stand in seltsamem Widerspruch zu dem Zwinkern in seinen Augen.

»Warum hast du dann so einen komischen steifen Gang?«, bohrte Sandy weiter.

Nach kurzem Schweigen murmelte Charlie: »Erinnert ihr euch noch an den Schuss nach hinten, den ich beim Kotzen losgelassen hab?«

Wir nickten alle und warteten auf das, was kommen musste.

»Hatte wohl leider ne brutal durchschlagende Wirkung«, bestätigte Charlie, ohne sich ein albernes Kichern ganz verkneifen zu können.

Ellie schlug sich die Hand vor den Mund und sauste schnurstracks aufs Wasser zu. Die Fische, so schien es, durften sich auf eine zweite Portion *paella* freuen.

Sandy hielt den leblosen kleinen Drachenkopf am Schwanz. »Du hast ganz schön was angerichtet, Kumpel«, schnaubte er und warf ihn den beiden streunenden Katzen hin, die sich bei unserer Ankunft um den verstreuten Inhalt einer Mülltüte gebalgt hatten. »Irgendwie hab ich den dumpfen Verdacht, dass uns Mum in absehbarer Zeit keine Bouillabaisse kochen wird.«

Neun

Schwein gehabt – im wahrsten Sinne des Wortes!

Als bekanntester Viehbauer des ganzen Tals (sein chaotischer kleiner Bauernhof ähnelte einer gestrandeten Version der Arche Noah) interessierte sich der alte Pep für so ungefähr alles, was mit Tieren zu tun hatte, und war überdies ein selbst ernannter Fachmann auf diesem Gebiet. Daher dauerte es nicht lang, bis er nach Ca's Mayoral herüberkam, um einen kritischen Blick auf Bonny zu werfen. Ich war gerade auf dem Hof hinterm Haus und versuchte, ihr das Kommando »Sitz und bleib« beizubringen, als Pep herbeigeschlendert kam. Er lehnte sich mit gekreuzten Beinen an den Torpfosten und sagte nichts, behielt aber alles genau im Auge, wie es seine Art war.

Nach wenigen Minuten begann das Spiel aus Sitzen und Sitzenbleiben Bonny zu langweilen, da es ihr offenbar sinnlos erschien, und so trottete sie hinüber, um Pep zu begrüßen. Mit unbewegter Miene sah er zu ihr hinab, während sie das unerschöpfliche Füllhorn interessanter Tiergerüche beschnupperte, das den Hauptbestandteil seiner Hosenbeine bildete, behielt aber die Hände fest in den Hosentaschen.

»Sind gute Kampfhunde, solche Doggen«, bemerkte er schließlich.

»Boxer, Pep. Sie ist eine Boxerhündin.«

»Kommt doch aufs Gleiche raus. *Coño*, ich kannte mal nen Mann, der von so ner Dogge angegriffen wurde. Hat ihm mit einem Haps die Hand abgebissen. Starker Kiefer. *Muy potente.* Kriegt man nicht mal mit der Brechstange auseinander, wenn sie sich in einen verbissen haben.«

»Vielleicht meinen Sie Bulldoggen«, wandte ich ein und kratzte mich an der Nase, um mein Schmunzeln zu verbergen.

»Ist doch das Gleiche. *Es igual.*«

Bonny hockte sich hin und pinkelte Pep vor die Füße. Die Düfte, die seine Hosenbeine verströmten, sagten ihr wohl, dass dies der geeignete Ort dafür war.

Pep musterte sie mit ausdrucksloser Miene. »Lassen Sie sie lieber verschneiden, bevor sie alt genug ist, um Junge zu werfen. Diese geilen Köter da drunten im Dorf ...« Er hielt inne, um aus dem Mundwinkel gekonnt ein Schleimgeschoss in Richtung Dorf abzufeuern. »Spitz genug, um es mit einem Astloch in einem verfaulten Baumstumpf zu treiben, diese *bastardos. Hombre,* sowie sie ihre Witterung aufnehmen, wenn sie läufig ist, werden sie hier rumschwärmen wie Priester um eine Wagenladung Chorknaben.«

Da hatte er nicht ganz Unrecht. Und obwohl er es geflissentlich verschwiegen hatte, bestand auch noch die Möglichkeit, dass sein dusseliger Hund Perro Bonny zur entsprechenden Zeit nachstellen würde. Wohlgemerkt, es war fraglich, ob Perro überhaupt begreifen würde, was der Zweck seines Besuchs war, wenn er erst mal hier war. Trotzdem würden wir vielleicht ernsthaft über Peps Sterilisationsempfehlung nachdenken müssen.

Er verschränkte erneut die Beine und beobachtete Bonny, die sich wieder darangemacht hatte, seine Hose zu beschnüffeln. Sie genoss eindeutig das Hunde-Quiz »Welcher Geruch ist das?«. Gehört alles zu ihrer Erziehung als Hofhund, dachte ich mir, und da sich Pep nicht daran zu stören schien, ließ ich sie weitermachen.

»Die Ohren«, sagte er. »Lassen Sie die lieber *pronto* machen. Wenn Sie bei diesen Doggenwelpen zu lang warten, wird es nichts mehr.«

»Die Ohren? Tut mir Leid, Pep, da kann ich Ihnen nicht folgen.«

Pep hob langsam den Blick und funkelte mich von unterhalb seiner vorhängenden schwarzen Baskenmütze an. »*Cuarenta putas!* Wozu hat man denn einen Hund mit einem Killergesicht, wenn er dann außenrum dämliche Schlappohren hängen hat? Weder Fisch noch Fleisch, *amigo*! *Bandidos* abschrecken? Hah! Sie wird zum Gespött der Leute werden und Sie dazu!«

Jetzt hatte ich es kapiert. Pep ging davon aus, dass ich dem – in vielen Ländern, darunter auch Spanien, bei Besitzern von Boxern beliebten – Brauch folgen würde, die Ohren des Welpen spitz beschneiden zu lassen, damit er »wilder« aussah. Ich hatte schon einige junge Boxer gesehen, die nach der Operation wochenlang gelitten hatten, während ihre »gestutzten« Ohren um Korken herum bandagiert waren, bis sie (vielleicht!) von allein aufrecht stehen blieben. Ich fand es, wenn nicht geradezu grausam, so doch unnötig, da ich der Meinung bin, dass die Köpfe von Boxern auch ohne derartige kosmetische Eingriffe wunderbar aussehen. Außerdem hatte ich noch nie einen Boxer gesehen, der das gehabt hätte, was Pep als »Killergesicht« bezeichnete. Ganz im Gegenteil, hinter den mopsartigen Zügen verbirgt sich eine der sanftmütigsten und verspieltesten Wesensarten, die man überhaupt bei Hunden finden kann. Zumindest war das die Erfahrung, die ich gemacht hatte, und das erklärte ich auch Pep – so diplomatisch ich konnte. Ich fügte (unbesonnenerweise, wie ich noch merken sollte) hinzu, dass das Beschneiden von Hundeohren in Großbritannien ohnehin verboten sei.

Pep sah aus, als bekäme er gleich einen Anfall.

»*Gran Bretaña!*«, stieß er hervor. »Das Beschneiden von Hundeohren ist also in *Gran Bretaña* verboten! Puh!« Er machte Anstalten, die Hände aus den Taschen zu nehmen, überlegte es sich dann aber anders und hob stattdessen einen staubigen Stiefel, um auf Bonnys kupierten Schwanz zu zeigen. »Wollen Sie mir vielleicht noch weismachen, dass es in *Gran Bretaña* auch verboten ist, Hundeschwänze zu beschneiden?«

Oh-oh! Da war ich ja böse in die Falle getappt. Mein kleinlauter Blick sagte alles.

»Dann ist es in *Gran Bretaña* also verpönt, einen Kampfhund machohafter aussehen zu lassen, indem man die Form seiner Ohren anpasst«, spöttelte er und genoss die Süße des bevorstehenden Triumphes, »aber es macht euch nichts aus, ihn ohne Kotfänger für seinen Arsch rumlaufen zu lassen!«

Das saß. Ich hielt es für angebracht, das Gespräch in eine andere Richtung zu lenken, wenn ich mir weiteren Ärger ersparen wollte. Wir hatten Bonny nicht als Kampfhund gekauft, erklärte ich; als Wachhund, das ja, aber auch als Familienhund.

Pep schüttelte bestürzt den Kopf. Auf seine typisch vorwurfsvolle Art drohte er mir mit dem Finger und klärte mich darüber auf, dass man sich die Idee, seinen Hund wie ein Schoßtier zu behandeln, ein für alle Mal aus dem Kopf schlagen musste, wenn man ihn lehren wollte, auf unwillkommene Fremde aggressiv zu reagieren. »*Hijo de puta*«, höhnte er, »wenn ich hundert Peseten für jeden Hund hätte, dem ich mit Erfolg beigebracht habe, das Haus seines Herren zu verteidigen – sogar unter Einsatz seines Lebens ...«

Mir fielen schlagartig zwei Dinge ein. Zum Ersten fühlte

sich Pep, wie viele andere Leute, die nur nach dem Äußeren gingen, offenbar unbehaglich in Gegenwart von »Doggen«. Man musste nur an seinen Widerwillen denken, in Gegenwart dieses Boxerbabys die Hände aus den Taschen zu nehmen. Zum Zweiten ging mir auf, dass *er* es ja gerade nötig hatte, sich als Meister des Aggressionstrainings zu gerieren. Schließlich hatte mich Perro, sein selbst gestrickter »Kampfhund«, fast zu Tode abgeschleckt, als ich mich das erste Mal auf Peps Bauernhof gewagt hatte, und es dann geschafft, mich vor lauter Begeisterung schwanzwedelnd voll zu pissen. Hatte Pep ihm womöglich beigebracht, Eindringlinge zu ersäufen?

Ich wollte mich über diesen Aspekt nicht auf ein verbales Tauziehen mit ihm einlassen, weil mir klar war, dass ich auf jeden Fall zweiter Sieger würde, egal, was ich sagte. Doch Pep starrte mich immer noch an und wartete meine Reaktion auf seine letzte Bemerkung ab.

Perro selbst kam zu meiner Rettung, indem er mit seinem gewohnt schwachsinnigen Grinsen auf den Hof wackelte und die sabbernde Zunge seitlich aus dem Maul hängen ließ. Perro war ein *Ca de bestiar,* Mallorcas einheimische Feld-, Wald- und Wiesenmischung, die großen, grobknochigen, schwarzen Labradors ähnelte und für alles, vom Schafehüten bis zur Jagd nach wilden Ziegen, eingesetzt wurde. Entsprechend den angeborenen Qualitäten der Rasse, die Pep zu loben nicht müde wurde, war Perro tatsächlich ein hübscher Kerl. Nur leider war er zu kurz gekommen, als die Gripsrationen verteilt wurden. Er blieb stehen, warf einen Blick auf Bonny, beschnupperte die Hosenbeine seines Herrchens, trottete dann weiter, hob ein Bein und spritzte eine schnelle Reviermarkierung auf Peps Stiefel.

Bonny hatte noch nie ein so großes Tier gesehen, doch anstatt sich von seiner Gegenwart einschüchtern zu lassen, witterte sie Spaß – vielleicht wegen Perros bekloppter Visage.

Sie senkte den Kopf, spreizte die Beine, hob das Hinterteil in die Luft und wedelte wie wild mit dem Schwanz. Dann schaute sie Perro ins Gesicht und ließ ein schelmisches »JIP!« ertönen.

Verblüfft machte Perro einen Satz nach hinten, gab ein wenig überzeugendes Knurren von sich und schlich hastig durchs Tor wieder hinaus, den Schwanz fest zwischen die Beine geklemmt.

»Zeichen für einen guten Kampfhund«, erläuterte Pep mit zuversichtlichem Nicken. »Spielt nie mit Welpen. *Va bé.*«

»*Buenas!*«, piepste ein Stimmchen hinter mir.

»*Weh-ep!*«, krächzte Pep, spähte an mir vorbei und lüftete kurz seine Baskenmütze.

Ich wandte mich um und sah die alte Maria Bauzá über die Mauer spähen, die unsere beiden Höfe trennt.

»Ich muss Ihnen etwas *muy importante* mitteilen«, sagte sie zu mir, um anschließend ein fünfminütiges Gespräch auf *mallorquín* mit Pep anzufangen, an dessen Ende Schweigen herrschte, während sie über die Tragweite dessen sinnierten, was sie soeben erörtert hatten. Die einzigen Wörter, die ich verstanden hatte, waren »Don Pedro *ací*« und »*porcs*«, was ein Hinweis darauf war, dass Schweine und ich zumindest ein Diskussionsthema gewesen waren.

Ich räusperte mich, um Maria daran zu erinnern, dass ich noch da war.

»*Sí?*«, sagte sie fragend.

»Etwas Wichtiges. Sie, ähm – Sie sagten, sie hätten mir etwas Wichtiges mitzuteilen.«

»*Sí?* Und was könnte das gewesen sein?«, fragte sie zurück.

Ich zuckte mit den Achseln. »Keine Ahnung.«

»Wie ich sehe, haben Sie einen Hund. Taugt nicht für Schafe, diese Art.«

Bevor ich sie daran erinnern konnte, dass ich keine Schafe hatte, setzte sie zu einem ihrer längeren Vorträge an – diesmal über alles, was mit Hunden zu tun hatte, angefangen damit, wie man mit einer brennenden Zigarette Zecken aus der Haut eines Hundes entfernt, bis hin zur schonendsten Art, Welpen zu ersäufen. Mittendrin gähnte Pep und brummte uns ein »*Adéu*« zu. Ich beneidete ihn. Verstohlen sah ich auf die Uhr. Verdammt, ich war bereits zu spät dran zu einer Verabredung mit Jordi, der darauf gepocht hatte, dass ich heute mit ihm Tomatenpflanzen kaufte. Trotzdem bestand noch kein Anlass zur Sorge, da er ohnehin zu spät kommen würde. Das taten normalerweise alle hier (außer Pepe Suau), und so langsam gewöhnte ich mich daran.

»Und«, erklärte Maria abschließend, wobei sie das Ende ihrer Rede mit einem geräuschvollen Scheppern ihrer unverwüstlichen Hacke auf der Mauer unterstrich, »Sie wären besser bedient gewesen, wenn Sie sich einen Deutschen Schäferhund gekauft hätten!« Mit diesen Worten wandte sie sich zum Gehen. Offenbar hatte sie alle wichtigen Punkte (und noch ein paar weitere) an den Mann gebracht.

»*Gracias*«, rief ich ihr nach. »*Hasta luego*, Maria. Bis bald.«

Dankbar dafür, dass die heutige Strafpredigt relativ kurz geraten war, sammelte ich Bonny auf und ging aufs Haus zu.

»Schweine!« Das war wieder Maria, deren quäkender Schrei von der Hauswand widerhallte. »Der Laden für landwirtschaftlichen Bedarf in Andratx hat heute einen Wurf Ferkel reinbekommen. Ich habe das beste Tier für Sie ausgesucht. Noch dazu zu einem guten Preis. Ich habe dem Geschäftsführer gesagt, dass Sie es später abholen würden. *Adéu.*«

Verflixt und zugenäht! Ich hatte den Schweinekauf aufgeschoben, seit Maria vor Monaten zum ersten Mal erklärt hatte, dass ich eines brauchte. Jetzt hatte sie mich geschickt dorthin manövriert, wo sie mich haben wollte.

»Wie soll ich mich denn da rauswinden, ohne sie erstens zu beleidigen und zweitens noch eine verbale Abreibung zu kassieren?«, fragte ich Ellie in der Küche.

»Warum rauswinden? Neben dem Traktorschuppen ist ein leerer Pferch. Da können wir ein Schwein unterbringen. Wie Maria sagt, von Fallobst und Küchenabfällen wird es gratis fett. Kommt mir einleuchtend vor.«

Durchaus logisch, musste ich zugeben, auch wenn es ein bisschen seltsam war, nach Ellies vegetarischen Anwandlungen im Restaurante Ca'l Dimoni dies von ihr zu hören. Allerdings hatten wir früher in Schottland schon einmal Schweine gehalten, und der Ärger hatte nicht lange auf sich warten lassen. Etwas sagte mir, dass es diesmal nicht anders sein würde.

* * *

Jordi saß vor der Bar Nuevo, als ich in Andratx auf den Platz fuhr. Natürlich war er gerade dann pünktlich, wenn ausnahmsweise einmal ich zu spät kam.

»Teufel auch! Ich schon denken, du einen Dreck nix kommen«, sagte er statt eines Grußes.

Ich entschuldigte mich und begann zu erklären, dass mir die alte Maria aufgelauert hatte. Doch Jordi interessierte das nicht.

»Ich sein machen eine verflucht gute Schnäppchen heute Morgen«, fiel er mir ins Wort, wobei sich ein selbstzufriedenes Lächeln auf seinem Gesicht ausbreitete. »*Zwei* verflucht gute Schnäppchen, Mann. Echt wahr. Auf Jordis *finca*. Ich dich bringen und zeigen.«

Erst da bemerkte ich das halb leere Bierglas vor ihm auf dem Tisch. Während er noch beim Gedanken an seine Schnäppchen schmunzelte, griff er danach und leerte es in einem Zug.

»Eins für unterwegs«, sagte er, lehnte sich nach hinten und brüllte durch die offene Tür ins Lokal: »Ay, Guillermo! *Dues cervesas, si us plau!*«

Dass Jordi zwei Bier bestellte, wäre normalerweise nichts

Ungewöhnliches gewesen – eigentlich eher völlig normal, wenn er nicht erst vor ein paar Wochen von seinem Arzt eindringlich davor gewarnt worden wäre, jemals wieder Alkohol zu trinken.

»Hast du den Orangensaft schon aufgegeben, Jordi?«, erkundigte ich mich.

Er machte eine abfällige Handbewegung. »Pah! Verflucht beschissene Drecksorangensaft sein machen Jordis Kutteln kneifen.« Er rieb sich den Oberbauch. »Zu viele Säure für mich.« Der Ausdruck düsteren Selbstmitleids legte sich wieder auf seine Miene. »Drecksdokter mir sagen, na gut, Jordi, du von jetzt an nur noch trinken die Wässer.« Er grübelte einen Moment lang darüber nach und fuhr dann fort: »Majorki-Wässer haben zu viele Kalker in sich, echt wahr. Verstopfen jede Wasserleitung und machen viele Felsbrocken in Jordis Steaks.« Er rieb sich die Nieren, um seine Aussage zu unterstreichen. »Drecksorangensaft und Majorki-Wässer sein machen verrotten Jordis ganze Gedärmer. Iss verflucht albern …«

»Du trinkst also wieder Bier, ja?«, sagte ich, während ich mir ein Kichern verkniff.

Jordi beschloss, diese dumme Frage zu überhören, und wandte seine Aufmerksamkeit stattdessen den beiden mittelgroßen Gläsern Fassbier zu, die Guillermo gerade auf den Tisch stellte.

»Teufel auch, Guillermo!«, brach es empört aus ihm heraus. »Ich hab dir doch gesagt, du sollst mir ab jetzt nur noch kleine bringen!«

Guillermo zwinkerte mir wissend zu, während er Jordis leeres Glas mitnahm, das genau dieselbe Größe hatte wie die beiden vollen.

»*Salud*, Jordi«, sagte ich. »Auf deine Gedärmer.«

Jordi hob sein Glas. »Viele Prost, Mann«, sagte er strahlend. »Deine beste Gesundheit hinter die Binden.«

Jordis *finca* oder genauer gesagt *huerto* – im Grunde nur ein paar Gemüsebeete mit einem winzigen Geräteschuppen – bot trotz ihrer geringen Größe gewisse nicht zu verachtende Vorteile. Sie war vom Ort aus leicht mit dem Moped zu erreichen, umfasste einen wunderbar ebenen keilartigen Streifen Landes mit tiefem, reichhaltigem Boden, profitierte von der kühlen Luft, die durch den Coll d'Andritxol-Pass strömte und lag von den Bergen rechts und links geschützt doch an einem der sonnigsten Fleckchen. Aber das Beste daran war und blieb ihre Nähe zu dem unerschöpflichen Wasservorkommen aus der kommerziell erschlossenen Quelle direkt daneben. Verglichen mit den vielen tausend Litern, die Tag für Tag vom Brunnen in eine endlose Kette von Tanklastwagen gepumpt wurden, war die Wassermenge, die für eine großzügige Bewässerung von Jordis *huerto* benötigt wurde, verschwindend gering – aber trotzdem von unschätzbarem Wert. Und das prachtvolle Aussehen des Gemüses, das er dort zog, war Beweis genug.

»Aber ich trotzdem brauchen die Scheißen«, erklärte er mir, während er mir stolz die Reihen seiner Kartoffeln, Bohnen und Zwiebeln zeigte. »Und deshalb Jordi heute Morgen kaufen die Super-Schnäppchen.«

Ich war beeindruckt.

Er führte mich zur *casita de aperos*, einem fensterlosen Steinschuppen, der sich an die steile Anhöhe lehnte.

»Ich manchmal hier schlafen für die *siestas*«, teilte er mir mit, während er mit erwartungsvollem Grinsen das Vorhängeschloss aufsperrte. »Viele Kühle für ruhen in Frieder.«

Er stieß die knarrende Holztür auf und winkte mich hinein. Bevor sich meine Augen an die Dunkelheit gewöhnt hatten, stiegen mir die vermischten Gerüche von Feuchtigkeit, Benzin, abgestandenem Speiseöl und Tieren in die Nase. Irgendetwas meckerte in der Düsternis. Etwas Zweites erwiderte das Meckern.

Jordi stupste mich an. »Verfluchte Drecks-Schnäppchen«, gluckste er. »Gute Teile.« Er griff nach oben und entzündete eine Paraffinlampe, die von einem wurmstichigen Dachbalken herabhing.

Das Innere der *casita* war ein Durcheinander von Werkzeugen, Säcken, Blechdosen, einem uralten Zweitaktkultivator und einem Camping-Gaskocher mitsamt einer abgenutzten Bratpfanne. Mit breitem Grinsen wies Jordi auf den hinteren Teil des Schuppens, wo zwei junge schwarze Ziegen zufrieden an der Füllung einer auf dem Boden liegenden Matratze kauten. Unbeeindruckt davon, dass die Zicklein das verzehrten, was ich für seinen *siesta*-Ruheplatz hielt, stieß Jordi ein begeistertes Kichern aus.

»Wie ich dir sagen, ja? Verflucht gute Teile, und viele billig. Jetzt mit den Scheißen von die Ziegen Jordis *finca* kriegen die bestesten Dünger gratis.«

Wie auf ein Stichwort ließ eines der Zicklein eine großzügige Menge Dung auf seine Matratze fallen.

»Siehst du«, lachte Jordi, »er schon gleich anfangen die verfluchte Arbeit.« Er sagte mir, dass er die Zicklein, bis er ihnen einen Pferch gebaut habe, draußen an einen Pflock binden müsse, und fragte mich, ob ich ihm helfen würde, ihnen Halsbänder anzulegen. »Drecksziegen nix mögen die Halsband erste Mal, echt wahr.«

Wie Recht er hatte.

Kaum hatte er die beiden uralten Ledergurte von einem Nagel an der Wand genommen, da wechselten die Zicklein schon schalkhafte Blicke, meckerten eine einhellige Absichtserklärung und sprangen mit einem eleganten Satz zur Tür hinaus. Bis Jordi und ich aus der *casita* gestolpert kamen, um sie zu packen, waren sie bereits auf der Flucht den Berg hinauf, tänzelten über das Geröll und huschten ohne jede Achtung vor der Schwerkraft die Steilwände hinauf. Wir machten den symbolischen Versuch, ihnen nachzusetzen, mussten aber schon bald unsere Niederlage eingestehen. Wir waren restlos erledigt, nachdem wir nur wenige Meter geklettert waren. Wir lehnten uns jeder gegen einen Baum und schnappten nach Luft, während die Zicklein von einem Felsvorsprung hoch oben spöttisch auf uns herabsahen. Sie gaben ein letztes gemeckertes Ziegenlachen von sich und waren weg – hopsend verschwanden sie im Wald und in einem Leben der Freiheit.

»Verflucht!«, keuchte Jordi und starrte unglücklich auf die zwei Halsbänder in seiner Hand. »Jordi jetzt *immer noch* brauchen die Scheißen.«

Vielleicht ein passender Abgesang auf seine kurze Karriere als Ziegenhirt.

Doch Jordi war hart im Nehmen, und als wir mit dem Auto losgefahren waren, um unsere Tomatenpflanzen zu kaufen, hatte er den Verlust seiner Ziegen schon verwunden und lachte und scherzte, als sei nie etwas gewesen. Seine Laune hatte sich zweifellos durch die Aussicht auf ein weiteres schnelles Bier in der Bar Nuevo gebessert, aber solange sich seine »Kutteln« nicht beschwerten, war es doch ohnehin egal! Das war Jordis derzeitige Lebensphilosophie, und wer konnte es ihm schon verdenken? Er war ein überaus geselliger Mensch, der nichts mehr liebte, als mit jedem, der Lust hatte, ihm zuzuhören, gemütlich eine oder auch dreißig Minuten zu plaudern – und zwar am liebsten bei ein paar Bierchen. Jordi genoss Gesellschaft, etwas, das bei ihm zu Hause Mangelware war, seit seine englische Frau vor ein paar Jahren nach Coventry zurückgegangen war, um sich um ihren alternden Vater zu kümmern. Und so konnte man Jordi häufig dabei antreffen, wie er seinen zwei Hobbys frönte und in irgendeiner seiner fünf oder sechs Lieblingskneipen in der Umgebung mit jemandem plauderte und dabei ein Bierchen schlürfte, wenn er nicht gerade seine *finca* bewirtschaftete oder gelegentlich seinen Beruf als Zimmermann ausübte und unten in Port d'Andratx für durchreisende Jachtbesitzer arbeitete. Daher war es ein schwerer Schlag für ihn gewesen, auf einen unerlässlichen Bestandteil seines lockeren Lebensstils verzichten zu müssen. Doch man musste Jordi zugute halten, dass er der ärztlichen Vorschrift eine Testphase eingeräumt, sie als unbrauchbar verworfen und *seine* bevorzugte Lebensweise als die richtige für sich erkannt hatte. Seine »Gedärmer« mussten eben selbst schauen, wo sie blieben. Und wer weiß? Wenn er sich daran hielt, immer nur ein paar Bierchen zu trinken und olympische Brandy-Saufgelage mit Typen wie Wayne Murphy zu unterlassen, würde sich seine eigene Prognose vielleicht letztlich als günstiger erweisen als die des Arztes. Kurzfristig betrachtet, bot sie auf jeden Fall mehr Lebensfreude.

Das Dorf Banyalbufar steht in dem Ruf, die besten Tomaten auf der ganzen Insel hervorzubringen, und so lag nahe, dass man dort auch die besten Pflanzen erstehen konnte. Außerdem hatte Jordi dort einen alten Kumpel, der – zumindest laut Jordi – der unbestrittene *maestro de maestros* in der Kunst des Tomatenzüchtens war. Die Sache hatte allerdings einen Haken, wie mir Jordi eindrücklich erläuterte: Sein Freund verkaufte seine wertvollen Pflanzen nicht einfach an jeden, sondern nur an wenige kenntnisreiche Erzeuger wie ihn selbst, die das Beste aus ihnen herauszuholen wussten. Der Ruf, das verstünde ich sicher, musste geschützt, die Qualität des Produkts gewahrt bleiben.

»Dann bin ich aber aus dem Rennen. Ich habe in meinem ganzen Leben noch keine einzige Tomate gezogen.«

Jordi zwinkerte mir zu, als wollte er sagen »Überlass das nur mir«, lehnte sich auf seinem Sitz zurück und wies mich an, von Andratx aus die Straße Richtung Norden nach Estellencs zu nehmen.

Nach einem stetigen Anstieg durch Kiefernwälder überquert die Straße schon bald den Coll-de-Sa-Gremola-Pass und schlängelt sich dann an den zerklüfteten Berghängen entlang. Lücken zwischen den Bäumen gestatteten immer wieder Ausblicke auf das Mittelmeer, das weit unten in der Sonne glänzte. Diese atemberaubende Bergstraße klammert sich Kilometer für Kilometer an die zerklüfteten Felsen der Tramuntana und verschwindet gelegentlich in einem kurzen Tunnel, aus dem sie bald wieder auftaucht. Dann trennt sie nur noch ein niedriges Mäuerchen von einer Felswand, die dreihundert Meter senkrecht zum Meer abfällt.

Jordi war in seinem Element und sang ein Loblied auf die spektakulären optischen Überraschungen, die seine Heimatinsel hier an jeder Ecke präsentierte. »Jederzeit besser als die verfluchte dämliche französische Riviera, Mann! Jordi dort sein gewesen. Jordi wissen!«

Ich war nicht dort gewesen, also wusste ich es nicht. Doch ich war geneigt, ihm zu glauben, da ich mir nur schwer eine vergleichbare Landschaft vorstellen konnte, die faszinierender hätte sein können als die vor meinen Augen.

Jordi erklärte mir, dass es spezielle *miradores* oder Aussichtsplätze gab, die auf der gesamten Strecke, bis nach Kap Formentor am nördlichsten Zipfel der Insel, an strategisch günstigen Punkten in den Berg gebaut worden waren. Nachdem wir das Dorf Estellencs passiert hatten, schlug er vor, an einem solchen Platz anzuhalten, zu dem auch ein alter *talaia* oder Wachtturm gehört, der auf der Kante einer Felsnase hoch über dem Meer steht, kurz bevor die Straße nach Banyalbufar hinabschwenkt. Mittag war schon vorbei, und da zu Hause in Ca's Mayoral noch so viel zu tun war, wäre ich lieber zügig weitergefahren und hätte mir die Aussichtspunkte für ein andermal aufgehoben. Doch Jordi, der meine Unruhe spürte, empfahl mir mit deutlichen Worten, verflucht noch mal *tranquilo* zu sein wie er und das Drecksauto dort anzuhalten, wo er mir sagte.

Schon bald war ich froh, dass er mich zu diesem kleinen

Auswuchs des *mañana*-Syndroms gezwungen hatte. Die Aussicht vom Mirador de Ses Ànimes war einfach nicht von dieser Welt. Selbst jemand, der kein großer Freund von Höhen ist, musste von dem Blick fasziniert sein, der sich oben vom *talaia* bot. Ein Panorama aus zerklüfteten Landzungen zog sich bis zum Horizont die ganze Küste entlang, von der Insel Dragonera im Süden bis nach Cap Gros im Norden, das die Hafeneinfahrt nach Port de Sóller markiert. Nun war leicht zu begreifen, warum die Türme auf derartigen Felsvorsprüngen errichtet worden waren. Sie hatten nämlich jahrhundertelang als Beobachtungsposten gedient, von denen aus nahende Piratenschiffe früh entdeckt und die entsprechende Warnung die Küste entlang durch Feuerzeichen weitergegeben werden konnte.

Wenn man über die Brüstung schaute, machte es die senkrecht abfallende Felswand unterhalb des Turms unmöglich abzuschätzen, wie hoch wir über dem Meer waren. Doch es war Schwindel erregend hoch. Hoch genug, um auf fingernagelgroße Möwen hinabzublicken, die träge auf warmen Aufwinden kreisten. Hoch genug, um mit einem ausgestreckten Daumen die Umrisse einer großen Jacht bedecken zu können, die fast direkt unter uns still vorbeisegelte. Doch hinter uns ragten die majestätischen Gipfel der Tramuntana noch höher auf, zeichneten ein Zackenmuster an den Himmel und ließen alles unter ihnen zwergenhaft erscheinen. Es war ein geradezu überwältigendes Erlebnis, und ich wäre sicher noch länger geblieben, wenn mich Jordi nicht aus meiner Trance gerissen hätte, indem er ausnahmsweise einmal vom *mañana*-Prinzip abwich.

»Komm schon, Herrgott noch mal!«, drängte er. »Wenn wir jetzt nicht eilen, Jordis Freund Tomeu, der Tomatenmann, schon sein weg von seine *finca* für die verfluchte Mittagessen.«

Und so setzten wir unsere malerische Fahrt nach Banyalbufar fort.

In eine breite Senke der tieferen Hänge des Berges Mola de Planicie gebettet, ist Banyalbufar typisch für alle Dörfer, die an diesem zerklüfteten Küstenabschnitt Mallorcas liegen – anheimelnde Siedlungen aus Steinhäusern in warmen Farben, die sich in steil zu winzigen, verborgenen Buchten abfallenden Bergschluchten zusammendrängen.

Die einzigartige Mischung aus Ruhe, der Gelassenheit der Berge, der Nähe des Meeres und der Reinheit des Lichts zieht schon seit langem Schriftsteller und Künstler an, die sich in diesen bezaubernden kleinen Gemeinden niederlassen und hier arbeiten. Doch die große Mehrheit der Einwohner zählt nach wie vor zu den alteingesessenen Familien, die schon seit Generationen ein beneidenswertes Leben führen, indem sie das Land bearbeiten und die Früchte des Meeres ernten, auch wenn das Einkommen, das sie daraus beziehen, bescheiden ist.

Was Banyalbufar allerdings von den anderen Dörfern unterscheidet, ist die schiere Masse seiner *bancales,* bebauter Terrassen, die sich in scheinbar endlosen Stufen von der felsigen Küste den ganzen Weg bis hinauf zum Fuß der steilsten Berghänge ziehen. Die vorbildlich gebauten Stützmauern um diese fruchtbaren Landstreifen folgen den ausgefallenen Umrissen des Tales genau und umschließen so jeden Zentimeter bebaubaren Bodens.

Wir hielten am Dorfrand an, und Jordi zeigte auf ein komplexes System mit Stein ausgekleideter Kanäle, die Quellwasser von den Bergen zu großen Speichern leiten, welche auch aus Stein gebaut und geschickt platziert waren, um der Reihe nach jeder Terrasse Bewässerung zukommen zu lassen. In Jordis Augen hatten es die *bancales* von Banyalbufar verdient, als eines der ingenieurtechnischen Weltwunder zu gelten. Und die Tatsache, dass dieses erstaunliche Beispiel für die Erfindungsgabe des Menschen schon vor tausend Jahren, während der arabischen Besetzung der Insel, entstanden sein soll, würde wohl kaum jemanden dazu veranlassen, ihm zu widersprechen.

Zur *finca* seines Freundes Tomeu gehörten ein paar Terrassen oberhalb des Dorfes, wohin von der Straße aus ein steiler Anstieg über mehrere Steintreppen führte. Tomeu, ein rundlicher kleiner Mann von etwa sechzig Jahren mit fröhlichem Gesicht, war gerade mit dem Eggen eines Stücks Land fertig geworden, als wir keuchend angestolpert kamen. Er und Jordi begrüßten einander mit dem typisch mallorquinischen Überschwang – herzliche Umarmungen und Klopfer auf den Rücken wechselten sich mit Kaskaden glucksender Neckereien ab, aus denen wie üblich am häufigsten das Wort *»coño«* herauszuhören war. Interessanterweise ist die wörtliche Übersetzung von *coño* eigentlich das Tabuwort »Fotze«. Doch im Spanischen ist es ein ganz gewöhnlicher Ausdruck für kumpelhafte Vertrautheit, freundliche Begrüßung oder schlimmstenfalls gemäßigte Empörung – ein harmloses Wort, das von beiden Geschlechtern gleichermaßen benutzt wird. Es war eine jener Anomalien der Sprache, die mir zwar geläufig waren, die ich aber noch nicht selbst zu verwenden wagte, wenn ich mit den Einheimischen Spanisch sprach. Nennen wir es einfach kaledonische Zurückhaltung!

Als die auf *mallorquín* geführten Vorverhandlungen zwischen den beiden alten Freunden beendet waren, erklärte Jordi Tomeu, dass wir von jetzt an in kastilischem Spanisch miteinander sprechen würden. *El escocés aquí* (der Schotte hier) käme damit ganz gut klar, sagte er, auch wenn ich nach wie vor »verflucht scheißunfähig« sei, ihr Inselidiom zu verstehen. Tomeu zuckte die Achseln. *No problema.* Aber trotzdem konnte sich Jordi nicht verkneifen, jeden spanischen Satz, den Tomeu von sich gab, ins Englische zu übersetzen. Dass sein sprachliches Können Tomeu veranlasste, ihn mit großen Augen bewundernd anzulächeln, wurde von Jordi mit selbstzufriedenem Schmunzeln quittiert.

Nachdem er mir verschmitzt zugezwinkert hatte, band er Tomeu einen Bären auf über *el escocés aquí*, wonach ich einer der führenden Tomatenzüchter in *Gran Bretaña* sei und jetzt meine eigene *finca* in der Nähe von Andratx besäße, wo ich vorhätte, meine ausgewiesenen Kenntnisse unter der herrlichen Sonne Mallorcas zu vervollkommnen. Während ich mich innerlich wand, fuhr Jordi fort, meine Verdienste als Tomatenzüchter mit immer übertriebeneren Märchen auszuschmücken. Ich flehte insgeheim darum, dass mir Tomeu keine Frage zu diesem Thema stellte, doch zum Glück schien er vor Jordis ausgedehnter Schilderung meines Lebenslaufs als Tomatenzüchter zu viel Ehrfurcht zu haben, um ihn zu unterbrechen.

»Es ehrt mich, dass Sie meine bescheidene *finca* besuchen«, sagte Tomeu mit einer anmutigen kleinen Verbeugung, nachdem Jordi endlich die Lügen ausgegangen waren. Er nahm mich beim Ellbogen und führte mich zu einer höher gelegenen Terrasse. »Kommen Sie, ich zeige Ihnen die Ausstellung der diesjährigen Jungpflanzen. Ich wäre Ihnen für ein paar Ratschläge bezüglich der neuen Sorten sehr dankbar – Krankheitsresistenz, optimaler Einsatz von Düngemitteln, Ertragspotenzial und so weiter.«

Hoppla!, dachte ich, ertappt!

Doch Jordi eilte unverzüglich zu meiner Rettung – und seiner eigenen.

»Nein!«, sagte er bestimmt und legte Tomeu bremsend die Hand auf den Arm. »Keine Zeit. *El escocés aquí* ist ein viel beschäftigter Mann. *Hombre,* er ist heute den ganzen Weg hier rausgekommen, um deine Tomatenpflanzen zu kaufen, nicht um sie zu inspizieren.«

Tomeus Miene leuchtete auf, und sein Mund verzog sich zu einem breiten Grinsen. *»Coño!«*, rief er und klatschte mir dann wiederholt mit beiden Händen auf die Wangen. *»Ay-y-y, coño-o-o-oh!«*

Ich hatte die *coño*-Barriere durchbrochen – und das gleich zweimal. Es ging aufwärts.

Er würde es als Privileg betrachten, mir ein paar Pflanzen zu verkaufen, sagte er hastig. Dann setzte er eine ernste Miene auf, um Jordis Vorwarnung zu bestätigen, dass er mittlerweile sehr vorsichtig damit sei, wem er sie verkaufe. Nur an geachtete Züchter. *Carám!* Erst vor zwei Jahren habe er Pflanzen an einen Mann verkauft, den er nicht kannte, nur um festzustellen, dass der *bastardo* dann versäumt habe, sie angemessen zu pflegen. Die Ernte war natürlich zur Katastrophe geraten, und einige Pflanzen waren sogar abgestorben. »Das war sehr schlecht für meinen Ruf, wie Sie sich unschwer vorstellen können. Auch wenn man mir wirklich keinen Vorwurf machen konnte.« Das Lächeln kehrte auf sein rundliches Gesicht zurück. »Aber in Ihrem Fall, *amigo,* gibt es keine solchen Bedenken. *Al contrario,* mit Ihrer Erlaubnis werde ich Sie vielleicht sogar auf Ihrer *finca* besuchen, um etwas über die neuesten Methoden der Tomatenkultur zu lernen, worin Sie ja Jordi zufolge ein Meister sind.«

»Danke, Jordi«, murmelte ich, während ich mir für Tomeu ein vorgetäuschtes warmes Lächeln abrang. »Jetzt hast du mich voll reingeritten.«

Doch Jordi warf mir nur den altbekannten Blick zu, der »*tranquilo,* Herrgott noch mal« bedeutete, und erklärte dann Tomeu, was wir genau an Tomatenpflanzen brauchten, wobei er seinen Freund immer wieder daran erinnerte, dass *el escocés aquí* in Eile war. »In Andratx wartet ein Schwein auf ihn.«

»Por supuesto!«, versicherte Tomeu und strahlte übers ganze Gesicht. Diesmal nahm er uns alle beide, Jordi und mich, an den Ellbogen. »Selbstverständlich, aber zuerst müsst ihr kurz in meine *casita de aperos* kommen. *Sí,* ich habe etwas ganz *especial* für euch.«

Sein kleiner Geräteschuppen erwies sich als das gewohnte Durcheinander von Werkzeugen, Kisten und anderem landwirtschaftlichem Zubehör, ergänzt durch ein kleines hölzernes Schränkchen, das über einer Werkbank an die Wand montiert war. Tomeu schloss es auf, nahm drei Gläser heraus und stellte sie auf die Bank. Mit verschwörerischem Zwinkern fasste er erneut in das Schränkchen und beförderte eine alte Steingutflasche mit einem kleinen runden Griff am Hals und einem Korkverschluss zutage.

Ich sah, wie Jordi bleich wurde. »*Fuck me!*«, stöhnte er auf Englisch. »Nicht diesen Drecks-*orujo*!«

Auf der Stelle begriff ich, was ihm Angst einjagte. Da *orujo* der sagenumwobene schwarzgebrannte Schnaps der Spanier ist, hatte Jordis angeschlagene Leber offenbar schon beim bloßen Gedanken daran Krämpfe bekommen.

Ohne die »Kuttel«-Sorgen seines Freundes zu bedenken, begann Tomeu das leicht milchige Gesöff ins erste Glas zu gießen. Dabei versicherte er mir, dass im Gegensatz zu den laschen, im Handel erhältlichen Versionen, die man heutzutage auf den Regalen manch schicker Bars finden konnte, dieser *orujo* der echte war. »*Hombre,* bei diesem Stöffchen entscheidet sich, wer ein Mann und wer eine Memme ist!«

Ich versuchte meinerseits so höflich wie möglich ein Glas der seltenen Spirituose abzulehnen – Autofahren, die Guardia Civil und dergleichen. Mit verlegenem Lächeln sagte ich, das werde er hoffentlich verstehen.

Aber nein. »Die Guardia Civil!«, fauchte er höhnisch. »Wen jucken denn die? Für die Straße nach Andratx hat es heute keine Ankündigung gegeben.«

Was er damit meinte, war die rücksichtsvolle Praxis der Polizei, Datum und Uhrzeit geplanter Alkoholkontrollen auf den Straßen ein oder zwei Tage vorher in der lokalen Presse bekannt zu geben. Meiner zynischen Ansicht nach zu schön, um wahr zu sein, nachdem ich eher an die weniger benutzerfreundliche Art der schottischen »polis« gewohnt war. Doch dieser Einwand hätte bei Tomeu vermutlich nur folgende

Reaktion hervorgerufen: »Sie sind aber jetzt nicht in *Escocia, amigo,* also trinken Sie aus!«

Er erklärte weiter, dass er, obwohl von missgünstigen Hurensöhnen in Madrid ersonnene neumodische Gesetze es nahezu unmöglich gemacht hätten, heute noch den wahren *orujo* aufzutreiben, das Glück habe, das Vertrauen eines *anciano* zu genießen, der ihn nach wie vor herstellte – ein alter Bursche, der das Geheimnis gelernt hatte, als er vor vielen Jahren in der Provinz Galizien arbeitete. »*Sí*«, schloss Tomeu wehmütig, »jetzt gibt es nur noch die Brennerei des alten Vicenç – droben in den Bergen bei …« Seine Worte gingen in ein geheimnisvolles Glucksen über. Dann reichte er uns unsere großzügig gefüllten Gläser, wobei er Jordi an die vielen seligen Male erinnerte, die sie im Lauf der Jahre diesen wunderbaren schwarzgebrannten Sprit gepichelt hatten.

Ich sah, wie sich ein verwirrter Ausdruck auf Tomeus Miene legte, als Jordi trübsinnig auf sein Glas starrte. »*Qué pasa, amigo?*«, fragte er. »Was ist los? Ist dir das Glas nicht groß genug?« Er versetzte seinem Freund einen tröstlichen Klaps auf die Schulter. »*A-y-y-y, no problema, Jordi!* In der *jarra* ist noch jede Menge. *Salud y pesetas, eh!*« Damit stieß er sein Glas gegen unsere beiden Gläser und spülte den Inhalt des seinen in einem Zuge hinunter.

Was würde Jordi jetzt tun, fragte ich mich. Offensichtlich hatte er keine Lust, seinem alten Saufkumpan zu gestehen, dass man ihn vor harten Sachen gewarnt hatte. Zugleich sah ich ihm an, dass ihm sein gesunder Menschenverstand davon abriet, das Zeug zu trinken. Der gesunde Menschenverstand unterlag. »*Salud!*«, sagte er und stürzte den *orujo* hinunter, wobei er sich nach Kräften bemühte, nicht das Gesicht zu verziehen, als der Schnaps in seinem Magen ankam.

Sowohl er wie auch Tomeu schauten auf mein immer noch volles Glas. »*Salud!*«, riefen sie im Chor und blickten mir unverwandt in die Augen. Ihre Mienen sagten mir, dass es mich teuer zu stehen käme, wenn ich mich als Spielverderber zeigte.

»Na gut«, sagte ich. »Wenn's der Brauch verlangt. *Salud!*«

Ich rang mit wesentlich weniger Erfolg als Jordi darum, nicht das Gesicht zu verziehen. Das unwillkürliche Schaudern sorgte dafür. Meiner ersten Einschätzung nach schien der *orujo* ein mieser Brandy zu sein, doch kaum eine Sekunde später meldeten meine Geschmacksknospen »Abbeizmittel mit einem Hauch Batteriesäure«.

»Verdammt scheißguter Stoff, was?«, sagte Jordi.

»M-hm«, japste ich und blinzelte mir die Tränen aus den Augen.

»*Una copita más*«, meinte Tomeu schmunzelnd. »Noch ein Gläschen.«

Jordi sang den ganzen Rückweg nach Andratx mallorquinische Volkslieder, während ich mich darauf konzentrierte herauszufinden, von welcher der drei weißen Linien in der Mitte der Straße ich mich rechts halten musste. Tomeus »noch ein Gläschen« war weitere vier Male wiederholt worden (soweit ich mich erinnerte). Erstaunlicherweise schienen Jordis »Kutteln« die Tortur gut überstanden zu haben. Er lud mich sogar ein, noch »einen für die Drecksstraßen« mit ihm zu trinken, als ich ihn mitsamt seinen Tomatenpflanzen vor der Bar Nuevo absetzte. Doch ich hatte Gott sei Dank einen Termin – das erste und letzte Mal in meinem Leben, dass meine Haut von einem Schwein gerettet wurde.

* * *

Ich kann nicht behaupten, Experte für Schweine zu sein, doch das bisschen Erfahrung, das ich mit ihrer Haltung besaß, hatte mich gelehrt, dass jedes einen anderen Charakter besitzt und in jeder Gruppe von Schweinen eine Hackordnung existiert – falls das Wort »hacken« in Bezug auf unsere rüsseltragenden Freunde nicht fehl am Platze ist.

»Das ist ein sehr schönes *porc, sí?*«, sagte Josep, der Geschäftsführer des Depots für landwirtschaftlichen Bedarf, lächelnd.

Das stimmte, und außerdem war es offensichtlich ein Chef-Schwein, das sich im Pferch durch die Gruppe der anderen hindurch seinen Weg bahnte, damit es sich aufrichten und mich mit über das Gatter drapierten Vorderhaxen in Augenschein nehmen konnte. Das kleine Ferkel strahlte Selbstvertrauen aus und litt außerdem, wie ich aus dem hochnäsigen Gesichtsausdruck schloss, an einem Überlegenheitskomplex. Mit Schweinepersönlichkeiten wie dieser war ich schon früher aneinander geraten ... und ich hatte jedes Mal den Kürzeren gezogen. Doch es war eindeutig das schönste des ganzen Wurfes, und wenn ich mich überhaupt mit einem Schwein belasten wollte, war es ratsam, mir das beste auszusuchen – trotz der unausweichlich bevorstehenden Kämpfe.

Wir stiegen in den Pferch.

»Setzen Sie es auf seinen *culo*«, sagte Josep, »dann binde ich ihm die Füße zusammen.«

Die erste Runde ging in null Komma nichts an das Schwein. Als ich es zu packen versuchte, verfehlte ich es, rutschte auf dem mit Sägemehl bedeckten Boden aus und landete auf dem Hintern in einem Klumpen Schweinemist.

»Keine Sorge, *señor*«, sagte Josep. »Nichts passiert. Ich halte es fest. Binden Sie ihm die Füße zusammen.«

Der Lärm, den ein Schwein machen kann, wenn es mit etwas nicht einverstanden ist, ist wirklich verblüffend. Und dieses Schwein war ganz eindeutig überhaupt nicht damit einverstanden, die Erniedrigung über sich ergehen zu lassen, vor den Augen seiner Untertanen auf den Hintern gesetzt und dann auch noch von einem Amateur an den Füßen zusammengebunden zu werden. Das Quieken hätte man bis Palma hören können.

»Heben Sie es hoch, *señor*«, sagte Josep, als die erste Phase des Wettkampfs vorüber war. »Wir stecken es hier in den Sack, dann ist es für die Heimfahrt in Ihrem Wagen sicher verpackt.«

Ein Ferkel ist ein erstaunlich kräftiges und enorm wendiges Wesen, und ich schwitzte mir schon bald die fünf Gläser *orujo* aus den Poren. Aber dank der Hilfe zweier älterer *campesinos*, die unsere fruchtlosen Bemühungen beobachtet hatten, bis sie vor Lachen nicht mehr konnten, schafften wir es, das Ferkel im Sack hinten in meinem Auto zu verstauen. Die kurze Fahrt zurück nach Ca's Mayoral verlief bedrohlich ereignislos: Weder ein Grunzen des Protests noch der leiseste Laut der Auflehnung drang aus dem Sack. Vielleicht hing das mit dem beruhigenden Aroma der Tomatenpflanzen zusammen, überlegte ich, hoffnungsfroh wie immer.

»Hilf mir, es herauszuheben«, rief ich Sandy zu, der hinten im Hof war. »Dann holen wir es aus dem Sack und treiben es in den Stall neben der *casita de aperos*.«

»Haben Sie also endlich ein Schwein«, sagte die alte Maria, die aus dem Nichts erschienen war, um ihre gewohnte Position einzunehmen und über die Mauer zu spähen. »Ich habe Ihnen ein erstklassiges ausgesucht, stimmt's?«

»Na ja, offen gestanden hatte ich einige Unannehmlichkeiten mit ihm, aber jetzt scheint es sich beruhigt zu haben.«

Irrtum! Sowie ich den Sack aufband, schoss das Schwein mit wundersamerweise ungefesselten Füßen heraus wie der geölte Blitz und raste auf das offene Gatter zu.

Aus einem Grund, den nur sie selbst kennen, scheinen Pferde keine Schweine zu mögen. Das weiß ich aus bitterer Erfahrung, seit daheim in Schottland zwei unserer Schweine ausgebüxt waren und ein Shetland-Pony derart erschreckt hatten, dass wir mit dem Auto mehrere Kilometer hinterherjagen mussten, bevor wir sie alle drei wieder einfangen konnten. Seitdem wusste ich, dass Schweine und Ponys sehr schnell laufen können, wenn ihnen danach ist. Allerdings wusste ich nicht, ob Maultiere unter derselben »Porkophobie« litten wie ihre Halbgeschwister, die Pferde. Doch das sollte ich schon bald herausfinden.

Der alte Pep hatte die Gewohnheit, seine Einkäufe abends in Andratx zu tätigen, wenn die Geschäfte nach der nachmittäglichen *siesta* wieder öffneten. Manchmal fuhr er mit dem Moped hin, aber wenn es ein besonders schöner Abend war und er die *paseo*-Gänger auf dem Platz beeindrucken wollte, schirrte er stattdessen sein Maultier an, stand stolz den ganzen Weg lang aufrecht in seinem Karren und grüßte die Passanten mit seinem gewohnten *»Weh-ep!«*. Das hatte ich ihn schon ein paarmal tun sehen, und ich muss zugeben, dass er eine schneidige Figur abgab, vor allem, wenn es ihm gelungen war, das Maultier zum Traben zu bringen.

Was für ein Unglück also, dass er ausgerechnet diesmal gerade in dem Moment aus seinem Bauernhof herausfuhr, als das entfleuchte Ferkel aus unserem kam. Das Maultier warf einen Blick auf das Schwein, bäumte sich auf, wobei es Pep beinahe hinten aus dem Karren geworfen hätte, und galoppierte dann den Weg entlang, während sich das Schwein an seine Fersen heftete. Sandy und ich nahmen unsererseits die Verfolgung auf, doch wir konnten mit dem Tempo der wilden Hatz nicht mithalten. An der Kreuzung zur Hauptstraße bog das verschreckte Maultier rechts in Richtung Dorf ab und raste mit Höchstgeschwindigkeit die Straße entlang. Dahinter torkelte Pep im Karren herum und zerrte an den Zügeln wie ein Charlton Heston vom Land. Das Ferkel war unterdessen nach links abgebogen, über ein niedriges Mäuerchen gehopst und den bewaldeten Berghang hinauf verschwunden.

Wir sahen es nie wieder, obwohl uns Gerüchte über eine sagenhafte Bande aus zwei schwarzen Zicklein und ihrem rosigen Komplizen zu Ohren kamen, die in dunkler Nacht auf den abgelegeneren Berg-*fincas* Raubzüge nach Leckerbissen unternahmen. Ich hielt es für klug, den Wahrheitsgehalt der Geschichte nicht zu überprüfen. Und selbst die alte Maria sprach nie wieder davon, dass ich unbedingt ein Schwein brauchte. Vielleicht hatte ihr Pep nach seiner peinlichen Karrenfahrt ins Dorf davon abgeraten.

Zehn

Schlaue Sprüche und üble Gerüche

Die Stelle, die wir ausgewählt hatten, um die Tomaten anzupflanzen, besaß drei Pluspunkte: Sie war durch die äußeren Äste einer Reihe Feigenbäume vor den heißesten Strahlen der Sommersonne geschützt, sie lag nicht allzu weit von der Bewässerungsquelle entfernt, und (was in meinen Augen das Beste war) sie befand sich direkt hinter der *casita* von Tomàs und Francisca Ferrer.

* * *

Aus verschiedenen Gründen war niemand von uns am Vortag länger zu Hause gewesen, und erst als Ellie am nächsten Morgen im Schlafzimmer oben die Fensterläden öffnete, bemerkte sie die zwei hässlichen Schandflecke auf dem herrlichen Blick aus den Fenstern im ersten Stock. Unsere zum Weg hin gelegene Mauer, die am Fundament etwa einsachtzig dick und insgesamt vier Meter hoch war, stand angeblich schon seit der Römerzeit da. Sie hatte ursprünglich als Aquädukt gedient und Bergwasser zu der alten Mühle geleitet, die die Ferrers gerade zu ihrem Wochenendhaus »umbauten«. Wie jemand auf die Idee kommen konnte, einen unschönen Wassertank und eine Satellitenschüssel auf solch ein unbezahlbares historisches Relikt zu montieren, überstieg meine Vorstellungskraft. Doch genau das war am Vortag während unserer Abwesenheit geschehen, noch dazu an einem Teil der Mauer, die innerhalb unseres Grundstücks lag, zwar direkt neben dem Haus der Ferrers, aber praktischerweise von dort aus nicht zu sehen.

Wir hatten schon seit geraumer Zeit das Gefühl, dass unsere Wochenendnachbarn zwar gern unser Geld für ihr früheres Zuhause eingesteckt hatten, es aber nach wie vor als ihr Eigentum betrachteten. Dieser Verdacht ging auf einen Vorfall zurück, als Sandy mit Grippe im Bett gelegen und Ellie und ich Charlie zu einem seiner samstagmorgendlichen Sporttermine an die Schule gefahren hatten. Kaum waren wir weg, berichtete uns Sandy, da habe er schon die Ferrers im Haus gehört, wo sie herumspazierten und munter sämtliche Veränderungen kommentierten, die wir vorgenommen hatten. Was die Sache noch schlimmer machte, war, dass wir die Haustüren beim Gehen hinter uns abgeschlossen hatten, was ein Indiz dafür war, dass die Ferrers heimlich einen Satz Schlüssel behalten hatten, als sie uns das Anwesen verkauften.

Zu sagen, dass ich empört war, wäre eine krasse Untertreibung gewesen, aber da nichts angerührt worden war, hatte Ellie mich dazu überredet, den Vorfall zu übergehen, ohne bei den neugierigen Patronen auch nur anzudeuten, dass wir wussten, was sie sich erlaubt hatten. Es war besser, in der engen Gemeinschaft, in der wir jetzt lebten, kein böses Blut aufkommen zu lassen. So sah es jedenfalls Ellie. Man musste eben die Schlösser auswechseln und die Ferrers von nun an im Auge behalten.

Als wir den Vertrag zum Kauf des Hofes ausgehandelt hatten, hatten wir die maximale Menge an *»rustica«*-Land erworben, die Ausländer damals auf der Insel besitzen durften, und die Ferrers hatten uns versprochen, dass sie uns weiteres Land sowie die alte Mühle verkaufen würden, sobald die erwartete Lockerung der Gesetze es zuließe. Daher war es eine Enttäuschung für uns gewesen, als wir bei unserem Einzug auf dem Hof ein paar Monate später feststellen mussten, dass die Ferrers den »Umbau« der Mühle selbst bereits betrieben. Ja, schlimmer noch, von dem ursprünglichen Bauwerk blieb rein gar nichts mehr übrig, da die uralten Steinmauern abgerissen worden waren, um Platz für einen gesichtslosen Ytongbau zu machen. Selbst die einfühlsamste Restaurierung alter Landhäuser unterliegt auf Mallorca strengen Vorschriften, und sie abzureißen ist strikt verboten, außer unter ganz besonderen Umständen. Also fragten wir uns, wie es Tomàs geschafft hatte, für ein so zerstörerisches Projekt wie dieses eine Baugenehmigung zu bekommen.

Hier in der Gegend eilte ihm der Ruf voraus, mit seinem Geld ein bisschen »vorsichtig« zu sein, daher hatte es mich überrascht, als Tomàs gleich nachdem wir nach Ca's Mayoral gezogen waren, angeboten hatte, einen Teil unserer Stromrechnung zu übernehmen. Ja, er wollte sogar sämtliche Kosten begleichen, die für den Stromverbrauch anfielen, den der landwirtschaftliche Zähler in unserem Traktorschuppen feststellte, womit wir nur noch für die Kosten aufkommen müssten, die durch einen separaten Zähler im Haus erfasst wurden. Bevor ihm die Stromgesellschaft einen eigenen Hausanschluss gelegt hatte, konnte er seinen Angaben zufolge nur Strom in sein Häuschen leiten, indem er ein Kabel in eine Steckdose steckte, die an unseren landwirtschaftlichen Zähler angeschlossen war. Dies war mir damals als eine vernünftige Lösung erschienen, auch wenn es kaum eine direkte finanzielle Ersparnis für uns bedeutete, da ein nennenswerter Verbrauch an »landwirtschaftlichem« Strom erst dann einsetzen würde, wenn wir zu Beginn der Bewässerungssaison anfingen, die Brunnenpumpe zu benutzen. Doch da diese Jahreszeit kurz bevorstand, würde der schlaue Tomàs schmerzlich am Geldbeutel getroffen werden, wenn er die Sache nicht schleunigst anders regelte.

Als ich ihn darauf ansprach, zuckte er nur die Achseln und sagte: »*No importa* – das spielt keine Rolle.« Und an dem Tag, als ich ihn wegen des Tanks und der Satellitenschüssel zur Rede stellte, die er oben auf der alten Mauer hatte montieren lassen, hatte er mir eine ähnlich nonchalante Antwort zuteil werden lassen: »*No importa.* Ich werde die Arbeiter dafür bezahlen, dass sie die Sachen woanders montieren.«

Irgendetwas passte nicht zusammen. Schließlich sprach ich bei einer unserer Spontanunterhaltungen über die Grenzmauer hinweg mit Jaume, dem onkelhaften und korpulenten Schwiegersohn der alten Maria.

»Ah, Don Pedro«, sagte er, als ich das Gespräch in die erwünschte Richtung gelenkt hatte, »es gibt *aspectos* in dieser Angelegenheit, vor denen Sie am besten die Augen verschließen.«

Als Kellner im Ruhestand übte sich Jaume vermutlich nur ein bisschen in der Kunst der Speisesaal-Diplomatie, die er sich bei der Arbeit in einem von Palmas feudalsten Hotels angeeignet hatte. Aber trotz seines angeblichen Desinteresses an dem »rückständigen« Leben in seinem Heimattal gab es nicht viel, was er nicht darüber wusste, wie ich an der vorbildlichen Weise sah, mit der er die *finca* der alten Maria für sie bewirtschaftete. Daher war ich mir sicher, dass er etwas Licht in die Frage nach Tomàs' neuerdings so lockerer Einstellung zum Geldausgeben bringen könnte. Und obwohl Jaumes friedliebendes Wesen ihn bislang stets davon abgehalten hatte, in meiner Gegenwart über irgendjemanden schlecht zu sprechen, bedurfte es bei dieser Gelegenheit interessanterweise nur eines Hauchs der Ermunterung, und schon war die Versuchung so groß, dass er ihr nicht mehr widerstehen konnte.

Er blickte sich verstohlen um, beugte sich näher zu mir und flüsterte: »Er bricht allen Ernstes das Gesetz, Don Pedro.«

Jetzt kamen wir weiter! Ich bedrängte ihn um nähere Einzelheiten.

Die GESA, die Elektrizitätsgesellschaft, operierte auf Bauernhöfen mit zwei Tarifen, erklärte er – dem normalen städtischen Tarif fürs Haus und einem speziellen, billigeren Satz für landwirtschaftliche Nutzung. Deshalb brauchte man auch zwei Stromzähler, und deshalb war es auch verboten, den landwirtschaftlichen Strom für häusliche Zwecke zu nutzen.

Langsam dämmerte es mir. »Warum hat sich dann die GESA so lange Zeit gelassen, um die *casita* der Ferrers ans häusliche Stromnetz anzuschließen? Ich meine, je länger sie es hinauszögern, desto mehr Geld geht ihnen verloren. Schließlich läuft ja ihr Kabel direkt über das Tor der Ferrers.« Ich fühlte mich versucht hinzuzufügen, dass das klang, als hätte man das *mañana*-Syndrom auf die Spitze getrieben, verkniff es mir aber, da Jaume selbst ein großer Verzögerer vor dem Herrn war.

Es schien ihm ehrlich unangenehm zu sein, mehr zu verraten, aber nachdem er kurz überlegt hatte, zog er die Schultern hoch und sagte: »*Bueno,* ich will zwar niemandem in den Rücken fallen, mein Freund, aber wenn *ich* es Ihnen nicht sage, sagt es Ihnen bald jemand anders.«

»Na los«, drängte ich, da ich die Fortsetzung kaum erwarten konnte.

Jaume beugte sich weiter über die Mauer, um eine noch vertraulichere Position einzunehmen. »Wissen Sie, man muss eine vollständige Baugenehmigung für ein neues Haus vorweisen, bevor einem die GESA dafür einen Stromanschluss einrichtet.«

Das letzte Puzzlestück. Auf einmal war alles sonnenklar. Anstatt den Mehraufwand und die zusätzlichen Kosten dafür auf sich zu nehmen, die alte steinerne Mühle in ein Wohngebäude umzuwandeln, hatte Tomàs offenbar beschlossen, sich rücksichtslos über die Vorschriften hinwegzusetzen und darauf zu hoffen, dass seine hohe Stellung in der Kommunalverwaltung ihm letztlich dazu verhelfen würde, die Regeln zu seinen Gunsten zu beugen. Das war auch seine Einstellung gewesen, als er auf Ca's Mayoral vor Jahren die so genannte Klärgrube hatte einbauen lassen, wie wir auf unsere Kosten hatten feststellen müssen. Damals war er damit durchgekommen, würde er sich sagen, also warum nicht auch jetzt?

»Aber da läuft er doch sicher Gefahr, dass man ihn zwingt, das neue Haus wieder abzureißen«, wandte ich ein. »Kommunale Baubehörden haben ihre Augen meist überall.«

Jaume sagte nichts, doch das langsame Hochziehen seiner Augenbrauen sprach Bände.

»Und was, wenn ich plötzlich beschließe, ihm keinen Zugang zu unserer landwirtschaftlichen Stromversorgung mehr zu gewähren – oder wenn mir danach ist, die GESA darauf hinzuweisen, dass er sie schon die ganze Zeit betrügt?«

Jaume musterte mich über die Ränder seiner Brille hinweg und sagte: »Ah, Don Pedro, dabei haben Sie aber etwas vergessen.« Er tippte sich seitlich an die Nase. »Señor Ferrer ist ein schlauer Menschenkenner, und er weiß, dass Sie ein zu guter Nachbar sind, um so etwas zu tun.«

»Hm, wahrscheinlich denkt er eher, ich bin ein zu weichherziger Nachbar. Dabei fällt mir ein, Jaume – ich muss Tomaten pflanzen.« Ich schenkte ihm ein warmes Lächeln und ein Schulterklopfen. »*Hasta luego* und vielen Dank für die Information. Wir werden sehen, was passiert, eh? *Vamos a ver.*«

»*Sí, claro*«, rief er mir mit gedämpfter Stimme nach, »aber wenn es um Tomàs geht, müssen Sie immer an das Sprichwort über den kleinen Holzwurm denken: Zuerst bohrt er nur ein ganz winziges Loch. Aber mit der Zeit ...«

Ich winkte ihm zum Dank für seine sorgfältig verpackten

Ratschläge zu. Doch er hätte keine Bedenken zu haben brauchen. Ich hatte die Botschaft bereits laut und deutlich vernommen.

* * *

Jordi und Tomeu hatten mir (unterbrochen von dem ein oder anderen *orujo*) gezeigt, wie man auf Mallorca sachgemäß Tomaten anpflanzt, also befolgten Sandy und ich ihre Anweisungen buchstabengetreu. Mit unserem kleinen Traktor zogen wir Furchen ins sorgsam vorbereitete Erdreich, setzten auf jeder ihrer Seiten vorsichtig mit dem Hohlspatel je eine Pflanze ein und wiederholten den Vorgang dann jede Reihe entlang in akkurat bemessenen Abständen. Es war wichtig, die Pflanzen genau unterhalb des Scheitelpunkts der aufgeworfenen Erde einzusetzen, damit ihre Wurzeln, wenn die dazwischen liegenden Furchen bewässert wurden, angeregt würden, unten Nahrung zu suchen, während die Stiele der Pflanzen trocken blieben und nicht Gefahr liefen zu verfaulen.

Trotz des Halbschattens, den die Feigenbäume spendeten, war die morgendliche Hitze drückend, da das Stück Land in einer Ecke lag, wo es auf der einen Seite von der hohen alten Mauer und auf der anderen von der Rückseite der neuen *casita* der Ferrers geschützt wurde. Und so war das Pflanzen eine zwar nicht übermäßig anstrengende, aber doch extrem heiße Arbeit, und bevor wir auch nur die Hälfte der etwa zweihundert Tomatenpflanzen eingesetzt hatten, waren Sandy und ich zum Haus zurückgekehrt, um unsere Jeans gegen Shorts einzutauschen – das erste Mal, dass wir bisher diese Notwendigkeit verspürt hatten.

Unsere kreidebleichen schottischen Beine wirkten in der exotischen Umgebung der Zitrushaine merkwürdig fehl am Platz, und ich glaube, wir hofften insgeheim beide, dass uns niemand sähe. Doch wir hatten unsere Arbeit noch nicht lang wieder aufgenommen, da mussten die Hemden ebenfalls weichen, sodass auch noch unsere käseweißen Oberkörper dem potenziellen Gespött der Leute ausgesetzt waren. Allerdings kümmerte uns das mittlerweile nicht mehr, da unsere Gedanken nur noch um Fantasien kreisten, in denen wir an einem Swimmingpool liegend kühle Getränke schlürften wie andere weniger »abenteuerlustige« Briten auf der Insel. Aber es gab immer noch alle Hände voll zu tun.

Nachdem wir mit dem Pflanzen fertig waren, mussten wir bündelweise Rohrstöcke holen, die aus einem Bambushain geschnitten worden waren, der wild an dem trockenen *torrente* ein Stück weit das Tal hinauf lag. Die Stöcke wurden in regelmäßigen Abständen kreuzweise gebunden, den gesamten Verlauf jeder Furche entlang aufgestellt und dann mit einer Reihe horizontaler Stöcke verbunden, bis eine Art länglicher Tipi-Struktur entstanden war. Das würde für die nötige Stütze sorgen, die die Tomatenpflanzen brauchten, wenn sie reifen und Früchte tragen sollten.

»Gut«, sagte ich, als wir fertig waren. »Und jetzt geben wir ihnen ordentlich zu trinken. Ich gehe mal die Pumpe anstellen.«

»Willst du das wirklich tun?«, fragte Sandy lachend.

»Aber sicher! Es ist in heißen Ländern wie hier allgemein üblich, die Flüssigkeit aus der Klärgrube zur Bewässerung zu verwenden. Steckt voller Nährstoffe. Ist quasi Gold wert … na ja, du weißt schon, was ich meine.«

»Schon, aber der Gestank. Ich meine, hier, direkt neben dem Haus der Ferrers.«

»Das ist ja der Zweck der Übung. Es mag asozial wirken, aber das hätte sich Tomàs überlegen sollen, bevor er mir seine Lügen über das so genannte Abwasser-Filtriersystem erzählt hat. Es besteht aus nichts weiter als einem Loch in der Erde, das uns ein Vermögen kosten wird, weil wir es jedes Mal vom Klärwagen leer pumpen lassen müssen. Und dazu kommen noch die ganzen anderen Freiheiten, die er sich erlaubt hat, seit er uns das Anwesen verkauft hat.«

Sandy stieß ein nervöses Kichern aus. »Also, dann gehe ich jetzt und schalte die Pumpe ein. Aber ich möchte nicht hier sein, wenn Señor Ferrer aus seinem Haus kommt.«

»Schon recht«, sagte ich achselzuckend. »Ich stelle mich hier ans Ende des Schlauchs und passe auf, dass er nicht aus der Furche rutscht, wenn das Zeug angerauscht kommt.«

Ich hatte immer gedacht, dass Schweinegülle den schlimmsten Gestank verbreitet, der einem auf dem Land begegnen kann, doch ein paar Minuten später sollte ich meine Meinung revidieren. Glauben Sie mir, wir Menschen stehen in der Liga des Fäkaliengestanks an der Spitze ... und zwar mit Abstand. Ich hielt mir die Nase zu und wartete, dass Tomàs erschiene. Auf diesen Moment hatte ich mich seit Monaten gefreut. Wahrscheinlich wäre er fuchsteufelswild, doch darauf war ich vorbereitet. Da wir Zugezogene waren und Wert darauf legten, mit *allen* unseren neuen Nachbarn gut auszukommen, hatten wir über vieles geschwiegen, worüber wir uns bei den Ferrers hätten beklagen können. Angefangen beim von Unkraut überwachsenen Zustand des Grundstücks bei unserer Ankunft bis hin zu der Sammlung schrottreifer Möbel und Haushaltsgeräte, die sie uns angedreht hatten. Wir hatten es sogar auf uns genommen, jeden Werktag ihre Menagerie aus Hunden und halbwilden Katzen zu füttern. Nicht zu vergessen, dass sie frech im Haus herumgeschnüffelt und einen Wassertank und eine Satellitenschüssel auf unserer Mauer platziert hatten. Ach ja, und dann war da noch die Geschichte mit den giftigen Raupen gewesen. Doch, Tomàs hatte das hier verdient, und wenn er sich beschwerte, würde ich ihm endlich mal ordentlich die Meinung geigen.

»Ah«, sagte er lächelnd, als er schließlich auf der anderen Seite des Zauns auftauchte, *»parfum de Paris!«*. Dann kicherte er und spazierte ungerührt davon, um sich mit seiner Hacke im Garten zu schaffen zu machen.

Verflixt und zugenäht! Gab es denn gar keine Möglichkeit, diesen Mann aus der Ruhe zu bringen? Er war wirklich ein kalter Fisch, und außerdem wusste er vermutlich ganz genau, dass die leiseste Beschwerde seinerseits über den Gestank zur Folge hätte, dass sein Schwindel mit der Klärgrube (und andere Machenschaften) endlich den Behörden zu Ohren käme. Das war zumindest meine unmaßgebliche Meinung.

Doch ich irrte mich. Der nächste Morgen brachte einen weiteren Beweis dafür, dass die Behörden Tomàs einen feuchten Dreck kümmerten – ebenso wenig wie die Tatsache, dass *wir* jetzt die Besitzer von Ca's Mayoral waren.

Wir saßen auf dem Balkon und frühstückten, als Ellie etwas auffiel, das am Ende des zweiten Felds vom Haus aus zwischen den Obstbäumen hing.

»Es sieht aus wie ein Seil«, sagte sie.

»Seltsam«, erwiderte ich. »Na komm, trink deinen Kaffee aus, dann gehen wir mal und sehen es uns genauer an.«

Was Ellie für ein Seil gehalten hatte, war in Wirklichkeit ein Kabel. Ein Stromkabel. Eines seiner Enden, das mit dem Stecker, befand sich in unserer *casita de aperos,* dem kleinen Geräteschuppen, der unseren Traktor und, weitaus wichtiger, unseren landwirtschaftlichen Stromanschluss beherbergte. Wir folgten dem Kabel von dort aus. Es war über die Äste unserer Obstbäume gehängt, den ganzen Weg bis zu der Mauer zwischen dem Hof der alten Maria und unserem. Doch dort endete es nicht. So weit wir sehen konnten, führte das Kabel weiter durch die Äste von Marias Zitronenbäumen bis zu ihrem kleinen Bauernhaus.

»Mein Gott, sag bloß, jetzt hat *sie* auch noch vor, uns Strom abzuzapfen«, stöhnte ich. »Was zum Teufel läuft hier eigentlich?«

»Da gibt's nur eines«, sagte Ellie. »Lass uns hingehen und sie fragen.«

Maria rupfte gerade eine Henne. »*Hola, señora de Escocia*«, begrüßte sie Ellie grinsend und blickte von ihrer Bank vor der *casita* auf. »Diese Henne ist für Sie.« Sie warf mir einen verächtlichen Blick zu. »Bis Ihnen der *señor de Escocia* endlich eigene Hühner kauft, schenke ich Ihnen hin und wieder einen alten Vogel zum Kochen. *Va bé?*«

Ich wartete auf einen ähnlich bissigen Kommentar zu meinen Bemühungen im Umgang mit Schweinen, doch es kam keiner.

»Entschuldigen Sie die Störung, Maria«, begann ich, »aber ich wüsste gern, wozu das Kabel dient, das von unserem Grundstück hier rüberführt.«

Sie ignorierte mich und sagte zu Ellie: »Ein schöner fetter Vogel ist das. Und der Geschmack erst – *estupendo*! Hat sich von den Maden im Fallobst ernährt, wissen Sie.« Mit schelmischem Zwinkern fügte sie hinzu: »Und Sie wissen ja, wie es heißt: Eine alte Henne gibt die beste Brühe.« Offenbar verbarg sich hinter ihrer letzten Bemerkung eine Doppeldeutigkeit, denn Maria warf den Kopf in den Nacken und ließ ihrem scheppernden Kichern freien Lauf, sodass wir bald mit einstimmten.

»Ähm, was das Kabel betrifft, Maria«, begann ich erneut, nachdem das Gelächter abgeebbt war.

»Ah, *sí*«, sagte sie zu Ellie, »die beste Brühe. *Sí,* und dabei fällt mir ein – hab ich Ihnen schon mal gesagt, wie man Hühnerklein-Suppe kocht?«

Wir setzten uns und stellten uns auf eine lange Wartezeit ein. Zwanzig Minuten später waren wir über die kulinarischen Verwendungsmöglichkeiten quasi jedes Teils der Hühneranatomie im Bilde, im Fall des mysteriösen Kabels aber noch keinen Schritt weiter gekommen. Ja, erst als Jaume erschien, schaffte ich es, eine Antwort auf meine Frage zu erhalten, während Maria fortfuhr, Ellie mit weiteren Geflügelgeschichten die Ohren voll zu quasseln.

Das Kabel, verriet mir Jaume, sei von Tomàs Ferrer dort angebracht worden.

»Das verstehe ich nicht, Jaume. Was hat Tomàs davon, wenn er von unserer *casita de aperos* ein Kabel zu Ihrer herüberleitet?«

»Ah, Don Pedro«, erwiderte Jaume und warf mir ein weiteres Mal den Blick einer weisen alten Eule über den Rand seiner Brille hinweg zu, »das Kabel führt nicht zu unserer *casita,* sondern dorthin.« Er wies auf ihren Brunnen.

Jetzt war ich noch verwirrter als zuvor, doch nun erklärte mir Jaume, dass die Ferrers das Recht hätten, einmal in der Woche Wasser aus Marias Brunnen zu pumpen. Dies war schon seit Generationen der Fall, da Marias Hof einst einem Urahn von Francisca Ferrer gehört hatte, der den größten Teil davon an einen Vorfahr von Maria verkauft hatte. Der Teil, den Franciscas Ahnherr behalten hatte, war zufällig das Feld, das ihr und Tomàs immer noch gehörte.

Ich verstand immer noch nicht. »Wie kommt es dann, dass Ca's Mayoral, unser Hof, mitten zwischen diesen beiden Grundstücken liegt? Das ist ja wohl eine etwas komische Anordnung.«

Darüber musste Jaume leise kichern. »Solche ungünstigen Landaufteilungen sind auf Mallorca gang und gäbe, *amigo*. Hochzeiten, Todesfälle, Mitgiften und Erbschaften, Schulden, die eingetrieben, und Wetten, die eingelöst werden – alles Mögliche. *Hombre,* heutzutage ist es ganz normal, dass ein Bauer ein paar Felder am einen Ende des Tals besitzt, ein weiteres in der Mitte und noch eines am anderen Ende. Und natürlich ist das Teilen der Wasserrechte genauso kompliziert geworden, wie Sie ja selbst gerade feststellen.«

»Aber warum will denn Tomàs Ferrer immer noch Wasser aus Ihrem Brunnen zapfen? Er hat doch an Wochenenden schon ausschließlichen Zugriff auf unseren, und das müsste eigentlich mehr als genug sein, um das kleine Feld zu bewässern, das ihm noch geblieben ist.«

Jaumes stattliche Leibesmitte wackelte, als er erneut stillvergnügt in sich hineingluckste. »Ho! Genug ist ein Wort, das in Bezug auf Wasser hier nicht gebraucht wird, Don Pedro. Warten Sie nur noch einen Monat oder so. Dann werden Sie schon sehen.«

Ich sah langsam rot. »Okay, aber Ferrer muss sein verdammtes Kabel aus unseren Bäumen nehmen. Erstens ist es richtiggehend gefährlich, und zweitens hat er sich zu früh gefreut, wenn er sich einbildet, er könnte jederzeit unseren Stromanschluss anzapfen, ohne auch nur zu fragen.«

»*Ay-y-y-y, tranquilo, tranquilo, tranquilo,* mein Freund«, gurrte Jaume und tätschelte meinen Handrücken. »Tomàs Ferrer ist es nicht wert, dass man seinetwegen einen Herzinfarkt bekommt. Sein Kabel verläuft auch durch unsere Bäume, aber ich ignoriere es einfach.« Er klopfte mir kräftig auf die Schulter. »*Oiga!* Ich bringe Ihnen schnell ein Glas von meinem *vino*. Das heitert Sie wieder auf!«

Jaume war wirklich eine Seele von Mensch, aber ich hatte schon mal eine Überdosis von seinem hausgekelterten Wein abbekommen, und da ich diesmal einen klaren Kopf behalten wollte, beschränkte ich mich auf ein Glas, bevor ich ihm für alles dankte und mich zum Gehen erhob. Ich wartete ein Weilchen, während Maria Ellie, die mittlerweile schon ganz glasige Augen hatte, die abschließenden Worte ihres Hennenvortrags zu Gehör brachte.

Endlich beliebte Maria mich zur Kenntnis zu nehmen, indem sie aufsah und sagte: »Das Kabel ist dazu da, dass Ferrer Wasser aus meinem Brunnen pumpen kann.« Dann wandte sie sich wieder Ellie zu und fragte lächelnd: »Hab ich Ihnen schon mal erzählt, wie diese Abmachung seinerzeit zustande gekommen ist?«

Das gerupfte Huhn unterm Arm, verabschiedeten wir uns höflich, bevor die Geschichtsvorlesung begann.

Die nächste Stunde verbrachte ich damit, unter eifrigem Einsatz des Spanisch-Wörterbuchs eingehend die Eigentumsurkunden von Ca's Mayoral zu studieren.

»Hier steht es«, sagte ich schließlich zu Ellie. »Schau dir mal den Plan des Hofes an – diese gestrichelten roten Linien. Sie markieren das Wegerecht der Ferrers um dieses Feld herum, damit sie an den Wochenenden an unseren Brunnen gelangen können.«

»Hm, aber die hier, die zufällig genau da verläuft, wo er sein Kabel gezogen hat, führt ihn auch direkt zu Marias Mauer.«

»Ja, das ist mir alles auch schon vorher aufgefallen, aber was ich überhört habe, als der Anwalt die wichtigsten Einzelheiten auf Englisch vorgelesen hat, war dieser Satz hier. Der besagt nämlich, dass er auch das Zugangsrecht hat, um seine Wasserleitung zu warten, die unter demselben Weg verläuft.«

»Stellt das ein Problem dar?«

»Nein, keineswegs. Offenbar zweigt sie von Marias Brunnen ab, aber bis vor einer Minute hatte ich keine Ahnung davon, dass da überhaupt eine Leitung ist. Nein, es gibt nur ein Problem, und das ist das Kabel, das er durch unsere Bäume gezogen hat, ohne auch nur um Erlaubnis zu fragen. Beim Obstpflücken reicht ein unaufmerksamer Moment, und einer von uns könnte es ohne weiteres mit der Baumschere durchschneiden. Diesmal ist Tomàs Ferrer zu weit gegangen, und ich wende mich jetzt auf der Stelle an die Elektrizitätsgesellschaft!«

Der Mitarbeiter der GESA seufzte genervt, als ich ihm den Zweck meines Besuchs schilderte. Er machte ganz den Eindruck, als ob es zu Beginn jeder Bewässerungssaison solche oder ähnliche Geschichten zuhauf gäbe. »Wir können nichts dagegen tun, dass ein Kabel durch Ihre Bäume verläuft, *señor* – das ist eine reine Privatsache zwischen Ihnen und Ihrem Nachbarn.«

»Mag sein, aber es laufen auch noch andere Dinge ab, die eine Sache zwischen *Ihnen* und meinem Nachbarn sind. Ich möchte Ihnen ja keine Umstände machen, aber ich wäre wirklich froh, wenn einer Ihrer Ingenieure nächstes Wochenende vorbeischauen könnte – am Samstagmorgen, wenn Señor Ferrer mit Sicherheit auf seiner *finca* nebenan anzutreffen ist.«

Der Angestellte zog die Schultern hoch, als wollte er sagen: »Na gut, wenn Sie darauf bestehen« – die Art von Schulterzucken, die einem verrät, dass ihn das Ganze zu Tode langweilt, er seinen Job hasst wie die Pest und wünschte, er hätte nie seine Frau begattet und diese Horde von Geld fressenden Gören in die Welt gesetzt. *»Sí, señor«*, säuselte er, »einer unserer Mitarbeiter wird Sie anrufen, um einen Termin zu vereinbaren.« Er schenkte mir ein müdes Lächeln und schlenderte dann davon, um meine Angaben abzuheften. Beim Davongehen kratzte er sich den Hintern und dachte bestimmt, dass ich mich verdammt glücklich schätzen konnte, wenn ein dämliches Kabel alles war, was mir Kummer bereitete.

Ich muss gestehen, dass ich dem Treffen mit Tomàs und dem Mann von der GESA mit einigem Bangen entgegensah. Zum einen wüsste Tomàs ja nicht einmal, dass ein Treffen anberaumt war, bis ich mit dem Ingenieur vor seiner Tür stünde. Es schien mir zwar eine hinterhältige Vorgehensweise zu sein, aber ich wusste, dass Tomàs, wenn er gewarnt wäre, wahrscheinlich seine Verbindungen zu hohen Stellen spielen lassen würde, um irgendwie die Oberhand zu erringen. Und zum Zweiten würden die Verhandlungen auf Spanisch, wenn nicht gar auf *mallorquín* geführt werden, also musste ich mich auf die Hinterbeine stellen, wenn ich nicht völlig übertölpelt werden wollte. Ich schlug im Voraus ein paar wichtige Wörter nach und bemühte mich, sie mir einzuprägen – Wörter wie Baugenehmigung, Besitzstörung und verklagen. Aber insgeheim hoffte ich, sie nicht benutzen zu müssen.

Ich hatte in Schottland einmal eine ähnliche Konfrontation erlebt – einen Zusammenstoß mit einem aufgeblasenen Rüpel von Nachbarn, der es für nötig erachtet hatte, mehrere hundert Meter Steinmauer zwischen unseren beiden Höfen einzureißen, als ich ein paar Tage verreist gewesen war. Die Mauer lag am höchsten und exponiertesten Teil des Grundstücks und bildete bei schlechtem Wetter den einzigen Schutz für unser Weidevieh. Wäre ich vor Gericht gezogen, hätte dies mit ziemlicher Sicherheit nicht dazu geführt, dass die Mauer wieder aufgebaut worden wäre. Ich war Realist genug, um das einzusehen. Also war das Einzige, was ich tun konnte, diesem Trampel verbal die Hölle heiß zu machen. Damit war aus jemandem, den ich bis dato immerhin ertragen hatte, ein Feind geworden. Das Letzte, was ich wollte, war, dass in dieser so viel intimeren Situation hier das Gleiche geschähe. Aber andererseits musste Tomàs Ferrer darauf hingewiesen werden, dass wir seine kleinen Spielchen durchschauten und sie nicht weiter hinnehmen würden.

Falls er sich darüber wunderte, dass ich mit dem GESA-Ingenieur bei ihm aufkreuzte, so zeigte er dies zumindest nicht. Ja, es hatte sogar den Anschein, als kennten sich die beiden gut, da sie sich freundschaftlich begrüßten und die üblichen Artigkeiten austauschten. Schon jetzt kam ich mir vor wie das fünfte Rad am Wagen.

Dann erschien Francisca in der Tür, warf bei meinem Anblick die Hände in die Luft und hieß mich mit den gewohnten Freundlichkeitsergüssen und Erkundigungen nach dem Wohlergehen von Ellie und den Jungen in ihrem Heim willkommen. Sie habe gehört, dass wir einen kleinen Hund hätten, erklärte sie mit ihrem bekannt koketten Blick, und den müsse ich unbedingt bald mal vorbeibringen, damit er ihre beiden Lieblinge Robin und Marion kennen lernte. Es war doch gut für kleine Hündchen, wenn sie nette Hundenachbarn hatten, *sí*?

Während Tomàs und der Ingenieur angeregt plauderten, eilte Francisca ins Haus zurück und kam mit einem Korb neuer Kartoffeln wieder. »Die ersten der Saison«, sagte sie lächelnd. »Tomàs hat sie heute Morgen erst ausgegraben, und ich wollte sie gerade Ihrer Frau bringen. Bitte nehmen Sie sie mit unseren besten Empfehlungen.«

Auf einmal war ich im Hintertreffen, vollkommen entwaffnet und in der denkbar schlechtesten Position, um Beschwerden vorzubringen, die einen Disput zur Folge hätten haben können.

Tomàs nutzte sofort die Gunst der Stunde. »Und was kann ich heute Morgen für Sie tun?«, fragte er mich mit einem Lächeln bewusst gezügelter Überlegenheit auf den Lippen. »Hoffentlich gibt es nicht noch mehr Probleme. Sie werden feststellen, dass der Wassertank und die Satellitenschüssel versetzt worden sind, wie Sie es verlangt haben.« Er warf dem Ingenieur einen viel sagenden Blick zu, als wollte er ihn darauf hinweisen, dass ich ein unverbesserlicher Nörgler sei.

Es würde nicht einfach werden, doch jetzt gab es kein Zurück mehr. »Wenn wir zu meinem Traktorschuppen gehen, kann ich es ausführlich erklären«, sagte ich, wobei mir auffiel, dass das herablassende Lächeln auf Tomàs' Gesicht keineswegs verschwand.

Francisca beschloss, ebenfalls mitzukommen, scheinbar, um ihre nette Unterhaltung mit mir fortzusetzen, aber vermutlich eher, um Tomàs in der Konfrontation beizustehen, die – wie ihnen inzwischen wohl klar geworden war – gleich folgen musste.

»Ich habe mich gefragt, warum dieses Stromkabel durch die Bäume gezogen wurde«, sagte ich einleitend, als wir an der *casita de aperos* angelangt waren.

Ohne mit der Wimper zu zucken, sagte mir Tomàs genau, warum.

»Wir ziehen das Kabel schon seit Jahren durch unsere Bäume«, ergänzte Francisca. Ihre Haltung war genauso gelassen wie die ihres Mannes. Trotzdem spielte sie mir direkt in die Hände.

»Ah, aber der Unterschied ist«, wandte ich rasch ein, »dass es nicht mehr *Ihre* Bäume sind. Genauso wenig wie der Stromanschluss, von dem Sie dachten, Sie könnten ihn einfach wieder anzapfen.«

Tomàs schnaubte verächtlich. »Aber darüber haben wir uns doch schon geeinigt. Das wollen Sie ja wohl nicht rückgängig machen.«

»Wir haben vereinbart, dass Sie meinen landwirtschaftlichen Stromanschluss für Ihr neues Haus nutzen können, aber das ist alles.«

In dem sicheren Gefühl, dass ich der Elektrizitätsgesellschaft soeben seinen Kopf auf dem Silbertablett serviert hatte, wartete ich darauf, dass Tomàs in Panik ausbrach. Aber nein. Genauso wenig, wie der Ingenieur auch nur das geringste Anzeichen von Empörung angesichts meiner Enthüllung zeigte, dass Tomàs seinen Arbeitgeber betrog. Er wandte sich einfach zu Tomàs und begann sich ruhig auf *mallorquín* mit ihm zu unterhalten.

»Könnten wir bitte bei Spanisch bleiben?«, unterbrach ich, während ich versuchte, die Wut zu kontrollieren, die in mir hochstieg. »Und warum hat die GESA Señor Ferrer keinen Stromanschluss für sein neues Haus gelegt?«, fragte ich den Ingenieur, der lediglich mit einer Schulter zuckte und erklärte, das falle nicht in seine Zuständigkeit.

»Wir zahlen Ihnen den ganzen landwirtschaftlichen Strom«,

sagte Francisca, die auf einmal aggressiv wurde. »Warum beschweren Sie sich?«

Ich ignorierte sie und fragte den Ingenieur geradeheraus: »Wann bekommt Señor Ferrer einen eigenen Stromanschluss für sein Haus?«

Er kam nicht dazu, mir zu antworten. Zum ersten Mal tat sich ein Riss in Tomàs' gleichgültiger Fassade auf, und er fauchte mich an: »Das geht Sie nichts an, *señor*!«

»Mag sein, aber dieser Hof gehört jetzt uns – eine Tatsache, die Sie gelegentlich zu vergessen scheinen.«

Francisca schnalzte mit der Zunge gegen den Gaumen, als sei sie entsetzt darüber, dass ich eine solche Unterstellung äußerte. Aber ich hatte nun die Zügel in der Hand und würde nicht schweigen, bis ich alles gesagt hatte.

»Ich habe nichts dagegen, dass Sie Ihr Kabel durch unseren Hof bis zum Brunnen der alten Maria ziehen«, fuhr ich fort. »Aber wenn sie es nicht von den Bäumen herunternehmen und sicher unter der Erde verlegen, werde ich mir noch einmal überlegen müssen, ob ich Sie weiterhin unseren landwirtschaftlichen Anschluss für Ihr Haus nutzen lasse.«

Als er seine Fassung (zumindest äußerlich) wieder gefunden hatte, nickte Tomàs bedächtig und sagte: »Wie Sie wünschen, *señor*. Wie Sie wünschen.«

Dann wandten sich er, Francisca und interessanterweise auch der Ingenieur um und schlenderten gemächlich zurück zu ihrer *casita*.

»Ich fürchte, am Ende bin ich wie der Schurke des Stücks dagestanden«, sagte ich zu Ellie, als ich nach Hause zurückkam. »Und dann habe ich auch noch die Ferrers bei der Elektrizitätsgesellschaft angeschwärzt. Die wissen jetzt genau, was gespielt wird.«

»Aber die Ferrers sind doch diejenigen, die im Unrecht sind, also warum solltest du ein schlechtes Gewissen haben?«

»Ich weiß, aber ich hoffe trotzdem, meine Petzerei führt nicht dazu, dass sie strafrechtlich verfolgt werden oder so. Dann könnte es nämlich leicht passieren, dass ich hier in der Gegend als der typische überhebliche Brite angesehen werde. Du kennst doch den Typ, kaum ist er fünf Minuten in einem anderen Land, schon spielt er sich auf. Das war aber garantiert nicht meine Absicht. Ich wollte nur –«

»Du wolltest nur, dass die Ferrers nicht so viel für selbstverständlich erachten und so tun, als gehörte ihnen dieser Hof immer noch. Weiter hast du nichts getan, und selbst wenn sie deswegen Scherereien kriegen, werden sie hier in der Gegend keinem Menschen auch nur im Geringsten Leid tun. Stattdessen wird man dich als Helden feiern.«

Was Ellie gesagt hatte, war vermutlich völlig richtig, das wusste ich, aber ich hoffte trotzdem, dass ich mir Tomàs und Francisca nicht zu Feinden gemacht hatte. Das würde nur zum Entstehen einer vergifteten Atmosphäre beitragen, wo sie doch an den Wochenenden so nahe bei uns wohnten. Und abgesehen davon, was sie für Fehler hatten, waren sie manchmal auch sehr nett zu uns gewesen – zum Beispiel, als Francisca herübergekommen war, um Ellie nach dem traumatischen Einbruch zu trösten, oder als Tomàs mir seine alten spanischen Lehrbücher gegeben hatte, damit ich die Methoden des mediterranen Obstanbaus studieren konnte. Im Grunde waren sie anständige Leute – obwohl sie dazu neigten, die ganze Hand zu nehmen, wenn man ihnen den kleinen Finger gab, wie mich der alte Jaume taktvoll gewarnt hatte –, und nun fürchtete ich, es könnte unser Verhältnis dauerhaft vergällt haben, dass ich einen so offenen Konfrontationskurs gesteuert hatte.

Meine Bedenken waren unbegründet. Am folgenden Samstagmorgen kam Tomàs in seiner gewohnt herrisch-freundlichen Art herüber und klopfte an unsere Tür. Er bat um die Erlaubnis (Erlaubnis!), dass jetzt gleich ein Arbeiter sein

Baumkabel unter die Erde verlegen dürfe. Kurz danach kam Francisca und brachte als Geschenk etwas von ihrem berüchtigten Mandeleis – eine List, um sich mit Bonny bekannt zu machen, die auf der Stelle mit hemmungslosem Entzücken auf sie reagierte. Im Gegensatz zu ihrer abgehobenen Art im Umgang mit Menschen liebte Francisca Tiere aufrichtig, und offenbar erwiderten die Tiere ihre Zuneigung. Auf jeden Fall hatte sie sofort einen Draht zu Bonny, was, auch wenn es im ersten Moment rührend war, im Lauf der Zeit häufig Anlass zu Ärger gab.

Keiner der beiden Ferrers verlor auch nur ein Wort darüber, dass ich den GESA-Mann von ihrer unberechtigten Nutzung »landwirtschaftlichen« Stroms unterrichtet hatte, und so glaubte ich immer noch, dass sich diese unerwartete Auffrischung ihres Verhältnisses zu uns in dem Moment abkühlen würde, wo die Folgen dieses Tuns rechtliche Schritte zeitigten.

Wieder falsch.

»Ich muss Ihnen mitteilen, *señor,* dass das Stromversorgungskabel zu Ihrem Anwesen nicht den Anforderungen entspricht.« Es war derselbe Ingenieur, der bei meinem »Treffen« mit den Ferrers zehn Tage zuvor dabei gewesen war. »Wir werden es unverzüglich erneuern, gleich, wenn wir den Anschluss zu Señor Ferrers neuem Haus legen.«

Ich war baff. Wie hatte Tomàs es geschafft, den rückwirkenden Antrag für seinen Mühlen-»Umbau« so schnell einzureichen und genehmigt zu bekommen? Ich wusste, dass solche Anträge schon in meiner Heimat notorisch schleppend bearbeitet wurden, und hier waren wir doch angeblich in *mañana*-Land. Seltsam. Trotzdem war es nicht an mir, die damit verbundenen Machenschaften infrage zu stellen. Tomàs hatte es irgendwie hingekriegt, und wir wären endlich diese lästige Stromteilungs-Regelung los. Noch dazu kämen wir in den Genuss eines neuen Zuleitungskabels. Wunderbar. Obwohl ich gestehen muss, dass ich mich nachhaltig darüber wunderte, warum der Elektriker, der vor ein paar Monaten umfassende Erneuerungsarbeiten in unserem Haus durchgeführt hatte, unser angeblich überaltertes Hauptkabel mit keinem Wort erwähnt hatte. Aber egal – wenn die Elektrizitätsgesellschaft es erneuern wollte, würde ich dem geschenkten Gaul nicht ins Maul schauen.

Und tatsächlich war es kein besonders großer Aufwand. Die Arbeit nahm kaum einen halben Tag in Anspruch, da lediglich von einem Mast am Weg ein neues Kabel durch die Luft zum Hausgiebel und dann unter dem Dachgesims entlang zu einem bereits existierenden Loch in der Wand hinter dem Sicherungskasten gezogen werden musste. Es hatte die Elektrizitätsgesellschaft bestimmt nicht viel gekostet, und ich schloss daraus, dass sie einfach die Gelegenheit hatten wahrnehmen wollen, einen routinemäßigen Kabelaustausch bei uns zu erledigen, während sie die Installation bei den Ferrers nebenan vornahmen. *Va bé*, wie man auf *mallorquín* sagt. Schön.

Und dann kam der Umschlag.

»Das entspricht zweitausend Pfund, verdammt noch mal!«, jammerte ich Ellie vor, nachdem ich einen Blick auf die Rechnung geworfen hatte. »Für das bisschen Arbeit, um das wir nicht mal gebeten haben!«

»Aber ich dachte, sie würden es umsonst machen«, sagte Ellie und starrte ungläubig auf die Rechnung.

»Mm-m-m«, schnaubte ich, »ich auch. Und zu allem Überfluss würde es mich nicht wundern, wenn der schlaue Tomàs dabei die Finger im Spiel hätte, damit wir für die Arbeit bei ihm mitbezahlen. Oh-oh! Aber so haben wir nicht gewettet!«

Also stattete ich dem mitgenommenen Angestellten im Büro der Elektrizitätsgesellschaft meinen zweiten Besuch ab.

Nach einem flüchtigen Blick auf die Rechnung schüttelte er den Kopf und brummte. »Hier wurden keine *errores* begangen, *señor*. Das ist die Standardgebühr für diese Arbeit, mehr nicht.«

»Aber ich habe gar nicht darum gebeten, dass das Kabel ausgetauscht wird!«

»Das haben unsere Ingenieure zu entscheiden.« Er gab mir die Rechnung zurück und sah mich mit müden Augen an. »Es gibt strenge Sicherheitsstandards, die in Bezug auf Kabel eingehalten werden müssen, und da genau dies der Grund für Ihren letzten Besuch war, kann ich nicht verstehen, was Sie jetzt für ein Problem haben. *Adiós.*«

Spiel, Satz und Sieg.

Trotzdem hielt ich es für nötig, Tomàs Ferrer über all das zu informieren, und so marschierte ich extra über die Felder zu seiner *casita,* als er das nächste Mal da war, und zeigte ihm die Rechnung.

»Hm, solche Arbeiten sind nicht billig, mein Freund«, sagte er, und ich glaubte einen Hauch von Mitgefühl in seiner Stimme wahrzunehmen.

»Da haben Sie Recht. Und, ähm, halten Sie mich bitte nicht für unhöflich, aber darf ich fragen, wie viel Sie insgesamt dafür bezahlt haben, dass man Ihnen einen komplett neuen Stromanschluss gelegt hat?«

»Viel mehr«, sagte er feierlich. *»Ah, sí – mucho, mucho más.«*

Sein Pokerface sagte mir, dass es vergebliche Liebesmüh wäre, ihm genauere Angaben entlocken zu wollen. Und trotz meiner Zweifel im Hinblick darauf, was man uns berechnet hatte, konnte ich diese Zweifel kaum Tomàs gegenüber äußern, ohne geheime Absprachen zwischen ihm und der Elektrizitätsgesellschaft zu unterstellen. Und das, so beschloss ich im selben Moment, war ein Wespennest, in das ich garantiert nicht stechen wollte.

Immerhin hatte die ganze Übung das gewünschte Resultat erbracht: die Achtung der Ferrers vor unserer Eigentümerschaft an Ca's Mayoral und, wie es schien, das Gefühl für gegenseitige Rücksichtnahme. Zum Preis eines Stücks gnadenlos überteuerten Kabels im Endeffekt eigentlich billig. Oder hatte man mir nur eine Abreibung verpasst wie einem richtigen *loco extranjero*? Ich würde es vermutlich nie erfahren, aber mittlerweile wollte ich es lieber gar nicht mehr wissen.

ELF

In der Hitze des Sommers

Nordeuropäer wie wir, die zum ersten Mal im mediterranen Klima leben, erkennen nicht ohne weiteres, wann der Sommer wirklich anfängt – vor allem auf einer Insel wie Mallorca, wo uns selbst der erste Winter milder und beständiger erschienen war als die Sommer in Schottland. Aber falls Sandy und ich es schon für eine schweißtreibende Arbeit gehalten hatten, Ende April im Windschatten der alten Mauer Tomaten zu pflanzen, so konnten wir uns noch auf einiges gefasst machen.

Wie Millionen anderer Touristen hatten wir im Hochsommer unsere Ferien auf Mallorca verbracht und wussten, wie drückend die Temperaturen sein konnten. Aber es ist ein Unterschied wie Tag und Nacht, ob man am Strand herumliegt und sich jederzeit in eine klimatisierte Bar zurückziehen kann oder ob man in einem Freiluft-Backofen körperliche Arbeit verrichten muss. Schon bald begriffen wir, warum unser Tal, das von den kühlen Nordwinden durch die Höhen des Ses Penyes abgeschnitten war, hier in der Gegend *Sa Calenta* genannt wurde – das Heiße.

Anfang Juni zeigten einige verwirrte schottische Gemüse, die wir zu ziehen versuchten, bereits erste Erschöpfungserscheinungen. Unter den alten Büchern, die mir Tomàs Ferrer gegeben hatte, hatte ich einen mallorquinischen Landwirtschafts-Almanach entdeckt, der Monat für Monat in allen Einzelheiten auflistete, was auf dem Land zu tun war – einschließlich einer Erörterung der überlieferten Regeln für zunehmenden und abnehmenden Mond, auf die die alte Maria so viel gab. Erfreut stellte ich fest, dass der Almanach auch Empfehlungen dafür enthielt, wann die beste Zeit war, um »Lehmziegelsteine zu brennen«, »die männlichen den weiblichen Ziegen zuzuführen« und sogar den überaus praktischen Hinweis, »wann man seinen Schlafmohn sät«. Aber kein Wort über Steckrüben. Und so mussten wir unsere erste Missernte hinnehmen.

Jock Burns organisierte schon seit langem einen regelmäßigen »Burns-Abend«, mit dem er seinen Namensvetter, den schottischen Nationaldichter Robert Burns, ehrte. Diese lockere kaledonische Festivität war jedes Jahr im Januar zu einer festen gesellschaftlichen Einrichtung geworden. Dann trug Jock das traditionelle Mahl aus Haggis, Rüben und Kartoffeln auf und organisierte eine Tanzband, Dudelsackpfeifer und Entertainer – alles (von den Kartoffeln abgesehen) extra für den Anlass aus Schottland importiert. Hunderte von schottischstämmigen und einheimischen Feierlustigen versammelten sich Jahr für Jahr zum großen Ringelpiez im Schottenrock in einer mit Heidekraut dekorierten Festhalle und amüsierten sich einen whiskygetränkten Abend lang prächtig.

Das einzige Problem waren die Steckrüben – beziehungsweise deren schottische Abart. Diese unverzichtbare Beilage zu Haggis war auf Mallorca einfach nicht aufzutreiben, und es wäre unsinnig gewesen, für die Anzahl von Gästen, die bewirtet werden musste, genug frische Rüben per Luftfracht aus Schottland einzufliegen. Daher musste sich Jock damit behelfen, die getrocknete Variante liefern zu lassen. Als unverbesserlicher Rübenpurist war er mit dieser Lösung jedoch nie ganz zufrieden gewesen. »Das ist nicht das Wahre, Mann«, lautete sein alljährliches Lamento.

Also erbot ich mich, ihm eine für seine Zwecke ausreichende Menge Rüben zu ziehen. Meiner Lebensphilosophie zufolge sind nämlich finstere Zeiten angebrochen, wenn man für einen Freund, der in Sachen Burns-Abend in der Patsche sitzt, nicht mal mehr ein paar Steckrüben ziehen kann. Das Problem war nur, dass die Rüben dies anders sahen. Wie schon viele Male zuvor in Schottland hatte ich die Saat im Mai in die Erde gebracht, und unter üppiger Bewässerung steckten die Sämlinge bald ihre zarten grünen Köpfe aus dem Boden hervor – noch dazu schneller, als ich es je erlebt hatte. Doch nachdem sie eine Kostprobe der mallorquinischen Junisonne abbekommen hatten, stießen die jungen Pflänzchen vor Heimweh nach kühleren Klimazonen einen tiefen Seufzer aus, breiteten ihre kleinen grünen Blätter auf der Erde aus … und starben ab.

»*Coño*«, krächzte der alte Pep, als er nach seiner Meinung zu der Katastrophe befragt wurde. »Sie hätten die Samen im Herbst aussäen sollen.«

Und natürlich hatte er vollkommen Recht. Warum war ich nicht selbst darauf gekommen? Bestimmt hätten die Samen den nachfolgenden mallorquinischen Winter für einen schottischen Sommer gehalten und wären munter weitergewachsen. Logisch. Wieder etwas dazugelernt.

Das Misslingen unserer Maisernte war allerdings nicht so leicht zu erklären. Obwohl wir keine Erfahrung damit hatten, dieses an warme Klimazonen gewohnte Getreide anzubauen, hatten wir die Samen den Regeln nach und (nach Konsultierung des Almanachs) zur richtigen Mondphase gesät und ihnen die für ihr Wohlergehen empfohlene Menge an Düngemittel und Wasser zukommen lassen. Nun erwarteten wir natürlich, dass sie bis auf die Höhe des sprichwörtlichen Elefantenauges wüchsen. Doch sie schafften es nicht mal bis zur Höhe eines Wurmauges. Nichts. Nicht ein einziger Trieb kam aus der Erde.

Diesmal war sogar Pep perplex. »Wo haben Sie die Samen gekauft?«, wollte er wissen, während er auf das nicht vorhandene Maisfeld blickte.

»Nirgends. Ich habe einen Sack davon von einem Freund geschenkt bekommen, der aus Australien zu Besuch hier war.«

Das sagte Pep alles. »Vierzig Huren!«, rief er höhnisch. »Dann ist doch alles klar. Wie konnten Sie nur so dumm sein?«

»Dumm? Wie meinen Sie das?«

»Australische Samen, *guapo*«, sprudelte er hervor, unterbrochen von verächtlichem Kichern. »Ganz einfach: Die *bastardos* wachsen nach unten!«

Na ja, wenigstens gediehen unsere Tomaten, genau wie die Paprikaschoten, die Zwiebeln, der Knoblauch und andere Pflanzen, die sich gut für das Mittelmeerklima eigneten. Und in Entsprechung zu den steigenden Temperaturen verlangsamte sich auch der Lebensrhythmus im Tal. *Tranquilo* zu sein war nun keine Mühe mehr, sondern ein Muss, und selbst der von Arbeitsmoral besessenste *extranjero* geriet leicht in Versuchung, sich der *mañana*-Brigade anzuschließen. Aber, wie der Almanach für Juni konstatierte: »In den ersten Tagen des Monats sind die restlichen Wasserreserven im Boden meist erschöpft, und es ist nötig zu bewässern.«

Genau wie Pepe Suau vorausgesagt hatte, hatten die Obstbäume wunderbar auf seine radikale Beschneidung reagiert und waren nun in bestem Zustand, doch ohne weiteres menschliches Eingreifen würden sie bald Opfer der sommerlichen Trockenheit werden. Wir hatten bereits um jeden unserer Bäume Bewässerungskanäle angelegt, eine langwierige und mühevolle Angelegenheit, selbst mit der Traktor-und-Pflug-Methode, die Sandy ausprobiert hatte. Woher die Einheimischen die Kraft nahmen, diese mörderische Arbeit bei einer solchen Hitze mit der Hand zu verrichten, war mir ein stetiges Rätsel. Doch sie schafften es und schienen sich nicht mehr dabei zu denken als wir, wenn wir mitten in einem schottischen Schneesturm im Freien überwinterndes Vieh fütterten. Es ist wohl nur eine Frage der Gewohnheit, schätze ich.

Ob es nun die zu Schläfrigkeit führende Wirkung der Hitze war oder die Folge unseres Stromkabel-Duells, weiß ich nicht, aber Tomàs Ferrer war wesentlich nachbarschaftlicher geworden und stand uns stets mit Rat und Tat zur Seite, wenn wir ihn fragten. Manchmal sogar, ohne dass wir ihn fragten. Ja, unser Verhältnis war sogar so herzlich geworden, dass wir aufgehört hatten, die Tomaten mit der Suppe aus der Klärgrube zu düngen, wenn er und Francisca in ihrer Wochenend-*casita* waren – eine Geste des guten Willens, die sie bestimmt sehr zu schätzen wussten. Und wer weiß, vielleicht war es ja gerade die Befürchtung, wieder jeden Samstagmorgen zum Aroma unseres *»parfum de Paris«* aufzuwachen, die ihn dazu anhielt, nett zu sein. Was auch immer der Grund dafür war, wir empfanden es als willkommene Erleichterung, die Spannungen zwischen uns los zu sein.

»Sie dürfen es nie weiter als acht *palmos* unter diesen Knoten fallen lassen«, sagte Tomàs. Er instruierte mich, wie man mithilfe eines Seils, das von einem Pflock an der Brüstung herabhing, den Wasserstand in unserem Brunnen maß. Dann spreizte er die Hand und zeigte mir die Spanne zwischen kleinem Finger und Daumen, damit ich auch bestimmt wusste, was er mit einem *palmo* meinte. »Wenn Sie mehr als diese Wassermenge auf einmal herausholen, ist das zu viel, und es dauert zu lange, bis der Wasserstand wieder so hoch ist wie zuvor. Vergessen Sie das nie. *Muy importante.*«

Irgendwie war ich nicht besonders überrascht, als Tomàs am ersten Sonntag, an dem er den Brunnen nutzte, selbst fast zehn *palmos* Wasser herauspumpte. Und genau wie er gesagt hatte, war am nächsten Tag nicht genug Wasser vorhanden, um unsere Bäume zu bewässern. Vielleicht war meine Vermutung, dass er einen neuen Anfang machen wollte, doch ein bisschen voreilig gewesen. Aber anstatt zu riskieren, dass ich mich überstürzt in einen dieser allzu häufigen Wasserkriege verwickeln ließ, von denen mir Maria erzählt hatte, beschloss ich, den Vorfall kommentarlos hinzunehmen – ausnahmsweise! Und ehrlich gesagt überschritt Tomàs die Wassermarke nie wieder. Vielleicht war ihm das eine Mal lediglich ein Irrtum unterlaufen. Oder, noch einmal im Zweifel für den Angeklagten, vielleicht hatte er den Brunnen absichtlich überlastet, nur damit ich die Regel der acht *palmos* auch garantiert begriff. Ich ließ die Sache auf sich beruhen, obwohl mir auffiel, dass Tomàs von da an jedes Wochenende genau das absolute Maximum, das erlaubt war, aus dem Brunnen holte – wesentlich mehr, als er wirklich brauchte, da war ich mir sicher. Doch das lag eben in der Natur dieses Mannes: Wenn er nicht die ganze Hand haben konnte, dann würde er sich aber zumindest nicht mit weniger als dem ganzen kleinen Finger zufrieden geben.

Und es stand mir nicht zu, mich darüber zu beklagen. Pepe Suau hatte mir erklärt, dass jeder Baum auf der Plantage zur Befriedigung seiner Bedürfnisse mindestens einmal alle zehn Tage seinen Bewässerungsgraben bis zum Rand gefüllt bekommen musste. Der Brunnen führte genug Wasser, um dieser Daumenregel nachzukommen, und so blieb die nachbarliche Harmonie mit den Ferrers glücklicherweise gewährleistet.

Nur ein einziges Mal wurde dieser erfreuliche Status quo massiv gefährdet …

»*Madre mía,* Sie haben meine Schuhe gestohlen!«, plärrte Francisca, die mit einem Korb Saubohnen in der einen Hand vor unserer Tür stand, während sie mit der anderen auf ein Paar schmuddelige Espadrilles zeigte, die auf der Fußmatte lagen. Sie sah mich mit einem Gesichtsausdruck an, der unschwer erkennen ließ, dass sie mich für einen Perversen erster Ordnung hielt. »Da komme ich, um Ihrer Frau diese Bohnen zu schenken«, fuhr sie mit bebender Unterlippe fort, »nur um dann feststellen zu müssen, dass Sie meine neuen Schuhe gestohlen haben.« Sie bückte sich, um sie aufzuheben, wobei sie sie zimperlich zwischen Zeigefinger und Daumen nahm, als wären sie gerade von einem verbotenen Ausflug nach Tschernobyl zurückgekehrt. »Überall habe ich sie gesucht – und jetzt schauen Sie sie nur an. Total dreckig!«

Ich war total verblüfft, um nicht zu sagen vorübergehend sprachlos.

Dann bemerkte Francisca etwas, das weiter hinten auf der Veranda unter einem Stuhl lag. »Und schauen Sie mal, da!«, kreischte sie. »Mein roter Gummistiefel! Der fehlt mir schon seit gestern! *Jesús, María y José!*« Sie bekreuzigte sich und murmelte eine Beschwörungsformel, die eher blasphemisch als fromm klang.

Ich wusste das spanische Wort für »abartig« nicht, aber ich machte ihr trotzdem unmissverständlich klar, dass ich nicht darauf stand, Damenschuhe zu stibitzen.

»Dann also Ihre Söhne«, mutmaßte Francisca, den Tränen nahe. »Jungen in diesem Alter – Sie wissen schon …«

Ich wollte ihr gerade erklären, dass es, selbst wenn einer oder auch beide der Jungen einen Hang zum Schuhfetischismus entwickelt haben sollten, extrem unwahrscheinlich war, dass sie sich von derart unattraktiven Exemplaren angezogen fühlen sollten, wie es die waren, die sie die ihren nannte. Doch ich hielt es für günstiger, ihren Ärger nicht auch noch mit einer Kränkung anzufachen. Die Versicherung, dass wir alle drei unschuldig waren, war das Einzige, was ich ihr anbieten konnte – mehr war nicht drin.

Doch damit gab sie sich nicht zufrieden. »Ihre Frau kann es allerdings nicht gewesen sein«, sagte sie, bevor sie die Grundlage dieses messerscharfen Schlusses zum Besten gab: »Meine Schuhe wären ihr ja viel zu klein.«

Wiederum war das Einzige, was ich tun konnte, auf Unschuld zu plädieren, meine Unkenntnis der Vorgänge zu beteuern und im Stillen Francisca dafür zu beglückwünschen, dass Ellie nicht in der Nähe war und daher auch Franciscas gehässige Bemerkung über die Größe ihrer Füße nicht hatte hören können.

In diesem Moment kam Bonny vom Grundstück der alten Maria her über die Mauer gehüpft. Sie war jetzt fast fünf Monate alt und hatte sich bereits zu einer schönen, muskulösen jungen Boxerhündin entwickelt. Sie strotzte vor Übermut und Energie, wie es für diese Rasse so typisch ist, und genoss die Freiheit, die das Leben auf der *finca* ihr bot.

»Bo-niie-iee-iee!«, krähte Francisca, deren finstere Miene sich sofort in ein breites Grinsen verwandelte. *»Oh, mi pequeña querida!«*, gurrte sie und breitete die Arme aus, um ihre Seelenfreundin zu begrüßen. Doch ihre Begrüßungsworte »mein kleiner Liebling« wurden rasch von einem verblüfft hervorgestoßenen *»Dios mío!«* abgelöst, als sie sah, was Bonny im Maul trug: Es war einer von Marias abgetretenen Gummilatschen.

Auf einmal war das Rätsel des Schuhdiebstahls gelöst, und Francisca nahm die Aufklärung mit schallendem Gelächter entgegen, sprach mir aber mit keinem Wort eine Entschuldigung dafür aus, dass sie unterstellt hatte, meine zwei Sprösslinge und ich stünden bestenfalls eine Stufe über Wäschedieben.

Allerdings teilte Maria Franciscas Begeisterung in keiner Weise. Während Francisca mich säuselnd zu überzeugen versuchte, dass ich Bonny keine strenge Strafpredigt hielt, kam Maria atemlos und mit einem nackten und staubbedeckten

Fuß um die Hausecke gesaust. Sie war keine glückliche Nachbarin.

»Sie hat ihn mir direkt vom Fuß weggeschnappt«, keuchte sie. »Ich sitze da und drehe einer Ente den Hals um, da kommt Ihr Hund angetrabt und rennt mit meinem Schuh wieder davon! *Hombre,* man sollte ihm beibringen, ältere Leute zu respektieren!«

Damit wechselten sie und Francisca feindselige Blicke, sammelten ihre jeweilige Fußbekleidung auf und machten sich in entgegengesetzte Richtungen auf den Heimweg. Ihre gegenseitige Abneigung hatte mir diesmal eine heftige Standpauke erspart, und obwohl ich innerlich Bonnys Belustigung über die Folgen ihrer neuesten Marotte teilte, war mir klar, dass etwas dagegen unternommen werden musste. Ironischerweise hatten wir Bonny gekauft, um potenzielle Diebe abzuschrecken, und jetzt mussten wir feststellen, dass sie selbst lange Finger (oder Zähne) hatte.

»Bind ihr einen alten Stiefel ans Halsband«, schlug Ellie vor. »Das schreckt sie vielleicht ab.«

Eine ähnliche Methode hatten wir bei Copper, einer unserer früheren Boxerhündinnen in Schottland versucht. Deren Schwäche waren nicht Schuhe, sondern Hühner gewesen – und zwar lebende. Zumindest hatten sie noch gelebt, als sie sie stahl, waren aber regelmäßig vor Angst gestorben, wenn Copper sie stolz an unserer Hintertür ablieferte.

»Bindet ihr eines ans Halsband«, hatte jemand empfohlen. »Das schreckt sie immer ab.«

Tagelang eine tote Henne an einem Stück Schnur mit sich herumzuschleppen hatte Copper nicht abgeschreckt, ebenso wenig wie es Bonny abschreckte, einen alten Stiefel herumzuschleppen. Sie hielt das alles für einen Teil des Spiels, und bis sie es selbst leid wurde, mussten wir uns daran gewöhnen, unseren beiden Nachbarinnen am laufenden Band stibitzte Damenschuhe zurückzubringen. Natürlich war es nicht gerade hilfreich, dass Francisca ihr klauendes »kleines Schätzchen« mit einem Kichern, einem leckeren Häppchen und einem Kitzeln hinter den Ohren »bestrafte«. Und Marias fruchtlose Versuche, unser *»loco animal«* mit ihrer Hacke zu köpfen, steigerten lediglich Bonnys Vergnügen.

Erst als sie sich für unsere Bewässerungsarbeit zu interessieren begann, beschloss sie endlich, sich zu bessern und ihren Schuhklautick abzulegen. Sich in Wasser zu stürzen, das aus dem Ende einer Schlauchleitung rauschte, machte viel mehr Spaß.

Abgesehen von Bonnys unvermittelten Störmanövern gestaltete sich das Bewässern der Bäume als doch nicht ganz so mühsam, wie man mir gesagt hatte. Zuerst war es zwar ein wenig ermüdend, im Endeffekt aber doch erträglich, nachdem ich gelernt hatte, wie man die Aufgabe mit etwas gezielter Untätigkeit kombinierte. Das System war einfach. Ein Stück dicker Schlauch wurde an eine Reihe von Zapfhähnen an einem galvanisierten Rohr angeschlossen, das die ganze Länge des Grundstücks vom Brunnen bis zum Weg entlang verlief. Wenn man dann den Schalter der Brunnenpumpe betätigte, ging es los. Dann füllte ich zuerst die Wasserrinnen rings um die Bäume, die der metallenen Verbrauchsleitung am nächsten lagen, und verband dann mehrere Verlängerungen mit dem Schlauch, bis ich schließlich bei jenen am Zaun anlangte, der uns vom Anwesen der Ferrers trennte.

Diese Arbeit wurde abends erledigt, wenn die Sonne ein wenig von ihrer Hitze verloren und infolgedessen das Verdunstungsrisiko nachgelassen hatte. Man musste am anderen Ende des Anwesens beginnen, eine zuvor festgelegte Anzahl von Bäumen bewässern und dann Abend für Abend in Etappen auf den Weg zu weitermachen, bis sämtliche Bäume die erforderliche Menge Wasser erhalten hatten – und zwar wie von Pepe Suau angeordnet binnen zehn Tagen. Dann war es an der Zeit, wieder von vorn zu beginnen.

Abgesehen davon, dass man einen sperrigen Schlauch herumschleppen musste, bestand der schwerste (und langweiligste) Teil dieser Arbeit darin, stehen zu bleiben und zuzusehen, wie das Wasser in die Furchen lief. Doch schon bald hatte ich eine Eingebung wahren *tranquilo*-Seins. Warum sah ich dem Wasser eigentlich nicht im Sitzen zu? Damit hätte ich etwa alle zwölf Minuten zehn Minuten Sitzpause. Zeit, um dazusitzen und nachzudenken, oder, was erfahrungsgemäß häufiger der Fall war, Zeit, um einfach nur dazusitzen. Wenigstens lernte ich, mich den Gebräuchen der mallorquinischen Landbevölkerung anzupassen, statt mich gegen sie zu wehren, und diese Erfahrung gefiel mir immer besser.

Ja, so sagte ich mir, es gab eine Menge unangenehmerer Beschäftigungen für einen Mann, als an einem lauen mediterranen Abend in einem Orangenhain auf einer Plastikkiste zu hocken, dem Gurgeln des laufenden Wassers zu lauschen, den betörenden Duft der Zitrusbäume einzuatmen und verträumt auf die majestätischen Berge der Umgebung zu blicken. Das Idyll war perfekt, nachdem sich Charlie dazu überreden lassen hatte, mir allabendlich eine Flasche eisgekühltes Bier herauszubringen, wenn er von der Schule zurück war. Dann zog er mit Bonny los, damit sie mit dem kaputten Fußball spielen konnte, der nach der Schuhphase ihr Lieblingsspielzeug geworden war, und ich blieb in einsamer Glückseligkeit zurück, um über nichts Anspruchsvolleres nachzudenken als die ungewohnt goldene Farbe meiner einst schneeweißen schottischen Knie. Wenn dann die Dämmerung anbrach, war ich von einer Myriade tanzender Lichter umgeben – einem Ballett fliegender Insekten, die zwischen den Bäumen schwebten und umherflitzten, während ihre winzigen Flügel das Glühen der untergehenden Sonne reflektierten.

Wenn das Plackerei war, dann *viva* Plackerei!

* * *

Im Lauf der nächsten Wochen wurden unsere Vormittage mehr und mehr davon in Anspruch genommen, das Sommerobst zu pflücken – angefangen mit den Kirschen, bei denen uns die Vögel immer einen Schritt voraus zu sein schienen, ganz egal wie früh wir auch begannen. Langsam begriffen wir den Rat des alten Pep, unsere gefiederten Freunde möglichst nicht dazu zu ermuntern, die Obsthaine aufzusuchen. Winzige Sägewespen drohten eine Sorte kleiner Dessertbirnen zu befallen, Ohrwürmer waren die Feinde unserer Aprikosen, Schnecken fielen über die Pflaumen her, und Fruchtfliegen entwickelten eine Leidenschaft für unsere Loquats. Doch indem wir die einfachen Spritzregeln befolgten, die Pepe Suau angeordnet hatte, schafften wir es, die meisten Parasiten in Schach zu halten.

Da nun sowohl unser neuer französischer Freund Andreu als auch Señor Jeronimo einen Absatzmarkt für unsere Erzeugnisse darstellten, nahm unsere anfängliche Angst vor dem wirtschaftlichen Ruin Woche für Woche ab. Der Ertrag von Ca's Mayoral würde uns zwar nie reich machen – das hatten wir vom ersten Tag an akzeptiert –, aber zumindest kamen wir jetzt finanziell einigermaßen zurecht, und zwar wesentlich früher, als wir es noch vor ein paar Monaten für wahrscheinlich gehalten hatten. Allerdings hatte Sandy, wie Ellie und ich schon lange vermuteten, Vorbehalte gegenüber seiner weiteren Teilnahme an unserem mallorquinischen Abenteuer.

»Ich weiß, dass alles ziemlich gut läuft«, sagte er eines Tages, als wir Obstkisten im Kofferraum des Pandas verstauten, »aber wisst ihr, die Zukunft …«

Seine stockende Einleitung sagte mir, dass er intensiv über das nachgedacht hatte, was er loswerden wollte, es ihm aber trotzdem schwer fiel, es geradeheraus zu sagen.

»Ist schon gut«, sagte Ellie mit verständnisvollem Lächeln, »wenn du dir das Ganze anders überlegt hast, ist das kein

Beinbruch. Es ist dein Leben, und du musst tun, was am besten für dich ist.«

»Also, das soll jetzt nicht heißen, dass es mir hier nicht gefällt«, fuhr er fort, offenbar erleichtert, dass das Eis gebrochen war. »Es ist echt cool. Aber, na ja, ich weiß eben nicht genau, ob ich mein Geld auf Dauer mit Obstanbau verdienen will.« Er scharrte mit den Füßen und war schon wieder verlegen. »Ich … na ja, es ist nur … nichts gegen den putzigen Traktor und die Felder voller Bäume und alles – daran hab ich mich irgendwie gewöhnt. Aber …«

»Aber diese Art von Landwirtschaft ist vielleicht nicht wirklich dein Fall?«, sprach ich an seiner statt weiter. »Das kann ich dir nicht verdenken. Ich hatte lange genug selbst meine Zweifel, glaub mir.«

Sandy senkte niedergeschlagen den Kopf und murmelte: »Ich bin mir einfach nicht mehr sicher. Ich weiß, dass es noch jede Menge Arbeit ist, den Hof hier auf die Reihe zu kriegen, und ich will euch auch nicht im Stich lassen oder so …«

Ich klopfte ihm beruhigend auf die Schulter. »Weißt du was? Fahr doch einfach für zwei Wochen nach Schottland – sagen wir Anfang September. Dann kannst du während der Ernte ein bisschen mit einem *richtigen* Traktor arbeiten und dich mit den Leuten von der Landwirtschaftsschule unterhalten. Schauen, wie jetzt dort alles wieder auf dich wirkt, und dann deine Entscheidung treffen. Was hältst du davon?«

Sandys Gesicht leuchtete auf wie das eines Kindes an Weihnachten. »Ihr hättet nichts dagegen?«

»Natürlich nicht«, sagte Ellie und setzte ein ermutigendes Lächeln auf. »Wie gesagt, es ist dein Leben, und wir wären die Letzten, die dir im Weg stehen wollten.«

»He, das ist ja toll«, sagte Sandy grinsend. »Okay, dann mach ich genau das – ich fahre eine Zeit lang nach Hause und schaue mich um.«

Ellie und ich sagten nichts, aber ich wusste, dass wir beide das Gleiche dachten. Man musste nicht Freud sein, um Sandys Verwendung des Begriffs »nach Hause« zu interpretieren. Doch nur die Zeit würde Klarheit bringen. Vielleicht würde das Auffrischen der Erinnerung daran, wie es sein konnte, gegen grässliches Wetter ankämpfen zu müssen, während man die schottische Getreideernte einbrachte – was nicht selten geschah –, Sandy davon überzeugen, dass seine weitere Mitarbeit an unserem kleinen landwirtschaftlichen Unternehmen in der Sonne etwas war, an das man sich doch leicht gewöhnen konnte.

Das sagte ich auch zu Ellie, nachdem wir mit dem Panda aufgebrochen waren, um die tägliche Lieferung auszufahren. Wir hatten die Vorstellung geteilt, dass wir vier weiterhin die eng verbundene Familie bleiben würden, die wir von jeher gewesen waren. Aber Küken entdecken ihre Flügel und fliegen aus dem Nest, wenn ihre Zeit gekommen ist. Falls die Zeit für Sandy reif war, dann würden wir – ganz egal, wie traurig auch die Trennung war – seine Entscheidung akzeptieren, ihm alles Gute wünschen und ihm jegliche denkbare Unterstützung gewähren.

Doch fürs Erste waren wir noch alle zusammen auf Mallorca, es war Sommer, und wir waren fest entschlossen, ihn zu genießen.

* * *

Unbeständige Wetterbedingungen waren jedenfalls nichts, worüber sich Pep bei *seiner* Getreideernte Sorgen machen musste. Ja, das mallorquinische Klima ist sogar dermaßen günstig, dass er zwei Monate bevor sich die Mähdrescher auch nur in den frühesten Gegenden Schottlands über dieses Getreide hermachen würden, seinen Hafer zu schneiden begann. Doch es war kein Mähdrescher, der an diesem sonnigen Vormittag Ende Juni auf Peps *finca* vor sich hin ratterte. Es war nicht einmal ein Mähbinder, eine Maschine, die auf britischen Höfen schon Anfang der fünfziger Jahre von den ersten Mähdreschern verdrängt worden war. Nein, was Pep benutzte, um seinen Hafer zu schneiden, war eine Mähmaschine, der primitive Vorläufer des Mähbinders. Die Mähmaschine war bei ihrer Einführung revolutionär gewesen, da sie die Sichel verdrängt hatte, aber ich hatte zeit meines Lebens nur ein einziges Exemplar gesehen, und zwar im Landwirtschaftsmuseum. Tatsächlich eine im Einsatz zu erleben war so, als wäre man in ein anderes Zeitalter zurücktransportiert worden, und genau das galt auch für die Ernteszene, die Pep und seine vier Helfer abgaben.

Pep hielt die Zügel seines störrischen Maultiers, trieb es mit gebrüllten Flüchen dazu an, die uralte, laute Mähmaschine zu ziehen, und versuchte zugleich, sie in ordentlichen Linien zwischen den vereinzelt auf dem Feld stehenden Mandelbäumen hindurchzulenken. Keine leichte Aufgabe. Auf der Maschine saß ein Mann mit einer dreizinkigen, hölzernen Forke. Seine Aufgabe war es, die geschnittenen Haferhalme vor dem sich hin und her bewegenden Messer der Mähmaschine wegzurechen, sie sauber auf einer Plattform hinter dem Messerbalken zu stapeln und sie dann, wenn eine entsprechende Menge zusammengekommen war, nach hinten auf die Stoppeln zu werfen. Diese losen Bündel wurden dann von den anderen beiden Männern aufgesammelt und mit Stroh zu Garben gebunden. All das wäre selbst in einem gemäßigten Klima harte, kräftezehrende Arbeit gewesen, doch unter der brennenden Sommersonne Mallorcas schien es mir eine Vorstufe des Fegefeuers zu sein. Pep trug allerdings wie immer seine unverwüstliche lederne Bomberjacke und die schwarze Baskenmütze!

Was mich auch erstaunte, war, dass die Männer, die die Garben banden, sie nicht zu Hocken aufstellten, wie ich es selbst noch als Junge in Schottland getan hatte. Dies war ein unerlässlicher Bestandteil des ganzen Vorgangs, da so die Ähren vom Boden fern gehalten wurden. Ich brüllte zu Pep hinüber und fragte ihn, ob die Jungs und ich ihm dabei helfen sollten, doch seine Antwort begann mit einer abwehrenden Handbewegung.

»*Gracias, amigo,* aber die liegen gut so.« Er wies auf die Sonne. »*El bon sol* kümmert sich schon um sie. *Va bé.*«

Ich wusste, dass Pep nicht faul war – ganz und gar nicht. Aber ich fand trotzdem merkwürdig, dass er es riskierte, seine wertvollen Garben so liegen zu lassen, dass die Körner von der Feuchtigkeit aus dem Erdreich befallen werden konnten, und ihnen auch den Schutz durch einen Regenabfluss zu versagen, den das Aufstellen zu Hocken gewährleistet hätte. Tatsache war natürlich, dass der Boden so trocken wie Zunder und das Regenrisiko zu dieser Jahreszeit so gering war, dass man es vernachlässigen konnte.

Selbst der Almanach unterstützte Peps Nachlässigkeit. Für den bevorstehenden Zeitraum konstatierte er: »Im Durchschnitt wird im gesamten Monat nur ein einziger Regentag registriert. Man kann also sagen, dass die Niederschläge im Juli gleich null sind.«

Sowohl Peps sorglose Einstellung als auch die kühne Vorhersage des Almanachs erwiesen sich als völlig gerechtfertigt. In den nächsten drei Wochen blieben die Garben dort liegen, wo man sie hatte fallen lassen, und nahmen keinerlei Schaden – außer vielleicht durch den Appetit einiger Feldmäuse, und vor diesen hartnäckigen kleinen Nagern hätten nicht einmal Hocken die schmackhaften Haferkörner bewahren können.

Eines Tages, als Ellie und ich nach einem Einkaufsbummel den Weg entlangfuhren, bot sich uns auf Peps *finca* erneut eine Szene aus der Vergangenheit. Vor seinem baufälligen Bauernhaus stand eine mobile alte Dreschmaschine von der Sorte, wie sie in Großbritannien von einem Hof zum anderen zu fahren pflegten, als es noch keine Mähdrescher gab.

Wieder etwas, was ich seit meiner Kindheit nicht mehr gesehen hatte. Die Maschinen in meiner Erinnerung waren von großen, qualmenden Dampfmaschinen gezogen und angetrieben worden, doch die von Pep, die identisch, aber irgendwie kleiner war, wurde von einem Riemen angetrieben, der an einen uralten Fordson-Traktor angeschlossen war. Ein Traktor? Auf Peps Hof? So ernst war also seine Behauptung zu nehmen, dass er niemals eines dieser schmierigen, luftverpestenden Ungetüme auf seinem Grund und Boden dulden würde.

Während ich Peps Prahlereien über die »grüne« Orientierung seines Hofes als harmloses Beispiel für seine aufgesetzte Schrulligkeit einstufte, stoppte ich den Wagen und starrte fasziniert auf diese lebende Bildpostkarte aus der Vergangenheit. Die Temperatur, die an diesem Julitag im Tal herrschte, musste außerhalb des Schattens über vierzig Grad Celsius betragen haben, und das bei etwa neunzig Prozent Luftfeuchtigkeit. Trotzdem stand Pep, der schon mindestens siebzig Sommer gesehen haben musste, oben auf der Maschine und schaufelte so dynamisch Garben in ihr hungriges Maul wie jemand, der nur halb so alt war. Sein einziges Zugeständnis an die brütenden Arbeitsbedingungen waren Hemdsärmel (das erste Mal, dass ich ihn ohne seine imagefördernde Bomberjacke zu sehen bekam) und ein an vier Ecken geknotetes Taschentuch, das die Baskenmütze auf seinem Kopf ersetzte.

Zwei weitere Männer holten die Garben mit Peps Maultier und dem Karren vom Feld, während ein vierter Mann hinter der Maschine stand und den gedroschenen Hafer in Säcke packte. Mit seiner Heugabel und der Kraft eines Löwen beschäftigte der alte Pep also drei Männer und ein Maultier. Und da heißt es immer wieder, die Spanier seien ein Volk von Müßiggängern. Zweifellos haben sie das *mañana*-Syndrom und die Fähigkeit, *tranquilo* zu sein, zu einer Kunstform entwickelt, aber wenn es hart auf hart kommt, kann zumindest die Landbevölkerung jeden anderen im wahrsten Sinne des Wortes in den Schatten stellen. Und Pep bewies es an diesem brütend heißen Sommertag, an dem mir – wie ich gestehen muss – schon der Schweiß ausbrach, wenn ich nur daran dachte, ein paar Körbe Aprikosen zu pflücken.

Dies sagte ich Pep, als er eine kurze Unterbrechung der Drescharbeiten ausgerufen hatte, um seinen Helfern und dem Maultier eine Verschnaufpause zu gönnen – und sich selbst genug Zeit, damit er sich einen seiner pyrotechnischen *cigarrillos* drehen und rauchen konnte.

»*Hombre,* dazu muss man geboren sein«, war seine unmittelbare Reaktion, bevor er einschränkend hinzufügte: »Aber, *tío,* stellen Sie mich in Ihr Land, und mir wären schon die Eier abgefroren, bevor ich auch nur eine einzige Garbe aufgeladen hätte.«

Aha.

Der bevorstehende erfolgreiche Abschluss seiner Halferernte schien Pep in ungewöhnlich milde Stimmung versetzt zu haben, und so hielt ich es für eine günstige Gelegenheit, um ihn ein bisschen aufzuziehen, weil er seine hochgepriesene Maxime gebrochen hatte, auf seinem Hof keinen Traktor zu gestatten. Seine Entschuldigung dafür, dass er den alten, Parafin saufenden Forson auf sein Grundstück gelassen hatte, war kurz und bündig …

»*Coño*«, sagte er, »wenn ich das Getreide immer noch mit dem Flegel dreschen würde wie damals, als mein Vater noch gelebt hat, wäre ich schon seit zwanzig Jahren tot.«

Alles klar.

»Okay, aber was war neulich, als Sie Sandy gebeten haben, Ihr Land mit unserem kleinen Barbieri-Traktor umzupflügen?«

»Eine Frage der Machbarkeit«, antwortete Pep, während er offenbar auf eine noch schonungslosere Antwort sann.

»Ich musste in einer ungünstig gelegenen Ecke eines Felds den Boden besonders sorgfältig bestellen. Eine ungünstige, aber sichere Ecke … für meine seltenen Tabakpflanzen, verstehen Sie?«

Ich nickte und wartete auf den finalen Rettungsclou.

Pep zwinkerte Ellie schelmisch zu und sagte dann zu mir: »Eine Egge hinter einem Maultier ist auf schwierigem Grund eine heikle Kombination, *sí*?«

»*Sí.*«

»*Bueno!* Versuchen Sie mal, einem Maultier die Antriebswelle einer Bodenfräse in den Arsch zu schieben, dann werden Sie schon sehen!«

Keine weiteren Fragen.

* * *

Das Ende von Charlies Sommerhalbjahr – oder -semester, wie sie es mit dem ausgeprägten transatlantischen Ethos der Schule nannten – wurde durch das jährliche Sportfest gekrönt. Zu diesem Anlass hatte man einen am Stadtrand von Palma gelegenen Sportplatz mit angrenzendem Schwimmbecken gemietet, da sich die Sporteinrichtungen der Schule auf eine kleine Turnhalle und ein Basketballfeld auf dem Spielplatz beschränkten. Die Angehörigen der Teilnehmer bildeten zwar nur eine kleine Gruppe (die ganze Schule umfasste nur etwa zweihundert Schüler), doch das machten sie mit Begeisterung und Lautstärke wieder wett. Und die Kinder, von denen jedes für sein eigenes »Haus« antrat, genossen die professionelle Atmosphäre und freuten sich, dass sie in einem *echten* Stadion und einem Schwimmbecken mit olympischen Ausmaßen zeigen durften, was sie konnten.

Die drückenden Temperaturen des Spätnachmittags bedeuteten, dass die Leichtathletik-Wettkämpfe sich für die älteren Schüler auf Sprint und Staffellauf sowie kurze Eierläufe und Dreibeinwettläufe für die jüngeren beschränken würden.

Wie es sich für Spanien gehörte, gab es auf dem Gelände eine Bar, damit sonnenstichgefährdete Eltern (ausschließlich Väter, wie mir auffiel) die sportlichen Leistungen ihrer Sprösslinge in klimatisierter Sicherheit über den Rand eines Glases gekühlten Bieres hinweg bewundern konnten. Die Vorstellung reizte mich auch sehr, doch Ellie rief mir rasch in Erinnerung, dass ich vor derartigen Genüssen mit dem Direktor über Charlies kürzliches Fehlverhalten auf dem Basketballplatz sprechen müsse.

Im Gegensatz dazu, was man Sandy seinerzeit gesagt hatte, hatte sich niemand von der Schule mit uns in Verbindung gesetzt, und so nahm ich an, dass die ganze Sache als Sturm im Wasserglas angesehen wurde. Trotzdem war es besser, wenn wir zu verstehen gaben, dass wir mit Charlies Benehmen nicht einverstanden waren.

»Jungs sind eben Jungs«, sagte der Schulleiter schmunzelnd. Er war ein wesentlich umgänglicher und lässigerer Mann als die despotischen alten »Direxe«, die ich aus meiner eigenen Schulzeit in Erinnerung hatte. Zwar hatte er alle Hände voll damit zu tun, seinen Mitarbeitern bei der Organisation der Wettkämpfe zu helfen, doch er nahm sich gern die Zeit, uns über Charlies Fortschritte nach zwei kompletten Halbjahren an seiner Schule zu informieren.

Was die Basketball-Rauferei anging, so erklärte er, dass er zwar an einer Schule wie der seinen, wo eine ziemlich hohe Fluktuation von Schülern mit dem unterschiedlichsten kulturellen Hintergrund herrschte, keinerlei gewalttätiges Verhalten dulden könne, aber solche Rangeleien wie die, an der Charlie beteiligt gewesen war, seien nicht gerade selten.

»Wir bemühen uns darum, die Harmonie zwischen allen Schülern zu fördern, ganz egal, aus welchem Land sie stammen, aber wie in jeder Schule gibt es immer einen Jungen, der sich aufspielt und jedem, der vor ihm kneift, das Leben zur Hölle macht. Ganz unter uns gesprochen, der Junge, mit dem Ihr Charlie diese Auseinandersetzung hatte, ist genau so ein Typ. Und obwohl der Sportlehrer wusste, dass sich Charlie bei dieser Gelegenheit vermutlich nur verteidigt hat, musste er die Verhaltensregeln der Schule durchsetzen.«

»Hoffentlich hat es sich Charlie zu Herzen genommen«, sagte ich.

»Sie brauchen sich über Charlies Verhalten im Allgemeinen keine Sorgen zu machen, das versichere ich Ihnen. Er ist ein lebhafter Junge mit einem aufgeschlossenen Wesen. Zwar lässt seine Aufmerksamkeit im Unterricht hin und wieder nach, aber er ist bei Schülern wie bei Lehrern sehr beliebt.« Der Schulleiter senkte die Stimme und fügte vertraulich hinzu: »Und sein Basketball-Gegner geht ihm mittlerweile brav aus dem Weg.«

»Wie steht es denn um seine schulischen Leistungen?«, wollte Ellie wissen. »Strengt er sich an? Macht er Fortschritte?«

»Wir verteilen nachher die Zeugnisse, die die Schüler mit nach Hause nehmen dürfen, da können sie alles genau nachlesen. Aber im Großen und Ganzen würde ich sagen, dass Charlie in Fächern, die ihn interessieren, sehr gut ist, und in denen, die ihn nicht interessieren, weniger. Das ist bei Kindern in diesem Alter nicht ungewöhnlich, aber in einer kleinen Schule wie der unseren haben die Lehrer Zeit, darauf einzugehen, und genau das tun wir bei Charlie.«

»Das werden wir auf jeden Fall zu Hause unterstützen«, versicherte ich ihm, ziemlich erleichtert, dass Charlies schulische Gesamtleistung nicht schlechter war als das altbekannte »Könnte besser sein«. Wenigstens war das Schulgeld nicht *total* verschwendet.

»Ach, nur eines noch«, sagte der Direktor, während er schon auf dem Sprung war, zu seinen Pflichten als Wettkampf-Organisator zurückzukehren. »Was seine Einstellung angeht, könnten Sie Charlie vielleicht auch von unserem Verdacht berichten, dass er wohl manche von uns Lehrern für Vollidioten hält. Vielleicht trifft das sogar zu. Aber« – er hielt inne, um kurz aufzulachen – »wir möchten nicht von einem Zwölfjährigen daran erinnert werden, ganz egal wie dezent es geschieht, verstehen Sie?«

Ich beschloss, Charlie darauf anzusprechen, aber innerlich freute ich mich darüber, dass er bereits die Fähigkeit entwickelte, den Charakter anderer Menschen einzuschätzen. Und an wem konnte er seine aufkeimenden Kenntnisse besser üben als an Lehrern? Ein reicher Schatz an unterschiedlichsten Originalen, wie es kaum einen Zweiten gibt!

Auch wenn es völlig anders war als die Schulsportfeste in Großbritannien, wo der süße Duft gemähten Grases an einem angenehm warmen Nachmittag unauslöschliche Erinnerungen prägt, gelang es auch dieser Stadionvariante, das euphorische Schuljahresendgefühl zu erzeugen. Obwohl es nur einen kleinen Teil der Sitzplätze einnahm, schuf das kleine Häuflein anfeuernder Eltern eine spannende Atmosphäre, die sich auf die Rennbahn übertrug. Wie immer heimsten ein paar athletisch begabte Kinder die meisten Preise ein, aber alle strengten sich an – selbst die hoffnungslosen Schlusslichter, die bezeichnenderweise aussahen, als trainierten sie mit Sahnetorten, Hamburgern und Pommes.

Doch sie hatten alle ihren Spaß, und als sich das Zentrum des Geschehens zum Schwimmbecken hinüber verlagert hatte, war der Wettkampfgeist zwischen den einzelnen Häusern auf dem Höhepunkt angelangt. Ich kann nicht von mir behaupten, ein besonders begeisterter Zuschauer von »professionellen« Schwimmveranstaltungen im Fernsehen zu sein, aber bei diesem kleinen Wettkampf ließ ich mich derart von der allgemeinen Begeisterung anstecken, dass ich ganz vergaß, wie andere hitzegeplagte Väter die Bar aufzusuchen. Ein Lob sei der Qualität der Wettkämpfe gezollt, bei denen sogar die ganz Kleinen voller Elan mitmachten – auch wenn ein paar Anfänger mit Schwimmflügeln übers Planschen am

Beckenrand nicht hinauskamen. Aber sie nahmen teil, und das war es, was zählte.

Selbst wenn der Duft von frisch gemähtem Gras fehlte, wurde dieser Mangel durch die ansteckende Begeisterung der fröhlichen Kinder mehr als wettgemacht. Ihre gebräunte Haut zeugte von dem gesunden Leben im Freien, das in einem Klima wie dem mallorquinischen fester Bestandteil einer Jugend war. Charlie konnte sich glücklich schätzen, und offenbar hatte er sich bereits an dieses Leben gewöhnt wie ein Fisch ans Wasser. Die Ironie des Schicksals hatte gewollt, dass der Besuch einer neuen Schule, vor dem ihm dermaßen gegraut hatte, nun am meisten dazu beitrug, dass er sich so gut in seine neue Umgebung integriert hatte.

Wenn nur auch Sandy das Glück gehabt hätte, in einem ähnlichen gesellschaftlichen Schmelztiegel gelandet zu sein.

Doch die Gedanken an eine langfristig vereinte Familie würden warten müssen. Fürs Erste hatte die Erleichterung darüber, wie der Direktor Charlies schulische »Fortschritte« einschätzte, im Verein mit der euphorischen Stimmung des Sportfests Ellie zu dem Vorschlag veranlasst, das Ganze abzurunden, indem wir die Jungen zu einem Festessen ausführten. Und da Kaninchen Ellies derzeitiges Leibgericht war, trat sie dafür ein, dass wir das Restaurante Mirador de Na Burguesa aufsuchten.

Ausgerechnet Ali, der ägyptische Junge, der Charlie nach der Basketball-Rauferei in Schutz genommen hatte, hatte uns dieses besondere Lokal empfohlen. Es war eines der Lieblingslokale seiner Eltern, und zwar nicht nur wegen der hervorragenden mallorquinischen Wildgerichte, die eine Spezialität des Hauses waren, sondern auch wegen des sagenhaften Blicks, den man von dort aus hatte. Der einzige Haken daran war, dass das Restaurant auf dem Gipfel des Na Burguesa lag und die Straße dort hinauf so halsbrecherisch war, dass Alis Mutter jedes Mal aus dem Auto stieg und zu Fuß ging!

Bald konnten wir es ihr nachfühlen! Wenn man das Dorf Gènova westlich von Palma verlässt, windet sich das schmale Sträßchen die Berghöhe hinauf. Da es keine schützenden Mauern gibt, wird es immer gefährlicher, die scheinbar endlose Abfolge von Serpentinen zu meistern, je höher man kommt. Ich bemerkte, dass Ellie die Augen fest zugekniffen hatte, und das vereinte Stöhnen vom Rücksitz ließ darauf schließen, dass die Jungen das Erlebnis auch nicht gerade genossen. Was mich betraf, der ich mit weißen Knöcheln das Lenkrad umklammert hielt, so war ich regelrecht dankbar dafür, dass die Strecke so steil war, dass ich nicht aus dem ersten Gang hochschalten musste. Mich aufs Bewältigen dieser wahnwitzigen Serpentinen zu konzentrieren war mir weiß Gott Beschäftigung genug.

Und dann geschah das Unvermeidliche. An der engsten Kurve kam uns ein Lieferwagen entgegen. Es war einfach nicht genug Platz, um beide Fahrzeuge passieren zu lassen, also musste einer von uns zurücksetzen und ausweichen. Alle Achtung vor dem anderen Fahrer, der genau das versuchte, doch die mit Schotter bedeckte Asphaltoberfläche bot so wenig Halt, dass seine Hinterräder durchdrehten, ohne dass sich der Lieferwagen auch nur einen Zentimeter den steilen Hang hinaufbewegt hätte.

»Ich muss ein Stück zurückfahren«, sagte ich, wobei ich es vermied, auf den senkrechten Abhang ins Jenseits zu blicken, der links von mir klaffte.

»Ich steige aus!«, sagte Ellie mit zitternder Stimme.

»Ich auch«, erklärten die Jungen einstimmig und kletterten ihrer Mutter nach aus der Tür auf der Beifahrerseite.

»Besten Dank«, murmelte ich, während ich an mich halten musste, um nicht selbst von Bord zu gehen. »Du darfst nicht mal daran *denken,* den Rückwärtsgang einzulegen, Mann«, schärfte ich mir ein. »Wenn dir der Fuß von der Kupplung rutscht, bist du ...« Ich schluckte schwer und nahm den Fuß ganz sachte vom Bremspedal, während ich zugleich an der Handbremse zerrte – für alle Fälle.

»STOPP!«, brüllten drei hysterische Stimmen. Ich schaute in den Rückspiegel, wo ich Sandy und Charlie hektisch winken sah. Ellie stand daneben und hielt sich die Augen zu.

»Du bist nur noch ein paar Zentimeter vom Abgrund entfernt«, schrie Sandy. »Fahr ein Stück vor und probier's noch mal. Ich lotse dich rückwärts, keine Angst.«

Keine Angst? Guter Gott, ich wünschte bereits, ich trüge Inkontinenzwindeln, von solchen Kleinigkeiten wie Angst ganz abgesehen.

Ich weiß nicht, wie lange es dauerte, das heikle Manöver durchzuziehen – vermutlich nicht mehr als eine Minute, aber mir erschien es wie eine Ewigkeit. Ich zitterte immer noch, und der Schweiß tropfte mir von der Nasenspitze, als ich endlich in den Parkplatz ganz oben einbog.

»Schön, dass ihr's geschafft habt!«, rief ich Ellie und den Jungen zu, als sie keuchend über die Bergkuppe kamen. Mit einem zitternden Finger wies ich auf die Jesusstatue, die am höchsten Punkt dieses Berges steht und aufs Meer hinausblickt. »Und lasst mich nicht vergessen, ein paar Gebete zu ihm zu sprechen, wenn wir es wieder nach unten geschafft haben.«

Doch schon bald beruhigten sich meine Nerven, als ich erst einmal in der rustikalen Bequemlichkeit des Lokals saß und ein Glas kräftigen Landwein in der Hand hielt. Es bedurfte nur weniger Schlucke der stärkenden roten Flüssigkeit, um mich davon zu überzeugen, dass der Blick durch die Panoramafenster des Gastraums die ganze Zitterpartie wert gewesen war. Wir hatten die gleiche Aussicht über die Bucht von Palma wie Jesus. Die ganze Stadt lag weit unter uns ausgebreitet, bis hin zur Kathedrale, die in der Ferne aussah wie ein Spielzeugmodell, und weiter bis zur Es Pla, der zentralen Hochebene. Wir waren so hoch oben, dass wir sogar auf winzige Passagierflugzeuge hinabblicken konnten, die auf dem weit außerhalb der Stadt gelegenen Flughafen von Palma starteten und landeten. Alis Tipp hatte sich als Treffer erwiesen.

Doch wie stand es um das Essen?

»Also, ich weiß schon, was ich will«, erklärte Ellie, ohne auch nur einen Blick in die Karte zu werfen. »Wenn Ali sagt, dass das Kaninchen hier fantastisch ist, dann nehme ich das.«

Ihre gastronomischen Spanischkenntnisse wurden immer besser. Und so beschloss sie voller Selbstvertrauen und kulinarischer Vorfreude, selbst zu bestellen.

»*Hola!* Ähm, guten Abend, *señor*«, sagte sie in munterem Spanglish zum Kellner. »Ich habe gehört, dass sie wirklich *fabuloso* sein sollen, deshalb nehme ich eines Ihrer wunderbaren *cojones*. Ähm, eine *grande* Portion, *por favor*.«

Sandy und Charlie begannen zu kichern, und so warf ich ihnen einen strengen Blick zu, damit sie sich beherrschten. Dies würde einer von Ellies Klassikern werden. Zu gut, um ihn schon während seiner Entstehung abzuwürgen.

»*Perdón?*«, erkundigte sich der Kellner und musterte erst die Jungen und dann mich, um festzustellen, ob man ihn irgendwie auf den Arm nehmen wollte.

Wir blieben ungerührt.

»Ihre herrlichen *cojones*«, wiederholte Ellie mit einem charmanten Lächeln. »Ich hätte gern *uno* davon, *gracias*.«

Der Kellner zog die Augenbrauen hoch und zuckte bedauernd mit der Schulter. »*No es posible, señora*«, erklärte er mit unbewegter Miene.

Ellie verzog das Gesicht. »Ach herrje! Sind sie ausgegangen?«

»Nein, nein, *señora*, sie sind noch da. Und, hey, ich hoffe schwer, dass sie das bleiben!« Er drückte Ellie eine Speisekarte in die Hand. »Ich komme in ein paar *minutos* wieder, ja?«

Ich spürte, dass die Jungen genau wie ich verzweifelt darum rangen, nicht loszuprusten.

Stirnrunzelnd überflog Ellie die Karte. »Ich weiß gar nicht, was er hat. Das Kaninchen steht schwarz auf weiß hier unten.« Sie zeigte auf den entsprechenden Eintrag. »Schau – *cojones*!«

Das brachte das Fass zum Überlaufen. Sandy und Charlie hatten violett verfärbte Gesichter, die Tränen standen ihnen in den Augen, und belustigtes Schnauben drang aus ihren Nasenlöchern.

»Also, Ellie«, sagte ich und kicherte inzwischen selbst, »die Buchstaben stimmen schon.«

»Aber?«

»Du sagst sie leider in der falschen Reihenfolge.«

»Soll heißen?«

»Soll heißen, dass *conejos* das Wort für Kaninchen ist, aber *cojones* das Wort für ...« Ich hielt inne, um mich zu fassen. »*Cojones*, Liebes, ist das Wort für ... Hoden.«

»Ich hab ja schon viele Leute unanständig daherreden hören«, japste Charlie, nachdem Ellie sich rasch zurückgezogen hatte, um sich die Nase zu pudern, »aber Mums Version ist eine Klasse für sich!«

Als der Kellner wiederkam, bestellte ich Ellies Kaninchen.

Der Kellner hustete dezent, lächelte nervös und fragte dann höflich: *»Castrado, señor?«*

»Sí«, erwiderte ich und quittierte seine feine Ironie mit einem Kopfnicken, *»no cojones, por favor.«*

Hasta Mañana

Der mallorquinische Kalender ist großzügig mit Feiertagen durchsetzt – Tage, an denen sämtliche Geschäfte außer den Bars schließen, um den einen oder anderen Heiligen mit Paraden und meist ausgelassenen Feierlichkeiten zu würdigen. Vielleicht das wichtigste sommerliche Fest in Andratx und Umgebung ist das zu Ehren von *La Virgen del Carmen,* der Schutzheiligen der Fischer. Es findet Mitte Juli unten in Port d'Andratx statt, wo die Boote der einheimischen Fischereiflotte mit Flaggen, Wimpeln und Ballons geschmückt werden und die Uferstraßen genau wie die engen Gässchen im Dorf von Menschen wimmeln, die von allen Teilen der Insel kommen, um das bunte Ereignis mitzuerleben.

Der Höhepunkt der Festlichkeiten tagsüber ist das einzige alljährliche Erscheinen der Heiligen selbst – oder, genauer gesagt, ihres prunkvoll bekleideten, lebensgroßen Abbilds, das von der kleinen Kirche hinter dem Dorf auf einer Sänfte den ganzen Weg bis zum Wasser hinabgetragen wird. Irgendwo in den jubelnden Massen versteckt, führt eine Blaskapelle die Prozession zu jenem einen Fischerboot, das dazu ausersehen ist, *La Virgen* aufs Meer hinauszutragen, wo sie das Wasser segnen und damit ein sicheres und einträgliches Jahr für die einheimischen Fischer gewährleisten soll.

Passend zur familiengerechten Tradition der meisten spanischen *fiestas*, werden die Kinder aufgefordert, in die Boote zu steigen, wo sie Süßigkeiten und musikalische Unterhaltung geboten bekommen, während die kleine Flotte aus dem Hafen ausläuft und an der Landzunge vorbei aufs offene Meer hinausfährt. Charlie hatte sich mit Toni zusammengetan, seinem mallorquinischen Freund aus unserem Dorf, und es ins erste Boot geschafft. Allerdings lag dessen Reiz für ihn vermutlich weniger darin, dass es die hölzerne *Virgen* beförderte, sondern darin, dass diese von der jugendlichen Schönheitskönigin der *fiesta* und ihren nicht minder hübschen Dienerinnen begleitet wurde. Sandy zog es vor, sich von derart pubertären Interessen fernzuhalten. Stattdessen spazierte er zu dem Volksfest, das zu diesem Anlass am Rand des Dorfes platziert war, wohl um dort die etwas reiferen einheimischen *chicas* mit seinem Können beim Autoskooterfahren zu beeindrucken.

Ellie und ich konnten uns nun ein oder zwei Mußestunden gönnen. Zuerst setzten wir uns vor die winzige Bar Tur am Hafen, wo Pau, der freundliche Wirt, Ellie wie üblich eine *ensaimada* schenkte und sie scherzhaft als *La Reina de las Malvinas* titulierte – die Königin der Falkland-Inseln. Obwohl dieser hochtrabende Titel ursprünglich Maggie Thatcher von den Spaniern verliehen worden war und vermutlich auch manche Rostlaube von Trampschiff zierte, nahm Ellie die zweifelhafte Ehre mit Humor entgegen. Alles hat seinen Preis, und in Ellies Fall entsprach dieser eben zufällig einem Gebäckstück im Wert von hundert Peseten.

Während sich die Menschenmassen, die sich nach dem

Ablegen der Fischerboote zerstreut hatten, langsam wieder am Ufer zu versammeln begannen, um die Boote bei ihrer Rückkehr im Hafen zu begrüßen, machten wir einen Abendspaziergang zu einem ruhigen kleinen Refugium auf der anderen Seite der Bucht. Die Bar Lovento war eigentlich kaum mehr als eine Fischerhütte, ein winziges, steinernes Häuschen, das immer noch den Kern des Lokals darstellte, jetzt aber durch eine überdachte Terrasse erweitert wurde, die bis an den Rand des Wassers reicht. Dort nahmen wir Platz, teilten uns einen Teller frisch gebratene Sardellen und warfen kleinen Schwärmen von Meeräschen, die direkt neben unserem Tisch nach Futter schnappten, Brotbröckchen hin. Was könnte es für einen besseren Ort geben, um das Verglühen des Sonnenuntergangs über der Bucht zu betrachten, während die zurückkehrenden Fischerboote an der Landspitze auftauchten und der Widerschein ihrer festlichen Beleuchtung wie Glühwürmchen auf dem gekräuselten Wasser tanzte?

Als es Nacht geworden war, signalisierte ein Feuerwerk, dass nun in Port d'Andratx die eigentliche *fiesta* begann. Zeit, die kleinen Fische und die Ruhe hinter sich zu lassen und sich drüben an der Uferpromenade unter die fröhlichen Menschen zu mischen. Die Nacht war noch jung, und die am Himmel aufgehenden Sterne würden schon bald ein quirliges Straßenfest beleuchten, das bis in die frühen Morgenstunden dauern sollte.

* * *

Der August brachte die drückende Hitze, die Francisca Ferrer als »*terr-ee-blay, horr-ee-blay*« beschrieben hatte, als sie Ellie und mir genau ein Jahr zuvor zum ersten Mal den Hof gezeigt hatte. Und wenn sie, die in diesem Tal geboren und aufgewachsen war, die August-Temperaturen schon schwer zu verkraften fand, was hatten dann wir erst kürzlich aus dem kühlen Norden gekommenen Einwanderer zu erwarten? Die Verhältnisse, die selbst die abgehärtetsten Mallorquiner zur Verzweiflung treiben, herrschen dann, wenn ein Südwind namens *Mitjorn* herrscht und in seinem heißen Atem den Sand der Sahara mitbringt. Alles – Autos, Boote, ja selbst die Blätter an den Bäumen – wird von einem Film aus rotem Wüstenstaub überzogen, und die brütende Hitze Afrikas senkt sich über die Insel. Das Ganze wird dadurch noch verschärft, dass der *Mitjorn* auf seiner Reise übers Meer Feuchtigkeit aufnimmt und so die ohnehin bereits vorhandene Luftfeuchtigkeit ins schier Unerträgliche steigert.

»Wir müssen einen Swimmingpool bauen«, keuchte ich, als ich mich an einem dieser schwülheißen Abende in die Küche schleppte, nachdem ich die Bäume bewässert hatte. Ich trug nichts als Shorts, schwitzte aber trotzdem übermäßig, obwohl ich nichts Anstrengenderes tat, als eine Flasche kaltes Wasser aus dem Kühlschrank zu nehmen.

»Aber du kannst nicht mal schwimmen«, wandte Ellie ein, während sie hinter ihrem hektisch wedelnden Fächer hervorblickte.

»Nein, aber ich kann schmelzen. Schau mich doch an. Ich bin kurz davor, mich aufzulösen!«

»Können wir uns das leisten – einen Pool, meine ich?«

»Das wissen wir erst, wenn wir uns erkundigt haben, was es kostet. Aber wir könnten es doch auf jeden Fall als Investition ansehen – dass ein Pool den Wert des Anwesens steigert oder so.« Ich öffnete erneut die Kühlschranktür und steckte den Kopf hinein. »Ich sage dir, ich hole gleich morgen früh Kostenvoranschläge ein. Das ist ja eine Qual.«

Genau wie die eisigen Tramuntana-Winde des Winters tritt der *Mitjorn* zum Glück immer nur einen oder höchstens zwei Tage auf, und so herrschte bald wieder die »normale« Gluthitze des Augusts, die Jahr für Jahr Millionen sonnenhungrige Urlauber in die mallorquinischen Badeorte lockt. Da der größte Teil des Sommerobsts gepflückt war, hatten wir mindestens einen Monat Ruhe vor dieser Art von Arbeit, bis die herbstreifen Früchte wie Quitten und Granatäpfel so weit wären. Endlich hatten wir ein bisschen freie Zeit. Vor allem an den Wochenenden, wenn nicht bewässert wurde. Und so flohen wir immer, wenn keine anderen Arbeiten anstanden, vor der oft erstickenden Hitze des Tals und fuhren mit weit geöffneten Autofenstern der vergleichsweise frischen Luft an der Küste entgegen.

Allerdings steuerten wir nicht die überfüllten Touristenfallen an, wo die sanften Küstenwinde mit dem Aroma von hundert verschiedenen Sonnencremes geschwängert sind und der Sandstrand unter einer Schicht bratender Menschen verschwindet. Unübertrefflich, wenn man deswegen auf die Insel gekommen ist. Aber wir hatten bereits ein wenig vom echten Mallorca entdeckt: das Mallorca aus der Zeit vor dem Touristenboom, wo die natürliche Schönheit der Insel noch relativ unverdorben erhalten ist, wo man nach wie vor in der Idylle einer einfachen *tasca* am Wasser frisch gefangene Sardinen genießen kann und die Bedienung womöglich die Frau des Fischers ist, der die Tierchen gefangen hat. Es gibt noch ein paar dieser unschätzbaren Refugien, versteckt in kleinen Buchten wie zum Beispiel Port des Canonge, das weit entfernt vom Massentrubel an der zerklüfteten Nordküste gelegen ist.

Oder wir fuhren in die Berge, wo die Luft sogar zu dieser schwül-heißen Jahreszeit rein und erfrischend kühl ist. Eines unserer Lieblingsziele war die Bar S'Hostalet, eine abgelegene kleine Taverne am Coll de Sóller, dem hohen Pass zwischen den gewaltigen Bergketten der Sierra del Teix und der Sierra d'Alfabia. Dieses abgeschiedene Lokal war in vergangenen Zeiten ein Rastplatz für Maultiertreiber gewesen, die Waren zwischen Palma und Port de Sóller auf der anderen Seite der Tramuntana-Berge transportierten. Und obwohl heute ein neuer Straßentunnel viele Kilometer unterhalb der Passhöhe den größten Teil des Durchgangsverkehrs abschöpft, hat die Bar S'Hostalet immer noch geöffnet.

Als wir jedoch kürzlich einmal dort einkehrten, war der einzige andere Besucher im Garten vor dem *hostal* eine frei herumlaufende junge Ziege, die voller Lebenslust und Neugier auf Gesellschaft zu sein schien. Sie steuerte sofort auf Ellie zu, die zufällig gerade ein kleines *madelena*-Biskuitteilchen aß. Von den akrobatischen Possen des niedlichen Tierchens sofort hingerissen, hielt sie ihm ein Stückchen hin, das es hastig futterte. Dann schnappte es sich den Rest des Kuchens aus Ellies anderer Hand. Die Gesellschaft eines freundlichen Wesens, dessen Anwesenheit den rustikalen Charme der Umgebung noch unterstrich, war den Kuchen wert, fand Ellie.

Wir saßen im Schatten einer ausladenden immergrünen Eiche an unserem Tisch, schlürften eisgekühlte Getränke und blickten auf das tiefe Tal hinab, von dem sich die Straße in Serpentinen den Pass hinaufwindet. Darüber beherrschten die schroffen Felsen der Alfabia-Berge die Szenerie und warfen willkommene Schatten auf die mit Sträuchern gesprenkelten Hänge darunter. Nichts regte sich, und sogar die Spatzen, die im Eichenlaub über unseren Köpfen Schutz suchten, gaben kaum ein Zwitschern von sich. Es wäre ein Leichtes gewesen, den ganzen Tag hier zu verbringen, doch die *siesta*-Zeit winkte, und es war eine weite Fahrt zurück nach Andratx.

Die zärtliche kleine Ziege begleitete Ellie die Treppe zum Parkplatz hinab, während ich die Rechnung bezahlen ging. Auf beiden Seiten der Eingangstür zur Taverne hingen zwei kleine Käfige aus Bambusrohr, in denen je ein rotbeiniges Rebhuhn hockte.

»Haustiere«, sagte die Kellnerin.

»Und die junge Ziege?«

»*Sí,* auch ein Haustier«, antwortete sie lächelnd.

Während sie in der Kasse nach meinem Rückgeld kramte,

warf ich einen kurzen Blick auf die Abendkarte, die an der Wand hing. Und – nanu, nanu – die beiden Tagesspezialitäten waren »Rebhuhn mit Wildpilzen« und – o Grauen über Grauen – »Gebratenes Zicklein auf mallorquinische Art«.

Ich sagte Ellie nichts davon, weil ich fürchten musste, sonst wegen Beihilfe zu einer Entführung verhaftet zu werden.

* * *

»Das Zeichen der Waage im September steht für Ausgewogenheit«, erklärte der Almanach, »und damit für die gleiche Länge von Tagen und Nächten. Das Eintreten der Sonne in dieses Zeichen markiert das Ende des Sommers und den Beginn des Herbsts.«

Nun, die Sonne und die Waage hätten mich fast getäuscht. Die Hitze war immer noch sehr groß, spanische Fliegen sausten wie Mini-Bungeespringer in der Küche herum, Ameisen patrouillierten in endlosen Armeen über die Terrasse, kleine Geckos klammerten sich an die sonnenwarmen Hauswände, und zwei Kakerlaken lieferten sich allnächtliche Wettrennen über den Fußboden des *almacén*. Auch die Stechmücken erinnerten uns weiterhin daran, dass wir noch sehr weit von dem entfernt waren, was unserer Vorstellung von Herbst entsprach und wovon der Almanach behauptete: »Es beginnt zu frieren, und die beißende Kälte zieht auf.« Darauf freuten wir uns sogar!

Aber wir hatten unseren ersten Sommer im Tal überstanden und waren ein bisschen klüger und wesentlich brauner. Unser Lebensrhythmus hatte sich dank der Hitze verlangsamt, und wir hatten uns daran gewöhnt, vieles zu planen, wenig zu tun und ohne die leisesten von Arbeitsmoral ausgelösten Gewissensbisse die dringend notwendigen täglichen *siestas* einzuhalten. Der Winter und die Mühen der Orangenernte kämen noch früh genug.

Wir hatten unsere Nachbarn seit geraumer Zeit nicht mehr

gesehen, da die brutale Hitze über Tag sie auf der Suche nach Schatten und einem kühlen Eckchen zum Ausruhen in die Häuser trieb. Selbst Andratx lag um die Mittagszeit seit Wochen verlassen da. Nur bei Sonnenuntergang bevölkerten sich die Straßen mit Einheimischen, die allerdings nichts so Anstrengendes wie einen *paseo* riskierten, sondern auf Stühlen saßen und durch die Fenster im Erdgeschoss ihrer Häuser fernsahen.

Auch Jordi hatte sich kaum blicken lassen, was ganz ungewöhnlich für ihn war. Allerdings hatte ich ihn ab und zu gesehen, wenn ich über den Platz fuhr – gemütlich auf einem Stuhl gleich hinter dem Eingang zur Bar Nuevo sitzend und ein Glas Bier in der Hand, das ihm nicht zu schaden schien. Er würde sein geselliges Leben wieder aufleben lassen, sobald die Temperaturen genug gefallen waren, dass Mopedfahrten zu seinen anderen Stammplätzen infrage kamen, daran bestand kein Zweifel.

Trotz der seltener gewordenen Gelegenheiten für ein Schwätzchen hatte sich im Tal irgendwie herumgesprochen, dass Pepe Suaus Sorgen wohl ein Ende hatten. Das Gerücht besagte, dass ein amerikanisches Paar Es Pou gekauft hatte, und da die beiden lediglich an dem großen Haus interessiert seien, hätten sie Pepe gebeten, das Anwesen weiterhin zu bewirtschaften. Sie hatten ein Zwillings-Töchterpaar, das – wie sich herausstellte – in Charlies Klasse ging. Sie hießen Sugar und Spice, und man musste einfach annehmen, dass Leute, die so fröhliche Namen für ihre Kinder ausgesucht hatten, gute Gutsherren für Pepe abgeben würden. Auf jeden Fall hofften wir das, aber schließlich würden wir alles aus erster Hand erfahren, wenn er im Frühjahr wieder kam, um erneut die Bäume zu beschneiden.

»Sandy fliegt morgen nach Schottland«, sagte Ellie, als ich eines Abends schon kurz vorm Einschlafen war und mein Gesicht genüsslich in die kühle Luft eines elektrischen Ventilators hielt, der auf dem Nachttisch stand. »Ob er wohl zurückkommt?«

»Hm, es wird schon alles gut, keine Angst.«

»Und für Charlie beginnt morgen ein neues Schuljahr. Dann wird es hier ziemlich ruhig werden.«

»Hm.«

Ellie schwieg ein Weilchen, und ich wusste, dass ihr Sandy jetzt schon fehlte. Wusste sie aufgrund einer Art mütterlicher Intuition, dass er nicht nach Ca's Mayoral zurückkehren würde? Schon möglich, aber im Moment wollte ich nur schlafen. Es war ein langer und anstrengender Tag gewesen.

»Gute Nacht, Ellie.«

»Du musst etwas gegen die Kakerlaken unternehmen.«

»Hab ich schon«, murmelte ich. »Ich habe Walnussblätter verstreut, wie es mir die alte Maria geraten hat.«

»Tja, es hat aber nicht gewirkt. Die Kakerlaken sind immer noch da – und die Fliegen auch.«

»Hm, ich habe an mehreren Stellen in der Küche gesalzene Zitronenscheiben ausgelegt. Maria sagt, das löst das Fliegenproblem.«

»Hat es aber nicht. Und hörst du das?«

»Was?«

»Hier drin ist eine Stechmücke. Ein sagenhafter Tipp von Maria, dagegen einen Blumentopf mit Basilikum aufs Fensterbrett zu stellen.«

»Vielleicht sollten wir stattdessen versuchen, einen Haufen Eselsmist zu verbrennen.«

»Sei doch nicht albern. Du wirst ernsthaft etwas dagegen unternehmen müssen.«

»Hm, ich gehe morgen ins Haushaltwarengeschäft und kaufe eine Dose Insektenspray.«

»Das hast du gestern schon gesagt … und vorgestern auch!«

»Gute Nacht, Ellie.«

»Und wolltest du nicht Kostenvoranschläge für den Bau eines Swimmingpools einholen?«

»Ja, das erledige ich auch morgen.«

»Das sagst du schon seit einem Monat.«

»Morgen, Ellie«, brummte ich und zog mir das Laken über den Kopf, um den Zuwendungen der Stechmücke zu entgehen. »Das mache ich alles morgen.«

»Ich glaube, du hast mir besser gefallen, als du dieses *tranquilo*-Sein noch nicht perfektioniert hattest«, maulte Ellie, als sie sich endlich zum Schlafen ins Kissen kuschelte. »Gute Nacht!«

»Gute Nacht, Ellie«, gähnte ich. »*Hasta mañana.* Bis morgen ...«